"十一五"普通高等教育本科国家级规划教材

现代法学教材

U0822669

刑事诉讼法学

（第三版）

主　编　姚　莉

副主编　詹建红

中国法制出版社

CHINA LEGAL PUBLISHING HOUSE

说　　明

本教材原版为1999年出版的司法部统编教材，申报批准为普通高等教育“十一五”国家级规划教材后于2006年再次出版发行，并于2012年进行了修订。本教材以习近平法治思想为指导，结合2018年以来修改及出台的《中华人民共和国宪法》《中华人民共和国刑事诉讼法》《中华人民共和国监察法》《中华人民共和国人民陪审员法》《中华人民共和国法律援助法》等多部法律及相关解释或实施细则的内容，吸收国内外法学教育的最新成果，阐述刑事诉讼法学的基本理论、基础知识，坚持理论联系实际的原则，努力做到科学性、系统性和实践性的统一。

本教材由姚莉任主编，负责全书的统筹分工和定稿工作；詹建红（中南财经政法大学法学院教授、博士生导师）任副主编，负责初稿的审读和统稿工作。撰写人员除主编、副主编外，还有陈实（中南财经政法大学法学院教授、硕士生导师）、万毅（四川大学法学院教授、博士生导师）、郭烁（中国政法大学诉讼法学研究院教授、博士生导师）、张威（中南财经政法大学法学院讲师、硕士生导师）。对书中的不完善之处，尚祈读者批评指正。

各章撰稿分工如下（以撰写章节先后为序）：

姚　莉　　第一章、第二章、第八章、第十六章、第十七章、第二十章、第二十一章、第二十二章

詹建红　　第三章、第四章、第五章、第十八章、第十九章、第二十四章

陈　实　　第六章、第七章、第十一章

万　毅　　第九章、第十章、第十四章、第十五章

郭　烁　　第十二章、第十三章

张　威　　第二十三章、第二十五章

2023年1月

目 录

第一章　刑事诉讼法概述

第一节　刑事诉讼和刑事诉讼法

一、刑事诉讼

诉讼，俗称“打官司”。从文字意义上讲，诉指告诉，讼指纷争。诉讼是指以言词形式表现的纷争，是诉的行为与讼的现象的结合。从其原本意义上讲，诉讼是指将有争执的事项交由裁判者予以解决。从实质意义上讲，诉讼是国家活动的组成部分，是历史的产物。在阶级社会中，诉讼是指国家司法机关在当事人和其他诉讼参与人的参加下，依照法定程序，处理具体案件的活动。

诉讼与国家和法律一样，不是从来就有的，而是人类社会发展到一定历史阶段的产物，是随着阶级和国家的产生而产生，并随着社会的发展而不断完善的。我国历代通称诉讼为“讼”，或为“狱”“狱讼”，称审理案件为“听讼”“断狱”。“诉讼”一词作为法律用语，在我国最早见于元朝的《大元通制》。在现代，根据其所要处理案件的性质、内容和表现形式的不同，诉讼可以分为刑事诉讼、民事诉讼、行政诉讼和宪法诉讼。

所谓刑事诉讼，简言之，是指国家司法机关依照法定程序办理刑事案件的活动。在我国，刑事诉讼是指公安机关（含国家安全机关、军队保卫部门等）、人民检察院和人民法院在当事人和其他诉讼参与人的参加下，依照法律规定的程序，追诉犯罪，解决被追诉人刑事责任问题的活动。刑事诉讼具有以下特点。

（一）刑事诉讼是公安司法机关为实现国家刑罚权而进行的一种专门活动

刑事诉讼所要解决的主要问题是被告人的刑事责任问题，即确定被告人是否有罪，应否处以刑罚，以及处以何种刑罚的问题。在刑事诉讼中，公安司法机关正是依照法律规定的职权，通过侦查、起诉、审判等一系列诉讼活动，对犯罪进行揭露、证实和追究，从而实现国家刑罚权。换言之，刑事诉讼是国家为追究犯罪而进行的专门活动，是实现国家职能的形式。这是刑事诉讼的本质特征，它既使刑事诉讼与民事诉讼、行政诉讼甚至宪法诉讼区别开来，又表明这种国家同犯罪作斗争、实现国家刑罚权的特定活动是不同于其他国家机关、社会团体、企事业单位和个人所进行的活动的。

（二）刑事诉讼是公安司法机关在当事人及其他诉讼参与人参加下共同进行的活动，或者说刑事诉讼是公安司法机关的活动与诉讼参与人的活动的有机结合

公安司法机关在刑事诉讼中，无疑处于主导地位，它们根据国家法律所赋予的各项诉讼职权，决定、指挥、影响着整个刑事诉讼的进程。但这并不意味着刑事诉讼只是公安司法机关单方面的活动，如果没有证人、鉴定人、辩护人等诉讼参与人的参加，特别是如果没有自诉人、犯罪嫌疑人、被告人等当事人的参加，刑事诉讼是不可能顺利或完整地进行下去的。以犯罪嫌疑人、被告人为例，在诉讼过程中，如果犯罪嫌疑人、被告人死亡，就应当撤销案件，或者不起诉，或者终止审理。因为如果没有了犯罪嫌疑人、被告人，就没有追究刑事责任的对象，整个刑事诉讼活动就会失去目的和意义，国家的追诉活动就应该终止。可见，诉讼参与人的诉讼活动也是刑事诉讼的重要内容。但需要注意的是，当事人以及其他诉讼参与人在刑事诉讼中行使诉讼权利，履行诉讼义务，主要是在公安司法机关的主持下进行的。

（三）刑事诉讼具有严格的法律性质，必须依照法律规定的程序和方式进行

由于刑事诉讼关系到国家的根本利益、公民的民主权利、财产权利、人身自由甚至生杀予夺的大问题，为了使诉讼得以顺利进行，案件能得到客观、公正的处理，国家法律对于如何进行刑事诉讼活动，规定了一系列的原则、制度、程序和方式，公安机关、检察机关、审判机关和诉讼当事人以及其他诉讼参与人都必须遵照执行，不得违反、超越或颠倒。如果违反法定的诉讼程序，就要承担相应的法律后果。例如，刑事诉讼法第 3 条第 2 款规定：“人民法院、人民检察院和公安机关进行刑事诉讼，必须严格遵守本法和其他法律的有关规定。”又如，第一审人民法院对于涉及国家秘密或者审判的时候被告人不满 18 周岁的案件，如果进行了公开审判，或者应当回避的审判人员没有回避的，第二审人民法院就应当以法庭审理违反法律规定的诉讼程序为由，裁定撤销原判，发回原审人民法院重新审判。

刑事诉讼在理论上有狭义和广义之分。狭义的刑事诉讼仅指法院的审判活动，即刑事诉讼的主体仅指审判机关、公诉机关或公诉人以及自诉人、被告人，而不包括公安机关；刑事诉讼程序仅限于法院的审判程序，而排斥起诉前的侦查和审判后的执行程序，即刑事诉讼重点关注的是公诉人提起公诉或自诉人提起自诉以后，法院与控辩双方以及控辩双方相互间的诉讼活动。这种理论的依据主要是诉讼三职能学说，即在整个刑事诉讼过程中，控诉方行使控诉职能，被告方行使辩护职能，法院通过对案件的审理，最终确定被告人是否有罪、应否受到处罚以及处以何种处罚，从而履行其审判职能。相对于此，在起诉前的侦查阶段，由于控辩双方的身份尚未确定，而只是为提起公诉做准备，不能成为一个独立的诉讼阶段；而在判决生效后的执行阶段，控辩双方的身份已经消失，诉讼已经结

束，故不应纳入刑事诉讼的范畴。

广义的刑事诉讼则包括了侦查、起诉以及执行等程序，诉讼主体包括公安机关、检察机关、审判机关、执行机关以及当事人和其他诉讼参与人。笔者认为，侦查、执行程序在刑事诉讼中具有十分重要的地位。侦查是提起公诉和进行审判的前提与基础。在侦查阶段，公安机关、人民检察院依法行使侦查权，履行侦查职能，这一阶段的任务和活动的内容具有不同于起诉与审判阶段的特点，应当作为刑事诉讼活动中一个独立的阶段；而就执行程序来说，如果没有执行，法院的判决、裁定就会成为一纸空文，诉讼的最终目的也就无法实现。所以我国的刑事诉讼是从广义的角度理解的，即侦查程序甚至立案程序和执行程序都是作为独立的诉讼程序规定在刑事诉讼法之中的。

二、刑事诉讼法

刑事诉讼法是国家的基本法律部门之一，它是国家制定或认可的规范刑事诉讼活动的法律规范的总称。在我国，刑事诉讼法是公安机关、人民检察院、人民法院等国家专门机关和诉讼参与人进行刑事诉讼活动所必须遵循的法律规范的总称。

刑事诉讼活动必须严格按照刑事诉讼法规定的程序进行。刑事诉讼法涉及刑事诉讼活动的全过程，其内容十分广泛。主要包括：刑事诉讼的基本原则和制度；刑事诉讼中的专门机关及其权力、义务；刑事诉讼中的诉讼参与人及其权利、义务；刑事诉讼证据的收集与运用；刑事诉讼各个阶段的任务和进行的程序、方法等。因此，刑事诉讼法是国家专门机关和诉讼参与人进行刑事诉讼活动所必须遵守的行为规范。

关于刑事诉讼法，也有狭义和广义两种解释。所谓狭义的刑事诉讼法，专指单一的一部刑事诉讼成文法典，如《法国刑事诉讼法典》《意大利刑事诉讼法典》以及我国于 2018 年 10 月 26 日经第十三届全国人民代表大会常务委员会第六次会议第三次修正通过，并于同日公布实施的《中华人民共和国刑事诉讼法》等。广义的刑事诉讼法则是指国家制定或认可的涉及刑事诉讼程序的全部法律规范，包括法典在内的一切法律、法令、决议、命令、条例、规定中有关刑事诉讼程序的规定。对于刑事诉讼法的概念，我们应当从广义上来理解。因为世界上任何一个国家，无论其刑事诉讼法典有多完备，都不可能将刑事诉讼实践中所出现和可能遇到的问题，包罗无遗地规定在法典中。而且，由于客观形势或犯罪表现形态的变化，实践过程中必将出现原刑事诉讼法典尚未明确规定的一些新情况、新问题，或者是原法典的某些规定已经过时，需要颁布一些单行法规、补充规定和实施细则对法典加以修改或完善。因此，从广义上理解刑事诉讼法，有利于全面了解和掌握国家关于刑事诉讼活动的各项规定，从而全面贯彻执行与刑事诉讼程序有关的一切法律规定。

在我国，广义的刑事诉讼法主要包括：《中华人民共和国刑事诉讼法》；全国人民代表大会及其常委会制定的其他法律、法令中有关刑事诉讼程序的规定，如《中华人民共和国人民法院组织法》《中华人民共和国人民检察院组织法》等；全国人民代表大会就有关刑事诉讼方面所作的补充规定和立法解释；最高人民法院、最高人民检察院、公安部、国家安全部、司法部等，就办案过程中如何具体运用刑事诉讼法以及有关法律、法令所作的司法解释或实施细则。

应当明确的是，《中华人民共和国刑事诉讼法》是我国刑事诉讼法的最主要形式，是司法机关进行刑事诉讼的基本法律依据，最高人民法院、最高人民检察院、公安部等对具体应用刑事诉讼法所作的司法解释或实施细则，不得与宪法和刑事诉讼法的规定相抵触。

三、刑事诉讼法与相邻部门法的关系

（一）刑事诉讼法与刑法的关系

刑事诉讼法和刑法都是国家制定的刑事法律规范，公安司法机关进行刑事诉讼，既离不开刑法，也离不开刑事诉讼法。刑法属于实体法范畴，规定的是什么是犯罪，对于各种犯罪行为应当处以何种刑罚；而刑事诉讼法则属于程序法范畴，规定的是当犯罪行为发生以后，司法机关应该如何依照法定程序揭露犯罪、证实犯罪和惩治犯罪。所以，作为实体法的刑法与作为程序法的刑事诉讼法的关系，如同马克思所说的那样："实体法却具有本身特有的必要的诉讼形式""审判程序和法二者之间的联系如此密切，就像植物的外形和植物的联系，动物的外形和血肉的联系一样。审判程序和法律应该具有同样的精神，因为审判程序只是法律的生命形式，因而也是法律的内部生命的表现"。[①] 可见，刑事诉讼法与刑法之间是紧密相连、相互依存的。如果有刑事诉讼法而没有刑法，定罪就没有标准，量刑也就没有尺度，刑事诉讼就会失去目的和存在的必要；如果有刑法而没有刑事诉讼法，不依照一定的程序去揭露犯罪，查获犯罪人，定罪量刑也就无从谈起，刑法所确定的内容和任务也将无法实现。因而任何一个国家，在制定颁布刑法的同时，也会制定颁布或认可与刑法相适应的刑事诉讼法。那种"重实体、轻程序"的观念是片面的、错误的，应当在司法实践中加以纠正。

值得注意的是，近些年来，诉讼法学界对刑事诉讼法或刑事诉讼程序的价值展开了激烈的讨论，并逐步取得了统一的认识。即刑事诉讼法不仅具有保证刑法正确实施，惩罚犯罪，保护公民合法权利，维护国家和社会利益的工具价值，而且还具有不依赖于保证刑法实施而存在的独立价值，这就是刑事诉讼法本身所体

① 《马克思恩格斯全集》（第 1 卷），人民出版社 1956 年版，第 178 页。

现的公正、合法、民主、文明和法制精神。充分认识刑事诉讼法或刑事诉讼程序的价值，有利于保证刑事诉讼法的统一、正确贯彻实施。

（二）刑事诉讼法与人民法院组织法、人民检察院组织法的关系

概括地讲，刑事诉讼法与人民法院组织法和人民检察院组织法的关系是既有联系，又有区别。广义的刑事诉讼法包括了两个组织法中有关诉讼的原则、制度和程序问题的规定，并且刑事诉讼法与两个组织法对于作为刑事诉讼主体的人民法院、人民检察院的诉讼地位、职责分工、相互关系、活动原则以及组织形式等都作了规定，不可避免地在内容上互相补充、互相渗透、互相反映，从而使刑事诉讼法与人民法院组织法、人民检察院组织法成为关系最相接近、联系最为密切的法律部门，以从组织方面和诉讼活动中保证人民检察院、人民法院依法行使职权，共同完成其应有的任务。但是，刑事诉讼法与两个组织法又是有区别的。它们各自具有独立的体系，调整范围也有所不同。两个组织法主要是从司法组织的角度，规定人民检察院、人民法院的性质、任务、职权范围、组织体系、机构设置和人员组成、上下级的关系；而刑事诉讼法则着重从办理刑事案件诉讼程序的角度进行规定的，并且刑事诉讼活动只是人民法院、人民检察院全部活动的一部分。换言之，两个组织法并不是仅仅只为办理刑事案件而规定人民法院、人民检察院的组织系统、任务、活动原则、机构设置等问题，所以刑事诉讼法与两个组织法又不能互相取代。

（三）刑事诉讼法与民事诉讼法、行政诉讼法的关系

刑事诉讼法与民事诉讼法、行政诉讼法的相同点在于，它们都属于程序法，都是为了保证与其相适应的实体法得以实施的法律。它们有许多共同适用的或相类似的诉讼原则、制度和程序，如以事实为根据、以法律为准绳的原则，对一切公民在适用法律上一律平等的原则，使用本民族语言文字进行诉讼的原则，以及回避、公开审判、合议、两审终审制度和审判监督程序等。但是，由于三大诉讼法的任务、目的以及所要解决的实体问题性质的不同，它们之间又有许多不同之处，主要表现在：

1. 所保证实施的实体法不同。刑事诉讼法是为保证刑法的实施而制定的；民事诉讼法是为保证民法等民事实体法的实施而制定的；行政诉讼法则是为保证行政法的实施而制定的。它们保证实施的实体法不同，说明了它们的调整对象及任务各不相同。

2. 进行诉讼的专门机关不完全相同。刑事诉讼依法由公安机关（包括国家安全机关、军队保卫部门等）、人民检察院、人民法院三机关进行，而民事诉讼、行政诉讼依法只能由人民法院进行。

3. 诉讼中实行的某些基本原则各不相同。刑事诉讼以公、检、法三机关分工负责、互相配合、互相制约，犯罪嫌疑人、被告人有权获得辩护为特有原则；民

事诉讼则以辩论原则、处分原则、诉讼当事人权利平等原则为特有原则；而行政诉讼的基本原则大多与民事诉讼的基本原则相同，只是基于行政诉讼程序的特点，调解原则、处分原则不在行政诉讼中适用。

4. 在举证责任的分担上各有不同规定。根据刑事诉讼法的规定，在刑事诉讼中承担举证责任的主要是公安司法机关以及自诉案件的自诉人，被告人不承担证明自己有罪或无罪的义务；在民事诉讼中实行“谁主张、谁举证”的原则，无论原告还是被告，对其提出的积极主张，都有义务向人民法院提供证据；而在行政诉讼中，则实行举证责任倒置，行政诉讼法要求被告对其作出的具体行政行为负举证责任，应当提供作出该具体行政行为的证据和所依据的规范性文件。

5. 进行诉讼活动的具体程序有所不同。刑事诉讼法、民事诉讼法和行政诉讼法，除都对审判和执行程序作了规定外，刑事诉讼法还特别设立了立案、侦查、提起公诉和特别程序；民事诉讼法规定有特别程序、督促程序、公示催告程序等；行政诉讼法规定特定情况下提起行政诉讼需要先经过行政复议。并且，民事诉讼法规定人民法院审理民事案件可以进行调解，但在刑事诉讼中，除自诉案件外，公诉案件是不允许以调解的方式结案的。

除此以外，刑事诉讼法与民事诉讼法、行政诉讼法在起诉的主体、强制措施及诉讼结果等方面的规定也存在许多不同之处。

第二节　刑事诉讼法的立法目的、根据和任务

一、刑事诉讼法的立法目的

刑事诉讼法的立法目的，是指国家制定和规范刑事诉讼法律和刑事诉讼程序所要达到的预期目标。我国刑事诉讼法第 1 条规定：“为了保证刑法的正确实施，惩罚犯罪，保护人民，保障国家安全和社会公共安全，维护社会主义社会秩序，根据宪法，制定本法。”根据这一规定，我国刑事诉讼法的立法目的应当包含以下相互联系、不可分割的几个方面。

（一）保证刑法的正确实施

如前所述，刑法和刑事诉讼法的关系是相辅相成、缺一不可的。刑法是实体法，规定了什么是犯罪以及对犯罪如何运用刑罚进行惩罚。但是，当犯罪行为发生后，只有严格按照刑事诉讼法所规定的立案、侦查、起诉、审判、执行等一系列诉讼程序处理刑事案件，才能准确惩罚犯罪，保证案件质量，保护公民的合法权益，维护国家和社会的利益。因为刑事诉讼法作为程序法，明确规定了追究、惩罚犯罪的国家专门机关及其职责分工，以使刑法的正确实施有组织上的保障；

同时又明确规定了这些权力行使的制约和监督机制，以防止司法专横、司法腐败的产生，保证惩罚犯罪与保障人权的统一。离开了刑法，定罪就无标准，量刑就无尺度，刑事诉讼就会失去意义；相反，如果只制定刑法而不制定刑事诉讼法，如何实施刑法就没有据以遵守的规范，刑法的正确实施就难以得到保障，关于定罪量刑的规定就会成为一纸空文。概言之，制定刑事诉讼法首先就是要保证刑法的正确实施。

（二）惩罚犯罪，保护人民

刑事诉讼法通过保证刑法的正确实施，在科学收集、运用证据，准确认定案件事实，正确运用法律的基础上，对犯罪分子加以惩罚，从而有效地保护广大人民群众的根本利益和合法权益不受犯罪行为的侵害，完成刑事诉讼法的任务。需要指出的是，刑事诉讼法不仅仅是赋予国家机关一定权力的法律，也应当是限制国家权力滥用以防止公民个人权利受到侵害的法律，应当通过程序保障制度赋予被追诉者与国家追诉机关相抗衡的能力和机会，以使其能抵御国家权力的非法侵犯。因此，通过及时惩处犯罪来保护公民的人身、财产和生命等合法权利，以及在打击犯罪的同时保障无罪的人不受刑事追诉，只是保护人民的一个重要方面。刑事诉讼中的“保护人民”还应该具有以下含义：保障包括犯罪嫌疑人、被告人、被害人在内的所有诉讼参与人的诉讼权利，使之得到充分的行使；在对有罪的人进行追诉时，做到程序公正合法，事实认定准确，定罪正确，量刑适当，以保障有罪的人受到公正的对待。

（三）保障国家安全和社会公共安全，维护社会主义社会秩序

我国是社会主义国家，任何犯罪行为都侵害了社会主义的一定法律关系，都将对国家安全、社会公共安全或社会主义社会秩序造成危害，必须予以法律的制裁，刑事诉讼法正是通过保证刑法的正确实施，准确及时地查明犯罪，严惩危害国家和社会利益的犯罪，从而有力地保障国家安全和社会公共安全，维护社会主义社会秩序。

二、刑事诉讼法的根据

刑事诉讼法第 1 条明确规定，制定刑事诉讼法的根据是《中华人民共和国宪法》。宪法是国家的根本大法，在国家的法律体系中具有最高的法律效力。宪法所规定的国家的经济制度、政治制度、公民的基本权利义务以及国家机构及其活动原则等，是制定刑事诉讼法在内的各部门法的渊源和根本依据，任何法律、法规的制定，都不得与宪法相违背。

刑事诉讼法以宪法为根据，主要表现在刑事诉讼法的基本原则、诉讼制度和诉讼程序都是根据宪法规定的精神制定的。刑事诉讼法规定的有些内容是宪法基本精神的具体化，而有些重要内容甚至直接来源于宪法的具体规定，如我国宪法

所规定的“中华人民共和国公民在法律面前一律平等”“各民族公民都有用本民族语言文字进行诉讼的权利”“人民法院审理案件，除法律规定的特别情况外，一律公开进行”“被告人有权获得辩护”“中华人民共和国公民的人身自由不受侵犯”等原则，都是刑事诉讼法规定诉讼参与人诉讼权利的直接依据。我国刑事诉讼法在制定和修改过程中，则根据宪法所确立的这些原则，进行了相应的立法细化，如规定人民法院、人民检察院依法独立行使职权；以事实为依据，以法律为准绳；一切公民在适用法律上一律平等；各民族公民都有用本民族语言文字进行诉讼的权利；被告人有权获得辩护；人民法院审理案件，除另有规定的以外，一律公开进行；保障诉讼参与人依法享有诉讼权利等原则和制度，以保证宪法的精神在刑事诉讼中得到充分的体现，并通过刑事诉讼法的贯彻实施，保证宪法的有关规定有效地得以实施。

三、刑事诉讼法的任务

刑事诉讼法第 2 条规定，中华人民共和国刑事诉讼法的任务，是保证准确、及时地查明犯罪事实，正确应用法律，惩罚犯罪分子，保障无罪的人不受刑事追究，教育公民自觉遵守法律，积极同犯罪行为作斗争，维护社会主义法制，尊重和保障人权，保护公民的人身权利、财产权利、民主权利和其他权利，保障社会主义建设事业的顺利进行。据此规定，我国刑事诉讼法的任务可以划分为三个具体任务和一个根本任务。三个具体任务包括：

（一）保证准确、及时地查明犯罪事实，正确应用法律，惩罚犯罪分子

刑事诉讼法作为程序法，其基本功能就是从诉讼程序方面保证刑法的正确实施，以实现国家刑罚权。因此保证准确、及时地查明犯罪事实，正确应用法律，惩罚犯罪分子就成了刑事诉讼法的一项首要任务。所谓“准确”，就是要客观反映案件事实真相，这是保证刑事诉讼法任务得以完成的前提。我国刑事诉讼法所确立的一系列原则、制度和程序，首先就是为了查明犯罪事实，这要求公安司法人员在办理刑事案件过程中，必须深入地进行调查研究，收集和运用确实、充分的证据，证明是否有犯罪事实的发生，犯罪分子是谁以及与定罪量刑有关的情节等问题，切实查明案件的真实情况。所谓“及时”，就是要求公安司法机关在法定期限内完成刑事诉讼各个阶段的任务。刑事诉讼法根据同犯罪行为作斗争的需要，并从我国的实际情况出发，对于各种强制措施，以及侦查、起诉和审判的期限都作了明确规定，公安司法机关只有严格按照刑事诉讼法规定的时限，及时进行侦查、起诉、审判活动，才能准确、全面地获取犯罪证据，迅速打击犯罪分子，提高公民同犯罪分子作斗争的积极性，提高诉讼效率，尽量减少犯罪行为给国家和人民造成的损失。准确和及时是查明犯罪事实活动中互相依存、不可分割的两个方面：准确是及时的前提和基础。如果只要求及时而不要求准确，就会放

纵犯罪，冤枉好人，及时就失去目的和意义。与此同时，及时又是准确的保证。因为刑事案件本身的特点决定了只有及时才能保证达到准确的要求，如果程序的运作不及时，犯罪证据就有可能毁损甚至灭失，犯罪分子就可能破坏现场、逃跑、串供或伪造证据，从而使准确查明犯罪事实失去了可靠的保证。

在准确、及时查明犯罪事实的基础上，公安司法机关还必须正确应用刑法、刑事诉讼法及有关法律，分清罪与非罪、此罪与彼罪的界限，把握量刑轻重的尺度，对实施犯罪行为的人正确定罪量刑，公正地惩罚，以维护国家和法律的尊严。

（二）保障无罪的人不受刑事追究

刑事诉讼法在保证准确、及时惩罚犯罪的同时，还必须保障无罪的人不受刑事追究，这是我国刑事诉讼法任务中相互依存不可分割的两个方面，也是社会主义民主法制的必然要求。在我国，公民的人身自由和民主权利是受宪法、法律保护的。任何公民，只要没有触犯国家法律，没有构成犯罪或具有法律规定的免予追究刑事责任的情形，就不应当被追究刑事责任，这就要求公安司法机关在办理刑事案件过程中，严格遵循法律规定的诉讼程序，客观全面地调查和收集证据，充分保障诉讼参与人依法享有的各项诉讼权利，特别是要注意保障犯罪嫌疑人、被告人依法行使辩护权，如果发现对无辜公民错误进行刑事追究，应当本着实事求是的精神，及时予以纠正。只有这样，才能有效地防止发生错误，保障无罪的人不受刑事追究。

准确、及时地惩罚犯罪和保障无罪的人不受刑事追究，是我国刑事诉讼法任务中对立统一的两个方面。如果打击犯罪做到了“准”字当头，就不会伤害无辜，就能够保障无罪的人不受刑事追究；反之，如果能够保障无罪的人不受刑事追究，也必然更有利于准确惩罚犯罪。

（三）教育公民自觉遵守法律，积极同犯罪行为作斗争

教育公民自觉遵守法律，积极同犯罪行为作斗争，是刑事诉讼法的又一重要任务。公安司法机关通过立案、侦查、起诉活动，特别是通过法庭的公开审判活动，运用具体、生动的实例，揭露犯罪、证实犯罪，对旁听群众进行法制宣传教育，既可以增强公民的法律意识，提高公民遵守法律的自觉性和同犯罪行为作斗争的积极性，同时也可以使那些具有犯罪潜在因素，可能实施犯罪行为的危险分子受到警戒教育，使他们不敢轻举妄动，以身试法，从而对于预防和减少犯罪，促进社会稳定，加强社会治安综合治理具有十分重要的意义。

刑事诉讼法上述三项具体任务是相互联系、不可分割的，必须全面理解，正确贯彻执行。因为只有实现上述三项具体任务，才能最终实现刑事诉讼法的根本任务，即维护社会主义法制，尊重和保障人权，保护公民人身权利、财产权利、民主权利和其他权利，保障社会主义建设事业的顺利进行。

第三节 刑事诉讼法学

一、刑事诉讼法学的研究对象

刑事诉讼法学，如同其他法学学科一样，有自己产生和发展的历史。它是随着刑事诉讼法的发展而逐渐发展起来的一门独立的法学分支学科，在我国的法学体系中占有十分重要的地位。

刑事诉讼法学，顾名思义是指研究刑事诉讼法、刑事诉讼理论和刑事诉讼实践的产生、发展及实施规律的科学。从这个概念中，我们不难看出刑事诉讼法学的研究对象，主要有以下几个方面。

（一）刑事诉讼法律规范及有关的司法解释

我国先后制定、颁布、施行了人民法院组织法、人民检察院组织法、刑事诉讼法等，对于刑事诉讼中公安司法机关的职权、范围和职责，诉讼参与人的权利和义务，诉讼的基本原则、制度、程序和方式等问题都作了明确规定。它反映了刑事诉讼的规律，构成了我国刑事诉讼制度的主要内容，公安司法机关进行刑事诉讼活动时必须严格遵行。我们应当对刑事诉讼法律规范进行全面的、综合的分析研究，阐明其理论基础及立法根据，以指导刑事诉讼实践，帮助公安司法机关严格依照法律规定进行刑事诉讼，便于诉讼参与人正确地行使、承担诉讼中的权利和义务，同时也有利于我们进一步深化刑事诉讼理论的研究。此外，由于法律的稳定性、概括性和司法实践的复杂性，在诉讼过程中，国家最高司法机关对具体适用某项法律、法令所作的司法解释，下级司法机关也应当遵照执行。因此，与刑事诉讼有关的司法解释以及有关的实施细则，也应当成为刑事诉讼法学的研究对象。

（二）刑事诉讼实践

我们研究刑事诉讼法律规范，应当注意与研究刑事诉讼实践结合起来。刑事诉讼法是已经定型的法律条文，是对刑事诉讼司法实践经验的总结和肯定。司法实践中还存在不少好的经验，当然也有不少教训，更何况刑事诉讼法在贯彻实施的过程中，还难免会遇到一些新情况和新问题，而如何总结这些经验教训，如何处理这些新情况、新问题，以适应形势发展的需要，修改、补充和完善刑事诉讼法律规范，理应成为刑事诉讼法学的研究对象。

（三）刑事诉讼理论

我国法学界及司法实践部门对于我国刑事诉讼中许多重大理论问题进行了广泛的讨论，提出了不同的见解，形成了种种刑事诉讼理论，我们把这些刑事诉讼理论作为刑事诉讼法学的研究对象，可以帮助我们进一步加深对刑事诉讼这种社会现象的本质及发展规律的认识。同时，为了“古为今用”“洋为中用”，我们还应当对我国和外国刑事诉讼的历史和现状进行比较研究，取其精华，去其糟粕，以开拓我们的眼界，从而更好地发展我国的刑事诉讼法学。

二、刑事诉讼法学的研究方法

马克思主义的历史唯物主义和辩证唯物主义理论，是科学的世界观和方法论，它对于一切学科的研究，都具有普遍的指导意义。我们要在刑事诉讼法学研究中正确认识事物的客观规律，作出科学结论，就必须以科学的世界观和方法论为指导，即以辩证唯物主义和历史唯物主义为指导。只有这样，我们才能揭示出刑事诉讼的本质特征及其运行规律。同时，研究刑事诉讼法学，是否以马克思主义理论为指导，也是社会主义国家的刑事诉讼法学与剥削阶级国家刑事诉讼法学的根本区别所在。

马克思主义的辩证唯物主义与历史唯物主义理论，作为一般的方法论所具有的普遍指导意义，是其他任何理论不可取代的。但是马克思主义不是教条，我们应当在其方法论思想指导下，结合刑事诉讼法学科的特点，采用以下几种具体方法进行研究。

（一）理论与实践相结合的方法

由于刑事诉讼法学是一门应用型法学学科，因此在研究方法上，要注意理论联系实际。只有将刑事诉讼法律规范、刑事诉讼理论与刑事诉讼实践有机结合起来，这样才能真正理解有关刑事诉讼立法的依据、内容以及实际意义，才能在实践中不断探索刑事诉讼发展变化规律，不断发现、研究新问题，及时把实践经验概括为新的理论，再将新的理论运用到实践中去，指导并接受实践的检验，从而使刑事诉讼法学成为既有完整系统的理论，又是实用性很强的一门法学学科。

（二）比较研究的方法

我国刑事诉讼制度的创建和发展，不可避免地与中外历史上有过的和现行的刑事诉讼制度有着不同程度的联系。因此，在研究、总结我国现行刑事诉讼制度以及刑事诉讼实践的同时，也应当对古代的和国外的刑事诉讼制度和学说中的有益经验进行比较研究，以资分析鉴别，取其之长，避其之短。

（三）实证分析的方法

刑事诉讼法学的研究对象是十分广泛的。在广泛的研究对象中，应该突出研究的重点，即应当以研究我国的刑事诉讼制度以及公安司法机关进行刑事诉讼活动的实际效果和存在的问题为主。要从我国当前的经济制度、政治制度、法律制度的基本原则出发，特别要注意与我国当前的司法体制联系起来研究我国现行的刑事诉讼法律规范和诉讼实践，取得第一手资料，重视定量分析，以正确理解我国的刑事诉讼制度，把握它的本质特征和规律，从而发展和完善具有中国特色社会主义的刑事诉讼法学。

（四）价值分析的方法

通过分析刑事诉讼中的价值、目的和利益来研究刑事诉讼制度，属于价值分析的方法。运用价值分析的方法研究刑事诉讼法学，应该思考和关注如下问题：刑事诉讼活动中控、辩、审三方的利益关系；刑事司法活动的主要价值取向及其界定；不同的刑事诉讼价值模式的分析；刑事诉讼模式的选择理念和运行机制；刑事诉讼价值模式与社会需求的衔接等。在具体的研究中，应该注重权衡好刑事诉讼的多方利益，协调相互间的矛盾和冲突，以与社会的进步和发展相适应。

第二章　刑事诉讼法的历史发展

第一节　刑事诉讼法的历史沿革

刑事诉讼法同其他法律一样，是随着私有制 、阶级和国家的产生而产生，随着社会制度的变迁而不断发展变化的。从法制文明的角度看，不同的历史时期有着不同的刑事诉讼制度，而即使在相同的历史时期也有着不同的刑事诉讼模式。对历史上不同时期的刑事诉讼法及其所构造的刑事诉讼制度的特点进行分析和研究，有助于我们理解刑事诉讼法这一历史现象的发展变化规律，从而促进刑事诉讼法学的发展和繁荣。

一、奴隶制时期的刑事诉讼法

在原始社会末期，随着社会生产力的发展，产生了私有制，出现了阶级，进而产生了人类历史上的第一个剥削阶级社会——奴隶制社会。奴隶主作为统治阶级，为了保护自己的利益，以国家的名义制定某些行为规范，并以国家强制力为后盾强迫社会全体成员遵行，这便产生了法。在古代，由于诸法合体，刑事法律与民事法律不分，实体法与程序法不分，因此，有关刑事诉讼程序的规定，往往会体现在一部综合性的法典中，如古罗马的《十二铜表法》，古巴比伦的《汉谟拉比法典》等。奴隶制时期的刑事诉讼法所具有的主要特征有以下几点。

（一）在诉讼地位上，公开确认奴隶主的诉讼特权和奴隶的无权地位

在奴隶制社会，奴隶被视为奴隶主的私有财产，因此法律确认，奴隶主对奴隶可以像对待牲畜或其他财产一样，进行任意处置，甚至加以杀害，而无须经过诉讼和审判程序。进行诉讼是奴隶主的一项特权，奴隶仅仅是会说话的工具和有生命的财产，是无权进行诉讼的。例如，罗马法规定，如果奴隶遭受主人以外的人殴打或重大侮辱时，一般由主人以财产被侵害为由提起诉讼，奴隶本身无权提起诉讼。此外，由于奴隶制国家的法律极力维护奴隶主贵族特权，因此在自由民内部，法律的规定也是不平等的。我国西周奴隶制国家所确立的“刑不上大夫”“凡命夫命妇，不躬坐狱讼”等诉讼原则和制度，充分说明了适用刑罚的依据不是罪行的轻重程度，而是犯罪人和受害人社会地位的高低，因为法律赋予了奴隶主贵族在刑

事诉讼中的许多特权。

（二）在诉讼的形式上，实行弹劾式诉讼或控告式诉讼

在奴隶制社会，国家机构的划分是十分简单的，司法与行政合一，没有独立的审判机构。国家把对违法犯罪行为的追究，仍然视为有关当事人的私事，不主动进行干预，即在起诉制度上，实行私人告诉制，“没有告诉就没有法官”是弹劾式诉讼形式的古典公式。并且在诉讼中，双方当事人的诉讼权利和诉讼义务在形式上是对等的，法官在诉讼中是消极的仲裁者，既不收集、审查判断证据，也不分析案情，而是利用宗教迷信或神明裁判的方法，去评价案件的是非曲直。

（三）在证据运用上，盛行神示证据制度

在奴隶制社会，由于生产力发展水平十分低下，科学文化落后，统治人们思想的是外界的自然力量——神灵。当时宗教迷信十分盛行，人们将社会生活中发生的一切现象，都归结于神的主宰。统治阶级便利用这种宗教迷信，并将宗教迷信与统治者的意志结合起来说成是神的旨意，是代天行刑。因此，对于难以查明的案情和难以决断的争议，便求助于神意来判明是非和解决争议，这就是神示证据制度。这种证据制度当时非常盛行，并且证明方法也是多种多样的，如水审、火审、宣誓、决斗等。

（四）在诉讼制度上，仍然保留有原始社会的某些习惯痕迹

奴隶制社会是从原始社会脱胎而来的，所以，在奴隶制社会早期的司法制度中不可避免地保留有原始社会的习惯痕迹。国家允许当事人“血亲复仇”“同态复仇”，一般不主动干预诉讼，只有需要证明加害人的行为是否确实出于复仇时，才通过司法程序来处理，但必须由当事人自行提起。在古罗马和雅典，甚至实行原告传唤被告出庭的制度。

二、封建制时期的刑事诉讼法

产生于封建制社会的刑事诉讼法，是封建统治阶级意志的体现，是维护封建地主阶级利益和封建制生产关系、保护封建地主阶级特权和等级制度，以及镇压农民起义和异己力量的工具。封建制国家刑事诉讼法的主要特征如下。

（一）在机构体制上，司法与行政不分，司法隶属于行政，行政长官控制司法权

在封建制国家，封建统治者为了巩固封建专制制度，维护封建专制权力，皇帝或国王集立法权、司法权、行政权于一身。我国历代的封建皇帝都握有最高审判权，皇帝有权亲自主持审判，死刑案件必须奏请皇帝批准。在封建社会，没有独立的审判机关，行政机构独揽司法大权。中国自隋、唐以后，在中央设大理寺、刑部、御史台为专门司法机关，根据皇帝的授权负责审理或复核各类案件；在地方，司法权则由地方行政长官行使，各州的刺史、各县的县令均兼任各级地

方法官，负责审理辖区内的各类案件。这种司法、行政不分，司法融于行政的体制设置，是与封建专制独裁的政治制度相适应的，是维护封建社会关系所需要的。

（二）在诉讼地位上，公开维护封建统治阶级的诉讼特权和封建等级制度

在封建统治下，各阶级间的等级森严，除封建君主拥有至高无上的特权外，不同等级的贵族、官僚、地主还享有不同等级的特权。因此，公开维护封建专制制度，维护封建统治者的特权，确认不同等级的人在诉讼中处于不平等的地位，是封建制国家诉讼制度的重要特点。在我国封建社会，对于封建统治者犯罪的，历代法律都明确赋予其诉讼上的种种宽免特权和优待。而这种特权和优待的程度，又是根据其社会地位的高低、官职的大小来决定的，中国古代的“八议”之制就是典型。所谓“八议”，是指议亲、议故、议贤、议能、议功、议贵、议勤、议宾；凡属“八议”范围的人犯罪享有宽宥特权。如果属于“八议”范围的人犯死罪，除犯有“十恶”罪者外，都必须将所犯罪状及应议的情况，先奏请议，由皇帝裁决；犯流罪以下，该案审判官可以径行减等处断。除此之外，唐律还有“请”“减”“赎”“官当”等规定，以保证贵族、官僚在诉讼上所享有的特权。

如同中国封建社会的刑事诉讼立法，中世纪的欧洲也确立了等级森严的诉讼制度，实行“同类相判”的司法原则，即对于不同身份的罪犯，只能由与其身份平等的人审判。例如，法国的领主法院在审判陪臣之间发生纠纷的案件时，采用平等法院原则，由领主亲自主持法庭审判，并由与争讼双方等级相同的陪臣参加陪审，争讼双方在诉讼中处于平等地位；而审判农民案件时，则由领主所指定的法官来主持，采取臣民法院原则，审讯时主要靠严刑拷打的方式逼取口供，作为定案的根据。又如，关于证据的证明力，也有尊卑贵贱之分，要依照提供证言者的社会地位来判断。此外，值得一提的是，在西欧，教会法院在刑事诉讼中扮演着很重要的角色。而作为封建司法机关的重要组成部分，教会法院享有种种特权，偏袒教徒、僧侣、贵族，残酷迫害异教徒和进步人士，极力维护封建专制统治。

（三）在诉讼形式上，实行纠问式诉讼，刑讯逼供是法定的、普遍的审讯方法

随着生产力的发展和人们文化水平的提高，完全依靠神权统治已不能适应强化封建统治的需要。为镇压农民的反抗，封建统治者对于“犯罪事件”，根据其职权，会主动进行追究和审判，私人告诉制因此而让位于公诉制。在封建君主专制时期，各国普遍盛行纠问式诉讼，对于犯罪，不论是否有被害人或其他人的控告，司法机关都可以依职权主动进行追究和审判；司法机关是诉讼中唯一的诉讼主体，司法官员既执行审判职能，又执行追诉职能；被告人只是被追究、被审问的对象，在诉讼中没有任何诉讼权利，只有招供认罪的义务。因此，刑讯逼供成

了封建社会法定的、普遍的审讯方法。所有这些，充分地反映了封建刑事诉讼制度的野蛮和专横。我国从秦、汉到明、清的历代法典，对于“笞掠”“拷囚”都有明文规定，刑讯成为合法的程序。由于封建法律是诸法合体、民刑不分，因此法律关于刑讯的规定不仅适用于刑事被告人，适用于控告人、证人，而且还可以适用于民事诉讼当事人。封建王朝的法律对于拷讯的条件、方法、刑具、拷打部位、刑讯次数和程序都规定得比较详细、具体。此外，还有许多名目繁多、手段残酷的法外用刑，以致犯罪嫌疑人在严刑拷打之下，只得屈招乱供，从而造成了无数的冤假错案。封建社会的刑事诉讼中之所以盛行刑讯逼供，除有其政治、经济等原外，还与其推行有罪推定、罪从供定、无供不录案等诉讼原则有着直接的关系。

（四）在证据制度上，实行法定证据制度和主观擅断

中世纪时期的欧洲大陆各国，在证据制度上普遍采用法定证据制度，即对于各种证据的证明力大小以及如何审查判断和运用证据的问题，由法律预先明文规定，法官审理案件时必须据此作出判断，而不得自由判断和取舍。这种证据制度只要求法官机械地运用法律规定的各种形式性的规则认定案情，而无须考虑案件的真实情况。与神示证据制度相比，这种证据制度虽然在运用证据上摆脱了宗教迷信，使之服从法律，有一定的历史进步意义，但它脱离案件的具体情况，将证据的外部特征视为诉讼的内在普遍规律，并忽视法官在审查判断证据过程中的主观能动性，使其难以从客观实际出发，揭露和查明案件事实真相。特别是为了维护封建专制统治，打击危害统治阶级利益的犯罪行为，司法官员根据法律的暗示，往往从有罪推定出发，把被告人口供视为最好的证据，这又不可避免地导致了刑讯逼供的盛行。

应当注意的是，我国封建时代的证据制度与中世纪欧洲各国有所不同。尽管在一定程度上受到法定证据制度的影响，在法律上出现过个别法定证据规则，如“断罪必取输服供词”“据众证定罪”，但整个封建时代并未形成法定证据制度。相反，立法赋予了法官极大的主观臆断的权力，即法官的个人决断在证据评判过程中占主要地位。从西周开始，法官就以察听五辞的方法来判断证据，认定案情。《尚书·吕刑》中规定：“两造具备，师听五辞；五辞简孚，正于五刑。”“五辞”，即“五听”——辞听、色听、气听、耳听、目听。也就是说，司法官吏在审理案件时，要注意受审人讲话是否合理，讲话时的神色是否从容，气息是否平和，精神是否恍惚，眼睛是否有神，据此来断定其陈述的真伪和案件的是非曲直。

三、资本主义时期的刑事诉讼法

资产阶级革命推翻了封建社会，在确立资本主义制度的同时，包括法律制度在内的上层建筑领域也相应地发生了变革。资产阶级革命开创了人类历史的新篇

章，也把诉讼制度的发展推进到了一个新的历史阶段。主张民主、自由、人权的资产阶级在夺取政权的斗争中对封建纠问式诉讼的专制和黑暗进行了猛烈的抨击，在夺取政权后通过立法，对原有的刑事诉讼程序加以扬弃和改造，建立起新的诉讼制度。总体而言，资本主义时期的刑事诉讼法具有以下共同特点。

（一）确立无罪推定原则

无罪推定原则是资产阶级革命初期的启蒙思想家和法学家，针对封建专制纠问式刑事诉讼中的有罪推定而提出来，并逐渐在资产阶级国家法律中得以确立的。其核心内容是，在法官判决之前，一个人是不能被称为罪犯的。只要还不能断定他已经侵犯了给予他公共保护的契约，社会就不能取消对他的公共保护。如果犯罪是肯定的，对他只能适用法律所规定的刑罚，而没有必要折磨他，因为，他交代与否已经无所谓。如果犯罪是不能肯定的，就不应折磨一个无辜者，因为，在法律看来，他的罪行并没有得到证实。① 资产阶级在确立无罪推定原则的同时，还确立了一系列与无罪推定原则相适应的诉讼原则和诉讼制度，如被告人享有以沉默权为核心的各项诉讼权利；确立被告人在诉讼中的主体地位；严禁刑讯逼供；疑罪从无；禁止以非法的方法获得口供和其他证据；举证责任由控告方承担，被告人不负举证责任等。

（二）采用辩论原则和辩护制度

最早从法律上确认辩论原则的是英国。尔后，美国、法国、德国、日本等国家都在其刑事诉讼法典中作了规定，使得这一原则成为资本主义国家公认的一项诉讼原则。封建专制的刑事诉讼制度从有罪推定出发，被告人在诉讼中只有认罪的义务，而没有任何辩护的权利，而在资本主义国家的法律规定中，不仅允许被告人自行辩护，而且还允许其委托辩护人为其辩护，并允许控辩双方在法庭上进行质证和辩论，从而改变了封建制度下被告人在诉讼中是诉讼客体而非诉讼主体的地位。

（三）实行自由心证的证据制度

资产阶级革命引起了一系列刑事诉讼制度的变革。其中，在证据制度方面的表现，就是以自由心证制度取代了封建的法定证据制度。在资产阶级法学家看来，法定证据制度将审查判断证据的权力不是赋予法官，而是赋予法律，法官只能机械地按照法律预先对证据所作的各种规定来判断和运用证据，认定案情，其结果只能达到法律规定的形式真实，而难以符合案件的客观真实。而只有采用自由心证制度，将审查判断证据的权力赋予法官，由法官根据自己的内心确信认定案情，才有最大可能查明案情，公正地处理案件。为了防止自由心证运用出现的司法擅断，许多国家对自由心证的形成规定了若干条件的限制：（1）内心确认必

---

① ［意］贝卡里亚：《论犯罪与刑罚》，黄风译，中国法制出版社 2005 年版，第 37 页。

须出于本案审理得出的结论；（2）判决必须是依据案件所有情况的判断和酌量；（3）审理所依据的情况必须是相互联系，不可彼此孤立；（4）判决的结果是根据证据的固有性质及其与本案的关联所得。自由心证制度使法官从法定证据制度中各种烦琐、形式的规则下解脱出来，使他们有可能根据自己的意志自由判断证据的证明力，为他们提供了可能发现案件真实情况的条件。因此，与法定证据制度的产生一样，自由心证制度具有一定的历史进步意义。

需要指出的是，尽管资本主义时期的刑事诉讼原则和制度有许多共同之处，但是，由于资产阶级革命发展过程中，经济文化发展水平以及民族传统、风俗习惯的差异，英美法系国家和大陆法系国家在确立具体的诉讼形式时，表现出了不同的特点。

以英国、美国为代表的英美法系国家，在继承和改造弹劾式诉讼形式的基础上，形成了当事人主义诉讼模式，或称辩论式诉讼模式。其主要特点是注重双方当事人在诉讼中的主动性和积极性，强调控辩双方的力量平衡，赋予双方当事人以平等的诉讼地位，强调他们各自提出证据以支持自己的主张。在这样的诉讼模式下，法官只负责主持法庭辩论，处于消极仲裁者的地位，一般不主动直接调查收集证据。用一句话概括，就是“沉默的法官，争斗的当事人”。

而以法国、德国为代表的大陆法系国家，在批判地继承和改造中世纪纠问式诉讼形式的基础上，形成了职权主义诉讼模式，或称审问式诉讼模式。其主要特点是，承认犯罪嫌疑人、被告人的诉讼主体地位，确立审判公开、辩护、辩论、回避、陪审等民主的诉讼制度和原则，但强调司法机关在诉讼中的主动性和积极性。大多数案件由检察机关代表国家提起公诉，法官在庭审中指挥整个审判活动，而不处于消极仲裁者的地位，法官可以主动讯问或询问当事人，依职权主动调查、收集各种证据等。用一句话来概括，就是“主动的法官，消极的当事人”。

由于两大法系国家在刑事诉讼中采取不同的诉讼形式，因此其诉讼实践呈现出各自的优缺点。例如，英美法系国家的当事人主义诉讼模式的优点就是，强调遵守法定程序和注重被追诉人合法权利的保护，而不足之处在于惩罚犯罪的力度不够，并且难以把遵守法定程序和寻求客观真实有效地统一起来。而大陆法系国家的职权主义诉讼模式虽然在追究犯罪、惩罚犯罪方面有较高的效率，但由于其法律本身对于控辩双方的地位、行使的权利等规定悬殊，因而在诉讼中控辩双方难以真正抗衡。所以随着时间的推移，客观形势的发展和需要，两大诉讼模式之间也在不断地互相借鉴，互相吸收，并出现了互相融合的趋势。如第二次世界大战后，日本和意大利在原职权主义诉讼模式的基础上大力吸收当事人主义诉讼模式的积极因素，力争坚持实体真实与正当程序的统一，在保留一定程度职权主义因素的基础上，强化对人权的保障，形成了被称为“混合式”的诉讼模式。这种折中式的诉讼模式在强调发挥控辩双方积极对抗性的同时，又注重发现案件的真实和提高诉讼效率，为许多国家刑事诉讼制度的改革与发展提供了可借鉴的经验。

四、旧中国的刑事诉讼法

鸦片战争以后，帝国主义入侵中国，使中国逐步沦为半封建、半殖民地国家，从清朝末年，北洋军阀到国民党政府，一脉相承，都是帝国主义操纵的地主买办阶级专政的政权。这一时期的刑事诉讼法所具有的共同本质，都是封建地主、买办官僚资产阶级意志的体现，是维护帝国主义、封建主义和官僚资本主义的反动统治，镇压与束缚广大人民群众的工具。其共同特征是封建主义、资本主义和法西斯主义三种诉讼制度的混合体。

（一）确认帝国主义在中国的领事裁判权

清朝末年，清政府迫于压力正式承认了帝国主义在中国领域内的领事裁判制度。这是清末司法制度最突出的一个变化，也是中国司法权遭受严重侵犯、司法制度半殖民地化的重要标志。其主要内容是，凡在中国享有领事裁判权的国家，其在中国的侨民如果成为民事、刑事案件的被告时，中国的法庭无权审判，只能由该国领事法庭依照其本国法律进行审判。领事裁判权在中国的确立，始于1843年中英《虎门条约》和1844年的中美《望厦条约》，以后法、德、俄、日等国都援英美先例，相继取得这种特权。此外，1858年帝国主义与清政府签订《天津条约》，在上海等地设立“会审公廨”，强行确立中国官员和外国领事的“会审制度”“观审制度”，以进一步承认外国侵略者直接控制和干涉中国司法机关的特权。帝国主义强迫清政府缔结不平等条约中所规定的特权之一的领事裁判权，在中国持续了百年之久，直到建立中华人民共和国，这种特权才被彻底废除。

（二）大量继受甚至抄袭外来的刑事诉讼法以掩盖其封建法西斯本质

从清末王朝到国民党政府统治时期，当权者以资本主义国家，特别是德、日等大陆法系国家的司法组织与诉讼程序法典为蓝本，① 编制、颁行了大量的法律和草案，如1906年的《大清刑事民事诉讼法》、1910年的《法院编制法》、1911年的《刑事诉讼律草案》、1928年国民党政府公布并于1935年和1945年两次修订的刑事诉讼法。这些法律和草案中，有些并未奏准颁行，而有的虽然颁布了，但并未真正得以实施。从国民党政府颁行的这些法律和草案来看，从形式上确实采用了不少资产阶级国家的诉讼原则、诉讼制度以及诉讼程序，如法律面前人人

---

① 早在1901年，张之洞等人便鉴于情势，明确提出了“格物制造，取法英美；政治、法律，取法德日”的变革思想。参见李春雷：《中国近代刑事诉讼制度变革研究（1895-1928）》，北京大学出版社2004年版，第29页。

平等、公开审判、被告人有权辩护、直接言词原则、自由心证、上诉不加刑等，并确立了一整套极其烦琐复杂的诉讼程序和手续。这些规定无疑具有进步的意义，但它们不可能在实践中真正得以实现，只不过是国民党政府用以掩盖其法西斯统治的虚伪形式。

（三）行政干预司法，实行纠问式的诉讼模式

清末政府和国民党政府的立法虽然都规定设立地方初级审判厅或在各县设立地方法院，但均未在实践中落实。而北洋政府更是在1914年颁行单行法规，撤销初级审判厅的建制，所有刑事、民事案件，均由县知事兼理。国民党政府继承和沿用了北洋政府时期的县知事（后改称县长）兼理司法的制度。这样，县知事既是行政长官，又是审判官，实行的完全是封建制的纠问式诉讼模式。而在侦查中，检察官、地方的县长或市长、司法警察官、宪兵官长和特务都是有权行使侦查职权的人员。在广大的地方政权中，司法与行政合二为一，滥捕无辜，刑讯逼供，武断专横，所有这些都充分反映了中国传统刑事司法活动的纠问主义特色。

（四）大量颁行特别法，实行“特别程序”和法外制裁相结合

北洋政府时期，为了镇压反革命运动，实行独裁统治，颁布了一系列刑事特别法规，如1915年3月公布的《陆军刑事条例》（后于1918年4月和1921年8月两次修正）、1915年4月公布的《海军刑事条例》等。这些条例虽然在形式上规定，只有战时或宣布戒严时才对非军人适用军法和军事审判，但由于当时军阀连年混战，几乎经常处于战争和戒严状态，普通司法审判和普通司法程序实际上已由军事审判和非常程序所替代。在审理案件时，不准旁听，不准选请辩护人，会审判决后不准上诉等，暴露了军阀专制独裁的真面目。

国民党政府也如同一切法西斯统治者一样，颁布了大量的特别法，并设立特别法庭，实行特别程序。例如，1927年、1928年颁布的《特别刑事临时法庭组织条例》《特种刑事临时法庭诉讼程序暂行条例》，1944年颁行的《特种刑事案件诉讼条例》和1948年颁行的《特种刑事临时法庭审判条例》等，公开地把对共产党人和革命人民的司法镇压列为“特种刑事案件，由特种刑事法庭按照特种程序进行”。又如1944年国民党政府的《特种刑事案件诉讼条例》规定，凡司法警察官，有权在进行侦查后直接将案件移送法院起诉，而不必经过检察官；对于原审法院的判决不服，只能申请其复判，而不得上诉，且复判时可以加重刑罚；对于已经宣告死刑的案件，如果与该管区内镇压匪乱、维持治安确有重大关系时，原审法院可以先电报最高法院核准执行，然后再补报卷宗、证物等。国民党政府制定法律用于镇压人民的反抗，但其从来不受法律的约束，并且践踏法律，疯狂推行法外制裁，实行残酷的法西斯统治，遍及全国的国民党特务组织是不需要任何法律手续，不通过任何司法程序而任意搜查、殴打、绑架、逮捕和暗杀共

产党人和民主人士的，为了逼取受审人的口供，往往用尽各种灭绝人性的酷刑。因此，可以说国民党政府的司法机关实际上直接处于军事机关的操纵之下，成为法西斯军事专政的组成部分。

第二节 中华人民共和国刑事诉讼法的产生与发展

一、新民主主义革命时期的刑事诉讼法

中华人民共和国刑事诉讼法，和其他法律一样，不是凭空产生的，而是在直接继承和发展新民主主义革命时期人民政权刑事诉讼法的基础上形成的。

早在第一次国内革命战争时期，在中国共产党领导的工人和农民运动中，就出现了人民司法机关和诉讼制度的雏形。而在第二次国内革命战争时期，中华苏维埃共和国成立后，颁布了一系列法律、法令、条例、决议、训令和指示，其中涉及刑事诉讼程序和制度的主要有 1931 年 12 月发布的《处理反革命案件和建立司法机关的暂行程序》（第六号）、1932 年 6 月颁布的《裁判部的暂行组织及裁判条例》、1934 年 4 月公布的《中华苏维埃共和国司法程序》等，这些法律文件不仅明确规定了工农民主政权的司法机关进行刑事诉讼的性质、任务及其司法组织体系，而且对于司法机关审判案件的主要程序和制度也作了具体规定，如预审、公诉、公开审判、巡回法庭、回避制度、陪审制度、辩护制度、上诉、死刑审批等制度和程序，为新中国刑事诉讼法的创立和发展奠定了坚实的基础。

抗日战争时期，陕甘宁边区等根据地都建立了抗日民主政权，根据党中央的路线、方针和政策，结合本边区实际情况，努力健全革命法制，颁布了有关司法组织和诉讼程序的法律、法令。以陕甘宁边区为例，1939 年 1 月通过了《陕甘宁边区高等法院组织条例》，1943 年 1 月发布了《陕甘宁边区军民诉讼暂行条例》，1943 年 3 月颁布了《陕甘宁边区高等法院分庭组织条例草案》和《陕甘宁边区县司法处组织条例草案》，等等。依照这些法律、法令和有关政策文件的规定，审判权、逮捕权应由法定的司法机关行使；对任何人坚决废止肉刑，重证据而不轻信口供；审判公开进行；实行辩护制度；简化诉讼程序，确立回避、上诉、复核和再审制度等。特别是当时在司法工作中创立的依靠群众、走群众路线的审判方式，为发扬人民司法的优良传统和以后的人民司法工作提供宝贵的经验。

解放战争时期，各解放区的刑事诉讼基本上沿用了抗日战争时期行之有效的诉讼制度和程序。此外，还根据形势的变化和实际需要，颁布了一些重要法律，如华北人民政府 1948 年 11 月颁布的《关于县市公安机关与司法机关处理刑事案

件权责的规定》，1949 年 1 月和同年 3 月分别发布的《为清理已决及未决案犯的训令》和《为确定刑事复核制度的通令》等，对于公安司法机关在刑事诉讼中的分工协作，案件的复核制度以及错判案件的平反、改判等问题作出了新的规定，使原有的诉讼制度更为完善，特别是在 1949 年 2 月中共中央发布了《关于废除国民党的六法全书与确定解放区的司法原则的指示》，标志着新中国的法律制度包括诉讼制度进入了一个新的发展时期。接着华北人民政府于同年的 4 月 1 日颁发了《废除国民党的六法全书及一切反动法律的训令》，这一文件是从根本上废除伪法统，解决中华人民共和国成立后的法制建设问题的重要历史文献，是中国法制史包括诉讼法史上一个伟大的转折点。

二、《中华人民共和国刑事诉讼法》的制定

中华人民共和国的成立，标志着我国的建设和发展进入了一个新的历史时期。中华人民共和国的刑事诉讼法，是在废除国民党旧法制的基础上，继承和发展了新民主主义革命时期的实践经验，从我国的实际情况出发，并随着社会主义革命和建设事业的发展，人民司法工作经验的积累而日益完善的。

1951 年 9 月，中央人民政府委员会通过了《中华人民共和国人民法院暂行组织条例》《中央人民政府最高人民检察署暂行组织条例》《各级地方人民检察署组织通则》，这是新中国成立初期颁布实行的关于司法组织和诉讼程序的重要法规，为在全国范围内建立统一的司法机关和诉讼程序、制度提供了法律依据。1954 年 9 月召开的第一届全国人民代表大会，在制定颁布宪法的同时，通过了人民法院组织法、人民检察院组织法，同年 12 月又通过了《中华人民共和国逮捕拘留条例》，这些法律明确规定了公、检、法三机关在刑事诉讼中分工负责、互相配合、互相制约等行为准则和程序，以及人民法院审判案件所必须遵守的基本原则和制度。所有这些，标志着我国司法制度的进一步健全和完善，为后来制定刑事诉讼法典创造了条件。

1979 年 2 月全国人大常委会法制工作委员会成立后，在抓紧刑法和其他几个法律草案的起草修订工作的同时，也组织力量，以 1963 年的刑事诉讼法草案初稿为基础，先后拟出草案的修正一稿和修正二稿；1979 年 6 月将修正二稿提请第五届全国人民代表大会第二次会议审议，于 1979 年 7 月 1 日正式通过，同年 7 月 7 日公布，1980 年 1 月 1 日起施行。至此，中华人民共和国第一部刑事诉讼法正式诞生了。这部法典分为总则和分则两个部分，共 4 编、17 章、164 条，基本上采用了大陆法系国家的职权主义诉讼模式，吸收了新中国成立初期已经确立的刑事诉讼原则和制度，如规定了依靠群众，公安机关、人民检察院、人民法院在刑事诉讼中应该分工负责、互相配合、互相制约，以事实为依据、以法律为准绳，公民在适用法律上一律平等，被告人有权获得辩护等原则，以及回避、两审终审等

制度。与此同时，还颁布了一系列与刑事诉讼法相关的法律，如人民法院组织法、人民检察院组织法、刑法等。在刑事诉讼法实施过程中，根据实际需要，全国人大常委会又陆续通过了有关办案程序、办案期限等补充规定。总之，中华人民共和国刑事诉讼法的产生和发展，经历了一个漫长而曲折的过程，但它始终坚持了以马列主义、毛泽东思想为指针，根据惩罚犯罪、保护人民的实际需要，贯彻了一切从实际出发、实事求是的根本原则，并在总结司法实践经验，借鉴和吸取外国和历史上诉讼制度中有益经验的基础上，制定出的具有中国特色的刑事诉讼法。它的制定、颁布和实施，使我国改变了多年以来办理刑事案件无法可依或仅凭单行法规办案，甚至凭经验办案的历史，把我国的刑事司法活动正式纳入了法制化的轨道，使公、检、法三机关在刑事诉讼中有了严格的操作规程和共同遵守的行为准则，对于及时地惩治犯罪，保护公民的合法权益，保障国家建设，维护社会秩序以及进行社会主义法制宣传教育等方面，起到了重要的作用。

三、《中华人民共和国刑事诉讼法》的修改

改革开放以来，随着国家的政治、经济状况，包括司法环境以及对刑事司法的要求所发生的变化，1979 年刑事诉讼法在许多方面已不能适应新形势的需要，为了健全和发展我国社会主义民主和法制，建立起适应社会主义市场经济发展的刑事诉讼法律制度，总结多年来我国刑事司法实践经验，解决司法实践中出现的新情况、新问题，需要修改完善我国的刑事诉讼法。

从 1993 年初开始，全国人大常委会法制工作委员会便着手刑事诉讼法的修改研究工作，在广泛征求中央有关部门、地方人大和专家学者意见的基础上，拟订了刑事诉讼法修正案草案。后经反复多次征求意见，不断进行修改，并经八届全国人大常委会两次审议，于 1996 年 3 月 17 日由八届全国人大第四次会议通过了《关于修改〈中华人民共和国刑事诉讼法〉的决定》，并于 1997 年 1 月 1 日起施行。从形式上讲，修正后的刑事诉讼法的条文从 164 条增加到 225 条；从内容上讲，这次修正，对我国刑事诉讼法作了一系列重要修改，涉及刑事诉讼的各个环节：补充规定了刑事诉讼的基本原则，增加了未经人民法院依法判决不得确定有罪等原则；调整了公、检、法三机关的职能管辖范围；改革和完善了刑事辩护、代理制度，强化了犯罪嫌疑人、被告人的辩护权，赋予被害人新的诉讼权利。例如，提高了犯罪嫌疑人、被告人的诉讼地位，赋予其申请保证金取保候审权、要求解除超期羁押权，以及“疑罪从无”原则的确立，律师及辩护人提前介入诉讼等；而对于被害人，其诉讼地位由一般的诉讼参与人提高到当事人，并赋予其申请回避权、抗诉请求权、委托代理权以及部分公诉案件的自诉权等；对刑事强制措施作了重大修改，取消收容审查制度，并将其中同犯罪作斗争的行之有效的规定纳入刑事拘留中；扩大了不起诉的范围，取消了免予起诉制度；对庭审方式进

行了重大改革，明确了合议庭与院长、庭长及审判委员会的权限，强化了合议庭在审判中的决定作用；在第一审程序中增设了简易程序，以简化诉讼程序；加强了人民检察院对刑事诉讼各个环节的法律监督；等等。这些修改充分体现了我国刑事诉讼法对人权保障的关注程度和我国刑事诉讼民主化程度的提高，对推动社会主义民主和法制建设具有十分重要的意义。

一方面，1996 年修改后的刑事诉讼法与 1979 年刑事诉讼法相比，借鉴吸收了外国的有益经验，采纳了一些国际上公认的刑事司法准则，强调实体与程序并重的价值观，在制约国家权力滥用和加强公民权利保障方面取得了很大的进步。可以说，刑事诉讼法的修改，是我国刑事诉讼制度和司法制度的重大革新，体现了改革开放以来政治、经济、文化以及立法和司法领域发生的观念变化，它不仅为实现司法公正提供了重要的保障，同时也促进了程序公正和保障人权的价值观念在司法人员和社会公众中的普及和提高。但是这次修正后的刑事诉讼法也非完美无缺，其设计和安排的原则、制度及程序等方面的疏漏之处也有不少，因此在实施过程中出现了不少问题。最高人民法院、最高人民检察院、公安部、国家安全部、司法部、全国人大常委会法制工作委员会等针对刑事诉讼法的实施相继单独或联合出台了一系列的解释、规则和规定，就是很好的明证。同时由于 1996 年刑事诉讼法修正案的重点在于对抗制庭审方式的引入，并着重对与此相关的程序、制度进行了调整，而对其他方面则关注不够，特别在证据制度方面存在着明显的缺陷，有对其进行再修改的必要性和迫切性。另一方面，我国现实条件和国际大环境的发展变化也呼唤着刑事诉讼制度的革新，如我国经济改革从 20 世纪 90 年代中期以来已大步走向市场经济体制，政治体制改革和司法制度改革随之逐步深入；1997 年以来我国政府先后签署加入了联合国《经济、社会和文化权利国际公约》《公民权利和政治权利国际公约》等重要国际条约，承担了执行联合国刑事司法准则的诸多义务；2002 年又加入了世界贸易组织（WTO），国际交往和国际合作的领域空前扩展；2004 年通过的宪法修正案明确增加了人权保障方面的内容，公民的权利保障观念在不断加强；等等。在这样的时代背景下，1996 年刑事诉讼法已不能适应我国政治、经济发展的需要，因此，理应从基本理念、基本原则和制度程序三个方面对刑事诉讼法的再修改进行研究。

经过多方准备和论证，2012 年 3 月 14 日，第十一届全国人大第五次会议审议通过了《关于修改〈中华人民共和国刑事诉讼法〉的决定》，对原刑事诉讼法修改和增加共 140 多处，刑事诉讼法的条文总数从 225 条增加到 290 条。修改的主要内容如下。

1. 补充规定“尊重和保障人权”。人权保障是世界刑事诉讼领域的趋势，且已经被明文规定在国际公约中，我国于 2004 年修改的宪法也补充规定了“国家尊重和保障人权”。素有“小宪法”之称的刑事诉讼法理应将这一理念纳入其中，这是我国第一次在部门法中载入此项规定，属于突破性的创新，意义深远。

2. 丰富了证据制度。将物证与书证分开，列为不同的证据种类；增加辨认笔录、侦查实验笔录、电子数据等证据形式，将“鉴定结论”修改为“鉴定意见”；确立了非法证据排除原则，对采用刑讯逼供等非法收集的口供、证人证言等予以排除，对书证、物证的排除采取双重标准，即“收集物证、书证不符合法定程序，可能严重影响司法公正的，应当予以补正或者作出合理解释；不能补正或者作出合理解释的，对该证据应当予以排除”；规定了人民检察院对非法证据排除和承担证据合法性举证的责任；确立了证人、被害人、鉴定人及其近亲属诉讼中作证的保护制度；增加了证人作证补偿制度。

3. 改革和完善了刑事辩护、代理制度。明确了犯罪嫌疑人在侦查阶段可以委托辩护律师，规定除少数案件外律师凭借“三证”即可会见犯罪嫌疑人、被告人，无须经过侦查机关批准，并规定会见的内容以及会见过程不被监听；完善了律师阅卷权的规定，扩展了辩护律师在审查起诉阶段阅卷的范围；扩大了法律援助的适用范围和对象范围；赋予了辩护人、代理人依法履行职责时受到阻碍情形的救济程序。

4. 完善了刑事强制措施。细化了逮捕条件，对“发生社会危险，而有逮捕必要”的情形予以明确的列举；规定审查批捕时的讯问犯罪嫌疑人程序和听取辩护人意见程序以及检察机关对于羁押必要性进行审查的程序；完善了监视居住措施，赋予其不同于取保候审的适用条件，明确了监视居住的执行场所，并增加了指定居所监视居住的期限应当折抵刑期和被监视居住人在监视居住期间监督监控的规定；明确了看守所是侦查羁押的场所，被拘留人应当在24小时内不受延误地被送到看守所；细化了保证金制度，强化了公安机关执行力度与责任。

5. 完善了侦查措施。增加了关于司法机关及其工作人员侵犯有关人员权益时的救济规定；延长了传唤、拘传的时间，规定“案情特别重大、复杂，需要采取拘留、逮捕措施的，传唤、拘传持续的时间不得超过二十四小时”；增加了侦查人员应当告知犯罪嫌疑人如实供述自己的罪行可以从宽处理的规定；规定了侦查人员在讯问过程中录音或者录像，并要求其全程性和完整性；赋予利害关系人对于违法侦查行为的申诉、控告的权利。

6. 对管辖权进行了修改。取消了外国人犯罪案件由中级人民法院一审管辖的规定，增加了恐怖活动由中级人民法院一审管辖的规定。

7. 对审判制度作出了重大改革。要求人民检察院提起公诉，应将案卷材料、证据移送人民法院；在开庭前准备程序中增加了起诉书副本送达辩护人的规定和庭前会议的程序；规定适用简易程序时检察院应当派员出庭；增加了证人强制出庭的义务；补充规定了中止审理的情形；扩大了简易程序的适用范围，不再限制在可能判处有期徒刑3年以下刑罚的、告诉才处理的以及轻微的刑事案件，并将适用简易程序的案件修改为基层人民法院管辖的案件；被告人被判处死刑的上诉案件和人民检察院抗诉的案件更改为应当开庭审理；加强了上诉不加刑原则，即“第二审人民法院发回原审人民法院重新审判的案件，除有新的犯罪事实，人民检察院补充起诉的以外，原审人民法院也不得加重被告人的刑罚”；将二审的审理期限延长至2个月，增加了对于死刑案件经高级人民法院批准可以延长的规定；改变了死刑复核程序的行政化色彩，规定最高人民法院复核死刑案件应当讯问被告人，听取辩护人的意见，增强了辩方的实质性参与。

8. 完善执行程序。规定判决书生效后10日内将法律文书送达公安机关、监狱；将看守所代为执行的范围修改为剩余刑期在3个月以下的罪犯；扩大暂予监外执行的适用范围，严格暂予监外执行的程序；规定对管制、缓刑、假释或暂予监外执行的罪犯依法实行社区矫正。

9. 增设“特别程序”。专门规定了未成年人刑事案件诉讼程序，当事人和解的公诉案件诉讼程序，犯罪嫌疑人、被告人逃匿、死亡案件违法所得的没收程序，对实施暴力行为的精神病人的强制医疗程序这四种特别程序，填补了特殊类型诉讼程序的空白，体现了刑事诉讼的科学化、规范化、民主化的发展方向。

2014年10月23日，中国共产党第十八届中央委员会第四次全体会议通过《中共中央关于全面推进依法治国若干重大问题的决定》，提出了“推进以审判为中心的诉讼制度改革”和“完善刑事诉讼中认罪认罚从宽制度”的改革部署。2016年7月20日，最高人民法院、最高人民检察院、公安部、国家安全部、司法部联合通过并发布了《关于推进以审判为中心的刑事诉讼制度改革的意见》，从侦查、审查起诉、审判和辩护制度层面进一步细化了“以审判为中心的诉讼制度改革”的要求。2016年11月11日，最高人民法院、最高人民检察院、公安部、国家安全部、司法部联合通过并印发了《关于在部分地区开展刑事案件认罪认罚从宽制度试点工作的办法》，该办法不仅规定了认罪认罚从宽制度的改革内容，而且吸纳了2014年以来的刑事案件的速裁程序试点成果，标志着认罪认罚从宽制度的体系性改革正式开始。

与此同时，我国监察体制改革也在不断推进，2016年11月，中共中央办公厅印发《关于在北京市、山西省、浙江省开展国家监察体制改革试点方案》，部署在三省市设立各级监察委员会，正式开始监察体制改革的试点工作，在体制机制和制度建设方面进行了新的探索，为监察体制改革在全国范围内的铺开奠定了基础。2017年11月4日，第十二届全国人民代表大会常务委员会第三十次会议通过《关于在全国各地推开国家监察体制改革试点工作的决定》，监察体制改革的试点由此推向全国。全国试点的经验丰富了我国宪制的内涵，为监察立法提供了坚实的基础，中国共产党十九届二中全会审议通过了《中国共产党中央委员会关于修改宪法部分内容的建议》。在此背景下，2018年3月11日，第十三届全国人民代表大会第一次会议通过《中华人民共和国宪法修正案》，监察制度正式写入宪法。其后，该次会议又通过了《中华人民共和国监察法》，监察制度开始从地方试点走向体系性立法，正式成为中国特色社会主义法律体系的重要组成部分。

上述改革内容一方面丰富了我国刑事诉讼的实践，另一方面也对刑事诉讼法提出了新的要求，2012年刑事诉讼法已经无法适应改革发展的情势。为贯彻落实党中央关于深化国家监察体制改革、建立刑事缺席审判制度、实行认罪认罚从宽制度和速裁程序的决策部署，及时总结改革试点的经验，2018年10月26日第十三届全国人民代表大会常务委员会第六次会议通过《关于修改〈中华人民共和国刑事诉讼法〉的决定》，对刑事诉讼法进行了第三次修改，条文总数从290条增加至308条。本次刑事诉讼法修改的内容主要集中在以下几个方面。

1. 完善与监察法的衔接机制，建立刑事缺席审判制度

为更好与2018年通过的宪法修正案和监察法相衔接，本次刑事诉讼法的修正在以下四个方面作了修改补充。

一是调整人民检察院的侦查职权。在保留人民检察院的“机动侦查权”的同时，删除了人民检察院对贪污贿赂案件的侦查职权的规定。同时，考虑到人民检察院有权对诉讼活动实行法律监督，在法律监督中容易发现司法工作人员利用职权实施的“非法拘禁、刑讯逼供、非法搜查等侵犯公民权利、损害司法公正的犯罪”，为维护法律监督的刚性并确保监督的效果，保留了人民检察院对这一部分案件的侦查权。

二是相应调整贪污贿赂案件的侦查程序。由于人民检察院已不负有贪污贿赂案件的侦查权，因此，相关条文中涉及人民检察院对贪污贿赂案件侦查活动的规定也应随之调整。具体删除了下述规定中有关贪污贿赂犯罪的内容：特别重大贿赂犯罪案件，辩护律师在侦查阶段会见在押犯罪嫌疑人的，应当经侦查机关许可；在住处执行可能有碍侦查的特别重大贿赂犯罪案件，经过上一级人民检察院批准，可以指定居所监视居住；重大贪污、贿赂犯罪案件，根据严格的批准手续，人民检察院在立案后可以采取技术侦查措施。

三是对人民检察院审查起诉监察机关移送的案件、留置措施与刑事强制措施之间的衔接机制作出规定。明确人民检察院对监察机关移送起诉的案件应当依照刑事诉讼法和监察法的有关规定进行审查，移送前已经采取留置措施的案件，人民检察院应当对犯罪嫌疑人先行拘留，留置措施自动解除，并在10日以内作出是否逮捕、取保候审或者监视居住的决定。特殊情况下，决定的时间可以延长。人民检察院决定采取强制措施的期间不计入审查起诉期限。

四是建立刑事缺席审判程序。在反腐败国际追逃追赃工作取得重大进展的情况下，刑事诉讼法有必要因应监察体制改革和其他特殊案件的需求，借鉴外国合理经验，建立我国的缺席审判程序，及时对外逃犯罪分子作出刑事法上的否定性

评价。因此，本次修法在刑事诉讼法第 5 编特别程序中增设“缺席审判程序”一章。该章明确适用缺席审判程序的案件范围为：贪污贿赂犯罪案件和经过最高人民检察院核准的需要及时进行审判的严重危害国家安全犯罪、恐怖活动犯罪案件。适用该程序的形式和事实要件是监察机关、公安机关移送起诉；人民检察院认为犯罪事实已经查清，证据确实、充分，依法应当追究刑事责任。此外，该章还对缺席审判的管辖制度、送达制度和被告人的诉讼权利作了详细规定。而且，根据司法实践的需求，单独增加了对“被告人患有严重疾病中止审理”和“被告人死亡”案件可以缺席审判的规定。

2. 完善认罪认罚从宽制度，增加速裁程序

鉴于认罪认罚从宽制度试点工作于 2018 年 11 月期满，为及时总结认罪认罚从宽制度和速裁程序中行之有效的做法，本次刑事诉讼法修改在认罪认罚从宽制度方面做了以下四个方面的规定。

一是增加“认罪认罚从宽原则”。在刑事诉讼法第 1 编第 1 章中明确规定：“犯罪嫌疑人、被告人自愿如实供述自己的罪行，承认指控的犯罪事实，愿意接受处罚的，可以依法从宽处理。”以此作为刑事诉讼的基本原则，统领刑事诉讼的全过程。

二是完善刑事案件认罪认罚从宽的程序性规定。这在刑事诉讼的三个阶段都有体现。在侦查阶段，侦查机关应当告知犯罪嫌疑人诉讼权利并把认罪情况记录在案。在审查起诉阶段，犯罪嫌疑人认罪认罚的，签署认罪认罚具结书，人民检察院提出量刑建议；犯罪嫌疑人认罪认罚，有重大立功或者案件涉及国家重大利益的，经最高人民检察院核准，可以撤销案件或者不起诉。在审判阶段，人民法院审查认罪认罚的自愿性和具结书的真实性、合法性，并对量刑建议的妥当性进行审查。

三是加强对认罪认罚犯罪嫌疑人和被告人的权利保障。为保障犯罪嫌疑人、被告人的知情权，明确公安机关、人民检察院、人民法院均应告知犯罪嫌疑人、被告人有关诉讼权利和认罪认罚的法律规定。为保障犯罪嫌疑人、被告人接受律师帮助的权利，建立了值班律师制度，规定犯罪嫌疑人、被告人没有委托辩护人，法律援助机构也没有为其指派辩护人的，可以由值班律师为犯罪嫌疑人、被告人提供法律帮助。为保障犯罪嫌疑人、被告人的人身自由权，明确将认罪认罚作为采取强制措施时判断人身危险性的考量因素。

四是增加速裁程序。为提升认罪认罚案件的审理效率，进一步推进刑事案件“繁简分流”，特别增加了速裁程序。明确了速裁程序的适用范围，对于基层人民法院管辖的可能判处 3 年有期徒刑以下刑罚的案件，案件事实清楚，证据确实、充分，被告人认罪认罚并同意适用速裁程序的，可以适用速裁程序；在此基础上，还规定了禁止适用速裁程序的案件范围以及审理程序的转化。同时，还规定了速裁程序

的简化方式，即速裁程序由审判员一人独任审判，一般不进行法庭调查和法庭辩论，但应当听取辩护人的意见和被告人的最后陈述，此类案件应当当庭宣判。

3. 完善与其他新制定或修改法律的衔接

为了与当时新近修改或通过的相关法律和立法解释的规定相衔接，本次修正案对 2012 年刑事诉讼法的相应部分进行了修改。具体体现在以下四个方面。

一是对被判处死刑缓期 2 年执行的罪犯重新犯罪的处理程序和被判处财产刑的刑罚执行程序作出相应修改。《中华人民共和国刑法修正案（九）》对被判处死刑缓期 2 年执行的罪犯执行死刑的条件所作的修改，增加了“情节恶劣”的限制性规定。对此，刑事诉讼法增加规定：“对于故意犯罪未执行死刑的，死刑缓期执行的期间重新计算，并报最高人民法院备案”。针对罚金刑的执行，增加了罚金可以延期缴纳的规定，并明确延期缴纳、酌情减少或者免除罚金由人民法院作出裁定。将可以延期缴纳、减少或免除罚金的情形从“遭遇不能抗拒的灾祸”扩大至“遭遇不能抗拒的灾祸等原因”。

二是《中华人民共和国律师法》《中华人民共和国公证法》根据建立终身禁止从事法律职业制度的改革要求进行了修改，规定被开除公职和被吊销律师、公证员执业证书的人，不得担任辩护人，但系犯罪嫌疑人、被告人的监护人、近亲属的除外。为与上述法律保持一致，刑事诉讼法也增加了相应的规定。

三是 2018 年修改的《中华人民共和国人民陪审员法》规定了 3 名法官和 4 名人民陪审员组成 7 人合议庭，以审理一些社会影响重大的案件。这对刑事审判中合议庭的人数和组成产生了影响。为与修改后的人民陪审员法规定相衔接，刑事诉讼法作出了相应的修改。

四是 2018 年第十三届全国人大常委会第三次会议通过了《关于中国海警局行使海上维权执法职权的决定》，该决定明确了中国海警局在海上维权执法、打击海上违法犯罪活动、维护海上治安等任务时，行使法律规定的公安机关的相应执法职权。为与上述规定相衔接，在刑事诉讼法附则中增加规定，中国海警局履行海上维权执法职责，对海上发生的刑事案件行使侦查权。同时，规定中国海警局办理刑事案件，适用刑事诉讼法的有关规定。

第三章　刑事诉讼基本理论范畴

第一节　刑事诉讼目的

一、刑事诉讼目的的基本内涵

刑事诉讼目的是指国家制定刑事诉讼法、建立刑事诉讼制度，进行刑事诉讼活动所期望达到的目标。它是国家的立法者基于一定社会占主导地位的价值观念，并在认识刑事诉讼固有属性的基础上设计的关于刑事诉讼结果的理想模式。

刑事诉讼目的是刑事诉讼程序设计的核心和基本前提，不同的刑事诉讼目的所体现的是不同的价值利益权衡。它不仅是刑事诉讼制度建构的内在要素和基本依据，还表明了国家与个人在刑事诉讼程序动态运行过程中的相互关系。近代以前的刑事诉讼要么以对被害人进行补偿为重点而强调对犯罪人的报复，要么强调国家利益特别是统治阶级的利益而强调对犯罪人的惩罚，被追诉者的诉讼权利或是被忽略或是根本谈不上被纳入立法考虑的层面。随着刑事诉讼立法及制度的现代化转型，被追诉者的人权保障日益得以张扬，刑事诉讼目的也从惩罚犯罪的单一目的转变为惩罚犯罪与保障人权相结合的双重目的。

所谓惩罚犯罪，是指通过刑事诉讼程序，在准确、及时地查明案件事实真相的基础上，对构成犯罪的被告人公正地适用刑法，从而打击犯罪，实现国家刑罚权。换言之，在刑事诉讼过程中，国家专门机关根据法律的规定办理刑事案件，分别行使侦查、起诉、审判等职权，追究犯罪，其根本目的就在于确定被追诉者的行为是否构成犯罪，以及在构成犯罪的基础上应否判处刑罚和判处何种刑罚。从这个意义上讲，刑事诉讼实际上就是国家专门机关为实现国家刑罚权而依法进行的专门活动。

所谓保障人权，是指通过刑事诉讼惩罚犯罪的过程，保障公民权利，特别是保障犯罪嫌疑人、被告人、被害人及其他诉讼参与人的实体权利和程序性权利不受非法侵害。具体而言，刑事诉讼中的保障人权主要是指：（1）通过对犯罪人的及时惩处，保护一般公民的人身、财产等合法权益免受犯罪行为的侵犯；（2）在惩罚犯罪的同时保障无罪的人不受刑事追究；（3）保障包括犯罪嫌疑人、被告人、被害人在内的所有诉讼参与人的诉讼权利得到充分行使；（4）保障有罪的人受到公正、人道的惩罚。可以说，刑事诉讼中保障人权的核心就是要通过保障犯罪嫌疑人、被告人的人权，来保障全体公民个人的权利和自由。基于此，国家专门机关在刑事诉讼的过程中，就应该依法行事并在手段上有所节制，从而避免权力的恣意行使或滥用；与之相对，受到刑事追诉的个人就应该拥有相应的手段和条件来对抗非法、专横的追诉。

二、惩罚犯罪与保障人权的辩证关系

惩罚犯罪与保障人权是刑事诉讼目的中不可分割的两个方面，片面强调任何一方，都将违背现代国家刑事诉讼法的根本宗旨。为此，刑事诉讼中，惩罚犯罪与保障人权之间的关系表现为既统一又对立。

两者的统一性主要是指刑事诉讼的这两个直接目的共同处于刑事诉讼程序的统一体中，相互依存，并贯穿于始终。一方面，正确惩罚犯罪与保障被害人的权利以及无罪的人不受刑事追诉是统一的。同时，正确惩罚犯罪也不能脱离程序性权利保障。如果在刑事诉讼中故意违反宪法、刑事诉讼法等法律规定的权利保障条款，不尊重诉讼参与人的权利，滥用司法权力，甚至直接或变相刑讯逼供、诱供等，大搞“宁枉勿纵”，势必会滋生大量冤假错案，惩罚犯罪的目的也就难以实现。所以惩罚犯罪绝不能忽视保障人权。

另一方面，保障人权也不能完全脱离正确惩罚犯罪。刑事诉讼中的保障人权，指的是在惩罚犯罪过程中实现人权保障的目的。只有准确、及时、公正地打击犯罪，公民的基本权利才可能得到有效的保障。如果有罪不究，有罪不罚，保障人权也是一句空话。在刑事诉讼中，不但应当保护被害人的合法权益，而且更要保障犯罪嫌疑人、被告人及其他诉讼参与人的合法权益免受非法侵害。这是刑事诉讼制度文明、民主化的必然要求。

由此可见，作为刑事诉讼目的，惩罚犯罪与保障人权应当是相互统一的，既不能只强调惩罚犯罪而不保障人权，也不能只强调保障人权而放弃惩罚犯罪。

但是，也不能否认，刑事诉讼目的中的惩罚犯罪与保障人权，也时常表现出对立性。通过刑事诉讼程序，实现刑事诉讼惩罚犯罪与保障人权的有机统一，是刑事诉讼所追求的理想状态。但理想并不等于现实。在刑事诉讼程序实际运作过程中，惩罚犯罪与保障人权往往难于协调而出现冲突，有些情况下甚至是相互对立的，如对于疑罪是从无处理还是从轻或从挂处理，通过非法手段获得的证据材料应否予以排除等，都涉及惩罚犯罪与保障人权两方面的价值冲突。这是追求惩罚犯罪与保障人权所体现的不同价值利益观导致的，而不同国家基于不同的诉讼价值观，会对冲突的刑事诉讼目的两个方面作出不同的权衡选择。例如，英美法系国家崇尚个人自由，强调个人权利应当超越国家利益，故在刑事诉讼中比较偏重保障人权，整个刑事诉讼程序都采当事人主义。当惩罚犯罪与保障人权不能兼顾时，往往选择保障人权，这就是英美法系国家刑事诉讼中普遍确立“非法证据排除规则”的直接原因。而大陆法系国家在传统上比较注重国家和社会的总体利益，关注惩罚犯罪的诉讼效率，因而其刑事诉讼结构普遍采职权主义，当刑事诉讼的双重目的间产生冲突时，惩罚犯罪往往成为社会的主导价值观。

从时代发展的眼光来看，当前，世界各国都普遍注重保障人权，使得刑事诉讼立法不断朝着更加民主、科学、文明的方向发展。

第二节　刑事诉讼价值

一、刑事诉讼价值的基本内涵

价值是一个反映主体与客体、主观与客观统一性的范畴，同时也是反映主客体关系中主体选择偏重的范畴，它表征的是客观对象能够满足社会主体的需要并为主体的利益服务的性能和属性。[①] 在我国，关于刑事诉讼的价值这一问题，理论上一直受到“价值就是有用性”这种目的价值观的束缚，并将这种哲学认识论意义上的价值观运用到刑事诉讼领域。这种价值观认为刑事诉讼价值是指刑事诉讼立法及其实施通过满足社会及其成员的需要，而对国家和社会的效用和意义，[②] 将刑事诉讼所追求的社会理想和实体目的视为刑事诉讼的价值，即认为刑事诉讼价值包括公正、秩序、效益、自由、安全等诸项内容。

近年来，诉讼法学界对这种目的论价值观进行了深入的反思，认为从目的价值的角度认识诉讼的价值，容易导致程序对实体的附庸。对其过分强调往往会导致诉讼过程中“重实体、轻程序”“重结果、轻过程”，甚至“重权力、轻权利”等观念的产生，这也正是我国刑事诉讼制度需要解决的重要问题之一。在理论反思中，刑事诉讼的过程价值观得以提出，并已逐渐被诉讼法学界所接受，成为理论上的通说。在这种价值观看来，刑事诉讼价值应指刑事程序在设计和运作中所体现的基本价值标准，这些价值不存在于诉讼结局之中，而应属于评价刑事诉讼程序或过程的价值标准。因此，刑事诉讼程序在设计上一方面必须符合特定的伦理价值标准，具有特定的内在优秀品质；另一方面还必须考虑如何对刑法的正确

---

① 公丕祥主编：《法理学》，复旦大学出版社 2002 年版，第 78—79 页。

② 樊崇义主编：《刑事诉讼法学》，法律出版社 2004 年版，第 38 页。

实施具有积极的效用和保障意义。[①] 这种价值观提倡不从哲学认识论的角度，而从哲学伦理学即道德评价的角度来认识刑事诉讼的价值。据此，刑事诉讼的价值就被区分为工具价值和独立价值两个方面。

二、刑事诉讼程序的工具价值

不容否认，刑事诉讼程序具有保证刑事实体法实施的工具价值。具体而言，刑事诉讼法或刑事诉讼程序对刑法实施的保证作用主要体现在以下几个方面。[②]

1. 刑事诉讼法规定了实施刑法的国家专门机关及其职权分工。刑事诉讼法规定，公安机关、人民检察院和人民法院是进行刑事诉讼、行使国家刑罚权的专门机关。如公安机关主要行使侦查权，人民检察院行使批准逮捕权、公诉权和其他检察权，人民法院行使审判权，这些规定使国家刑罚权的行使有了组织机构和职权配置上的保证。

2. 刑事诉讼法规定了一系列基本原则和基本制度，保证国家专门机关在权力行使和权力制约上的统一。为保证诉讼的顺利进行，刑事诉讼法赋予了国家专门机关必要的权力，如有权采取搜查、扣押、拘留、逮捕、通缉等强制性措施，有权起诉、作出有罪或无罪判决等。另外，为了防止、制约权力不被滥用，刑事诉讼法规定了人民法院、人民检察院和公安机关分工负责、互相配合、互相制约的基本原则，而且将其落实到一系列制度、程序之中，如公安机关逮捕犯罪嫌疑人必须经人民检察院批准，公安机关对人民检察院不批准逮捕或不起诉的决定不服的，有权要求复议、复核等，从而使专门机关在行使权力时，既能有利于打击犯罪，又可有效地防止伤及无辜或侵犯公民的权利。

3. 刑事诉讼法规定了运用证据的原则和规则，保证准确地认定案件事实。刑事诉讼法不仅规定了以事实为依据、以法律为准绳的基本原则，还规定了证据的法定种类及忠于事实真相，全面合法地收集证据，严禁刑讯逼供等非法方法收集证据，重证据不轻信口供，证据必须经过质证核实才能作为定案的根据等一系列规则，从而使证据的收集客观、全面、公正，证据的审查、判断和运用符合认识规律，为办案人员准确认定案件事实提供重要保证，进而为正确适用法律、公正处理案件提供前提条件。

4. 刑事诉讼法设计了前后衔接的程序运行过程，尽量保证案件从实体上得到公正处理。刑事诉讼法规定了案件的流转通常要经过立案、侦查、起诉、第一审、第二审等前后相继的独立程序，前一程序是后一程序的准备，同时前一程序

---

① 陈瑞华：《刑事诉讼的前沿问题》，中国人民大学出版社 2000 年版，第 92 页。

② 陈光中、王万华：《论诉讼法与实体法的关系——兼论诉讼法的价值》，载陈光中、江伟主编：《诉讼法论丛》（第 1 卷），法律出版社 1998 年版，第 6—8 页。

的缺陷、错误，又可通过后一程序得以发现、弥补和纠正。这样的程序系统使办案人员对案件的认识，从片面到全面，从表象到本质，逐步深化，不断修正对案件的错误认识，使案件处理在实体上的错误减少到最低程度。

5. 刑事诉讼法设计了相关的制度、程序，保证刑法的高效率实施。“迟来的正义非正义”，案件的及时处理是正确实施实体法的必然要求。高效率地办案，不仅节省了国家的司法资源，更重要的是能及时地打击犯罪，及早地还无辜者以清白。为此，刑事诉讼法规定了诉讼期限、简易程序等具体的制度、程序，以保证案件能得到正确及时的处理。

三、刑事诉讼程序的独立价值

保证实体法的正确实施是刑事诉讼法或刑事诉讼程序的工具价值或外部价值，但不是唯一的价值，刑事诉讼法或刑事诉讼程序还具有不取决于实体法实施的独立价值或固有价值，也就是刑事诉讼程序本身所具有的独立的优秀品质。[①]

1. 刑事诉讼法所规定的原则、制度和程序，是国家民主、法治、人权状况的体现，是司法公正乃至社会公正的重要标志。刑事诉讼活动不单纯是一种发现事实真相的认识活动，它还是一个程序价值的选择和实现过程，其自身还体现了一个国家司法制度的公正与否。刑事诉讼法规定的人民法院、人民检察院依法独立行使职权、审判公开、辩护制度、控辩式的审判方式以及严禁刑讯逼供等，都是民主、法治精神的体现。公安司法人员在办理刑事案件的过程中只有严格遵守法定程序，才能实现程序公正；相反，如果公安司法人员任意违反法定程序，刑讯逼供，非法取证，秘密审判，限制甚至剥夺被告人的辩护权等，即使案件在实体处理上没有错误，也会因其诉讼过程中的野蛮、专横，使当事人和社会公众不仅对实体处理是否公正产生怀疑，而且对社会正义的最后防线的司法公正产生怀疑，进而对现实失去信心，甚至产生对抗情绪，这就从反面体现出了诉讼程序本身的独立价值。

2. 刑事诉讼法在一定程度上弥补了刑事实体法的不足，并创制了实体法。诉讼法工具价值的完美实现是以实体法的完善为前提的。但即使是在制定法国家，刑事实体法的完美无瑕也只是一个理想的假设，因为随着社会生活的日新月异，犯罪现象也变得复杂多样，最完备的刑法也不可能对社会生活的方方面面均作出周密的规定，更不可能预先规定未来的一切变化。这就需要国家专门机关及其工作人员在依据刑事诉讼法办理案件的过程中，特别是在作出判决时，正确地理解和解释法律，依据法律精神合理进行裁量，而不是像“自动售货机”一样机械地适用法律。这样，在诉讼程序的运作过程中，通过法官的判决解释实体法的模

---

① 陈光中、徐静村主编：《刑事诉讼法学》（第 2 版），中国政法大学出版社 2002 年版，第 14 页。

糊、不具体之处，进而通过“判例”来填补实体法的空白，弥补了实体法的不足，并在某种程度上讲，创制了实体法。

3. 刑事诉讼法在特定情形下限制了刑事实体法的实施。司法权的一个重要特点就是被动性，即没有起诉就没有审判，也就是要遵循不告不理原则。在刑事诉讼中，只有检察机关提起公诉或自诉人提起自诉的案件，审判机关才能受理。因此，如果自诉人不提起自诉或者人民检察院根据刑事诉讼法第 177 条的规定，对于犯罪情节轻微可以不起诉的案件作出了不起诉的决定，人民法院就不可能进行审判。

总之，我们在认识刑事诉讼程序工具价值的同时绝不能忽视刑事诉讼程序的独立价值。为此，应该摈弃“重实体、轻程序”的传统价值观念，强调刑事实体法与刑事诉讼法的相互依存，主张程序与实体并重。

第三节　刑事诉讼结构

一、刑事诉讼结构的基本内涵

刑事诉讼结构，或称刑事诉讼构造、刑事诉讼形式，是指由一定的诉讼目的所决定的刑事诉讼基本方式以及控诉、辩护和裁判三方的法律地位和相互关系的基本格局。

刑事诉讼结构有横向结构与纵向结构之分。前者是指控诉、辩护和裁判三方在侦查、起诉、审判等各具体诉讼阶段的法律地位和相互关系；后者是指控诉、辩护和裁判三方在整个刑事诉讼过程中的法律地位和相互关系。横向构造较多地关注控诉、辩护和裁判三方在各个程序横断面上的静态关系；而纵向结构则更加重视控诉、辩护和裁判三方在整个诉讼程序流程中的动态关系。

刑事诉讼结构由一定的诉讼目的所决定。各国总会基于一定刑事诉讼目的实现的需要，来设计适合自己国情的刑事诉讼结构。在偏重惩罚犯罪的刑事诉讼制度和程序中，国家机关往往享有较大的权力；而在偏重保障公民权利的刑事诉讼制度和程序中，犯罪嫌疑人、被告人则被赋予较多的程序性权利。同时，目的选择的变化，也必然要求诉讼结构作出相应的调整。但不同诉讼结构的形成和调整，还会受到诉讼文化传统、国家的法治原则等诸多因素的影响，并不完全由诉讼目的所决定。

依据各国诉讼理论上的通说，人类历史上曾出现过弹劾式和纠问式两种类型的刑事诉讼结构，现代西方国家的刑事诉讼结构主要有大陆法系的职权主义诉讼、英美法系的当事人主义诉讼和日本的混合式诉讼三种模式。此外，还有学者针对不同的分析视角提出了犯罪控制模式与正当程序模式、争斗模式与家庭模式、职权纠明模式与当事人抗争模式以及阶层模式与同位模式等理论学说。①

二、关于刑事诉讼结构的理论学说

作为一个理论范畴，刑事诉讼结构是由日本学者较早提出并确立于刑事诉讼法学的研究课题之中的。在我国，对于诉讼结构的系统研究起步较晚，但这并不意味着它一直是一个不被人关注的话题。早在 20 世纪初，被称为“中国法律现代化之父”的沈家本在就其主持完成的《刑事诉讼律草案》向清廷所作的解释中，就将刑事诉讼区分为“纠问”和“告劾”两种基本形式，并对这两种诉讼形式的核心特征作出了概要性的界定。后来，中国学者夏勤等人在其著作中明确提出了“刑事诉讼方式”的概念，并以此为根据，将刑事诉讼程序区分为弹劾式与纠问式两大基本类型。20 世纪 80 年代中后期，一些学者提出了所谓的“刑事诉讼形式”的概念，并运用这一概念工具对英美法系和大陆法系国家的刑事诉讼程序进行比较研究。进入 20 世纪 90 年代，一些中青年学者通过借鉴日本刑事诉讼构造理论和美国刑事诉讼模式理论，明确提出了“刑事诉讼构造”这一范畴，并运用它来分析中外刑事诉讼的问题。与此同时，一些学者对“刑事诉讼构造”这一舶来的概念持有异议，提出以“刑事诉讼结构”取而代之的主张。② 自此，我国诉讼法学界对于诉讼结构的研究取得了一定的成果，但在如何认识和定位我国刑事诉讼结构的问题上，学者们尚未达成共识。其中备受关注的是关于刑事诉讼的双重结构理论，即“三角结构”与“线性结构”理论。在这种理论看来，刑事诉讼中存在着三角结构和线性结构，两种结构均有其存在的法理和实践根据，而且体现出不同的功能特点。③

刑事诉讼三角结构的表征是作为当事人的控辩双方平等对立，法官作为第三方居于其中，公正裁判、解决纠纷。直观地看，这种诉讼结构是“等腰三角形”或“正三角形”，因而称为三角结构。这一结构有三个方面的基本特征：一是审判中立；二是控、辩平等；三是控、辩积极对抗。依据这样的结构，刑事司法程序的设计与运作就遵循了诉审分离和审判本位主义这两项基本原则。

所谓“线性结构”实际上是将诉讼视为一种“双方组合”，一方是作为整体的国家司法机关，另一方是犯罪嫌疑人、被告人，诉讼活动的基本内容是司法机关积极地推进司法活动。这种结构也有三个方面的内在要求：一是司法一体化；

① 关于这些模式的划分标准及主要特征可参见李心鉴：《刑事诉讼构造论》，中国政法大学出版社 1997 年版，第 23—59 页。

② 陈瑞华：《刑事诉讼的前沿问题》，中国人民大学出版社 2000 年版，第 115—116 页。

③ 徐静村主编：《刑事诉讼法学（修订本）》（上），法律出版社 1999 年版，第 65—75 页。

二是司法活动的积极性、主动性；三是被告方的权利受到限制。这样的基本特征同样表现出特定的诉讼制度，即侦查本位主义、审判过程中的法官职权主义以及犯罪嫌疑人、被告人实际地位趋向客体化。

从民主实现、效率满足和真实发现的角度来看，两种诉讼结构各有所长，也各有所短，理想的诉讼模式应是一种全面体现科学、民主、效率多方面的要求，扬长避短的混合型模式。而从总体上看，近代以前的刑事诉讼分别采取了极端的三角结构或线性结构，而近现代的刑事诉讼则兼采两种结构，因而可以称为“混合式”诉讼。

随着人权保障条款的入宪和刑事诉讼法的三次修改，将诉讼结构这一范畴引入理论研究和立法考量的领域，对于我国刑事诉讼功能的实现和刑事法治化进程的推进，必将有着不可忽视的指导意义。

第四节　刑事诉讼主体

一、刑事诉讼主体的基本内涵

主体是和客体相对应的范畴。从一般意义讲，“主体”一词有三个方面的含义：[①]（1）事物的主要部分；（2）哲学上指有认识和实践能力的人；（3）法律上指依法享有权利和承担义务的自然人、法人或国家。

刑事诉讼主体是指根据法律的规定和诉讼的需要，参与刑事诉讼活动，在诉讼中享有一定诉讼权利、承担一定诉讼义务的国家专门机关和诉讼参与人。

作为一个理论范畴，刑事诉讼主体学说是资产阶级法学家首先提出的。在他们看来，诉讼得以产生或存在的前提就是两个主体之间存在争议，法庭的任务或职能则是确认两个相互对立的主张中某一方为正当并作出相应的裁判。例如，日本学者平野龙一认为，诉讼由法院、检察官和被告人三者构成，三者之间持续交涉的过程，就是诉讼，如果没有这三者，诉讼就不成立。在这个意义上，这三者为诉讼的主体。[②] 诉讼主体学说的提出，是诉讼理论进步和深入的表现，它将诉讼职能、被告人的权利保障等纳入诉讼理论研究的范畴。根据诉讼主体学说，犯罪嫌疑人、被告人是刑事诉讼中的主体，依法享有一定的诉讼权利，为此不应将其单纯地作为国家进行犯罪追诉的对象，更不能将其作为诉讼的客体，对其实施刑讯逼供。作为诉讼主体，犯罪嫌疑人、被告人在刑事诉讼中应当受到有人格的

① 参见《现代汉语词典》增补本，商务印书馆2002年版，第1643页。

② 转引自徐静村主编：《刑事诉讼法学（修订本）》（上），法律出版社1999年版，第81页。

对待，并拥有参与涉及自身利益的决定过程及改善自身处境的机会和手段。与此相对，国家应该尊重和保障犯罪嫌疑人、被告人的各项权利，并为这些权利的实现提供必要的条件，即犯罪嫌疑人、被告人的基本人权应当得到国家立法和司法的有效保障。

在改善犯罪嫌疑人、被告人诉讼地位方面，诉讼主体学说发挥了十分积极的作用。不过，诉讼主体学说自身也有一个不断发展的过程。从诉讼主体理论的产生背景来看，它似乎更注重被告人是否成为诉讼的主体，而对于其他诉讼参与人是否属于诉讼主体则并不十分介怀。因此，最初的主体学说只将起诉人、被告人和法院作为诉讼主体。这种传统的学说迄今仍有相当的影响力。时至今日，刑事诉讼主体已不再只是一个理论上的概念，在有些国家和地区，它已经成为一个正式的立法概念。譬如，意大利和我国澳门特别行政区的刑事诉讼法均设有专门的编、章规定诉讼主体。根据《意大利刑事诉讼法典》第 1 编的规定，诉讼主体包括法官、公诉人、司法警察、被告人、民事当事人、被害人和辩护人。我国澳门特别行政区刑事诉讼法规定的刑事诉讼主体有六种，分别是法官、检察院、刑事警察机关、嫌犯及其辩护人、辅助人和民事当事人。①

二、我国刑事诉讼主体的范围

关于刑事诉讼主体的范围问题，我国诉讼法学界目前存在着不同的见解，主要有广义刑事诉讼主体说和狭义刑事诉讼主体说两种观点。广义刑事诉讼主体论者认为，刑事诉讼主体是指一切参加刑事诉讼并在诉讼中享有诉讼权利和承担诉讼义务的机关和个人。这种学说强调，对刑事诉讼主体的研究和确定应该与刑事诉讼法律关系结合起来进行，刑事诉讼法律关系指的是刑事诉讼主体间的权利、义务关系，因此刑事诉讼的主体与刑事诉讼法律关系的主体范围是一致的，对二者进行区分意义不大。狭义的刑事诉讼主体论者认为，刑事诉讼主体不同于刑事诉讼法律关系主体，它的范围相对要小，仅限于在刑事诉讼中承担一定诉讼职能，并对诉讼程序的产生、发展和结局起着决定性影响的国家专门机关和当事人。我们赞成将刑事诉讼主体的研究与“主体性”问题结合起来的观点，在此采纳的是广义刑事诉讼主体的主张。

依据我国的刑事诉讼法，并根据其在诉讼中的地位、作用及所享有的权利和承担义务的不同，可将刑事诉讼主体分为专门机关、当事人和其他诉讼参与人三类。

（一）刑事诉讼中的专门机关

刑事诉讼中的专门机关，是指依照法定职权进行刑事诉讼活动的国家机关，包括人民法院、人民检察院和公安机关。

---

① 宋英辉主编：《刑事诉讼原理》，法律出版社 2003 年版，第 175—177 页。

依据刑事诉讼法第 4 条、第 308 条的规定，国家安全机关、军队保卫部门、中国海警局和监狱在办理特定的刑事案件时，也属于刑事诉讼中的专门机关。此外，从 1998 年开始，国家在各级海关设立走私犯罪侦查部门，专门负责对走私犯罪案件的侦查工作。海关总署设走私犯罪侦查局，按照海关总署对缉私工作的统一部署和指挥，负责对走私犯罪案件的侦查、拘留、执行逮捕、预审工作。走私犯罪侦查局在直属海关设走私犯罪侦查分局，负责该直属海关业务管辖区域内走私犯罪案件的侦查、拘留、执行逮捕、预审工作。走私犯罪侦查分局在隶属海关配置走私犯罪侦查大队，走私犯罪侦查大队必要时在隶属海关的下一级海关配置走私犯罪侦查中队。走私犯罪侦查大队、走私犯罪侦查中队承担对走私犯罪事实和犯罪嫌疑人的侦查工作。缉私警察是对走私犯罪案件依法进行侦查、拘留、执行逮捕、预审的专职刑警队伍。缉私警察队伍实行由海关与公安双重垂直领导、以海关领导为主的体制。缉私警察编制统一纳入公安编制序列，经费由中央财政列支。据此，国家在各级海关设立的走私犯罪侦查部门既是各级海关的一个内设机构，又是公安部编制系列中的内设机构，仍属于“公安机关”的范畴。这些走私犯罪侦查部门在侦查活动中，享有与公安机关同样的权力，具有与公安机关同等的诉讼地位，也属于刑事诉讼中的专门机关。

1. 人民法院

根据宪法和人民法院组织法的规定，人民法院是国家的专门审判机关，依法独立行使审判权，不受行政机关、社会团体和个人的干涉。在国家机构中，人民法院是审判机关，它通过对各类案件的审判，维护社会主义法制，尊重和保障人权，保护公民的人身权利、财产权利、民主权利和其他权利，保障社会主义建设事业的顺利进行，并通过审判活动教育公民自觉地遵守宪法和法律。

我国的人民法院是一个完整的组织体系，由最高人民法院、地方各级人民法院和专门人民法院构成。

最高人民法院是最高审判机关。最高人民法院审理下列案件：（1）法律规定由其管辖的和其认为应当由自己管辖的第一审案件；（2）对高级人民法院判决和裁定的上诉、抗诉案件；（3）按照全国人民代表大会常务委员会的规定提起的上诉、抗诉案件；（4）按照审判监督程序提起的再审案件；（5）高级人民法院报请核准的死刑案件。死刑除依法由最高人民法院判决的外，应当报请最高人民法院核准。最高人民法院可以对属于审判工作中具体应用法律的问题进行解释，可以发布指导性案例。最高人民法院可以设巡回法庭，审理最高人民法院依法确定的案件。巡回法庭是最高人民法院的组成部分。巡回法庭的判决和裁定即最高人民法院的判决和裁定。

地方各级人民法院分为高级人民法院、中级人民法院和基层人民法院。

高级人民法院包括省、自治区、直辖市高级人民法院。高级人民法院审理下列案件：（1）法律规定由其管辖的第一审案件；（2）下级人民法院报请审理的第一审案件；（3）最高人民法院指定管辖的第一审案件；（4）对中级人民法院判决和裁定的上诉、抗诉案件；（5）按照审判监督程序提起的再审案件；（6）中级人民法院报请复核的死刑案件。

中级人民法院包括省、自治区所辖市的中级人民法院，在直辖市内设立的中级人民法院，自治州中级人民法院，在省、自治区内按地区设立的中级人民法院。中级人民法院审理下列案件：（1）法律规定由其管辖的第一审案件；（2）基层人民法院报请审理的第一审案件；（3）上级人民法院指定管辖的第一审案件；（4）对基层人民法院判决和裁定的上诉、抗诉案件；（5）按照审判监督程序提起的再审案件；（6）适用缺席审判程序、违法所得没收程序的案件。

基层人民法院包括县、自治县人民法院，不设区的市人民法院，市辖区人民法院。基层人民法院审理第一审案件，法律另有规定的除外。基层人民法院根据地区、人口和案件情况，可以设立若干人民法庭。人民法庭是基层人民法院的组成部分。人民法庭的判决和裁定即基层人民法院的判决和裁定。

人民法院根据审判工作需要，可以设必要的专业审判庭。法官员额较少的中级人民法院和基层人民法院，可以设综合审判庭或者不设审判庭。人民法院根据审判工作需要，可以设综合业务机构。法官员额较少的中级人民法院和基层人民法院，可以不设综合业务机构。人民法院根据工作需要，可以设必要的审判辅助机构和行政管理机构。

专门人民法院是在普通法院之外设立的专门性人民法院。我国目前设立的专门人民法院包括军事法院、海事法院、知识产权法院、金融法院等，其中，海事法院、知识产权法院、金融法院没有刑事案件的管辖权。

上下级人民法院之间是监督关系。最高人民法院监督地方各级人民法院和专门人民法院的审判工作，上级人民法院监督下级人民法院的审判工作。根据宪法和人民法院组织法的规定，最高人民法院由全国人民代表大会产生，对全国人民代表大会及其常务委员会负责并报告工作；地方各级人民法院由本级人民代表大会产生，对本级人民代表大会及其常务委员会负责并报告工作。各级人民代表大会及其常务委员会对本级人民法院的工作实施监督。

在刑事诉讼中，人民法院执行审判职能，即通过审判程序最终解决被告人的刑事责任问题，无论是公诉案件还是自诉案件，只有经过人民法院的审判，才能最终对被告人定罪和处以刑罚，因此审判阶段是刑事诉讼中的关键性阶段。刑事诉讼法第 12 条规定："未经人民法院依法判决，对任何人都不得确定有罪。"这就更加明确了人民法院是唯一有权定罪、量刑的国家审判机关。

2. 人民检察院

人民检察院是我国的专门法律监督机关，根据宪法和人民检察院组织法的规定，人民检察院依法独立行使检察权，不受行政机关、社会团体和个人的干涉。人民检察院通过行使检察权对宪法和法律的实施实行监督，以保证法律的遵守和国家法制的统一。

人民检察院的组织体系包括最高人民检察院、地方各级人民检察院和军事检察院等专门人民检察院。

最高人民检察院是最高检察机关，是全国检察机关的领导机关。地方各级人民检察院分为：（1）省级人民检察院，包括省、自治区、直辖市人民检察院；（2）设区的市级人民检察院，包括省、自治区辖市人民检察院，自治州人民检察院，省、自治区、直辖市人民检察院分院；（3）基层人民检察院，包括县、自治县、不设区的市、市辖区人民检察院。省级人民检察院和设区的市级人民检察院根据检察工作需要，经最高人民检察院和省级有关部门同意，并提请本级人民代表大会常务委员会批准，可以在辖区内特定区域设立人民检察院，作为派出机构。人民检察院根据检察工作需要，可以在监狱、看守所等场所设立检察室，行使派出它的人民检察院的部分职权，也可以对上述场所进行巡回检察。省级人民检察院设立检察室，应当经最高人民检察院和省级有关部门同意。设区的市级人民检察院、基层人民检察院设立检察室，应当经省级人民检察院和省级有关部门同意。人民检察院根据检察工作需要，设必要的业务机构。检察官员额较少的设区的市级人民检察院和基层人民检察院，可以设综合业务机构。人民检察院根据工作需要，可以设必要的检察辅助机构和行政管理机构

人民检察院实行一重领导、一重监督的领导体制，即最高人民检察院领导地方各级人民检察院和专门人民检察院的工作，上级人民检察院领导下级人民检察院的工作；各级人民检察院向产生它的国家权力机关——全国人民代表大会和地方各级人民代表大会及其常务委员会负责并报告工作，各级人民代表大会及其常务委员会监督本级人民检察院的工作。上级人民检察院对下级人民检察院行使下列职权：（1）认为下级人民检察院的决定错误的，指令下级人民检察院纠正，或者依法撤销、变更；（2）可以对下级人民检察院管辖的案件指定管辖；（3）可以办理下级人民检察院管辖的案件；（4）可以统一调用辖区的检察人员办理案件。上级人民检察院的决定，应当以书面形式作出。下级人民检察院应当执行上级人民检察院的决定；有不同意见的，可以在执行的同时向上级人民检察院报告。人民检察院办理案件，根据案件情况可以由 1 名检察官独任办理，也可以由 2 名以上检察官组成办案组办理。由检察官办案组办理的，检察长应当指定 1 名检察官担任主办检察官，组织、指挥办案组办理案件。检察官在检察长领导下开展工作，重大办案事项由检察长决定。检察长可以将部分职权委托检察官行使，可以授权检察官签发法律文书。

人民检察院行使下列职权：（1）依照法律规定对有关刑事案件行使侦查权；

(2) 对刑事案件进行审查，批准或者决定是否逮捕犯罪嫌疑人；(3) 对刑事案件进行审查，决定是否提起公诉，对决定提起公诉的案件支持公诉；(4) 依照法律规定提起公益诉讼；(5) 对诉讼活动实行法律监督；(6) 对判决、裁定等生效法律文书的执行工作实行法律监督；(7) 对监狱、看守所的执法活动实行法律监督；(8) 法律规定的其他职权。最高人民检察院可以对属于检察工作中具体应用法律的问题进行解释，可以发布指导性案例。

在刑事诉讼中，人民检察院是重要的刑事诉讼主体，承担刑事控诉职能。同时，人民检察院的性质及在国家机构中的地位决定了它在刑事诉讼中的地位与职责：一是行使刑事侦查权的国家机关之一。根据刑事诉讼法第 19 条第 2 款的规定，人民检察院在对诉讼活动实行法律监督中发现的司法工作人员利用职权实施的非法拘禁、刑讯逼供、非法搜查等侵犯公民权利、损害司法公正的犯罪，可以由人民检察院立案侦查。对于公安机关管辖的国家机关工作人员利用职权实施的重大犯罪案件，需要由人民检察院直接受理的时候，经省级以上人民检察院决定，可以由人民检察院立案侦查。二是国家唯一的公诉机关。除自诉案件可以由自诉人直接向人民法院提起刑事自诉外，其他所有刑事案件均由人民检察院向人民法院提起公诉，并在审判时派员出庭支持公诉，履行揭露犯罪、证实犯罪的控诉职能。三是专门的诉讼监督机关。人民检察院作为国家的法律监督机关，有权参与刑事诉讼的全过程，对立案、侦查、审判和生效裁判的执行活动等是否合法实行法律监督。

3. 公安机关

公安机关是国家的治安保卫机关，是各级人民政府的组成部分，行使行政管理职能。因此，公安机关属于行政执法机关，担当保卫国家安全和维护社会治安的重任。在国家机构中，公安机关的主要任务是维护社会治安秩序，预防犯罪，侦查、打击犯罪，教育公民自觉遵守法律，积极同犯罪行为作斗争，维护社会主义法制，尊重和保障人权，保护公民的人身权利、财产权利、民主权利和其他权利，保障社会主义建设事业的顺利进行。

我国的公安机关建立有一套完备的组织体系。公安部是全国公安系统的最高领导机关，负责领导和指挥全国公安部门的安全保卫工作。地方各级公安机关按照行政区域设置：在省、自治区、直辖市一级设公安厅、局；在地区、自治州和市设有公安处（局）；在县、县级市、自治县、市辖区等设立公安局和公安分局。另外，铁路、交通、民航、森林等系统的保卫和公安部门以及海关设立的走私犯罪侦查部门，也是公安机关的组成部分。同时，在一些乡镇、城市街道和其他必要地方还设有公安派出所，作为基层公安机关的派出机构，履行基层公安机关的部分职责。公安机关依照法律、行政法规的规定可以设置看守所、拘留所、戒毒所、收容教育所。

公安机关内部实行行政首长负责制。公安机关的上下级之间是行政领导关系，上级公安机关可以直接领导和指挥下级公安机关的侦查和其他业务，也可以调动下级公安机关的侦查力量参与上级公安机关侦破案件。不同地区的公安机关虽然没有隶属关系，但是在办案过程中，应当互相配合和协作。公安机关在侦查案件的时候，还应当接受人民检察院的监督和制约，侦查过程中需要逮捕犯罪嫌疑人时，应报请人民检察院审查批准后才能执行，侦查终结的案件移送人民检察院审查，由其决定是否提起公诉。

在刑事诉讼中，公安机关也是参与刑事诉讼的主要专门机关，其在刑事诉讼中的地位与职责体现在两个方面：（1）公安机关是主要的侦查机关。公安机关负责大部分刑事案件的侦查工作，在侦查中具有全面的侦查职权，公安机关的侦查是检察机关提起公诉和人民法院审判的前提和基础，是刑事诉讼的重要阶段。（2）公安机关是刑罚的执行机关之一。在刑事诉讼中，除侦查犯罪外，公安机关还承担着拘役、剥夺政治权利等刑罚的执行任务。

4. 其他专门机关

在我国，除人民法院、人民检察院和公安机关外，还有其他机关参与刑事诉讼活动，承担着重要的刑事诉讼职能。

国家安全法第 42 条第 1 款规定，国家安全机关、公安机关依法搜集涉及国家安全的情报信息，在国家安全工作中依法行使侦查、拘留、预审和执行逮捕以及法律规定的其他职权。刑事诉讼法第 4 条规定，国家安全机关依照法律规定，办理危害国家安全的刑事案件，行使与公安机关相同的职权。可见，国家安全机关在刑事诉讼中与公安机关具有相同的法律地位，行使与公安机关相同的职权。

根据我国的军事体制，中国人民解放军设有保卫部门，负责军队内部发生的刑事案件的侦查工作。刑事诉讼法第 308 条第 1 款规定：“军队保卫部门对军队内部发生的刑事案件行使侦查权。”军队保卫部门办理刑事案件，适用刑事诉讼法的有关规定，行使与公安机关相同的职权。

刑事诉讼法第 308 条第 2 款规定：“中国海警局履行海上维权执法职责，对海上发生的刑事案件行使侦查权。”中国海警局办理刑事案件，适用刑事诉讼法的有关规定，行使与公安机关相同的职权。

监狱是国家的刑罚执行机关，是实现人民法院的生效裁判、对罪犯进行劳动改造的主要场所。刑事诉讼法第 308 条第 3 款规定：“对罪犯在监狱内犯罪的案件由监狱进行侦查。”监狱办理刑事案件，适用刑事诉讼法的有关规定，行使与公安机关相同的职权。另外，监狱在刑事诉讼中还承担着重要的刑罚执行职能，负责死刑缓期 2 年执行、无期徒刑、有期徒刑判决的执行。

此外，需要注意的是，根据监察法第 3 条、第 4 条的规定，各级监察委员会是行使国家监察职能的专责机关，依法对所有行使公权力的公职人员进行监察，调查职务违法和职务犯罪，开展廉政建设和反腐败工作，维护宪法和法律的尊严。监察机关办理职务违法和职务犯罪案件，应当与审判机关、检察机关、执法部门互相配合，互相制约。因此，监察机关虽然在法律界定上不是侦查机关，但承担了职务犯罪的主要调查职能。

（二）当事人

我国刑事诉讼中的当事人，是指与案件事实和诉讼结果有直接利害关系，在诉讼中处于原告或被告地位的诉讼参与人。当事人是刑事诉讼的主体，能够对刑事诉讼的发生、进展和终结发挥较大的影响和作用。根据刑事诉讼法第 108 条的规定，当事人包括被害人、自诉人、犯罪嫌疑人、被告人、附带民事诉讼的原告人和被告人。

1. 被害人

被害人是指其人身权利、民主权利、财产权利和其他权利直接遭受犯罪行为侵害的人。在刑事诉讼中，由于案件性质的不同，被害人在诉讼中的具体地位和诉讼权利也存在区别。例如，对于自诉案件，被害人可以直接向人民法院提起刑事自诉从而成为自诉人，被害人由于被告人的犯罪行为而遭受物质损失的，在刑事诉讼过程中还有权提起附带民事诉讼，从而成为附带民事诉讼的原告人。在公诉案件中，被害人是处于控诉地位、承担部分控诉职能的当事人，表现为与犯罪嫌疑人、被告人地位的直接对立。

对被害人的诉讼地位可从以下几个方面进行理解：（1）被害人是与案件有直接利害关系的人。由于受犯罪行为的直接侵害，被害人参与诉讼具有控告和惩罚犯罪的强烈愿望，为维护其合法权益，被害人一般会积极主动地陈述案件事实，因此被害人作为诉讼当事人在诉讼过程中承担一定的控诉职能，起着控诉犯罪的作用。（2）被害人与犯罪嫌疑人、被告人处于相对立的诉讼地位，拥有许多与犯罪嫌疑人、被告人相对应的诉讼权利。但是，因他们各自在诉讼中所处的具体地位与身份的不同，其诉讼权利不可能完全相同。（3）从证据意义来说，被害人陈述是刑事诉讼证据的一种。作为刑事案件的当事人，被害人一般能够比较具体地提供案件事实情况，在这方面，被害人与证人的地位相似，有如实陈述和接受询问的义务。

2. 自诉人

自诉人是自诉案件中依法直接向人民法院提起刑事诉讼的人。自诉人是自诉案件中的原告人，在刑事诉讼中处于控告地位，执行控诉职能。刑事诉讼中的自诉人一般情况下是被害人，但是在被害人死亡的情况下，被害人的法定代理人、近亲属可以成为自诉人提起刑事自诉。如果被害人为无行为能力或者限制行为能力的人，他仍为自诉案件的自诉人，但应由其法定代理人代理自诉。自诉人是刑事案件中承担控诉职能的当事人，也是刑事诉讼的主体，自诉人的行为直接影响着自诉案件的启动、进程和结局。凡是属于人民法院能够直接受理的自诉案件，被害人可以作为自诉人向人民法院起诉。在法庭审判过程中，自诉人负有提供证据证明被告人有罪的义务。

3. 犯罪嫌疑人、被告人

犯罪嫌疑人、被告人是指在刑事诉讼中因涉嫌犯罪而受刑事追诉的人。根据刑事诉讼法的规定，对涉嫌犯罪的公民在不同诉讼阶段有不同的称谓。对公诉案件，在人民检察院向人民法院正式起诉以前的侦查和审查起诉阶段，被追诉者称为犯罪嫌疑人；被告人则是指被正式指控犯罪而被交付人民法院审判和追究刑事责任的人。犯罪嫌疑人、被告人一般情况下为达到法定责任年龄并具有刑事责任能力的自然人，但在贪污、贿赂、走私等案件中也可以是法人或不具备法人资格的其他组织，称之为犯罪单位。

犯罪嫌疑人、被告人是刑事诉讼的核心参与人，没有犯罪嫌疑人、被告人的参与，刑事诉讼就无法进行。在常规程序中，犯罪嫌疑人、被告人一旦死亡，刑事诉讼活动就要终止。因此犯罪嫌疑人、被告人在刑事诉讼中具有十分重要的诉讼地位。(1) 犯罪嫌疑人、被告人是拥有一系列诉讼权利的主体，是在刑事案件中行使辩护职能的重要当事人。这一地位标志着其不是被动地接受追诉与审判，消极地等待公安司法机关处理的诉讼客体，而是可以通过行使刑事诉讼法赋予的各项诉讼权利积极主动地与控诉一方进行对抗，以维护自己合法权益的诉讼主体。(2) 犯罪嫌疑人、被告人是案件中被追究刑事责任的人，与案件的结局有着直接的利害关系。公安司法机关发动刑事诉讼的直接目的在于通过对犯罪嫌疑人、被告人实施追诉，使构成犯罪的行为人受到审判与法律制裁。作为被追诉者，犯罪嫌疑人、被告人在一定程度上负有接受公安司法机关的强制处分、协助其顺利进行刑事诉讼的义务，如承受拘留、逮捕等强制措施，接受讯问、搜查、扣押等调查措施，接受法庭的审判，等等。(3) 犯罪嫌疑人、被告人还可以成为重要的证据来源。根据刑事诉讼法的规定，犯罪嫌疑人、被告人的供述与辩解是法定的重要证据，因此犯罪嫌疑人在侦查过程中面对侦查人员的讯问，有义务如实陈述与回答。

4. 附带民事诉讼的原告人和被告人

附带民事诉讼原告人，是指因被告人的犯罪行为而遭受物质损失，并在刑事诉讼过程中提出赔偿请求的人。公民、法人或其他组织都可能因犯罪行为受到物质损失而成为附带民事诉讼的原告人。附带民事诉讼的被告人，是指在刑事诉讼过程中，对犯罪行为所造成的物质损失负有赔偿责任并被提出赔偿请求的人。附带民事诉讼的被告人通常情况下是刑事被告人，但在某些情况下，其他公民和单位也可能成为应当承担民事赔偿责任的被告人。

（三）其他诉讼参与人

其他诉讼参与人，是指除当事人外，参与诉讼活动并在诉讼中享有一定诉讼权利、承担一定诉讼义务的诉讼参与人。根据刑事诉讼法第 108 条的规定，其他诉讼参与人包括法定代理人、诉讼代理人、辩护人、证人、鉴定人和翻译人员。

1. 法定代理人

法定代理人是指根据法律规定，对无行为能力人或限制行为能力人负有法定保护责任并依法代理其进行某些诉讼活动的人。法定代理人是基于与被代理人的亲属关系或者监护关系而形成的一种特定身份的人。根据刑事诉讼法的规定，法定代理人包括被代理人的父母、养父母、监护人和负有保护责任的机关、团体的代表。法定代理人代理权的产生直接来源于法律规定，而不是根据被代理人的意思表示。这是法定代理人与诉讼代理人的根本区别。

法定代理人本身不是刑事诉讼的当事人，而是以当事人的名义进行诉讼的人。法定代理人参加诉讼的目的是维护被代理人的合法权益，帮助被代理人行使诉讼权利，但是法定代理人的诉讼权利由法律加以规定。一般而言，法定代理人的诉讼行为，视为被代理人的诉讼行为，具有相同的法律效果。但是，法定代理人的诉讼行为也具有一定的独立性，当法定代理人与被代理人在是否行使某项共同享有的诉讼权利意见不一致时，法定代理人的行为独立有效，如被代理人已明确表示不申请回避或不提出上诉，而法定代理人坚持提出回避申请或上诉的，亦产生相应的法律效果。但是法定代理人在承担相应的诉讼义务时，不得为被代理人承担与其特定人身有关的诉讼义务，如不得代替被代理人进行供述、辩解或陈述等，更不得代替其承受强制措施或刑罚。

2. 诉讼代理人

诉讼代理人是指在刑事诉讼中基于被代理人及其法定代理人或近亲属的委托，代表被代理人参加某些诉讼活动的人。在刑事诉讼中有权委托诉讼代理人的包括公诉案件的被害人及其法定代理人或者近亲属、自诉案件的自诉人及其法定代理人、附带民事诉讼的当事人及其法定代理人以及特别程序中的利害关系人等。

诉讼代理人的诉讼地位从属于被代理人，由于他是基于被代理人的委托而进入诉讼，并要在受委托的权限范围内行使被代理人的诉讼权利的，所以诉讼代理人也称为委托代理人。在刑事诉讼中，诉讼代理人的责任是根据法律规定，帮助被害人、自诉人或附带民事诉讼的当事人充分行使诉讼权利，维护他们的合法权益。诉讼代理人的诉讼权利一部分是法律加以规定的，如了解案情、收集与调取证据等权利，大部分则是由被代理人进行授权的，诉讼代理人超出被代理人授权范围所进行的诉讼行为不具有法律效力。

3. 辩护人

辩护人是指受犯罪嫌疑人、被告人委托或者法律援助机构指定为犯罪嫌疑人、被告人进行辩护以维护他们合法权益的人。辩护人是刑事诉讼中具有独立地位的诉讼参与人，执行辩护职能，与控诉一方地位相对立。他参加诉讼的目的不是因其自身的利益，而是帮助犯罪嫌疑人、被告人充分行使辩护权以维护其合法权益。辩护人在履行辩护职责时，不受犯罪嫌疑人、被告人意志的约束，也不受公安司法机关意见的左右，而是根据事实和法律独立地进行辩护活动。为了保证辩护人充分行使辩护职能，法律规定辩护人在刑事诉讼中享有较为广泛的诉讼权利如阅卷权、调查取证权等。

4. 证人

证人是指向公安司法机关提供其所了解的案件情况的第三人。证人是刑事诉讼中的诉讼参与人，由于了解案件情况，所以其参加诉讼的身份具有特定性，不可由其他人代替，也不能被公安司法人员所更换。证人主要是以义务主体的身份参与诉讼的，其参与诉讼的目的在于协助公安司法机关查明案件的事实真相。证人应当按照公安司法机关的要求和通知及时到庭作证，并如实提供证言，故意作伪证或者隐匿罪证的证人，将被追究刑事责任。当然，证人在刑事诉讼中也依法享有一定的诉讼权利，如有权要求侦查机关在侦查期间为其姓名保密；有权查阅询问笔录，并对笔录进行补充和改正；有权要求公安司法机关保障其自身及近亲属的安全等。

5. 鉴定人

鉴定人是指在诉讼过程中接受公安司法机关的指派或聘请，运用专门知识和技能对案件中的专门性问题进行分析判断并提出科学意见的人。在刑事诉讼中，鉴定人是具有独立地位的诉讼参与人，由公安司法机关进行指派或聘请，因此鉴定人不同于证人，是可以选择与更换的。鉴定人参加诉讼的目的是帮助公安司法机关解决案件中的专门性问题，以查明案件的真实情况。为保证鉴定人提出的鉴定意见的科学性，鉴定人如果与案件或案件的当事人有利害关系，当事人可以申请其回避。

6. 翻译人员

翻译人员是指受公安司法机关的指派或聘请，在刑事诉讼中为参与诉讼的外国人、少数民族的人或者聋、哑人从事语言、文字或手势翻译的人员。翻译人员也是刑事诉讼中具有独立地位的诉讼参与人，其参加诉讼的目的在于协助公安司法机关和当事人及其他诉讼参与人进行翻译工作。为保证翻译内容的真实性，法律要求指派或聘请的翻译人员不得与案件或案件的当事人有利害关系。否则，应当回避。翻译人员在刑事诉讼中承担准确如实地进行翻译的义务，故意隐瞒、歪曲或伪造翻译内容的要承担法律责任。翻译人员有权要求公安司法机关提供与翻译内容有关的材料并了解案件有关情况；有权查阅记载翻译内容的笔录，如果记载有误，可以要求修改和补充；有权获取相应的报酬和补偿等。

在以上三类刑事诉讼主体中，专门机关处于主导地位，其依照法律赋予的职权，主持诉讼的进行，组织并指挥其他刑事诉讼主体开展诉讼活动。当事人和其他诉讼参与人合称为诉讼参与人，是指依法参与刑事诉讼，享有一定诉讼权利、承担一定诉讼义务的除国家专门机关工作人员以外的人。当事人是诉讼参与人中的核心成分，享有较为广泛的诉讼权利并承担相应的诉讼义务；其他诉讼参与人的诉讼地位虽然没有国家专门机关和当事人那样突出，但也是刑事诉讼中不可或缺的主体。在刑事诉讼中，国家专门机关既不能利用职权压制、削弱或剥夺诉讼参与人的诉讼地位和诉讼权利，又应对当事人和其他诉讼参与人一视同仁，使他们在诉讼中充分发挥其应有的作用。

第五节　刑事诉讼职能

一、刑事诉讼职能的概念

在现代汉语中，职能是指人、事物、机构应有的作用和功能。据此，人们通常所说的职能部门，也就是指承担特定功能的部门或机构。[①] 刑事诉讼职能则是指，一定的诉讼主体为实现特定的诉讼目的，在刑事诉讼中所具有的作用和功能。

随着人类社会诉讼方式的时代演进，是否区分诉讼职能就成了纠问式诉讼制度与现代诉讼制度相区别的重要标准。因此，某一刑事诉讼职能必须且有时只能由某一特定的刑事诉讼主体来承担。需要明确的是，对于诉讼职能的划定和分担，应当依据法律的规定来进行。为了实现或履行法律规定的诉讼职能，刑事诉讼法相应地赋予某些诉讼主体特定的职权和诉讼权利。各诉讼主体基于不同的职能要求，进行或参与诉讼就会有着不同的目的、任务和作用，由此而产生和构成了刑事诉讼中的职能体系。

二、刑事诉讼的基本职能

按照一般的观点，刑事诉讼有三种基本职能，即控诉职能、辩护职能和审判职能，这就是“三职能说”。控诉职能是指通过向法院起诉，要求追究被告人因其犯罪行为所应承担的刑事责任而产生的诉讼功能。控诉职能主要由国家公诉机关、自诉人、被害人行使；侦查是提起公诉的准备，所以侦查机关也行使控诉职能。辩护职能与控诉职能相对，是指通过反驳指控，提出有利于犯罪嫌疑人、被

---

① 陈瑞华：《刑事审判原理论》，北京大学出版社 1997 年版，第 212 页。

告人的材料和意见而产生的诉讼功能。此职能主要由犯罪嫌疑人、被告人及其辩护人行使。审判职能是指通过行使审判权以确定被告人是否犯有被指控的罪行和应否处以刑罚以及处以何种刑罚而产生的诉讼功能。这种职能只能由法院行使。

对控诉、辩护、审判三种基本职能进行区分已成为现代刑事诉讼架构的基本要求，为此，应遵循符合现代诉讼内在要求的基本原则来处理这三者间的关系。具体而言，这些原则主要包括：① （1）分立原则。控诉职能、辩护职能和审判职能的分立原则，是指控诉职能、辩护职能和审判职能应当分别由不同的诉讼主体来行使，其中，控诉职能由公诉机关或自诉人行使；辩护职能由被告人及其辩护人行使；审判职能由审判机关行使。为此，法律应预先将三种职能在不同的诉讼主体之间进行科学、合理的分配，各诉讼主体应严格按照法律的规定在自己的诉讼职能范围内活动，绝不允许超越自己的职能行事。（2）均衡原则。控诉职能、辩护职能和审判职能的均衡原则，是指控诉、辩护、审判这三种职能在力量上基本相当，其中任何一方力量的过强或过弱都会造成刑事诉讼结构的失衡。（3）制约原则。控诉职能、辩护职能和审判职能的制约原则，是指控诉、辩护、审判这三种职能在刑事诉讼过程中互为条件，互相监督。互为条件就是每一种诉讼职能是其他诉讼职能的基础，缺少任何一个环节，刑事诉讼便不能成立；互相监督就是互相发现错误并提出纠正意见或请求，从而在保证三种职能适度行使的同时，增强刑事诉讼的自我修正和完善机能。

三、关于刑事诉讼职能的理论学说

除理论通说主张的“三职能说”外，我国诉讼法学界对于刑事诉讼职能的划分还存在着其他的不同意见。有的主张“四职能说”，有的主张“五职能说”，还有的主张“七职能说”。

主张“四职能说”的学者认为，“三职能说”虽然能反映刑事诉讼程序的基本特征，但这种观点却不适合中国刑事诉讼的实际情况。这是因为，中国的检察机关除担负审查起诉、提起公诉和支持公诉这一系列控诉职能外，还有权对公安机关、人民法院和执行机关的诉讼活动是否合法进行法律监督，并为此而实施一些特定的诉讼行为。而一种诉讼职能理论的提出，就必须反映中国刑事诉讼制度的特点。据此，这一观点主张在传统的三大诉讼职能之外，增加“法律监督”这一中国特有的诉讼职能。

主张“五职能说”的学者认为，中国刑事诉讼中除存在控诉、辩护、审判和诉讼监督这四大职能外，还有一种“协助司法职能”。例如，证人、鉴定人本身一般与诉讼结果并无利害关系，他们参与刑事诉讼主要是为协助公安司法机关发

① 汪建成、王明达：《刑事诉讼职能研究》，载《政法论坛》2001年第1期。

现事实真相，作出正确的裁判结论。一种诉讼职能理论要将所有参与诉讼的国家官员和个人的功能和角色都概括进去，才能准确全面反映刑事诉讼制度的真实情况。这些既不承担控诉、辩护、审判职能也不行使诉讼监督职能的诉讼参与人，实际上在担负着一种刑事诉讼所不可或缺的“协助司法职能”。

少数主张“七职能说”的学者认为，随着司法领域的分工越来越细和人权思想的日益发达，诉讼职能也在不断地分化、发展和整合，传统的审判中心论已为诉讼阶段论所取代，刑事诉讼的程序、阶段也在不断增多和向前延伸，因此职能的划分应当反映和展现从立案到执行各个诉讼程序中主持或参加诉讼活动的主体的全部诉讼活动。同时，诉讼职能的确定还必须考虑诉讼主体担负的功能、作用、独立的权利义务及相应的程序保障等综合因素，而如果其功能是特定的，无法为其他职能所包容、替代，其就应该成为独立的职能。由此，刑事诉讼的职能就包括七个方面：侦查职能、控诉职能、辩护职能、审判职能、执行职能、协助诉讼职能和诉讼监督职能。

可见，有关我国刑事诉讼职能的理论还有待进一步研究。笔者认为，如果过于泛化地讨论职能，就会淡化甚至否定“刑事诉讼职能”这一理论范畴的研究意义和存在价值。因此，还是应该从典型的“诉讼形态”这一角度来关注这一话题，即从控诉、辩护和审判的“三方组合”形态中来讨论刑事诉讼职能。

第四章　刑事诉讼基本原则

第一节　刑事诉讼基本原则概述

一、刑事诉讼基本原则的内涵

刑事诉讼基本原则，是指刑事诉讼法所规定的，贯穿于刑事诉讼全过程或主要阶段，对刑事诉讼活动的进行具有普遍指导意义，国家专门机关和诉讼参与人进行或参与刑事诉讼活动必须遵循的基本行为准则。作为立法者设计刑事诉讼程序和刑事诉讼制度的基础和出发点，刑事诉讼基本原则具有以下几个方面的特征。

1. 法定性。刑事诉讼基本原则是由刑事诉讼法明确规定的法律原则。首先，刑事诉讼基本原则属于法律原则，体现法律的基本精神，对于刑事诉讼活动具有指导意义。我国的刑事诉讼基本原则，是经过几十年司法实践总结出的刑事诉讼规律和借鉴国外法治经验，并通过宪法和刑事诉讼法加以明确的，对刑事诉讼活动具有普遍指导意义的行为准则。在刑事诉讼中，任何具体的法律制度和诉讼程序都必须符合基本原则的要求。其次，刑事诉讼基本原则必须是法律规定的，具有法定性。一些在理论研究中提出的诉讼原则和在实践中遵循的政治和理论原则，如果没有在刑事诉讼法中加以明确规定，就不属于刑事诉讼基本原则的范畴。

2. 规律性。刑事诉讼基本原则包含着刑事诉讼的基本理念和基本原理，体现了刑事诉讼活动的基本规律。刑事诉讼基本原则作为专门机关和诉讼参与人进行刑事诉讼活动的基本行为准则，其反映的是当代社会对于刑事诉讼目的和价值的理解和追求，是诉讼法治精神的集中体现。例如，人民法院独立行使审判权原则和审判公开原则，其所要求的是法院的审判活动从形式到内容上应满足的基本要求，这体现了刑事诉讼活动应当具备公正、公开、中立的价值理念和诉讼原理。而强调公民在适用法律上一律平等，保障犯罪嫌疑人、被告人的辩护权和诉讼参与人诉讼权利等原则，都集中体现了刑事诉讼中保障人权的价值观和诉讼活动的规律性要求。

3. 普适性。刑事诉讼基本原则贯穿于刑事诉讼全过程或主要阶段，对整个刑事诉讼活动具有普遍指导意义。刑事诉讼活动包括一系列前后衔接的不同诉讼阶段，在每一阶段均存在对该阶段具有一定指导意义的准则和规则，这些准则和规则在立法或理论上被称为原则，如起诉阶段的国家公诉原则、起诉法定原则与起诉便宜原则；审判阶段的直接言词审理原则、上诉不加刑原则、全面审查原则等。但这些并非都构成刑事诉讼的基本原则，或者说并非都具有刑事诉讼基本原则的含义，只有那些作用于刑事诉讼的全过程或主要诉讼阶段，对国家专门机关和诉讼参与人的诉讼行为具有普遍指导意义和规范作用，对刑事诉讼目的的实现和刑事诉讼法的贯彻实施具有整体影响和制度保障作用的原则，才能成为刑事诉讼的基本原则。

当今世界各国的刑事诉讼中都确定有基本原则，一些国家除将刑事诉讼基本原则通过刑事诉讼法加以明确外，还将其提升到宪法的高度，通过宪法将刑事诉讼中与保障人权直接相关的原则加以明确规定。因此，一个国家刑事诉讼基本原则的范围也体现了该国刑事诉讼民主与文明的程度。从目前各国的立法和司法实践来看，刑事诉讼中普遍适用的基本原则主要包括：[①] 程序法定原则、无罪推定原则、不受强迫自证其罪原则、有效辩护原则、一事不再理与禁止双重危险原则等。

二、我国刑事诉讼基本原则体系

我国的刑事诉讼基本原则是由刑事诉讼法加以明确规定的，是对刑事诉讼立法和司法经验的总结，反映出我国刑事诉讼的基本特点，它们构成了我国刑事诉讼基本原则的基本体系。该体系作为一个有机整体，体现刑事诉讼目的和任务，指导具体的刑事诉讼制度和程序规则。体系内部各原则间相互联系、相互作用，并对整个刑事诉讼的制度和程序设计发挥着引领作用。它们对于保证案件的质量，实现刑事诉讼任务，保障诉讼参与人的合法权益，都具有重要意义。刑事诉讼法第 1 编第 1 章规定的主要是刑事诉讼基本原则的内容，形成了一个完整的基本原则体系。这些原则是一个互相关联、互相统一的整体，在刑事诉讼的各阶段发挥着重要的指导作用。对某项原则的遵守，保证着另一原则的实行；对某一原则的违反，必然影响到其他原则的贯彻和实施。违反其中任何一项原则，都是对刑事诉讼法制的破坏，因此法律所确定的各项基本原则，需要专门机关和诉讼参与人认真贯彻执行。具体而言，我国刑事诉讼法确立的刑事诉讼基本原则有：侦查权、检察权、审判权由专门机关行使原则；人民法院、人民检察院依法独立行使职权原则；依靠群众原则；以事实为根据、以法律为准绳原则；公民在适用法律上一律平等原则；分工负责、互相配合、互相制约原则；人民检察院依法对刑

① 宋英辉、孙长永、刘新魁等：《外国刑事诉讼法》，法律出版社 2006 年版，第 22—36 页。

事诉讼实行法律监督原则；使用民族语言文字进行诉讼原则；审判公开原则；犯罪嫌疑人、被告人有权获得辩护原则；未经人民法院依法判决不得确定有罪原则；保障诉讼参与人诉讼权利原则；认罪认罚从宽原则；具有法定情形不予追究刑事责任原则；追究外国人刑事责任适用我国刑事诉讼法原则。

刑事诉讼法第 1 章中还有一些条款，因其涉及的诉讼过程或诉讼主体过于狭隘，不具有全局性，因此不适宜将其归为刑事诉讼的基本原则。例如，刑事诉讼法第 10 条规定的“人民法院审判案件，实行两审终审制”，是人民法院审判案件所应遵循的审级制度，或者是只适用于人民法院审判活动的一项基本制度；第 13 条规定的“人民法院审判案件，依照本法实行人民陪审员陪审的制度”，也是在刑事审判阶段适用的一项审判制度，而不是一项对整个诉讼具有普遍指导作用的基本原则；而刑事诉讼法第 18 条是我国司法机关和外国司法机关互相开展刑事司法协助的规定，由于只适用于涉外刑事诉讼部分，对整个刑事诉讼不具有普遍指导意义，因此也不应作为刑事诉讼的一项基本原则。

第二节　侦查权、检察权、审判权由专门机关行使原则

一、侦查权、检察权、审判权由专门机关行使原则的基本内容

刑事诉讼法第 3 条规定：“对刑事案件的侦查、拘留、执行逮捕、预审，由公安机关负责。检察、批准逮捕、检察机关直接受理的案件的侦查、提起公诉，由人民检察院负责。审判由人民法院负责。除法律特别规定的以外，其他任何机关、团体和个人都无权行使这些权力。人民法院、人民检察院和公安机关进行刑事诉讼，必须严格遵守本法和其他法律的有关规定。”这一规定确立了侦查权、检察权、审判权由专门机关行使的原则。这一原则主要包括以下内容。

1. 刑事诉讼中侦查权、检察权和审判权的行使具有专属性。公安机关、人民检察院和人民法院是刑事诉讼中的法定专门机关，除法律特别规定的以外，只有它们才能按照刑事诉讼法的规定进行某些专门的刑事诉讼活动，行使法律赋予它们的侦查权、检察权和审判权，其他任何机关、团体和个人都无权行使这些权力。侦查权、检察权和审判权是国家权力的重要组成部分，是国家准确实现刑罚权的重要保障，它关系着国家政权的巩固和社会秩序的安定。如果任由其他任何机关、团体和个人随意行使，就会因为他们对这些重要国家权力的滥用给公民的人身权利、财产权利和其他合法权益造成侵害。但是考虑到案件的特定性质和范围，其他机关对某些刑事案件也可以行使一定职权，但必须由法律进行特别规

定。刑事诉讼法第3条规定的所谓“除法律特别规定的以外”，是指在法律有特别规定的情况下，公安机关、人民检察院、人民法院以外的机关才可以行使某些进行刑事诉讼活动的权力。根据刑事诉讼法第4条、第308条的规定，下列机关或部门对特定范围内发生的刑事案件行使侦查权：（1）国家安全机关对危害国家安全的刑事案件行使侦查权；（2）军队保卫部门对军队内部发生的刑事案件行使侦查权；（3）中国海警局对海上发生的刑事案件行使侦查权；（4）监狱对罪犯在监狱内犯罪的案件行使侦查权。除此之外，其他任何机关、团体和个人都无权行使对刑事案件的侦查、检察和审判等权力。否则，不仅是无效的，而且是违法的，因此而构成犯罪的，应当依法追究刑事责任。

2. 公安机关、人民检察院和人民法院在办理刑事案件时有明确的职权分工。公、检、法三机关在刑事诉讼中的主要职权有明确的划分：（1）公安机关的主要职权包括对刑事案件的侦查、拘留、执行逮捕和预审，这些权力通常被概括为公安机关对刑事案件的侦查权。公安机关是我国刑事诉讼中的主要侦查机关，负责对大部分案件的刑事侦查工作，其中拘留、执行逮捕和预审也是公安机关在侦查过程中对具体权力的行使，仍属于侦查权的组成部分。在刑事案件的具体侦查过程中，公安机关依照规律进行的收集证据、查明案情的工作和有关的强制性措施均属于侦查的权限范围。（2）人民检察院行使检察权。在刑事诉讼中，人民检察院负责对刑事案件的检察、批准逮捕、对自己直接受理案件的侦查和提起公诉。人民检察院是国家的法律监督机关，对刑事诉讼活动具有广泛的法律监督权，这里的“检察”主要是指对刑事诉讼活动是否合法实施的法律监督，同时对犯罪嫌疑人的批准逮捕权、提起公诉权，也属于人民检察院的专有职权。除此之外，人民检察院在对诉讼活动实行法律监督中发现的司法工作人员利用职权实施的非法拘禁、刑讯逼供、非法搜查等侵犯公民权利、损害司法公正的犯罪，可以由人民检察院立案侦查。对于公安机关管辖的国家机关工作人员利用职权实施的重大犯罪案件，需要由人民检察院直接受理的时候，经省级以上人民检察院决定，可以由人民检察院立案侦查。因此，检察机关也是我国的侦查机关，负责部分刑事案件的侦查工作。（3）人民法院行使审判权。人民法院是我国的审判机关，在刑事诉讼中依法独立行使审判权，从审级意义上讲，审判权包括初审权、复审权和再审权；从权力的表现形式上，审判权集中体现在人民法院对刑事案件进行审判的各个阶段，如受理自诉案件和裁定驳回自诉案件的权力，对提起公诉案件进行审查的权力，主持法庭审判的各项权力等，都是人民法院刑事审判权的组成部分。法律规定侦查权、检察权和审判权分别由公、检、法三机关行使，不仅意味着这些权力是三机关的专门权力，也是在强调三机关在行使职权时应当严格按照法律的职权分工分别行使各自的职权，不能混淆或相互取代。这不仅是为了防止其他机关、社会团体和个人干预刑事诉讼活动中专门权力的行使，也是为了防止三机关混淆或混同相互间的职能分工，防止权力不受制约或被滥用。

3. 专门机关在行使职权时，必须严格遵守法定程序。公安机关、人民检察院和人民法院在行使各自职权的过程中，必须严格遵守刑事诉讼法和其他法律的有关规定，依法办事，不得滥用职权。一方面，各专门机关应当在法律规定的范围内行使自己的职权，不得超出法律的规定任意行事。另一方面，各专门机关在行使职权时应该严格依照法律规定的程序和条件进行，以保障诉讼参与人的合法权益。

二、贯彻侦查权、检察权、审判权由专门机关行使原则的意义

侦查权、检察权、审判权由专门机关行使原则，是人类社会对诉讼规律深化认识的结果。在人类早期社会，犯罪被视为侵犯个人权利的行为，对应地，国家不主动介入刑事案件的调查过程，不存在专门的侦查和起诉机关，只有审判机关作为消极的裁判者参与审判，也就不存在诉讼职权的分工。随着人们对犯罪客体的重新认识以及国家对社会冲突和刑事犯罪控制的加强，纠问式诉讼形式得以出现。由此，刑事诉讼由国家的专门机关主动进行，侦查和控诉犯罪的职能得以确立和发展，并与裁判职能一起成为刑事诉讼中的三大职能。但为了加强君主专制统治的需要，这些职能并没有在不同的机关间进行明确划分，而是由法院或法官集中行使。从近代资产阶级革命开始，资产阶级的政治民主要求国家机关发生分化。不仅立法权、行政权和审判权相互分离，在刑事司法方面，也将不同的职权交由不同的机关行使，以防止国家权力因没有制约而造成对公民权利的侵犯，从而实现了刑事诉讼活动的专业化和民主化。我国在总结司法实践经验的基础上，明确划分了公、检、法三机关在刑事诉讼中的主要职权，这不仅是惩罚犯罪和有效保障人权双重诉讼目的在诉讼权力架构上的基本要求，也是我国刑事诉讼法和刑事诉讼制度科学化、民主化的重要体现。

第三节　人民法院、人民检察院依法独立行使职权原则

一、人民法院、人民检察院依法独立行使职权原则的基本内容

刑事诉讼法第 5 条规定：“人民法院依照法律规定独立行使审判权，人民检察院依照法律规定独立行使检察权，不受行政机关、社会团体和个人的干涉。”该原则同时也是我国一项重要的宪法原则。宪法第 131 条、第 136 条分别规定了人民法院和人民检察院依法独立行使审判权和检察权，不受行政机关、社会团体

和个人的干涉。人民法院组织法和人民检察院组织法也都确立了该原则。这一原则的基本内容包括：

1. 人民法院行使审判权，人民检察院行使检察权，不受行政机关、社会团体和个人的干涉。人民法院和人民检察院是我国专门的审判机关和检察机关。国家将审判权、检察权只赋予人民法院和人民检察院，同时基于审判权和检察权的特殊性质，我国的宪法和其他法律都规定人民法院和人民检察院应当独立自主地分别行使审判权、检察权。根据该原则，人民法院和人民检察院在处理案件的过程中，不受行政机关、社会团体和个人的干涉，除依据法律外，不受外来力量的干预，在行使权力的过程中始终是独立的。对此，行政机关、社会团体和个人应当予以尊重和支持，而不得以任何理由、任何方式加以干涉。这里的“干涉”，是指于法无据的干预活动，如以权代法、以言代法、强令服从等，而不是指正常的工作建议或意见。

2. 人民法院行使审判权，人民检察院行使检察权，必须严格遵守法律的各项规定。也就是说，人民法院和人民检察院必须在宪法和法律规定的权限范围内行使职权，不得越权行事；人民法院和人民检察院在办理案件的过程中必须严格遵守法律的各项规定，包括实体法和程序法的规定，按照法定的程序和规则进行；人民法院和人民检察院作出的每一项决定也都应当符合法律的要求。

3. 人民法院和人民检察院作为一个组织整体，集体对审判权、检察权的行使负责。也就是说，独立行使审判权、检察权的主体是人民法院和人民检察院，是人民法院、人民检察院作为一个整体独立于行政机关、社会团体和个人，而不是审判员或检察员个人独立行使审判权或检察权。人民法院、人民检察院依法独立行使职权原则是指人民法院、人民检察院依法独立行使职权，法官、检察官对案件所提出的处理意见有时还需经所在法院院长、检察院检察长审批，重大、疑难、复杂案件还要经过审判委员会或者检察委员会讨论决定。而且，所有决定必须以人民法院或者人民检察院的名义宣布才能生效。

二、贯彻人民法院、人民检察院依法独立行使职权原则应处理好的关系

在刑事诉讼中坚持和贯彻依法独立行使职权原则，有利于保障人民法院、人民检察院在刑事诉讼中严格按照法律的规定行使审判权和检察权，防止和排除行政机关、社会团体和个人对审判、检察工作的干预，维护司法机关的纯洁性和权威性，以保证国家法律的统一、正确实施，实现司法公正。正确理解和执行人民法院、人民检察院依法独立行使职权原则，还应处理好以下几方面的关系。

1. 依法独立行使职权与中国共产党领导的关系。人民法院、人民检察院依法独立行使职权，并不意味着不接受共产党的领导。共产党是执政党，党的领导是人民法院和人民检察院依法独立行使职权的根本保证。党的各项方针和政策是国

家制定法律的依据，依法独立行使职权同正确执行党的方针和政策是一致的。人民法院和人民检察院在具体工作中应当接受党的领导和监督，积极贯彻和执行党的方针和政策。但是需要明确的是，党对司法工作的领导主要应当是政治上和组织上的领导，即制定司法工作方针、协调三机关的行动、对司法机关提出意见和建议、向司法机关推荐优秀司法人员等，而不能通过审批案件、参与办案等方式领导或代替司法机关办理具体案件，或者对个案的处理作出具体指示，即不应在人民法院、人民检察院正常行使职权的过程中加以干预。对此，2014 年 10 月，党的十八届四中全会通过的《中共中央关于全面推进依法治国若干重大问题的决定》在“保证公正司法，提高司法公信力”的部署中也明确强调，完善确保依法独立公正行使审判权和检察权的制度。各级党政机关和领导干部要支持法院、检察院依法独立公正行使职权。建立领导干部干预司法活动、插手具体案件处理的记录、通报和责任追究制度。任何党政机关和领导干部都不得让司法机关做违反法定职责、有碍司法公正的事情，任何司法机关都不得执行党政机关和领导干部违法干预司法活动的要求。对干预司法机关办案的，给予党纪政纪处分；造成冤假错案或者其他严重后果的，依法追究刑事责任。为贯彻落实上述要求，防止领导干部干预司法活动、插手具体案件处理，确保司法机关依法独立公正行使职权，中共中央办公厅、国务院办公厅于 2015 年 3 月 18 日印发了《领导干部干预司法活动、插手具体案件处理的记录、通报和责任追究规定》。2015 年 3 月 26 日，中共中央政法委员会审议通过了《司法机关内部人员过问案件的记录和责任追究规定》。2015 年 8 月 19 日，最高人民法院印发了《人民法院落实〈领导干部干预司法活动、插手具体案件处理的记录、通报和责任追究规定〉的实施办法》和《人民法院落实〈司法机关内部人员过问案件的记录和责任追究规定〉的实施办法》，以防止司法机关内部人员干预办案，确保公正廉洁司法。

2. 依法独立行使职权与国家权力机关监督的关系。我国实行人民代表大会的政治制度，人民法院和人民检察院由各级国家权力机关产生，应向同级国家权力机关负责并报告工作，接受国家权力机关的监督。接受国家权力机关的监督，是人民法院和人民检察院依法独立行使职权的保障，与人民法院和人民检察院依法独立行使职权并不发生矛盾。国家权力机关监督人民法院和人民检察院的工作，一般通过定期听取报告的方式进行。此外，国家权力机关也可以在发现人民法院和人民检察院办案出现错误时提出意见和建议，人大代表可以对人民法院和人民检察院提出质询案，人民法院和人民检察院有义务接受国家权力机关的监督。国家权力机关的这些监督有利于人民法院和人民检察院严格依法办案。但是，国家权力机关对人民法院和人民检察院实施的监督必须是集体的监督，而不能由个别人大代表直接实行所谓的监督，不应影响人民法院和人民检察院办案活动的正常进行，更不能直接代替人民法院和人民检察院行使审判权和检察权。

3. 依法独立行使职权与社会和人民群众监督的关系。人民法院和人民检察院在坚持依法独立行使职权的前提下，还应当自觉接受社会各界和人民群众的监督，虚心听取各方面的批评、建议和意见，以期改进工作，更好地履行职责。但是应当注意区分监督和干预司法的界限，不允许社会各界和群众借监督司法之名对人民法院和人民检察院的正常工作进行非法干涉。对于司法实践中存在的以言代法、以权压法等干预人民法院和人民检察院独立行使职权的不正常的现象，应当坚决加以抵制，慎重并理性对待民意和舆论，以维护司法工作的权威性和公正性。

4. 依法独立行使职权与系统内部领导的关系。强调人民法院、人民检察院依法独立行使职权，还应根据诉讼活动的内在要求处理好系统内部关系。就法院而言，审判委员会对合议庭提交的案件，应当减少对于事实认定的审查而将职能侧重于对法律适用上的指导。院长、庭长作为合议庭成员时，应享有同普通审判员同样的表决权，不应享有特权。就检察院而言，上级检察院不宜对下级检察院制约过多过细，应尽力支持下级检察院依法独立行使职权，在下级检察院遇到来自其他机关、单位的干扰时，应通过适当途径帮助予以排除和解决。

第四节　依靠群众原则

一、依靠群众原则的法律依据和基本要求

刑事诉讼法第 6 条规定："人民法院、人民检察院和公安机关进行刑事诉讼，必须依靠群众……"这一规定确立了我国刑事诉讼的依靠群众原则，也被称为专门机关与群众相结合原则。依靠群众原则是群众路线在刑事诉讼中的体现，是我国刑事诉讼的特点之一。

依靠群众原则在刑事诉讼法的具体程序规定中也有明确的体现。例如，刑事诉讼法第 52 条规定，必须保证一切与案件有关或者了解案情的公民，有客观地充分地提供证据的条件，除特殊情况外，可以吸收他们协助调查。第 84 条规定，对于正在实行犯罪或者在犯罪后即时被发觉的、通缉在案的、越狱逃跑的以及正在被追捕的犯罪嫌疑人，任何公民都可以将其立即扭送公安机关、人民检察院或者人民法院处理。此外，人民监督员依照规定对人民检察院的办案活动实行监督，人民法院吸收人民群众参加陪审，允许公民旁听公开审判案件的审理等，都是依靠群众原则在具体程序中的体现。

依靠群众原则的基本要求是，公安司法机关在进行刑事诉讼过程中，要坚持群众路线，注意发动群众和组织群众与犯罪作斗争；在收集证据和调查研究案情

时，要注意发挥人民群众的智慧和力量。为了在刑事诉讼中更好地贯彻依靠群众原则，需要正确处理公安司法机关的工作与依靠群众的关系。

1. 公安司法机关应当树立相信群众、依靠群众的观念。依靠群众是专门机关智慧和力量的源泉。因此，公安司法机关在办案过程中要依靠群众，相信群众，发动群众，为群众参与诉讼提供方便并接受群众的监督。同时，在刑事诉讼中要尊重群众，自觉维护他们的各项诉讼权利和合法权益。例如，证人是了解案件情况的人，但在调查和收集证据时，应该注意维护证人的合法权益，不得将证人错误地当作取证的手段和破案的工具，更不允许有侵犯证人诉讼权利和对其进行人身侮辱的行为发生。再如，人民陪审员虽然不具有法官身份，但其在参与案件审判过程中所享有的表决权等，人民法院和合议庭的其他组成人员应该予以保障和尊重。

2. 必须注意将依靠群众与专门机关工作相结合。刑事案件具有复杂多变的特点，仅仅依靠群众往往是难以完成刑事诉讼法的任务的。公安司法机关是专门查处刑事犯罪的国家机关，刑事诉讼法规定的侦查权、检察权和审判权依法只能由公安司法机关行使，在刑事诉讼中依靠群众，绝不意味着可以让群众代替公安司法机关行使这些职权，也不意味着可以将公安司法机关的职权交给群众去行使。为此，应该将公安司法机关的专门性工作和依靠群众有机地结合起来，在保证侦查权、检察权和审判权依法独立行使的同时，发挥群众参与、监督刑事诉讼活动的主动性和积极性，保证公安司法机关少犯错误，从而提高办案质量。

二、贯彻依靠群众原则的意义

依靠群众，实行专门机关与群众相结合，是我国同犯罪行为进行斗争的优良传统，也是一条成功的经验，体现了我国刑事诉讼活动的重要特色。实践证明，公安司法机关只有加强与广大人民群众的联系，取得人民群众的支持，才能有效地查处犯罪行为，打击犯罪分子。依靠群众原则作为刑事诉讼的一项基本原则，具有十分重要的意义。

1. 依靠群众有利于增强人民群众作为国家主人的责任感。依靠群众是由我国的国家性质所决定的。我国社会主义的国家性质决定了人民群众是国家的主人，参与管理国家事务是人民群众的责任。犯罪分子的任何犯罪活动不仅会直接或间接损害国家、社会利益，也会直接威胁或损害人民群众的个人利益。犯罪破坏了正常的社会秩序和安宁，破坏了人民群众的工作和生活环境。因此，同犯罪行为作斗争，正是广大人民群众的心愿。广大人民群众具有同犯罪行为进行斗争的积极主动性，这是公安司法机关进行刑事诉讼的基础。在国家的司法活动中依靠群众，有利于增强人民群众作为国家主人的责任感。

2. 依靠群众有利于准确、及时地揭露犯罪和惩罚犯罪。犯罪活动总是在一定的时间和空间内进行的，无论犯罪分子多么狡猾，犯罪手段多么隐蔽，总会留下蛛丝马迹，其犯罪活动不可避免地会被群众发觉。因此，专门机关坚持依靠群众，深入群众进行调查研究，发动群众提供破案线索和收集证据，就能够准确、及时地揭露和查获犯罪分子，从而使犯罪行为人受到法律的制裁。

3. 依靠群众有利于保持司法廉洁，实现司法公正。在刑事诉讼过程中依靠群众，可以使公安司法机关的诉讼活动接受广大人民群众的监督，有利于公安司法机关严格依法办事和增强办案人员的责任感，防止和减少工作中的失误，出现错误也能及时得以发现和纠正。人民群众参与和监督刑事诉讼活动，不仅有助于抑制公安司法人员因长期从事司法活动而形成的职业偏见，使司法决定融合民情，增强司法的社会性和民主性，提高司法决定的可接受度；同时，还可以约束公安司法人员的行为，预防和减少贪赃枉法、徇私舞弊等腐败现象的发生，以保证准确地执行法律，实现司法公正。

第五节　以事实为根据、以法律为准绳原则

一、以事实为根据、以法律为准绳原则的基本含义

刑事诉讼法第 6 条规定："人民法院、人民检察院和公安机关进行刑事诉讼……必须以事实为根据，以法律为准绳……"这一规定确立了以事实为根据、以法律为准绳原则。这项原则充分反映了我国刑事诉讼法的根本要求和社会主义法治的精神，在刑事诉讼基本原则体系中居于核心地位。

以事实为根据，就是要求公安司法机关在办案过程中坚持重证据，重调查研究，对案件实体问题和程序问题所作出的处理决定，必须建立在已查明的案件客观事实的基础之上。公安司法机关办理刑事案件必须尊重案件的客观事实，认定犯罪嫌疑人、被告人的行为性质是否属于犯罪及确定其刑事责任时，应当忠于案件事实真相，以客观存在的案情作为处理问题的依据。由于刑事案件的事实要依据证据进行证明，只有收集到确实、充分的证据，才能为正确认定案件事实奠定可靠的基础。因此，以事实为根据，也就是要求公安司法机关据以定案的事实，必须是以收集到的证据所证实的案件事实为根据，而不能以主观臆断或查无实据的传闻为根据。以事实为根据的核心就是重证据、重调查研究，以证据作为查明和判定案件事实的唯一手段。如果证据不足，事实不清，就不能对被告人作出有罪的认定和判处相应的刑罚。

以法律为准绳，就是指公安司法机关应当在查明案件事实的基础上，对案件的实体问题和程序问题作出处理决定时，应当以刑法的有关规定为标准和尺度认定犯罪和作出处罚，应按照刑事诉讼法的规定进行立案、侦查、起诉、审判和执

行等各种诉讼活动。在刑事诉讼过程中，法律是公安司法机关进行刑事诉讼活动的唯一的尺度，不能离开法律另立标准，更不允许违法办案，枉法裁判。我国刑法明确规定了罪与非罪的界限，规定了刑罚的种类和适用范围，刑事诉讼法则规定了处理刑事案件的具体程序和制度，因此，公安司法机关在办理每一件刑事案件时，都应当对照有关的法律条文衡量犯罪嫌疑人、被告人是否构成犯罪，所犯何罪，应否处罚以及如何处罚，做到定罪准确、量刑适当、罚当其罪。在具体的诉讼过程中按照统一的标准审查决定行为人是否应当受到刑事追究，是否应当对其采取拘留或逮捕等强制措施，等等。公安司法机关只能按照法律的规定，不能凭个人的好恶或一时的情绪，随心所欲地对案件作出处理，也不能根据其他因素，如外界的压力、自己的利益来处理案件。只有以国家的法律为统一的标准和尺度，才能保证法律面前人人平等，维护法律的尊严，保证国家法律的统一实施。离开法律，任何自立标准的行为都是无效的，也是法律所不容许的。

二、贯彻以事实为根据、以法律为准绳原则的意义

以事实为根据、以法律为准绳在我国的刑事诉讼基本原则中占有核心地位，是贯彻其他诉讼原则的根本保证。因为任何案件都离不开事实和法律这两大基本问题，只有认真遵守和贯彻好这一原则，才能既保证对案件事实的正确认定，又保证对国家法律的统一适用，也才能使其他诉讼原则发挥相应的作用。为在实践中更好地贯彻这一原则，必须正确理解和把握两者之间的辩证关系。以事实为根据，以法律为准绳，两者紧密相连，相辅相成，对任何一个方面都不能忽视。事实是正确适用法律的基础，只有坚持以案件事实为依据，才能查明案件的客观真实情况，准确认定案件事实。如果忽视了以事实为根据这一要求，对案件运用法律时就会丧失客观标准，以法律为准绳也就会毫无意义。而如果忽视了以法律为准绳，立案、侦查、起诉和审判就没有标准，诉讼活动就难以进行；如果对案件进行处理时不以法律作为统一的定罪和量刑标准，即使查明了案件事实，案件也得不到正确的处理。只有两者相结合，才能做到既准确惩罚犯罪，又有效地保障人权，做到不枉不纵。

第六节　公民在适用法律上一律平等原则

一、公民在适用法律上一律平等原则的基本内容

刑事诉讼法第6条规定：“人民法院、人民检察院和公安机关进行刑事诉讼……对于一切公民，在适用法律上一律平等，在法律面前，不允许有任何特

权。”这一规定确立了公民在适用法律上一律平等的刑事诉讼原则，它是我国宪法规定的公民在法律面前一律平等原则在刑事诉讼中的具体体现。这一原则包含两方面的内容。

1. 公安司法机关进行刑事诉讼活动，对于全体公民同等地适用法律，不得有任何歧视。即公安司法机关在行使各自职权时要遵守同样的原则和程序，适用同样的法律。对于涉嫌犯罪的人，严格依照法律的规定进行追究，符合逮捕、起诉条件的应当逮捕、起诉，该定罪量刑的应当定罪量刑，不能因为犯罪嫌疑人、被告人的民族、种族、性别、职业、受教育程度、财产状况等方面的不同而有什么区别。对于一切公民，包括犯罪嫌疑人、被告人的合法权益都必须加以平等的保护，而不得以任何借口限制或剥夺诉讼参与人依法享有的诉讼权利，侵犯公民的合法权益。

2. 对于一切公民在适用法律上不允许有任何特权。即所有公民，不论他是领导干部还是普通民众，不论其职位高低、对社会贡献的大小，应当同样遵守国家的法律，同样承担法律规定的义务。不论何人触犯法律构成犯罪的同样受到法律的制裁，坚持在法律面前人人平等，反对任何特权。对于涉嫌犯罪的人，应当依法严肃查处，不得以党纪、行政处分代替刑事处罚，也不能以经济制裁代替刑事处罚。在诉讼过程中，对于所有的诉讼参与人都应平等地对待，保障一切诉讼参与人充分行使诉讼权利，也保护他们平等地履行法律规定的诉讼义务。

当然，对公民在适用法律上一律平等原则中所强调的平等，是指公民在法律地位上的平等，而不是所有人在刑事诉讼中的权利和义务的完全对等和完全相同。由于公民作为不同的诉讼参与人在诉讼中所处的法律地位不同，其所享有的诉讼权利和承担的诉讼义务会有所区别，这是由刑事诉讼的特点所决定的。例如，被告人在刑事诉讼中享有辩护权和上诉权，而被害人虽然也是当事人，但是并没有这些权利；为维护被害人的合法权益，法律又规定被害人有委托诉讼代理人的权利和请求检察机关抗诉的权利。如果同属于案件中的被告人或者被害人，则他们在诉讼中依法享有相同的诉讼权利。法律对他们诉讼权利的行使应当给予同等的保护，不能只允许一部分当事人行使某些权利，而对另一部分当事人在行使诉讼权利时加以限制或剥夺。不过，适用法律一律平等并不排斥对特殊人群的特殊保护，如刑事诉讼法对未成年人、盲、聋、哑人群以及可能判处无期徒刑的被告人，与可能判处较轻刑罚的被告人在享受法律援助方面的待遇也有不同，这是由诉讼主体的特性以及司法资源的合理配置所决定的。

二、贯彻公民在适用法律上一律平等原则的意义

坚持公民在适用法律上一律平等原则的重要意义在于，使当事人和其他诉讼参与人在刑事诉讼中的各项权益得到法律保障，对所有的公民一视同仁，平等对

待，消除诉讼中的歧视和特权。特别是犯罪嫌疑人、被告人，由于处于被追诉者的地位，其人身自由、财产权利甚至生命都可能受到剥夺，如果在适用法律上不平等，显然会造成同样行为不同处罚的结果，这不但对犯罪嫌疑人、被告人不公正，也会损害司法的权威。因此，贯彻公民在适用法律上一律平等原则，不仅对于有效防止某些人凭借权势和地位凌驾于法律之上，置身于法律之外有现实意义，而且对于切实保障公民的合法权益，保证刑事诉讼活动严格依法进行和对案件进行公正处理，树立司法权威，都具有十分重要的意义。

第七节　分工负责、互相配合、互相制约原则

一、分工负责、互相配合、互相制约原则的基本含义

刑事诉讼法第 7 条规定："人民法院、人民检察院和公安机关进行刑事诉讼，应当分工负责，互相配合，互相制约，以保证准确有效地执行法律。"这一规定是指导和处理人民法院、人民检察院和公安机关在刑事诉讼中相互关系的一项基本原则，也是我国宪法所确定的一项重要原则。它反映了我国现阶段公安司法机关在刑事诉讼中相互关系的特点。

党的十八届三中全会作出的《中共中央关于全面深化改革若干重大问题的决定》明确要求，优化司法职权配置，健全司法权力分工负责、互相配合、互相制约机制，加强和规范对司法活动的法律监督和社会监督。党的十八届四中全会作出的《中共中央关于全面推进依法治国若干重大问题的决定》也再次强调，优化司法职权配置。健全公安机关、检察机关、审判机关、司法行政机关各司其职，侦查权、检察权、审判权、执行权相互配合、相互制约的体制机制。完善司法体制，推动实行审判权和执行权相分离的体制改革试点。完善刑罚执行制度，统一刑罚执行体制。改革司法机关人财物管理体制，探索实行法院、检察院司法行政事务管理权和审判权、检察权相分离。

分工负责，是指人民法院、人民检察院和公安机关应当根据法律赋予的职权，各尽其职，各负其责，既不能互相取代也不能互相推诿，更不允许超越其职权范围进行诉讼活动。

互相配合，是指人民法院、人民检察院和公安机关在分工负责的基础上，互相支持，通力协作，使刑事案件的处理前后衔接，协调一致，减少补充侦查、撤回起诉、改变指控罪名等程序上的反复和迟延，努力提高集中审理程度和诉讼效率，共同完成刑事诉讼法的任务。

互相制约，是指通过诉讼职能的分工和程序上的设置，使三机关互相约束和

牵制，以防止可能发生的错误和及时发现与纠正错误。互相制约不同于对诉讼活动的监督。刑事诉讼法明确规定，人民检察院依法对刑事诉讼实施监督，因此，对公安机关和人民法院的诉讼活动是否合法所进行的监督是人民检察院的法定职权，这种监督与三机关之间的互相制约虽然都具有防止职权滥用的功能，但是两者并不完全相同。诉讼中的监督是专属人民检察院的职权，具有明显的单向性，人民法院和公安机关都应当接受人民检察院的监督。而互相制约是双向的，三机关之间是互为监督与被监督的关系。

分工负责，互相配合，互相制约是一个完整、统一的整体，三者之间相辅相成、密不可分。分工负责是互相配合与互相制约的前提和基础，没有三机关职权行使上的分工，互相配合与互相制约就无从谈起。互相配合是严格分工在公、检、法三机关职责衔接上的表现，而互相制约则是处理公、检、法三机关之间关系的最终目的，是该原则的核心。互相配合、互相制约是分工负责的目标和分工负责后的自然结果，前者与后者是原因与结果、手段与目的的关系。只有在分工负责的前提基础上，才能落实和保障互相配合与互相制约。互相配合与互相制约是一个问题的两个方面，要辩证理解，对任何一方均不可偏废，强调或忽视哪一方面都是片面不正确的。只有实行互相配合，才能协调三机关的工作，有效地同犯罪作斗争；只有实行互相制约，才能在诉讼中防止出现偏差和错误，并在出现偏差和错误时能够及时予以纠正。既不能把互相配合与互相制约对立起来，也不能孤立地强调一面而忽视另一面。如果只强调互相配合而不重视互相制约，就会在行使职权过程中放弃原则，放弃分工而互相迁就，工作中的偏差和错误就会得不到纠正，从而影响办案的质量。

二、分工负责、互相配合、互相制约原则在刑事诉讼过程中的主要体现

分工负责、互相配合、互相制约原则体现在一系列的制度、程序之中，贯穿于刑事诉讼的全过程。根据刑事诉讼法的规定，人民法院、人民检察院和公安机关之间的分工负责主要体现在两个方面：（1）诉讼职能与职权的分工负责。对此，刑事诉讼法第 3 条已作出了明确规定："对刑事案件的侦查、拘留、执行逮捕、预审，由公安机关负责。检察、批准逮捕、检察机关直接受理案件的侦查、提起公诉，由人民检察院负责。审判由人民法院负责。"（2）案件管辖上的分工。刑事诉讼法第 19 条划分了人民法院、人民检察院和公安机关立案管辖刑事案件的范围。此外，在具体的诉讼程序中还对三机关职权行使的条件和要求作出了明确的规定。三机关应当依照法律对其职权的分工认真完成各自的工作。

互相配合与互相制约的关系体现在刑事诉讼的各个阶段。在三机关分工负责的基础上，对于公安机关提请逮捕和移送审查起诉的案件，人民检察院接到公安机关移送的案件材料和证据后应当及时地进行审查并作出相应的决定；对于人民

检察院提起公诉的案件，人民法院依法审查后认为符合开庭审判条件的，应当及时地审理并作出判决；对于人民检察院批准逮捕和人民法院决定逮捕的案件，以及需要公安机关执行的判决和裁定，公安机关在接到通知后应当及时地执行。

在审查批准逮捕和移送审查起诉的问题上，既反映了公安机关与人民检察院之间的互相配合关系，也体现了这两个机关相互间的制约关系，如人民检察院对不符合逮捕条件的犯罪嫌疑人依法作出不批准逮捕的决定，本身就体现出人民检察院对公安机关侦查活动的监督和制约，防止公安机关在侦查过程中出现错误或者滥用权力而造成对犯罪嫌疑人合法权益的侵犯。反过来，公安机关认为人民检察院作出的对犯罪嫌疑人不批准逮捕的决定有错误时，可以要求检察机关复议，如果意见不被接受，公安机关可以向上一级人民检察院提请复核。对于人民检察院审查案件后作出的不起诉决定，公安机关认为有错误时也可以要求人民检察院进行复议和复核。法律赋予公安机关要求复议和提请复核权，说明公安机关也有权制约人民检察院的办案活动，以保证人民检察院逮捕决定权和公诉决定权的正确行使。

在案件的审判环节，人民法院对于人民检察院提起公诉的案件，首先应当进行审查，对符合条件的案件应当决定开庭审理；在法院开庭审判阶段，人民检察院应当指派公诉人出庭支持公诉，就被告人被指控的犯罪行为，向法庭提供证据进行证明；经法庭审理，人民法院应当依法对被告人作出是否有罪以及应否处以刑罚或处以何种刑罚的判决；人民检察院对于人民法院作出的判决、裁定，如果认为确有错误时，有权依法提出抗诉。因此，人民法院和人民检察院相互间在刑事诉讼过程中也存在相互配合与制约的关系。

第八节 人民检察院依法对刑事诉讼实行法律监督原则

一、人民检察院依法对刑事诉讼实行法律监督原则的法律依据

刑事诉讼法第 8 条规定："人民检察院依法对刑事诉讼实行法律监督。"这一规定确立了人民检察院依法对刑事诉讼实行法律监督原则，简称检察监督原则。

检察监督原则源自宪法。宪法第 134 条规定："中华人民共和国人民检察院是国家的法律监督机关。"这一规定赋予了人民检察院对国家法律的正确实施实行监督的权力。人民检察院的法律监督权主要有以下几个特点：（1）专门性。人民检察院是进行法律监督的专门机关，行使由宪法和法律授予的职权，具有神圣的法律地位。（2）独立性。人民检察院独立行使职权是我国宪法和法律明确规定

的基本原则，检察机关依法独立行使检察监督权，不受任何机关和个人的干涉。（3）强制性。人民检察院的法律监督是由国家强制力保证实施的，国家赋予人民检察院广泛而强大的力量来保证检察权的正常行使。

二、人民检察院依法对刑事诉讼实行法律监督原则的基本内容

在刑事诉讼中，人民检察院不仅作为直接办案的专门机关负责刑事案件的批准逮捕、直接受理案件的侦查和提起公诉等具体工作，而且作为法律监督机关，有权对刑事诉讼的全过程，对刑事诉讼中专门机关的诉讼活动是否合法实行监督。刑事诉讼法对人民检察院在各个诉讼阶段进行法律监督的范围、对象、方式和程序均作出了具体规定。概括起来，在权力表现形式上，人民检察院行使法律监督权的方式主要有侦查权、建议权、纠正权和抗诉权四种；而从程序流程上，人民检察院对刑事诉讼的法律监督主要体现在以下四个方面。

1. 立案监督。这指的是人民检察院对公安机关作出的不立案的决定是否合法实施的监督。根据刑事诉讼法第 113 条的规定，人民检察院认为公安机关对应当立案侦查的案件而不立案侦查的，或者被害人认为公安机关对应当立案侦查的案件而不立案侦查，向人民检察院提出的，人民检察院应当要求公安机关说明不立案的理由。人民检察院认为公安机关不立案的理由不能成立的，应当通知公安机关立案，公安机关接到通知后应当立案。人民检察院对公安机关的立案监督，对于保障被害人控告权的行使，防止和避免公民合法权益受到犯罪行为侵害后告状无门现象的发生，是非常必要的。

2. 侦查监督。人民检察院的侦查监督是其法律监督活动的重要组成部分。人民检察院在审查批准逮捕和审查起诉等具体程序中，应当同时审查公安机关的侦查活动是否合法，发现有违法情况，应当通知公安机关纠正，公安机关应当将纠正情况通知人民检察院。例如，刑事诉讼法第 57 条规定：“人民检察院接到报案、控告、举报或者发现侦查人员以非法方法收集证据的，应当进行调查核实。对于确有以非法方法收集证据情形的，应当提出纠正意见；构成犯罪的，依法追究刑事责任。”同时，人民检察院对公安机关执行逮捕的情况也可以行使监督权，即对公安机关是否执行了人民检察院作出的批准逮捕决定和人民法院作出的逮捕决定，对应当逮捕的犯罪嫌疑人、被告人是否立即执行逮捕并进行合法关押等情况进行监督。为此，公安机关执行逮捕后应当立即将执行的情况通知人民检察院。刑事诉讼法第 95 条还明确规定：“犯罪嫌疑人、被告人被逮捕后，人民检察院仍应当对羁押的必要性进行审查。对不需要继续羁押的，应当建议予以释放或者变更强制措施。有关机关应当在十日以内将处理情况通知人民检察院。”此外，根据刑事诉讼法第 87 条、第 171 条的规定，人民检察院认为有必要时，可以派人参加公安机关对于重大案件的讨论，发现违法情况及时予以纠正；人民检察院审

查案件的时候，必须查明侦查活动是否合法。另外，人民检察院作为专门的法律监督机关，有权通过当事人或其他公民的申诉等途径，来发现和监督公安机关侦查活动的合法性。人民检察院对公安机关侦查活动实行监督的目的是监督公安机关依法行使侦查权，保证侦查工作的质量和维护当事人及其他公民的合法权益。

3. 审判监督。由于审判是整个刑事诉讼中十分重要的诉讼阶段，为了保证人民法院审判工作公正、合法地进行，人民检察院有权对审判活动是否合法进行监督。这种监督包括两个方面：(1) 对刑事审判程序是否合法实行监督，即对刑事案件的受理是否违反管辖规定、审理案件是否违反法定的审理和送达期限、法庭组成人员是否符合法律规定、法庭审理案件是否违反法定程序、在审理过程中是否有侵犯当事人和其他诉讼参与人诉讼权利和其他合法权益以及有无其他程序违法的情况等，实施监督。人民检察院如果发现违法情况，有权向人民法院提出纠正意见，人民法院应当予以纠正并将纠正情况通知人民检察院。(2) 对人民法院作出的判决、裁定实行监督，即人民检察院认为人民法院作出的判决或裁定确有错误时，可以按照第二审程序或审判监督程序提出抗诉。此外。根据刑事诉讼法第 251 条的规定，在复核死刑案件过程中，最高人民检察院可以向最高人民法院提出意见。最高人民法院应当将死刑复核结果通报最高人民检察院。

4. 执行监督。人民检察院有权对执行机关执行刑罚的活动是否合法实行监督，如果发现有违法情况，应当通知执行机关予以纠正。监狱是我国的主要刑罚执行机关，负责对人民法院作出的生效裁判的执行，但是也有一部分判决、裁定的执行由人民法院、公安机关、看守所、未成年犯管教所、社区矫正机构负责，这些机关执行刑罚的活动都要接受人民检察院的监督。人民检察院执行监督的范围还包括在刑罚执行过程中对人民法院决定或监狱管理机关、公安机关批准暂予监外执行的活动，以及人民法院作出的减刑、假释的裁定是否适当实施监督，如果发现所作的决定或裁定不当的，人民检察院有权提出书面纠正意见，接到书面纠正意见的机关应当在法定期限内重新审查处理。此外，根据刑事诉讼法第 307 条的规定，人民检察院还有权对强制医疗的决定和执行活动实行监督。

第九节　使用民族语言文字进行诉讼原则

一、使用民族语言文字进行诉讼原则的基本内容

刑事诉讼法第 9 条规定：“各民族公民都有用本民族语言文字进行诉讼的权利。人民法院、人民检察院和公安机关对于不通晓当地通用的语言文字的诉讼参与人，应当为他们翻译。在少数民族聚居或者多民族杂居的地区，应当用当地通

用的语言进行审讯，用当地通用的文字发布判决书、布告和其他文件。”这一规定，是确立使用民族语言文字进行诉讼原则的法律依据。这一原则在宪法中也有明确的规定，是保证各民族公民权利平等的一项重要法律原则。这一原则主要包含以下内容。

1. 各民族公民参加诉讼，不论当事人还是其他诉讼参与人都有权使用本民族的语言文字进行诉讼；有权使用本民族的语言回答公安司法人员的提问，发表自己的意见；有权使用本民族的文字书写供述、证言、鉴定意见、上诉状、申诉状及其他有关的案件材料。

2. 如果诉讼参与人不通晓当地通用的语言文字，人民法院、人民检察院和公安机关有义务为其指定或聘请翻译人员。这一规定，不仅适用于我国的少数民族公民，也适用于在少数民族地区参加诉讼的汉族公民以及在我国参加诉讼的外国公民和无国籍人。

3. 在少数民族聚居或者多民族杂居的地区，应当使用当地通用的语言进行侦查、起诉和审判，使用当地通用的一种或几种文字发布判决书、布告和其他文件。对于不通晓当地文字的诉讼参与人，在有条件的情况下，应当使用他所通晓的文字向其送达诉讼文书，或者聘请翻译人员，为其翻译诉讼文书中记载的内容。

二、贯彻使用民族语言文字进行诉讼原则的意义

我国是多民族的国家，各民族公民的政治地位和法律地位完全平等。各民族公民有权使用本民族的语言文字进行诉讼的原则，充分体现了各民族平等和保障各民族公民平等行使诉讼权利的精神。在刑事诉讼中认真贯彻执行这一原则具有十分重要的意义。

1. 贯彻这一原则，有利于刑事诉讼活动的顺利进行和案件的正确处理。适用该原则既便于专门机关深入当地群众调查、了解情况，广泛收集证据和听取群众意见，也便于少数民族公民向公安司法人员及时提供案件线索和证据材料，使诉讼活动得以顺利开展，从而及时查明案件事实，正确处理案件。

2. 贯彻这一原则，有利于维护诉讼参与人的合法权利。坚持各民族公民有使用本民族语言文字进行诉讼的权利，能够保证各民族的诉讼参与人排除语言、文字上的障碍，平等和充分地行使各项诉讼权利，运用法律武器维护自己的合法权益。

3. 贯彻这一原则，有利于提高诉讼效率。使用各民族自己的民族语言进行诉讼，有利于当事人及其他诉讼参与人在庭审过程中更清晰地表词达意，充分地行使起诉权和辩护权或履行作证及其他义务，减少因语言、文字差异而可能导致的语义上的误解和时间上的拖沓，从而更有利于集中审理，提高诉讼效率。

4. 贯彻该原则，可以更好地发挥审判活动的教育作用。在少数民族聚居或者多民族杂居的地区，应当使用当地通用的语言进行审讯，使用当地通用的文字发布判决书、布告和其他文件，有利于人民法院通过公开审判，对当地居民进行法治宣传和教育，增强当地居民的法治观念，从而达到预防和减少犯罪的目的。

第十节　审判公开原则

一、审判公开原则的基本内容

宪法第 130 条规定："人民法院审理案件，除法律规定的特别情况外，一律公开进行……"刑事诉讼法第 11 条规定："人民法院审判案件，除本法另有规定的以外，一律公开进行……"可见，审判公开不仅是刑事诉讼法确立的一项基本原则，也是我国的一项宪法原则。

审判公开，是指人民法院审理刑事案件和宣告刑事判决，应当公开进行，允许公民旁听，也允许新闻记者对审判活动的过程进行采访和报道，也即将法庭审判的全过程，除合议庭休庭进行评议外，都公之于众。审判公开的对象和范围包括如下几个方面。

1. 对当事人和其他诉讼参与人公开。人民法院的审判应当在当事人和其他诉讼参与人的参加下公开进行，一切用作定案根据的证据材料都必须与当事人见面并听取他们的意见，证人、鉴定人、辩护人和诉讼代理人等也都应当出庭参与相应的诉讼活动，履行法定义务。

2. 对社会公开。人民法院的审判除对当事人和其他诉讼参与人公开外，还必须对其他的群众公开，允许人民群众旁听案件的审判过程，并允许新闻记者就人民法院的审判活动进行采访和报道。

3. 审理过程公开。法庭对案件事实的调查，证据的出示和质证，控辩双方的辩论，被告人的最后陈述等，都应当在公开的法庭上进行。

4. 审判结果公开。人民法院审判后作出的结论应该公开，判决书的内容及据以作出判决的事实和理由应公开宣布。

5. 审判公开不等于审判全程的公开，合议庭的讨论过程、二审程序中采取书面审理的过程，以及审判委员会讨论案件的过程都是不公开进行的。

根据刑事诉讼法第 187 条的规定，人民法院公开审判的案件，应当以适当的方式在开庭 3 日以前先期公布案由、被告人姓名、开庭时间和地点，以使群众了解开庭的情况而便于旁听，因此先期公布是人民法院公开审判的标志。至于在具体开庭时有无旁听群众，旁听人数的多少都不影响审判的公开进行。对于公开审判的案件，人民法院应当对旁听群众和新闻记者提供方便，不得随意加以限制和拒绝。但是根据《最高人民法院关于适用〈中华人民共和国刑事诉讼法〉的解释》（以下简称《高法解释》）第 223 条的规定，精神病人、醉酒的人、未经人民法院批准的未成年人以及其他不宜旁听的人不得旁听案件审理。

人民法院审理刑事案件原则上均要公开进行，但根据刑事诉讼法第 188 条、第 285 条的规定，下列几种案件作为例外不能公开审理：（1）有关国家秘密的案件，即涉及国家政治、经济、军事和科技等秘密的案件。这类案件不公开审理是为了防止泄露国家秘密，避免给国家安全和人民利益造成不必要的损失。（2）有关个人隐私的案件。这是为了保护当事人的名誉和防止对社会产生不良的影响和后果。（3）审判的时候被告人不满 18 周岁的案件。对于此类案件不公开审理，是为了防止未成年人的精神受到更多创伤，影响其健康成长，同时不公开审理也有利于对他们的教育、改造和挽救。（4）涉及商业秘密的案件，当事人申请不公开审理的，人民法院也可以不公开审理。

对于依法不公开审理的案件，法庭应当在开庭时当庭宣布不公开审理的理由。在审理时除承办人员和诉讼参与人外，其他与本案无关的任何人都不得旁听法庭审理。但是，对于审判的时候被告人不满 18 周岁的案件，经未成年被告人及其法定代理人同意，未成年被告人所在学校和未成年人保护组织可以派代表到场。

贯彻审判公开原则应把握好审判公开与审判独立的关系，以避免因过于强调公民知情权、新闻自由权等而对审判独立造成消极的影响。为此，并非所有有利于审判公开的庭审形式都可以毫无限制地采用，如电视直播的“公开”方式，在大多数国家就遭到禁止。

二、贯彻审判公开原则的意义

人民法院审判案件公开进行是民主政治的要求，是保障诉讼的民主性、公开性的关键措施，具有十分重要的意义。

1. 有利于增强诉讼的透明度和司法人员的责任感。实行公开审判，通过审判过程中的当庭举证、质证和认证活动，在审判公开的过程中诉讼的透明度得以展现。与此同时，在公开的法庭上进行审判，公诉人员和审判人员的业务素质是否过硬，审判活动是否合法，都要接受人民群众和社会舆论的检验和监督，这必将促使司法人员提高业务能力和增强工作责任心，从而严格依法办案。

2. 有利于贯彻刑事诉讼原则，保证案件的质量。在公开的法庭上进行公开审判的过程中，被告人有权获得辩护、公民在适用法律上一律平等、使用民族语言文字进行诉讼等一系列诉讼原则，可以通过“人们看得见的方式”得到最为直接和充分的贯彻执行，从而保证审判活动合法、公正进行，有利于案件得以正确处理。

3. 有利于宣传法治和预防犯罪。通过公开审判，使广大的人民群众了解犯罪情况，增强社会公众的法律意识和法治观念，自觉守法，提高他们同犯罪行为作斗争的积极性。同时，公开进行审判对社会危险分子也可以起到震慑作用，使他们不敢轻举妄动，从而预防犯罪的发生。

第十一节　犯罪嫌疑人、被告人有权获得辩护原则

一、犯罪嫌疑人、被告人有权获得辩护原则的基本内容

犯罪嫌疑人、被告人有权获得辩护是宪法和刑事诉讼法规定的一项重要原则。宪法第 130 条规定，被告人有权获得辩护。刑事诉讼法第 11 条规定，被告人有权获得辩护，人民法院有义务保证被告人获得辩护。这两个条文虽然均未提及犯罪嫌疑人，但犯罪嫌疑人有权获得辩护也是刑事诉讼法所明确强调的。例如，刑事诉讼法第 14 条规定：“人民法院、人民检察院和公安机关应当保障犯罪嫌疑人、被告人……依法享有的辩护权……”此外，根据刑事诉讼法第 34 条的规定，犯罪嫌疑人自被侦查机关第一次讯问或者采取强制措施之日起，有权委托辩护人。犯罪嫌疑人和被告人同是涉嫌犯罪而受到刑事追诉的人，在刑事诉讼中享有相同的辩护权。因此，辩护原则的全面理解应该是指犯罪嫌疑人、被告人有权获得辩护，人民检察院和人民法院有义务保证犯罪嫌疑人、被告人获得辩护。这一原则具体包括以下几方面的内容。

1. 犯罪嫌疑人、被告人在整个刑事诉讼过程中都有权自行辩护。犯罪嫌疑人、被告人在全部诉讼过程中依法享有辩护权，这种权利既包括无罪辩护、轻罪辩护等实体问题上的辩护权，也包括申请回避、请求补充证据、申请非法证据排除等程序事项上的辩护权。犯罪嫌疑人、被告人的辩护权与其他诉讼权利密切相关，如果辩护权得不到保障，其他诉讼权利的行使往往也就难以实现。因此，无论是否认罪，也无论罪轻还是罪重的犯罪嫌疑人、被告人，都依法享有辩护权，公安司法机关不得以任何理由加以限制或剥夺。

2. 犯罪嫌疑人、被告人有权委托辩护人为其提供帮助。在刑事诉讼过程中犯罪嫌疑人、被告人除自己行使辩护权外，还可以委托辩护人帮助其行使辩护权。根据刑事诉讼法的规定，犯罪嫌疑人自被侦查机关第一次讯问或者采取强制措施之日起，有权委托律师作为辩护人。被告人有权随时委托辩护人。在犯罪嫌疑人、被告人认为辩护人不能有效行使辩护权或者有充分理由对辩护律师不信任时，还有权拒绝辩护人为其辩护，重新委托或接受指定的辩护人为其辩护。

3. 公安司法机关负有保障犯罪嫌疑人、被告人依法行使辩护权的义务。这种义务包括：告知犯罪嫌疑人、被告人有自行辩护的权利和委托辩护人的权利；为犯罪嫌疑人、被告人委托律师和其他辩护人提供方便；通知法律援助机构指派律师为犯罪嫌疑人、被告人提供辩护；认真听取犯罪嫌疑人、被告人及其辩护人的辩护意见和理由等。

二、贯彻犯罪嫌疑人、被告人有权获得辩护原则的意义

我国法律赋予犯罪嫌疑人，特别是被告人辩护权，并为这一权利的行使提供制度和程序上的保障。这具有十分重要的意义。

1. 有利于体现诉讼民主和现代法治精神。实行这一原则，能够促使处于被控告地位的犯罪嫌疑人、被告人充分地提出有利于自己的主张和意见，有效地对抗控诉方不正确的指控，维护自身的合法权益，这是诉讼民主和现代法治精神的重要体现。

2. 有利于公安司法机关全面查明案情，避免和减少错误的发生。辩护是与控诉相对应的诉讼职能，如果不经辩护，仅仅根据控诉定案，就容易犯主观武断和片面性的错误。“兼听则明”，不仅符合人类认识的规律，也是避免错误的根本保证。

3. 有利于保障犯罪嫌疑人、被告人的合法权益。赋予犯罪嫌疑人、被告人依法行使辩护权并保证其获得辩护，可以促使公安司法机关严格依法进行诉讼活动，防止出现任意拘捕、起诉和审判这类情况的发生，避免犯罪嫌疑人、被告人的自由和合法权益受到无理的限制或剥夺。

4. 有利于增强司法的公信力和裁判的可接受性。在判决产生以前充分保障犯罪嫌疑人、被告人的辩护权利，使其充分参与审判过程和影响判决的形成，能够最大限度地增强司法的公信力和裁判的说服力与可接受性，敦促被告人服判，从而有利于对其进行教育改造。

第十二节　未经人民法院依法判决不得确定有罪原则

一、未经人民法院依法判决不得确定有罪原则的基本含义

刑事诉讼法第 12 条规定：“未经人民法院依法判决，对任何人都不得确定有罪。”这是一项有着丰富内涵的基本原则。具体而言，未经人民法院依法判决不得确定有罪原则的含义体现在以下几方面。

1. 确定被告人有罪的权力由人民法院统一行使，其他任何机关、团体和个人都不得行使这一权力。定罪权是刑事审判权的核心，人民法院作为我国唯一的审判机关，代表国家统一行使刑事审判权。通过审理判定被告人是否有罪是国家审判权的重要组成部分，专属于人民法院，即只有人民法院才有权在法律上认定被告人有罪。公安机关和人民检察院在侦查和审查起诉阶段，根据查明的案件事实和证据，也有权对犯罪嫌疑人作出有罪的认定，但是这种认定只具有程序意义，而不是最后的法律确定，相对于人民法院的审判来说，没有法律约束力。只有经过人民法院确定，被告人有罪的判决才会发生法律效力。

2. 人民法院确定被告人有罪，必须依法判决。即人民法院必须依照法定程序经过审理，依据已查证属实的证据和法律的规定，对被告人作出有罪的判决并发生法律效力后，被指控有罪的被告人的罪行才得以最终的确定，被告人才成为真正的罪犯。

3. 在人民法院未作出判决前，不能将犯罪嫌疑人、被告人当作罪犯看待。在人民法院未作出判决前的诉讼过程中，犯罪嫌疑人、被告人只是处于被追诉地位的特殊公民，其刑事责任并没有被确定。由于还未经过生效判决确定其是有罪的人，因此不能仅因有犯罪嫌疑或被指控犯罪就将其看作罪犯。

为贯彻这一原则，刑事诉讼法作出了相应的规定：(1) 严格区分“犯罪嫌疑人”和“被告人”的称谓。在人民检察院向人民法院正式提起公诉前的立案、侦查与审查起诉阶段，被追诉人称为“犯罪嫌疑人”，而在向人民法院提起公诉后改称为“被告人”。(2) 明确由控诉方承担举证责任。在法庭调查案件事实过程中，法官不承担调查取证、提出控方证据及展示证据的义务，而只是在必要时进行协助性的调查，而且这种调查往往是应辩护方的请求而进行的，带有明显的偏向诉讼构造中弱势一方的倾向。这样，控诉义务就完全由公诉机关一方承担，公诉机关有义务提出确实、充分的证据来证明被告人被指控的犯罪事实，而被告人没有证明自己有罪或无罪的义务。(3) 确立“疑罪从无”的处理方式。在审查起诉阶段，对于经过 2 次补充侦查的案件，人民检察院仍然认为证据不足，不符合起诉条件的，应当作出不起诉的决定；在审判阶段，对于证据不足，不能认定被告人有罪的，人民法院应当作出证据不足、指控的犯罪不能成立的无罪判决。

未经人民法院依法判决，对任何人不得确定有罪原则体现了无罪推定原则的基本精神。无罪推定原则是在反对中世纪纠问式诉讼制度和有罪推定诉讼原则的基础上，建立并发展起来的一项刑事诉讼基本原则，它与罪刑法定原则一起构成了现代刑事法律制度的基础，充分体现了刑事诉讼制度发展史上的民主与进步。时至今日，无罪推定原则已经成为一项国际性的刑事司法准则。1948 年联合国通过的《世界人权宣言》第 11 条确认，凡是刑事控告者，在未经获得辩护上所需的一切保证的公开审判而依法证实有罪之前，有权被视为无罪。《公民权利和政治权利国际公约》第 14 条第 2 项规定，凡受刑事控告者，在未经依法证实有罪之前，应有权被视为无罪。根据无罪推定原则，任何人在被法院依法确定有罪之前，在法律上应被推定为无罪。这一原则要求，证明被告人有罪的责任由起诉方承担；为推翻原“无罪推定”，起诉方证明被告人有罪的证据必须达到排除合理怀疑或内心确信的程度；如果起诉方的举证达不到这种程度，法院则应作出被告人无罪的判决。

二、贯彻未经人民法院依法判决不得确定有罪原则的意义

我国的刑事诉讼法没有明确规定无罪推定原则，但是，未经人民法院依法判决，对任何人都不得确定有罪的原则是在吸收无罪推定原则的基础上，根据我国国情所确定的原则。因此，它的确立也是我国法治建设的重大发展，具有重要的意义。

1. 有利于确立保障犯罪嫌疑人、被告人的主体地位。在控辩对抗、法官听审裁判的三方组合的现代刑事诉讼结构中，辩护职能与控诉职能同为诉讼结构的支撑点，要认定某人有罪，公安司法机关必须依照法定程序收集确实、充分的证据，控诉方应积极履行控诉职能进行充分的举证，否则在法律上就不得确定任何人有罪。未经人民法院依法判决不得确定有罪原则要求，将犯罪嫌疑人、被告人视为与其他公民一样具有独立人格的个体，在法律地位上不应被区别对待，不允许受到歧视，更不允许随意损害其人身权和自由权。这一原则的确立，是犯罪嫌疑人、被告人诉讼地位主体化的结果，是刑事司法制度向现代发展演进的结果。

2. 有利于体现诉讼民主。诉讼民主的基本内容是充分保障公民个人的权利，制约国家权力的行使。由于我国传统的刑事诉讼以强调控制犯罪作为主要目的而忽视对当事人，特别是犯罪嫌疑人、被告人的权利保障，确立该原则，并在相应条款中加强对犯罪嫌疑人、被告人权利保障的力度，有利于防止公安司法机关滥用职权，促使其依法办案，这对推进我国刑事诉讼民主化进程无疑具有重要的意义。

3. 有利于更好地与国际刑事司法准则相协调。随着国际刑事司法准则的建立，世界各国的立法一般都将无罪推定确定为刑事诉讼的一项重要原则。虽然各国对于无罪推定的表述有所差异，但总体精神是一致的，即任何受指控犯罪的人在依法确定有罪之前，应当被推定为无罪。为此，应当强调诉讼程序的公正与民主，充分保障被追诉者的合法权益。未经人民法院依法判决不得确定有罪原则吸收了无罪推定原则的基本精神，有利于我国的刑事诉讼制度与国际刑事司法准则相协调。

第十三节　保障诉讼参与人诉讼权利原则

一、保障诉讼参与人诉讼权利原则的基本含义

刑事诉讼法第14条规定："人民法院、人民检察院和公安机关应当保障犯罪嫌疑人、被告人和其他诉讼参与人依法享有的辩护权和其他诉讼权利。诉讼参与人对于审判人员、检察人员和侦查人员侵犯公民诉讼权利和人身侮辱的行为，有权提出控告。"这一规定表明，公安司法机关对诉讼参与人依法享有的诉讼权利负有保证其充分行使的义务，不得随意地加以限制或剥夺。保障诉讼参与人诉讼权利原则的基本含义为：

1. 诉讼参与人依法享有的诉讼权利，受到法律保护，任何人不得以任何方式进行限制或剥夺。刑事诉讼法对不同的诉讼参与人规定了与其地位相适应的诉讼权利，使他们能够在参与诉讼的过程中运用这些权利，维护自身的合法权益。

2. 公安司法机关负有保障诉讼参与人充分行使诉讼权利的义务。公安司法机关应当在相应的诉讼阶段告知各诉讼参与人依法所享有的诉讼权利，并为这些诉讼权利能够得到充分有效的行使提供便利；在诉讼过程中发现任何妨碍诉讼权利行使行为的，有责任采取必要措施加以制止与纠正。

3. 诉讼参与人有权采取法律手段维护自己的合法权益。诉讼参与人的诉讼权利受到侵害时，有权通过控告或其他法律手段要求公安司法机关制止。公安司法机关在刑事诉讼中首先应当尊重和保证诉讼参与人各项诉讼权利的行使，如果公安司法人员限制或剥夺公民的诉讼权利或对其人身进行侮辱的，诉讼参与人有权向有关机关提出申诉和控告，有关机关应当及时地处理与纠正。如果出现其他人员有妨碍诉讼权利行使的情况，诉讼参与人也有权向公安司法机关提出申诉与控告，有关机关应当认真地查处。对此，刑事诉讼法第117条明确规定，当事人和辩护人、诉讼代理人、利害关系人对于公安司法机关及其工作人员有下列行为之一的，有权向该机关申诉或者控告：（1）采取强制措施法定期限届满，不予以释放、解除或者变更的；（2）应当退还取保候审保证金不退还的；（3）对与案件无关的财物采取查封、扣押、冻结措施的；（4）应当解除查封、扣押、冻结不解除的；（5）贪污、挪用、私分、调换、违反规定使用查封、扣押、冻结的财物的。受理申诉或者控告的机关应当及时处理。对处理不服的，可以向同级人民检察院申诉；人民检察院直接受理的案件，可以向上一级人民检察院申诉。人民检察院对申诉应当及时进行审查，情况属实的，通知有关机关予以纠正。

4. 对于未成年的犯罪嫌疑人、被告人的诉讼权利给予特殊的保护。刑事诉讼

法在“特别程序”一编中设立专章规定未成年人刑事案件诉讼程序，对未成年犯罪嫌疑人、被告人的诉讼权利给予特殊的保护。例如，规定对于未成年犯罪嫌疑人、被告人应当严格限制适用逮捕措施；对其进行讯问和审判时，应当通知其法定代理人到场等。

二、贯彻保障诉讼参与人诉讼权利原则的意义

保障所有参加刑事诉讼活动的公民，尤其是保护犯罪嫌疑人、被告人、辩护人、被害人和证人的诉讼权利和人格尊严免遭侵犯，是我国刑事诉讼中一贯坚持的基本原则，是刑事诉讼程序公正和民主的要求，也是诉讼文明的标志。我国刑事诉讼法对于刑讯逼供、暴力取证等危害诉讼参与人权利的行为予以明文禁止；对辩护律师的会见权、调查取证权等做了多方面的保护；赋予了被害人广泛的救济方式，如被害人有证据证明对被告人侵犯自己人身、财产权利的行为应当依法追究刑事责任，而公安机关或者人民检察院不予追究被告人刑事责任的，被害人可以直接向人民法院提起自诉。只有切实保障各诉讼参与人依法享有的诉讼权利，才能使诉讼参与人积极地参与诉讼，协助公安司法机关准确、及时地查明案件事实，保证案件的客观、公正处理。

第十四节　认罪认罚从宽原则

一、认罪认罚从宽原则的确立过程

完善刑事诉讼中认罪认罚从宽制度，是党的十八届四中全会作出的重大改革部署。2014 年 6 月 27 日，第十二届全国人大常委会第九次会议通过了《全国人民代表大会常务委员会关于授权最高人民法院、最高人民检察院在部分地区开展刑事案件速裁程序试点工作的决定》，授权最高人民法院、最高人民检察院在北京、天津、上海等 18 个地区开展刑事案件速裁程序试点工作。对事实清楚，证据充分，被告人自愿认罪，当事人对适用法律没有争议的危险驾驶、交通肇事、盗窃、诈骗、抢夺、伤害、寻衅滋事等情节较轻，依法可能判处 1 年以下有期徒刑、拘役、管制的案件，或者依法单处罚金的案件，进一步简化刑事诉讼法规定的相关诉讼程序。2016 年 9 月，第十二届全国人大常委会第二十二次会议又通过决定，授权最高人民法院、最高人民检察院在上述 18 个地区开展刑事案件认罪认罚从宽制度试点工作。对犯罪嫌疑人、被告人自愿如实供述自己的罪行，对指控的犯罪事实没有异议，同意人民检察院量刑建议并签署具结书的案件，可以依法从宽处理。上述地区开展的刑事案件速裁程序试点工作，按照新的试点办法继续试

行。同年11月，最高人民法院、最高人民检察院、公安部、国家安全部、司法部联合印发了《关于在部分地区开展刑事案件认罪认罚从宽制度试点工作的办法》，试点工作正式启动。截至2018年7月，18个试点地区法院共适用认罪认罚从宽制度审结刑事案件181177件，占试点法院同期审结刑事案件的52.3%。试点“从无到有”“从少到多”，试点案件数量、比例稳步上升，相关制度机制不断完善，在及时有效惩治犯罪、加强人权司法保障、促进公平正义、优化司法资源配置方面取得了显著成效。① 2018年修改的刑事诉讼法吸收了认罪认罚从宽制度改革试点成果，在第1编第1章“任务和基本原则”中增设一条作为第15条，明确规定：“犯罪嫌疑人、被告人自愿如实供述自己的罪行，承认指控的犯罪事实，愿意接受处罚的，可以依法从宽处理。”同时，在诉讼程序和操作规范中补充了相应规定，由此确立了认罪认罚从宽原则，在刑事诉讼中构建了具有中国特色的认罪认罚从宽制度。

二、认罪认罚从宽原则的基本内容

宽严相济是党和国家一贯坚持的重要刑事政策。认罪认罚从宽原则强调对自愿如实认罪、真诚悔罪认罚的犯罪嫌疑人、被告人依法从宽处理，是一项由实体法和程序法一体构建的法律原则。认罪认罚从宽原则贯穿刑事诉讼全过程，适用于侦查、起诉、审判各个阶段。认罪认罚从宽制度没有适用罪名和可能判处刑罚的限定，所有刑事案件都可以适用，不能因罪轻、罪重或者罪名特殊等原因而剥夺犯罪嫌疑人、被告人自愿认罪认罚获得从宽处理的机会。对认罪认罚从宽原则，可以从以下几个方面进行理解。

1. 认罪认罚从宽的基本内涵。所谓“认罪”，是指犯罪嫌疑人、被告人自愿如实供述自己的罪行，对指控的犯罪事实没有异议。承认指控的主要犯罪事实，仅对个别事实情节提出异议，或者虽然对行为性质提出辩解但表示接受司法机关认定意见的，不影响“认罪”的认定。犯罪嫌疑人、被告人犯数罪，仅如实供述其中一罪或部分罪名事实的，全案不作“认罪”的认定，不适用认罪认罚从宽制度，但对如实供述的部分，人民检察院可以提出从宽处罚的建议，人民法院可以从宽处罚。所谓“认罚”，是指犯罪嫌疑人、被告人真诚悔罪，愿意接受处罚。“认罚”在侦查阶段表现为表示愿意接受处罚；在审查起诉阶段表现为接受人民检察院拟作出的起诉或不起诉决定，认可人民检察院的量刑建议，签署认罪认罚具结书；在审判阶段表现为当庭确认自愿签署具结书，愿意接受刑罚处罚。“认罚”考察的重点是犯罪嫌疑人、被告人的悔罪态度和悔罪表现，应当结合退赃退

① 最高人民法院刑一庭课题组、沈亮：《刑事诉讼中认罪认罚从宽制度的适用》，载《人民司法（应用）》2018年第34期。

赔、赔偿损失、赔礼道歉等因素来考量。犯罪嫌疑人、被告人虽然表示“认罚”，却暗中串供、干扰证人作证、毁灭、伪造证据或者隐匿、转移财产，有赔偿能力而不赔偿损失，则不能适用认罪认罚从宽制度。犯罪嫌疑人、被告人享有程序选择权，不同意适用速裁程序、简易程序的，不影响“认罚”的认定。所谓“可以从宽”，是指一般应当体现法律规定和政策精神，予以从宽处理。但“可以”适用不是一律适用，犯罪嫌疑人、被告人认罪认罚后是否从宽，由司法机关根据案件具体情况决定。“可以从宽”不是一律从宽，对犯罪性质和危害后果特别严重、犯罪手段特别残忍、社会影响特别恶劣的犯罪嫌疑人、被告人，认罪认罚不足以从轻处罚的，依法不予从宽处罚。

2. 认罪认罚“从宽处理”的基本要求。从宽处理既包括实体上从宽处罚，也包括程序上从简处理。在实体方面，公安司法机关应当将认罪认罚作为独立的量刑情节，对认罪认罚的犯罪嫌疑人、被告人可以采取比仅具有自首、坦白等从宽情节的犯罪嫌疑人、被告人更为宽大的刑事处罚。公安司法机关办理认罪认罚案件，应当依照刑法、刑事诉讼法的基本原则，根据犯罪的事实、性质、情节和对社会的危害程度，结合法定、酌定的量刑情节，综合考虑认罪认罚的具体情况，依法决定是否从宽、如何从宽。对于减轻、免除处罚，应当于法有据；不具备减轻处罚情节的，应当在法定幅度以内提出从轻处罚的量刑建议和量刑；对其中犯罪情节轻微不需要判处刑罚的，可以依法作出不起诉决定或者判决免予刑事处罚。办理认罪认罚案件，应当区别认罪认罚的不同诉讼阶段、对查明案件事实的价值和意义、是否确有悔罪表现，以及罪行严重程度等，综合考量确定从宽的限度和幅度。在刑罚评价上，主动认罪优于被动认罪，早认罪优于晚认罪，彻底认罪优于不彻底认罪，稳定认罪优于不稳定认罪。认罪认罚的从宽幅度一般应当大于仅有坦白，或者虽认罪但不认罚的从宽幅度。对犯罪嫌疑人、被告人具有自首、坦白情节，同时认罪认罚的，应当在法定刑幅度内给予相对更大的从宽幅度。认罪认罚与自首、坦白不作重复评价。对罪行较轻、人身危险性较小的，特别是初犯、偶犯，从宽幅度可以大一些；罪行较重、人身危险性较大的，以及累犯、再犯，从宽幅度应当从严把握。在程序方面，对认罪认罚的犯罪嫌疑人、被告人，公安司法机关应当尽量采取更为简化的诉讼程序和更为轻缓的强制措施。例如，对于基层人民法院管辖的认罪认罚案件，可以适用速裁程序或者简易程序审判；对于其他认罪认罚案件，适用普通程序简化审理。将犯罪嫌疑人、被告人认罪认罚情况作为是否可能发生社会危险性的考虑因素，同等条件下对认罪认罚的犯罪嫌疑人、被告人优先适用非羁押性强制措施。

3. 认罪认罚从宽的程序保障。为保障认罪认罚从宽的全面落实，刑事诉讼法规定了相应的程序保障机制。包括侦查机关告知诉讼权利和将认罪情况记录在案；人民检察院在审查起诉阶段就案件处理听取意见，犯罪嫌疑人认罪认罚的，签署认罪认罚具结书；犯罪嫌疑人认罪认罚，有重大立功或者案件涉及国家重大利益的，经最高人民检察院核准，可以撤销案件或者不起诉；人民检察院提出量刑建议和人民法院如何采纳量刑建议；人民法院审查认罪认罚的自愿性和认罪认罚具结书内容的真实性、合法性等。同时还加强对犯罪嫌疑人、被告人的辩护权保障，明确要求由值班律师为没有辩护人的犯罪嫌疑人、被告人提供法律帮助；规定犯罪嫌疑人签署认罪认罚具结书时，应当有辩护人或者值班律师在场等。

第十五节　具有法定情形不予追究刑事责任原则

一、具有法定情形不予追究刑事责任原则的基本内容

具有法定情形不予追究刑事责任原则，是指具有刑事诉讼法第 16 条规定的情形时，不予追究刑事责任。已经追究的，应当撤销案件，或者不起诉，或者终止审理，或者宣告无罪。

刑事诉讼法第 16 条规定了不予追究刑事责任的六种法定情形。

1. 情节显著轻微、危害不大，不认为是犯罪的。根据刑法的规定，行为的社会危害性只有达到一定的严重程度才构成犯罪，受到刑事追究。对于情节轻微、危害不大，尚不构成犯罪的，就不应追究刑事责任。

2. 犯罪已过追诉时效的。追诉时效是我国刑法规定的超过一定的期限就不再追究犯罪嫌疑人、被告人刑事责任的一种制度。在刑法确定的追诉时效期限内，行为人没有再犯罪，说明行为人对社会的危害性已不存在，再予追究已没有实际意义。因此超过追诉时效期限的，就不应当追究。但是犯罪嫌疑人、被告人在公安机关、人民检察院立案侦查、起诉或者人民法院受理案件以后，逃避侦查、起诉或审判的，不受追诉时效的限制；被害人在追诉时效期限内提出控告，公安机关应当立案而不立案的，不受追诉时效期限的限制。

3. 经特赦令免除刑罚的。特赦是对于受罪刑宣告的特定犯罪人免除其刑罚的赦免制度。经特赦免除刑罚的人，不论其刑罚是已执行一部分还是完全没有执行，均等同于刑罚执行完毕，公安司法机关都不应再次进行追究。

4. 依照刑法告诉才处理的犯罪，没有告诉或者撤回告诉的。根据刑法第 246 条、第 257 条、第 260 条和第 270 条的规定，侮辱罪、诽谤罪（严重危害社会秩序和国家利益的除外）、暴力干涉婚姻自由罪（致使被害人死亡的除外）、虐待罪（致使被害人重伤、死亡的除外；被害人没有能力告诉，或者因受到强制、威吓无法告诉的除外）、侵占罪是告诉才处理的犯罪，只有被害人等作为自诉人向人

民法院告诉的，人民法院才予受理，即告诉才处理的案件以有告诉权人的告诉作为追究刑事责任的前提条件。被害人及法定代理人等没有告诉或者告诉后又撤回的，即有告诉权的人放弃了告诉权，就不具备追究刑事责任的条件，应不予追究刑事责任。

5. 犯罪嫌疑人、被告人死亡的。我国刑法实行罪责自负原则，刑事诉讼通常程序的启动也是为了追究犯罪嫌疑人、被告人的刑事责任。犯罪嫌疑人、被告人已死亡的，追究刑事责任的对象已不存在，再进行诉讼已无实际意义，因此不予追究刑事责任。

6. 其他法律规定免予追究刑事责任的。一个人的行为根据刑法规定虽已构成犯罪，但如果由于具有某些情节或特殊情况，其他法律明确规定免除刑事责任的，也不予追究。

对于以上六种情形，在立案阶段发现的，应该作出不立案的决定。在侦查阶段发现的，应该撤销案件。在审查起诉阶段发现的，就应该作出不起诉的决定。在审判阶段发现的，应该分别情形采取不同的处理方式：对于上述第一种情形的，应当作出判决，宣告无罪；对于其他情形的，则应当裁定终止审理。这里需要强调的是，对于犯罪嫌疑人、被告人死亡的案件，如果符合刑事诉讼法第 298 条规定的启动违法所得没收程序的条件，则应按相应的特别程序予以处理。有证据证明被告人无罪，经缺席审理确认无罪的，应当判决宣告被告人无罪。对于自诉案件，人民法院应该根据情形分别说服自诉人撤回起诉或作出不予受理、准予撤诉、驳回起诉、终止审理的裁定，或作出判决宣告无罪。

二、贯彻具有法定情形不予追究刑事责任原则的意义

在刑事诉讼中贯彻具有法定情形不予追究刑事责任的原则，一方面可以保证国家追诉权的统一、正确行使，防止对不应追究刑事责任的人错误地进行追究，从而维护公民的合法权益；另一方面也有利于公安司法机关避免无效劳动，集中力量办理重大的刑事案件，合理配置司法资源，提高诉讼效率。

第十六节　追究外国人刑事责任适用我国刑事诉讼法原则

一、追究外国人刑事责任适用我国刑事诉讼法原则的基本含义

刑事诉讼法第 17 条规定：“对于外国人犯罪应当追究刑事责任的，适用本法的规定。对于享有外交特权和豁免权的外国人犯罪应当追究刑事责任的，通过外

交途径解决。”这一规定确立了追究外国人刑事责任适用我国刑事诉讼法原则，明确了我国刑事诉讼法对外国人的效力，体现了刑事诉讼中的国家主权原则。

这一原则的基本含义是：外国人（包括无国籍人）犯罪，依照我国刑法规定应当追究刑事责任时，同我国公民一样，由公安司法机关按照我国刑事诉讼法规定的程序进行立案、侦查、起诉、审判和执行。我国作为一个具有完全主权的国家，有权对在我国领域内的一切人和事物实行管辖，当然也有权按照我国的刑事诉讼程序对外国人在我国领域以外对我国国家和公民的犯罪进行追究，保护我国国家和人民的利益。但是，享有外交特权和豁免权的外国人在我国犯罪应当追究刑事责任时，不适用我国刑事诉讼法的规定，而是通过外交途径解决。这一例外是根据国际惯例和国家之间的平等互惠原则确立的。我国作为国际社会中的一员，承认国际法在国内的效力，在立法上予以确认，并在司法中优先适用。承认外交人员享有特权和豁免权，是为了他们能有效地执行职务，维护国家与国家间的正常关系。这些人犯了罪如果通过普通司法程序追究他们的刑事责任，可能会涉及国家与国家之间的外交关系，因此应依照有关的涉外程序和我国参加的国际协定的规定办理。但这一例外只是确定追究刑事责任的途径，并不对我国的刑事诉讼程序产生影响，只要是由我国公安司法机关侦查、起诉、审判的案件，就必须适用我国的刑事诉讼法。

根据《中华人民共和国外交特权与豁免条例》的规定，享有外交特权和豁免权的外国人包括：（1）外国驻中国使馆的外交代表以及他们的家属；（2）来中国访问的外国国家元首、政府首脑、外交部部长及其他同等身份的官员；（3）途经中国的外国驻第三国的外交代表和与其共同生活的配偶及未成年子女；（4）持有中国外交签证或者持有外交护照来中国的外交官员；（5）经中国政府同意给予外交特权和豁免权的其他来中国访问的外国人士。

二、贯彻追究外国人刑事责任适用我国刑事诉讼法原则的意义

处理外国人犯罪案件，是个重大而且复杂的问题，因为它不仅涉及我国的国家主权，也涉及我国与外国的关系。我国是一个具有独立主权的国家，在我国司法权管辖范围内，一切外国人都应当遵守我国法律，对于外国人在我国领域内的犯罪或者在我国领域外实施的对我国国家和公民的犯罪应当追究刑事责任的，适用我国的刑事诉讼法，不允许他们有任何特权。确立和实行追究外国人刑事责任适用我国刑事诉讼法原则，有利于维护我国国家主权和民族尊严，符合我国人民的根本利益。对于享有外交特权和豁免权的外国人犯罪，根据国际惯例和平等互惠原则，通过外交途径解决，符合国际惯例和国与国之间平等互惠的原则，有利于妥善处理我国与外国的关系，保持国家间的正常交往与和睦关系。

第五章　管　　辖

第一节　管辖概述

一、管辖的概念和意义

刑事诉讼中的管辖，是指公安机关、人民检察院和人民法院依照法律规定，直接受理刑事案件以及人民法院系统内部审判第一审刑事案件的权限划分。

与民事诉讼、行政诉讼中的管辖相比，刑事诉讼中的管辖更具有特殊性。民事诉讼、行政诉讼中的管辖仅涉及人民法院系统内部在受理案件上的分工，而刑事诉讼中不仅存在着公诉案件与自诉案件的区分，而且绝大多数公诉案件只有经过侦查后才能进行起诉和审判。因此，其管辖不仅包括人民法院系统内部受理案件的分工，还涉及公安机关、人民检察院和其他国家专门机关受理案件的问题。换言之，刑事诉讼中的管辖所要解决的问题包括两个方面：一是公安机关、人民检察院和人民法院在直接受理案件上的分工问题；二是人民法院系统内部、普通人民法院与专门人民法院以及专门人民法院之间在审判第一审刑事案件上的分工问题。可见，刑事诉讼中的管辖，实质上就是公安司法机关在受理刑事案件上的分工制度。基于此，公安司法机关受理刑事案件的范围称为管辖范围，公安司法机关在一定范围内受理刑事案件的职权则称为管辖权。

管辖是刑事诉讼中的一项重要制度，明确、科学地确定刑事案件的管辖，对于保证刑事诉讼活动的顺利进行具有十分重要的意义。

1. 明确管辖权，有利于公安司法机关明确自己的职权范围。管辖划分，明确了各专门机关在受理刑事案件上的权力与职责范围，从而使具体刑事案件的及时受理能够得到落实，有利于公安司法机关迅速、有效地进行立案、侦查和审判等刑事诉讼活动，从而避免因权力与职责不明而可能出现的互争管辖侵犯人权，或相互推诿造成诉讼拖延等现象的发生。

2. 明确管辖范围，有利于单位和公民针对有关情况及时有效地进行报案、控告和举报。明确了刑事案件的管辖分工，对可能存在的犯罪事实或犯罪嫌疑人，有关单位和公民就可以直接向有管辖权的机关报案、控告、举报，避免或减少不必要的移送环节，在明确的案件受理规定导向中，便利公民及时地参与刑事诉讼或便于有关机关及时地调查取证，从而避免错过诉讼的有利时机。

二、确定管辖的原则

管辖是否明确，关系到刑事诉讼活动能否顺利地进行。如果管辖划分不科学、不合理，就会影响刑事诉讼活动的及时有效开展，进而对刑事诉讼所追求的公正与效率目标形成不利的影响，因此应该科学、合理地确定刑事诉讼中的管辖。我国刑事诉讼中管辖的确定主要遵循了下列原则。

1. 依法管辖原则。刑事诉讼法对公安机关、人民检察院、人民法院受理案件的管辖分工作了明确的划分，这不仅是对各专门机关在受理刑事案件过程中应该管什么、怎样管作出的具体规定，也是各专门机关依法管辖的法律依据。只有遵循这些规定，才能有效地防止案件管辖中的职责不清和任意性，以更好地贯彻落实分工负责、互相配合、互相制约原则。

2. 准确及时原则。刑事诉讼法关于刑事案件管辖的规定，充分考虑到了均衡各专门机关的工作负担，与各专门机关的性质与职权相适应，以有利于它们有效地履行各自的职责，从而准确、及时地查明案件事实，正确地适用法律，在保证案件质量的前提下提高办案效率。

3. 便利诉讼原则。刑事诉讼法关于管辖的规定，一方面有利于各专门机关调查收集证据，防止因分工不明、职责不清而导致的程序拖延，有利于诉讼参与人参与诉讼，节省财力和时间；另一方面有利于接受群众对诉讼活动的监督，扩大办案的社会效果。

4. 维护合法权益原则。为解决被害人告状难的问题，保障当事人的诉讼权利，刑事诉讼法还从维护公民合法权益的角度出发，将被害人有证据证明对被告人侵犯自己人身、财产权利的行为应当依法追究刑事责任，而公安机关或者人民检察院不予追究被告人刑事责任的案件，划归自诉案件的范围，要求人民法院依法受理，这显然是体现了法律对公民合法权益的尊重和维护。

5. 原则性与灵活性相结合的原则。为了适应办案工作的实际情况和刑事案件复杂性的特点，刑事诉讼法对于管辖的规定除体现了原则性外，还体现了一定的灵活性。例如，第 24 条关于上下级人民法院间的变通管辖、第 27 条关于指定管辖的规定，就是依法管辖原则前提下的灵活规定。

第二节　立案管辖

立案管辖，又称职能管辖或部门管辖，是指人民法院、人民检察院和公安机关之间直接受理刑事案件职权范围上的分工。立案管辖与公安司法机关的职能分工相适应，主要是针对刑事案件的受理立案，即指哪类案件首先应由哪一个机关立案受理。我国刑事诉讼法确定立案管辖的根据主要有：一是案件的性质和复杂程度。刑事案件的性质不同，复杂程度也有别，有的案件不需要进行侦查就能作出处理，而需要侦查的案件其复杂程度也不相同。针对此，立法上明确规定了不同性质或不同复杂程度的案件由不同机关受理，显然有利于在保证质量的前提下提高办案效率。二是各专门机关的性质和在刑事诉讼中的职责。在我国，公安机关是国家的治安保卫机关，人民检察院是国家的法律监督机关，人民法院是国家的审判机关，它们在刑事诉讼中担负着不同的职责。划分管辖时应当与三机关各自的性质与应负的职责相适应，以利于它们有效地行使职权，保证刑事诉讼活动的顺利进行。

一、人民法院直接受理的刑事案件

刑事诉讼法第 19 条第 3 款规定：“自诉案件，由人民法院直接受理。”可见，人民法院直接受理的刑事案件是自诉案件。根据刑事诉讼法第 210 条的规定，自诉案件包括以下三类。

1. 告诉才处理的案件。所谓告诉才处理，一般是指被害人或其法定代理人告诉才能处理，如果被害人因受强制、威吓而无法告诉的，人民检察院和被害人的近亲属也可以告诉。根据刑法的规定，告诉才处理的案件包括：第 246 条规定的侮辱、诽谤案（但严重危害社会秩序和国家利益的除外）；第 257 条第 1 款规定的暴力干涉婚姻自由案；第 260 条第 1 款规定的虐待案（但被害人没有能力告诉或者因受到强制、威吓无法告诉的除外）；第 270 条规定的侵占案。

2. 人民检察院没有提起公诉，被害人有证据证明的轻微刑事案件。这类案件是指被害人有证据证明，不需要专门机关侦查的下列案件：（1）故意伤害（轻伤）案（刑法第 234 条第 1 款）；（2）非法侵入住宅案（刑法第 245 条）；（3）侵犯通信自由案（刑法第 252 条）；（4）重婚案（刑法第 258 条）；（5）遗弃案（刑法第 261 条）；（6）生产、销售伪劣商品案（刑法分则第 3 章第 1 节规定的犯罪案件，但严重危害社会秩序和国家利益的除外）；（7）侵犯知识产权案（刑法分则第 3 章第 7 节规定的犯罪案件，但严重危害社会秩序和国家利益的除外）；（8）刑法分则第 4 章、第 5 章规定的，可能判处 3 年有期徒刑以下刑罚的案件。对于这八种案件，被害人直接向人民法院起诉的，人民法院应当依法受理。对于其中证据不足，可以由公安机关受理的，或者认为对被告人可能判处 3 年有期徒刑以上刑罚的，应当告知被害人向公安机关报案，或者移送公安机关立案侦查。

3. 被害人有证据证明对被告人侵犯自己人身、财产权利的行为应当依法追究刑事责任，而公安机关或者人民检察院不予追究被告人刑事责任的案件。这类案件从性质上讲本应属于公诉案件，其转化为自诉案件必须具备三个条件：（1）被害人有证据证明；（2）被告人侵犯了自己的人身、财产权利，应当追究刑事责任；（3）有证据证明曾经提出控告，而公安机关或者人民检察院不予追究被告人的刑事责任。立法这样规定的目的，是给被害人针对公安机关或人民检察院的不予追究决定提供一条救济途径，以制约公安机关和人民检察院依法履行自己的职责。

二、人民检察院直接受理的刑事案件

人民检察院是国家的法律监督机关，它除代表国家对刑事案件提起公诉外，还有权直接受理和侦查某些特定的刑事案件。刑事诉讼法第 19 条第 2 款规定：“人民检察院在对诉讼活动实行法律监督中发现的司法工作人员利用职权实施的非法拘禁、刑讯逼供、非法搜查等侵犯公民权利、损害司法公正的犯罪，可以由人民检察院立案侦查。对于公安机关管辖的国家机关工作人员利用职权实施的重大犯罪案件，需要由人民检察院直接受理的时候，经省级以上人民检察院决定，可以由人民检察院立案侦查。”

根据《人民检察院刑事诉讼规则》（以下简称《高检规则》）第 13 条的规定，对于公安机关管辖的国家机关工作人员利用职权实施的重大犯罪案件，人民检察院需要直接立案侦查的，应当层报省级人民检察院决定。报请省级人民检察院决定立案侦查案件，应当制作提请批准直接受理书，写明案件情况以及需要人民检察院立案侦查的理由，并附有关材料。省级人民检察院应当在收到提请批准直接受理书后 10 日以内作出是否立案侦查的决定。省级人民检察院可以决定由设区的市级人民检察院立案侦查，也可以自行立案侦查。

上级人民检察院在必要的时候，可以直接立案侦查或者组织、指挥、参与侦查下级人民检察院管辖的案件。下级人民检察院认为案情重大、复杂，需要由上级人民检察院立案侦查的案件，可以请求移送上级人民检察院立案侦查。

三、公安机关直接受理的刑事案件

刑事诉讼法第 19 条第 1 款规定：“刑事案件的侦查由公安机关进行，法律另有规定的除外”。可见，除法律另有规定的外，其他所有刑事案件的侦查都由公安机关负责。根据《公安机关办理刑事案件程序规定》（以下简称《公安规定》）第 14 条的规定，除下列情形外，刑事案件由公安机关管辖：（1）监察机关管辖的职务犯罪案件；（2）人民检察院管辖的在对诉讼活动实行法律监督中发现的司法工作人员利用职权实施的非法拘禁、刑讯逼供、非法搜查等侵犯公民权利、损害司法公正的犯罪，以及经省级以上人民检察院决定立案侦查的公安机关管辖的国家机关工作人员利用职权实施的重大犯罪案件；（3）人民法院管辖的自诉案件；（4）军队保卫部门管辖的军人违反职责的犯罪和军队内部发生的刑事案件；（5）监狱管辖的罪犯在监狱内犯罪的刑事案件；（6）海警部门管辖的海（岛屿）岸线以外我国管辖海域内发生的刑事案件。对于发生在沿海港岙口、码头、滩涂、台轮停泊点等区域的，由公安机关管辖；（7）其他依照法律和规定应当由其他机关管辖的刑事案件。

作为国家的治安保卫机关，公安机关不仅负有维护社会秩序、保卫社会治安的重要责任，拥有广泛、严密的组织系统，还具有同犯罪作斗争的技术手段和丰富的经验，由公安机关承担绝大多数刑事案件的立案侦查任务，不仅与公安机关的性质和职能相适应，也完全符合同犯罪作斗争的实际需要。

四、交叉管辖的处理

公安机关侦查的刑事案件的犯罪嫌疑人涉及监察机关管辖的案件时，应当及时与同级监察机关协商，一般应当由监察机关为主调查，公安机关予以协助。公安机关侦查的刑事案件涉及人民检察院管辖的案件时，应当将属于人民检察院管辖的刑事案件移送人民检察院。涉嫌主罪属于公安机关管辖的，由公安机关为主侦查；涉嫌主罪属于人民检察院管辖的，公安机关予以配合。公安侦查的刑事案件涉及其他侦查机关管辖的案件时，参照上述规定办理。对于人民法院直接受理的被害人有证据证明的轻微刑事案件，因证据不足驳回起诉，人民法院移送公安机关或者被害人向公安机关控告的，公安机关应当受理；被害人直接向公安机关控告的，公安机关应当受理。

人民检察院办理直接受理侦查的案件，发现犯罪嫌疑人同时涉嫌监察机关管辖的职务犯罪线索的，应当及时与同级监察机关沟通。经沟通，认为全案由监察机关管辖更为适宜的，人民检察院应当将案件和相应职务犯罪线索一并移送监察机关；认为由监察机关和人民检察院分别管辖更为适宜的，人民检察院应当将监察机关管辖的相应职务犯罪线索移送监察机关，对依法由人民检察院管辖的犯罪案件继续侦查。人民检察院应当及时将沟通情况报告上一级人民检察院。沟通期间不得停止对案件的侦查。人民检察院办理直接受理侦查的案件涉及公安机关管辖的刑事案件，应当将属于公安机关管辖的刑事案件移送公安机关。如果涉嫌的主罪属于公安机关管辖，由公安机关为主侦查，人民检察院予以配合；如果涉嫌的主罪属于人民检察院管辖，由人民检察院为主侦查，公安机关予以配合。对于一人犯数罪、共同犯罪、共同犯罪的犯罪嫌疑人还实施其他犯罪、多个犯罪嫌疑人实施的犯罪存在关联，并案处理有利于查明案件事实和诉讼进行的，人民检察院可以在职责范围内对相关犯罪案件并案处理。

此外，根据监察法第 34 条的规定，人民法院、人民检察院、公安机关、审计机关等国家机关在工作中发现公职人员涉嫌贪污贿赂、失职渎职等职务违法或者职务犯罪的问题线索，应当移送监察机关，由监察机关依法调查处置。被调查人既涉嫌严重职务违法或者职务犯罪，又涉嫌其他违法犯罪的，一般应当由监察机关为主调查，其他机关予以协助。

第三节 审判管辖

刑事诉讼中的审判管辖，是指人民法院系统内部在审判第一审刑事案件上的权限分工，包括各级人民法院之间、同级人民法院之间以及普通人民法院与专门人民法院之间，在审判第一审刑事案件上的权限划分。根据《人民法院组织法》的规定，人民法院除设有最高人民法院作为国家的最高审判机关外，还设有地方各级人民法院和军事法院等专门人民法院。地方各级人民法院又分为基层人民法院、中级人民法院和高级人民法院。与人民法院的设置相适应，刑事案件的审判管辖分为级别管辖、地区管辖和专门管辖。

一、级别管辖

所谓级别管辖，是指各级人民法院审判第一审刑事案件的职权范围。级别管辖所解决的是各级人民法院之间在审判第一审刑事案件上的权限分工问题。我国刑事诉讼法划分级别管辖的主要依据是：案件的性质；罪行的轻重程度和可能判处的刑罚；案件涉及面和社会影响的大小以及各级人民法院在审判体系中的地位和职责等。根据刑事诉讼法第 176 条的规定，人民检察院决定起诉的案件，应当按照审判管辖的规定，向人民法院提起公诉，并将案卷材料、证据移送人民法院。为此，人民检察院提起公诉的案件，应当与各级人民法院的审判管辖范围相适应。因此，明确了审判管辖也就相应地确定了提起公诉的检察机关。

1. 基层人民法院管辖的第一审刑事案件。刑事诉讼法第 20 条规定：“基层人民法院管辖第一审普通刑事案件，但是依照本法由上级人民法院管辖的除外。”可见，基层人民法院是普通刑事案件第一审的基本审级法院，即普通刑事案件的第一审原则上由基层人民法院管辖。基层人民法院分布地区广，数量也多，且最接近犯罪地，也最接近人民群众。因此，将绝大多数的普通刑事案件划归基层人民法院管辖，既便于人民法院就地审理案件，诉讼参与人就近参加诉讼活动，有利于审判工作的顺利进行和及时、正确地处理案件；又便于群众旁听案件的审判，有利于充分发挥审判活动的法制宣传教育作用。

2. 中级人民法院管辖的第一审刑事案件。刑事诉讼法第 21 条规定，中级人民法院管辖下列第一审刑事案件：（1）危害国家安全、恐怖活动案件；（2）可能判处无期徒刑、死刑的案件。总体而言，危害国家安全案件、恐怖活动案件以及可能判处无期徒刑、死刑的案件，往往属于性质严重、危害极大、案情复杂或者影响较大的案件，因此，在审判时必须更加慎重。同时，处理这几类案件，无论在案件事实的认定上还是在适用法律上，难度往往也比较大，这就需要法律、政策水平更高、业务能力更强的审判人员来处理，由中级人民法院进行第一审审判有利于保证案件质量。

需要指出的是，上述“可能判处无期徒刑、死刑的案件”，是指案件在审判前从法律的角度所作的一种预测，而不是指刑法规定的法定刑中包含有无期徒刑、死刑的所有刑事案件，更不是意含这类案件经审理后，应当判处无期徒刑或死刑。另外，法律对中级人民法院管辖的第一审刑事案件采用了列举的方式，并不是说这几类案件必须由中级人民法院进行第一审，而是最低应由中级人民法院进行第一审，但并不排除最高人民法院、高级人民法院对这些案件进行第一审。

此外，刑事诉讼法第 291 条第 2 款规定，对于犯罪嫌疑人、被告人潜逃境外的贪污贿赂犯罪案件、严重危害国家安全犯罪和恐怖活动犯罪案件，由犯罪地、被告人离境前居住地或者最高人民法院指定的中级人民法院组成合议庭进行审理。刑事诉讼法第 299 条规定，没收违法所得的申请，由犯罪地或者犯罪嫌疑人、被告人居住地的中级人民法院组成合议庭进行审理。据此，犯罪嫌疑人、被告人潜逃境外的缺席审判案件和依违法所得没收程序审理的案件也应由中级人民法院管辖。

3. 高级人民法院管辖的第一审刑事案件。刑事诉讼法第 22 条规定：“高级人民法院管辖的第一审刑事案件，是全省（自治区、直辖市）性的重大刑事案件。”高级人民法院是地方各级人民法院中最高一级的法院，也是某个省（自治区、直辖市）内最高一级的审判机关，它的主要任务是审判对中级人民法院裁判的上诉、抗诉案件，核准死刑缓期 2 年执行的案件，以及监督全省（自治区、直辖市）的下级人民法院的审判工作。所以，高级人民法院管辖的第一审刑事案件，不宜过宽。况且，高级人民法院管辖第一审刑事案件的多少，又直接关系着最高人民法院第二审的负担。法律规定高级人民法院只管辖为数极少的全省（自治区、直辖市）性的重大刑事案件，既可以保证这种重大案件的正确处理，又有利于它全面行使自己的职权，用更多的力量来监督、指导下级人民法院的审判工作。

4. 最高人民法院管辖的第一审刑事案件。刑事诉讼法第 23 条规定：“最高人民法院管辖的第一审刑事案件，是全国性的重大刑事案件。”最高人民法院是全国的最高审判机关，除核准死刑案件外，由最高人民法院作为第一审审判的刑事案件，只应当是极个别的，在全国范围内具有重大影响的，性质、情节都特别严重的刑事案件。只有这样，才有利于它集中主要精力监督、指导地方各级人民法院的审判工作。

需要注意的是，级别管辖的划分并非一成不变的，在某些特殊情况下，上级人民法院可以提审本应由下级人民法院审理的第一审刑事案件，下级人民法院也可以请求向上级人民法院移送本应由自己审理的第一审刑事案件。刑事诉讼法第24条对此作了明文规定：“上级人民法院在必要时候，可以审判下级人民法院管辖的第一审刑事案件；下级人民法院认为案情重大、复杂需要由上级人民法院审判的第一审刑事案件，可以请求移送上一级人民法院审判。”上级人民法院决定审判下级人民法院管辖的第一审刑事案件时，应当向下级人民法院下达改变管辖决定书，并书面通知同级人民检察院。

此外，司法实践，还应该注意下列特殊情形下的管辖。

（1）人民检察院认为可能判处无期徒刑、死刑而向中级人民法院提起公诉的普通刑事案件，中级人民法院审理后，如果认为不需要判处无期徒刑以上刑罚的，应当依法审判，不再交由基层人民法院审判。

（2）一人犯数罪、共同犯罪和其他需要并案审理的案件，只要其中一人或者一罪属于上级人民法院管辖的，全案由上级人民法院管辖。

（3）基层人民法院对可能判处无期徒刑、死刑的第一审刑事案件，应当移送中级人民法院审判。基层人民法院对于下列第一审案件，可以请求移送中级人民法院审判：重大、复杂案件；新类型的疑难案件；在法律适用上具有普遍指导意义的案件。需要将案件移送中级人民法院审判的，应当在报请院长决定后至迟于案件审理期限届满15日前书面请求移送。中级人民法院应当在接到申请后10日内作出决定。不同意移送的，应当下达不同意移送决定书，由请求移送的人民法院依法审判；同意移送的，应当下达同意移送决定书，并书面通知同级人民检察院。

（4）有管辖权的人民法院因案件涉及本院院长需要回避或者其他原因，不宜行使管辖权的，可以请求上一级人民法院管辖。上一级人民法院可以管辖，也可以指定与提出请求的人民法院同级的其他人民法院管辖。

二、地区管辖

所谓地区管辖，是指同级人民法院之间在审判第一审刑事案件上的权限划分。在确定案件由哪一级人民法院管辖后并不能解决案件具体应由哪一个人民法院审判，因此有必要进一步对地区管辖进行规定。根据刑事诉讼法的规定，地区管辖的确定应遵循以下原则。

1. 以犯罪地人民法院管辖为主、被告人居住地人民法院管辖为辅的原则

刑事诉讼法第25条规定：“刑事案件由犯罪地的人民法院管辖。如果由被告人居住地的人民法院审判更为适宜的，可以由被告人居住地的人民法院管辖。”可见，在确定地区管辖时，首先考虑的应该是犯罪地的人民法院。司法实践中，犯罪地包括犯罪行为地和犯罪结果地。针对或者主要利用计算机网络实施的犯

罪，犯罪地包括用于实施犯罪行为的网络服务使用的服务器所在地，网络服务提供者所在地，被侵害的信息网络系统及其管理者所在地，犯罪过程中被告人、被害人使用的信息网络系统所在地，以及被害人被侵害时所在地和被害人财产遭受损失地等。

刑事案件原则上由犯罪地人民法院管辖主要是基于以下理由：（1）犯罪地一般是犯罪证据最集中的地方，案件由犯罪地人民法院管辖，便于及时、全面地收集、核实证据，有利于案件的迅速、准确处理；（2）犯罪地往往是当事人、证人等所在地，案件由犯罪地人民法院管辖，便于他们就近参加诉讼，有利于审判工作的顺利进行；（3）犯罪地群众往往十分关注本地发生案件的处理，由犯罪地人民法院进行管辖，便于群众旁听，能更有效地发挥法制宣传教育作用。

在首先考虑犯罪地人民法院管辖的同时，如果案件由被告人居住地的人民法院管辖更为适宜的，也可以由被告人居住地人民法院管辖。单位犯罪的刑事案件，由犯罪地的人民法院管辖。如果由被告单位住所地的人民法院管辖更为适宜的，可以由被告单位住所地的人民法院管辖。被告人的户籍地为其居住地。经常居住地与户籍地不一致的，经常居住地为其居住地。经常居住地为被告人被追诉前已经连续居住 1 年以上的地方，但住院就医的除外。被告单位登记的住所地为其居住地。主要营业地或者主要办事机构所在地与登记的住所地不一致的，主要营业地或者主要办事机构所在地为其居住地。所谓“更为适宜的”，一般是指被告人系流窜作案，其居住地的群众更了解案件或被告人情况的；被告人因某种原因在居住地民愤极大，当地群众要求在其居住地进行审判的；可能对被告人适用缓刑、管制或者单独适用剥夺政治权利等刑罚，需要在其居住地执行的；等等。

刑事案件的情况错综复杂，司法实践中有些案件难以完全适用上述关于地区管辖的法律规定。对此，《高法解释》进行了特别规定：

（1）在中华人民共和国内水、领海发生的刑事案件，由犯罪地或者被告人登陆地的人民法院管辖。由被告人居住地的人民法院审判更为适宜的，可以由被告人居住地的人民法院管辖。

（2）在中华人民共和国领域外的中国船舶内的犯罪，由该船舶最初停泊的中国口岸所在地或者被告人登陆地、入境地的人民法院管辖。

（3）在中华人民共和国领域外的中国航空器内的犯罪，由该航空器在中国最初降落地的人民法院管辖。

（4）中国公民在中国驻外使领馆内的犯罪，由其主管单位所在地或者原户籍地的人民法院管辖。

（5）中国公民在中华人民共和国领域外的犯罪，由其登陆地、入境地、离境前居住地或者现居住地的人民法院管辖；被害人是中国公民的，也可以由被害人离境前居住地或者现居住地的人民法院管辖。

（6）外国人在中华人民共和国领域外对中华人民共和国国家或者公民犯罪，根据刑法应当受处罚的，由该外国人登陆地、入境地或者入境后居住地的人民法院管辖，也可以由被害人离境前居住地或者现居住地的人民法院管辖。

（7）对中华人民共和国缔结或者参加的国际条约所规定的罪行，中华人民共和国在所承担条约义务的范围内行使刑事管辖权的，由被告人被抓获地、登陆地或者入境地的人民法院管辖。

（8）正在服刑的罪犯在判决宣告前还有其他罪没有判决的，由原审地人民法院管辖；由罪犯服刑地或者犯罪地的人民法院审判更为适宜的，可以由罪犯服刑地或者犯罪地的人民法院管辖。罪犯在服刑期间又犯罪的，由服刑地的人民法院管辖。罪犯在脱逃期间又犯罪的，由服刑地的人民法院管辖。但是，在犯罪地抓获罪犯并发现其在脱逃期间犯罪的，由犯罪地的人民法院管辖。

2. 以最初受理的人民法院审判为主、主要犯罪地人民法院审判为辅的原则

刑事诉讼法第 26 条规定："几个同级人民法院都有权管辖的案件，由最初受理的人民法院审判。在必要的时候，可以移送主要犯罪地的人民法院审判。"在实践中，有时会遇到被告人在几个人民法院的辖区内实施犯罪的案件，这样就可能出现几个人民法院都有管辖权的情况。为避免审判机关不必要的争议而导致的诉讼拖延，当出现几个同级人民法院都有管辖权的情况时，案件一般由最初受理的人民法院审判。因为，最初受理案件的人民法院往往针对案件的审理已做了一些工作，由它进行审判，有利于案件的及时审结。但是，在必要的时候，如对查清犯罪事实及案件的及时处理更为有利等情况，最初受理的人民法院可以将案件移送到主要犯罪地人民法院审判。

为解决刑事案件犯罪地确定中的复杂性问题，在规定地区管辖一般原则的基础上，刑事诉讼法第 27 条还专门针对指定管辖作出了灵活性的规定："上级人民法院可以指定下级人民法院审判管辖不明的案件，也可以指定下级人民法院将案件移送其他人民法院审判。"这一规定确立了指定管辖，即当管辖不明或者有管辖权的法院不宜行使管辖权时，由上级人民法院以指定的方式确定案件的管辖。指定管辖分为两种情况。

（1）上级人民法院以指定的方式确定管辖权。司法实践中，有时会遇到案件管辖不明的情况，如案件发生在两个或两个以上地区的交界处，犯罪地属于哪个法院管辖的地区不明确。为了防止有关人民法院相互推诿或彼此争抢管辖，对管辖权发生争议的，应当在审理期限内协商解决；协商不成的，由争议地人民法院分别层报共同的上一级人民法院指定管辖。管辖不明的案件，上级人民法院可以指定下级人民法院审判。有关案件，由犯罪地、被告人居住地以外的人民法院审判更为适宜的，上级人民法院可以指定下级人民法院管辖。

（2）上级人民法院以指定的方式改变管辖权。出现这种情况的原因主要是有

管辖权的人民法院不适宜或不能审判某一案件。为了保证审判活动的顺利进行，针对这种情况，上级人民法院可以指令已受理案件的下级人民法院将案件移送至其他人民法院管辖。

三、专门管辖

所谓专门管辖，是指专门人民法院与普通人民法院之间、各专门人民法院之间以及每一种专门法院系统内部在第一审刑事案件受理范围上的分工。

刑事诉讼法第 28 条规定："专门人民法院案件的管辖另行规定。"专门人民法院是指根据实际需要在特定部门设立的审理特定案件的法院。目前已建立的受理刑事案件的专门人民法院有军事法院和铁路运输法院。军事法院设三级：中国人民解放军军事法院，大军区、军兵种军事法院，基层军事法院。铁路运输法院是设在铁路沿线等的专门人民法院，分为两级：在铁路管理分局所在地设立的铁路运输基层法院和在铁路管理局所在地设立的铁路运输中级法院。属于专门人民法院管辖的刑事案件带有一定的特殊性，普通法院不宜行使管辖权。

军事法院管辖的刑事案件为军内人员包括现役军人、军内在编职工以及由军队管理的离休、退休人员犯罪的案件，主要是指危害国家主权安全、破坏国防力量和战备设施等违反军人职责、危害国家军事利益的犯罪案件。对于军队和地方互涉刑事案件，应当坚持分工负责、相互配合、及时规范、依法处理的原则，实行分别管辖制度。对军人的审判，由军事法院管辖。军队文职人员、非现役公勤人员、在编职工、由军队管理的离退休人员，以及执行军事任务的预备役人员和其他人员，按照军人确定管辖。对地方人员的审判，由地方人民法院管辖。列入中国人民武装警察部队序列的公安边防、消防、警卫部队人员，按照地方人员确定管辖。军人入伍前涉嫌犯罪需要依法追究刑事责任的，由地方人民法院管辖。军人退出现役后，发现其在服役期内涉嫌犯罪的，由地方人民法院管辖；但涉嫌军人违反职责罪的，由军事法院管辖。

铁路运输法院管辖的刑事案件，主要是铁路公安机关负责侦破的刑事案件，在火车上发生的犯罪案件，铁路职工违反规章制度、玩忽职守造成严重后果的犯罪案件等。铁路运输法院已于 2012 年 6 月全部实行属地管辖。但需要强调的是，虽然进行了改制，铁路运输法院属于专门人民法院的范畴不会变。根据相应的改革部署和《最高人民法院关于铁路运输法院案件管辖范围的若干规定》的规定，改制后的铁路运输法院被改造为跨行政区划法院，主要审理行政区划案件、重大行政案件，环境资源保护、企业破产、食品药品安全等易受地方因素影响的案件，跨行政区划人民检察院提起公诉的案件和原铁路运输法院受理的刑事、民事案件。下列刑事公诉案件，由犯罪地的铁路运输法院管辖：（1）车站、货场、运输指挥机构等铁路工作区域发生的犯罪；（2）针对铁路线路、机车车辆、通讯、电力等铁路设备、设施的犯罪；（3）铁路运输企业职工在执行职务中发生的犯罪。

在列车上的犯罪，被告人在列车运行途中被抓获的，由前方停靠站所在地负责审判铁路运输刑事案件的人民法院管辖。必要时，也可以由始发站或者终点站所在地负责审判铁路运输刑事案件的人民法院管辖。被告人不是在列车运行途中被抓获的，由负责该列车乘务的铁路公安机关对应的审判铁路运输刑事案件的人民法院管辖；被告人在列车运行途经车站被抓获的，也可以由该车站所在地负责审判铁路运输刑事案件的人民法院管辖。在国际列车上的犯罪，根据我国与相关国家签订的协定确定管辖；没有协定的，由该列车始发或者前方停靠的中国车站所在地负责审判铁路运输刑事案件的人民法院管辖。

上列范围内发生的刑事自诉案件，自诉人向铁路运输法院提起自诉的，铁路运输法院应当受理。

第六章　回　　避

第一节　回避制度概述

一、回避制度的概念

回避制度是与案件有某种利害关系或者其他特殊关系的司法工作人员，不得参加该案件诉讼活动的一种诉讼制度。

刑事回避制度既是一项古老的诉讼制度，也是现代世界各国所普遍适用的一项制度。根据西方国家的诉讼理论，回避制度的建立，旨在确保法官、陪审员在诉讼中保持中立无偏的地位，使当事人受到公正的对待，获得公正审判的机会。因此，回避的对象主要限于法官和陪审员，回避也主要在法院审判阶段适用。

我国的回避制度不仅适用于审判人员，也适用于检察人员、侦查人员，甚至适用于书记员、鉴定人、翻译人员等。上述人员在侦查、起诉、审判等各个诉讼阶段如果有法定的妨碍诉讼公正进行的情形的，均不得主持或参与诉讼。

二、回避制度设立的目的和意义

实行回避制度的根本目的，是保证客观公正地处理案件，防止先入为主或徇私舞弊。因此，我国法律赋予了当事人及其法定代理人申请回避权，以保障他们的合法权益。在诉讼活动中，审判人员、检察人员、侦查人员及其他有关人员遇有应当回避情形时，应当自行回避。如果应当回避而没有回避，当事人及其法定代理人有权要求他们回避。

实行回避制度具有重大意义。其一，有利于案件的公正审理。如果办案人员与案件有利害关系或者其他特殊关系，就有可能自觉地偏袒一方，或者先入为主从而影响案件办理的客观公正性。严格执行回避制度，就有利于消除这些不公正的因素。其二，有利于消除当事人及其法定代理人的思想顾虑。如果办案人员应当回避而仍参加该案件的办理，即使案件处理得正确，也难以消除当事人及其法定代理人对公正司法的怀疑。实行回避制度，有助于消除他们对于司法不公的思想顾虑，维护公安司法机关的威信，减少不必要的上诉和申诉。

第二节　回避的适用人员和理由

一、回避的适用人员

根据刑事诉讼法第 29 条、第 32 条的规定，适用回避的人员包括审判人员、检察人员、侦查人员、书记员、翻译人员和鉴定人。

1. 审判人员，根据《高法解释》第 37 条的规定，包括人民法院院长、副院长、审判委员会委员、庭长、副庭长、审判员和人民陪审员。

2. 检察人员，根据《高检规则》第 682 条的规定，包括检察官和检察官助理，检察官包括检察长、副检察长、检察委员会委员、检察员。

3. 侦查人员，包括直接负责侦查本案的侦查人员、侦查部门负责人和侦查机关负责人。

4. 书记员，包括起诉阶段和审判阶段从事诉讼活动记录工作的书记员。

5. 翻译人员，包括任何诉讼阶段中受聘请或者指派承担翻译工作的人员。

6. 鉴定人，包括任何诉讼阶段中受聘请或者指派进行鉴定工作的人员。

此外，《最高人民法院关于审判人员在诉讼活动中执行回避制度若干问题的规定》第 14 条规定，人民陪审员、书记员和执行员适用审判人员回避的有关规定。《高检规则》第 37 条规定，关于回避的规定，适用司法警察。《公安规定》第 40 条规定，关于回避的规定，适用于记录人。

二、回避的理由

回避的理由，也称回避的适用情形，是指适用回避所应当具备的事实依据。刑事诉讼法、法官法、检察官法以及相关司法解释对回避的理由作出了如下规定。

（一）是本案的当事人或者是当事人的近亲属的

本案的当事人，是指本案的被害人、自诉人、犯罪嫌疑人、被告人、附带民事诉讼的原告人和被告人；当事人的近亲属，是指上述人员的夫、妻、父、母、子、女、同胞兄弟姐妹。由于具有本项理由的上述人员与该案件的处理结果有着直接或间接的利害关系，由他们担任本案的侦查、检察、审判人员等，则极易从维护自身或者其近亲属的不正当利益出发，歪曲事实、曲解法律，从而不公正地处理案件，或者容易引起人们对其是否能够正确地依法履行职责、秉公执法、公正处理案件产生怀疑，所以应当回避。

（二）本人或者他的近亲属和本案有利害关系的

办案人员或某些诉讼参与人虽然不是本案的当事人或者当事人的近亲属，但他们或其近亲属仍有可能与本案有利害关系，如办案人员或者他的近亲属与被害人或是犯罪嫌疑人、被告人有恋爱关系等。既然办案人员或某些诉讼参与人本人或者他的近亲属与本案有利害关系，就有可能从个人私利出发而不能客观、公正地履行职责和处理案件，因此，应当回避。

根据《高法解释》第 27 条第 4 项的规定，审判人员与本案的辩护人、诉讼代理人有近亲属关系的也属于应当回避的情形。在司法实践中，有些审判人员由于与辩护人、诉讼代理人存在近亲属关系，便介绍其代理本案，影响了案件的客观公正审理。因此，对存在这种关系的审判人员应当回避。

（三）担任过本案的证人、鉴定人、辩护人、诉讼代理人的

因为证人具有不可替代性，办案人员如果事先就了解案情，就有向公安司法机关作证的义务，成为案件的证人。在同一案件中，既作证人又作审判人员、检察人员、侦查人员等，就容易先入为主，主观臆断，不利于客观全面地收集和分析判断证据，进而影响正确认定案件事实、公正处理案件。同样，担任过本案鉴定人、辩护人或者诉讼代理人的，基于履行法律赋予的特定诉讼职责，对案件已形成自己的看法并向公安司法机关提出，若再从事该案的侦查、起诉或审判工作，也会影响对案件的客观、全面、公正的处理，因此，上述人员均应回避。

（四）与本案当事人有其他关系，可能影响公正处理案件的

这里所说的与本案当事人有其他关系，法律未作具体规定。它是根据回避制度的立法宗旨，赋予公安司法机关及有关公民的一项授权性规定，是对可能影响公正处理案件的不宜一一列举的情况而作出的原则性规定。当然，与本案当事人有其他关系，不是必须回避的理由，只有这种“其他关系”“可能影响公正处理案件的”，才是应予回避的条件或理由，理解与执行该项规定时，要紧密围绕回避的立法宗旨。例如，审判人员、检察人员、侦查人员与本案当事人案前有救命之恩或是杀父之仇，就属于本项规定的可能影响公正处理案件的“其他关系”，应当回避。究其原因和法律理由，就在于这些审判人员“与本案当事人有其他关系，可能影响公正处理案件”。

（五）审判人员、检察人员、侦查人员等接受当事人及其委托的人的请客送礼，违反规定会见当事人及其委托人的

这是因为审判人员、检察人员、侦查人员等享有法律赋予的一定权力，他们的工作关涉犯罪嫌疑人、被告人能否被依法追诉和裁判。可是，有的当事人及其委托人，包括控辩双方的当事人及其法定代理人、诉讼代理人、辩护人以及亲朋好友等，千方百计单独私下约见有关办案人员或者请客送礼、拉关系、“走后门”、为当事人说情，企图左右办案人员，使法律的天平倾斜。而有的办案人员

不顾法官法第46条、检察官法第47条、人民警察法第22条的规定，碍于人情或禁不住金钱、物质利益的诱惑，私自会见当事人及其委托的人，接受吃请、收受礼品礼金，甚至索受贿赂，于是“吃人家嘴软、拿人家手短”，办人情案、关系案、金钱案。这是社会上不正之风、腐败现象在公安司法队伍中的体现，是当前干扰公安司法机关严肃执法、秉公办案的重要因素之一。它的存在与发展，损害了国家法制的统一、法律的尊严，败坏了公安司法机关的形象，破坏了党和人民群众的鱼水关系，危害甚大。因此，将有关纪律进一步具体化，以促进办案人员及有关诉讼参与人反腐倡廉，确保案件的公正处理。

根据刑事诉讼法第30条第2款的规定，审判人员、检察人员、侦查人员违反本条第1款规定的，应当依法追究其法律责任，即根据法官法、检察官法、人民警察法的相关规定视情形分别给予其警告、记过、记大过、降级、撤职、开除等处分。对索贿受贿构成犯罪的，依法应当追究其刑事责任。除行政处分和追究刑事责任外，有关机关还应对违反上述纪律、法律的办案人员，指令其回避。对方当事人及其法定代理人有证据证明有关办案人员私自会见当事人及其委托的人，或者接受吃请、收受礼品礼金甚至索要贿赂的，有权向有关机关举报，并有权申请有关办案人员等回避。

（六）监察、侦查、检察、审判人员参加过本案先前程序的，不得再参与本案其他程序

根据《高法解释》第29条的规定，参与过本案调查、侦查、审查起诉工作的监察、侦查、检察人员，调至人民法院工作的，不得担任本案的审判人员。在一个审判程序中参与过本案审判工作的合议庭组成人员或者独任审判员，不得再参与本案其他程序的审判。但是，发回重新审判的案件，在第一审人民法院作出裁判后又进入第二审程序、在法定刑以下判处刑罚的复核程序或者死刑复核程序的，原第二审程序、在法定刑以下判处刑罚的复核程序或者死刑复核程序中的合议庭组成人员不受此规定的限制。

根据刑事诉讼法第239条、第256条的规定，原审人民法院对于二审发回重新审判的案件以及人民法院按照审判监督程序重新审判的案件，担任过有关案件一审或二审合议庭的全体成员，都属于回避的范围。

根据《高检规则》第35条的规定，参加过同一案件侦查的人员，不得承办该案的审查逮捕、审查起诉、出庭支持公诉和诉讼监督工作，但在审查起诉阶段参加自行补充侦查的人员除外。

（七）任职回避

根据法官法第36条的规定，法官从人民法院离任后2年内，不得以律师身份担任诉讼代理人或者辩护人。法官从人民法院离任后，不得担任原任职单位办理案件的诉讼代理人或者辩护人，但是作为当事人的监护人或者近亲属代理诉讼或

者进行辩护的除外。检察官法第37条规定，检察官从人民检察院离任后2年内，不得以律师身份担任诉讼代理人或者辩护人。检察官从人民检察院离任后，不得担任原任职单位办理案件的诉讼代理人或者辩护人，但是作为当事人的监护人或者近亲属代理诉讼或者进行辩护的除外。

根据法官法第24条的规定，法官的配偶、父母、子女担任该法官所任职人民法院辖区内律师事务所的合伙人或者设立人的，或者在该法官所任职人民法院辖区内以律师身份担任诉讼代理人、辩护人，或者为诉讼案件当事人提供其他有偿法律服务的，法官应当实行任职回避。根据检察官法第25条的规定，检察官的配偶、父母、子女担任该检察官所任职人民检察院辖区内律师事务所的合伙人或者设立人的，或者在该检察官所任职人民检察院辖区内以律师身份担任诉讼代理人、辩护人，或者为诉讼案件当事人提供其他有偿法律服务的，检察官应当实行任职回避。

此外，根据最高人民法院于2020年4月发布的《关于对配偶父母子女从事律师职业的法院领导干部和审判执行人员实行任职回避的规定》的规定，人民法院领导干部和审判执行人员的配偶、父母、子女担任该领导干部和审判执行人员所任职人民法院辖区内律师事务所的合伙人或者设立人的，或者在该领导干部和审判执行人员所任职人民法院辖区内以律师身份担任诉讼代理人、辩护人，或者为诉讼案件当事人提供其他有偿法律服务的，法院领导干部和审判执行人员应当实行任职回避。人民法院在选拔任用干部时，不得将符合任职回避条件的人员作为法院领导干部和审判执行人员的拟任人选。人民法院在招录补充工作人员时，应当向拟招录补充的人员释明有关任职回避规定的相关内容。这里的“法院领导干部”，是指各级人民法院的领导班子成员及审判委员会委员；“审判执行人员”，是指各级人民法院立案、审判、执行、审判监督、国家赔偿等部门的领导班子成员、法官、法官助理、执行员。

第三节　回避的处理程序

一、回避的提出

根据刑事诉讼法的规定，回避的提出，可以是自行回避，也可以是申请回避或指令回避。自行回避是指回避的适用人员在受理案件或受聘时发现自己有刑事诉讼法规定的回避情形的，应当主动提出回避，不承担该案的诉讼任务。如对再审案件，原合议庭组成人员应当自行回避。又如，参加过本案调查、侦查、审查起诉的监察人员、侦查人员、检察人员，如果调至人民法院工作，不得担任本案的审判人员，应当自行回避。申请回避是指当事人及其法定代理人认为审判人员、检察人员、侦查人员、书记员、翻译人员、鉴定人有法定应当回避的情形，向人民法院、人民检察院或公安机关提出要求有关人员回避的申请。指令回避是指审判人员、检察人员、侦查人员、书记员、翻译人员、鉴定人有法定应当回避的情形而未自行回避，当事人及其法定代理人也没有提出申请要求他们回避，由办案机关有决定权的负责人或组织作出决定指令有关人员的回避。

申请回避权是当事人及其法定代理人的诉讼权利，刑事诉讼法并没有明确限定当事人及其法定代理人提出回避的时间。因此，在刑事诉讼的各个阶段，当事人及其法定代理人都可以提出回避的申请。同时，公安司法机关也有义务告知当事人及其法定代理人有权申请回避。为进一步保护当事人的合法权利，发挥律师在刑事诉讼中的作用，刑事诉讼法第 32 条第 2 款还明确规定，辩护人、诉讼代理人可以依照回避这一章的规定要求回避、申请复议。

二、回避的决定

无论自行回避，还是申请回避，回避主体的回避决定都要由某个特定人或组织作出。根据刑事诉讼法第 31 条的规定，审判人员、检察人员、侦查人员的回避，分别由法院院长、检察长和公安机关负责人决定；法院院长的回避，由本院审判委员会决定；检察长和公安机关负责人的回避，由同级人民检察院检察委员会决定。

审判人员自行申请回避，或者当事人及其法定代理人申请审判人员回避的，可以口头或者书面提出，并说明理由，由院长决定。院长自行申请回避，或者当事人及其法定代理人申请院长回避的，由审判委员会讨论决定。审判委员会讨论时，由副院长主持，院长不得参加。应当回避的审判人员没有自行回避，当事人及其法定代理人也没有申请其回避的，院长或者审判委员会应当决定其回避。检察长的回避，由检察委员会讨论决定。检察委员会讨论检察长回避问题时，由副检察长主持，检察长不得参加。其他检察人员的回避，由检察长决定。检察长应当回避，本人没有自行回避，当事人及其法定代理人也没有申请其回避的，检察委员会应当决定其回避。其他检察人员应当回避，本人没有自行回避，当事人及其法定代理人也没有申请其回避的，检察长应当决定其回避。当事人及其法定代理人要求公安机关负责人回避，向同级人民检察院提出，或者向公安机关提出后，公安机关移送同级人民检察院的，由检察长提交检察委员会讨论决定。书记员、鉴定人员和翻译人员的回避，在侦查阶段由侦查机关负责人决定，在审查起诉阶段由检察长决定，在审判阶段由人民法院院长决定。此外，根据《高检规则》第 37 条的规定，司法警察的回避由检察长决定。根据《公安规定》第 40 条的规定，记录人的回避由县级以上公安机关负责人决定。

三、对驳回申请回避决定的复议

当事人及其法定代理人、辩护人、诉讼代理人对驳回回避申请的决定如不服时，可以申请复议一次。这一规定的目的，在于既能保障当事人申请回避的合法权利，又可防止当事人无根据地利用这一权利拖延案件的及时处理。

根据《高法解释》第 35 条、第 36 条的规定，当事人及其法定代理人申请回避被驳回的，可以在接到决定时申请复议一次。不属于刑事诉讼法第 29 条、第 30 条规定情形的回避申请，由法庭当庭驳回，并不得申请复议。当事人及其法定代理人申请出庭的检察人员回避的，人民法院应当区分情况作出处理：属于刑事诉讼法第 29 条、第 30 条规定情形的回避申请，应当决定休庭，并通知人民检察院尽快作出决定；不属于刑事诉讼法第 29 条、第 30 条规定情形的回避申请，应当当庭驳回，并不得申请复议。根据《高检规则》第 32 条、第 33 条规定，人民检察院作出驳回申请回避的决定后，应当告知当事人及其法定代理人如不服本决定，有权在收到驳回申请回避的决定书后 5 日以内向原决定机关申请复议一次。当事人及其法定代理人对驳回申请回避的决定不服申请复议的，决定机关应当在 3 日以内作出复议决定并书面通知申请人。根据《公安规定》第 37 条的规定，当事人及其法定代理人对驳回申请回避的决定不服的，可以在收到驳回申请回避决定书后 5 日以内向作出决定的公安机关申请复议。公安机关应当在收到复议申请后 5 日以内作出复议决定并书面通知申请人。

四、回避的效力

回避决定一经作出，即发生法律效力，应当回避的人员须立即退出相应的诉讼活动。但鉴于侦查工作的特殊性和紧迫性，对侦查人员的回避作出决定前，侦查人员不能停止对案件的侦查。但是，其他人员的回避一经提出，诉讼活动一律暂停进行。对此，《公安规定》第 38 条进一步明确，在作出回避决定前，申请或者被申请回避的公安机关负责人、侦查人员不得停止对案件的侦查。作出回避决定后，申请或者被申请回避的公安机关负责人、侦查人员不得再参与本案的侦查工作。根据《公安规定》第 40 条的规定，这一规定同样适用于记录人、翻译人员和鉴定人。《高检规则》第 34 条也明确规定，对人民检察院直接受理的案件进行侦查的人员或者进行补充侦查的人员在回避决定作出以前和复议期间，不得停止对案件的侦查。

对于决定回避前已经进行的诉讼行为是否有效的问题，刑事诉讼法没有明确规定。根据《公安规定》第 39 条、第 40 条的规定，被决定回避的公安机关负责人、侦查人员、记录人、翻译人员和鉴定人在回避决定作出以前所进行的诉讼活动是否有效，由作出决定的机关根据案件情况决定。《高检规则》第 36 条规定，被决定回避的检察长在回避决定作出以前所取得的证据和进行的诉讼行为是否有效，由检察委员会根据案件具体情况决定。被决定回避的其他检察人员在回避决定作出以前所取得的证据和进行的诉讼行为是否有效，由检察长根据案件具体情况决定。被决定回避的公安机关负责人在回避决定作出以前所进行的诉讼行为是否有效，由作出决定的人民检察院检察委员会根据案件具体情况决定。

此外，根据刑事诉讼法第 238 条的规定，第二审人民法院发现第一审人民法院的审判有违反回避制度的情形的，应当裁定撤销原判，发回原审人民法院重新审判。

第七章　辩护与代理

第一节　辩护制度概述

一、辩护制度的概念和意义

辩护制度，是法律规定的关于辩护权、辩护种类、辩护方式、辩护人的范围、辩护人的责任、辩护人的权利与义务等一系列规则的总称。它是犯罪嫌疑人、被告人有权获得辩护这一宪法原则在刑事诉讼中的体现和保障，是现代国家法律制度中的重要组成部分。辩护制度的健全与完善，成为刑事诉讼程序民主化与科学化的重要标志。辩护制度作为现代法治国家法律制度的重要组成部分，鲜明地反映了一国刑事诉讼制度的民主性和公正性程度，对促进和保障司法公正、诉讼民主有着十分重要的意义。

首先，实行辩护制度，有利于公安司法机关正确处理案件，防止办案人员的主观片面性，做到兼听则明，以避免冤假错案的发生。

其次，实行辩护制度，有利于公安司法机关维护犯罪嫌疑人、被告人的合法权益。由于犯罪嫌疑人、被告人处于被追诉者的地位，且人身自由往往也受到限制。因此，难以全面深入了解案情，也无法收集有利于自己的情况和材料，从而难以行使自我辩护的权利；加之，犯罪嫌疑人、被告人多数缺乏法律知识，不知道享有哪些诉讼权利，应如何行使这些权利，也不知道自己的行为罪轻还是罪重。因此，大多数人不能正确运用法律为自己辩护，以维护自己的合法权益。而辩护人主要是辩护律师，既有法律知识，又有广泛的诉讼权利，便于全面具体地了解案情，并运用其积累的辩护经验和技巧，帮助犯罪嫌疑人、被告人行使辩护权，保障他们应有的合法权益。

最后，实行辩护制度，有利于更好地完成刑事诉讼法的教育任务。在法庭上，通过控辩双方的辩论，可以使旁听群众全面了解案情，明辨是非，加强法治观念，发挥同犯罪作斗争的积极性；同时，还有助于树立和宣传控诉与辩护平等的诉讼价值观，增强人们对司法公正观的认同。

二、辩护制度产生与发展

律师制度与辩护制度并不是同时产生的，两者的内容和范围也不尽相同，但是，律师制度确实是适应辩护制度的发展而应运产生的。世界上最早的律师辩护制度出现在公元前3世纪到公元6世纪的古罗马。古罗马原来并没有诉讼代理制度和律师制度。到古罗马共和国初期，社会上出现一种被称为“保护人”的人，在诉讼中代表被保护人进行诉讼活动，而被保护人“乃以其工作为报效”。这种“保护人”既可以给被告人以法律帮助，又可以在法庭上为被保护人进行代理和辩护，后来逐渐发展为一种高尚的“自由职业”。由于这些人懂法善辩，所以又称“辩护士”。到了帝政后期，律师除必须具有行为能力、男性品行外，还必须受过5年法律教育。律师不能收费的规定也被突破，开始由法令明文承认准许按标准收费，并规定限额。法令还规定，在约定之外律师不得巧立名目收受费用，违者受开除处分。至此，律师受到国家法令的保护，成为社会上的高尚职务者，享有权利和履行相应义务，从而形成初期的律师制度。

律师辩护制度最早出现于奴隶制的古罗马，究其原因、条件是多方面的，主要有：(1) 它是适应国家法制建设的需要而建立起来的。过去，公民认为自己懂得习惯法，会在诉讼中自己运用法律或从亲属那里吸取意见以维护自己的权益。后来，随着商品经济的发展，法律日渐增多、复杂，当事人在诉讼中，特别是法庭辩论中急需熟悉法律的人协助。因此，辩护人应运而生，并逐渐被国家法律所承认。(2) 平民阶层政治斗争的重要成果。古罗马奴隶制国家的主要矛盾是奴隶主与奴隶的矛盾。但是，随着手工业生产和商品交换的发展，平民与贵族的斗争占据相当的地位。平民为争取商品交换的自由、平等进行，在政治上与贵族进行了长期而卓有成效的斗争。这种斗争成果在诉讼中的一个具体体现便是原、被告诉讼地位平等，被告人享有辩护权。这就为律师辩护制度的建立创造了政治条件。(3) 奴隶制民主制度的遗留。古罗马的诉讼采取的是弹劾式诉讼形式，并在诉讼中实行公开审判、法庭辩论，允许当事人及其保护人进行辩护等原则和程序，它既反映了当时古罗马人在政治和经济上争取平等权利的要求，也是原始氏族社会民主制度的遗留与继承。正是这种原始氏族的平权思想、民主解决争议问题习惯的遗留以及当时朴素的辩证法等观念的影响，使得律师辩护制度的产生有了较坚实的思想和理论的基础。而弹劾式诉讼形式的发展，则加速了律师辩护制度的产生和发展。从律师辩护制度的产生初期就可以清楚地看出，它是商品经济发展的结果，是国家民主法制的产物和体现。

近代辩护制度，特别是律师辩护制度，是欧美资产阶级民主革命的产物，是资产阶级同封建司法制度特别是它的诉讼制度斗争的成果。中世纪欧洲各国进入封建君主专政时期，封建国家的法制体现了封建主的特权与专横。这一时期，多数国家为适应封建主专制、集权的需要，废除了古代弹劾式诉讼，采用纠问式诉讼，被告人不再享有辩护权，审讯秘密进行，广泛采用刑讯，因此，律师辩护制度被废止。公元17、18世纪，在资产阶级反封建的斗争中，资产阶级启蒙思想家，如英国的洛克和法国的伏尔泰、狄德罗等，提出用辩论式诉讼替代纠问式诉讼，当事人（尤其是被告人）是诉讼主体，有权为自己辩护并有权请律师或其他公民为自己辩护；诉讼中要体现“天赋人权”“人人平等”等民主思想。英国平均主义派领袖李尔本在他的《人民公约》一书中，明确主张被告人应有权辩护或请别人协助辩护。由于罗马法的许多规定适合资产阶级的需要，资产阶级夺取政权后，参照罗马法的规定，相继规定了律师辩护制度。1679 年《英国人身保护法》明文规定了诉讼中的辩论原则，并承认被告人有权获得辩护。1791 年《美利坚合众国宪法》修正案第 6 条规定，在一切刑事诉讼中，被告人有权“以强制手段取得对于本人有利的证据，并受辩护人之助”。1808 年《法国刑事诉讼法典》（即《拿破仑刑事诉讼法典》）系统地规定了诉讼中的辩论原则和律师辩护制度，明确了辩护权是法律赋予被告人针对指控进行辩解，以维护自己合法权益的一种诉讼权利。它是专属于被告人的一项十分重要的诉讼权利，被告人在认为必要时可以委托律师行使辩护权，为自己提供法律帮助。于是，律师辩护制度迅速在资本主义国家普遍建立和发展起来。资本主义律师辩护制度的产生和发展，具有重大的历史进步意义，但也不可避免地带有一定的局限性。

20 世纪 50 年代以后，刑事诉讼制度的发展呈现出民主化、文明化、科学化的世界性趋势，辩护制度得到了空前的发展，这主要表现为刑事辩护制度国际性准则的确立。1948 年联合国大会通过了《世界人权宣言》，其中第 11 条规定，受刑事控告者享有辩护权。1966 年联合国大会又通过了《公民权利和政治权利国际公约》，进一步规定了刑事辩护权的保障措施。该公约第 14 条第 3 项规定，在面临刑事指控时，人人有资格完全平等地享受以下最低限度的保证：有相当的时间和便利准备他的辩护并与他自己选择的律师联络；出席受审时可以亲自替自己辩护或由他自己所选择的律师进行辩护；如果他没有委托律师，要通知他享有这种权利；法官认为有必要的，应为他指定辩护律师，而在他没有足够能力偿付法律援助费用时，可以免费。此后各国普遍建立了法律援助制度，为符合一定条件的被告人提供免费的法律帮助。1990 年联合国大会通过的《关于律师作用的基本原则》第 1 条就明确规定，所有的人都有权请求由其选择的一名律师协助保护和确立其权利并在刑事诉讼的各个阶段为其辩护。

保护被告人辩护权向来是我国刑事诉讼的一项重要原则。早在第二次国内革命战争时期，中华苏维埃共和国中央执行委员会颁布的《裁判部的暂行组织及裁判条例》第 24 条就曾规定，被告人为本身的利益，可派代表出庭辩护，但须得法庭的许可。抗日战争时期，各根据地都依照党中央的路线、方针政策并结合本地情况，颁布了有关司法组织的诉讼程序的法律、法令，建立了各自的司法机关。在刑事诉讼中实行了公开审判制度。公开审判时，准许群众旁听和发言，准许当事人请其家属或有法律知识的人出庭充任辩护人，人民团体对于所属成员的诉讼也可派人出庭帮助辩护。中华人民共和国成立后，党和国家开始系统建设社会主义司法制度。刑事辩护制度也在总结民主革命时期成功经验的基础上得到发展。1954 年《宪法》将“被告人有权获得辩护”规定为宪法原则。为贯彻这一宪法原则，同年通过的《人民法院组织法》第 7 条规定：“人民法院审理案件，除法律规定的特别情况外，一律公开进行。被告人有权获得辩护。被告人除自己行使辩护权外，可以委托律师为他辩护，可以由人民团体介绍的或者经人民法院许可的公民为他辩护，可以由被告人的近亲属、监护人为他辩护。人民法院认为必要的时候，也可以指定辩护人为他辩护。”可见，辩护人的范围是相当广泛的。据此，建立人民律师制度，实行律师辩护，正式提上了法制建设日程。

党的十一届三中全会以后，开始恢复与重建律师制度，1979 年 7 月第五届全国人大第二次会议通过了刑事诉讼法，不但规定了被告人的辩护权，同时对律师辩护制度给予了法律保障。1980 年 8 月 26 日，第五届全国人大常委会第十五次会议通过了《中华人民共和国律师暂行条例》。这一条例的颁布实施，为我国律师辩护制度的进一步发展奠定了基础。1979 年刑事诉讼法实施后，我国社会主义民主和法治建设不断发展，社会情况有了变化，司法实践中积累了不少经验，也反映出一些问题，这就需要总结实践经验，顺应现代法治建设的发展，对刑事诉讼法进行多方面的补充、修改。1996 年 3 月 17 日第八届全国人民代表大会第四次会议对刑事诉讼法进行了修正，其中对辩护制度作了重大改革和完善，使犯罪嫌疑人在审查起诉阶段即可委托辩护人。随着改革开放的深入，特别是社会主义市场经济体制的建立和民主法制的发展，原有的律师暂行条例中的一些内容已经不能适应形势的发展。1996 年 5 月 15 日第八届全国人大常委会第十九次会议审议通过了律师法，它确认和巩固了律师工作改革的成果，规范和引导律师事业的健康发展，进一步发挥律师在政治、经济和社会生活中的作用。两部法律的颁布与实施成为我国律师辩护制度进入新时期的里程碑。

2012 年 3 月 14 日第十一届全国人民代表大会第五次会议对刑事诉讼法进行了重大修改，将犯罪嫌疑人委托辩护人的时间提前到侦查阶段，更加充分地保障了犯罪嫌疑人、被告人的辩护权及其辩护律师的诉讼权利。2015 年 9 月 16 日最高人民法院、最高人民检察院、公安部、国家安全部、司法部印发了《关于依法保障律师执业权利的规定》，该规定对切实保障律师执业权利，对维护法律正确实施、维护社会公平正义起到了重要作用。2017 年，全国人大常委会对律师法进行了修改，为律师更好地履职，维护当事人的合法权益，提供了法律保障。2017 年 10 月 9 日最高人民法院和司法部发布了《关于开展刑事案件律师辩护全覆盖试点工作的办法》，2018 年 12 月最高人民法院和司法部又印发了《关于扩大刑事案件律师辩护全覆盖试点范围的通知》，2018 年 10 月 26 日第十三届全国人大常委会第六次会议修正了刑事诉讼法，2019 年《高检规则》和 2021 年《高法解释》相继发布，进一步扩展了辩护律师的权利，加强了辩护律师的执业保障。2020年8月20日最高人民法院、最高人民检察院、公安部、国家安全部、司法部发布了《法律援助值班律师工作办法》，扩大了刑事法律援助的范围，详细规定了值班律师的条件、机构、工作程序以及工作职责，将律师帮助覆盖至所有刑事案件。2021年8月20日第十三届全国人民代表大会常务委员会第三十次会议通过了《中华人民共和国法律援助法》，该法进一步拓宽了法律援助渠道，以保障更多公民更便利地获得法律援助，从而促进法律援助的高质量、高水平发展。

三、辩护制度的正当性基础

辩护制度的历史悠久，它从建立之初到如今的发展完善，有着其深厚的正当性基础。

首先，辩护制度是马克思主义认识论与对立统一规律的内在要求。刑事诉讼是对已经发生过的事实进行认识，并且力求使这种主观认识最大限度地与案件的客观事实相一致。由于法律明确规定了控诉方与辩护方的不同权利与诉讼职能，因此控辩双方对案件中某些问题的看法产生分歧，是经常的和必然的。这种分歧的化解会促进案情的查证、核实工作，并将在“以事实为根据、以法律为准绳”的原则下达到统一。辩护制度作为与起诉制度相对应的一个方面，对于保证公安司法机关客观公正地认定案件事实具有重大的意义。

其次，辩护制度是人权保障理念下无罪推定原则的客观需要。现代意义上的辩护制度，就是从人权理论中推导出来的。20世纪50年代以后，一系列有关人权保障的国际公约的达成，对世界各国辩护制度的发展和完善起到了巨大的推动作用。而无罪推定原则要求凡受刑事控告者，在未经依法公开审判证实有罪前，应被视为无罪。犯罪嫌疑人、被告人在审判结束前并不是罪犯，并且证明责任由控方承担，被告人没有证明自己无罪的义务，因此被告人进行辩护是行使其自身权利的体现，追诉机关应当认真听取被告方的辩护意见。

最后，辩护制度是程序主体性理论的客观要求。程序主体性理论强调犯罪嫌疑人、被告人在刑事诉讼过程中与控诉机关、审判机关拥有同等的程序主体地位。犯罪嫌疑人、被告人在刑事诉讼中不能被当作客体对待，也不是国家追诉犯罪的工具，他们在刑事诉讼中应当拥有程序上的基本尊严并且应得到国家机关的有效保障。在刑事诉讼中，理想的状态是控辩双方平等对抗，法官居中裁判。控诉方行使控诉权，相应地被告方应享有辩护权，被告方的辩护权是体现其与控诉方具有平等主体地位的最重要的方面。

第二节 辩护人

一、辩护人的概念和范围

辩护人，是指接受犯罪嫌疑人、被告人的委托或受法律援助机构的指派，帮助犯罪嫌疑人、被告人行使辩护权，以维护其合法权益的人。根据刑事诉讼法第33条的规定，辩护人的范围包括：

（一）律师

律师是指依法取得律师执业证书，为当事人提供法律服务的执业人员。我国现在已经建立了国家统一法律职业资格考试制度，只有通过该考试取得法律职业资格，并在律师事务所实习满1年的，才可以申请律师执业。根据律师法及相关的规定，公务员不得兼任执业律师。律师担任各级人民代表大会常务委员会组成人员的，任职期间不得从事诉讼代理或者辩护业务。高等院校、科研机构中从事法学教育、研究工作的人员，符合申请执业条件的，经所在单位同意，依照规定的程序，可以申请兼职律师执业。现役军人成为犯罪嫌疑人、被告人的，可以聘请军队中的或者地方的律师作为辩护人。外国籍、无国籍的犯罪嫌疑人、被告人委托律师辩护的，只能委托中国律师作为辩护人。

（二）人民团体或者犯罪嫌疑人、被告人所在单位推荐的人

这里的人民团体，指工会、共青团、妇联、学联等群众性团体。在我国，律师队伍虽然迅猛发展，但整体数量仍然有限，难以完全适应社会对法律服务的实际需要。由人民团体或者犯罪嫌疑人、被告人所在单位推荐的人担任辩护人，可以在很大程度上解决这一问题，而且实践证明也是可行的。经人民团体或者犯罪嫌疑人、被告人所在单位推荐，并经犯罪嫌疑人、被告人委托的人，不经人民检察院、人民法院的批准就可担任辩护人。

（三）犯罪嫌疑人、被告人的监护人、亲友

所谓监护人，是指对未成年人和无行为能力或者限制行为能力的成年人承担保护其人身、财产和其他合法权益责任的人或者单位。《中华人民共和国民法典》第27条、第28条规定，父母是未成年子女的监护人。未成年人的父母已经死亡或者没有监护能力的，由下列有监护能力的人按顺序担任监护人：（1）祖父母、外祖父母；（2）兄、姐；（3）其他愿意担任监护人的个人或者组织，但是须经未成年人住所地的居民委员会、村民委员会或者民政部门同意。无民事行为能力或者限制民事行为能力的成年人，由下列有监护能力的人按顺序担任监护人：（1）配偶；（2）父母、子女；（3）其他近亲属；（4）其他愿意担任监护人的个人或

者组织，但是须经被监护人住所地的居民委员会、村民委员会或者民政部门同意。所谓亲友，是指犯罪嫌疑人的亲戚朋友。由于现实生活中“亲友”的范围十分广泛，这样规定，实际上意味着一切有诉讼行为能力的人均可担任辩护人。允许犯罪嫌疑人、被告人的监护人、亲友担任辩护人，可以说是充分考虑了我国的国情，解决了一个相当长时期里，犯罪嫌疑人、被告人委托律师的经济承受能力和律师队伍总体数量不足的现实问题。这对于减轻犯罪嫌疑人、被告人的经济压力和维护犯罪嫌疑人、被告人的合法权益，无疑是十分有利的。

根据刑事诉讼法第 33 条第 2 款和《高法解释》第 40 条的规定，下列人员不得被委托担任辩护人：（1）正在被执行刑罚或者处于缓刑、假释考验期间的人；（2）依法被剥夺、限制人身自由的人；（3）被开除公职或者被吊销律师、公证员执业证书的人；（4）人民法院、人民检察院、监察机关、公安机关、国家安全机关、监狱的现职人员；（5）人民陪审员；（6）与本案审理结果有利害关系的人；（7）外国人或者无国籍人；（8）无行为能力或者限制行为能力的人。但上述第 3 项至第 7 项规定的人员，如果是被告人的监护人、近亲属，由被告人委托担任辩护人的，人民法院可以准许。

刑事诉讼法第 33 条对辩护人的人数作了明确限定，即犯罪嫌疑人、被告人可以委托 1 人至 2 人作为辩护人。这就是说，一名犯罪嫌疑人、被告人最多可以委托 2 名辩护人，其中可以都是律师，也可以都是犯罪嫌疑人、被告人的监护人、亲友，还可以其中一名是律师，另一名是其他公民。由于同案的犯罪嫌疑人、被告人之间存在着利害冲突，因此，一名辩护人不得同时为 2 名以上（含 2 名）的同案犯罪嫌疑人、被告人，或者未同案处理但犯罪事实存在关联的犯罪嫌疑人、被告人辩护。

二、辩护人的责任

辩护人，包括辩护律师，在刑事诉讼中的法律地位是独立的诉讼参与人，是犯罪嫌疑人、被告人合法权益的专门维护者。他既不受公诉人意见的左右，也不受犯罪嫌疑人、被告人无理要求的约束；既不能成为“第二公诉人”，也不是犯罪嫌疑人、被告人的代言人。在庭审中把辩护人，包括辩护律师，视为“被告人”的做法是违法的；将辩护律师视作控诉和审判的异己力量的认识也是错误的。辩护律师与出庭公诉的检察人员的诉讼地位应当是平等的，他们均应服从法庭审判人员的指挥，依法履行各自的诉讼职能。

刑事诉讼法第 34 条规定，犯罪嫌疑人自被侦查机关第一次讯问或者采取强制措施之日起，有权委托辩护人；但在侦查期间，只能委托律师作为辩护人。据此，侦查阶段的辩护律师也是辩护人。根据刑事诉讼法第 37 条、律师法第 31 条的规定，辩护人的责任是根据事实和法律，提出犯罪嫌疑人、被告人无罪、罪轻或者减轻、免除其刑事责任的材料和意见，维护犯罪嫌疑人、被告人的诉讼权利和其他合法权益。具体而言，辩护人的责任主要包括以下几个方面。

（一）辩护人为犯罪嫌疑人、被告人辩护，首要的是应当依据事实和法律进行，不得捏造事实和歪曲法律

事实是根据，法律是准绳，对辩护人来说同样是必须遵循的基本原则。尤其是受委托或指定的辩护律师，在履行职责过程中，不得帮助犯罪嫌疑人、被告人编造口供、串供、伪造、毁灭证据或者威胁、利诱证人。辩护人只有切实依据客观存在的案件事实并依据现行实体法、程序法的规定，才能提出中肯的辩护意见，才会收到应有的辩护效果。

（二）辩护人的主要职责是提出犯罪嫌疑人、被告人无罪、罪轻或者减轻、免除其刑事责任的材料和意见，以维护其诉讼权利和其他合法权益

所谓提出犯罪嫌疑人、被告人无罪的材料和意见，亦称无罪辩护。主要是指：（1）根据事实和法律证明犯罪嫌疑人、被告人被控事实不是其所为或系诬告、陷害或是错告、举报失实，因而犯罪嫌疑人、被告人根本没有犯罪的；（2）犯罪嫌疑人、被告人的行为，情节显著轻微、危害不大，依照法律规定不认为是犯罪的；（3）对于犯罪情节轻微，依照刑法规定不需要判处刑罚或者免除刑罚，人民检察院可以作不起诉决定的；（4）对于负责侦查的机关经过 2 次补充侦查的案件，仍然证据不足，不符合起诉的条件，人民检察院应当作出不起诉决定的；（5）人民法院应当作出证据不足、指控的犯罪不能成立的无罪判决的；（6）行为虽然在客观上造成了损害结果，但不是出于故意或者过失，而是由不能抗拒或者不能预见的原因所引起的正当防卫行为或紧急避险行为；（7）无刑事责任能力的人，包括不满 14 周岁的人，以及精神病人在不能辨认或是不能控制自己行为的时候造成危害结果的；（8）我国公民在我国领域外的某些犯罪，依照我国刑法规定的最高刑为 3 年以下有期徒刑，可以不予追究的。

所谓提出犯罪嫌疑人、被告人罪轻或者减轻、免除其刑事责任的材料和意见，主要是指提出符合刑法规定的可以或者应当减轻、免除处罚的材料和意见，如根据刑法第 20 条第 2 款的规定，正当防卫明显超过必要限度造成重大损害的，应当负刑事责任，但是应当减轻或者免除处罚。当然，也可结合犯罪嫌疑人、被告人的一贯表现、认罪悔罪态度等提出若干酌定从轻情节的材料和意见。同时，还可针对具体案情，提出对被告人适用缓刑、监外执行等相关的材料和意见。

所谓维护犯罪嫌疑人、被告人的诉讼权利和其他合法权益，即依照法律应当予以维护的权益，不是犯罪嫌疑人、被告人的所有利益，更不是依法予以限制或者剥夺的权益。具有刑事诉讼法第 16 条规定的六种情形之一的人不应受到刑事责任追究，业经追诉的，公安司法机关应撤销案件，或者不起诉，或者终止审理，或者宣告无罪，并应对因追诉造成犯罪嫌疑人、被告人的损失予以赔偿。没有充

分证据证明被告人有罪的，应按无罪处理。被告人构成犯罪的，司法机关要做到罪与刑相适应。这些就是犯罪嫌疑人、被告人最根本的权益。除此之外，犯罪嫌疑人、被告人还应享有法律赋予的一系列诉讼权利。为此，辩护人还应注意针对诉讼中的程序违法或侵犯犯罪嫌疑人、被告人合法权益的行为提出纠正意见，进行程序性辩护。总之，辩护人要恪尽职责，维护犯罪嫌疑人、被告人的上述合法权益。

辩护人的职责，应该说是多方面的。主要包括：为犯罪嫌疑人、被告人提供法律上的帮助，如解答其提出的法律问题，讲解其在刑事诉讼中的权利、义务，为其代写法律文书；维护犯罪嫌疑人、被告人的诉讼权利，如申请回避权、辩护权、上诉权，对侵犯犯罪嫌疑人、被告人诉讼权利的行为，要求有关机关纠正或是向有关机关申诉、控告等。

（三）辩护人只有辩护的职责，没有控诉的义务

实践中一个突出的问题是，辩护律师在履行职责过程中获悉犯罪嫌疑人、被告人犯有未被指控的其他犯罪，经教育其坦白而犯罪嫌疑人、被告人并不听从辩护人的意见，辩护律师该怎么办？对此，刑事诉讼法第48条作了明确规定，辩护律师对执业活动中知悉的委托人的有关情况和信息，有权予以保密，即辩护律师在履行职责过程中知悉的不利于犯罪嫌疑人、被告人的情形，一般情况下有责任保密，而没有举报的义务。但是，辩护律师在执业活动中知悉委托人或者其他人，准备或正在实施危害国家安全、公共安全和严重危害他人人身安全的犯罪的，应当及时告知公安司法机关。

三、辩护的种类

根据刑事诉讼法第33条、第35条的规定，我国刑事诉讼中的辩护种类有以下三种。

（一）自行辩护

自行辩护是指犯罪嫌疑人、被告人自己针对指控进行反驳、申辩和辩解的行为。犯罪嫌疑人、被告人在刑事诉讼过程的侦查、起诉、审判阶段都有权自行辩护。自行辩护是目前我国犯罪嫌疑人、被告人获得辩护的最重要途径。

（二）委托辩护

委托辩护是指犯罪嫌疑人或者被告人为维护其合法权益，依法委托律师或者其他公民协助其进行辩护。自诉案件的被告人有权随时委托辩护人，即被告人知道有人向人民法院状告自己后，即可委托辩护人，为自己辩护。对于公诉案件，犯罪嫌疑人自被侦查机关第一次讯问或者采取强制措施之日起，有权委托辩护人。侦查机关在第一次讯问犯罪嫌疑人或者对犯罪嫌疑人采取强制措施的时候，应当告知犯罪嫌疑人有权委托辩护人。人民检察院自收到移送审查起诉的案件材

料之日起3日以内，应当告知犯罪嫌疑人有权委托辩护人。人民法院自受理公诉案件之日起3日以内，应当告知被告人有权委托辩护人。犯罪嫌疑人、被告人在押期间要求委托辩护人的，人民法院、人民检察院和公安机关应当及时转达其要求。犯罪嫌疑人、被告人在押的，也可以由其监护人、近亲属代为委托辩护人。辩护人接受犯罪嫌疑人、被告人委托后，应当及时告知办理案件的机关。

（三）指定辩护

指定辩护是指对于没有委托辩护人的犯罪嫌疑人、被告人，因经济困难或者其他原因以及在法律规定的某些特殊情况下，由法律援助机构指派律师为其提供辩护。指定辩护属于刑事法律援助制度的范畴。刑事法律援助制度是法律援助制度的重要组成部分，通过法律援助的程序为犯罪嫌疑人、被告人指定辩护，既有利于切实保障辩护的质量，同时也与国际法相协调。2015年，中共中央办公厅和国务院办公厅印发《关于完善法律援助制度的意见》，强调要加强刑事法律援助工作。为此明确要求：注重发挥法律援助在人权司法保障中的作用，保障当事人合法权益。落实刑事诉讼法及相关配套法规制度关于法律援助范围的规定，畅通刑事法律援助申请渠道，加强司法行政机关与法院、检察院、公安机关等办案机关的工作衔接，完善被羁押犯罪嫌疑人、被告人经济困难证明制度，建立健全办案机关通知辩护工作机制，确保告知、转交申请、通知辩护（代理）等工作协调顺畅，切实履行侦查、审查起诉和审判阶段法律援助工作职责。开展试点，逐步开展为不服司法机关生效刑事裁判、决定的经济困难申诉人提供法律援助的工作。建立法律援助值班律师制度，法律援助机构在法院、看守所派驻法律援助值班律师。健全法律援助参与刑事案件速裁程序试点工作机制。建立法律援助参与刑事和解、死刑复核案件办理工作机制，依法为更多的刑事诉讼当事人提供法律援助。2017年10月，最高人民法院和司法部联合印发了《关于开展刑事案件律师辩护全覆盖试点工作的办法》（以下简称《试点工作办法》），决定在北京、上海、浙江等8省（市）开展为期1年的试点，进一步扩大刑事法律援助的范围，明确规定适用普通程序审理的一审案件、二审案件、按照审判监督程序审理的案件，被告人没有委托辩护人的，人民法院应当通知法律援助机构指派律师为其提供辩护。适用简易程序、速裁程序审理的案件，被告人没有辩护人的，人民法院应当通知法律援助机构派驻的值班律师为其提供法律帮助。在法律援助机构指派的律师或者被告人委托的律师为被告人提供辩护前，被告人及其近亲属可以提出法律帮助请求，人民法院应当通知法律援助机构派驻的值班律师为其提供法律帮助。此后，2018年12月最高人民法院和司法部又联合印发了《关于扩大刑事案件律师辩护全覆盖试点范围的通知》，决定自2019年1月起将这项试点推广到全国31个省、自治区、直辖市，期限为1年。2021年8月20日第十三届全国人民代表大会常务委员会第三十次会议通过了法律援助法，进一步拓宽了法律援助渠道，以保障更多公民能更便利地获得法律援助，促进法律援助工作高质量、高水平的发展。

指定辩护覆盖刑事诉讼的全过程，被指定的辩护人只能是承担法律援助义务的律师。指定辩护分为申请指定辩护和强制指定辩护。

申请指定辩护是指犯罪嫌疑人、被告人因经济困难或者其他原因没有委托辩护人的，本人及其近亲属可以向法律援助机构提出申请。对符合法律援助条件的，法律援助机构应当指派律师为其提供辩护。

强制指定辩护是指具有特定情形的犯罪嫌疑人、被告人，如果没有委托辩护人，人民法院、人民检察院和公安机关应当通知法律援助机构为其指派律师提供辩护。根据刑事诉讼法第35条、第278条的规定，人民法院、人民检察院、公安机关对于下列情形下的犯罪嫌疑人、被告人，如果他们没有委托辩护人，应当通知法律援助机构指派律师为其辩护：（1）盲、聋、哑人；（2）尚未完全丧失辨认或者控制自己行为能力的精神病人；（3）未成年人；（4）可能被判处无期徒刑、死刑的人。此外，刑事诉讼法第293条规定，人民法院缺席审判案件，被告人及其近亲属没有委托辩护人的，人民法院应当通知法律援助机构指派律师为其提供辩护。

需要注意的是，法律援助法进一步扩展了刑事法律援助的范围，将刑事诉讼法中关于强制指定辩护的“盲、聋、哑人”修改为“视力、听力、言语残疾人”，将“尚未完全丧失辨认或者控制自己行为能力的精神病人”修改为“不能完全辨认自己行为的成年人”，增加规定了“申请法律援助的死刑复核案件被告人”和“法律法规规定的其他人员”，并将强制医疗案件纳入了刑事法律援助的范围，规定“强制医疗案件的被申请人或者被告人没有委托诉讼代理人的，人民法院应当通知法律援助机构指派律师为其提供法律援助”。法律援助法还吸收了上述《试点工作办法》的相关规定，将适用普通程序审理的刑事案件被告人纳入指定辩护的范围，规定“其他适用普通程序审理的刑事案件，被告人没有委托辩护人的，人民法院可以通知法律援助机构指派律师担任辩护人”。此外，法律援助法第33条还将申诉案件纳入法律援助范围，即当事人不服司法机关生效裁判或者决定提出申诉或者申请再审，人民法院决定、裁定再审或者人民检察院提出抗诉，因经济困难没有委托辩护人或者诉讼代理人的，本人及其近亲属可以向法律援助机构申请法律援助。

根据《高法解释》第50条的规定，属于应当提供法律援助的情形，被告人拒绝指派的律师为其辩护的，人民法院应当查明原因。理由正当的，应当准许，但被告人应当在5日以内另行委托辩护人；被告人未另行委托辩护人的，人民法院应当在3日以内通知法律援助机构另行指派律师为其提供辩护。根据《高法解释》第51条的规定，对法律援助机构指派律师为被告人提供辩护，被告人的监护人、近亲属又代为委托辩护人的，应当听取被告人的意见，由其确定辩护人人选。

在我国，辩护的方式分口头辩护和书面辩护两种。需要注意的是，推进以审判为中心的诉讼制度改革，是党的十八届四中全会作出的重大改革部署，也是人民法院全面深化司法改革工作的重要举措。为实现庭审实质化，最高人民法院采取了一系列充实法庭调查和辩论的改革措施，强调辩护以言词陈述的形式进行。在这一背景下，辩护人应提高口头辩护的能力，以适应法庭辩论的需要，同时也应重视向人民检察院和人民法院提供书面辩护意见。

四、辩护人的诉讼权利和诉讼义务

（一）辩护人的诉讼权利

辩护人依法享有诉讼权利和履行诉讼义务是正确开展辩护活动的重要保障。根据刑事诉讼法和律师法的规定，我国辩护人的权利主要有以下几个方面。

1. 独立辩护权。辩护人是独立的诉讼参与人，不是犯罪嫌疑人、被告人的代言人。虽然辩护人能够参加到诉讼中来主要是源于犯罪嫌疑人、被告人的委托，但是辩护人在接受委托以后，则享有相对独立的辩护权。在诉讼过程中，辩护人是以自己的名义，根据自己对事实的掌握和对法律的理解，独立地提出辩护意见。即使犯罪嫌疑人、被告人认罪，辩护律师仍然可以发表无罪辩护意见。在认罪认罚案件中，辩护人基于某些因素的考量（如既想获得从轻量刑，又试图争取无罪判决），仍有权进行无罪辩护。一般情况下，辩护人不受犯罪嫌疑人、被告人意思表示的约束，但是辩护人的辩护应有利于维护犯罪嫌疑人、被告人的合法权益，独立辩护应在犯罪嫌疑人、被告人同意或者至少是不反对的前提下进行。辩护人作为一种独立的诉讼参与人，其依法履行职责应当受到法律的保护。对此律师法第 37 条明确规定，律师在执业活动中的人身权利不受侵犯。律师在法庭上发表的代理、辩护意见不受法律追究。但是，发表危害国家安全、恶意诽谤他人、严重扰乱法庭秩序的言论除外。

2. 会见通信权。根据刑事诉讼法第 39 条的规定，辩护律师可以同在押的犯罪嫌疑人、被告人会见和通信。其他辩护人经人民法院、人民检察院许可，也可以同在押的犯罪嫌疑人、被告人会见和通信。辩护律师持律师执业证书、律师事务所证明和委托书或者法律援助公函要求会见在押的犯罪嫌疑人、被告人的，看守所应当及时安排会见，至迟不得超过 48 小时。危害国家安全犯罪、恐怖活动犯罪案件，在侦查期间辩护律师会见在押的犯罪嫌疑人，应当经侦查机关许可。上述案件，侦查机关应当事先通知看守所。辩护律师会见在押的犯罪嫌疑人、被告人，可以了解案件有关情况，提供法律咨询等；自案件移送审查起诉之日起，可以向犯罪嫌疑人、被告人核实有关证据。辩护律师会见犯罪嫌疑人、被告人时不被监听。

3. 阅卷权。根据刑事诉讼法第 40 条的规定，辩护律师自人民检察院对案件审查起诉之日起，可以查阅、摘抄、复制本案的案卷材料，其他辩护人经人民法院、人民检察院许可，也可以查阅、摘抄、复制上述材料。根据《高检规则》第 47 条和《高法解释》第 53 条至第 55 条的规定，案卷材料包括案件的诉讼文书和证据材料，不包括合议庭、审判委员会的讨论记录以及其他依法不公开的材料。查阅、摘抄、复制案卷材料，涉及国家秘密、商业秘密、个人隐私的，应当保密；对不公开审理案件的信息、材料，或者在办案过程中获悉的案件重要信息、证据材料，不得违反规定泄露、披露，不得用于办案以外的用途。辩护人查阅、摘抄、复制案卷材料的，人民法院应当提供便利，并保证必要的时间。复制案卷材料可以采用复印、拍照、扫描、电子数据拷贝等方式。对作为证据材料向人民法院移送的讯问录音录像，辩护律师申请查阅的，人民法院应当准许。

4. 调查取证权。根据刑事诉讼法第 41 条的规定，辩护人认为在侦查、审查起诉期间公安机关、人民检察院收集的证明犯罪嫌疑人、被告人无罪或者罪轻的证据材料未提交的，有权申请人民检察院、人民法院调取。根据刑事诉讼法第 43 条的规定，辩护律师经证人或者其他有关单位和个人同意，可以向他们收集与本案有关的材料，也可以申请人民检察院、人民法院收集、调取证据。辩护律师经人民检察院或者人民法院许可，并且经被害人或者其近亲属、被害人提供的证人同意，可以向他们收集与本案有关的材料。其他辩护人没有这项权利。

5. 提出意见权。根据刑事诉讼法第 38 条、第 88 条、第 161 条、第 280 条的规定，辩护律师在侦查期间可以向侦查机关了解犯罪嫌疑人涉嫌的罪名和案件的有关情况，提出意见。人民检察院审查批准逮捕，可以听取辩护律师的意见；辩护律师提出要求的，应当听取辩护律师的意见。人民检察院审查批准逮捕未成年犯罪嫌疑人和人民法院决定逮捕未成年被告人，应当听取辩护律师的意见。在案件侦查终结前，辩护律师提出要求的，侦查机关应当听取辩护律师的意见，并记录在案。辩护律师提出书面意见的，应当附卷。根据刑事诉讼法第 173 条、第 251 条的规定，人民检察院审查案件，应当听取辩护人的意见，并记录在案。辩护人提出书面意见的，应当附卷。犯罪嫌疑人认罪认罚的，人民检察院应当听取辩护人对相关事项的意见，并记录在案。最高人民法院复核死刑案件，辩护律师提出要求的，应当听取辩护律师的意见。

6. 申请召开庭前会议的权利。根据《高法解释》第 227 条、第 228 条的规定，辩护人可以申请人民法院召开庭前会议，提出申请应当说明理由。庭前会议可以就管辖、回避、非法证据排除、证人出庭等与审判相关的问题，向控辩双方了解情况，听取意见。

7. 参加法庭调查和法庭辩论权。根据刑事诉讼法的规定，法庭调查阶段，辩护人在公诉人讯问被告人后经审判长许可，可以向被告人发问（第191条）；经审判长许可，可以对证人、鉴定人发问（第194条）；法庭审理中，辩护人有权申请通知新的证人到庭，调取新的物证，申请重新鉴定或者勘验，申请通知有专门知识的人出庭，就鉴定人作出的鉴定意见提出意见（第197条）。法庭辩论阶段，辩护人可以对证据和案件情况发表意见并且可以和控方展开辩论（第198条）。根据律师法第36条的规定，律师担任辩护人的，其辩论或者辩护的权利依法受到保障。

8. 经被告人同意，提出上诉的权利。根据刑事诉讼法第227条的规定，被告人的辩护人，经被告人同意，可以提出上诉。为此，一审人民法院应当及时将判决书送达被告人的辩护人，以便于辩护人行使这项权利。

9. 要求公安司法机关对犯罪嫌疑人、被告人变更或解除强制措施的权利。根据刑事诉讼法第97条的规定，犯罪嫌疑人、被告人及其法定代理人、近亲属或者辩护人有权申请变更强制措施。人民法院、人民检察院和公安机关收到申请后，应当在3日以内作出决定；不同意变更强制措施的，应当告知申请人，并说明不同意的理由。根据刑事诉讼法第99条的规定，犯罪嫌疑人、被告人及其法定代理人、近亲属或者辩护人对于人民法院、人民检察院或者公安机关采取强制措施法定期限届满的，有权要求解除强制措施。

10. 拒绝辩护权。刑事诉讼中的拒绝辩护有两种表现：一种是指犯罪嫌疑人、被告人拒绝辩护人继续辩护；另一种是指辩护人具有法定理由中途不再为犯罪嫌疑人、被告人继续辩护。对此，律师法第32条明确规定，委托人可以拒绝已委托的律师为其继续辩护或者代理，同时可以另行委托律师担任辩护人或者代理人。律师接受委托后，无正当理由的，不得拒绝辩护或者代理，但委托事项违法，委托人利用律师提供的服务从事违法活动或者委托人故意隐瞒与案件有关的重要事实的，律师有权拒绝辩护或者代理。

11. 申诉控告权。根据刑事诉讼法第49条的规定，辩护人、诉讼代理人认为公安机关、人民检察院、人民法院及其工作人员阻碍其依法行使诉讼权利的，有权向同级或者上一级人民检察院申诉或者控告。人民检察院对申诉或者控告应当及时进行审查，情况属实的，通知有关机关予以纠正。

（二）辩护人的诉讼义务

辩护律师或其他辩护人承担的诉讼义务主要有：

1. 依法辩护义务。辩护律师和其他辩护人不得帮助犯罪嫌疑人、被告人串供，隐匿、毁灭、伪造证据，不得威胁、引诱证人改变证言或者作伪证及进行其他干扰公安司法机关诉讼活动的行为，否则应当依法追究法律责任。辩护律师未经人民检察院或者人民法院许可，不得向被害人及被害人提供的证人收集与本案有关的材料。

2. 无罪证据告知义务。辩护人收集的有关犯罪嫌疑人不在犯罪现场、未达到刑事责任年龄、属于依法不负刑事责任的精神病人的证据，应当及时告知公安机关、人民检察院。

3. 保守秘密义务。辩护律师应当保守在执业活动中知悉的国家秘密、商业秘密，不得泄露当事人的隐私。辩护律师对在执业活动中知悉的委托人和其他人不愿泄露的有关情况和信息，应当予以保密。但是，委托人或者其他人准备或者正在实施危害国家安全、公共安全以及严重危害他人人身安全的犯罪事实和信息除外。

4. 遵守诉讼纪律义务。辩护人应当遵守诉讼纪律，会见在押犯罪嫌疑人、被告人时，要遵守看管场所的规定；按时出庭，在法庭上服从审判长的指挥，遵守法庭秩序。

5. 其他义务。根据律师法的规定，辩护律师还应承担执业纪律方面的义务。这主要包括：（1）不得私自接受委托、收取费用，接受委托人的财物或者其他利益；（2）不得违反规定会见法官、检察官以及其他有关工作人员；（3）不得向法官、检察官以及其他有关工作人员行贿，介绍贿赂或者指使、诱导当事人行贿，或者以其他不正当方式影响法官、检察官以及其他有关工作人员依法办理案件；（4）不得故意提供虚假证据或者威胁、利诱他人提供虚假证据，妨碍公安司法机关合法取得证据；（5）不得煽动、教唆当事人采取扰乱公共秩序、危害公共安全等非法手段解决争议；（6）曾经担任法官、检察官的律师，从人民法院、人民检察院离任后 2 年内，不得担任辩护人；（7）按照国家规定履行法律援助义务，为受援人提供符合标准的法律服务，维护受援人的合法权益；（8）无正当理由，不得拒绝辩护。

第三节　刑事代理

一、刑事代理的概念和意义

刑事诉讼中的代理，是指代理人接受公诉案件的被害人及其法定代理人或者近亲属、自诉案件的自诉人及其法定代理人、附带民事诉讼的当事人及其法定代理人以及特别程序中利害关系人的委托，以被代理人的名义参加诉讼，进行诉讼活动，由被代理人承担代理行为法律后果的一项法律制度。

根据代理权限产生的不同，刑事诉讼中的代理可分为法定代理与委托代理两种。法定代理，是基于法律规定而产生的代理；委托代理，是基于被代理人的委托授权行为而产生的代理。因为代理权产生的根据不同，所以代理人的范围、代理人的权限、代理人的权利与义务等也不相同。但代理人的共同点是，必须在代理权限范围内进行代理活动。代理人在代理权限内的诉讼行为和法律行为与委托人自己的诉讼行为和法律行为具有同等效力，其法律后果由被代理人承担。

根据刑事诉讼法第 47 条规定，下列人员可以被委托为诉讼代理人：（1）律师；（2）人民团体或者被害人、自诉人、附带民事诉讼当事人所在单位推荐的人；（3）被害人、自诉人、附带民事诉讼当事人的监护人、亲友。此外，违法所得没收程序中的犯罪嫌疑人、被告人和其他利害关系人，强制医疗程序中的被申请人或者被告人所在单位推荐的人或其监护人、亲友也可以被委托为诉讼代理人。

代理人必须在法律允许的权限范围内进行代理活动，法定代理权限往往就是被代理人作为诉讼当事人的诉讼权限，因此本节主要讨论委托代理。委托代理的特点是，代理权是基于委托人委托的意思表示而产生；代理的权限范围由委托人决定。律师作为代理人参加诉讼时，除提交授权委托书外，还应当向人民法院提交律师执业证和律师事务所证明材料。委托代理，既可以委托律师代理，也可以委托其他公民代理，本节重点阐述律师代理。所谓律师代理，是指律师在刑事诉讼中，接受被代理人的委托，以被代理人的名义在代理权限内实施代理行为的诉讼制度，包括自诉案件中的代理、公诉案件中的代理、附带民事诉讼中的代理和特别程序中的代理。

委托律师代理的权限范围分为一般委托代理和特别授权代理。前者，代理人只能代理被代理人进行诉讼行为，无权处分其实体权利；后者，代理人除代理被代理人进行诉讼外，可以根据被代理人的特别授权的内容，代为处分其相关的实体权利。

委托人有权改变授权内容或者解除代理权，代理人也可依法辞去代理，从而导致代理权的变更或解除。根据律师法第 32 条的规定，委托人可以拒绝律师为其继续代理，也可以另行委托律师担任代理人。律师接受委托后，无正当理由的不得拒绝代理，但委托事项违法，委托人利用律师提供的服务从事违法活动或者委托人故意隐瞒与案件有关的重要事实的，律师有权拒绝代理。但是，代理的变更或解除，应当及时用书面形式通知办案机关。诉讼期间，委托人要求解除代理后另行委托的，应当允许；但案件经过合议，已经作出处理决定的，一般不宜再变更委托。案件终止或者被委托人丧失诉讼行为能力或者死亡的，代理人自行丧失代理权。

律师代理制度有利于维护自诉人、公诉案件被害人、附带民事诉讼当事人以及特别程序中利害关系人的诉讼权利；有利于司法机关严格诉讼程序，及时查明事实、分清是非，正确适用法律，公正处理案件，进而也有利于宣传社会主义法制，提高公民的社会主义法律意识。

二、自诉案件中的代理

自诉案件中的代理，是指诉讼代理人接受自诉人及其法定代理人的委托参加诉讼，以维护自诉人的合法权益。根据刑事诉讼法第 46 条的规定，自诉案件的自诉人及其法定代理人有权随时委托诉讼代理人。人民法院自受理自诉案件之日起 3 日以内，应当告知自诉人及其法定代理人有权委托诉讼代理人。这里，法定代理人委托诉讼代理人，是指法定代理人为自诉人委托诉讼代理人，而不是为其本人委托诉讼代理人。

自诉人及其法定代理人在法院立案前就可委托律师作诉讼代理人，由其向法院呈递列明代理人姓名的刑事自诉状。被告人在接到刑事自诉状后委托辩护律师的过程中，如果提起反诉，可以同时委托该辩护律师兼作诉讼代理人并办理代理委托手续，辩护和代理委托书均应递交人民法院。被告人在法庭审理中提起反诉并要求其辩护律师兼作诉讼代理人的，反诉是否成立要待人民法院审查决定，辩护律师是否接受委托及接受委托的法律手续、代理的准备工作等都需要时间准备，因此出现这种情况时法庭一般应宣布延期审理。同理，自诉人如果被提起反诉，也可以委托代理律师兼作辩护人，但反诉是否成立，需要由人民法院审查决定，代理律师是否接受委托兼作辩护人，由受委托律师决定，如果接受委托则需要办理相应的法律手续，做好辩护的准备工作。因此，也宜申请法庭延期审理。此外，人民法院审理自诉案件，可以进行调解。自诉人在宣告判决前，可以同被告人自行和解或者撤回起诉。这些都涉及处分自诉人的实体权利问题，代理律师未经委托人特别授权无权代理。因此，代理人要经被代理人特别授权，才能代为承认、放弃、变更诉讼请求，进行和解，提起反诉或者上诉等。

三、公诉案件中的代理

公诉案件中的代理，是指诉讼代理人接受公诉案件的被害人及其法定代理人或者近亲属的委托参加诉讼，以维护被害人的合法权益。这里的诉讼，既包括人民检察院提起公诉阶段的活动，也包括人民法院的审判活动。

根据刑事诉讼法第 46 条的规定，公诉案件的被害人及其法定代理人或者近亲属，自案件移送审查起诉之日起，有权委托诉讼代理人。人民检察院自收到移送审查起诉的案件材料之日起 3 日以内，应当告知被害人及其法定代理人或者其近亲属有权委托诉讼代理人。第 47 条规定，委托诉讼代理人，参照刑事诉讼法第 33 条的规定执行。上述法律规定表明：

1. 公诉案件的被害人及其法定代理人或者近亲属，在该案发生后即可向负责该案侦查的机关控告举报犯罪，协助公安司法机关揭露证实犯罪。作为该案的被害人及其法定代理人或者近亲属还可以提出附带民事诉讼，以全面维护被害人的合法权益。但是，他们若委托诉讼代理人从事上述诉讼行为，则只能在案件侦查终结并移送到人民检察院审查起诉之日起进行。如此限制，是为了便于侦查机关能客观及时地侦查处置案件，防止不必要的干扰或影响。

2. 法律只规定了委托诉讼代理人的起始时限，并未规定终止时限。这是因为审查起诉阶段未委托代理人的，在同一案件的一审或二审程序中，依然可以委托诉讼代理人参加诉讼。案件一经审结，代理人的代理权即告终结。但是，被害人及其法定代理人、近亲属对生效裁判不服的，仍然有权委托律师代理申诉。

3. 人民检察院有告知被害人及其法定代理人或者近亲属委托诉讼代理人的义务，其告知的最长时限是自收到移送审查起诉的案件材料后的 3 日以内，超过这一期限未予告知的，构成程序违法。

4. 代理人的范围同辩护人的范围，主要是律师。

5. 公诉案件中的被害人及其法定代理人或者近亲属所委托的诉讼代理人，是被害人的代理人而不是被害人的法定代理人或近亲属的代理人，不得行使法定代理人的职权。

6. 公诉案件中被害人的诉讼代理人与自诉案件中自诉人的诉讼代理人不同，只能行使控诉职能，不能兼作辩护人行使辩护职能。

公诉案件被害人的代理人，根据委托人的一般授权，行使诉讼中的权利并履行相应的义务。代理人的权利主要是：有权代理委托人向公安司法机关控告犯罪；可以收集、查阅与本案有关的材料；人民检察院决定不起诉的案件，被害人如果不服，代理律师有权在被害人收到不起诉决定书后的 7 日以内，代其向人民检察院提出申诉，也可经被害人授权代被害人向人民法院提起自诉；在法庭审理阶段，经审判长的同意，可以向被告人、证人发问，可以参加法庭辩论等。

四、附带民事诉讼中的代理

附带民事诉讼中的代理，是诉讼代理人接受自诉案件或者公诉案件中附带民事诉讼当事人及其法定代理人的委托参加诉讼活动，以维护当事人的合法权益。

根据刑事诉讼法第 46 条的规定，公诉案件附带民事诉讼的当事人及其法定代理人，自案件移送审查起诉之日起，有权委托诉讼代理人。自诉案件附带民事诉讼的当事人及其法定代理人，有权随时委托诉讼代理人。人民检察院自收到移送审查起诉的案件材料之日起 3 日以内，应当告知附带民事诉讼当事人及其法定代理人有权委托诉讼代理人。人民法院自受理自诉案件之日起 3 日以内，应当告知附带民事诉讼的当事人及其法定代理人有权委托诉讼代理人。刑事诉讼法第 47 条规定，委托诉讼代理人，参照本法第 33 条的规定执行。以上规定表明：

1. 无论是公诉案件还是自诉案件，附带民事诉讼的当事人及其法定代理人都有权依法委托诉讼代理人，以维护当事人的合法权益。附带民事诉讼的当事人是指附带民事诉讼原告人、被告人。附带民事诉讼的原告人是指在刑事诉讼中因被告人的犯罪行为而遭受物质损失并在刑事诉讼过程中提起附带民事诉讼的人，其既可以是被害人（包括被害法人），也可以是死亡被害人的近亲属或者因治疗、安葬被害人而受到物质损失的单位、个人。人民检察院在提起公诉的同时有权提起附带民事诉讼。附带民事诉讼的被告人，是指在刑事诉讼中受到附带民事诉讼的原告人或人民检察院的控告，应对犯罪行为遭受的物质损失负赔偿责任的人，通常是同一案件的刑事被告人，在特殊情况下，也可以是对刑事被告人的行为负赔偿责任的机关、团体的代表。

2. 刑事案件一经发生，该案的被害人及其法定代理人即可以附带民事诉讼原告人或其法定代理人的身份向负责侦查的机关提起附带民事诉讼，但是，他们若以附带民事诉讼当事人或其法定代理人的身份委托诉讼代理人，则只能在案件侦查终结并移送到人民检察院审查起诉之日起进行。自诉案件由于不涉及侦查程序，附带民事诉讼当事人及其法定代理人可以随时委托诉讼代理人。

3. 人民检察院、人民法院有告知附带民事诉讼当事人及其法定代理人委托诉讼代理人的义务。告知的最长期限分别是收到移送审查起诉的案件材料之日起 3 日以内或者受理自诉案件之日起 3 日以内。

4. 可以接受委托作附带民事诉讼的诉讼代理人的，可以是当事人的监护人、亲友或者所在单位推荐的人，主要的还是执业律师。

自诉人、被害人及其法定代理人委托的诉讼代理人，特别是代理律师，在提起附带民事诉讼时，可以兼作附带民事诉讼原告人的代理律师。而刑事被告人或对刑事被告人的行为负有赔偿责任的机关、团体，或者法定代理人作为附带民事诉讼被告人的，可以委托刑事被告人的辩护律师作诉讼代理人，但应征得该律师的同意，并另行办理有关法律手续。

附带民事诉讼当事人的诉讼代理，分一般代理和特别授权代理。特别授权代理，要在授权委托书中注明授权内容，如授权代理律师代为承认、放弃，或者变更诉讼请求，进行和解、调解等。委托书、特别授权委托书应由委托人签字后送交受案的人民法院。代理律师应在授权范围内进行活动，超越代理权限的行为无效。附带民事诉讼的代理律师有权参与刑事案件的审理，以便确认附带民事诉讼的主张是否成立和民事赔偿的合理金额等。司法实践中，有的法院不允许附带民事诉讼的代理律师参与该案刑事部分的审理，尤其在刑事部分审理前就要求代理律师动员被告人与附带民事诉讼原告人解决民事赔偿的做法，是违反刑事附带民事诉讼案件审理的基本原则的。附带民事诉讼当事人的诉讼代理，实质是民事诉讼代理制度的移植，代理律师享有民事诉讼法赋予代理律师的权利，也履行相应的义务。附带民事诉讼当事人的代理律师，应该在授权范围内维护委托方当事人的合法权益。

五、特别程序中的代理

刑事诉讼法设置的特别程序中也存在着委托代理问题。根据刑事诉讼法第299条第2款的规定，犯罪嫌疑人、被告人的近亲属和其他利害关系人有权申请参加人民法院对人民检察院提出的没收违法所得申请的审理程序，也可以委托诉讼代理人参加诉讼。这种特殊程序解决的主要是财产权归属问题，其代理相当于民事诉讼中的代理。此外，根据刑事诉讼法第304条第2款的规定，人民法院审理强制医疗案件，应当通知被申请人或者被告人的法定代理人到场，被申请人或者被告人没有委托诉讼代理人的，人民法院应当通知法律援助机构指派律师为其提供法律帮助。这种特别程序要解决的是被申请人或被告人应否被决定强制医疗，其审理或决定程序与公诉案件的审判程序相似，其代理可参照公诉案件中的代理来进行。

第四节　值班律师制度

一、值班律师制度概述

值班律师制度是伴随着2014年启动的刑事案件速裁程序试点工作应运而生的。2016年11月，最高人民法院、最高人民检察院、公安部、国家安全部、司法部联合出台了《关于在部分地区开展刑事案件认罪认罚从宽制度试点工作的办法》，进一步细化了值班律师的有关职责。2017年8月，最高人民法院、最高人民检察院、公安部、国家安全部、司法部联合发布了《关于开展法律援助值班律师工作的意见》，规定值班律师并不局限于刑事速裁案件与认罪认罚从宽案件。2018年10月修改的刑事诉讼法正式在法律层面上确立了值班律师制度，规定了值班律师提供法律帮助的条件和方式。2019年10月，最高人民法院、最高人民检察院、公安部、国家安全部、司法部联合出台了《关于适用认罪认罚从宽制度的指导意见》，规范了犯罪嫌疑人、被告人获得值班律师法律帮助的条件、程序，保障了值班律师的会见权、阅卷权等核心权利。2020年8月，最高人民法院、最高人民检察院、公安部、国家安全部、司法部联合发布了《法律援助值班律师工作办法》，详细规定了值班律师的工作职责、工作程序和工作保障，初步完成了值班律师制度的体系化构建。2021年8月出台的法律援助法进一步明确了值班律师制度的总体定位，将其明确为我国刑事法律援助体系的一部分。

值班律师，是指由国家财政出资保障，由法律援助机构作为委派主体，在人民法院、人民检察院、看守所等场所设立法律援助工作站或值班点，不以申请人的财产状况和案件类型为选择标准，为申请人提供免费法律服务的律师。值班律师制度，是指由值班律师作为制度运行的主体，为需要法律帮助的人免费且无任何附加条件地提供法律服务的一项法律保障救济制度。值班律师制度的建立，是在新一轮司法改革中伴随着刑事速裁程序、认罪认罚从宽制度应运而生的一项新举措。根据刑事诉讼法第36条的规定，犯罪嫌疑人、被告人没有委托辩护人，法律援助机构没有指派律师为其提供辩护的，由值班律师为犯罪嫌疑人、被告人提供法律咨询、程序选择建议、申请变更强制措施、对案件处理提出意见等法律帮助。人民法院、人民检察院、看守所应当告知犯罪嫌疑人、被告人有权约见值班律师，并为犯罪嫌疑人、被告人约见值班律师提供便利。

二、值班律师的诉讼地位

根据《法律援助值班律师工作办法》第2条的规定，值班律师是指法律援助机构在看守所、人民检察院、人民法院等场所设立法律援助工作站，通过派驻或安排的方式，为没有辩护人的犯罪嫌疑人、被告人提供法律帮助的律师。关于值班律师的诉讼地位，理论界主要有三种观点：法律帮助者、准辩护人和辩护人。主张值班律师是“法律帮助者”的观点认为，值班律师是由法律援助机构随机安排，不以被追诉人的委托和同意为前提，现有的规范性文件，如《法律援助值班律师工作办法》将值班律师定位为“法律帮助者”。值班律师不享有出庭辩护权，如果将其提供的法律帮助看作辩护行为，则会降低辩护的标准，显然不符合刑事辩护的基本要求。因此，不能将值班律师提供的帮助界定为“辩护”行为，而应回归为“法律帮助”的表述。① 主张赋予值班律师以“准辩护人”的诉讼地位的观点认为，因为值班律师并不是由被追诉人委托的，因此将值班律师定位为辩护律师存在一定难度，但是可以赋予其“准辩护人”的诉讼地位，按照诉讼阶段分别赋予值班律师不同的诉讼地位。在侦查阶段，值班律师作为“法律帮助者”，他的作用集中体现为提供法律咨询等；在审查起诉和审判阶段，可以赋予值班律师“准辩护人”的诉讼地位，允许其调查取证和查阅卷宗。② 主张赋予值班律师以“辩护人”的诉讼地位的观点认为，第一，从联合国公约来看，值班律师提供的“法律帮助”是辩护的应有之义。第二，“法律帮助”为现代法治意义上的“辩护”概念所涵摄。辩护活动包含法律咨询、实体辩护和程序辩护三个部分，因此值班律师提供的“法律帮助”也具有“辩护”的性质。第三，根据相关法律规定，值班律师享有提出意见权、会见权和阅卷权，这表明其不仅仅为被追诉人

① 陈光中、肖沛权：《刑事诉讼法修正草案：完善刑事诉讼制度的新成就和新期待》，载《中国刑事法杂志》2018年第3期。

② 姚莉：《认罪认罚程序中值班律师的角色与功能》，载《法商研究》2017年第6期。

提供法律帮助，还与办案机关建立了实质性的诉讼权利义务关系。现行规范性文件对值班律师的规定，不论是抽象地“提供法律帮助”，还是具体的五项职责，都与辩护人履行的辩护职责并无本质区别，因此值班律师应具有“辩护人”的诉讼地位。[①]

法律援助法强调了值班律师的法律帮助角色，并在第22条明确将值班律师的法律帮助与刑事辩护、代理并列地规定为法律援助服务的一种形式。

三、值班律师的职责

值班律师的法律职责是为被追诉者提供有效的法律帮助。法律援助法第30条规定，值班律师应当依法为没有辩护人的犯罪嫌疑人、被告人提供法律咨询、程序选择建议、申请变更强制措施、对案件处理提出意见等法律帮助。

根据《法律援助值班律师工作办法》第6条的规定，值班律师依法提供以下法律帮助：（1）提供法律咨询；（2）提供程序选择建议；（3）帮助犯罪嫌疑人、被告人申请变更强制措施；（4）对案件处理提出意见；（5）帮助犯罪嫌疑人、被告人及其近亲属申请法律援助；（6）法律法规规定的其他事项。值班律师在认罪认罚案件中，还应当提供以下法律帮助：（1）向犯罪嫌疑人、被告人释明认罪认罚的性质和法律规定；（2）对人民检察院指控罪名、量刑建议、诉讼程序适用等事项提出意见；（3）犯罪嫌疑人签署认罪认罚具结书时在场。值班律师在办理案件时，可以应犯罪嫌疑人、被告人的约见进行会见，也可以经办案机关允许主动会见；自人民检察院对案件审查起诉之日起可以查阅案卷材料、了解案情。

四、值班律师的诉讼权利和诉讼义务

根据刑事诉讼法和上述有关规范性文件的规定，值班律师享有提出意见权、会见权和阅卷权。刑事诉讼法第173条规定，人民检察院审查案件，应当听取值班律师的意见，并提前为值班律师了解案件有关情况提供必要的便利。这表明值班律师享有提出意见权。《关于适用认罪认罚从宽制度的指导意见》第12条规定，值班律师可以会见犯罪嫌疑人、被告人，看守所应当为值班律师会见提供便利。自人民检察院对案件审查起诉之日起，值班律师可以查阅案卷材料、了解案情。人民法院、人民检察院应当为值班律师查阅案卷材料提供便利。值班律师提供法律咨询、查阅案卷材料、会见犯罪嫌疑人或者被告人、提出书面意见等法律帮助活动的相关情况应当记录在案，并随案移送。这表明值班律师享有会见权和阅卷权。《法律援助法》第37条规定，人民法院、人民检察院、公安机关应当保障值班律师依法提供法律帮助，告知没有辩护人的犯罪嫌疑人、被告人有权约见

---

① 顾永忠：《追根溯源：再论值班律师的应然定位》，载《法学杂志》2018年第9期。

值班律师，并依法为值班律师了解案件有关情况、阅卷、会见等提供便利。赋予值班律师提出意见权、会见权和阅卷权，可以说是我国刑事诉讼制度在保障犯罪嫌疑人、被告人的辩护权方面又前进了一大步，也使得值班律师的职责权限更加接近辩护律师。但是值班律师的阅卷权是有限制的，即值班律师只能“查阅”，而不能“摘抄、复制”案卷材料。至于值班律师是否享有调查取证权，相关法律和有关规范性文件并未作出明确规定。

《法律援助值班律师工作办法》第 29 条规定了值班律师的义务，即值班律师提供法律帮助时，应当遵守相关法律法规、执业纪律和职业道德，依法保守国家秘密、商业秘密和个人隐私，不得向他人泄露工作中掌握的案件情况，不得向受援人收取财物或者谋取不正当利益。

五、值班律师的工作程序

法律援助法和《法律援助值班律师工作办法》对值班律师的工作程序进行了明确规定。具体的要求主要有：

公安机关、人民检察院、人民法院应当在侦查、审查起诉和审判各阶段分别告知没有辩护人的犯罪嫌疑人、被告人有权约见值班律师获得法律帮助。看守所应当告知犯罪嫌疑人、被告人有权约见值班律师，上述机关应当为约见值班律师提供便利。值班方式可以采用现场值班、电话值班、网络值班相结合的方式。现场值班的，可以采取固定专人或轮流值班，也可以采取预约值班。公安机关、人民检察院、人民法院应当在确定的法律帮助日期前 3 个工作日内，将法律帮助通知书送达法律援助机构，或者直接送达现场值班律师。值班律师在人民检察院、人民法院现场值班的，应当按照法律援助机构的安排，或者人民检察院、人民法院送达的通知，及时为犯罪嫌疑人、被告人提供法律帮助。犯罪嫌疑人、被告人提出法律帮助申请，看守所转交给现场值班律师的，值班律师应当根据看守所的安排及时提供法律帮助。值班律师通过电话、网络值班的，应当及时提供法律帮助，疑难案件可以另行预约咨询时间。

侦查阶段，值班律师可以向侦查机关了解犯罪嫌疑人涉嫌的罪名及案件有关情况。案件进入审查起诉阶段后，值班律师可以查阅案卷材料，了解案情，人民检察院、人民法院应当及时安排，并提供便利。已经实现卷宗电子化的地方，人民检察院、人民法院可以安排在线阅卷。值班律师持律师执业证或者律师工作证、法律帮助申请表或者法律帮助通知书到看守所办理法律帮助会见手续，看守所应当及时安排会见。危害国家安全犯罪、恐怖活动犯罪案件，侦查期间值班律师会见在押犯罪嫌疑人的，应当经侦查机关许可。值班律师会见犯罪嫌疑人、被告人时不被监听。犯罪嫌疑人、被告人通过值班律师提出代理、刑事辩护等法律援助申请的，值班律师应当在 24 小时内将申请转交法律援助机构。

第八章　强制措施

第一节　强制措施概述

一、强制措施的概念和特征

刑事诉讼中的强制措施是指公安机关、人民检察院和人民法院在刑事诉讼过程中，为了保证侦查、起诉和审判工作的顺利进行，防止犯罪嫌疑人、被告人、现行犯或重大嫌疑分子逃跑、自杀、隐匿罪证、继续犯罪或进行其他破坏活动，依法采取的暂时限制其人身自由的强制方法。

各国刑事诉讼法中都有强制措施的规定，只不过种类各不相同而已。根据我国刑事诉讼法的规定，刑事诉讼中的强制措施包括拘传、取保候审、监视居住、拘留和逮捕五种。我国刑事诉讼中的强制措施具有以下主要特征。

1. 适用强制措施主体的特定性。实施强制措施的主体只能是公安机关、人民检察院和人民法院，这是国家法律赋予公、检、法三机关的一项特有职权，其他任何机关、团体和个人都无权采用。

2. 强制措施适用对象的特定性。强制措施的适用对象，只能是犯罪嫌疑人、被告人、现行犯或重大嫌疑分子，对其他公民则不能适用，否则就是侵犯公民的人身权利和民主权利，就要承担相应的法律责任。

3. 强制措施性质和目的的特定性。强制措施的性质，只是暂时限制某些犯罪嫌疑人、被告人等的人身自由，它不是刑罚方法，本身不带有惩罚性，因此不能把它当作惩罚手段来采用。并且，实施强制措施的目的，也是保证侦查、起诉和审判活动的顺利进行，防止人犯自杀、逃跑、毁灭罪证或违法犯罪，因而并非对所有的犯罪嫌疑人、被告人都要采取强制措施，对于采取较轻的强制措施就能达到目的的，就不需要采取较重的强制措施。

4. 实施强制措施程序的法定性。实施强制措施，必须严格依照法律规定。刑事诉讼法对每种强制措施的适用，都规定了严格的条件和程序，采用时必须严格依照法律规定进行，不得自行其是，滥用权力。

二、强制措施与刑罚、行政处罚、公民扭送的区别

强制措施按其法律性质来说，是属于刑事诉讼中的强制方法，由刑事诉讼法

所规定，是刑事诉讼法律规范的重要组成部分，在刑事诉讼活动中适用，受刑事诉讼法调整。我国刑事诉讼法对强制措施的种类、适用条件和程序都作了比较具体的规定，并且由国家强制力保证实施。公安司法机关适用强制措施，正是利用了强制措施这一法律性质。强制措施一经采用，就会使犯罪嫌疑人、被告人的人身权利和活动范围受到一定的拘束和限制，从而达到保证侦查、起诉和审判工作顺利进行的目的。

（一）强制措施与刑罚的区别

强制措施是刑事诉讼中的强制方法而不是处分，它与管制、拘役、徒刑等刑罚方法，虽然都是国家的强制方法，都是同犯罪作斗争的有力武器，都是对适用对象的人身自由的限制或剥夺，但两者之间有原则性的区别，主要表现在以下几方面。

1. 法律性质不同。强制措施是刑事诉讼中暂时限制犯罪嫌疑人、被告人人身自由，以保证侦查、审判工作顺利进行而采取的强制方法，属于诉讼程序上的强制方法；而刑罚则是人民法院在对案件进行审理的基础上，依法对犯罪分子实施的刑事处罚，属于实体上的强制方法。

2. 法律依据不同。采用强制措施的法律依据是刑事诉讼法；而采用刑罚的法律依据是刑法。

3. 适用的机关不完全相同。在刑事诉讼活动中，公安机关、人民检察院和人民法院三机关都有权采取强制措施；而刑罚只能由人民法院依法判处。

4. 适用的对象不同。强制措施的适用对象比较广泛，公、检、法三机关在侦查、起诉和审判过程中，对有逃跑、自杀、行凶、毁灭罪证或有继续犯罪等可能的犯罪嫌疑人、被告人、现行犯或重大嫌疑分子，根据刑事诉讼法的规定都可以采用；而刑罚则只能适用于经过人民法院审判确定为有罪的犯罪人。

5. 稳定性不同。采取强制措施的目的，是防止犯罪嫌疑人、被告人、现行犯或重大嫌疑分子继续作案，危害社会，保证诉讼活动的顺利进行，因而具有临时性，即只要排除了妨害刑事诉讼活动的行为，强制措施就应当变更、解除或者撤销；而实施刑罚的目的在于惩罚、教育、改造犯罪分子，其相对稳定，即一经作出，非经法定程序不得随意变更、撤销。

（二）强制措施与行政处罚的区别

此外，强制措施也不同于行政处罚。行政处罚是国家行政管理机关对违反行政法规的公民、法人或其他组织依法所采取的一种行政性制裁。它在法律性质、适用的法律依据、适用的对象、适用的机关等方面与刑事强制措施都有不同之处，两者不能混淆或者相互替代。

1. 法律性质不同。强制措施是刑事诉讼过程中的保证性措施，体现的是诉讼活动保障的程序功能；而行政处罚是行政制裁，是一种实体性结论。

2. 适用的法律依据不同。强制措施依据的是刑事诉讼法；而行政处罚的依据是行政处罚法及有关行政法规。

3. 适用的对象不同。强制措施适用于被追诉的犯罪嫌疑人、被告人；而行政处罚适用于违反行政法律的公民、法人和其他组织。

4. 适用的机关不同。强制措施由公安机关、人民检察院和人民法院适用；而行政处罚由国家行政机关适用。

（三）强制措施与公民扭送的区别

扭送是指公民将具有法定情形的人强行送交公安司法机关处理的行为。根据我国刑事诉讼法第84条的规定，对于具有下列情形的人，任何公民都可以立即扭送公安机关、人民检察院或者人民法院处理：（1）正在实行犯罪或者在犯罪后即时被发觉的；（2）通缉在案的；（3）越狱逃跑的；（4）正在被追捕的。

扭送是法律赋予公民在紧急情况下协助公、检、法三机关同犯罪作斗争的一种手段，也是每一个公民应尽的义务，但不是刑事诉讼中的强制措施，不发生诉讼上的必然结果。对于被扭送到公安司法机关的人，是否采取刑事诉讼中的强制措施，采取何种强制措施，应由公安司法机关根据案件的具体情况作出决定。法律赋予公民扭送现行犯和在逃犯的权利，有利于调动广大人民群众同犯罪作斗争的积极性，揭露犯罪和证实犯罪。因此，公、检、法三机关对于公民扭送的犯罪嫌疑人或者犯罪人，应当予以接受，并且根据具体情况决定是否采取相应的紧急措施。对于需要拘留、逮捕的，移送有管辖权的机关分别办理拘留、逮捕手续。对于不需要采取强制措施的，应立即释放，同时要做好被扭送人和其他有关人员的思想工作，防止因扭送而发生报复、伤害等意外事件。不属于自己管辖的，应当移送主管机关处理。公民扭送与刑事诉讼中的强制措施，就其性质而言，是两种根本不同的行为，不能将两者混为一谈。两者的区别具体表现为：

1. 目的不同。强制措施是立法赋予公安司法机关根据需要和依一定条件限制或剥夺被适用对象人身自由的一种权力，目的在于保障刑事诉讼活动的顺利进行；而扭送是立法赋予公民面对犯罪时的一种权利和应尽的义务，目的在于调动公民同犯罪作斗争的积极性。

2. 性质不同。对犯罪嫌疑人、被告人适用强制措施，是公安司法机关的诉讼行为；但公民扭送不具有诉讼性质，而是立法赋予公民在紧急情况下同犯罪作斗争的一种权利和义务，本质上是一种私力救济。

3. 行为主体不同。强制措施只能由法定的公安司法机关适用，除此之外，其他任何机关、团体和个人都无权适用强制措施；而扭送行为，任何公民都可以实施，在行为主体上没有任何限制。

三、强制措施的意义

公安司法机关在刑事诉讼中依法采用强制措施具有以下重要意义。

1. 可以防止犯罪嫌疑人、被告人逃避侦查、起诉和审判。一般情况下，为了免受法律制裁，犯罪分子在作案后往往会想方设法逃避侦查、起诉和审判。为了保证公安司法机关能够及时、顺利地收集案件的证据材料，并保证将来的判决能够得以执行，公安司法机关认为犯罪嫌疑人、被告人有逃避侦查、起诉和审判的可能性时，就应当采取相应的强制措施，对其人身自由进行必要的限制，以保证刑事诉讼活动的顺利进行。

2. 可以防止犯罪嫌疑人、被告人销赃灭迹、串供、毁灭罪证。犯罪分子在实施犯罪行为以后，为了掩盖自己的罪行，就有可能毁灭罪证，消灭罪迹，转移赃物或互相串供等，这样就会妨碍迅速查明案情，给公安司法机关的工作增加困难。在必要时对犯罪嫌疑人、被告人的人身自由加以某种程度的限制，将其与社会隔离起来，就可以避免这些情况的发生。

3. 可以防止犯罪嫌疑人、被告人继续犯罪、危害社会。有些犯罪分子，特别是惯犯、流窜犯在犯罪得逞以后，往往还要为非作歹，连续作案，或者铤而走险，再犯新罪。在这类人实施犯罪以后，依法对其采用适当的强制措施，就可以制止其继续实施违法犯罪活动，或防止其进行新的犯罪活动。

4. 可以防止犯罪嫌疑人、被告人自杀或发生其他意外事件。有的犯罪分子在实施犯罪行为后，感到法网难逃，或基于其他目的，便采取自杀的手段，或发生其他意外事件，阻碍和破坏侦查、起诉和审判活动。因此，准确、及时地采用适当的强制措施，就能有效地防止上述情况的发生。

5. 可以震慑和教育社会上其他的不法人员和不稳定分子。及时对刑事诉讼中的犯罪嫌疑人、被告人采取强制措施，可以使社会上其他的不法人员和不稳定分子慑于法律的威严，或迷途知返，或停止犯罪，从而有利于预防、减少犯罪，有利于促使社会秩序的稳定。

第二节　拘传、取保候审、监视居住

刑事诉讼法第 66 条规定：“人民法院、人民检察院和公安机关根据案件情况，对犯罪嫌疑人、被告人可以拘传、取保候审或者监视居住。”

一、拘传

（一）拘传的概念

拘传是指人民法院、人民检察院和公安机关对于未被羁押的犯罪嫌疑人、被告人经合法传唤无正当理由而拒不到案的，强制其到案接受讯问的一种强制方法。拘传是强制措施中最轻的一种，公、检、法三机关都有权适用。

拘传的目的主要是强制犯罪嫌疑人、被告人到案接受讯问，以便迅速及时地查明案情。拘传的对象主要是未被逮捕、拘留，经公、检、法三机关合法传唤，无正当理由而拒不到案的或是根据案件情况应当拘传的犯罪嫌疑人、被告人。但是，在必要时，不经传唤也可以直接拘传。

传唤和拘传都是要求犯罪嫌疑人、被告人到案接受讯问的方法。但传唤是犯罪嫌疑人、被告人接到传票以后，自动到案接受讯问，公安司法机关不能使用戒具，它不是一种强制措施。而拘传则具有强制性，强制犯罪嫌疑人、被告人到案接受讯问，如果犯罪嫌疑人、被告人抗拒拘传，公安司法机关可以使用戒具。

（二）拘传的程序

在适用拘传这一强制措施时，公安机关、人民检察院和人民法院必须填写拘传票。执行时要向被拘传人出示拘传票。犯罪嫌疑人、被告人经拘传到案接受讯问后，根据案件情况，需要采取其他强制措施的，应依照法定程序采取其他强制措施，否则讯问完毕后即应放回。刑事诉讼法第119条第2款、第3款规定：“传唤、拘传持续的时间不得超过十二小时；案情特别重大、复杂，需要采取拘留、逮捕措施的，传唤、拘传持续的时间不得超过二十四小时。不得以连续传唤、拘传的形式变相拘禁犯罪嫌疑人。传唤、拘传犯罪嫌疑人，应当保证犯罪嫌疑人的饮食和必要的休息时间。”这是关于拘传的限制性规定，目的是保护犯罪嫌疑人、被告人的合法权利，公安司法机关必须遵照执行。

二、取保候审

（一）取保候审的概念

取保候审，是指公安机关、人民检察院和人民法院责令犯罪嫌疑人、被告人提供保证人或交纳保证金，由保证人担保其不逃避或不妨碍侦查、起诉和审判，并随传随到的一种强制方法。

根据刑事诉讼法第66条的规定，对犯罪嫌疑人、被告人是否采取取保候审这一强制措施，由人民法院、人民检察院和公安机关根据案件情况决定。采取取保候审主要是利用保证人和犯罪嫌疑人、被告人之间的某种亲属关系或友好关系，或者利用经济制约的方式来保证犯罪嫌疑人、被告人不逃避、不妨碍侦查、起诉和审判工作的顺利进行。

（二）取保候审的条件

取保候审主要是对罪行较轻，不需要拘留、逮捕，但对其行动自由又必须作一定限制的犯罪嫌疑人、被告人采用。根据刑事诉讼法第67条的规定，对于符合下列条件之一的犯罪嫌疑人、被告人，人民法院、人民检察院和公安机关根据案件情况，可以决定是否采取取保候审这一强制措施：（1）可能判处管制、拘役或者独立适用附加刑的；（2）可能判处有期徒刑以上刑罚，采取取保候审不致发生社会危险性的；（3）患有严重疾病、生活不能自理，怀孕或者哺乳自己婴儿的妇女，采取取保候审不致发生社会危险性的；（4）羁押期限届满，案件尚未办结，需要采取取保候审的。

应当明确，遇有以上四种情况，公、检、法三机关可以对犯罪嫌疑人、被告人采取取保候审的办法，而不是必须采取取保候审。根据刑事诉讼法第38条、第97条的规定，被羁押的犯罪嫌疑人、被告人及其法定代理人、近亲属或者辩护人有权申请取保候审。对此申请，有权决定的机关应当在3日内作出决定；不同意取保候审的，应当告知申请人，并说明不同意的理由。

（三）取保候审的方式及程序

刑事诉讼法第68条规定："人民法院、人民检察院和公安机关决定对犯罪嫌疑人、被告人取保候审，应当责令犯罪嫌疑人、被告人提出保证人或者交纳保证金。"可见，取保候审的担保方式有两种：保证人保证（人保）和保证金保证（财产保）。对于同一犯罪嫌疑人、被告人决定取保候审时，保证人保证和保证金保证这两种方式只能择一而用，不得同时使用。取保候审由公安机关执行。

保证人保证是指公安机关、人民检察院和人民法院责令犯罪嫌疑人、被告人提出保证人并出具保证书，保证被保证人在取保候审期间不逃避或者妨碍侦查、起诉和审判，并随传随到的一种保证方式。根据《高检规则》第89条和《高法解释》第151条的规定，对于下列三种情形之一的犯罪嫌疑人、被告人，可以责令其提供1名至2名保证人：（1）无力交纳保证金的；（2）未成年或者已年满75周岁的；（3）其他不宜收取保证金的。

根据刑事诉讼法第69条的规定，担任取保候审保证人的，必须符合以下条件：（1）与本案无牵连；（2）有能力履行保证义务；（3）享有政治权利，人身自由未受到限制；（4）有固定的住处和收入。

根据刑事诉讼法第70条的规定，保证人应当履行以下义务：（1）监督被保证人遵守取保候审的规定；（2）发现被保证人可能发生或者已经发生违反取保候审规定的行为的，应当及时向执行机关报告。可见，保证人应当履行的义务有监督义务和报告义务两项。被保证人违反取保候审规定，保证人未履行保证义务的，对保证人处以罚款，构成犯罪的，依法追究刑事责任。

保证金担保是指公安机关、人民检察院和人民法院责令犯罪嫌疑人、被告人交纳一定数额的保证金，以保证犯罪嫌疑人、被告人不逃避或者妨碍侦查、起诉和审判，并随传随到的一种担保方法。

根据刑事诉讼法第72条的规定，取保候审的决定机关应当综合考虑保证诉讼活动正常进行的需要，被取保候审人的社会危险性，案件的性质、情节，可能判处刑罚的轻重，被取保候审人的经济状况等情况，确定保证金的数额。根据《公安规定》第87条和《高检规则》第92条的规定，成年犯罪嫌疑人的保证金起点数额为人民币1000元，未成年犯罪嫌疑人的保证金起点数额为人民币500元。

保证金由县级以上公安机关统一收取和管理。没收保证金的决定、退还保证金的决定、对保证人的罚款决定等，应当由县级以上公安机关作出，决定没收5万元以上保证金的，应当经设区的市一级以上公安机关负责人批准。县级以上公安机关应当在其指定的银行设立取保候审保证金专户，委托银行代为收取和保管保证金。提供保证金的人应当将保证金存入公安机关指定的银行的专门账户。犯罪嫌疑人、被告人在取保候审期间未违反取保候审规定的，取保候审结束的时候，凭解除取保候审的通知或者有关法律文书到银行领取退还的保证金

对于被取保候审的犯罪嫌疑人、被告人，在取保候审期间必须履行的法律义务，以及不履行此义务所应当承担的法律责任，刑事诉讼法也作出了明确的规定。根据刑事诉讼法第71条第1款的规定，被取保候审的犯罪嫌疑人、被告人应当遵守以下规定：（1）未经执行机关批准不得离开所居住的市、县。（2）住址、工作单位和联系方式发生变动的，在24小时以内向执行机关报告。（3）在传讯的时候及时到案。（4）不得以任何形式干扰证人作证。（5）不得毁灭、伪造证据或者串供。

此外，办案机关还可以根据案件的具体情况对被取保候审人选择适用个别化的限制性措施。根据刑事诉讼法第71条第2款的规定，人民法院、人民检察院和公安机关可以根据案件情况，责令被取保候审的犯罪嫌疑人、被告人遵守以下一项或者多项规定：（1）不得进入特定的场所；（2）不得与特定的人员会见或者通信；（3）不得从事特定的活动；（4）将护照等出入境证件、驾驶证件交执行机关保存。

被取保候审的犯罪嫌疑人、被告人违反上述规定，已交纳保证金的，没收部分或者全部保证金，并且区别情形，责令犯罪嫌疑人、被告人具结悔过，重新交纳保证金、提出保证人，或者监视居住、予以逮捕。对违反取保候审规定，需要予以逮捕的，可以对犯罪嫌疑人、被告人先行拘留。

人民法院、人民检察院和公安机关对犯罪嫌疑人、被告人取保候审最长不得超过12个月。在取保候审期间，不得中断对案件的侦查、起诉和审理。对于发现不应当追究刑事责任或者取保候审期限届满的，应当及时解除取保候审。解除取保候审，应当及时通知被取保候审人和有关单位。

三、监视居住

（一）监视居住的概念

监视居住，是指公安机关、人民检察院和人民法院对犯罪嫌疑人、被告人限定其活动区域或住所，并对其行动自由进行监视和控制的一种强制方法。

采取监视居住这一强制措施，既有利于对特定的犯罪嫌疑人、被告人予以一定的自由限制，以便于收集各种揭露犯罪、证实犯罪的证据材料，又可以防止错拘错捕，给侦查、起诉和审判工作带来被动。

（二）监视居住的适用对象

根据刑事诉讼法第 74 条第 1 款的规定，人民法院、人民检察院和公安机关对符合逮捕条件，有下列情形之一的犯罪嫌疑人、被告人，可以监视居住：（1）患有严重疾病、生活不能自理的；（2）怀孕或者正在哺乳自己婴儿的妇女；（3）系生活不能自理的人的唯一扶养人；（4）因为案件的特殊情况或者办理案件的需要，采取监视居住措施更为适宜的；（5）羁押期限届满，案件尚未办结，需要采取监视居住措施的。

此外，根据刑事诉讼法第 74 条第 2 款的规定，对符合取保候审条件，但犯罪嫌疑人、被告人不能提出保证人，也不交纳保证金的，可以监视居住。

（三）监视居住的决定和执行

公安机关、人民检察院和人民法院都有权决定适用监视居住，但监视居住只能由公安机关执行。人民检察院对指定居所监视居住的决定和执行是否合法实行监督。

监视居住应当在犯罪嫌疑人、被告人的住处执行；无固定住处的，可以在指定的居所执行。对于涉嫌危害国家安全犯罪、恐怖活动犯罪在住处执行可能有碍侦查的，经上一级公安机关批准，也可以在指定的居所执行。但是，不得在羁押场所、专门的办案场所执行。所谓“固定住处”，是指被监视居住人在办案机关所在的市、县内生活的合法住处。“指定的居所”，是指公安机关根据案件情况，在办案机关所在的市、县内为被监视居住人指定的生活居所。指定的居所应当符合下列条件：（1）具备正常的生活、休息条件；（2）便于监视、管理；（3）保证安全。“有碍侦查”，一般是指具有下列情形之一：（1）可能毁灭、伪造证据，干扰证人作证或者串供的；（2）可能引起犯罪嫌疑人自残、自杀或者逃跑的；（3）可能引起同案犯逃避、妨碍侦查的；（4）犯罪嫌疑人、被告人在住处执行监视居住有人身危险的；（5）犯罪嫌疑人、被告人的家属或者所在单位人员与犯罪有牵连的。

指定居所监视居住的，除无法通知的以外，应当在执行监视居住后 24 小时以内，通知被监视居住人的家属。

指定居所监视居住的期限应当折抵刑期。被判处管制的，监视居住 1 日折抵刑期 1 日；被判处拘役、有期徒刑的，监视居住 2 日折抵刑期 1 日。

被监视居住的犯罪嫌疑人、被告人应当遵守以下规定：(1) 未经执行机关批准不得离开执行监视居住的处所。(2) 未经执行机关批准不得会见他人或者通信。(3) 在传讯的时候及时到案。(4) 不得以任何形式干扰证人作证。(5) 不得毁灭、伪造证据或者串供。(6) 将护照等出入境证件、身份证件、驾驶证件交执行机关保存。

被监视居住的犯罪嫌疑人、被告人违反上述规定，情节严重的，可以予以逮捕；需要予以逮捕的，可以对犯罪嫌疑人、被告人先行拘留。

执行机关对被监视居住人，可以采取电子监控、不定期检查等监视方法对其遵守监视居住规定的情况进行监督；在侦查期间，可以对被监视居住的犯罪嫌疑人的电话、传真、信函、邮件、网络等通信进行监控。

刑事诉讼法对监视居住的期限作了严格的限制，即监视居住最长不得超过 6 个月。在监视居住期间，不得中断对案件的侦查、起诉和审理。对于发现不应当追究刑事责任或者监视居住期限届满的，应当及时解除监视居住，并应当及时通知监视居住人和有关单位。也就是说，当对犯罪嫌疑人、被告人采取监视居住这一强制措施的条件发生变化时，公安司法机关应当及时予以变更或撤销，并及时办理有关法律手续，防止监视居住无期限延续下去，以维护法制的严肃性。

第三节　拘　　留

一、拘留的概念

刑事诉讼中的拘留，即刑事拘留，是指公安机关、人民检察院在侦查过程中，在情况紧急下，对现行犯或重大嫌疑分子依法采用的临时剥夺其人身自由的一种强制方法。

刑事拘留是国家赋予公安机关的一项职权。因为公安机关同犯罪作斗争的方式具有特殊性，常常会遇到一些紧急情况，如犯罪分子正在预备犯罪、实施犯罪、犯罪后企图逃跑、自杀、毁灭证据、伪造证据，或者某人在现场被指认犯罪，某人有作案重大嫌疑等，如果不掌握一定的紧急处置权，就可能放纵犯罪分子，给侦查工作带来困难。根据 1979 年刑事诉讼法的规定，人民法院和人民检察院在办理刑事案件过程中，需要对犯罪分子拘留的，应当请公安机关协助解决，而不能自行拘留。但是，由于客观形势的发展，刑事案件的情况发生了很大变化，人民检察院在办理直接受理侦查的案件过程中，也经常会遇到某些紧急情况，如果不及时处理，就有可能使犯罪分子逍遥法外。鉴于此，1996 年刑事诉讼法赋予人民检察院相应的决定拘留权，2012 年和 2018 年修改的刑事诉讼法保留了这一规定，以保证紧急情况下刑事诉讼活动的顺利进行。

二、刑事拘留与行政拘留、司法拘留的区别

（一）刑事拘留与行政拘留的区别

刑事拘留和《中华人民共和国治安管理处罚法》《中华人民共和国行政处罚法》中规定的拘留，即行政拘留，都具有法律的强制性，均会造成短期剥夺人身自由的法律后果，并且都由公安机关执行，但两者之间是有严格区别的。这主要表现在以下几个方面。

1. 法律性质不同。刑事拘留是依据刑事诉讼法的规定，在刑事诉讼活动中对人犯采取的一种强制措施，是暂时限制人身自由的一种方法。行政拘留则是依据行政法律法规的规定，对于违反治安管理条例的人给予的一种治安行政处罚。

2. 适用对象不同。刑事拘留是公安机关、人民检察院在紧急情况下，对现行犯或重大嫌疑分子采用的。行政拘留的对象则是扰乱社会秩序、妨害公共安全、侵犯公民人身权利等情节轻微、尚不够刑事处罚，但依法应当受到行政处罚的违法行为人。

3. 羁押期限不同。公安机关决定的刑事拘留一般案件的最长期限为 10 天，特殊情况下为 14 天，对于流窜作案、多次作案、结伙作案的重大嫌疑分子拘留的最长期限为 37 天。人民检察院决定的刑事拘留期限一般为 14 日，特殊情况下为 17 日。而行政拘留的期限一般为 1 日以上 10 日以下，加重处罚不得超过 15 日，合并执行不得超过 20 日。

4. 适用的目的和结果不同。刑事拘留的目的是更有效地同犯罪行为作斗争，以保证侦查、起诉和审判工作的顺利进行，其发展结果可能有三种不同情况，可能逮捕，也可能采取其他强制措施，还可能释放。而行政拘留的目的则是处罚和教育，期满后即应解除。

（二）刑事拘留与司法拘留的区别

司法拘留，是人民法院为了保证审判活动正常进行，对实施了严重妨害诉讼活动的人，采取短期限制其人身自由的一种强制措施。刑事拘留与司法拘留都属于诉讼中的强制措施，都具有保证诉讼得以顺利进行的作用，但两者也是有区别的。这主要表现在以下几个方面。

1. 实施的权力机关不同。刑事拘留依法由公安机关、人民检察院决定，并由公安机关执行。而司法拘留则依法由人民法院决定，由人民法院的司法警察执行。

2. 适用的对象不同。刑事拘留的对象仅限于法定紧急情况下的现行犯或重大嫌疑分子。而司法拘留则是对严重妨害了诉讼秩序的人采用的，不仅是当事人，

即使是其他诉讼参与人，甚至于案外人，只要是严重妨害了诉讼程序的正常进行，依法都可以采用。

3. 适用的条件和作用不同。刑事拘留主要是公安机关对现行犯或重大嫌疑分子在紧急情况下采用的，是为了防止他们逃避侦查、起诉和审判，起预防作用。而司法拘留则是人民法院在行为人已经实施了妨害诉讼活动的行为，并且情节特别严重时才采用的，具有司法制裁的性质和作用。

4. 羁押的期限不同。刑事拘留的期限如前所述。而司法拘留的期限则为15日以下，在拘留期间，被拘留人承认并改正错误的，人民法院可以决定提前解除拘留。

需要指出的是，根据刑事诉讼法第193条、第199条的规定，证人没有正当理由拒绝出庭或出庭后拒绝作证，情节严重的，经法院院长批准，可以处10日以下的拘留；对于违反法庭秩序的人，经法院院长批准，可以处以15日以下的拘留。这一措施，尽管是人民法院在刑事诉讼过程中使用的，但其性质属于司法拘留而非刑事拘留。

三、拘留的条件

由于拘留涉及公民的人身自由，使用拘留这一强制措施必须严肃谨慎。关于拘留的条件，刑事诉讼法有明确的规定。

根据刑事诉讼法第82条的规定，公安机关对于现行犯或者重大嫌疑分子，如果有下列情形之一的，可以先行拘留：(1) 正在预备犯罪、实行犯罪或者在犯罪后即时被发觉的；(2) 被害人或者在场亲眼看见的人指认他犯罪的；(3) 在身边或者住处发现有犯罪证据的；(4) 犯罪后企图自杀、逃跑或者在逃的；(5) 有毁灭、伪造证据或者串供可能的；(6) 不讲真实姓名、住址，身份不明的；(7) 有流窜作案、多次作案、结伙作案重大嫌疑的。所谓的“流窜作案”，是指跨市、县管辖范围连续作案，或者在居住地作案后逃跑到外市、县继续作案；“多次作案”，是指3次以上作案；“结伙作案”，是指2人以上共同作案。

在把握拘留的条件时，一定要明确，拘留必须是在紧急情况下对现行犯或重大嫌疑分子采用的，而且这种紧急情况是法律所限定的七种情况，即只有现行犯或重大嫌疑分子出现刑事诉讼法第82条规定的七种情况之一时，公安机关才能依法行使拘留权。

根据刑事诉讼法第165条的规定，人民检察院办理直接受理侦查案件的过程中，对现行犯或重大嫌疑分子行使拘留权的条件是符合刑事诉讼法第82条第4项、第5项规定的情形，即人民检察院对于具有“犯罪后企图自杀、逃跑或者在逃的”，或者“有毁灭、伪造证据或者串供可能的”犯罪嫌疑人，可以决定拘留，由公安机关执行。

四、拘留的程序和期限

有权决定拘留的机关是公安机关和人民检察院，执行拘留的机关只能是公安机关。对于人民检察院直接受理侦查的案件，人民检察院作出的拘留决定，应当送达公安机关执行，公安机关应当立即执行，人民检察院可以协助公安机关执行。

公安机关在拘留犯罪嫌疑人时，必须严格遵守刑事诉讼法的各项规定，以防止乱拘乱押、以拘代捕、以拘代罚等错误做法。

公安机关对犯罪嫌疑人决定拘留时，一般须经县或县以上公安机关负责人审查批准。拘留的对象如果是人大代表，公安机关必须立即报请该级人民代表大会或其常务委员会批准，才能实施拘留。

公安机关拘留犯罪嫌疑人，必须出示拘留证。遇有被拘留人反抗，执行拘留的人员依法可以使用适当的强制方法，必要时可以使用戒具。拘留后，应当立即将被拘留人送看守所羁押，至迟不得超过24小时。除无法通知或者涉嫌危害国家安全犯罪、恐怖活动犯罪通知可能有碍侦查的情形以外，应当在拘留后24小时以内，通知被拘留人的家属。有碍侦查的情形消失以后，应当立即通知被拘留人的家属。公安机关对被拘留的人，应当在拘留后的24小时以内进行讯问。在发现不应当拘留的时候，必须立即释放，发给释放证明。

公安机关对被拘留的人认为需要逮捕的，应当在拘留后3日以内，提请人民检察院审查批准。在特殊情况下，提请审查批准的时间可以延长1日至4日。对于流窜作案、多次作案、结伙作案的重大嫌疑分子，提请审查批准的时间可以延长至30日。人民检察院应当自接到公安机关提请批准逮捕书后的7日以内，作出批准逮捕或者不批准逮捕的决定。

人民检察院对直接受理侦查的案件中被拘留的人，认为需要逮捕的，应当在14日以内作出决定。在特殊情况下，决定逮捕的时间可以延长1日至3日。对不需要逮捕的，应当立即释放；对需要继续侦查，并且符合取保候审、监视居住条件的，依法取保候审或者监视居住。在发现不应当拘留的时候，必须立即释放，发给释放证明。

第四节　逮　　捕

一、逮捕的概念

刑事诉讼中的逮捕，是指公安机关、人民检察院和人民法院在刑事诉讼中，为了保证侦查、起诉和审判工作的顺利进行，依法将犯罪嫌疑人、被告人予以羁押，暂时剥夺其人身自由的一种强制措施。

逮捕是强制措施中最严厉的一种，运用得当，就能有效地打击和惩罚犯罪，运用不当，就会伤害无辜，放纵罪犯，所以适用时，更应当注意“严肃与谨慎相结合”的原则，严格依照法律规定的程序办事。

二、批准、决定及执行逮捕的机关

由于逮捕直接涉及公民的人身自由以及其他合法权利，所以宪法和刑事诉讼法对有权决定或者批准逮捕的机关，有权执行逮捕的机关都作了明确的规定。宪法第 37 条第 2 款规定：“任何公民，非经人民检察院批准或者决定或者人民法院决定，并由公安机关执行，不受逮捕。”刑事诉讼法第 80 条规定：“逮捕犯罪嫌疑人、被告人，必须经过人民检察院批准或者人民法院决定，由公安机关执行。”可见，在我国有权决定或批准逮捕的机关，只能是人民法院、人民检察院；有权执行逮捕的机关，只能是公安机关，除此之外，任何机关、团体、单位或者个人都无权适用逮捕。如果发现随意拘禁他人，侵犯公民人身自由，构成非法拘禁罪的，应依法追究其刑事责任。

根据刑事诉讼法第 165 条的规定，人民检察院在直接受理侦查的案件中，对于符合逮捕条件，需要逮捕犯罪嫌疑人的，由人民检察院作出决定，由公安机关执行。因此人民检察院与人民法院一样，也享有决定逮捕权，并且人民检察院还享有批准逮捕权。在多数情况下，逮捕犯罪嫌疑人是由公安机关提请人民检察院批准的，人民检察院只能在直接受理侦查的案件中行使决定逮捕权，而人民法院只有在下列情况下才发生有关决定逮捕的问题：（1）人民检察院提起公诉的案件未逮捕被告人的，人民法院在审理案件过程中认为需要逮捕时，可以自行决定逮捕。（2）人民法院受理的自诉案件，发现情况严重够逮捕条件并且必须逮捕的。

此外，根据《高法解释》第 544 条的规定，被提请撤销缓刑、假释的罪犯可能逃跑或者可能发生社会危险，社区矫正机构在提出撤销缓刑、假释建议的同时，提请人民法院决定对其予以逮捕的，人民法院应当在 48 小时以内作出是否逮捕的决定。决定逮捕的，由公安机关执行。逮捕后的羁押期限不得超过 30 日。但这种情形下的逮捕对象是被提请撤销缓刑、假释的罪犯，而不是犯罪嫌疑人、被告人。

三、逮捕的条件

逮捕并不是提起公诉和进行审判的前提条件，更不能认为，凡是实施犯罪行为的人都应当逮捕。逮捕是一种最严厉的强制措施，法律对逮捕的适用规定了严格的条件。根据刑事诉讼法第 81 条第 1 款的规定，逮捕必须具备以下条件。

（一）有证据证明有犯罪事实

这是逮捕犯罪嫌疑人、被告人的先决条件和基础。司法实践中，有证据证明有犯罪事实，是指同时具备下列情形：（1）有证据证明发生了犯罪事实；（2）有证据证明犯罪事实是犯罪嫌疑人实施的；（3）证明犯罪嫌疑人实施犯罪行为的证据已有查证属实的。犯罪事实可以是犯罪嫌疑人实施的数个犯罪行为中的一个。在逮捕的第一个条件中，之所以只要求有证据证明有犯罪事实，是因为逮捕通常并不是整个侦查工作的终结，一般情况下逮捕以后，还要继续侦查，即对于主要犯罪事实以及全部的犯罪事实的侦查工作，可以在逮捕以后进行。

（二）可能判处徒刑以上刑罚

这是刑事诉讼法关于逮捕条件在罪行轻重程度方面的界定。对于犯罪嫌疑人、被告人所实施的犯罪行为，依照刑法总则、分则的规定进行衡量，分析研究其罪行能否判处徒刑以上刑罚。如果认为能够判处的，就可以逮捕；不够判处的或者可能判处徒刑缓刑的，就不能逮捕，可采取其他强制措施。

根据《高检规则》第140条的规定，犯罪嫌疑人涉嫌的罪行较轻，且没有其他重大犯罪嫌疑，具有下列情形之一的，可以作出不批准逮捕或者不予逮捕的决定：（1）属于预备犯、中止犯，或者防卫过当、避险过当的；（2）主观恶性较小的初犯，共同犯罪中的从犯、胁从犯，犯罪后自首、有立功表现或者积极退赃、赔偿损失、确有悔罪表现的；（3）过失犯罪的犯罪嫌疑人，犯罪后有悔罪表现，有效控制损失或者积极赔偿损失的；（4）犯罪嫌疑人与被害人双方根据刑事诉讼法的有关规定达成和解协议，经审查，认为和解系自愿、合法且已经履行或者提供担保的；（5）犯罪嫌疑人认罪认罚的；（6）犯罪嫌疑人系已满14周岁未满18周岁的未成年人或者在校学生，本人有悔罪表现，其家庭、学校或者所在社区、居民委员会、村民委员会具备监护、帮教条件的；（7）犯罪嫌疑人系已满75周岁的人。

（三）采取取保候审尚不足以防止社会危险性

在具备了前两个条件的情况下，还不一定必须采取逮捕这一强制措施，还应当考虑是否具有逮捕的必要。也就是说，只有采取取保候审尚不足以防止发生下列社会危险性，即有逮捕必要的，才采取逮捕措施：（1）可能实施新的犯罪的；（2）有危害国家安全、公共安全或者社会秩序的现实危险的；（3）可能毁灭、伪造证据，干扰证人作证或者串供的；（4）可能对被害人、举报人、控告人实施打击报复的；（5）企图自杀或者逃跑的。如果具备了前述两个条件，采取较轻的强制措施，能够防止犯罪嫌疑人、被告人发生社会危险性，就是没有逮捕的必要，就不应当决定采用逮捕这一强制措施。

批准或者决定逮捕，应当将犯罪嫌疑人、被告人涉嫌犯罪的性质、情节，认罪认罚等情况，作为是否可能发生社会危险性的考虑因素。《高检规则》第135

条规定，人民检察院审查认定犯罪嫌疑人是否具有社会危险性，应当以公安机关移送的社会危险性相关证据为依据，并结合案件具体情况综合认定。必要时，可以通过讯问犯罪嫌疑人、询问证人等诉讼参与人、听取辩护律师意见等方式，核实相关证据。依据在案证据不能认定犯罪嫌疑人符合逮捕社会危险性条件的，人民检察院可以要求公安机关补充相关证据，公安机关没有补充移送的，应当作出不批准逮捕的决定。

以上是逮捕必备的三个条件，缺一不可。这三个条件是公、检、法三机关决定是否逮捕的法律依据，是我国长期司法工作经验的总结，严格依此办事，就能防止错捕、漏捕现象的发生。

此外，根据刑事诉讼法第 81 条第 3 款、第 4 款的规定，对有证据证明有犯罪事实，可能判处 10 年有期徒刑以上刑罚的，或者有证据证明有犯罪事实，可能判处徒刑以上刑罚，曾经故意犯罪或者身份不明的，应当予以逮捕。被取保候审、监视居住的犯罪嫌疑人、被告人违反取保候审、监视居住规定，情节严重的，可以予以逮捕。

四、逮捕的程序

刑事诉讼法对于逮捕的审查批准、决定和执行程序都作了明确规定，公安司法机关必须严格执行。

（一）人民检察院审查批准逮捕的程序

公安机关要求逮捕犯罪嫌疑人的时候，应当写出提请批准逮捕书，连同案卷材料、证据，一并移送同级人民检察院审查批准。必要的时候，人民检察院可以派人参加公安机关对于重大案件的讨论。

人民检察院审查批准逮捕，可以讯问犯罪嫌疑人；有下列情形之一的，应当讯问犯罪嫌疑人：（1）对是否符合逮捕条件有疑问的；（2）犯罪嫌疑人要求向检察人员当面陈述的；（3）侦查活动可能有重大违法行为的。人民检察院审查批准逮捕，可以询问证人等诉讼参与人，听取辩护律师的意见；辩护律师提出要求的，应当听取辩护律师的意见。

人民检察院审查批准逮捕犯罪嫌疑人由检察长决定。重大案件应当提交检察委员会讨论决定。对公安机关提请批准逮捕的犯罪嫌疑人，已经被拘留的，人民检察院应当在接到提请批准逮捕书后的 7 日以内作出是否批准逮捕的决定；未被拘留的，应当在接到提请批准逮捕书后的 15 日以内作出是否批准逮捕的决定，重大、复杂案件，不得超过 20 日。经审查和讨论，应分别情形作出决定：（1）对于符合逮捕条件的，应当作出批准逮捕的决定，连同案卷材料送达公安机关执行，并可以制作继续侦查提纲，送交公安机关立即执行，并要求公安机关将执行回执及时送达作出批准决定的人民检察院。如果未能执行，也应当要求其将回执及时送达人民检察院，并写明未能执行的原因。（2）对于不符合逮捕条件的，应当作出不批准逮捕的决定，并说明不批准逮捕的理由，连同案卷材料送达公安机关执行。需要补充侦查的，应当制作补充侦查提纲送交公安机关，要求公安机关在收到不批准逮捕决定书后，立即释放在押的犯罪嫌疑人或者变更强制措施，并将执行回执在收到不批准逮捕决定书后 3 日以内送达作出不批准逮捕决定的人民检察院。公安机关在收到不批准逮捕决定书后对在押的犯罪嫌疑人不立即释放或者变更强制措施的，人民检察院应当提出纠正意见。

人民检察院办理公安机关提请批准逮捕的案件，发现遗漏应当逮捕的犯罪嫌疑人的，应当经检察长批准，要求公安机关提请批准逮捕。公安机关不提请批准逮捕或者说明的不提请批准逮捕的理由不成立的，人民检察院可以直接作出逮捕的决定，送达公安机关执行。对于批准逮捕的决定，公安机关应当立即执行，并且将执行情况及时通知人民检察院。人民检察院不批准逮捕的，公安机关应当在接到通知后立即释放在押的犯罪嫌疑人，并且将执行情况及时通知人民检察院。

公安机关对人民检察院不批准逮捕的决定，认为有错误的，可以要求复议，但是必须将被拘留的人立即释放。如果意见不被接受，可以向上一级人民检察院提请复核。上级人民检察院应当立即复核，作出是否变更的决定，通知下级人民检察院和公安机关执行。

（二）人民检察院决定逮捕的程序

人民检察院办理直接受理侦查的案件，需要逮捕犯罪嫌疑人的，由负责侦查的部门制作逮捕犯罪嫌疑人意见书，连同案卷材料、讯问犯罪嫌疑人录音、录像一并移送本院负责捕诉的部门审查。犯罪嫌疑人已被拘留的，负责侦查的部门应当在拘留后 7 日以内将案件移送本院负责捕诉的部门审查。负责捕诉的部门应当在收到逮捕犯罪嫌疑人意见书后 7 日以内，报请检察长决定是否逮捕，特殊情况下，决定逮捕的时间可以延长 1 日至 3 日；犯罪嫌疑人未被拘留的，负责捕诉的部门应当在收到逮捕犯罪嫌疑人意见书后 15 日以内，报请检察长决定是否逮捕，重大、复杂案件，不得超过 20 日。

对犯罪嫌疑人决定逮捕的，负责捕诉的部门应当将逮捕决定书连同案卷材料、讯问犯罪嫌疑人录音、录像移交负责侦查的部门，并可以对收集证据、适用法律提出意见。由负责侦查的部门通知公安机关执行，必要时可以协助执行。对犯罪嫌疑人决定不予逮捕的，负责捕诉的部门应当将不予逮捕的决定连同案卷材料、讯问犯罪嫌疑人录音、录像移交负责侦查的部门，并说明理由。需要补充侦查的，应当制作补充侦查提纲。犯罪嫌疑人已被拘留的，负责侦查的部门应当通知公安机关立即释放。

对应当逮捕而本院负责侦查的部门未移送审查逮捕的犯罪嫌疑人，负责捕诉的部门应当向负责侦查的部门提出移送审查逮捕犯罪嫌疑人的建议。建议不被采纳的，应当报请检察长决定。

（三）人民法院决定逮捕的程序

人民法院在办理案件过程中，对于未被逮捕的公诉案件的被告人和自诉案件的被告人，只要符合逮捕条件，认为应当逮捕的，都有权决定逮捕。人民法院决定逮捕的，应当由法院院长签发逮捕决定书，送交公安机关执行。如果是公诉案件，还应当通知人民检察院。

（四）逮捕的执行程序

公安机关逮捕人的时候，执行逮捕的人员不得少于2人，并必须出示逮捕证。逮捕后，应当立即将被逮捕人送看守所羁押。除无法通知的以外，应当在逮捕后24小时以内，通知被逮捕人的家属。

人民法院、人民检察院对于各自决定逮捕的人，公安机关对于经人民检察院批准逮捕的人，都必须在逮捕后的24小时以内进行讯问，在发现不应当逮捕的时候，必须立即释放，发给释放证明。

犯罪嫌疑人、被告人被逮捕后，人民检察院仍应当对羁押的必要性进行审查。对不需要继续羁押的，应当建议予以释放或者变更强制措施。有关机关应当在10日以内将处理情况通知人民检察院。

应当注意的是，为了保证国家权力机关活动的正常进行，保障人大代表的人身安全和能够正常工作，同拘留、审判人大代表的特别程序一样，逮捕的对象是人大代表时，除必须遵守刑事诉讼法的有关规定外，还必须履行特定的批准手续。根据《中华人民共和国全国人民代表大会和地方各级人民代表大会代表法》的规定，县级以上的各级人民代表大会代表，非经本级人民代表大会主席团许可，在本级人民代表大会闭会期间，非经本级人民代表大会常务委员会许可，不受逮捕或者刑事审判。如果因为是现行犯被拘留，执行拘留的机关应当立即向该级人民代表大会主席团或者人民代表大会常务委员会报告。对县级以上的各级人民代表大会代表，如果采取法律规定的其他限制人身自由的措施，应当经该级人民代表大会主席团或者人民代表大会常务委员会许可。乡、民族乡、镇的人民代表大会代表，如果被逮捕、受刑事审判，或者被采取法律规定的其他限制人身自由的措施，执行机关应当立即报告乡、民族乡、镇的人民代表大会。

五、强制措施的撤销、变更和解除

刑事诉讼法第96条规定："人民法院、人民检察院和公安机关如果发现对犯罪嫌疑人、被告人采取强制措施不当的，应当及时撤销或者变更。公安机关释放被逮捕的人或者变更逮捕措施的，应当通知原批准的人民检察院。"第97条规定："犯罪嫌疑人、被告人及其法定代理人、近亲属或者辩护人有权申请变更强制措施。人民法院、人民检察院和公安机关收到申请后，应当在三日以内作出决定；不同意变更强制措施的，应当告知申请人，并说明不同意的理由。”这是关于强制措施的撤销和变更的规定。根据上述规定，公安司法机关如果发现对犯罪嫌疑人、被告人采取强制措施不当的，应当及时撤销或者变更。

由于刑事诉讼法对五种强制措施都规定了严格的且各不相同的适用条件，因此“采取强制措施不当”主要是指采取强制措施不符合法定的条件，或者在诉讼过程中，案件的情况发生了变化，原来符合法定条件的强制措施已不适合案件的实际办理情况。本着实事求是、有错必纠的原则，公安司法机关对于不应当采取强制措施的，应当及时撤销；对于虽然应当采取强制措施但具体种类适用不当的，应当及时变更为适当的强制措施。由于审查批准逮捕权属于人民检察院，因此，公安机关释放被逮捕的人或者变更逮捕的，应当通知原批准的人民检察院，以利于加强人民检察院的法律监督职能。

刑事诉讼法第 98 条规定：“犯罪嫌疑人、被告人被羁押的案件，不能在本法规定的侦查羁押、审查起诉、一审、二审期限内办结的，对犯罪嫌疑人、被告人应当予以释放；需要继续查证、审理的，对犯罪嫌疑人、被告人可以取保候审或者监视居住。”这是对不能在法定羁押期限内办结的案件的犯罪嫌疑人、被告人依法变更为取保候审或者监视居住的规定。法律之所以如此强调，是因为刑事诉讼法已对侦查、审查起诉、一审和二审期限作了明确规定，但有些案件在法定期限内不能办结，案件又需要继续查证和审理，此时如果对犯罪嫌疑人、被告人继续羁押，则违反了刑事诉讼法的规定；但如果将犯罪嫌疑人、被告人释放，则又可能妨碍侦查、起诉和审判的顺利进行，甚至可能继续发生社会危险性。因此，案件情况如果符合刑事诉讼法关于取保候审、监视居住条件的，可以对犯罪嫌疑人、被告人改用取保候审或者监视居住。

由于刑事强制措施直接涉及犯罪嫌疑人、被告人的人身自由和权利，公安司法机关必须严格依法进行，不得超过法定期限，否则有关人员有权要求解除或者释放，这已被当今世界各国的刑事诉讼法所肯定。我国刑事诉讼法第 99 条规定：“人民法院、人民检察院或者公安机关对被采取强制措施法定期限届满的犯罪嫌疑人、被告人，应当予以释放、解除取保候审、监视居住或者依法变更强制措施。犯罪嫌疑人、被告人及其法定代理人、近亲属或者辩护人对于人民法院、人民检察院或者公安机关采取强制措施法定期限届满的，有权要求解除强制措施。”根据这一规定，对于人民法院、人民检察院或者公安机关采取的强制措施超过法定期限的，犯罪嫌疑人、被告人及其法定代理人、近亲属，以及犯罪嫌疑人、被告人委托的律师及其他辩护人依法都有提出解除的权利。对强制措施超过法定期限的解除要求，依法应向原批准、决定的人民法院、人民检察院或者公安机关提出。原批准、决定机关对于经查明采取强制措施确实超过法定期限的，应当尽快予以纠正，予以释放、解除或者变更。

第九章　附带民事诉讼

第一节　附带民事诉讼概述

一、附带民事诉讼的概念

附带民事诉讼，是指公安司法机关在刑事诉讼过程中，在解决被告人刑事责任的同时，附带解决由于被告人的犯罪行为所引起的损失的民事赔偿的诉讼程序。由于这种损害赔偿的诉讼请求是在刑事诉讼中提出的，又是在刑事诉讼中附带解决的，因此称作附带民事诉讼。我国刑法第36条规定：“由于犯罪行为而使被害人遭受经济损失的，对犯罪分子除依法给予刑事处罚外，并应根据情况判处赔偿经济损失。承担民事赔偿责任的犯罪分子，同时被判处罚金，其财产不足以全部支付的，或者被判处没收财产的，应当先承担对被害人的民事赔偿责任。”与此相适应，我国刑事诉讼法第101条规定：“被害人由于被告人的犯罪行为而遭受物质损失的，在刑事诉讼过程中，有权提起附带民事诉讼。被害人死亡或者丧失行为能力的，被害人的法定代理人、近亲属有权提起附带民事诉讼。如果是国家财产、集体财产遭受损失的，人民检察院在提起公诉的时候，可以提起附带民事诉讼。”

刑事附带民事诉讼程序是刑事诉讼程序与民事诉讼程序的结合，它具有以下特征。

（一）附带民事诉讼程序本质上是一种民事诉讼程序

附带民事诉讼程序虽然是在刑事诉讼过程中提起的，但它本质上仍然是一种民事诉讼，具有一般民事诉讼程序的基本特征：一是在实体法上应当适用民事实体法的规定，诸如损失的赔偿范围、赔偿责任人的范围等，均应按照民法的相关规定处理；二是在程序上除与刑事诉讼程序相冲突而优先适用刑事诉讼程序以外，应当适用民事诉讼法的相关规定。例如，刑事诉讼法第102条中明确规定：“人民法院采取保全措施，适用民事诉讼法的有关规定。”

（二）附带民事诉讼程序具有附属性

附带民事诉讼程序以刑事案件的成立为前提，其依附于刑事诉讼程序。从程序法上来说，附带民事诉讼是在刑事诉讼过程中提起和审判的，是附带于刑事诉讼而提起的，而非单独存在的民事诉讼。因此，在程序上如果刑事诉讼法有特别规定，例如管辖、审判组织、期间、送达、审理方式等，就要优先适用。在案件审理过程中，也应当贯彻“先刑后民”的原则，优先审理刑事责任问题，附带处理民事责任问题。

二、附带民事诉讼的成立条件

附带民事诉讼的成立条件，可以从附带民事诉讼的成立前提和附带民事诉讼的赔偿范围这两个方面来理解。

（一）附带民事诉讼的成立前提

如前所述，附带民事诉讼具有附属性，它必须依附于刑事诉讼才能存在，如果刑事诉讼尚未开始或者已经结束，则附带民事诉讼就不可能存在。因此，只有在刑事诉讼过程中，由于被告人的犯罪行为而遭受损失的被害人，才能提起附带民事诉讼。如果刑事诉讼尚未开始或者已经结束，则被害人只能向人民法院提起独立的民事赔偿之诉。需要注意的是，在刑事诉讼开始后，如果在侦查和审查起诉阶段，公安机关、人民检察院依法作出了撤销案件或者不起诉的处理决定，则意味着刑事诉讼已经终止，附带民事诉讼也就失去了存在的前提，被害人只能向人民法院另行提起民事诉讼。

（二）附带民事诉讼的赔偿范围

根据刑事诉讼法第 101 条、民法典以及相关司法解释的规定，对附带民事诉讼的赔偿范围应该作如下理解。

1. 被害人遭受的损失在一般情形下应当是物质损失。所谓物质损失，是相对于精神损失而言的，是可以用金钱计算的。刑事诉讼法第 101 条中规定：“被害人由于被告人的犯罪行为而遭受物质损失的，在刑事诉讼过程中，有权提起附带民事诉讼。”《高法解释》第 175 条第 1 款对这一条文中的“犯罪行为”作出了进一步的规定，即被害人因人身权利受到犯罪侵犯或者财物被犯罪分子毁坏而遭受物质损失的，有权在刑事诉讼过程中提起附带民事诉讼。

2. 被害人遭受的损失在例外情形下也可以是精神损失。《高法解释》第 175 条第 2 款规定：“因受到犯罪侵犯，提起附带民事诉讼或者单独提起民事诉讼要求赔偿精神损失的，人民法院一般不予受理。”其中，“一般不予受理”的表述较修改前增加了“一般”二字，这不是无谓的文字添加，虽未规定哪些情形属于可以受理的例外，但已非原来的“不予受理”，这无疑是一项里程碑式的制度突破。该条款的修改是对民法典人格权编中有关精神损害赔偿条款的回应，表明特殊情况下，人民法院可以受理刑事附带民事诉讼中提出的精神损害赔偿，但对于“一般”应当如何理解，目前理论界和实务界还存在较大的争议。目前，实务中已经出现了在强奸犯罪中支持被害人提起附带民事诉讼精神损害赔偿的案例。①

3. 被害人所遭受的物质损失与被告人的犯罪行为之间必须具有因果关系。根据我国民法典的精神以及司法实践情况，只有被害人的“物质损失”与被告人的犯罪行为之间存在实体上所要求的因果关系，亦即两者之间具有一种内在的、必然的联系，才能要求被告人予以赔偿。被害人因犯罪行为所遭受的物质损失包括已经遭受的实际损失和必然遭受的损失两个方面。所谓“已经遭受的实际损失”，又称积极损失，如被害人因伤残而支出的医疗费、营养费、假肢安装费，死亡被害人的丧葬费，犯罪分子作案时所造成的门窗、车辆、设备等财产毁损；所谓“必然遭受的损失”，又称消极损失，如因伤残损失的误工收入、因伤残减少的劳动收入、今后继续治疗的费用、死者生前扶养的人必需的生活费用等。但是，如果仅仅是一种可能得到或者需要通过一定努力才能得到的利益，如超产奖、发明奖、加班费等，则与犯罪行为之间不存在必然的因果关系，因而不能作为“物质损失”纳入附带民事诉讼的赔偿范围。此外，对于在犯罪过程中由被害人自己的过错造成的损失，以及引发犯罪的债权债务纠纷，或者因犯罪导致的离婚纠纷，由于其与被告人的犯罪行为不具有因果关系，因而不得在刑事诉讼过程中附带解决，被害人或有关当事人也不能提起附带民事诉讼。

4. 犯罪分子非法占有、处置被害人财产而使其遭受物质损失的，不允许提起附带民事诉讼。《高法解释》第 176 条规定：“被告人非法占有、处置被害人财产的，应当依法予以追缴或者责令退赔。被害人提起附带民事诉讼的，人民法院不予受理。追缴、退赔的情况，可以作为量刑情节考虑。”这意味着凡是适用了追缴、退赔措施的，均不能再通过附带民事诉讼得到赔偿，这实际上将大量因财产犯罪所造成的物质损失排除在附带民事诉讼的适用范围之外。

三、附带民事诉讼的意义

附带民事诉讼的制度设立是先刑后民、刑事优先原则的体现，其重要意义在于如下几个方面。

---

① 基本案情如下：2020 年 8 月至 9 月，牛某某（男，42 岁）在明知被害人张某某（女，17 岁，轻度精神发育迟滞、性自我防卫能力削弱）系智力发育迟缓的未成年人的情况下，采用锁门、脱衣、按压双手等方式多次对被害人实施强奸。根据上海市涉未成年人刑事案件集中管辖的要求，宝山区人民检察院于 2020 年 12 月 30 日以牛某某涉嫌强奸罪向静安区人民法院提起公诉。2021 年 3 月 1 日，张某某及其法定代理人向静安区人民法院提起刑事附带民事诉讼，主张精神损害赔偿。同日，宝山区人民检察院决定对原告的刑事附带民事诉求支持起诉，请静安区人民法院综合评估后判决。静安区人民法院于 2021 年 3 月 10 日开庭并当庭作出一审判决，判决被告人牛某某犯强奸罪，判处有期徒刑 10 年，剥夺政治权利 1 年，一次性赔偿附带民事诉讼原告人张某某精神抚慰金人民币 3 万元。2021 年 5 月 28 日，上海市第二中级人民法院作出刑事附带民事裁定，驳回上诉，维持原判。具体案情参见张华、刘芸志、祝丽娟：《遭受性侵害未成年人可以主张精神损害赔偿》，载《人民司法》2021 年第 29 期。

（一）确保法院裁判的一致性和权威性

由于刑法与民法调整对象的部分重合，可能出现行为人的一个违法行为既构成刑事犯罪又构成民事违法，进而发生刑事责任和民事责任并存的规范竞合现象。在发生规范竞合时，由于刑事责任与民事责任是分别通过刑事诉讼程序和民事诉讼程序予以处理的，两种不同的程序可能产生不同的裁判，如此，实体法上的竞合便可能进一步引发程序法上的冲突，进而造成刑事裁判与民事裁判不一致甚至相互矛盾，这是任何一个法治国家都无法承受之重。如此，就会导致司法裁判的无法执行（相互矛盾如何执行），出现诉讼背离司法的目的（司法的目的在于解决纠纷，相互矛盾的判决不但没有解决纠纷，反而引发了新的纠纷）、减损司法的权威（相互矛盾且无法执行的判决何来司法权威）的局面。为此，立法者专门设立了刑事附带民事诉讼程序，在刑事诉讼程序进行的同时附带解决犯罪行为人的民事责任问题，并且由审理刑事案件的同一审判组织进行审理，这就有利于保证对案件事实认识的统一性和判决的一致性，避免因不同审判组织分别进行审理而对同一违法行为或同一案件事实得出不同的结论，从而维护法院裁判的严肃性和权威性。

（二）节约司法资源，方便诉讼参与人参加诉讼，实现诉讼经济

公安司法机关在刑事诉讼中附带解决民事损害赔偿，而不是让受害人另行提起民事诉讼，可以将被告人的犯罪行为所引起的彼此密切相关的刑事、民事两个诉讼合并在同一个诉讼程序中进行。由同一个审判组织、一套程序解决两个案件，这对于司法机关而言，避免了重复审判，节省了司法资源；对于诉讼参与人（包括被害人、被告人、证人）而言，也可免遭重复应讼之累，进而实现诉讼经济。

但是，近年来，从法理上质疑刑事附带民事诉讼制度合理性的学术观点不断出现，主要理由在于，刑事诉讼和民事诉讼毕竟是两种性质不同的程序，因而在某些情况下强行将民事诉讼附带于刑事诉讼，将会大大增加法官审理的难度。同时，在民事法律关系本身较为复杂的情况下，在刑事诉讼程序中解决民事赔偿问题不仅无法实现诉讼经济，反倒会拖延刑事诉讼的进行。因此，关于刑事附带民事诉讼制度的合理性问题，一直存在着争议。从域外的实践情况来看，该制度的运行状况也并不乐观。例如，在德国，也存在着程序“空转”的问题。德国的刑事诉讼法虽然规定了刑事附带民事诉讼程序，即对被害人赔偿程序，但由于限制性规定颇多，程序也较为严格，在德国的司法实践中，很少有人通过附带民事诉讼程序提起对被害人赔偿之诉。基于上述原因，我国也有部分学者提出废除刑事附带民事诉讼制度的改革建言。

但是，不能仅仅因为刑事附带民事诉讼制度存在理论争议，就轻易得出我国应当废弃刑事附带民事诉讼制度的结论。因为具体问题的解决必须置于具体语境中进行分析。一方面，刑事附带民事诉讼制度运作不良，原因不一定在于该制度

本身设计不当，而可能是操作层面上受到其他因素的制约。另一方面，在我国当前的法治背景下，沿用刑事附带民事诉讼制度尚具有特殊的现实意义。首先，法院受理附带民事诉讼案件，不收取诉讼费。这是司法实践中刑事附带民事诉讼制度的运行虽不尽如人意，但被害人及其法定代理人等仍然愿意选择附带民事诉讼最主要的原因之一。因为如果选择另行提起民事诉讼，原告需要额外支出诉讼费用。尽管案件受理费、执行费由败诉方负担，但即使原告胜诉，预收的费用法院一般并不会直接向原告退还，而是判令由被告向原告给付。由于我国没有实行公民财产申报制度，很难掌握被告的财产去向，民事执行难题至今也没有解决。在利弊权衡之下，被害人提起附带民事诉讼显然更为经济。其次，我国没有设立刑事被害人国家补偿制度，而诉讼费是按照诉讼标的额来收取的，这导致原告负担较重。免收附带民事诉讼的诉讼费在某种程度上相当于一种国家补偿，被害人可以不受经济因素的限制，从而提出高额请求。最后，目前我国民事强制执行存在诸多困难，被害人期望借助刑事诉讼中国家的干预力量获得赔偿，认为通过提出附带民事诉讼更利于获得赔偿。正是考虑到这些独特的背景因素，当下废除刑事附带民事诉讼制度并不妥当。

第二节　附带民事诉讼的当事人

一、附带民事诉讼的原告人

附带民事诉讼的原告人，是指因犯罪行为遭受物质损失，在刑事诉讼中以自己的名义提出损害赔偿请求的人。

根据我国刑事诉讼法第 101 条和《高法解释》第 175 条、第 179 条的规定，附带民事诉讼原告人的范围具体包括：

1. 被害人。包括因犯罪行为遭受物质损失的公民、法人和其他组织。犯罪行为使两个以上的被害人遭受物质损失的，他们都有权提起附带民事诉讼。

2. 被害人的法定代理人和近亲属。被害人死亡或者丧失行为能力的，其法定代理人、近亲属有权以自己的名义提起附带民事诉讼。

3. 人民检察院。如果是国家财产、集体财产遭受损失，作为公益代表的人民检察院在提起公诉的时候，可以提起附带民事诉讼。需要注意的是，当国家财产、集体财产遭受损失时，应当先由受损失的单位提起附带民事诉讼，人民检察院有告知受损失的单位此项权利的义务。如果受损失的单位知道后仍不提起或不能及时提起的，为保护国家财产、集体财产不受损失，人民检察院才能代表国家提起附带民事诉讼。人民检察院提起附带民事诉讼的，应当列为附带民事诉讼原告人。

二、附带民事诉讼的被告人

附带民事诉讼被告人，是指在刑事诉讼中，对被告人的犯罪行为造成的物质损失依法负有赔偿责任的人。

根据《高法解释》第180条的规定，附带民事诉讼被告人的范围具体包括：

1. 刑事被告人（公民、法人或其他组织）

一般情况下，刑事被告人作为犯罪行为的实施者，同时也是给被害人造成物质损失之人，当然是本案附带民事诉讼负有赔偿责任的人，即附带民事诉讼的被告人。

2. 没有被追究刑事责任的其他共同侵害人

所谓“没有被追究刑事责任的其他共同侵害人”，主要包括：（1）人民检察院没有提起公诉的与刑事被告人共同实施了侵害行为的其他共同侵害人；（2）自诉人没有提起自诉的与刑事被告人共同实施了侵害行为的其他共同侵害人。

刑事被告人以外的其他共同侵害人即使已被公安机关作出行政处罚或被人民检察院作出不起诉处理，或者因其他原因未被追究刑事责任的，仍然应当对其违法行为所造成的物质损失承担民事赔偿责任，因此其也可以作为附带民事案件的被告人。共同犯罪案件，同案犯在逃的，不应列为附带民事诉讼被告人。逃跑的同案犯到案后，被害人或者其法定代理人、近亲属可以对其提起附带民事诉讼，但已经从其他共同犯罪人处获得足额赔偿的除外。

3. 刑事被告人的监护人

根据民法典第1188条的规定，无民事行为能力人、限制民事行为能力人造成他人损害的，由监护人承担民事赔偿责任。因此，监护人对无行为能力或限制行为能力刑事被告人的犯罪行为所造成的物质损失负有赔偿责任，可以作为附带民事诉讼被告人。

4. 死刑罪犯的遗产继承人

刑事被告人被执行死刑后，附带民事诉讼如果尚未同时审结，则需将死刑罪犯的遗产继承人列为附带民事诉讼被告人。

5. 共同犯罪案件中，案件审结前已死亡的被告人的遗产继承人

共同犯罪案件中已死亡的被告人本人虽然无法承担赔偿责任，但其遗产继承人继承了刑事被告人的遗产，根据法律规定自然应当承担刑事被告人应当承担的赔偿责任，因而可以成为附带民事诉讼的被告人。但是，如果该继承人声明放弃继承权，则不应将其作为附带民事诉讼的被告人。

6. 对被害人的物质损失依法应当承担赔偿责任的其他单位和个人

刑事被告人在被追究刑事责任时，应当适用罪责自负原则，责任人已死亡，则刑事责任自然消失。但在某些法定条件下，有关单位或个人应对刑事被告人的

犯罪行为承担民事赔偿责任。例如，民法典第1191条规定："用人单位的工作人员因执行工作任务造成他人损害的，由用人单位承担侵权责任。用人单位承担侵权责任后，可以向有故意或者重大过失的工作人员追偿。劳务派遣期间，被派遣的工作人员因执行工作任务造成他人损害的，由接受劳务派遣的用工单位承担侵权责任；劳务派遣单位有过错的，承担相应的责任。"据此，刑事被告人在其执行职务或者业务活动中实施了犯罪行为，其所属单位对其犯罪行为所造成的物质损失负有赔偿责任。在这种情况下，有关单位和个人即成为附带民事诉讼中的被告人。

附带民事诉讼被告人的亲友自愿代为赔偿的，可以准许。

第三节　附带民事诉讼的提起

一、提起附带民事诉讼的期间和方式

（一）提起附带民事诉讼的期间

刑事诉讼法第101条规定，被害人"在刑事诉讼过程中"，有权提起附带民事诉讼。据此，提起附带民事诉讼的期间是从刑事案件立案以后至第一审判决宣告以前。在这一过程中，无论是侦查阶段、审查起诉阶段还是审判阶段，附带民事诉讼原告人都可以提起附带民事诉讼。在立案之前，刑事诉讼还没有开始，刑事案件是否成立还未确定，尚不具备提起附带民事诉讼的条件；而在一审判决宣告之后，如果允许提起附带民事诉讼，附带民事诉讼的审级就会与刑事诉讼的审级不同步，难以合并审理，也就无法达到诉讼经济的目的，这种情况下的民事赔偿问题只能在刑事判决生效后另行提起独立的民事诉讼来解决。此外，根据《高法解释》第198条的规定，第一审期间未提起附带民事诉讼，在第二审期间提起的，第二审人民法院可以依法进行调解；调解不成的，告知当事人可以在刑事判决、裁定生效后另行提起民事诉讼。

（二）提起附带民事诉讼的方式

提起附带民事诉讼，原则上应当以书面形式进行，并提交附带民事诉讼起诉状；书写诉状确有困难的，也可以口头起诉。如果案件在侦查阶段，可以向侦查机关提起；案件在审查起诉阶段，可以向人民检察院提起；案件在法院审理阶段，可以向人民法院提起。但是，无论是用口头或书面的方式提起，都应当叙明附带民事诉讼原告人、附带民事诉讼被告人的姓名、年龄、住址、被控告的罪行，因犯罪行为遭受损害的时间、地点和受损程度并附有关证据，以及具体的赔偿请求等。如果附带民事诉讼原告人以口头方式提起，公安司法机关还应当将口

头申请详细记入笔录，笔录应向原告人宣读，经其确认无误后签名或盖章。人民检察院是代表国家行使职权的，其在提起公诉的时候提起附带民事诉讼，必须以书面形式进行。附带民事请求部分，应写明刑事被告人的犯罪行为与财产损失之间的因果关系，国家财产、集体财产损失情况以及代表国家、集体要求赔偿的诉讼请求和适用的法律依据等。

为了保障附带民事诉讼原告人提起附带民事诉讼的权利，公安司法机关承担特定的“诉讼关照义务”，即公安司法机关有义务告知被害人等有权提起附带民事诉讼。据此，侦查机关在询问被害人等时，应当主动告知其有提起附带民事诉讼的权利。被害人提出附带民事诉讼的，应当记录在案；移送审查起诉时，应当在起诉意见书末页注明。人民检察院在审查起诉时，必须查明有无附带民事诉讼的情况，当公民有权提起但并没有提起附带民事诉讼时，人民检察院有义务告知；如果是国家财产、集体财产遭受物质损失的，人民检察院有责任告知受损失的单位有权提起附带民事诉讼，受损失的单位知道后仍未提起或不能及时提起附带民事诉讼的，人民检察院在提起公诉时，可以提起附带民事诉讼。同样，人民法院受理刑事案件后，对符合提起附带民事诉讼条件的，可以告知被害人或者其法定代理人、近亲属有权提起附带民事诉讼。有权提起附带民事诉讼的人放弃诉讼权利的，应当准许，并记录在案。国家财产、集体财产遭受损失，受损失的单位未提起附带民事诉讼，人民检察院在提起公诉时提起附带民事诉讼的，人民法院应当受理。人民检察院提起附带民事诉讼的，应当列为附带民事诉讼原告人。

二、提起附带民事诉讼的条件

提起附带民事诉讼，应当同时符合以下条件。

（一）起诉人符合法定条件

即提起附带民事诉讼的人必须具备附带民事诉讼原告人的资格。

（二）有明确的被告人

在附带民事诉讼中依法负有赔偿责任之人，均可作为附带民事诉讼的被告人。所谓“有明确的被告人”，即要求原告人将其起诉的对象加以具体化、特定化，以便受诉人民法院能够明确原告人所控告的具体为何人。

（三）有请求赔偿的具体要求和事实、理由

所谓“有请求赔偿的具体要求”，是指原告人所提出的诉讼请求，在内容和所涉及的范围上必须明确、具体，否则人民法院便无法对案件进行审判，如诉请赔偿医疗费、误工费共××元。所谓“有请求赔偿的事实、理由”，是指原告人提出的、用来支持其所提出的诉讼请求的事实和理由，如被害人的损失是由被告人在何时、何地、以何种方式所造成。

（四）属于人民法院受理附带民事诉讼的范围

所谓“属于人民法院受理附带民事诉讼的范围”，是指原告人请求赔偿的诉讼请求必须在前述附带民事诉讼的赔偿范围之内，即限于因人身权利受到犯罪侵犯而遭受损失或者财物被犯罪分子毁坏而遭受物质损失的，才可以提起附带民事诉讼。

三、附带民事诉讼起诉状的格式与内容

附带民事诉讼起诉状，是附带民事诉讼原告人在刑事诉讼过程中，依法要求附带民事诉讼被告人或其他责任人员承担民事责任的法律文书。

附带民事诉讼起诉状由首部、正文和尾部组成。

（一）首部

包括：（1）文书名称，即“刑事附带民事起诉状”；（2）附带民事诉讼原告人、附带民事诉讼被告人的基本情况，包括：姓名、性别、年龄、民族、出生地、文化程度、职业、住址等。

（二）正文

包括：（1）诉讼请求。应当写明请求附带民事诉讼被告人赔偿的具体项目和具体数额。（2）事实与理由。事实是指损失的具体情况；理由是指所依据的法律规定，并写明要求附带民事诉讼被告人承担责任的原因。（3）证明损失的证据等。

（三）尾部

包括：（1）写明呈送的人民法院的名称；（2）诉状的份数；（3）附带民事诉讼原告人签名或盖章；（4）具状时间。

第四节　附带民事诉讼的审判

一、附带民事诉讼审判的一般原则

刑事诉讼法第104条对附带民事诉讼的审判原则作了规定，即附带民事诉讼应当同刑事案件一并审判，只有为了防止刑事案件审判的过分迟延，才可以在刑事案件审判后，由同一审判组织继续审理附带民事诉讼。

根据这一规定，原则上附带民事诉讼应当同刑事诉讼一并审理并作出判决，这样便于全面查清案件事实，也有利于节省司法资源。但是，由于刑事案件的审判是有审限的，在某些情形下，强行将附带民事诉讼与刑事诉讼绑定，可能会造成诉讼迟延，进而影响到刑事部分的审理。因此，对于被害人遭受的损失或者被

告人的赔偿能力一时难以确定，以及附带民事诉讼当事人因故不能到庭等案件，为了防止刑事案件审判的过分迟延，附带民事诉讼可以在刑事案件审判后，由同一审判组织继续审理。如果同一审判组织的成员确实无法继续参加审判的，可以更换审判组织成员。

人民法院对刑事诉讼和民事诉讼进行合并审理时应当注意以下两个问题：第一，必须先审理刑事部分，后审理附带民事部分；第二，附带民事诉讼部分的判决对案件事实的认定原则上不能同刑事部分的判决相抵触，但证据不足、指控犯罪不能成立的判决例外。在这种情形下，合议庭虽然因为证据不足而作出了证据不足、指控的犯罪不能成立的判决，但仍可判决被告人承担民事赔偿责任。这是因为，附带民事诉讼的证明标准与刑事诉讼不同，作为民事诉讼的附带民事诉讼的证明标准低于刑事诉讼。因此，刑事上因证据不足无法认定被告人有罪，并不意味着被告人在民事上不用承担赔偿责任。

二、附带民事诉讼的受理和审前准备

人民法院受理附带民事诉讼案件和相应的审前准备工作，应当符合以下要求。

附带民事诉讼应当在刑事案件立案后及时提起。提起附带民事诉讼应当提交刑事附带民事起诉状。侦查、审查起诉期间，有权提起附带民事诉讼的人提出赔偿要求，经公安机关、人民检察院调解，当事人双方已经达成协议并全部履行，被害人或者其法定代理人、近亲属又提起附带民事诉讼的，人民法院不予受理，但有证据证明调解违反自愿、合法原则的除外。

被害人或者其法定代理人、近亲属提起附带民事诉讼的，人民法院应当在 7 日以内决定是否受理。符合刑事诉讼法第 101 条以及《高法解释》有关规定的，应当受理；不符合的，裁定不予受理。人民法院受理附带民事诉讼后，应当在 5 日内向附带民事诉讼被告人及其法定代理人送达附带民事起诉状副本，或者将口头起诉的内容及时通知附带民事诉讼被告人及其法定代理人，并制作笔录。人民法院送达附带民事起诉状副本时，应当根据刑事案件审理的期限，确定被告人及其法定代理人的答辩准备时间。

人民法院对可能因被告人的行为或者其他原因，使附带民事判决难以执行的案件，根据附带民事诉讼原告人的申请，可以裁定采取保全措施，查封、扣押或者冻结被告人的财产；附带民事诉讼原告人未提出申请的，必要时，人民法院也可以采取保全措施。有权提起附带民事诉讼的人因情况紧急，不立即申请保全将会使其合法权益受到难以弥补的损害的，可以在提起附带民事诉讼前，向被保全财产所在地、被申请人居住地或者对案件有管辖权的人民法院申请采取保全措施。申请人在人民法院受理刑事案件后 15 日以内未提起附带民事诉讼的，人民法院应当解除保全措施。人民法院采取保全措施，适用民事诉讼法第 103 条至第 108 条的有关规定，但民事诉讼法第 104 条第 3 款的规定除外。

三、附带民事诉讼的审判程序

人民法院审判附带民事诉讼案件，除适用刑事诉讼法外，还应当适用民事诉讼法的有关规定。人民法院审判附带民事诉讼案件，应当遵守以下程序和要求。

（一）附带民事诉讼应当与刑事诉讼一并审判

附带民事诉讼应当同刑事诉讼一并审判，只有为了防止刑事案件审判的过分迟延，才可以在刑事案件审判后，由同一审判组织继续审理附带民事诉讼；同一审判组织的成员确实不能继续参与审判的，可以更换。

（二）人民法院审理附带民事诉讼案件，除人民检察院提起的以外，可以调解

由于附带民事诉讼性质上属于民事诉讼，按照刑事诉讼法第 103 条“人民法院审理附带民事诉讼案件，可以进行调解，或者根据物质损失情况作出判决、裁定”的规定，当事人双方可以和解，民事诉讼原告人有权撤诉，被告人可以提起反诉。但反诉的内容必须符合附带民事诉讼的条件，而且要以法院可以与附带民事诉讼本诉合并审理为前提。调解应当在自愿合法的基础上进行。经调解达成协议的，审判人员应当及时制作调解书。调解书经双方当事人签收后即发生法律效力。调解达成协议并当庭执行完毕的，可以不制作调解书，但应当记入笔录，经双方当事人、审判人员、书记员签名或者盖章后即发生法律效力。经调解无法达成协议或者调解书签收前当事人反悔的，附带民事诉讼应当同刑事诉讼一并判决。

（三）认定被告人的行为不构成犯罪的处理

人民法院认定公诉案件被告人的行为不构成犯罪，对已经提起的附带民事诉讼，经调解不能达成协议的，可以一并作出刑事附带民事判决，也可以告知附带民事原告人另行提起民事诉讼。人民法院准许人民检察院撤回起诉的公诉案件，对已经提起的附带民事诉讼，可以进行调解；不宜调解或者经调解不能达成协议的，应当裁定驳回起诉，并告知附带民事诉讼原告人可以另行提起民事诉讼。

（四）当事人及其法定代理人对于第一审的附带民事诉讼判决、裁定不服的处理

对于第一审附带民事判决或者裁定的上诉、抗诉期限，应当按照刑事部分的上诉、抗诉期限确定。如果原审附带民事部分是另行审判的，上诉期限应当按照民事诉讼法规定的期限执行。对附带民事诉讼部分的上诉不影响刑事判决部分的生效。当然，根据法律规定，第二审人民法院在审理附带民事诉讼案件时，也应当坚持全面审查原则，对第一审判决中的刑事和民事部分进行全面审查，但是，全面审查后，仅可以对附带民事诉讼部分作出判决或者裁定。

此外，根据《高法解释》第199条的规定，人民法院审理刑事附带民事诉讼案件，不收取诉讼费。

四、附带民事诉讼判决书的格式和内容

附带民事诉讼判决书，是人民法院依照刑事诉讼法、民事诉讼法的规定，对审理终结的刑事附带民事诉讼案件，依法判定被告人的行为是否构成犯罪、是否需要追究刑事责任以及是否需要承担民事责任而制作的法律文书。

附带民事诉讼的判决书由首部、事实、理由、判决结果和尾部组成。

（一）首部

包括：（1）判决书的名称和案号；（2）附带民事诉讼当事人和诉讼代理人的基本情况；（3）案件由来、审判组织、审判方式和审判过程。

（二）事实

包括：（1）概括指控被告人犯罪的事实、证据和适用法律意见；（2）概括附带民事诉讼原告人的诉讼请求；（3）写明被告人的供述、辩解、自行辩护的意见、有关证据以及辩护人的辩护意见、有关证据；（4）写明法庭审理查明的全部事实，包括认定的犯罪事实和犯罪行为造成损失的事实；（5）写明认定事实所依据的证据。

（三）理由

根据法庭查明的事实、证据和有关法律规定，除应充分论证控方指控的犯罪是否成立、被告人的行为是否构成犯罪、犯什么罪、应否追究刑事责任以及应适用的法律外，还应充分论证被害人所遭受的损失以及损失的大小等。对于控辩双方所主张的事实认定及适用法律的意见，应当说明采纳与否的理由。

（四）判决结果

除应写明被告人构成何罪、是否处罚、应受何种处罚外，还应写明附带民事诉讼部分如何解决的内容。

（五）尾部

包括：注明上诉权、上诉期限、上诉方式，并由合议庭组成人员署名，加盖人民法院印章，注明与原本核对的情况以及书记员的署名。

第十章 期间、送达

第一节 期 间

一、期间概述

刑事诉讼期间，是指公安司法机关以及当事人和其他诉讼参与人进行刑事诉讼活动必须遵守的时间期限。刑事诉讼的期间一般由法律明确规定，称为法定期间。个别情况下可以由公安司法机关指定，称为指定期间。

在刑事诉讼中，除期间外，还有期日。刑事诉讼期日，是指公安司法机关和诉讼参与人共同进行刑事诉讼活动的特定时间。我国刑事诉讼法对期日未作具体规定，司法实践中由公安司法机关根据案件的具体情况和法律关于期间的一般规定予以指定。

期日和期间关系紧密，同为诉讼中规范时间的重要概念，但两者有很大区别，主要为：(1) 期日是一个特定的单位时间，如某日、某时；期间则指一定期限内的时间，即始于某期日又止于某期日的一段时间。(2) 期日是公安司法机关和诉讼参与人共同进行某项刑事诉讼活动的时间；期间则是公安司法机关或当事人及其他诉讼参与人各自单独进行某项诉讼活动的时间。(3) 期日由公安司法机关指定，遇有重大理由时可以变更或延后；期间一般由法律明确加以规定，不得任意变更。(4) 期日只规定开始的时间，不规定终止的时间；期间则以规定的起、止时间为始期和终期。

期间是刑事诉讼法从时间上严格诉讼程序、规范诉讼行为的重要措施，其意义主要表现在以下方面。

第一，设定期间制度，可以防止诉讼拖延，提高诉讼效率。刑事案件发生后，社会各界一般都会对迅速而及时的案件侦破和法庭审判怀有期待。因此，现代各国的刑事诉讼均遵循及时性的法治原则，即刑事诉讼不仅要客观公正地发现事实真相、解决诉讼纠纷，而且要以一种迅速而及时的方式予以完成。及时性原则反对拖延，要求参与诉讼的各方积极推进诉讼程序，强调诉讼应当在必要且合理的时间内终结，不得无故拖延。之所以如此，乃是因为迅速而及时地执法、司法，不仅可以提高诉讼效率，而且可以有效地惩治犯罪。为了实现及时性原则，各国均对公安司法机关（尤其是侦查机关）的诉讼行为设置相应的诉讼期间，以便催促执法、司法主体迅速、及时地推进刑事诉讼程序。可以说，合理的诉讼期间设置，可以增强公安司法人员的办案责任感和时间紧迫感，使之加快办案进度，防止诉讼延迟，保证诉讼活动的顺利完成。

第二，设定期间制度，可以缩短诉讼周期，保障诉讼权益。合理的诉讼期间不仅有利于实现刑事诉讼法的惩治功能，而且有利于实现刑事诉讼法的保障功能。因为合理地设置诉讼期间，可以有效地缓解诉讼参与人，尤其是被追诉人的诉累，以保障涉讼参与人的诉讼权益。刑事诉讼持续的时间越长，犯罪嫌疑人、被告人的诉讼负担就越重，其相关权益的损失也就越大。只有加快诉讼进行的节奏、缩短诉讼周期，才能保障犯罪嫌疑人、被告人的权益。例如，人民法院、人民检察院、公安机关对犯罪嫌疑人、被告人采取强制措施超过法定期限的，犯罪嫌疑人、被告人及其法定代理人、近亲属或者犯罪嫌疑人、被告人委托的律师及其他辩护人有权要求解除或变更强制措施；人民法院、人民检察院、公安机关对于被采取强制措施超过法定期限的犯罪嫌疑人、被告人应当予以释放、解除取保候审、监视居住或者变更强制措施；又如，除被害人外的当事人及其法定代理人在法定期间内不提出上诉，若无正当理由即失去上诉权，以维护程序的安定性，避免其他诉讼参与人被卷入更多的诉累之中。

根据法律的规定，我国刑事诉讼期间制度的内容主要包括各种诉讼活动的法定期间、期间的计算和期间的恢复。

二、法定期间

法定期间是指法律明确规定的诉讼时间期限。这种期间的开始是基于某种诉讼行为的实施或法律事实的发生。法定期间，又可以分为公安司法机关应当遵守的期间和当事人及其他诉讼参与人应当遵守的期间两类。根据期间内的诉讼行为是作为还是不作为，还可以分为作为期间和不作为期间。前者要求特定的诉讼主体在一定期间内必须为一定的行为；后者则要求特定的诉讼主体在一定的期间内不进行一定的行为，如为辩护提供准备时间，要求法院在送达起诉书与开庭审判之间至少需要间隔 10 日，在该 10 日内，法院不能进行开庭审判。

刑事诉讼法对各种诉讼活动的期间作了具体而明确的规定。概括起来主要有：

（一）强制措施期间

传唤、拘传持续的时间不得超过 12 小时；案情特别重大、复杂，需要采取拘留、逮捕措施的，传唤、拘传持续的时间不得超过 24 小时。对犯罪嫌疑人、被告人取保候审最长不得超过 12 个月；监视居住最长不得超过 6 个月。指定居所监视居住的，除无法通知的以外，应当在执行监视居住后 24 小时以内，通知被监视居住人的家属。拘留后，应当立即将被拘留人送看守所羁押，至迟不得超过 24 小时。除无法通知或者涉嫌危害国家安全犯罪、恐怖活动犯罪通知可能有碍侦查的情形以外，应当在拘留后24小时以内，通知被拘留人的家属。有碍侦查的情形消失以后，应当立即通知被拘留人的家属。应当在24小时内对被拘留人进行讯问。公安机关对被拘留的人认为需要逮捕的，应当在拘留后的3日内提请人民检察院审查批准，特殊情况下可以将提请审查批准的时间延长1日至4日；对于流窜作案、多次作案、结伙作案的重大嫌疑分子，提请审查批准的时间可以延长至30日。人民检察院应当在接到公安机关提请批准逮捕书的7日以内，作出批准或者不批准逮捕的决定。人民检察院对直接受理的案件中对被拘留的人认为需要逮捕的，应当在14日以内作出决定。特殊情况下，决定逮捕的时间可以延长1日至3日。逮捕后，应当立即将被逮捕人送看守所羁押。除无法通知的以外，应当在逮捕后24小时以内，通知被逮捕人的家属。人民法院、人民检察院对于各自决定逮捕的人，公安机关对于经人民检察院批准逮捕的人，都必须在逮捕后的24小时以内进行讯问。对于监察机关移送起诉的已采取留置措施的案件，人民检察院应当对犯罪嫌疑人先行拘留，留置措施自动解除。人民检察院应当在拘留后的10日以内作出是否逮捕、取保候审或者监视居住的决定。在特殊情况下，决定的时间可以延长1日至4日。人民检察院决定采取强制措施的期间不计入审查起诉期限。犯罪嫌疑人、被告人被逮捕后，人民检察院仍应当对羁押的必要性进行审查。对不需要继续羁押的，应当建议予以释放或者变更强制措施。有关机关应当在10日以内将处理情况通知人民检察院。

犯罪嫌疑人、被告人及其法定代理人、近亲属或者辩护人有权申请变更强制措施。人民法院、人民检察院和公安机关收到申请后，应当在3日以内作出决定；不同意变更强制措施的，应当告知申请人，并说明不同意的理由。

（二）与委托辩护人、诉讼代理人有关的期间

犯罪嫌疑人自被侦查机关第一次讯问或者采取强制措施之日起，有权委托辩护人；在侦查期间，只能委托律师作为辩护人。被告人有权随时委托辩护人。

侦查机关在第一次讯问犯罪嫌疑人或者对犯罪嫌疑人采取强制措施的时候，应当告知犯罪嫌疑人有权委托辩护人。人民检察院自收到移送审查起诉的案件材料之日起3日以内，应当告知犯罪嫌疑人有权委托辩护人。人民法院自受理案件之日起3日以内，应当告知被告人有权委托辩护人。犯罪嫌疑人、被告人在押期间要求委托辩护人的，人民法院、人民检察院和公安机关应当及时转达其要求。

公诉案件的被害人及其法定代理人或者近亲属，附带民事诉讼的当事人及其法定代理人，自案件移送审查起诉之日起，有权委托诉讼代理人。自诉案件的自诉人及其法定代理人，附带民事诉讼的当事人及其法定代理人，有权随时委托诉讼代理人。

人民检察院自收到移送审查起诉的案件材料之日起3日以内，应当告知被害

人及其法定代理人或者其近亲属、附带民事诉讼的当事人及其法定代理人有权委托诉讼代理人。人民法院自受理自诉案件之日起3日以内，应当告知自诉人及其法定代理人、附带民事诉讼的当事人及其法定代理人有权委托诉讼代理人。

（三）技术侦查期间

技术侦查措施批准决定自签发之日起3个月以内有效。对于不需要继续采取技术侦查措施的，应当及时解除；对于复杂、疑难案件，期限届满仍有必要继续采取技术侦查措施的，经过批准，有效期可以延长，每次不得超过3个月。

（四）侦查羁押期间

对犯罪嫌疑人逮捕后的侦查羁押期限不得超过2个月。案情复杂、期限届满不能终结的案件，可以经上一级人民检察院批准延长1个月。对交通十分不便的边远地区的重大复杂案件，重大的犯罪集团案件，流窜作案的重大复杂案件，犯罪涉及面广、取证困难的重大复杂案件，在上述期限内不能侦查终结的，经省、自治区、直辖市人民检察院批准或者决定，可以延长2个月。对犯罪嫌疑人可能判处10年有期徒刑以上刑罚，按照前述规定延长2个月期限届满仍不能侦查终结的，经省、自治区、直辖市人民检察院批准或者决定，可以再延长2个月。因为特殊原因，在较长时间内不宜交付审判的特别重大复杂的案件由最高人民检察院报请全国人民代表大会常务委员会批准延期审理。

（五）审查起诉期间

人民检察院对监察机关、公安机关移送审查起诉的案件，应当在1个月以内作出决定；重大复杂的案件，可以延长半个月；犯罪嫌疑人认罪认罚，符合速裁程序适用条件的，应当在10日以内作出决定，对可能判处的有期徒刑超过1年的，可以延长至15日。对于需要补充侦查的案件，无论是自行补充侦查，还是退回公安机关补充侦查或监察机关补充调查，都应当在1个月内补充侦查或补充调查完毕。补充侦查或补充调查以2次为限。

（六）对不起诉决定的申诉期间

被害人如果不服人民检察院作出的不起诉决定，可以自收到决定书后7日以内向上一级人民检察院提出申诉。被不起诉人如果对人民检察院因“犯罪情节轻微，依照刑法规定不需要判处刑罚或者免除刑罚”而作出的不起诉决定不服，可以自收到决定书后7日以内向人民检察院申诉。

（七）一审程序期间

人民法院决定开庭审判后，应当至迟在开庭10日以前将人民检察院的起诉书副本送达被告人及其辩护人；在开庭3日以前将开庭时间、地点通知人民检察院；将传票、通知书至迟在开庭3日以前送达当事人、辩护人、诉讼代理人、证人、鉴定人和翻译人员。公开审判的案件，在开庭3日以前先期公布案由、被告人姓名、开庭时间和地点。在法庭审判过程中，检察人员发现提起公诉的案件需要补充侦查，提出建议经法庭同意延期审理的，人民检察院应当在1个月以内补充侦查完毕。人民法院当庭宣告判决的，应当在5日以内将判决书送达当事人和提起公诉的人民检察院；定期宣告判决的，应当在宣告后立即将判决书送达当事人和提起公诉的人民检察院。人民法院审理公诉案件，应当在受理后2个月以内宣判，至迟不得超过3个月。对于可能判处死刑的案件或者附带民事诉讼的案件，以及交通十分不便的边远地区的重大复杂案件，重大的犯罪集团案件，流窜作案的重大复杂案件，犯罪涉及面广、取证困难的重大复杂案件，经上一级人民法院批准，可以延长3个月；因特殊情况还需要延长的，报请最高人民法院批准。人民法院审理自诉案件的期限，被告人被羁押的，适用上述审理公诉案件的规定；未被羁押的，应当在受理后6个月以内宣判。适用简易程序审理案件，人民法院应当在受理后20日以内审结；对可能判处的有期徒刑超过3年的，可以延长至1个半月。适用速裁程序审理案件，人民法院应当在受理后10日以内审结；对可能判处有期徒刑超过1年的，可以延长至15日。

（八）上诉、抗诉期间

不服第一审判决的上诉和抗诉的期限为10日，不服第一审裁定的上诉和抗诉的期限为5日，从接到判决书、裁定书的第二日起算。被害人及其法定代理人不服地方各级人民法院第一审判决的，自收到判决书后5日以内，有权请求人民检察院提出抗诉。人民检察院自收到被害人及其法定代理人的请求后5日以内，应当作出是否抗诉的决定，并且答复请求人。

（九）二审程序期间

上诉人通过原审人民法院提出上诉的，原审人民法院应在3日以内将上诉状连同案卷、证据移送上一级人民法院，同时将上诉状副本送交同级人民检察院和对方当事人。上诉人直接向第二审人民法院提出上诉的，第二审人民法院应在3日以内将上诉状交原审人民法院送交同级人民检察院和对方当事人。第二审人民法院对于开庭审理的公诉案件，应当在决定开庭审理后及时通知人民检察院查阅案卷。人民检察院应当在1个月内查阅完毕。第二审人民法院受理上诉、抗诉案件，应当在2个月以内审结。对于可能判处死刑的案件或者附带民事诉讼的案件，以及交通十分不便的边远地区的重大复杂案件，重大的犯罪集团案件，流窜作案的重大复杂案件，犯罪涉及面广、取证困难的重大复杂案件，经省、自治区、直辖市高级人民法院批准或者决定，可以延长2个月；因特殊情况还需要延长的，报请最高人民法院批准。最高人民法院受理上诉、抗诉案件的审理期限，由最高人民法院决定。

（十）再审程序期间

人民法院按照审判监督程序重新审判的案件，应当在作出提审、再审决定之日起3个月以内审结。需要延长期限的，不得超过6个月。接受抗诉的人民法院按照审判监督程序审判抗诉的案件，审理期限适用上述规定；对需要指令下级人民法院再审的，应当自接受抗诉之日起 1 个月内作出决定，下级人民法院审理案件的期限适用上述规定。

（十一）执行期间

罪犯交付执行刑罚的时候，应当由交付执行的人民法院在判决生效后 10 日以内将有关的法律文书送达公安机关、监狱或者其他执行机关。下级人民法院接到最高人民法院执行死刑的命令后，应当在 7 日以内交付执行。人民检察院认为暂予监外执行不当的，应当自接到通知之日起 1 个月以内将书面意见送交批准暂予监外执行的机关；批准暂予监外执行的机关接到人民检察院的书面意见后，应当立即对该决定进行重新核查。人民检察院认为人民法院减刑、假释的裁定不当，应当在收到裁定书副本后 20 日以内，向人民法院提出书面纠正意见。人民法院应当在收到纠正意见后 1 个月以内重新组成合议庭进行审理，作出最终裁定。

（十二）特别程序中的期间

对未成年犯罪嫌疑人附条件不起诉的考验期为 6 个月以上 1 年以下，从人民检察院作出附条件不起诉的决定之日起计算。人民法院受理没收违法所得的申请后，应当在 15 日以内发布公告。公告期间为 6 个月。人民法院经审理，对于被申请人或者被告人符合强制医疗条件的，应当在 1 个月以内作出强制医疗的决定。

三、期间计算

（一）计算单位

我国刑事诉讼的期间以时、日、月为计算单位。以时计算的如公安机关、人民检察院对于被拘留的人应当在拘留后的 24 小时以内进行讯问；以日计算的如人民法院应当至迟在开庭 10 日以前将人民检察院起诉书副本送达被告人及其辩护人；以月计算的如对于补充侦查的案件，应当在 1 个月以内补充侦查完毕。

（二）计算方法

1. 对于期间的计算，期间开始的时和日不计算在期间以内。例如，不服判决的上诉和抗诉的期限为 10 日，这 10 日的期间应当从接到判决书的第二日起计算。

2. 时和日之间不能互相换算。例如，拘留后应当在 24 小时以内进行讯问，不可以用 1 日代替。

3. 以月计算的期间，自本月某日至下月同日为 1 个月；期限起算日为本月最后一日的，至下月最后一日为 1 个月；下月同日不存在的，自本月某日至下月最后一日为 1 个月；半个月一律按 15 日计算。以年计算的刑期，自本年本月某日至次年同月同日的前一日为 1 年；次年同月同日不存在的，自本年本月某日至次年同月最后一日的前一日为 1 年。以月计算的刑期，自本月某日至下月同日的前一日为 1 个月；刑期起算日为本月最后一日的，至下月最后一日的前一日为 1 个月；

下月同日不存在的，自本月某日至下月最后一日的前一日为 1 个月；半个月一律按 15 日计算。

4. 期间的最后一日为法定节假日的，以节假日后的第一个工作日为期间届满的日期。节假日有变通规定的，以实际休假日后的第一个工作日为期间届满的日期。此外，对于犯罪嫌疑人、被告人或者罪犯在押期间，应当至期满之日为止，不得因节假日而延长在押期限至节假日后的第一日。

5. 对于法定期间的计算，不包括路途上的时间。首先，当事人及其他诉讼参与人的住所或者工作地点如果距离公安司法机关比较远，则路途上的时间应当从法定期间内予以扣除。其次，这也适用于公安司法机关，如公安机关在异地执行拘留后带回本地，则返回途中所需的时间不能计算在拘留后应在 24 小时以内对被拘留人进行讯问的期间内。

6. 通过邮寄方式送达上诉状或者其他诉讼文书，应当以在当地交邮盖戳的时间为标准确定执行的法定期间。在法定期间届满前已经交邮的，即使文书到达司法机关时已经超过法定期限，仍然有效。

（三）特殊情况下有关期间的计算

针对诉讼过程中可能出现的一些特殊情况，刑事诉讼法规定了特殊情况下诉讼期间的计算。

1. 在侦查期间，发现犯罪嫌疑人另有重要罪行的，自发现之日起依照刑事诉讼法第 156 条的规定重新计算侦查羁押期限。犯罪嫌疑人不讲真实姓名、住址，身份不明的，应当对其身份进行调查，侦查羁押期限自查清身份之日起计算，但是不得停止对其犯罪行为的侦查取证。

2. 对于补充侦查的案件，补充侦查完毕移送人民检察院后，人民检察院重新计算审查起诉期限。

3. 人民检察院审查起诉的案件，改变管辖的，从改变后的人民检察院收到案件之日起计算审查起诉期限。

4. 人民法院改变管辖的案件，从改变后的人民法院收到案件之日起计算审理期限。

5. 人民法院审判案件过程中，人民检察院补充侦查的案件，补充侦查完毕移送人民法院后，人民法院重新计算审理期限。

6. 犯罪嫌疑人、被告人在押的案件，对他们作精神病鉴定的期间，不计入办案期限。除此以外的其他鉴定时间都应当计入办案期限。对于因鉴定时间较长，办案期限届满仍不能终结的案件，自期限届满之日起，应当对被逮捕的犯罪嫌疑人、被告人变更强制措施，改为取保候审或者监视居住。

7. 中止审理的期限不计入审理期限。

8. 由简易程序转为普通程序、速裁程序转为普通程序或者简易程序的案件，审理期限从作出决定之日起计算。

9. 第二审人民法院发回原审人民法院重新审判的案件，原审人民法院从收到发回案件之日起，重新计算审理期限。

10. 第二审人民法院开庭审理的公诉案件，人民检察院查阅案卷的时间不计入审理期限。

四、期间恢复

刑事诉讼期间的恢复，是指当事人因某种特殊的原因未能在法定期间内进行特定的诉讼活动，经人民法院许可，可以继续进行这种诉讼活动。设立期间恢复制度，是为了解决诉讼过程中可能发生的特殊情况，维护当事人的合法权益，保证诉讼活动的顺利进行。刑事诉讼法第 106 条规定："当事人由于不能抗拒的原因或者有其他正当理由而耽误期限的，在障碍消除后五日以内，可以申请继续进行应当在期满以前完成的诉讼活动。前款申请是否准许，由人民法院裁定。"根据这一规定，期间恢复的条件是：

1. 只有当事人才可以提出恢复诉讼期间的申请，其他诉讼参与人无权提出这种申请。

2. 当事人未能在法定期间完成特定的诉讼行为，是由于不能抗拒的原因或者其他正当理由。例如，遭受水灾、火灾、地震、车祸，患有严重疾病，未收到诉讼文书，等等。

3. 当事人的申请应当在妨碍其遵守法定期间的原因消除 5 日以内，向审判本案的人民法院提出。

4. 必须经人民法院裁定允许。人民法院在接到当事人的申请后，经过审查，认为当事人申请中所述情况属实，超过法定期间确实具有不可抗拒的原因或者其他正当理由，应当裁定允许其继续进行在原期间内未完成的诉讼活动。如果认为当事人不是因为不能抗拒的原因或者其他正当理由而耽误期限的，则裁定驳回。

第二节　送　　达

一、送达的概念和特点

刑事诉讼中的送达，是指公安司法机关按照法定程序和方式将诉讼文件送交收件人的诉讼活动。送达，直接关系到整个刑事诉讼活动能否顺利进行和诉讼任务能否切实完成。因此，严格执行法律有关送达的规定是非常重要的。送达作为一项诉讼行为，具有以下特点。

（一）送达的主体只能是公安司法机关

送达是发生在送达主体与送达对象之间的一种法律关系，在这一法律关系中，发件人只能是公安机关、人民检察院和人民法院。收件人可以是诉讼参与人，也可以是有关的机关或单位。因此，诉讼参与人向公安司法机关递交诉讼文书或者相互之间传递诉讼文书的行为，不是刑事诉讼中的送达。

（二）送达的内容是诉讼文件

送达的内容包括各种诉讼文件，主要是公安司法机关制作的诉讼文件，如传票、通知书、起诉书、不起诉决定书、判决书、裁定书、调解书等。此外，自诉状副本、附带民事诉状和答辩状的副本、上诉状的副本等由当事人制作的诉讼文书，也是通过人民法院送达的。

（三）送达的程序和方式法律有明确规定

实施送达行为，必须严格依照法律规定的程序和方式，否则不能产生送达的法律效力。诉讼文件的送达，是一项严肃的诉讼活动，是诉讼程序的组成部分，直接关系到整个刑事诉讼活动能否顺利进行。只有按照刑事诉讼法规定的期间和程序，将有关的诉讼文件送达收件人，才能使收件人及时了解其中的内容，按照规定参加诉讼活动，行使诉讼权利，履行诉讼义务。某些诉讼文件，只有按照法定程序送达后，才能发生法律效力。诉讼文件的送达，直接与产生一定的法律后果相联系。例如，当事人在法定期间内接到人民法院的传票，就必须按传票的要求准时出庭，反之，则有权拒绝出庭。

二、送达回证

送达回证，又称送达证或送达证书，是指公安司法机关制作的用以证明送达行为及其结果的诉讼文件。送达回证的内容包括：送达机关和送达文件的名称；被送达人姓名（名称）、职业职务、住所地或者经常居住地；送达方式；送达人和被送达人签名、盖章；签收日期等。

送达回证是送达人完成送达任务的凭证，也是被送达人接收或者拒收所送达的诉讼文件的证明。同时，其还是检查公安司法机关是否按照法定程序和方式送达诉讼文件、认定当事人及其他诉讼参与人的诉讼行为是否有效的依据。

三、送达的程序

根据刑事诉讼法第 107 条的规定，诉讼文件的送达应遵循下列程序。

传票、通知书和其他诉讼文件的送达，应当交给收件人本人。如果本人不在，可以交给他的成年家属或者所在单位的负责人代收。收件人本人或者代收人拒绝接收或者拒绝签名、盖章的时候，送达人可以邀请他的邻居或者其他见证人到场，说明情况，把文件留在其住处，在送达证上注明拒绝的事由、送达的日期，由送达人签名，即认为已经送达。

直接送达诉讼文件有困难的，可以委托收件人所在地的公安司法机关代为送达，或者邮寄送达。委托送达的，应当将委托函、委托送达的诉讼文件及送达回证，寄送收件人所在地的公安司法机关。受委托的机关收到委托送达的诉讼文书，应当登记，并由专人及时送交收件人，然后将送达回证及时退回委托送达的机关。受委托的机关无法送达时，应当将不能送达的原因及时告知委托的机关，并将诉讼文书及送达回证退回。邮寄送达的，应当将诉讼文书、送达回证挂号邮寄给收件人。挂号回执上注明的日期为送达的日期。诉讼文书的收件人是军人的，可以通过所在部队团级以上单位的政治部门转交。收件人正在服刑的，可以通过所在监狱或者其他执行机关转交。收件人正在接受专门矫治教育的，可以通过相关机构转交。代为转交的部门、单位收到诉讼文书后，应当立即交收件人签收，并将送达回证及时寄送送达的人民法院。

送达人如果不按法律要求送达，致使诉讼活动不能顺利进行的，应当由送达人负责。如果已经合法送达，收件人本人不按文件的要求执行，由此产生的法律后果，应由收件人本人负责。

四、涉外刑事案件审理程序中的文书送达

人民法院向在中华人民共和国领域外居住的当事人送达刑事诉讼文书，可以采用下列方式：(1) 根据受送达人所在国与中华人民共和国缔结或者共同参加的国际条约规定的方式送达；(2) 通过外交途径送达；(3) 对中国籍当事人，所在国法律允许或者经所在国同意的，可以委托我国驻受送达人所在国的使领馆代为送达；(4) 当事人是自诉案件的自诉人或者附带民事诉讼原告人的，可以向有权代其接受送达的诉讼代理人送达；(5) 当事人是外国单位的，可以向其在中华人民共和国领域内设立的代表机构或者有权接受送达的分支机构、业务代办人送达；(6) 受送达人所在国法律允许的，可以邮寄送达；自邮寄之日起满 3 个月，送达回证未退回，但根据各种情况足以认定已经送达的，视为送达；(7) 受送达人所在国法律允许的，可以采用传真、电子邮件等能够确认受送达人收悉的方式送达。

人民法院通过外交途径向在中华人民共和国领域外居住的受送达人送达刑事诉讼文书的，所送达的文书应当经高级人民法院审查后报最高人民法院审核。最高人民法院认为可以发出的，由最高人民法院交外交部主管部门转递。

外国法院通过外交途径请求人民法院送达刑事诉讼文书的，由该国驻华使馆将法律文书交我国外交部主管部门转最高人民法院。最高人民法院审核后认为属于人民法院职权范围，且可以代为送达的，应当转有关人民法院办理。

第十一章　刑事诉讼的中止、终止

第一节　刑事诉讼的中止

一、诉讼中止的概念和功能

刑事诉讼中止，是指在刑事诉讼过程中，由于发生某种情况影响诉讼的正常进行而将诉讼暂时停止，待中止的情况消失后，再恢复诉讼的制度。

刑事诉讼中止制度的基本特点是：(1) 刑事诉讼中止可以发生在刑事诉讼的侦查、起诉、审判，甚至执行的任何阶段；(2) 刑事诉讼中止是既不撤销案件，也不终结诉讼，只将诉讼程序暂时地、不定期地停止，待引起中止诉讼的情况消失后，再行诉讼，中止前所进行的诉讼活动仍然有效，有关公安司法机关或诉讼参与人有权利和义务完成法定的诉讼行为；(3) 诉讼中止期间所占用的时间既不计入专门机关的诉讼时效，也不影响当事人行使一定的诉讼权利。

刑事诉讼法第 206 条对审判过程中的中止审理情形作了具体的列举式规定。通常而言，刑事诉讼活动在立案以后一般会按照诉讼程序的顺序不间断地进行下去，直至法院作出生效裁判并交付执行。但是，有些案件由于一定的情况或条件中途发生了变化，导致刑事诉讼活动的间断。为此，建立刑事诉讼中止制度也是十分必要的。它可以使司法机关集中力量办理有条件进行的其他案件，促使有关方面积极消除导致诉讼中止的情况，同时也有利于保护当事人的合法权益。

二、诉讼中止的适用情形和程序

根据刑事诉讼法的规定，结合司法实践，遇有下列特殊情况的，可采取中止诉讼的做法。

1. 在侦查阶段，有条件进行的侦查工作已经完成，犯罪嫌疑人下落不明，又不够通缉条件的，或者患有精神病或其他严重疾病，丧失诉讼行为能力，不能接受讯问的，或者有其他不能抗拒的原因的，可以中止侦查。如果犯罪嫌疑人应当逮捕，则应当组织追捕和通缉，而不能作中止侦查的处理。对于贪污贿赂犯罪、恐怖活动犯罪等重大犯罪案件，犯罪嫌疑人、被告人逃匿，在通缉 1 年后不能到案，或者犯罪嫌疑人、被告人死亡，依照刑法规定应当追缴其违法所得及其他涉案财产的，公安机关应当写出没收违法所得意见书，移送人民检察院审查，而不能中止侦查。

2. 在审查起诉阶段，犯罪嫌疑人潜逃或者患有精神病或其他严重疾病，丧失诉讼行为能力，不能接受讯问的，可以中止审查。对于贪污贿赂犯罪、恐怖活动犯罪等重大犯罪案件，犯罪嫌疑人、被告人逃匿，在通缉 1 年后不能到案，或者犯罪嫌疑人、被告人死亡，依照刑法规定应当追缴其违法所得及其他涉案财产的，人民检察院可以向人民法院提出没收违法所得的申请，而不应中止审查。

3. 在审判阶段，有下列情形之一的，致使案件在较长时间内无法继续审理的，可以中止审理：(1) 被告人患有严重疾病，无法出庭的。(2) 被告人脱逃的。(3) 自诉人患有严重疾病，无法出庭，未委托诉讼代理人出庭的。被告人在自诉案件审判期间下落不明的，人民法院可以裁定中止审理；符合条件的，可以对被告人依法决定逮捕。(4) 由于不能抗拒的原因。中止审理的原因消失后，应当恢复审理。

4. 当事人有正当理由，要求暂时停止诉讼。例如，过失犯罪的被告人或自诉人必须在限定的时间内参加某项具有重大意义的活动等，经办案机关审查同意，可以暂时中止正在进行的诉讼。

5. 附带民事诉讼的原告人在诉讼中死亡，需要等待继承人参加诉讼的，则附带民事诉讼可以中止，刑事诉讼继续进行。

诉讼中止应当由正在进行诉讼的公安司法机关决定。具体适用程序是：由负责该案件的办案人员制作中止诉讼的意见报告，报本部门的负责人审查决定。重大刑事案件，应当由该机关的负责人决定。诉讼中止的决定，应当通知有关机关和当事人。例如，法院中止审理的决定，应当通知同级人民检察院；自诉案件中止诉讼的决定应当通知对方当事人。公安机关、人民检察院决定中止诉讼的案件，如果是已向上级机关备案的，还应当报告上级机关。中止诉讼的案件，如果犯罪嫌疑人、被告人在押，一般应变更强制措施，防止久押不决。

共同犯罪的案件，如果只有部分犯罪嫌疑人、被告人符合诉讼中止的条件，则只对这部分人诉讼中止，另案处理；对其他人的刑事追诉活动仍可照常进行。

诉讼中止的期间不计入侦查、审查起诉和审理期限。

第二节　刑事诉讼的终止

一、诉讼终止的概念和功能

刑事诉讼终止，是指在刑事诉讼过程中，因发生某种情况使得诉讼不应当或者不需要继续进行而中途结束诉讼的制度。

刑事诉讼终止制度的基本特点是：一旦作出诉讼终止的决定，处于连续状态的各种诉讼活动都要停止进行，已经对犯罪嫌疑人、被告人采取的各种强制措施，也都会因诉讼终止的决定而失效。

诉讼终止与诉讼中止的主要区别是：(1) 适用的条件不同。诉讼终止适用于依法没有必要继续进行，或依法不应继续进行诉讼的某些情形；诉讼中止则适用于因发生某种障碍而使得诉讼无法继续进行的某些特殊情况。(2) 结果不同。诉讼终止是终结案件，不再追诉，表明犯罪嫌疑人或被告人不应当或不需要承担刑事责任；诉讼中止则只是暂停诉讼，待障碍消除后继续已经开始的诉讼，犯罪嫌疑人是否被继续追诉或被告人是否应当承担刑事责任，都有待各相应阶段的办案机关通过进一步的诉讼活动确定。(3) 适用的程序不同。诉讼终止，根据具体情况分别由办案机关作出撤销案件或不起诉的决定，或终止审理的裁定。诉讼中止，则由办案机关作出中止侦查、中止审查或者中止审理的决定。诉讼终止应当制作正式法律文书，送达犯罪嫌疑人、被告人及他们的所在单位和家属。如果犯罪嫌疑人、被告人在押，必须发给释放证明。诉讼中止只需将决定记录在案，必要时才通知有关单位或个人。

诉讼终止的功能是，可以及时停止依法不应继续进行的或者没有实际意义的诉讼，既有利于司法机关集中力量打击犯罪，又有利于使不应被追究刑事责任的人不再受到追诉，还可以使得有关的诉讼参与人及时脱离诉讼，免受讼累，以维护法制的严肃性。

二、诉讼终止的适用情形和程序

根据刑事诉讼法第 16 条的规定，有下列情形之一的，不追究刑事责任，已经追究的，应当撤销案件，或者不起诉，或者终止审理，或者宣告无罪：(1) 情节显著轻微、危害不大，不认为是犯罪的；(2) 犯罪已过追诉时效期限的；(3) 经特赦令免除刑罚的；(4) 依照刑法告诉才处理的犯罪，没有告诉或者撤回告诉的；(5) 犯罪嫌疑人、被告人死亡的；(6) 其他法律规定免予追究刑事责任的。在刑事诉讼的任何阶段，一经发现属于刑事诉讼法第 16 条规定的情形之一时，有关司法机关都应当及时终止诉讼活动。这就是说，诉讼终止必须符合两个条件：第一，作为实体要件，是依法不应追究刑事责任；第二，作为程序要件，是必须在立案后到判决生效以前的任何阶段的诉讼过程中，判决生效后则不再适用诉讼终止的制度。

除上述情形应当诉讼终止外，自诉案件中自诉人死亡，且导致没有原告人的，或者自诉人撤回自诉，或者双方在判决前依法自行和解的，也应当终止诉讼。

诉讼终止的程序因案情和诉讼阶段的不同而有所不同。在诉讼终止的程序中，应当遵循以下原则：一是在哪一诉讼阶段发现应当终止诉讼的情形，即由主持这一阶段诉讼活动的机关决定终止诉讼；二是在终止诉讼时已经查明被告人无罪的，应当在终止诉讼时宣告无罪；三是终止诉讼只是停止刑事追诉，不排除依法追究其他法律责任。

因诉讼阶段的不同，适用诉讼终止的具体程序也各不相同：在立案后的侦查阶段，如果发现在立案以前就属于不应追究的情形，或在侦查过程中发生不应当追究刑事责任的情形，应由侦查机关作出撤销案件的决定以终止诉讼。在审查起诉阶段，由检察机关作出不起诉的决定。在审判阶段，人民法院应以裁定终止审理。如果属于自诉人撤回自诉，或者原、被告双方自行和解的，则裁定准予撤回自诉，终止诉讼。

终止诉讼的决定或者裁定，应当及时送达有关机关和当事人，当事人死亡的，则送交其近亲属和所在单位。共同犯罪案件中只有部分犯罪嫌疑人、被告人被终止诉讼的，对其他人的追诉仍应当依法继续进行。终止诉讼的案件中，犯罪嫌疑人、被告人如果在押的，应当立即释放，并且发给释放证明。

第十二章　刑事证据概述

第一节　证据的内涵和价值

一、证据的概念

“证据”一词，在日常生活中被广泛使用，通常是指“能够证明某事物的真实性的有关事实或材料”。用已知的事实证明未知的问题，前者是证据，后者是证明对象。概括而言，证据就是指凡能够证明未知情况的已知事实。这是一般证据的概念。

而作为法学术语的“证据”，与前者有所区别。证据有诉讼证据和非讼证据之分。诉讼证据又分为刑事诉讼证据（以下简称刑事证据）、民事诉讼证据、行政诉讼证据。刑事诉讼法第50条规定：“可以用于证明案件事实的材料，都是证据。”所谓刑事证据，是指在刑事诉讼过程中，以法定形式表现出来的用以证明案件事实情况的材料。刑事证据的定义，受刑事诉讼规律及相关法律规范的影响，深刻反映出其所特有的司法特征。

1979年刑事诉讼法第31条和1996年刑事诉讼法第42条均规定，证明案件真实情况的一切事实，都是证据。它们均是以“事实说”为理论基础对证据概念进行界定。该学说认为，刑事证据是指以法定形式所表现的，能够证明案件真实情况的一切事实。

“事实说”强调证据的客观性。在此学说下，证据被认为是一种客观存在的事实，即“证明案件真伪的客观事实”。无可置疑，证据必然存有事实成分。换言之，事实是证据的内容或因素，但这并不能说证据即等于事实。因为事实具有既成性，一旦发生，不能改变。而证据不同，它存在被伪造或者篡改的可能性，或真或假，有时还真假并存。因此，将证据定义为事实并不科学，这极容易误导人们陷入机械唯物论的认识误区，背离了辩证唯物主义认识论的要求。有鉴于此，在强调证据实质内容的同时，也不能忽视它的形式属性。

另外，从形式逻辑上考察，旧条文存在一定的矛盾。它把证据界定为“证明案件真实情况的一切事实”的同时，又在其后条文中明确规定“以上证据必须经过查证属实，才能作为定案的根据”。既然证据都是“事实”，“查证属实”就显得有些难以理解：若经过法定程序查证“不实”，该“证据”还是否属于证据？

2012年刑事诉讼法第48条第1款（对应2018年刑事诉讼法第50条第1款）对证据的法律定义重新进行了设定，即“可以用于证明案件事实的材料，都是证据”。于是，“材料说”取代“事实说”成为我国刑事诉讼法学界关于证据概念的通说观点。“材料说”规定证据需要与案件事实有实质联系，对案件事实有证明作用，并具有法定的证据资格。

该条文对证据的定义作出重大修改，用“材料”取代“事实”，正视了证据存在真伪问题，消弭了旧法条中的逻辑矛盾。这一定义实现了证据内容和形式的统一，即证据的内容是证据所表达的事实；证据的形式是证据赖以存在的载体。它标志着证据观念的根本转变，即由过去的实质证据观转向形式证据观。这对于证据制度的整体发展完善来说，意味深远。

应该指出，刑事诉讼法第52条规定，审判人员、检察人员、侦查人员必须依照法定程序，收集能够证实犯罪嫌疑人、被告人有罪或者无罪、犯罪情节轻重的各种证据。这里的“证据”指的是证据材料，它们须经查证属实才能作为定案的根据。所以应当对证据材料和能够作为定案根据的证据加以区分。

二、刑事证据的本质属性

与证据本质属性密切相关的一组概念是证据能力与证明力。证据能力又叫证据适格性或证据资格，它是指某项证据材料是否符合或具备法律上允许其作为证据的形式上的要求或者资格。可以说，证据的合法性决定了证据能力的有无。而证据的证明力，则是指证据对于案件事实的证明意义，即证明作用的有无和大小。证明力是证据的生命，决定了证据在诉讼中的地位。有证明力的证据必须具备客观性和关联性。

一般认为，刑事证据的本质属性主要体现在以下三个方面。

（一）客观性

刑事证据的客观性，又称真实性、确实性，是指证据应当是过去发生的案件事实的真实反映，不以人们的主观意志为转移。具体来说，客观性意味着证据不是人们的想象、猜测、道听途说，而是因犯罪行为所产生的各种事物、痕迹和印记，随着刑事案件的发生而出现。证据的客观性还意味着它独立于犯罪嫌疑人、被告人以及办案人员主观意志以外，既不能抹杀，也不能用主观臆断代替或随意修正，但可以为人们所认知。

刑事证据的客观性可以从以下两个方面来理解。

1. 由刑事案件事实的客观性所决定。任何一种犯罪行为都在一定时空条件内发生，只要有行为发生，就必然会留下各种痕迹和印象，即使行为诡秘，甚至毁灭证据，也还是会留下蛛丝马迹。这是不以人的意志为转移的客观实在。也即，证据伴随犯罪行为发生，不论证据能否被发现，它也还是独立存留在世上，区别在于人们能否发现而已。

2. 刑事证据的来源必须符合客观性。没有客观存在为依据的任何一种材料，都不真实，不能客观反映事物，不能作为定案的证据使用。从这种意义上讲，客观性是审查判断证据的一条基本标准。

对证据的收集、审查判断过程是一个去伪存真的复杂过程。对于证据的客观性，在具体的司法活动中，应该从以下三个方面进行把握。

1. 证据方法和证据资料都必须是客观真实的。这一要求至关重要。如果证据方法是虚假的，证据的客观性就无法成立。不过，证据方法的客观性并不等于证据的客观性。通过真实的证据方法同样可能得到虚假的证据资料，如确实为现场目击者的证人可能因为主客观原因提供了虚假证言、被害人可能作出虚假陈述、对物证的审查可能得出错误的结论等。因此，对于证据资料，同样要求具有客观性，不能把个人主观的判断，或人们的想象、假设、推理、臆断、虚构等作为定案的证据来使用。

2. 强调证据的客观性并不是要否认或排除人的主观性对于证据的影响。证据作为一种材料，必然是人们经过分析、筛选、判断的结果，必然受到判断者主观因素，如判断能力、判断方法、判断角度等的影响。因此，证据的客观性并不意味着证据是一种独立于人的主观意志的客观存在，但证据必须真实可靠。

3. 证据的客观性与“客观真实”不能完全等同。证据的客观性作为一种需要经过人的判断才能确定的属性，固然应当尽可能接近“客观真实”，但人认识能力的有限性决定了人不可能总是能够再现过去发生的事实，人对于过去事实的判断与“客观事实”存在偏差是一种正常现象。说证据应当真实，其实是说根据经验法则，该证据达到了可以“确信”为真实的程度，有充分的理由相信该证据反映了过去发生的事实的真实状态，或者说排除了对于该证据客观性的合理怀疑。

（二）关联性

刑事证据的关联性，又称相关性，是指证据必须同案件事实存在客观内在联系，并因此对证明案件事实具有实际作用。证据对于案件事实有无证明力，以及证明力的大小，取决于证据与案件事实有无联系，以及联系的紧密强弱程度。这就是说，证据必须是与案件事实存在某种实质性联系的事实。证据之所以有关联性，是由于证据伴随着刑事案件的发生而形成。

刑事证据的关联性可以从以下三个方面来理解。

1. 关联性是证据的一种客观属性。即证据事实同案件事实之间的联系是客观联系，而不是办案人员的主观想象和强加的联系。它是案件事实作用于客观外界以及有关人员的主观知觉所产生的。

2. 证据的关联性应具有实质意义，即与案件的基本事实相关。在刑事案件中，是指与犯罪嫌疑人、被告人是否犯罪、犯罪性质及罪责的轻重等因素相关，与这些基本事实无关的证据材料则不具有相关性。

3. 关联性的指示意义在于证明力，即有助于证明案件事实。

在具体司法活动中，正确认识和理解证据的关联性，需要注意以下三点。

1. 证据事实与案件事实之间的联系客观存在，其联系不以办案人员的主观意志为转移。办案人员分析认识这种联系时，既不能主观臆造，又不能牵强附会，否则就可能导致冤假错案。

2. 证据事实与案件事实关联的形式、途径和方法多种多样。在联系范围上，有时间和空间之分；在联系的途径上，有直接关联和间接关联之分；在联系的规律上，有的是因果关系的必然联系，个别情况下是因巧合形成的偶然联系，还有单因素联系和复合联系；在联系的功能和作用上，有肯定关系和否定关联。但联系如果过于间接，相关性十分微弱，这样的证据便可能被视为不具有相关性。

3. 确定证据的关联性是一个非常重要又极为复杂的问题。因为有的事实比较明显而容易判明，有的事实比较复杂不太容易判明，有的事实需要经过仔细检查、辨认、检验和鉴定才能确定。有些言词证据，由于每个作证主体的背景或与本案的关系不同，其所提供证据的关联性，需要经过对比、分析、推理、实物验证等才能确定。

（三）合法性

刑事证据的合法性，又称法律性，是指对证据的收集、提出、审查和运用的主体、程序以及证据的形式必须合乎法律规定，经过查证属实才能作为定案根据，即某一证据具有证据资格。为了确保证据的合法性，刑事诉讼法对于收集证据、固定和保全证据、审查和判断证据、查证核实证据等，都规定了严格的程序和制度。

刑事证据的合法性可以从以下三个方面来理解。

1. 证据必须由法定的主体提供和收集。法定主体包括公安司法机关、当事人及其辩护人、诉讼代理人等。

2. 证据的收集必须符合法定程序。刑事诉讼法第 52 条中明确规定：“严禁刑讯逼供和以威胁、引诱、欺骗以及其他非法方法收集证据，不得强迫任何人证实自己有罪。”此外，第 56 条规定：“采用刑讯逼供等非法方法收集的犯罪嫌疑人、被告人供述和采用暴力、威胁等非法方法收集的证人证言、被害人陈述，应当予以排除。”

3. 须经依法查实。证据必须查证属实，才能作为定案根据。例如，证人证言必须在法庭上经过公诉人、被害人和被告人、辩护人双方询问、质证，听取各方证人的证言并且经过查实以后，才能作为定案根据。

综上所述，刑事证据具有客观性、关联性和合法性三个基本属性。这三个属性互相联系、缺一不可。客观性和关联性涉及刑事证据的内容，合法性涉及刑事证据的形式。客观性、关联性和合法性说明了刑事证据的基本属性，表明了刑事证据内容和形式的统一。

三、证据的价值

刑事证据的价值是指在刑事诉讼活动中，证据对完成刑事诉讼任务所起的作用和具有的意义。具体表现在以下几方面。

（一）证据是查明和认定案件事实的基础

公安司法机关进行刑事诉讼行为，必须以事实为根据、以法律为准绳。以事实为根据是以法律为准绳的前提和基础，只有查清案件事实，才有可能正确适用法律。在刑事诉讼中，由于犯罪往往发生在过去，时间上的不可逆决定了案件事实客观上不可全部恢复和再现。公安司法人员查明案情的唯一途径只有通过收集证据，并通过证据与案件事实之间的客观联系，进行正确的推理、分析和判断，最终从认识上再现案件真实情况。如果对案件的事实情节认定错误，在认定案件性质和适用法律上就不可能正确。

（二）证据是揭露犯罪、证实犯罪的重要手段

现实中，犯罪行为人在作案前后往往会掩盖犯罪痕迹，千方百计地逃避侦查、起诉和审判。就惩罚犯罪而言，通常情况下犯罪分子不会轻易认罪，甘心接受刑事惩罚。有的犯罪行为人在犯罪后还千方百计隐匿、毁灭乃至伪造证据，企图掩盖犯罪事实或嫁祸于人，以逃避法律制裁。但如前所述，只要实施了犯罪行为，就必然在外界留下痕迹，即留下一系列的相应证据，这些证据就是用来揭露、证实犯罪的重要手段。

（三）证据是保护公民合法权益的重要依据

由于案件本身的复杂性，刑事诉讼中的被追诉人既可能是真正的罪犯，也可能是无辜的公民。刑事诉讼活动应该保障无罪的人不受刑事追究，保护公民的合法权益不受侵犯，不允许无根据地对公民进行立案、侦查、起诉和审判。全面进行调查研究，掌握案件的真凭实据，使刑事诉讼活动自始至终都以证据为基础，以案件事实为根据，就可以有效地防止无根据地出罪入罪，保护公民合法权益不受侵犯。

（四）证据是进行法治宣传的生动教材

运用证据查明案件不仅能使犯罪分子对自己行为的社会危害性有深刻认识，认罪服判，对广大人民群众来说，也可激发和提高他们同犯罪行为作斗争的积极性和自觉性。通过案件处理，使他们知道法律保护什么、反对什么，起到生动具体的法制宣传作用。对于可能的犯罪分子来说，证据的运用可以使其意识到，不管行为如何隐蔽，终究难逃法网。

第二节　证据制度的历史类型

证据制度是指法律规定或确认的关于诉讼证据的效力、运用、审查判断的原则、方法等一整套规则体系。它受经济基础的制约，随着社会生产力的发展而发展。在人类诉讼制度史中，证据制度经历了一个由迷信到科学、由非理性到理性的发展过程。按照审查判断方法的不同，可以将证据制度分为神示证据制度、法定证据制度和自由心证制度等类型。

一、神示证据制度

神示证据制度是指以神的启示作为根据来裁判案件，确定被告人是否有罪的证据制度。它盛行于奴隶社会和欧洲封建社会早期。

奴隶社会，社会生产力不发达，人类科学文化水平极端低下。神被认为是万事万物的创造者和生灵的主宰，神明无所不知，神意无所不及，神是公正的象征和判断是非的标准。因而，当时人们对于难以查明事实的案件便往往求助于神，由神来决断，神示证据制度由此应运而生。

而神的启示只有通过具体方式才能表现出来。当时人们通常使用的方法主要有对神宣誓、水审、火审、决斗等。我国古代有神明裁判法的记载，即“皋陶治狱，其罪疑者，令羊触之，有罪则触，无罪则不触”。

神示证据制度，现在看来荒唐可笑，但在当时却有一定的存在价值。由于人们迷信神灵，出于对神的敬畏和恐惧，在神的面前人们往往不敢隐瞒案件真实情况，这样能够保证陈述的真实性。随着社会生产力的发展，人类认识水平的提高，神示证据制度逐渐失去了存在的基础，最终走向衰亡。

二、法定证据制度

法定证据制度是指证据证明力的大小及其审查判断都由法律预先加以规定，法官在运用证据认定案件事实时只需机械适用法律，而不能按照自己的认识自由判断和取舍。它只要求证据符合法律规定的形式真实，并不要求证据符合案件的客观真实，故又名形式证据制度。

法定证据制度是封建社会的诉讼证据制度，其证据规则是，在形式上将证据分为完全证据和不完全证据。不完全证据又分为半完全证据、多半完全证据和少半完全证据。被告人口供被认为是“证据之王”，是最有价值、最完全的证据。为获得被告人口供，法律允许有条件的刑讯逼供。

法定证据制度否认了神示证据制度，使人们从迷信束缚中解脱，更多地体现了人的理性，反映了社会进步。法定证据制度对证据的取舍和运用从法律上作了明确规定，限制了法官的专横武断。但这种证据制度建立在唯心主义和形而上学的理论基础上，将局部、个别的经验当作一般规律，只注重证据的外部特征，不注重证据的具体内容，显然并不科学。

三、自由心证制度

近代启蒙运动以来，资本主义国家开始实行自由心证的证据制度。它是指对于证据的证明力大小、证据的判断取舍和运用，法律不作预先规定，而是由法官凭借自己的理性、良心自由判断，形成内心确信，从而对案件事实作出结论的证据制度。

自由心证由法国资产阶级革命家、法学家杜波尔最早提出。1791 年，法国制宪会议对杜波尔向法国立宪会议提出的以自由心证代替法定证据的改革草案加以了确认，并发布了训令，宣布法官必须把自己的自由心证作为裁判的唯一依据。1808 年，《法国刑事诉讼法典》正式确立了自由心证，将其明确表述为："法律对于陪审员通过何种方法而认定事实，并不计较；法律也不为陪审员规定任何规则，使他们判断已否齐备及是否充分；法律仅要求陪审员深思细察，并本诸良心，诚实推求已经提出的对于被告不利和有利的证据在他们的理智上产生了何种印象。法律未曾对陪审员说：'经若干名证人证明的事实即为真实的事实'；法律也未说：'未经某种记录、某种证件、若干证人、若干凭证证明的事实，即不得视为已有充分证明'；法律仅对陪审员提出这样的问题：'你们已经形成内心的确信否？'此即陪审员职责之所在。"自由心证原则一经在法国法律上被肯定下来，便产生了深远的影响。19 世纪后半期，欧洲诸资本主义国家纷起效仿，相继在自己的立法中采用了自由心证制度。[①] 不过，两大法系的自由心证制度略有差别。大陆法系国家的自由心证制度较为典型；英美法系国家则基于陪审制度，对自由心证作了较多限制：其认为所谓的自由心证主义并非容许法官恣意、无限制地裁量，并相应建立了诸如相关性规则、传闻证据规则、意见证据规则等一系列证据规则。现代刑事诉讼法学界普遍认为，自由心证的证据制度需要受如下规则制约：遵守无罪推定原则、遵守补强法则的要求、遵守传闻证据规则、有罪判决理由需明示、诉讼程序有关笔录需记载等。

自由心证制度否定了刑讯逼供和封建等级特权，确定了犯罪嫌疑人、被告人的诉讼主体地位，使法官从法定证据制度烦琐规则的束缚中解脱出来，赋予法官充分的自由裁量权，使他们有可能按照自己的理性判断证据，查清案情。这些都是证据制度上的巨大变革，反映了诉讼制度的进步。但如前所述，自由心证制度也需要其他相关制度支撑，以防止法官主观擅断。

---

① 王以真主编：《外国刑事诉讼法学》，北京大学出版社 1994 年版，第 35 页。

第三节 刑事证据制度的基本原则

刑事证据制度的基本原则是指在构建以及践行证据制度时应当遵循的基本准则。刑事证据制度的基本原则指导证据规则的设计和证据运用，是证据制度基础理论的体现和基本功能的进一步细化。普遍认为，证据裁判原则、自由心证原则是现代刑事证据制度的基本原则。

一、证据裁判原则

证据裁判原则，也称证据裁判主义，是指应当依据证据对案件的争议事实予以认定。大致包括三个方面的内容：（1）证据裁判的主体是法官；（2）证据裁判的根据是由具有证据资格的证据证明的案件事实；（3）证据裁判的方式是依照法定程序调查核实证据。

1910 年《大清刑事诉讼律（草案）》就已明确规定了证据裁判的内容。发展至今，我国刑事诉讼法虽然没有明文规定这一原则，但有关条文包含了该原则的若干精神，如第 55 条第 1 款规定："对一切案件的判处都要重证据，重调查研究，不轻信口供。只有被告人供述，没有其他证据的，不能认定被告人有罪和处以刑罚；没有被告人供述，证据确实、充分的，可以认定被告人有罪和处以刑罚。"

二、自由心证原则

自由心证是对案件事实进行认定的基本制度。其中，"心证"是指法官通过对证据的审查在思想中形成的信念。

自由心证原则有如下特点：（1）自由心证原则只适用于诉讼的最终和决定性环节——审判阶段。（2）抽象意义上，各种证据的价值在法律上平等，具体证据的证明力大小由审判主体进行能动的自由判断。（3）以内心确信作为认定被告人罪责有无的根据。

通常认为，自由心证原则包含两个方面的内容：一是自由判断；二是内心确信。

所谓"自由判断"，是指除法律另有规定以外，证据证明力由法官自由判断，法律并不预先作出规定。法官判断证据证明力时，不受外部的任何影响或法律上关于证据证明力的约束。在刑事诉讼中，自由心证由于是法官在确定犯罪指控所涉及的证据与待证事实之间关联性时的判断活动，因此具有厚重的主观倾向性，而对于这种主观倾向性的判断活动本身，法律赋予其自由。不仅单个证据证明力的大小程度由法官自由判断，而且证据链的综合证明力大小程度如何，也由法官自由判断。在互相矛盾的证据中确定何者更为可信，取舍分寸，同样由法官自由判断。

需要注意的是，“自由”并不意味着任意、不受限制，自由心证不是让法官依照个人情感及认识去自由擅断。现代意义的自由心证中的“自由”是相对自由，要受一系列法律制度和规定的制约，法官应当在适用各种证据规则，并慎重考虑庭审中的证据调查与辩论全过程的基础上，依据理性和良心对案件事实作出判断：一是要依靠抽象理性；二是要依靠职业良心。二者共同作用于法官对案件事实的认识过程中，使得法官在合理的认识范围内进行“心证”，防止法官心证超出合理界限。

所谓“内心确信”，是指法官通过对证据的判断所形成的内心确信，并且应达到深信不疑的程度，由此判定事实。禁止法官根据似是而非、存有疑虑的主观感受判定事实。形成确信必须符合以下几个方面的条件：(1) 法官必须直接接触证据；(2) 法官必须处于客观、中立的立场；(3) 内心确信必须从本案的情况中得出；(4) 法官必须斟酌本案的全部证据、法庭调查的全部内容认定事实。

第十三章 刑事诉讼证明

刑事诉讼证明是指以公安司法机关为主体，当事人及其辩护人、诉讼代理人参与进行的，收集、运用证据以认定案件事实的诉讼活动，即贯穿于刑事诉讼全过程中的查明案件事实真相的活动，包括收集证据、举证、质证、辩论等诉讼行为。诉讼证明是证据发挥作用的途径，证据是诉讼证明的基础。刑事诉讼证明是公安司法机关了解案情、判定案件的最基本方式，所以正确了解运用诉讼证明的相关内容，能够指导人们更好地完成证明活动，从而达到惩罚犯罪分子、保障公民合法权利的目的。

刑事诉讼中的证明不同于一般证明，有其自身的特征。

1. 刑事诉讼证明受到刑事诉讼法律规范和证据制度的严格约束，这种证明不仅要遵循一般认识规律，还要体现司法规律和特点，以保障准确认定案件真实。例如，证明任务是查明案件事实，即犯罪嫌疑人、被告人是否构成犯罪，应否追究其刑事责任。证明手段则受法律的调整和制约，证明必须依照法定形式和程序进行等。

2. 刑事诉讼证明活动贯穿刑事诉讼全过程，证明主体为国家专门机关和诉讼当事人。就阶段而言，证明活动不仅仅出现在审判环节，例如案件侦查终结时，公安机关需要向检察机关提供证据证明自己主张的正确；就主体而言，证明被告人有罪的责任在于公诉方，但被追诉方及其辩护人作为证明主体，依然可以向法庭进行举证，证明自己罪轻或无罪，这是其正当权利。

3. 刑事诉讼证明对象是那些对定罪、量刑、保障程序合法性有意义的事项，主要包括实体性争议事实和程序性争议事实两个方面。

4. 刑事诉讼的证明是用证据来阐述案件事实，即证明须依证据，需要严格贯彻证据裁判原则。

第一节 证明对象

一、证明对象的概念和意义

刑事诉讼中的证明对象，又称待证事实，主要指证明主体在刑事诉讼中需要运用证据予以证明的事实情况。证明对象必须与犯罪嫌疑人、被告人的定罪量刑及保证程序合法性有关，并且是有必要被证明的事实，唯此，才有证明意义。

刑事诉讼中的证明对象有下列特点：一是相关性。证明对象必须是与案件有关且具有实际诉讼意义的事实，与案件无关的事实不能成为证明对象。二是规范调整性。证明对象必须是受一定法律规范调整的事实。三是证明的必要性。证明对象必须是需要运用证据才能够确认的事实，如果是不需要用证据证明的事实，如众所周知或已为法律所确认的事实，则不属于证明对象。

明确证明对象具有重要意义。它使公安司法人员及当事人明确应查明的案件事实范围，以便有目标、有步骤地进行侦查、调查工作，做到既不遗漏案件中应当查明的事实，也不因纠缠与案件无关的枝节事实而浪费司法资源。

二、证明对象的范围

我国刑事诉讼法并未明确规定证明对象的范围，不过《公安规定》明确了"需要查明的案件事实"范围，《高法解释》规定了"应当运用证据证明的案件事实"。

《公安规定》第69条规定，需要查明的案件事实包括：（1）犯罪行为是否存在；（2）实施犯罪行为的时间、地点、手段、后果以及其他情节；（3）犯罪行为是否为犯罪嫌疑人实施；（4）犯罪嫌疑人的身份；（5）犯罪嫌疑人实施犯罪行为的动机、目的；（6）犯罪嫌疑人的责任以及与其他同案人的关系；（7）犯罪嫌疑人有无法定从重、从轻、减轻处罚以及免除处罚的情节；（8）其他与案件有关的事实。

《高法解释》第72条规定，应当运用证据证明的案件事实包括：（1）被告人、被害人的身份；（2）被指控的犯罪是否存在；（3）被指控的犯罪是否为被告人所实施；（4）被告人有无刑事责任能力，有无罪过，实施犯罪的动机、目的；（5）实施犯罪的时间、地点、手段、后果以及案件起因等；（6）是否系共同犯罪或者犯罪事实存在关联，以及被告人在共同犯罪中的地位、作用；（7）被告人有无从重、从轻、减轻、免除处罚情节；（8）有关涉案财物处理的事实；（9）有关附带民事诉讼的事实；（10）有关管辖、回避、延期审理等的程序事实；（11）与定罪量刑有关的其他事实。

概括来讲，刑事诉讼的证明对象包括实体法事实和程序法事实两部分。

（一）实体法事实

1. 犯罪构成要件的事实。犯罪构成要件的事实主要由刑法规定，可以将其概括为"七何"问题。第一，"何人"？这里解决的是犯罪主体要件。第二，"何时"？这里回答的是犯罪时间。第三，"何地"？回答犯罪地点。第四，"何动机"？回答犯罪主观方面。第五，"何手段"？回答犯罪方法。第六，"何行为"？

回答犯罪的表现形式。第七，“何后果”？回答犯罪行为的损害。需要说明的是，刑事案件具体情况千差万别，并不是每一个案件都要将以上七方面全部证明齐备，需要进行个案判断。

2. 有关判断罪行轻重的量刑情节事实。我国刑法规定了一系列可以从重、从轻、减轻、免除刑事处罚的情节，对于诉讼双方有重要意义。例如，累犯、主犯、教唆不满18周岁的人犯罪属于从重处罚的情节，而预备犯、未遂犯、中止犯、从犯、胁从犯、未成年人犯罪、自首等情节都属于从轻或减轻的情节。

3. 有关排除行为违法性、可罚性的事实。保障无罪之人不受刑事追诉也是我国刑事诉讼法的任务之一。也就是说，对刑事被追诉方有罪的事实应当查清，有关排除行为违法性、可罚性的事实也应查清。具体包括：（1）正当防卫和紧急避险行为。（2）犯罪已过追诉时效期限、经特赦令免除刑罚、被告人死亡等事实。

4. 排除行为人刑事责任的事实。包括行为人没有达到刑事责任年龄而无刑事责任能力，以及行为人案发时因患精神病正处于病发状态，经法定程序鉴定确认不负刑事责任的事实。

（二）程序法事实

程序法事实即对解决程序问题具有法律意义的事实。例如，当控辩双方就被告人审判前供述、未到庭证人的书面证言、未到庭被害人的书面陈述是否为非法取得有争议时，上述言词证据获得的合法性就成为需要证明的事实。《高法解释》第72条第10项将“有关管辖、回避、延期审理等的程序事实”也纳入了“应当运用证据证明的案件事实”。概括而言，程序法事实主要包括：

1. 有关管辖的事实；
2. 有关回避的事实；
3. 对犯罪嫌疑人、被告人是否应当采取强制措施的事实；
4. 关于耽误诉讼期限是否有不可抗的原因和其他正当理由的事实；
5. 证据合法性事实，证据是否属于依法排除的事实；
6. 与执行合法性相关的事实，如罪犯“是否怀孕”的事实；
7. 其他违反法定程序的事实。

三、免证事实

免证事实，即不需要证据证明的事实，与待证事实相对，不属于证明的对象。顾名思义，控辩双方对此类事实无须举证证明，裁判者可直接确认其成立。其意义在于缩小证明对象的范围，减少证明环节，提高诉讼效率。

我国刑事诉讼法没有明确规定免证事实。《高检规则》第401条规定了在法庭审理中，不必提出证据进行证明的事实，包括：（1）为一般人共同知晓的常识性事实；（2）人民法院生效裁判所确认的并且未依审判监督程序重新审理的事实；（3）法律、法规的内容以及适用等属于审判人员履行职务所应当知晓的事实；（4）在法庭审理中不存在异议的程序事实；（5）法律规定的推定事实；（6）自然规律或者定律。

理论上，可以将免证事实分为：（1）众所周知的事实。例如，上述规则第1项规定的事实。（2）司法认知的事实。这是指对于应当适用的法律或某一可以认定的事实，由法官直接认定其为真实。前者如各种法律规定，后者如生效判决所确认之事实。（3）推定的事实。推定是指根据某一事实的存在而作出另一事实也存在的假设。刑事诉讼中的推定与证明责任有着复杂关系，主要关涉非法持有型犯罪和巨额财产来源不明罪的认定。（4）无争议的程序事实。例如，上述《高检规则》第401条第4项规定的事实。

第二节　证明责任

一、证明责任的概念和意义

证明责任是全部证明活动中最为复杂的问题，法学界对该问题的争论由来已久且未达成共识。争论之一是证明责任与举证责任的关系。有学者认为证明责任就是举证责任；另有学者则提出应将证明责任与举证责任分开，后者只是前者的一种形式或一个组成部分，两者是整体和部分的关系；还有的认为证明责任和举证责任是两个独立、并列的概念，主张当事人负举证责任，公安司法机关负证明责任。争论之二是对证明责任概念的理解。目前主要存在三种观点：一是行为责任说；二是结果责任说；三是对前两种观点结合的双重含义说。行为责任，又称为提供证据的责任。行为责任说认为，证明责任就是控辩双方对己方提出的主张，有提供证据的责任。结果责任，又称为说服责任。结果责任说认为，证明责任就是当待证事实的存在与否、真伪不明时，应当由谁承担因此而产生的不利法律后果的责任。双重含义说，吸收了行为责任说和结果责任说的优点，得到更多人的认同。本教程亦采纳双重含义说。

据此，证明责任是指控辩双方对自己提出的诉讼主张有提供证据证明的责任；如果没有提供证据，或者提出的证据不足以证明其诉讼主张时，要承受由此产生的对自己不利的后果。具体包括三方面的内容：（1）提出证明的主张；（2）收集或提出有关证据；（3）运用证据证明诉讼主张，并使诉讼主张达到法定证明要求。提出证明的主张，是指诉讼中控辩双方对其主张的事实向法庭提供证据的责任。收集、提出有关证据，是指诉讼中各证明主体通过调查取证证明案件事实。

明确证明责任的重要意义主要在于有利于准确、及时查明案件事实。证明责任要求依法承担举证责任的一方积极主动地提供证据，以证明自己的主张。刑事公诉案件中，要求依法承担证明责任的公安、检察人员客观全面地收集证据，证明应予认定的事实。同时，明确证明责任还可以加强侦查、起诉和审判人员的责任心，防止互相推诿。

二、公诉案件证明责任的承担

在公诉案件中，犯罪嫌疑人、被告人有罪的证明责任由公安司法机关承担。刑事诉讼法第 51 条规定，公诉案件中被告人有罪的举证责任由人民检察院承担。也就是说，在公诉案件中，被告人既没有提供自己无罪证据的责任，更没有提供自己有罪证据的责任。法庭不能因为被告人没有提出证明自己无罪的证据或者保持沉默而判定其有罪。

犯罪嫌疑人、被告人原则上无证明责任，主要出于以下几个原因。

1. 无罪推定原则。无罪推定原则是指任何人未被依法确定有罪以前，应被视为无罪。根据该原则，被告人有不自证其罪的权利。证明被告人有罪的责任由起诉方，即人民检察院承担，人民检察院必须以充足的证据证明被告人犯下了被指控的罪行。

2. “谁主张，谁举证”原则。人民检察院代表国家行使追诉权，是审判活动的发动者，需要为自己提出的诉讼请求承担提供证据的责任。

3. 被告人之于公诉方，处于不利地位，很可能处于被羁押状态，显然不利于收集对其自身有利的证据。

同时刑事诉讼法第 52 条中规定：“审判人员、检察人员、侦查人员必须依照法定程序，收集能够证实犯罪嫌疑人、被告人有罪或者无罪、犯罪情节轻重的各种证据。”这表明公安司法机关对公诉案件负有证明责任。

在一般情况下，犯罪嫌疑人、被告人不承担证明责任，即没有义务提出证据证明自己无罪，办案人员不能因被告人没有提出证据证明自己无罪就推定其有罪。法律赋予被追诉人享有反驳控诉的辩护权，即有权根据事实和法律，提出证明自己无罪、罪轻或者减轻、免除其刑事责任的材料和意见，而辩护权不是证明责任。权利可以行使，也可以放弃，但证明责任则是义务。

该原则的例外需要由法律作出明文规定。例如，刑法第 395 条规定的巨额财产来源不明罪。此类案件中，首先承担证明责任的仍然是公安司法机关，当公安司法机关收集到足够的证据证明某国家工作人员的财产或支出明显超过合法收入且差额巨大时，证明责任就转移到犯罪嫌疑人、被告人身上，其必须说明差额部分的来源合法，若说明不了，差额部分以非法所得论。

另外，需要注意的是，刑事诉讼的证明对象繁多，对于一些程序法事实，证明责任需遵循“谁主张、谁举证”的原则进行分配，而并非专属由公诉方承担。例如，被告人申请审判人员回避，必须说明理由并提供相应的证据证明。

三、自诉案件证明责任的承担

我国刑事诉讼法第 51 条中同时还规定：“自诉案件中被告人有罪的举证责任由自诉人承担。”自诉人向人民法院提出控诉时，必须提供确实充分的证据，以证明自己的主张。对已经立案，经审查缺乏罪证的自诉案件，自诉人没有提出补充证据的，人民法院应当说服其撤回起诉或者裁定驳回起诉；在法庭审判阶段，也要提供证据能够证明被告人有罪，否则不能实现其诉讼请求。当然，自诉人还可以委托代理人来履行或协助其履行举证责任。自诉案件中，如果被告人依法提起反诉，被告人则负有对反诉请求的证明责任。

第三节　证明标准

一、证明标准的概念和意义

证明标准是指法律规定的运用证据证明待证事实所要达到的程度或标准。证明标准与证明责任密不可分。证明责任解决的问题是，由谁承担提供证据的义务，如果提供不能，法律后果是什么；而证明标准解决的问题是，提供证据到何种程度，才算完全尽到了证明责任。对于刑事证明标准，目前主要有两种经典表述，即英美法系国家的“排除合理怀疑”和大陆法系国家的“内心确信”。一般认为，二者只是表述角度有所区别，内涵基本一致。

在刑事诉讼中，证明标准有着重要的意义。它既是证明主体判断证明是否达到要求的标尺，也对刑事证明活动有指导和规范作用。举证一方只有在所提供的证据达到证明标准时，其诉讼主张才能成立，反之则会承担诉讼主张不能成立的不利后果。这对证据和证明都提出了要求。

二、我国刑事诉讼中的证明标准

根据刑事诉讼阶段的不同，我国刑事诉讼中的证明标准也各有差异。这是从人的科学认知规律出发，作出的实事求是的判断：随着刑事诉讼的进行，证明标准的变化应该是一个由低到高的过程。

刑事诉讼证明标准主要包括定罪量刑的证明标准、启动公诉的证明标准、移送审查起诉的证明标准，拘留、逮捕的证明标准以及证据合法性的证明标准等。

（一）认定有罪的证明标准

对于刑事诉讼中认定有罪的证明标准，我国刑事诉讼法反复进行了明确规定，即“案件事实清楚，证据确实、充分”。

案件事实清楚，指的是对定罪量刑有关的事实和情节必须清楚；证据确实、充分，指的是证据必须真实可靠，案件的证明对象都有相应证据证明其真实性，并能排除其他可能性。

根据刑事诉讼法第 55 条规定，认定被告人有罪并处以刑罚需要达到“证据确实、充分”的证明标准，即应当符合三个条件：（1）对于我国刑法规定的某一罪名的构成要件及量刑事实均需证据证明，即“定罪量刑的事实都有证据证明”。这是对证据在量上的要求。（2）据以定案的证据在法庭上要经过法庭审查和质证，确定证据具有客观性、关联性和合法性，排除非法证据的可能性，即“据以定案的证据均经法定程序查证属实”。这是对证据在质上的要求。（3）综合全案证据，对所认定事实已排除合理怀疑。这是指办案人员在每一证据均已查证属实的基础上，经过对证据的综合审查，运用法律知识和逻辑、经验进行推理、判断，对认定的案件事实达到排除合理怀疑的程度，得出的结论具有唯一性。

（二）不同诉讼阶段对证明标准的要求

需要强调的是，“案件事实清楚，证据确实、充分”的证明标准，并不是要求在刑事诉讼的每个阶段都要达到这一标准。如前所述，人类认识事物的过程总是一个由浅到深的过程。在刑事诉讼的过程中，办案人员对案件的认识也是如此，所以对于刑事诉讼的每个阶段都要求达到“案件事实清楚，证据确实、充分”的标准并不现实。笼统地讲，立案阶段的证明标准较低，判决阶段的证明标准较高。另外该证明标准也不适用于程序法事实方面。

立案时的证明标准，只需证明有犯罪事实的发生并需追究刑事责任即可，不要求查明全部犯罪事实。

对于逮捕时的证明标准，我国刑事诉讼法第 81 条明确规定，对有证据证明有犯罪事实，可能判处徒刑以上刑罚的犯罪嫌疑人、被告人，采取取保候审尚不足以防止发生下列社会危险性的，应当予以逮捕：（1）可能实施新的犯罪的。（2）有危害国家安全、公共安全或者社会秩序的现实危险的。（3）可能毁灭、伪造证据，干扰证人作证或者串供的。（4）可能对被害人、举报人、控告人实施打击报复的。（5）企图自杀或者逃跑的。对有证据证明有犯罪事实，可能判处 10 年有期徒刑以上刑罚的，或者有证据证明有犯罪事实，可能判处徒刑以上刑罚，曾经故意犯罪或者身份不明的，应当予以逮捕。被取保候审、监视居住的犯罪嫌疑人、被告人违反取保候审、监视居住规定，情节严重的，可以予以逮捕。

有关管辖、回避、违反法定诉讼程序、某些程序法事实及采取强制措施的事实的证明，实践中一般都低于“案件事实清楚，证据确实、充分”的标准。

根据我国刑事诉讼法的规定，公安机关侦查终结移送审查起诉，人民检察院提起公诉，人民法院作出有罪判决，需要达到“犯罪事实清楚，证据确实、充分”的证明标准。但有学者对此提出异议，认为侦查终结和提起公诉时适用这一标准过于严格，不符合实际，不利于节约司法资源和提高诉讼效率。还有学者提出应该针对不同类型的案件、不同的证明责任主体、不同的证明对象，设置不同的证明标准。例如，区分死刑案件和普通案件的证明标准，等等。

三、证据不足案件的处理

证据不足的案件，又称“疑罪”案件，指在司法实践中，由于各种原因，有些案件达不到“犯罪事实清楚，证据确实、充分”的证明标准。对于此类案件，应该作出妥善处理，不能久拖不决。

刑事诉讼法对于证据不足案件的处理作出了明确规定。人民检察院审查案件，对于需要补充侦查的，可以退回公安机关补充侦查，也可以自行侦查。对于两次补充侦查的案件，人民检察院仍然认为证据不足，不符合起诉条件的，应当作出不起诉的决定。在法庭审判案件时，人民法院认为控诉证据不足，不能认定被告人有罪的，应当作出证据不足、指控的犯罪不能成立的无罪判决。

第十四章　刑事证据的种类

所谓刑事证据的种类，是指根据证据的表现形式，在法律上对刑事证据所进行的分类，也被称为证据的法定形式。根据我国的证据学理论和司法实践，证据种类是证据形式合法性的重要标准之一，只有具备法律规定形式的材料才有证据能力，不符合证据种类要求的材料不具有证据能力。根据刑事诉讼法第50条的规定，我国的刑事证据共分为八种，包括：（1）物证；（2）书证；（3）证人证言；（4）被害人陈述；（5）犯罪嫌疑人、被告人供述和辩解；（6）鉴定意见；（7）勘验、检查、辨认、侦查实验笔录；（8）视听资料、电子数据。

第一节　物　　证

一、物证的概念

物证，是我国刑事诉讼法明确规定的一种十分重要的证据种类，它是以其存在状况、外部特征或构成属性来发挥证明案件事实的作用的。刑事诉讼法第50条将物证列为第一顺位的证据，反映出物证在刑事诉讼证据中的地位。所谓物证的外部特征，主要指其客观存在的形状、大小、数量、颜色及新旧破损程度等。所谓物证的构成属性，主要指物证所具有的质量、重量、材料、成分、结构、性能等。物证包括实物和痕迹两大类。实物是指与案件事实有联系的客观实在物，如作案工具、赃款赃物等。痕迹是指犯罪行为作用于客观外界而留下的印痕或物体运动产生的轨迹，如犯罪分子遗留在作案现场的脚印、指纹，撬压门锁留下的印痕等。物证是形形色色、多种多样的，在刑事诉讼中经常使用的物证，大致可概括为以下几类：

1. 实施犯罪的工具。例如，杀人所使用的刀枪毒药；盗窃用的改锥、钥匙；爆炸用的炸药；纵火用的引火物等。

2. 实施犯罪行为产生的痕迹。例如，遗留在现场的指纹、足迹；杀人、伤人的血迹；强奸案件中的精斑；盗窃案件的撬压痕迹等。

3. 犯罪现场留下的物品。例如，犯罪分子遗留在犯罪现场的衣服、烟头、纽扣、纸屑等。

4. 犯罪附着物——微量证据。微量证据是指与犯罪有关的、能揭露和证实犯罪以及为侦破案件提供线索范围的体小量微的物质。微量证据本质上仍然属于物证，是体积小、质量轻、较为隐蔽、不易察觉的微小实物或痕迹，以其物质属性、外部特征及状态等发挥证明案件情况的作用，其一般都散落在现场周围或附着在客体上，如案犯及受侵害者身上、作案工具上等。微量证据范围广泛，种类繁多，自然界中存在的各种物质材料都有可能以微量证据的形式出现在犯罪现场，有时用肉眼很难看见或者根本看不见，如油漆碎片、化学元素、金属细屑、组织纤维、药物残渣、浆渍斑痕、植物花粉、油脂涂料等。

5. 犯罪行为侵犯的客体物。例如，经济犯罪中的赃款、赃物；杀人案件中被害人的尸体等。

6. 犯罪行为产生的物品。例如，非法制造的枪支、弹药；非法出版物；伪造的货币等。

7. 其他可供查明案件真实情况的物品或痕迹。例如，物体的味道、颜色、位置等。

二、物证的作用

物证是以客观存在的实在物对案件起证明作用的。这是物证最大的特点，也是物证与言词类证据最重要的区别。由于物证是实际存在的物品和痕迹，因此只要及时收集，用科学的方法提取、固定并妥善保存，其往往就具有较强的稳定性和可靠性。物证在刑事诉讼证明活动中不仅应用广泛，而且具有其他证据不能替代的作用。具体而言，物证的作用体现在如下几个方面：

1. 侦查人员可以根据现场留下的犯罪工具、足迹、指纹、赃物、尸体等推断犯罪性质、犯罪手段和犯罪嫌疑人，发现侦查线索，确定侦查方向，在有些情况下甚至可以借助物证直接破获案件。

2. 可以通过物证与证人证言、被害人陈述、被告人口供等其他证据相互印证，来鉴别它们的真伪；可以利用物证迫使犯罪分子认罪服法、坦白交代。

3. 在法治宣传教育方面物证也能起到重要作用。例如，反映犯罪行为严重后果的物证，可以使广大群众充分认识犯罪行为的危害性；犯罪分子使用的犯罪工具等物证，可以使人们直观地了解犯罪分子作案的手段、方法，提高预防犯罪的警觉性，加强安全防范方面的措施。

应当注意的是，物证的证明作用具有间接性，物证所反映的案件事实一般都是不完整的片段。因此，物证往往不能单独直接证明案件事实的全部，而必须与其他证据或证明方法相结合方能发挥作用。例如，案发现场提取的凶刀，固然是证明案件事实的实物证据，但该证据要发挥证明作用，还必须要有证明该凶刀是从案发现场提取的提取笔录或勘验、检查笔录，以及送检后形成的鉴定意见。因此，司法实务中一定要注意将物证与其他证据相互印证。

三、物证的收集与运用

虽然物证相对于言词类证据具有一定的客观性、真实性，但物证的客观性和真实性是建立在物证的收集、保管程序完全合法的前提下的。因此，收集物证、固定物证应当及时、细致并运用先进的科学方法，防止因环境变化、工作失误等使物证丧失证明作用。对于物证应当妥善保管，不得使用和损害。司法实践中，物证的提取、固定、保管和送检环节，因为缺乏相关证明或记录而出现来源不明的情况已经成为一个比较常见和突出的问题。因此，应重视物证提取、固定、保管、送检环节的重要性，以"大物证"概念作为观念指导，即将物证理解为一个"证据群"，而不单单是实物或痕迹，其可能涉及多个法定证据种类，不仅包括作为证据的物证本身，还包括记录其提取、固定、保管和送检环节的证明性文件等。在"大物证"概念下，要求在取证、举证、质证和认证环节，办案部门需要以"大物证"为单位或单元作业，注重对物证提取、固定、保管、送检环节的记录和审查，将物证来源的真实性、客观性和合法性重视起来。

运用物证时，必须查明物证来源，注意有无伪造、变化或损坏等情况。在许多情况下，必须经过辨认、检验、鉴定才能揭示物证的证明力，必须与其他证据相互对照才能发挥物证的证明作用。物证必须按照法律规定的程序经过出示、辨认，查证属实后才能作为定案的根据。刑事诉讼法第 56 条中规定："收集物证、书证不符合法定程序，可能严重影响司法公正的，应当予以补正或者作出合理解释；不能补正或者作出合理解释的，对该证据应当予以排除。"

司法实务中，对物证应当着重审查以下内容。

1. 物证是否为原物，是否经过辨认、鉴定。据以定案的物证应当是原物，原物不便搬运、不易保存、依法应当返还或者依法应当由有关部门保管、处理的，可以拍摄、制作足以反映原物外形和特征的照片、录像、复制品。必要时，审判人员可以前往保管场所查看原物。物证的照片、录像、复制品是否与原物相符，是否由 2 人以上制作，有无制作人关于制作过程以及原物存放于何处的文字说明和签名。

2. 物证的收集程序、方式是否符合法律、有关规定。经勘验、检查、搜查提取、扣押的物证，是否附有相关笔录、清单，笔录、清单是否经调查人员或者侦查人员、物品持有人、见证人签名；没有签名的，是否注明原因。物品的名称、特征、数量、质量等是否注明清楚。在勘验、检查、搜查过程中提取、扣押的物证，未附笔录或者清单，不能证明物证来源的，不得作为定案的根据。

3. 物证在收集、保管、鉴定过程中是否受损或者改变。

4. 物证与案件事实有无关联。对现场遗留与犯罪有关的具备鉴定条件的血迹、体液、毛发、指纹等生物样本、痕迹、物品，是否已作DNA鉴定、指纹鉴定等，并与被告人或者被害人的相应生物特征、物品等比对。

5. 与案件事实有关联的物证是否全面收集。

6. 物证的收集程序、方式有下列瑕疵，经补正或者作出合理解释的，可以采用：（1）勘验、检查、搜查、提取笔录或者扣押清单上没有调查人员或者侦查人员、物品持有人、见证人签名，或者对物品的名称、特征、数量、质量等注明不详的；（2）物证的照片、录像、复制品，书证的副本、复制件未注明与原件核对无异，无复制时间，或者无被收集、调取人签名的；（3）物证的照片、录像、复制品，书证的副本、复制件没有制作人关于制作过程和原物、原件存放地点的说明，或者说明中无签名的；（4）有其他瑕疵的。物证的来源、收集程序有疑问，不能作出合理解释的，不得作为定案的根据。

第二节　书　　证

一、书证的概念

书证，是指以文字、符号、图画等所表达的思想和记载的内容对案件事实起证明作用的文件或其他书面材料。书证，以一定的物质为载体，即表现为一定的物质形式，在证据理论分类中与物证一起属于实物证据，也可以将其纳入广义的物证范畴。但是，书证与物证有所不同。书证是以所记载的内容或表达的思想起证明案件事实的作用，而物证是以其存在、外部特征或构成属性起证明作用的。如果作为证据的物品，上面虽然有文字记载，但对案件事实的证明作用不是来自记载中所表达的内容，而是基于它存在的场所或外部特征，那就不是书证，而是物证。书证的表现形式通常是文字，也可以是图画或其他可识别的符号。刑事诉讼中书证的范围较为广泛，如危害国家安全案件中的反动标语、传单，贪污案件中的账册、单据等。

书证的形式是多种多样的。以不同标准，从不同角度可以将书证划分为多种类型。例如，按其表现形式不同，可分为以文字形式表现的书证和以符号、图画等形式表现的书证；按其物质载体不同，可分为书面材料和以其他材料（墙壁、布匹、碑石等）为载体的书证。在刑事诉讼证明中，以运用书面材料的书证为主。对于书面材料的书证，通常按以下标准进行分类：按书证是否系国家机关等依职权制作，分为公文性书证和非公文性书证；按书证制作时是否有特殊要求，分为一般书证和特殊书证；按书证内容的不同，分为处分性书证和记述性书证；按书证制作方法的不同，分为原本、正本、副本、节录本、影印本以及译本等。

二、书证的作用

书证作为刑事诉讼中的证据，具有以下特征：第一，书证必须是以文字、符号、图画等记载一定的内容或表达一定的思想，而且它所记载的内容或思想能够为人们所认识和理解。第二，书证所记载的内容或表达的思想必须与案件有客观联系，能用以证明案件事实。

书证在刑事诉讼证明中具有十分重要的作用。首先，书证是在刑事诉讼中广泛运用的一种证据，是查明案件事实的有效手段。其次，书证以一定的物质材料为载体，一旦形成，具有稳定性的特点。只要书证未被销毁、灭失，所记载的内容就能长期保存。再次，书证以其内容证明案件事实，具有意思清楚、明确具体的特点。最后，书证对审查鉴别其他证据的真伪也有积极作用。在某些案件中，甚至缺乏书证便难以定案。

三、书证的收集与运用

书证的收集与审查判断规则与物证基本相同。但要注意的是，据以定案的书证应当是原件。取得原件确有困难的，可以使用副本、复制件。扣押文件要按照法律规定的程序进行，对被扣押的文件要妥善保管或者封存，不得使用或者损毁。在复制、摘抄书证时，要注意保持原件内容的完整性，不得任意取舍或断章取义。对书证的更改或者更改迹象不能作出合理解释，或者书证的副本、复制件不能反映原件及其内容的，不得作为定案的根据。书证的副本、复制件，经与原件核对无误、经鉴定或者以其他方式确认真实的，可以作为定案的根据。书证的收集程序、方式存在瑕疵，经补正或者作出合理解释的，可以采用。书证的来源、收集程序有疑问，不能作出合理解释的，不得作为定案的根据。具备辨认条件的书证应当交由当事人或者证人进行辨认，必要时应当进行鉴定。用作定案根据的书证必须在法庭审理中当庭宣读，听取公诉人、当事人和辩护人、诉讼代理人的意见。

第三节　证人证言

一、证人证言的概念

证人证言，是指证人就其所了解的案件情况向公安司法机关所作的陈述。证人证言一般是口头陈述，以询问笔录的形式加以固定。经办案人员同意由证人亲笔书写的书面证词，也是证人证言。证人证言是在刑事诉讼中运用最为广泛的一种证据。这是因为，任何刑事案件都是在社会上发生的。案件一经发生，往往会被人民群众感知，这是证人提供证言的客观根据，也是公安司法人员借以查清案件事实的重要手段。证人证言无须采用专门技术和设备发现与收集。特别是在我国，发动群众、依靠群众是公安司法机关办案中一贯坚持的优良作风，人民群众具有协助公安司法机关办案的高度觉悟和积极性。因此，证人证言对于办案人员正确认定案情，收集和鉴别其他证据，完成刑事诉讼法的任务，具有重要意义。

证人证言的内容，包括对查清案件有意义的一切事实。关于证人证言，外国特别是英美法系国家，有排除意见证据和传闻证据的法则，要求证人只能就自己亲身体验的情况作证，原则上禁止将传闻作为证据。同时要求证人只能陈述自己所了解的案件事实，而不能对这些事实发表意见和看法。我国立法未限制证人只能对自己亲身经历的情况作证，证人陈述的情况，可以是亲自看到或者听到的，也可以是别人看到、听到而转告于他的。证人转述被告知的案件事实，应当说清来源。说不清来源，或者道听途说的，不能作为证据。对于证人意见可否作为证言的内容法律虽无明确规定，但从法律关于只有“知道案件情况的人”才有作证的义务，证人应当“如实地提供证言”等规定来理解，证言的内容应限于证人所了解的案件情况。与案件无关的事实，或者证人对案件事实的分析、判断或者估计、猜测等，都不能作为证言的内容。但要注意两个例外：一是证人的猜测性、评论性、推断性的证言，不能作为证据使用，但根据一般生活经验判断符合事实的除外。二是专家证人除外，根据我国刑事诉讼法第 197 条第 2 款规定：“公诉人、当事人和辩护人、诉讼代理人可以申请法庭通知有专门知识的人出庭，就鉴定人作出的鉴定意见提出意见。”法律在此明确规定，有专门知识的人，可以就鉴定人的鉴定意见提出自己的意见。因此，在我国，有专门知识的人的意见是可以作为证言内容的。

二、证人的资格

证人必须具备一定的条件。从我国刑事诉讼法的有关规定来看，证人应当具备以下条件：第一，证人是在诉讼活动开始前便了解案件情况的人。证人是以了解案件情况为基本特征的，如果不了解案件情况，或者是在诉讼过程中通过诉讼活动才了解案件情况的，都不能作证人。反之，凡是在诉讼开始前就了解案件情况的人，都应当作证人，履行作证的义务，而不能让他担任本案的侦查、检察、审判人员，或者鉴定人、翻译人员、书记员和辩护人、代理人。这是由证人具有不可替代性和不可指定性的特点所决定的。第二，证人必须是能够辨别是非、能够正确表达的人。刑事诉讼法第 62 条第 2 款规定：“生理上、精神上有缺陷或者年幼，不能辨别是非、不能正确表达的人，不能作证人。”一方面，如果因生理上、精神上有缺陷或者年幼，以致不能辨别是非、不能正确表达，就不能向公安司法机关提供对查清案件事实有意义的情况，当然就不能作证人。另一方面，虽然生理上、精神上有缺陷或者年幼，但能够辨别是非并能够将自己所了解的案件情况准确表述，如盲人讲述听到的情况，聋人讲述看到的情况等，都应认为具有作证的能力，依法都可以作为证人提供证言。可见，能够“辨别是非”和“正确表达”是取得证人资格的必要条件，而“生理上、精神上有缺陷或者年幼”则是丧失证人资格的相对条件。但要注意的是，对于生理上、精神上有缺陷的证人（被害人和被告人），在对案件事实的认知和表达上存在一定困难，但尚未丧失正确认知、正确表达能力而作的证言（陈述、供述），司法实务中强调慎重使用，但如有其他证据印证的，可以采信。第三，证人是自然人。这是由于只有自然人才能运用自己的感官感知案件事实，单位、团体没有这种感知能力。同时，证人作证应当承担法律赋予的义务，故意提供虚假证言的，应当承担法律责任，构成犯罪的要予以刑事处罚。而单位、团体不具备伪证罪的刑事责任能力。因此，证人应限于自然人。

三、证人证言的收集与运用

我国刑事诉讼法第 61 条规定：“证人证言必须在法庭上经过公诉人、被害人和被告人、辩护人双方质证并且查实以后，才能作为定案的根据。法庭查明证人有意作伪证或者隐匿罪证的时候，应当依法处理。”因此，收集证人证言的途径是询问证人。询问证人应以口头的方式进行，以便公安司法人员通过询问全面了解证人提供的情况，及时澄清证人证言中不清楚或自相矛盾的地方，对证言做出正确的判断。在口头询问的基础上，证人请求书写证言的，询问人员应当允许。必要时，公安司法人员可以要求证人亲笔书写证言。询问证人必须严格遵守法律规定的程序进行，并且注意针对证人的不同情况采取适当的方法。询问证人时应当告知其应当如实提供证言和有意作伪证或隐匿罪证要负的法律责任。

对证人证言应当着重审查以下内容。

1. 证言的内容是否为证人直接感知。证人的猜测性、评论性、推断性的证言，不能作为证据使用，但根据一般生活经验判断符合事实的除外。

2. 证人作证时的年龄、认知水平、记忆能力和表达能力，生理上和精神上的状态是否影响作证。处于明显醉酒、中毒或者麻醉等状态，不能正常感知或者正确表达的证人所提供的证言，不得作为证据使用。

3. 证人与案件当事人、案件处理结果有无利害关系。对于与被告人有亲属关系或者其他密切关系的证人所作的对该被告人有利的证言，或者与被告人有利害冲突的证人所作的对该被告人不利的证言，应当慎重使用，但如有其他证据印证的，也可以采信。

4. 证言的取得程序、方式是否符合法律、有关规定。有无以暴力、威胁等非法方法收集证人证言的情形；有无违反询问证人应当个别进行的规定；笔录是否经证人核对确认并签名（盖章）、捺指印；询问未成年证人，是否通知其法定代理人或者刑事诉讼法第 281 条第 1 款规定的合适成年人到场，有关人员是否到场。

5. 证人证言之间以及与其他证据之间能否相互印证，有无矛盾。证人在法庭上的证言与其庭前证言相互矛盾，如果证人当庭能够对其翻证作出合理解释，并有相关证据印证的，应当采信庭审证言。经人民法院通知，证人没有正当理由拒绝出庭或者出庭后拒绝作证，法庭对其证言的真实性无法确认的，该证人证言不得作为定案的根据。

6. 具有下列情形之一的证人证言，不能作为定案的根据：(1) 询问证人没有个别进行而取得的证言；(2) 书面证言没有经证人核对确认的；(3) 询问聋哑人或者不通晓当地通用语言、文字的少数民族人员、外国人，应当提供翻译而未提供的。

7. 证人证言的收集程序、方式有下列瑕疵，通过有关办案人员的补正或者作出合理解释的，可以采用：(1) 询问笔录没有填写询问人、记录人、法定代理人姓名或者询问的起止时间、地点的；(2) 询问地点不符合规定的；(3) 询问笔录没有记录告知证人有关权利义务和法律责任的；(4) 询问笔录反映出在同一时间段内，同一询问人员询问不同证人的；(5) 询问未成年人，其法定代理人或者合适成年人不在场的。

第四节　被害人陈述

一、被害人陈述的概念和特点

被害人陈述，是指被害人就自己遭受犯罪行为侵害的事实和所了解的犯罪嫌疑人、被告人的情况向公安司法机关所作的陈述。被害人陈述，既包括公诉案件中被害人所作的陈述，也包括自诉案件中作为自诉人的被害人和附带民事诉讼原告人的被害人关于案件事实的陈述。被害人陈述的内容一般有两个方面：其一是关于遭受犯罪侵害情况的叙述；其二是对犯罪人的控告、揭发。其中，有的被害人能够明确指控谁是犯罪嫌疑人，有的仅能提供查获犯罪人的线索，有的被害人则对犯罪人一无所知。除此之外，被害人在诉讼中还可能提出如何惩罚犯罪人的要求或者关于损害赔偿的请求等，这些均与查清案件事实无关。因此，被害人的要求不属于“被害人陈述”，不能作为诉讼证据。被害人陈述有如下特点。

1. 被害人陈述的主体是被害人，具有不可替代性。被害人是犯罪行为的直接受害者，被害人的特定性决定了被害人陈述的不可替代性。

2. 被害人陈述的复杂性。由于主客观因素的影响，被害人陈述往往有可能夸大事实情节，甚至虚假陈述诬告陷害他人。被害人陈述的真实性和虚假性并存，与其他形式的证据有较大区别。

二、被害人陈述与证人证言的区别

在日本，一般把被害人陈述作为证人证言。实际上，被害人陈述与证人证言并不完全相同，这是由被害人与证人和犯罪的不同关系、不同的心理状态以及在诉讼中的不同地位所决定的。被害人陈述与证人证言的区别集中表现为以下两个方面。

1. 陈述主体与诉讼结果的关系不同。被害人陈述是受到犯罪行为直接侵害的人，将其遭受犯罪行为侵害的情况向公安司法机关所作的陈述；而证人证言是由未受到犯罪行为直接侵害的第三者，向公安司法机关提供所了解的案件情况。被害人与诉讼结果有利害关系，即被告人是否构成犯罪，是否被判处刑罚和判处何种刑罚，与被害人的切身利益或愿望有关；而证人与诉讼结果没有利害关系，被告人是否被定罪与判刑对其没有直接的影响。由此决定两者在收集和审查判断方面存在明显的差异。

2. 故意作虚伪陈述的法律后果不同。被害人如果捏造犯罪事实，意图陷害他人，使他人受到刑事处分，应当根据刑法第 243 条追究其诬告陷害罪的刑事责任。证人在侦查、审判中故意作虚假证明，意图包庇他人或隐匿罪证，应当承担刑法第 305 条规定的伪证罪的刑事责任。

三、被害人陈述的收集与运用

被害人陈述在刑事诉讼中对于查清案件事实有重要意义。被害人由于是犯罪行为直接侵害的对象，因此一般对案件事实了解得比较详细、具体，特别是在强奸、伤害、诈骗等案件中，被害人与犯罪分子大都有过直接接触，他们不仅了解犯罪的时间、地点、手段、过程、后果，而且还了解犯罪分子本人的许多具体情况，甚至可以明确告发或指认谁是犯罪嫌疑人。这一切，使被害人陈述对于公安司法机关判断案件性质，确定侦查方向和重点，收集核实其他证据，都有着重要的作用。但由于被害人与案件有直接利害关系，可能因个人怨恨而夸大事实或虚构情节，也可能因突然遭受犯罪行为的侵害导致精神紧张、情绪激动而发生认识或记忆上的错误，还可能因受到威胁恫吓或出于自身名誉、利益的考虑而不敢或不愿如实陈述案件事实。因此，对于被害人陈述，应从被害人感受案件事实时的主观状态和客观环境，被害人的感知、记忆和表述能力，被害人的道德品质等各个方面进行审查，辨别真伪。

对被害人陈述的审查与认定，适用证人证言的有关规定。

第五节　犯罪嫌疑人、被告人供述和辩解

一、犯罪嫌疑人、被告人供述和辩解的概念和特点

犯罪嫌疑人、被告人供述和辩解，是指犯罪嫌疑人、被告人在刑事诉讼中就其被指控的犯罪事实和案件的其他有关情况，向公安司法机关所作的陈述。司法实践中通常又称犯罪嫌疑人、被告人口供。犯罪嫌疑人、被告人供述和辩解这种证据，是由犯罪嫌疑人或被告人提供的。犯罪嫌疑人、被告人通常为自然人。根据我国刑法的规定，单位可以成为某些犯罪的主体，相应地在刑事诉讼中也就可能成为犯罪嫌疑人或被告人。单位为犯罪嫌疑人或被告人时，由其法定代表人作为被告单位的代表参加诉讼。该法定代表人就与单位犯罪有关的事实所作的陈述，就属于犯罪嫌疑人、被告人供述和辩解。因为法定代表人是单位意志的体现者和执行者，他对于单位是否犯罪以及怎样犯罪等，一般也是清楚的，不仅有义务而且也有条件提供被告人供述和辩解这种证据。

从形式上看，犯罪嫌疑人、被告人供述和辩解一般表现为犯罪嫌疑人、被告人接受公安司法人员讯问，向讯问人员所作的口头陈述。经公安司法人员许可，犯罪嫌疑人、被告人也可以以书面方式做出供述和辩解。从内容上看，犯罪嫌疑人、被告人供述和辩解一般可能包含三个方面的内容：（1）犯罪嫌疑人、被告人供述，即犯罪嫌疑人、被告人向公安司法机关承认自己犯有罪行和关于犯罪具体过程、情节的叙述；（2）犯罪嫌疑人、被告人的辩解，即犯罪嫌疑人、被告人否认自己有犯罪行为，或者虽然承认自己犯了罪，但又对依法不应追究刑事责任或者有从轻、减轻或免除处罚等情况所作的申辩和解释；（3）犯罪嫌疑人、被告人对他人共同犯罪事实的检举和揭发。理解犯罪嫌疑人、被告人供述和辩解可能包含上述三方面内容，目的在于纠正单纯将犯罪嫌疑人、被告人口供理解为犯罪嫌疑人、被告人承认有罪的陈述这种片面性的认识。

关于同案被告人互相检举揭发是否属于被告人供述和辩解的问题，由于涉及刑事诉讼法第 55 条关于“只有被告人供述，没有其他证据的，不能认定被告人有罪和处以刑罚”规定的理解和执行，理论界和司法实务部门认识不尽一致。归纳起来，主要有以下几种意见：第一种意见认为，被告人在交代自己罪行的同时，检举揭发同案被告人的共同犯罪事实，仍然属于被告人供述和辩解的一部分，不能看作证人证言。这是我国证据理论界多数学者的观点。第二种意见认为，同案被告人的攀供，其内容既然是检举揭发他人的犯罪行为，实际上他也是就自己所了解的案件事实向司法机关进行陈述，与其他证人的证言作用是一样

的，因此应当视同于证人证言。第三种意见认为，从原则上来说，同案被告人的攀供，仍然是被告人口供的一部分，不能视为证人证言。但在特殊情况或在一定条件下，可以作为证人证言使用。

由于犯罪嫌疑人、被告人在刑事诉讼中的特殊地位，决定了犯罪嫌疑人、被告人供述和辩解具有以下特点。

1. 犯罪嫌疑人、被告人如实供述对查明案情有重要作用。犯罪嫌疑人、被告人是被公安司法机关立案追究刑事责任的人，他对自己是否实施了犯罪行为以及如何实施，比其他任何人更为清楚。因此，如果犯罪嫌疑人、被告人坦白交代，如实供认，则可以全面、详尽地反映出作案的动机、目的，作案的手段、过程。共同犯罪的被告人供述，还可从各个侧面反映案件全貌。犯罪嫌疑人、被告人的供述经查证属实，一般可以成为认定案件事实的直接证据。如果犯罪嫌疑人、被告人辩解属实，则可以提供证实其无罪或者罪轻的证据或证据线索。犯罪嫌疑人、被告人供述和辩解所具有的这种特点，是其他任何形式的证据都难以具备的。

2. 犯罪嫌疑人、被告人供述和辩解有很大的虚假可能性。有真有假，真假混杂，这是犯罪嫌疑人、被告人供述和辩解的最大特点。这是因为：首先，犯罪嫌疑人、被告人作为刑事诉讼中被追诉的对象，诉讼结果与其有切身的利害关系。在大多数情况下，犯罪嫌疑人、被告人为了逃避罪责，总是企图否认和抵赖罪行。其次，犯罪嫌疑人、被告人由于所处的特殊诉讼地位或者在被限制人身自由的情况下，如果讯问人员存在逼供、诱供、指供等行为，更可能造成犯罪嫌疑人、被告人供述和辩解的内容严重失实。

3. 犯罪嫌疑人、被告人供述和辩解易有反复性。犯罪嫌疑人、被告人供述和辩解，除具有虚假的可能性外，还容易出现反复，很不稳定。主要表现在诉讼过程中，犯罪嫌疑人、被告人的思想由于受各种因素的影响，极易产生波动，随时可能翻供，甚至时供时翻，屡供屡翻。

4. 犯罪嫌疑人、被告人供述和辩解在诉讼中具有双重属性。由于犯罪嫌疑人、被告人的供述和辩解一方面是对案件的陈述，属于证据的一种；另一方面又是针对控诉内容所做的辩解，具有辩护的性质。

二、犯罪嫌疑人、被告人供述和辩解的意义

尽管犯罪嫌疑人、被告人供述和辩解内容上可能有真有假，真假混杂，而且容易反复，不能轻信，但不能因此而否定它的作用。司法实践证明，犯罪嫌疑人、被告人供述和辩解，对于全面分析研究案情，正确认定案件事实，公正处理案件，具有重要意义。

1. 犯罪嫌疑人、被告人如实交代自己所犯罪行，对公安司法人员迅速了解案

情，全面收集证据，正确认定犯罪的动机和目的、犯罪的过程和情节，有重要作用。

2. 犯罪嫌疑人、被告人的辩解，可以使办案人员“兼听则明”，重视调查和收集证明犯罪嫌疑人、被告人无罪或罪轻的事实和材料，对防止办案人员先入为主，主观片面，避免冤假错案有重要意义。

3. 犯罪嫌疑人、被告人的口供，无论是供认有罪，还是无罪辩解，或是检举揭发他人，均有助于办案人员从中发现新的情况和证据线索，及时确定、调整调查取证的范围。

4. 将犯罪嫌疑人、被告人供述和辩解与其他证据互相比较，互相印证，可以更好地审查和核实其他证据，发现矛盾，辨别真伪。

5. 通过对犯罪嫌疑人、被告人供述和辩解的分析，可以了解犯罪嫌疑人、被告人认罪悔改的态度，判断对其进行改造的难易，在量刑时予以考虑，正确贯彻“惩办与宽大相结合”的刑事政策。

三、犯罪嫌疑人、被告人供述和辩解的收集与运用

由于犯罪嫌疑人、被告人供述和辩解的特点及其在刑事诉讼中的重要作用，决定了对待犯罪嫌疑人、被告人供述和辩解的原则，是重证据、重调查研究，不轻信口供。刑事诉讼法第52条明确规定，严禁刑讯逼供和以威胁、引诱、欺骗等非法方法收集证据，不得强迫任何人证实自己有罪。刑事诉讼法第56条规定，采用刑讯逼供等非法方法收集的犯罪嫌疑人、被告人供述应当予以排除。在定案中必须坚持只有被告人口供，没有其他证据的，不能认定被告人有罪和处以刑罚；没有被告人供述，只要达到事实清楚，证据确实、充分的要求，就可以认定被告人有罪和处以刑罚。

司法实务中，对犯罪嫌疑人、被告人供述和辩解应当着重审查以下内容。

1. 讯问的时间、地点、讯问人的身份等是否符合法律、有关规定，讯问犯罪嫌疑人、被告人的侦查人员是否不少于2人，讯问犯罪嫌疑人、被告人是否个别进行等。

2. 讯问笔录的制作、修改是否符合法律、有关规定，讯问笔录是否注明讯问的起止时间和讯问地点，首次讯问时是否告知犯罪嫌疑人、被告人申请回避、聘请律师等有关权利和法律规定，犯罪嫌疑人、被告人是否核对确认。讯问笔录未经犯罪嫌疑人、被告人核对确认的，犯罪嫌疑人、被告人的供述不得作为定案的根据。

3. 讯问聋、哑人时，是否提供通晓聋、哑手势的人员；讯问不通晓当地通用语言、文字的被告人时，是否提供翻译人员；讯问未成年犯罪嫌疑人、被告人时，是否通知其法定代理人或者合适成年人到场，有关人员是否到场；讯问女性

未成年犯罪嫌疑人、被告人时，是否有女性工作人员在场。犯罪嫌疑人、被告人供述具有下列情形之一的，不得作为定案的根据：（1）讯问笔录没有经被告人核对确认的；（2）讯问聋、哑人，应当提供通晓聋、哑手势的人员而未提供的；（3）讯问不通晓当地通用语言、文字的被告人，应当提供翻译人员而未提供的；（4）讯问未成年人，其法定代理人或者合适成年人不在场的。

4. 有无以刑讯逼供等非法方法收集犯罪嫌疑人、被告人的供述的情形，必要时可以结合现场执法录音视频记录，讯问录音录像，犯罪嫌疑人、被告人进出看守所的健康检查记录，笔录等对犯罪嫌疑人、被告人的供述和辩解进行审查。采用刑讯逼供等非法方法收集的犯罪嫌疑人、被告人供述，不得作为定案的根据。

5. 犯罪嫌疑人、被告人的供述是否前后一致，有无反复以及出现反复的原因；犯罪嫌疑人、被告人的所有供述和辩解是否全部随案移送。

6. 犯罪嫌疑人、被告人的辩解内容是否符合案情和常理，有无矛盾。

7. 犯罪嫌疑人、被告人的供述和辩解与同案犯罪嫌疑人、被告人的供述和辩解以及其他证据能否相互印证，有无矛盾；存在矛盾的，能否得到合理解释。

8. 对被告人供述和辩解的审查，应当结合控辩双方提供的所有证据以及被告人本人的全部供述和辩解进行。被告人庭前供述一致，庭审中翻供，但被告人不能合理说明翻供理由或者其辩解与全案证据相矛盾，而庭前供述与其他证据能够相互印证的，可以采信被告人庭前供述。被告人庭前供述和辩解出现反复，但庭审中供认的，且庭审中的供述与其他证据能够印证的，可以采信庭审中的供述；被告人庭前供述和辩解出现反复，庭审中不供认，且无其他证据与庭前供述印证的，不能采信庭前供述。

9. 讯问笔录有下列瑕疵，通过有关办案人员的补正或者作出合理解释的，可以采用；不能补正或者作出合理解释的，不得作为定案的根据：（1）笔录填写的讯问时间、讯问地点、讯问人、记录人、法定代理人等有误或者存在矛盾的；（2）讯问人没有签名的；（3）首次讯问笔录没有记录告知被讯问人诉讼权利和法律规定的。

第六节　鉴定意见

一、鉴定意见的概念和特点

鉴定意见，是指鉴定人根据公安司法机关的指派或者聘请，运用自己的专门知识和技能对案件中需要解决的专门性问题进行鉴定后所作出的判断性意见。刑事诉讼法第 147 条第 1 款规定：“鉴定人进行鉴定后，应当写出鉴定意见，并且签名。”在刑事诉讼中需要鉴定的专门性问题非常广泛，常见的有法医学鉴定，司法精神病学鉴定，刑事科学技术鉴定（主要是痕迹鉴定、微量元素鉴定、文书鉴定等），化学毒物鉴定，会计鉴定，一般技术鉴定等。作为证据的一种，鉴定意见具有自身的特点。

1. 鉴定意见是鉴定人对案件中的专门性问题进行鉴定后得出的结论性意见。

2. 鉴定意见是鉴定人运用自己的专门知识和技能，凭借科学仪器和设备，分析研究案件中有关专门性问题的结果。这一点与勘验、检查笔录不同，后者是公安司法人员行使职权对与案件有关的场所、物品、人身等进行直接观察、检查后所作的客观记载。

3. 鉴定意见是鉴定人对案件中需要解决的一些专门性问题所作的结论，而不是对法律问题提供的意见。

二、鉴定意见与证人证言的区别

在英美法系国家，证据立法和理论均把鉴定人看作证人，把鉴定意见看作证人证言，即所谓“专家证人”和“意见证据”。实际上，无论是鉴定人与证人，鉴定意见与证人证言，都存在重要的区别。主要表现在以下几个方面。

1. 证人是由案件本身决定的，因此具有不可选择性和不可替代性。鉴定人则是在案件发生后由公安司法机关根据需要指派或聘请的，既可以选择，也可以更换和替代，必要时还可以组织重新鉴定或补充鉴定。

2. 证人提供证人证言，是向公安司法机关陈述自己所了解的案件事实。鉴定人事先并不了解案件事实，而是就案件中某些专门问题进行分析研究后提出判断性意见，从而对案件事实起证明作用。如果鉴定人事先了解有关案件的事实情况，就应当作证人，而不能作鉴定人。

3. 证人作证不需要具备某种专门知识，只要能够辨别是非，能够正确表达，就可以作证人，而鉴定人必须具备有关的专门知识和技能。

4. 只要了解案件情况的人，依法都有作证的义务，都可以充当证人。证人不存在回避的问题。鉴定人则不同，如果与本案或本案当事人有利害关系或其他法定情况，便应当回避，不能接受指派或聘请作鉴定人。

5. 鉴定人为了得出科学的结论，可以要求了解有关案情或阅览有关案卷材料，几个鉴定人共同鉴定时，可以互相讨论，共同写出鉴定意见。证人则不能要求了解案情，而且法律明确规定询问证人应当个别进行，证人之间不能互相讨论，以免相互影响，导致证言失实。

从以上比较可以看出，鉴定人与证人、鉴定意见与证人证言不能混淆。我国刑事诉讼法将鉴定意见区别于证人证言，规定为一种独立的证据，更具科学性、合理性。

三、鉴定意见的作用

鉴定意见是由鉴定人从科学的角度提供的分析研究意见，而且鉴定人必须与案件和案件当事人没有利害关系，所以客观性较强，是上升到理论知识的结论性意见，是建立在科学技术基础之上的证据形式，是认定案件中专门性问题必需的证明手段，因此对于揭露犯罪，证实犯罪，认定案情有十分重要的意义。鉴定意见在刑事诉讼中的作用主要体现在以下方面：（1）某些物品和痕迹只有经过鉴定才能在刑事诉讼中发挥物证的作用，如犯罪现场提取的指纹、血迹、脚印等，只有经过鉴定才能起到证明案件事实的作用。（2）鉴定意见是确定死亡原因、伤害程度、事故缘由、当事人生理和精神状态等专门性问题的主要依据。（3）鉴定意见具有科学性和定量分析等特点，是审查和鉴别其他证据真伪的重要手段。

但是应当提出，鉴定人不是“科学的法官”，鉴定意见也不是“科学的判决”。鉴定意见有时也会因为种种因素的影响和条件的限制而不正确，同样必须经过查证属实才能作为定案的根据。刑事诉讼法第 148 条规定：“侦查机关应当将用作证据的鉴定意见告知犯罪嫌疑人、被害人。如果犯罪嫌疑人、被害人提出申请，可以补充鉴定或者重新鉴定。”在审判阶段，对鉴定意见有疑问的，人民法院应当依法通知鉴定人出庭作证，也可以依法补充鉴定或者重新鉴定。

四、鉴定意见的审查判断

对鉴定意见进行审查，主要是审查提供鉴定的材料是否充分和可靠，鉴定过程是否科学，鉴定人的业务能力和工作责任心如何，鉴定人是否受到外界影响而作虚假鉴定，鉴定的设备是否先进，作为结论根据的原理是否科学、是否过时，等等。司法实务中，对鉴定意见应当着重审查以下内容。

1. 鉴定机构和鉴定人是否具有法定资质。

2. 鉴定人是否存在应当回避的情形。

3. 检材的来源、取得、保管、送检是否符合法律、有关规定，与相关提取笔录、扣押清单等记载的内容是否相符，检材是否可靠。

4. 鉴定意见的形式要件是否完备，是否注明提起鉴定的事由、鉴定委托人、鉴定机构、鉴定要求、鉴定过程、鉴定方法、鉴定日期等相关内容，是否由鉴定机构盖章并由鉴定人签名。

5. 鉴定程序是否符合法律、有关规定。

6. 鉴定的过程和方法是否符合相关专业的规范要求。

7. 鉴定意见是否明确。

8. 鉴定意见与案件事实有无关联。

9. 鉴定意见与勘验、检查笔录及相关照片等其他证据是否矛盾；存在矛盾的，能否得到合理解释。

10. 鉴定意见是否依法及时告知相关人员，当事人对鉴定意见有无异议。

鉴定意见具有下列情形之一的，不得作为定案的根据：（1）鉴定机构不具备法定资质，或者鉴定事项超出该鉴定机构业务范围、技术条件的；（2）鉴定人不具备法定资质，不具有相关专业技术或者职称，或者违反回避规定的；（3）送检材料、样本来源不明，或者因污染不具备鉴定条件的；（4）鉴定对象与送检材料、样本不一致的；（5）鉴定程序违反规定的；（6）鉴定过程和方法不符合相关专业的规范要求的；（7）鉴定文书缺少签名、盖章的；（8）鉴定意见与案件事实没有关联的；（9）违反有关规定的其他情形。

经人民法院通知，鉴定人拒不出庭作证的，鉴定意见不得作为定案的根据。鉴定人由于不能抗拒的原因或者有其他正当理由无法出庭的，人民法院可以根据情况决定延期审理或者重新鉴定。鉴定人无正当理由拒不出庭作证的，人民法院应当通报司法行政机关或者有关部门。

因无鉴定机构，或者根据法律、司法解释的规定，指派、聘请有专门知识的人就案件的专门性问题出具的报告，可以作为证据使用。对前述报告的审查与认定，参照适用鉴定意见的有关规定。经人民法院通知，出具报告的人拒不出庭作证的，有关报告不得作为定案的根据。

有关部门对事故进行调查形成的报告，在刑事诉讼中可以作为证据使用；报告中涉及专门性问题的意见，经法庭查证属实，且调查程序符合法律、有关规定的，可以作为定案的根据。

第七节　勘验、检查、辨认、侦查实验笔录

一、勘验、检查、辨认、侦查实验笔录的概念和特征

勘验、检查笔录，是指公安司法人员对与犯罪有关的场所、物品、尸体和人身进行勘验、检查所作的书面记载。辨认和侦查实验也是法定的侦查方法，由于它们具有制作主体都是侦查机关、制作的时间都是在侦查过程中、制作的功能都是对相应侦查活动的固定等相同属性，将二者与勘验、检查笔录并提也是可行的。

勘验、检查笔录，包括现场勘验笔录、物证检验笔录、尸体检验笔录、人身检查笔录等。勘验、检查笔录的形式，以文字记载为主，也包括绘制的现场图样、拍摄的现场照片等。勘验、检查笔录与鉴定意见是两种不同的证据。其主要区别是：

1. 勘验、检查笔录是由办案人员制作的，而鉴定意见是由办案人指派或聘请的鉴定人制作的。

2. 勘验、检查笔录是办案人员对所观察情况的客观记载，而鉴定意见是鉴定人对送检材料的科学分析意见。

3. 勘验、检查笔录大多系解决案件中的一般性问题，而鉴定意见则为解决案件中的专门性问题。

勘验、检查笔录是重要的诉讼证据。在刑事案件中，由于现场、物品、尸体、特定的人身与犯罪行为有客观联系，存留有可据以了解案件真实情况的各种信息，因而科学及时的勘验、检查和全面准确的记录，能客观地反映与犯罪有关的各种情况，为公安司法人员研究分析作案的时间、地点、作案人数、作案手段、作案过程等提供了重要的依据。同时，勘验、检查笔录也是固定证据的重要手段。当办案人员需要了解现场某一具体情况时，勘验笔录可以成为考查的依据，必要时还可以根据笔录记载进行侦查实验。刑事诉讼法第 135 条第 1 款规定：“为了查明案情，在必要的时候，经公安机关负责人批准，可以进行侦查实验。”

勘验、检查笔录是由勘验人、检查人对勘验、检查对象进行观察、辨别、表述、记载等一系列认识过程而形成的，由于主客观因素的影响，有可能出现差错，所以必须进行审查判断才能用作定案的根据。审查勘验、检查笔录，应当审查勘验、检查的对象是否真实，如现场是否被破坏或伪造；人身特征、伤害情况有无伪装或变化；审查勘验、检查人员的业务能力和工作态度；勘验、检查活动是否严格依照法定程序进行；手段和方法是否科学等。

辨认是在侦查人员主持下由被害人、证人、犯罪嫌疑人对犯罪嫌疑人、与案件有关或可能与案件有关的物品、尸体、场所进行识别认定的一项侦查措施。辨认笔录是以笔录的方式全面、客观地记录辨认的全过程和辨认结果并由在场相关人员签名的书面记载。

侦查实验是指为了确定与案件有关的某一事件或者事实在某种条件下能否发生或者怎样发生，而按照原来的条件将该事件或者事实加以重演或者进行实验的一种证据调查活动。侦查实验笔录是侦查机关对侦查实验的时间、地点、条件以及经过和结果等所做的客观记录，并由进行实验的侦查人员、其他参加人员和见证人签名或者盖章的书面记载。

二、勘验、检查、辨认、侦查实验笔录的审查判断

司法实务中，对勘验、检查、辨认、侦查实验笔录应当着重审查以下内容。

1. 勘验、检查是否依法进行，笔录制作是否符合法律、有关规定，勘验、检查人员和见证人是否签名或者盖章。

2. 勘验、检查笔录是否记录了提起勘验、检查的缘由，勘验、检查的时间、

地点，在场人员、现场方位、周围环境等，现场的物品、人身、尸体等的位置、特征等情况，以及勘验、检查的过程；文字记录与实物或者绘图、照片、录像是否相符；现场、物品、痕迹等是否伪造、有无破坏；人身特征、伤害情况、生理状态有无伪装或者变化等。

3. 补充进行勘验、检查的，是否说明了再次勘验、检查的原因，前后勘验、检查的情况是否矛盾。

4. 勘验、检查笔录存在明显不符合法律、有关规定的情形，不能作出合理解释的，不得作为定案的根据。

5. 对辨认笔录应当着重审查辨认的过程、方法，以及辨认笔录的制作是否符合有关规定。辨认笔录具有下列情形之一的，不得作为定案的根据：（1）辨认不是在调查人员、侦查人员主持下进行的；（2）辨认前使辨认人见到辨认对象的；（3）辨认活动没有个别进行的；（4）辨认对象没有混杂在具有类似特征的其他对象中，或者供辨认的对象数量不符合规定的；（5）辨认中给辨认人明显暗示或者明显有指认嫌疑的；（6）违反有关规定，不能确定辨认笔录真实性的其他情形。

6. 对侦查实验笔录应当着重审查实验的过程、方法，以及笔录的制作是否符合有关规定。侦查实验的条件与事件发生时的条件有明显差异，或者存在影响实验结论科学性的其他情形的，侦查实验笔录不得作为定案的根据。

第八节　视听资料、电子数据

一、视听资料

（一）视听资料的概念和特点

视听资料是随着现代科学技术的发展而出现的证据形式，是指能够证明案件真实情况的音像信息资料，如录音、录像等。关于“视听资料”的名称，在理论上有人认为称此类证据为视听资料，不如称音像资料更为恰当。其理由主要是“视听资料”是从人们对这类证据的感受方式，而不是从这类证据的本身特点命名的。而且，视和听是人们认识和了解各种证据最基本的两种感受方式，因此以“视听资料”来概括这类证据，不能确切表达这类证据表现形式上的特点及其与其他类型证据的鲜明区别。视听资料作为一种新型的证据种类，具有以下特点。

1. 视听资料的形成、储存和再现，具有高度的准确性和逼真性。任何证据都是有关案件情况的各种信息与一定的信息物质载体的结合，而视听资料的信息物质载体能够准确地记录、储存和反映有关案件的各种情况，且在形成过程中因受各种主客观因素的影响而失真的可能性较小。

2. 视听资料具有各种言词证据都不具备的高度直观性。各种言词证据都是以语言、文字、手势等方式再现储存在意识中的有关案件情况的信息，这种反映方式难以给人直观、生动的感受。而视听资料通过先进的科技手段，可以将与案件有关的形象和声音，甚至案件发生的实际状况直观地再现在公安司法人员的面前。

3. 视听资料具有各种实物证据都不具备的动态连续性。各种实物证据，包括物品、文书、痕迹，都是以静态的方式来反映案件情况的，因此只能反映案件事实的某个片段或个别情况。而视听资料能够动态地、连续性地反映有关案件的情况。

视听资料与其他证据相比，具有直观性强、信息量大、准确度高和动态连续性的特点，在刑事诉讼中正发挥着日益重要的作用。需要注意的是，尽管视听资料具有传统的证据形式所不具备的一些特点，但并不能以此断言视听资料比法律规定的其他证据种类证明力更强，而且事实上也存在可能造成视听资料失实的诸多因素。同时，视听资料也存在一些缺陷，如容易伪造，且伪造之后不采用专业技术手段往往很难发现。因此，和其他证据一样，视听资料也必须经过查证属实后，才能作为定案的根据。

（二）视听资料的审查判断

对视听资料应当着重审查以下内容。

1. 是否附有提取过程的说明，来源是否合法。

2. 是否为原件，有无复制及复制份数；是复制件的，是否附有无法调取原件的原因、复制件制作过程和原件存放地点的说明，制作人、原视听资料持有人是否签名。

3. 制作过程中是否存在威胁、引诱当事人等违反法律、有关规定的情形。

4. 是否写明制作人、持有人的身份，制作的时间、地点、条件和方法。

5. 内容和制作过程是否真实，有无剪辑、增加、删改等情形。

6. 内容与案件事实有无关联。

对视听资料有疑问的，应当进行鉴定。视听资料具有下列情形之一的，不得作为定案的根据：（1）系篡改、伪造或者无法确定真伪的；（2）制作、取得的时间、地点、方式等有疑问，不能作出合理解释的。

二、电子数据

（一）电子数据的概念

电子数据是案件发生过程中形成的，以数字化形式存储、处理、传输的，能够证明案件事实的数据。电子数据包括但不限于下列信息、电子文件：（1）网页、博客、微博、朋友圈、贴吧、网盘等网络平台发布的信息；（2）手机短信、电子邮件、即时通信、通讯群组等网络应用服务的通信信息；（3）用户注册信息、身份认证信息、电子交易记录、通信记录、登录日志等信息；（4）文档、图片、音视频、数字证书、计算机程序等电子文件。

以数字化形式记载的证人证言、被害人陈述以及犯罪嫌疑人、被告人供述和辩解等证据，不属于电子数据。确有必要的，对相关证据的收集、提取、移送、审查，可以参照电子数据的相关规定。

应当注意区分“视听资料”与“电子数据”。首先，从存储方式及保存介质等方面来看，视听资料是以模拟信号的方式在介质上存储的数据，保存介质为模拟录音录像设备，如磁带录像机、磁带录音机、胶卷相机等；而电子数据是以数字信号的方式在介质上存储的数据，强调数据以电子方式记录。其次，视听资料具有动态直观性，能以声音、图像等连续动态并且直观形象地重现原始案件的发展经过，在确保真实性的前提下是目前最能直接反映犯罪过程的证据类型；而电子数据具有不易感知的特点，往往需要借助于其他媒介展现出来，如通过鉴定意见或者以电子书证的形式展示。因此，视听资料，从本质上讲是“音像证据”，具有连续性、动态性、逼真性、多媒体性；而电子数据，从本质上讲是“数据信息”，是运用电子技术手段储存、传输与显示的信息材料。

（二）电子数据的收集与提取

电子数据收集与提取，在学术界的称谓有计算机取证、电子取证及电子数据收集等，一般认为是通过对各类取证工具的利用，来实现对存储于虚拟空间的电子证据进行的提取与保全。

对电子数据的收集与提取需要遵循以下规定。

1. 收集、提取电子数据，应当由2名以上侦查人员进行。必要时，可以指派或者聘请专业技术人员在侦查人员主持下进行收集、提取电子数据。

2. 收集、提取电子数据，可以根据案情需要采取以下一种或者几种措施、方法：（1）扣押、封存原始存储介质；（2）现场提取；（3）网络在线提取；（4）打印、拍照或者录像；（5）冻结；（6）调取。收集、提取电子数据，能够扣押电子数据原始存储介质的，应当扣押、封存原始存储介质，并制作笔录、予以封存。确因客观原因无法扣押原始存储介质的，可以现场提取或者网络在线提取电子数据。无法扣押原始存储介质，也无法现场提取或者网络在线提取的，可以采取打印、拍照或者录音录像等方式固定相关证据，并在笔录中注明原因。收集、调取的电子数据，足以保证完整性，无增加、删除、修改等情形的，可以作为证据使用。经审查无法确定真伪，或者制作、取得的时间、地点、方式等有疑问，不能提供必要证明或者作出合理解释的，不能作为证据使用。封存电子数据原始存储介质，应当保证在不解除封存状态的情况下，无法增加、删除、修改电子数据。封存前后应当拍摄被封存原始存储介质的照片，清晰反映封口或者张贴封条处的状况。封存手机等具有无线通信功能的存储介质，应当采取信号屏蔽、信号阻断或者切断电源等措施。

具有下列情形之一，无法扣押原始存储介质的，可以提取电子数据，但应当在笔录中注明不能扣押原始存储介质的原因、原始存储介质的存放地点或者电子数据的来源等情况，并计算电子数据的完整性校验值：（1）原始存储介质不便封存的；（2）提取计算机内存数据、网络传输数据等不是存储在存储介质上的电子数据的；（3）原始存储介质位于境外的；（4）其他无法扣押原始存储介质的情形。

对于原始存储介质位于境外或者远程计算机信息系统上的电子数据，可以通过网络在线提取。网络在线提取时需要进一步查明下列情形之一的，应当对远程计算机信息系统进行网络远程勘验：（1）需要分析、判断提取的电子数据范围的；（2）需要展示或者描述电子数据内容或者状态的；（3）需要在远程计算机信息系统中安装新的应用程序的；（4）需要通过勘验行为让远程计算机信息系统生成新的除正常运行数据外电子数据的；（5）需要收集远程计算机信息系统状态信息、系统架构、内部系统关系、文件目录结构、系统工作方式等电子数据相关信息的；（6）其他网络在线提取时需要进一步查明有关情况的情形。

网络远程勘验，是指通过网络对远程计算机信息系统实施勘验，发现、提取与犯罪有关的电子数据，记录计算机信息系统状态，判断案件性质，分析犯罪过程，确定侦查方向和范围，为侦查破案、刑事诉讼提供线索和证据的侦查活动。网络在线提取或者网络远程勘验时，应当使用电子数据持有人、网络服务提供者提供的用户名、密码等远程计算机信息系统访问权限。网络在线提取、远程勘验使用代理服务器、点对点传输软件、下载加速软件等网络工具的，应当在网络在线提取笔录或者远程勘验笔录中注明采用的相关软件名称和版本号。

采用技术侦查措施收集电子数据的，应当严格依照有关规定办理批准手续。收集的电子数据在诉讼中作为证据使用时，应当依照刑事诉讼法第154条规定执行。对以下犯罪案件，网络在线提取、远程勘验过程应当全程同步录像：（1）严重危害国家安全、公共安全的案件；（2）电子数据是罪与非罪、是否判处无期徒刑、死刑等定罪量刑关键证据的案件；（3）社会影响较大的案件；（4）犯罪嫌疑人可能被判处5年有期徒刑以上刑罚的案件；（5）其他需要全程同步录像的重大案件。

3. 收集、提取电子数据，应当制作笔录，记录案由、对象、内容、收集、提取电子数据的时间、地点、方法、过程，并附电子数据清单，注明类别、文件格式、完整性校验值等，由侦查人员、电子数据持有人（提供人）签名或者盖章；电子数据持有人（提供人）无法签名或者拒绝签名的，应当在笔录中注明，由见证人签名或者盖章。有条件的，应当对相关活动进行录像。

远程勘验并且提取电子数据的，应当按照相关规定在远程勘验笔录中注明有关情况，并附电子数据提取固定清单。远程勘验笔录应当客观、全面、详细、准确、规范，能够作为还原远程计算机信息系统原始情况的依据，符合法定的证据要求。对计算机信息系统进行多次远程勘验的，在制作首次远程勘验笔录后，逐次制作补充远程勘验笔录。

4. 收集、提取电子数据，应当根据刑事诉讼法的规定，由符合条件的人员担任见证人。由于客观原因无法由符合条件的人员担任见证人的，应当在笔录中注明情况，并对相关活动进行录像。针对同一现场多个计算机信息系统收集、提取电子数据的，可以由 1 名见证人见证。

网络远程勘验应当由符合条件的人员作为见证人。由于客观原因无法由符合条件的人员担任见证人的，应当在远程勘验笔录中注明情况，并按照相关规定录像，录像可以采用屏幕录像或者录像机录像等方式，录像文件应当计算完整性校验值并记入笔录。远程勘验结束后，应当及时制作远程勘验笔录，详细记录远程勘验有关情况以及勘验照片、截获的屏幕截图等内容。由侦查人员和见证人签名或者盖章。

（三）电子数据的审查判断

对电子数据是否真实，应当着重审查以下内容。

1. 是否移送原始存储介质；在原始存储介质无法封存、不便移动时，有无说明原因，并注明收集、提取过程及原始存储介质的存放地点或者电子数据的来源等情况。

2. 是否具有数字签名、数字证书等特殊标识。

3. 收集、提取的过程是否可以重现。

4. 如有增加、删除、修改等情形的，是否附有说明。

5. 完整性是否可以保证。

对电子数据是否完整，应当根据保护电子数据完整性的相应方法进行审查、验证。

1. 审查原始存储介质的扣押、封存状态。

2. 审查电子数据的收集、提取过程，查看录像。

3. 比对电子数据完整性校验值。

4. 与备份的电子数据进行比较。

5. 审查冻结后的访问操作日志。

6. 其他方法。

对收集、提取电子数据是否合法，应当着重审查以下内容。

1. 收集、提取电子数据是否由 2 名以上调查人员、侦查人员进行，取证方法是否符合相关技术标准。

2. 收集、提取电子数据，是否附有笔录、清单，并经调查人员、侦查人员、电子数据持有人、提供人、见证人签名或者盖章；没有签名或者盖章的，是否注明原因；对电子数据的类别、文件格式等是否注明清楚。

3. 是否依照有关规定由符合条件的人员担任见证人，是否对相关活动进行录像。

4. 采用技术调查、侦查措施收集、提取电子数据的，是否依法经过严格的批准手续。

5. 进行电子数据检查的，检查程序是否符合有关规定。

电子数据的收集、提取程序有下列瑕疵，经补正或者作出合理解释的，可以采用；不能补正或者作出合理解释的，不得作为定案的根据：（1）未以封存状态移送的；（2）笔录或者清单上没有调查人员或者侦查人员、电子数据持有人、提供人、见证人签名或者盖章的；（3）对电子数据的名称、类别、格式等注明不清的；（4）有其他瑕疵的。

电子数据具有下列情形之一的，不得作为定案的根据：（1）系篡改、伪造或者无法确定真伪的；（2）有增加、删除、修改等情形，影响电子数据真实性的；（3）其他无法保证电子数据真实性的情形。

第十五章　刑事证据的分类

第一节　言词证据与实物证据

一、言词证据与实物证据的概念

根据证据的表现形式，可以将证据分为言词证据与实物证据。言词证据，是指以人的陈述形式表现出来的各种证据，又称人证。在法律规定的八种证据中，证人证言，被害人陈述，犯罪嫌疑人、被告人供述和辩解是典型的言词证据。鉴定意见虽然具有书面形式，但其实质是鉴定人就案件中某些专门性问题进行鉴定后作出的判断，而且在法庭审理时，当事人有权对鉴定人就鉴定意见发问，鉴定人有义务以口头回答、解释或补充其鉴定意见。刑事诉讼法第 197 条第 2 款明确规定："公诉人、当事人和辩护人、诉讼代理人可以申请法庭通知有专门知识的人出庭，就鉴定人作出的鉴定意见提出意见。"因此，鉴定意见也是言词证据。辨认笔录也是以书面形式表现出来的，但其实质是辨认人直接或间接感知的与案件有关的事实，具有极大的主观性、不确定性，辨认笔录是否客观与辨认人的个人品质和个人感知能力有极大的关系，而辨认人与案件的利害关系也有可能影响辨认笔录的真实性，因此，辨认笔录属于言词证据。

实物证据，是指以客观存在的物体作为证据事实表现形式的各种证据。在法律规定的八种证据中，物证和书证是最典型的实物证据。勘验、检查笔录是办案人员在勘验、检查过程中对所观察情况的客观记载，也属于实物证据。侦查实验实质是按照原有条件实验性地重演案情的一种侦查方式，侦查实验笔录是在此基础上所做的书面记录，但就其实质而言是对客观情况的记录，因此侦查实验笔录属于实物证据。对于视听资料是否属于实物证据，有不同意见。一般认为储存有特殊信息（包括语言、图像）可供办案人员据以查明案件事实的视听资料，是一种特殊的物品，属于实物证据。也有人认为应当具体分析，区别对待。多数视听资料属于实物证据，但是在讯问犯罪嫌疑人、被告人，询问证人、被害人时的录音资料相当于笔录，是对讯问或询问过程和陈述内容的录制，应划归为言词证据。电子数据，本质上是"数据"，是电子计算机储存、传输与显示的信息材料，因此，电子数据也属于实物证据。

二、言词证据和实物证据的收集与运用

将言词证据与实物证据分类的意义在于，证据按照其表现形式的不同，客观呈现为言词证据和实物证据两大类，且各自具有不同的特点。只有认识和研究两者的区别和各自的特点，才能使公安司法人员有针对性地加以收集、固定和运用，并据以正确认定案件事实。

言词证据的特点是具有明确的意思表示，它所表述的案件事实容易为办案人员了解。特别是耳闻目睹案件事实而又能如实陈述的人提供的言词证据，更具有较强的证明力。但是，由于言词证据通过人的陈述形式表达出来，中间介入了人的因素，必然受到提供证据人的主观因素的影响。由于各人感知、判断、记忆、陈述能力的不同，所反映出来的案件事实也有所不同，再加上可能影响提供证据者如实陈述的各种外在因素，言词证据的客观性往往会受到人为因素的很大影响。

根据言词证据的特点，在收集时应当注意严格遵守法律程序和采用适当方法，严禁刑讯逼供和以威胁、利诱、欺骗以及其他非法方法收集。应当保证一切与案件有关或了解案件情况的公民有客观充分地提供证据的条件。收集言词证据一般应当以口头询问的方式进行，使陈述者能够按照所了解的案件事实的本来面貌进行陈述，切忌诱导、提示、暗示等。言词证据在法庭上的调查核实主要是询问和质证。

实物证据是客观存在的实在物，看得见摸得着，不像言词证据那样易受人的因素影响，这是实物证据的最大特点。只要办案人员经过勘验、检查、鉴定、审查，发现其与案件事实之间的联系，就能发挥重要的证明作用。但是，实物证据是“哑巴证据”，自己不能主动表达对案情的证明作用，需要人来认识，而且其证明力在许多情况下需要借助科学技术、特殊设备和专业知识。此外，实物证据储存的信息量一般不如言词证据，往往不能仅凭实物证据来认识案件主要事实。

司法实践中，收集实物证据的方法一般是勘验、检查、搜查、查封、扣押等。收集实物证据应注意充分利用侦查技术和科技手段，注意全面及时，以免实物证据毁坏、灭失或被伪造。对已收集的实物证据应妥善保管。不能保存的应通过拍照、制作模型、绘图等方式加以固定和保全。对于实物证据，应注意审查证据是否伪造，是否因客观环境影响而发生变化，如变质变形等。还应注意审查收集证据的公安司法人员的业务素质，所使用的技术装备的性能质量等，以正确判断实物证据对案件事实所起的证明作用。

第二节 有罪证据与无罪证据

一、有罪证据与无罪证据的概念

根据证据对案件事实所起证明作用的不同，可以将证据分为有罪证据与无罪证据。凡是能够证明犯罪事实存在和犯罪行为为犯罪嫌疑人、被告人所实施的证据，是有罪证据。从内容上看，既包括证明犯罪嫌疑人、被告人有从重处罚情节的证据，也包括证明犯罪嫌疑人、被告人有从轻、减轻或者免除处罚情节的证据。相反，凡是能够否定犯罪事实存在或者能够证明犯罪嫌疑人、被告人未实施犯罪行为的证据，都是无罪证据。

关于划分此类证据的标准，法学界有不同意见。有人主张按照证据的证明作用是有利于被告人还是不利于被告人而划分为有利于被告人的证据和不利于被告人的证据。凡能证明被告人无罪、罪轻以及有从轻、减轻、免除处罚情节的证据，都属于有利于被告人的证据。凡能证明被告人有罪、罪重以及有从重处罚情节的证据，都属于不利于被告人的证据。也有人按照类似的标准将证据分为控诉证据与辩护证据。刑事诉讼法第 52 条明确规定："审判人员、检察人员、侦查人员必须依照法定程序，收集能够证实犯罪嫌疑人、被告人有罪或者无罪、犯罪情节轻重的各种证据。严禁刑讯逼供和以威胁、引诱、欺骗以及其他非法方法收集证据，不得强迫任何人证实自己有罪。必须保证一切与案件有关或者了解案情的公民，有客观地充分地提供证据的条件，除特殊情况外，可以吸收他们协助调查。"第 137 条又规定："任何单位和个人，有义务按照人民检察院和公安机关的要求，交出可以证明犯罪嫌疑人有罪或者无罪的物证、书证、视听资料等证据。"我们认为，这些规定说明立法上已经采纳有罪证据和无罪证据的用语。再者，有利于被告人的证据与不利于被告人的证据，或者控诉证据与辩护证据的分类，在逻辑上划分标准不够清晰，界限不太明确。例如，证明被告人罪轻或有从轻处罚情节的证据，由于它首先证明被告人有罪，因此应当属于不利于被告人的证据或者控诉证据；但是它又证明被告人罪轻或者可以从轻处罚，在此意义上讲，又对被告人有利，应当属于有利于被告人的证据或者辩护证据。这样，某一证据可能同时兼具双重身份，违反形式逻辑关于划分的规则，使此种分类失去意义。同时，在司法实践中可能造成诉讼职能上的紊乱。例如，人民检察院作为国家公诉机关，起诉时不仅应当提出证明被告人有罪、罪重的证据，而且也应当提出证明被告人无罪、罪轻的证据。如果采用控诉证据与辩护证据的分类，检察机关提出辩护证据显然与其控诉职能相悖。

二、有罪证据和无罪证据的收集与运用

将证据划分为有罪证据与无罪证据的意义在于，公安司法人员在办案中应当坚守“客观公正”义务，从实际出发，克服主观片面性，注意客观、全面地收集与审查判断证据。既要收集证明犯罪事实存在，证明犯罪嫌疑人、被告人有罪、罪重的证据，也要注意收集证明犯罪嫌疑人、被告人无罪或者应当从轻、减轻、免除处罚的证据，以便全面准确地查明案情，使刑事案件得到正确处理。

区分有罪证据与无罪证据，不是办案人员审查判断证据的“结果”，而是由证据与案件事实之间的客观联系所决定的。它不以提供证据材料人的意志为转移，也不以办案人员的意志为转移。在司法实践中，同一证据材料，案发时可能被看作有罪证据，而结案时可能成为无罪证据，这并不是证据本身作用的变化，而是人们对其证明作用认识的变化。也有些证据，起初证明犯罪嫌疑人、被告人是否有罪的属性并不明显，随着诉讼活动的开展和认识的深入而逐步显现。对此，办案人员应该避免先入为主，简单片面，需要结合案情和其他证据材料全面综合地加以判断。

第三节 原始证据与传来证据

一、原始证据与传来证据的概念

根据证据来源的不同，可以将证据分为原始证据与传来证据。原始证据是指直接产生于待证事实的证据，也就是从第一来源直接获得的证据。所谓“第一来源”，是指没有经过传抄、复制的物证、书证，或者没有经过转述的人们关于案件事实的反映印象。例如，目击证人的证言，犯罪嫌疑人、被告人供述和辩解，书证的原本，物证的原件等。

反之，不是直接产生于待证事实，不是从第一来源直接获得，而是由第一来源经过传抄、复制或转述后获得的证据，就是传来证据。例如，书证的副本，物证的复制件，或者证人陈述有关案件事实的情况不是其耳闻目睹的，而是转述别人所讲的。可见，原始证据和传来证据的本质区别在于证据是否直接生成于案件中的有关行为或活动，是否与案件事实存在原始的关联关系，是否经过传抄、复制、转述等中间环节。

传来证据的概念与西方证据理论分类中的传闻证据有所不同。在西方国家，特别是英美法系国家，其证据法上的“传闻”，强调以法庭审判为中心，凡在法庭审判外提供的证言，非证人亲自当庭以口头方式作证，或陈述内容非本人耳闻

目睹，均属传闻证据。其范围并不仅限于言词，而包括文字和确定的行为，但是不包括实物证据。而我国的传来证据，仅以证据是否系从第一来源直接获得为标准。就言词证据而言，如证人转述他人陈述的内容为传来证据，至于在法庭上宣读的未出庭的证人证言，只要该证言为作证者亲自看见或听到，而不是别人转告的，仍属原始证据。

二、原始证据和传来证据的收集与运用

一般来说，证据材料被传抄、复制、转述的次数越多，失真的可能性越大，这是信息传递中的一般规律。社会常识和司法实践表明，在通常情况下，原始证据的可靠性要高于传来证据；而在传来证据中，传递中间环节少的，其可靠性要高于传递中间环节多的。言词证据与实物证据都是如此。根据这一特点，在查清案件事实的过程中，办案人员应当追根求源，尽一切可能收集原始证据。当然，原始证据在司法实践中也有其缺陷，即不容易获取或相对较少。因此，这时就需要传来证据来弥补。对于传来证据，必须查明其来源出处。对于物证、书证，因某种原因不能提取或得到原物原本的，要和原物原本查对核实。但是，我国证据立法并不排除或限制传来证据在诉讼中的运用。传来证据在查明案件事实中的作用主要表现在以下方面：可以作为发现原始证据的线索；可以作为审查核实原始证据是否真实的手段；可以加强原始证据的证明作用；在无法得到原始证据的情况下用以证明案件事实和情节。

针对传来证据的特点，在实际运用中应当注意：没有可靠来源或者来源不明的证据材料，不能作为定案的根据；只有在不能获得原始证据或者在提取原始证据确有困难时，才能以传来证据代替，而且必须明确注明传来证据的来源。例如，除复印的书证必须注明与原件核对无异外，还必须注明复制时间，由被收集、调取人（单位）签名（盖章）；应当尽量收集距离原始证据最近即传递次数最少的传来证据；如果发现传来证据可能错误、遗漏、不合情理或者相互矛盾时，应当与其他证据相互印证，排除矛盾后才能用作定案的根据。

第四节　直接证据与间接证据

一、直接证据与间接证据的概念

根据证据与案件主要事实的证明关系，可以将证据划分为直接证据与间接证据。凡是能够单独直接证明案件主要事实的证据，是直接证据。这里所说的案件主要事实，在刑事诉讼中包括两个方面：一是犯罪行为是否发生；二是该犯罪行

为是否为犯罪嫌疑人、被告人所为。也就是说，根据某一项证据的内容，不必经过推理的过程就可以直接地了解被指控的犯罪行为是否发生，这种犯罪行为是否由犯罪嫌疑人、被告人所实施。例如，证人、被害人目击犯罪行为发生的证言或陈述；犯罪嫌疑人、被告人对自己实施犯罪行为的供述等。凡是不能单独直接证明，需要和其他证据结合起来才能证明案件主要事实的证据，是间接证据。例如，犯罪分子在现场留下的物品或痕迹，实施犯罪行为的工具等。

在理解直接证据与间接证据的分类标准时，要注意几个问题：第一，分类的范围只涉及证明案件主要事实的证据，那些与案件主要事实无关，但对查明案件真相、正确认定犯罪嫌疑人、被告人应否负刑事责任同样有证明作用的证据，并未纳入这种分类方法之中。第二，所谓案件主要事实的两个方面，是就肯定意义上的直接证据而言的，即一项肯定犯罪嫌疑人、被告人犯罪的直接证据必须同时包含这两个方面的内容。而否定性直接证据则不然，只要能够据以否定其中任何一个方面的内容，就是直接证据。例如，证明犯罪嫌疑人、被告人不在犯罪现场的证据。第三，直接证据或间接证据都可以是原始证据或传来证据，其划分与证据是否直接来源于案件事实无关。不能将直接、间接证据的分类与原始、传来证据的分类相混淆。

二、直接证据和间接证据的运用规则

直接证据对案件主要事实的证明方法简单，无须经过复杂的推理过程，其在诉讼中的证明作用是显而易见的。但是必须强调，直接证据也必须依赖其他证据查证属实，才能作为定案的根据。另外，即使是直接证据，其对案件事实所能证明的范围也是不同的，因此认定案件事实不能仅仅依赖个别直接证据，而必须与其他证据相结合进行综合审查判断，才能正确认定案件事实。特别是在刑事诉讼中，为了避免办案人员偏信口供，以致采用非法手段获取口供，法律明确规定，只有被告人供述，没有其他证据的，不能认定被告人有罪和处以刑罚。

间接证据的主要特点是不能独自证明案件主要事实，而只能证明案件主要事实的个别情节或片段。因此，任何间接证据都必须与其他证据相结合才能证明案件主要事实。而且，间接证据与案件主要事实的关联方式往往是间接的，用以证明案件主要事实必须经过逻辑的推理。由于间接证据证明范围的局限性，在只有间接证据而缺乏直接证据时，推理证明的过程会更为复杂。但并不能因此而忽视间接证据的作用，间接证据在刑事诉讼证明中同样具有重要意义。这主要体现在：在侦查初期，间接证据往往是发现犯罪嫌疑人、确定侦查方向的先导；可以提供获取直接证据的线索；是鉴别和核实直接证据以及其他证据的有力手段；在特定条件下，可以完全依靠间接证据判明案件真相，认定案件事实。允许运用间接证据证明主观要件事实，也有助于解决实践中存在的主观要件难以认定等问题。

根据司法实践经验和理论上的总结，没有直接证据，但间接证据同时符合下列条件的，可以认定被告人有罪：（1）证据已经查证属实；（2）证据之间相互印证，不存在无法排除的矛盾和无法解释的疑问；（3）全案证据形成完整的证据链；（4）根据证据认定案件事实足以排除合理怀疑，结论具有唯一性；（5）运用证据进行的推理符合逻辑和经验。

总之，无论是直接证据还是间接证据，在刑事诉讼中均具有重要作用。因此，办案人员应当充分认识和把握直接证据与间接证据各自的特点与作用，并能在司法实践中自觉运用，以提高收集和审查判断证据的效能，确保办案质量。

第十六章　立　　案

第一节　立案的概念和意义

一、立案的概念

刑事诉讼中的立案，是指公安司法机关对于报案、控告、举报、自首等方面的材料，依照管辖范围进行审查，以判明是否确有犯罪事实存在和应否追究刑事责任，并依法决定是否作为刑事案件进行侦查或审判的一种诉讼活动。

根据刑事诉讼法第 109 条、第 114 条的规定，公安机关或者人民检察院发现犯罪事实或者犯罪嫌疑人，应当按照管辖范围，立案侦查；对于自诉案件，被害人有权向人民法院直接起诉。被害人死亡或者丧失行为能力的，被害人的法定代理人、近亲属有权向人民法院起诉。人民法院应当依法受理。由此可见，立案是国家法律赋予公安司法机关的一项重要职权，除此以外，其他任何机关、团体、企事业单位或个人都无权立案。但公安司法机关行使立案决定权，也必须严格遵守立案的法定程序，严格把握立案的条件和标准，不能超越各自的管辖范围和逾越法定职权，以保证国家法律的统一贯彻实施，做到既准确、及时打击犯罪、惩罚犯罪，又充分保护公民的合法权益不受侵犯。

综观世界各国有关刑事诉讼的立法，除东欧和蒙古等国家与我国一样，将提起刑事诉讼即立案作为独立的诉讼阶段在其刑事诉讼法典中加以明确规定外，法国、美国、英国、日本、意大利等国家的刑事诉讼立法，都不将立案视为独立的诉讼阶段。例如，在美国，其刑事诉讼程序可以分为审前程序、审理程序和审后程序三个阶段。而审前程序包括提出控告、逮捕、在警察局“登记”、逮捕后在治安法官前聆讯、预审、正式起诉、传讯、被告人答辩几个步骤，① 即立案不是独立的刑事诉讼程序。但《蒙古人民共和国刑事诉讼法典》第 9 章专门规定了提起刑事诉讼程序，并对提起刑事诉讼的理由和根据，对犯罪行为的申诉和告发、自首，审查有关对犯罪行为的申诉和告发义务，提起刑事诉讼的程序，拒绝提起刑事诉讼，提起刑事诉讼后对案件的移送，以及检察长对提起刑事诉讼的合法性

---

① 《美国联邦刑事诉讼规则和证据规则》，卞建林译，中国政法大学出版社 1996 年版，第 5—6 页。

的监督等问题作了明确规定。[①]

二、立案的意义

立案在刑事诉讼中的重要意义，主要体现在以下几个方面。

（一）立案是刑事诉讼的必经程序

立案、侦查、起诉、审判和执行，是刑事诉讼法所确立的五个程序阶段。公安司法机关进行刑事诉讼，必须严格依照法定程序进行，不能随意超越、颠倒任何一个诉讼阶段。只有这样，才能保证公安司法机关准确、及时、有效地处理刑事案件，保证刑事诉讼任务和目的的实现。当然，刑事诉讼的每一个阶段，并非每一个刑事案件都必须经过。比如，自诉案件由于案件事实比较清楚，情节轻微、简单，通常不经过侦查程序，人民法院受理案件后直接依法进行审判；有些公诉案件，如果是犯罪情节轻微，依法不需要判处刑罚或者可以免除刑罚的，在审查起诉阶段人民检察院可以作出不起诉的决定，从而终结已经开始的诉讼程序。但是在刑事诉讼中，立案却是每个刑事案件都必须经过的法定程序。只有经过立案，其他诉讼阶段才能依次进行，公安司法机关进行侦查、起诉和审判活动才有法律依据，才能产生法律效力。尽管在遇有紧急情况下，法律允许公安机关、人民检察院在审查决定立案的同时，采取某些诸如拘留犯罪嫌疑人，询问、查询、勘验、鉴定和调取证据材料等措施或调查核实方法，但这些诉讼活动的开展，仍然是为了完成立案的任务，即查明犯罪事实是否发生和是否需要追究刑事责任，并且事先必须经过有关主管领导的批准，事后必须迅速补办立案手续。总之，没有立案程序，便没有刑事诉讼的整个过程。

（二）正确立案，有利于及时追究犯罪

公安司法机关通过刑事诉讼同犯罪行为作斗争，是从立案开始的。因此一旦发现预备实施、正在实施或已经实施的犯罪行为，并需要追究刑事责任的，必须迅速组织力量，严格按照法定立案条件进行审查，准确、及时立案，积极开展侦查或审判，发现、收集证据，揭露犯罪、证实犯罪和惩罚犯罪，使一切依法应当追究刑事责任的犯罪分子不能逃避法律的制裁。

（三）正确立案，有利于有效地保护公民的合法权益

刑事诉讼法所确立的保障无罪的人不受刑事追究，保护公民的人身权利、民主权利和其他合法权益不受侵犯的任务，体现在立案阶段，就是要求公安司法机关通过立案前的审查，如果发现不具有犯罪事实或者依法不应当追究被控告人刑事责任的情形时，就不应当立案，从而避免公安司法机关对不应当追究刑事责任

---

① 《蒙古人民共和国刑事诉讼法典》，申君贵译，西南政法学院诉讼法教研室 1985 年内部印刷，第 48—51 页。

的无辜者错误地进行刑事追诉，防止和减少冤假错案，从刑事诉讼的第一道关口保障公民的合法权益不受侵犯。

（四）正确立案，有利于加强社会治安综合治理

在立案过程中，公安司法机关通过对立案材料的接受和审查，可以及时发现和掌握一定时期各种违法犯罪活动的基本情况，研究和分析犯罪活动的特点、规律和发展势态，准确评价社会治安形势，从而为国家决策和立法机关制定相应的法律、法规和对策，以及为公安司法机关有针对性地开展专项斗争提供信息和依据，搞好社会治安综合治理。

第二节　立案的材料来源和条件

一、立案的材料来源

立案的材料来源，是指公安司法机关获取有关犯罪事实及犯罪嫌疑人情况的材料的渠道或途径。立案必须有确实的根据，即可靠的材料来源，因为立案材料来源的可靠性直接关系到立案的准确性。公安司法机关所作出的是否立案的决定，正是在审查立案材料来源是否真实可靠的基础上，衡量其是否符合立案条件的。因此，来源不清、匿名举报或道听途说的材料，在未经查证属实之前，均不能作为立案的根据。

根据刑事诉讼法的规定及司法实践，立案的材料来源主要有以下几个方面。

（一）公安机关或者人民检察院自行发现的犯罪事实或者犯罪嫌疑人

刑事诉讼法第109条规定："公安机关或者人民检察院发现犯罪事实或者犯罪嫌疑人，应当按照管辖范围，立案侦查。"公安机关作为国家治安保卫机关，常常处在同犯罪作斗争的第一线，在日常工作中，一旦发现有犯罪事实，并需要追究犯罪嫌疑人的刑事责任，应当按照管辖范围主动、迅速立案侦查。而人民检察院在审查批捕、审查起诉等活动中发现有犯罪事实，并需要追究刑事责任的，也应当按照管辖范围迅速立案侦查。对于不属于自己立案管辖范围的案件，不管是公安机关，还是人民检察院都应当及时移送有关主管机关，以保证准确、及时地惩罚犯罪，并避免和克服工作中可能出现的就案办案、等案上门以及职责不清，甚至越权管辖的现象。人民法院在审理案件过程中，以及国家安全机关、军队保卫部门、中国海警局、监狱等在依照刑事诉讼法的有关规定办理刑事案件过程中，发现和获得的犯罪事实及犯罪嫌疑人的材料，符合立案条件的，也应当按照管辖规定，迅速立案或者及时移送有关主管机关。

（二）单位和个人的报案或者举报

刑事诉讼法第 110 条第 1 款规定：“任何单位和个人发现有犯罪事实或者犯罪嫌疑人，有权利也有义务向公安机关、人民检察院或者人民法院报案或者举报。”向公安司法机关报案或者举报犯罪事实或者犯罪嫌疑人，既是任何单位和个人依法享有的权利，也是其依法应当履行的义务。从司法实践的情况看，单位和个人的报案或者举报，是公安司法机关决定是否立案的最主要、最普遍的材料来源。其中报案是指单位和个人发现有犯罪事实发生，但往往尚不知犯罪嫌疑人为何人时，向公安机关、人民检察院、人民法院告发的行为；举报则是指单位和个人出于公民责任感，对其发现的犯罪事实或犯罪嫌疑人向公安机关、人民检察院和人民法院进行告发、揭露的行为。举报除能够向公、检、法三机关提供犯罪事实发生的情况以外，通常还能提供谁为犯罪嫌疑人及犯罪嫌疑人的有关情况。并且，举报的案件事实及证据材料与报案相比较，也详细、具体得多。

（三）被害人的报案或者控告

被害人作为遭受犯罪行为直接侵害的对象，一方面具有揭露犯罪、追究犯罪的强烈愿望和积极主动性；另一方面在许多案件中，又因为其与犯罪嫌疑人有过接触，能够提供较为详细、具体的有关犯罪事实和犯罪嫌疑人的情况，而使其控告对于追究犯罪具有重要的证据价值。因此被害人的报案或者控告也是立案材料的主要来源。

刑事诉讼法第 110 条第 2 款规定：“被害人对侵犯其人身、财产权利的犯罪事实或者犯罪嫌疑人，有权向公安机关、人民检察院或者人民法院报案或者控告。”其中，控告是指被害人（包括自然人与法人）就其人身、财产权利遭受不法侵害的事实及犯罪嫌疑人的有关情况，向公安司法机关进行揭露与告发，要求依法追究其刑事责任的诉讼行为。这里还应当说明的是，根据刑事诉讼法的有关规定，被害人死亡或者丧失行为能力的，其法定代理人、近亲属也有权提出控告。

被害人的报案尽管与其他单位和个人的报案在内容上有相同之处，即告发、揭露的只是有关犯罪事实而不知犯罪嫌疑人为何人，但二者在范围及主体方面还是有明显区别的：被害人报案的范围，仅限于其人身、财产权利遭受犯罪行为侵害的事实，且被害人与案件的处理结果有直接利害关系，是刑事诉讼的当事人；而其他单位和个人的报案，其范围不受犯罪行为性质的限制和约束，并且报案的主体通常与案件也没有直接的利害关系。

（四）犯罪人的自首

自首，是指犯罪人在实施犯罪行为以后自动投案，如实供述自己的罪行并接受公安司法机关审查和审判的行为。自首一般是在犯罪行为未被发觉，或者虽被发觉但尚未被公安司法机关查获或被扭送时，犯罪人自己或者在其家长、监护人、亲友陪同、护送等情况下，主动向公安司法机关如实交代自己的罪行。在司法实践中，犯罪人向其所在单位、城乡基层组织或其他有关负责人投案的；犯罪人因病、伤或者为了减轻犯罪后果，委托他人代为投案，或者先以信电投案的等，都应视为投案自首。根据刑法第 67 条第 1 款的规定，对于自首的犯罪分子，可以从轻或者减轻处罚。其中，犯罪较轻的，可以免除处罚。刑事诉讼法将犯罪人的自首确立为重要的立案材料来源之一，含有鼓励犯罪分子积极主动投案自首，以争取国家法律宽大处理的用意。

除以上四个方面外，在司法实践中，上级机关交办的案件以及有关机关移送的案件，通常也是刑事立案的重要材料来源。例如，工商、税务、审计、海关等行政执法机关在自己执法活动中如果发现行为人的行为已构成犯罪，需要追究刑事责任的，应当按照有关管辖的规定向公安司法机关移送。

二、立案的条件

立案必须有一定的事实材料为依据，但这并不意味着有了一定的事实材料就能够立案。只有当这些材料所反映的事实符合立案的条件时，才能做到正确、合法、及时立案。

刑事诉讼法第 112 条规定："人民法院、人民检察院或者公安机关对于报案、控告、举报和自首的材料，应当按照管辖范围，迅速进行审查，认为有犯罪事实需要追究刑事责任的时候，应当立案；认为没有犯罪事实，或者犯罪事实显著轻微，不需要追究刑事责任的时候，不予立案……"根据这一规定，立案必须同时具备两个条件。

（一）有犯罪事实

有犯罪事实，作为立案的事实条件，应该从以下两个方面进行理解：一是在刑事诉讼中，需要立案追究刑事责任的必须是依照刑法规定构成犯罪的行为，而非一般违法，违反党纪、政纪，违反社会主义道德的行为，即立案首先要划清罪与非罪的界限。二是必须有一定的证据证明犯罪事实确已发生和存在，绝非出于司法工作人员的主观想象或猜测，更不是道听途说、捕风捉影或凭空捏造。当然，由于立案只是刑事诉讼的起始阶段，尚不能要求证据达到能够证实犯罪嫌疑人为何人以及犯罪的目的、动机、手段、方法等一切情节的程度。查明犯罪嫌疑人，查清案件的全部事实情节，应当是立案以后侦查阶段的任务。立案时只要具有足以证明犯罪事实已经发生的证据材料即可。

（二）需要追究刑事责任

需要追究刑事责任，作为立案的法律条件，是指行为人的行为已构成犯罪，并且依照刑事法律的有关规定应当受刑罚处罚。我们知道，立案是以追究行为人的刑事责任为前提的，但并非所有的犯罪行为，法律都规定需要追究刑事责任。

因此法律规定不追究刑事责任的，就是缺乏立案的法律条件，公安司法机关就不应当立案。所谓法律规定不追究刑事责任，主要是指刑事诉讼法第 16 条规定的六种情形：（1）情节显著轻微、危害不大，不认为是犯罪的；（2）犯罪已过追诉时效期限的；（3）经特赦令免除刑罚的；（4）依照刑法告诉才处理的犯罪，没有告诉或者撤回告诉的；（5）犯罪嫌疑人、被告人死亡的；（6）其他法律规定免予追究刑事责任的。

具有以上六种情形之一的，公安司法机关就不应当追究刑事责任，不予立案；即使已经立案的，也应当撤销案件，或者不起诉，或者终止审理，或者宣告无罪。除此之外，对于某一犯罪行为，如果已经依法审判且判决已经生效，除非再审，否则不得就同一罪行再次立案追究其刑事责任。

法律规定的立案的两个条件必须同时具备，缺一不可。在司法实践中，公、检、法三机关办理刑事案件，一定要准确把握立案的条件，并将法律规定的立案条件作为审查确定是否开始刑事诉讼程序的根本依据，保证刑事诉讼活动从一开始就能合法、及时地进行，顺利完成刑事诉讼法的任务。

对于自诉案件，由于不经过侦查程序，自诉人向人民法院起诉后，如果符合立案条件，人民法院就应当受理，并直接进入审判程序。因此，自诉案件的立案条件应当高于公诉案件的立案条件，即自诉案件的立案除应当具备公诉案件的两个立案条件外，根据《高法解释》第 316 条的规定，还应当具备下列条件：（1）属于自诉案件范围；（2）属于该人民法院管辖；（3）被害人告诉；（4）有明确的被告人、具体的诉讼请求和能证明被告人犯罪事实的证据。如果该案件属于刑事诉讼法第 210 条第 3 项规定的自诉案件，还应当符合刑事诉讼法第 112 条、第 180 条的规定。

第三节　立案的程序

一、对立案材料的接受

根据刑事诉讼法第 110 条的规定，公安机关、人民检察院或者人民法院对于任何单位、个人和被害人的报案、举报和控告以及犯罪人的自首，无论是否属于自己的管辖范围，都应当接受，不得推诿或者拒绝。因为刑事诉讼法关于管辖的划分是针对公、检、法三机关的职责权限而言的，单位、个人或被害人的报案、举报、控告以及犯罪人的自首并不受此限。但公、检、法三机关接受后，发现不属于自己管辖的应当移送主管机关处理，并且通知报案人、控告人、举报人或自首的犯罪人。对于不属于自己管辖范围而又必须采取紧急措施的，应当先采取紧急措施，然后再移送主管机关，以防止犯罪嫌疑人逃跑、自杀、行凶、毁灭罪证等妨碍或逃避侦查、起诉和审判行为的发生。

对于自诉案件，被害人有权直接向人民法院起诉。被害人死亡或者丧失行为能力的，被害人的法定代理人、近亲属有权向人民法院起诉，人民法院应当受理。这里需要特别指出的是，对于刑事诉讼法第 210 条第 3 项规定的案件，即被害人有证据证明被告人侵犯自己人身、财产权利的案件，公安机关、人民检察院本应追究被告人刑事责任，但作了不立案、不起诉或不追究刑事责任决定，被害人直接向人民法院递交有关犯罪事实材料要求起诉的，如果符合法律规定的公诉转化为自诉的条件，人民法院不得以该案属于公诉案件为借口而拒绝受理。

为了便于单位、个人以及被害人行使报案、控告、举报权，有利于群众及时同犯罪作斗争，保护国家、社会和公民个人的合法利益，法律规定报案、控告、举报既可以书面方式提出，也可以口头方式提出，两者具有同等的法律效力。接受口头报案、控告、举报的公安司法人员，应当就报案、控告、举报的内容认真、详细地写成笔录，经宣读无误后，由报案人、控告人、举报人签名或者盖章。对于单位报案、控告、举报的，应当由单位负责人签名或者盖章，以便查证和防止诬告陷害。对于犯罪人的自首，接受的公安司法人员也应当将犯罪人投案自首的时间、地点以及其供述的犯罪行为发生的过程、情节、手段、后果等写成笔录，并经宣读无误后，由自首人签名或者盖章。

为了保证公安司法机关准确、及时打击犯罪、惩罚犯罪、保障无辜的公民不受诬告陷害，保证控告、举报的真实性，法律规定接受控告、举报的公安司法人员，应当向控告人、举报人说明诬告应负的法律责任，以使他们能够实事求是，尽量客观、准确、全面地揭发、控告自己所知道的有关犯罪事实或犯罪嫌疑人的情况。但同时，为了不挫伤控告人、举报人揭露犯罪，同犯罪作斗争的积极性，消除其所存在的思想顾虑，法律还要求公安司法人员严格区分错告、误告与诬告。只要不是捏造事实，伪造证据，即使控告、举报的事实有出入，甚至是错告的，也要和诬告严格加以区别。但对于其中故意捏造事实，伪造证据，有意诬告陷害，构成犯罪的，应当依法追究其刑事责任。

由于报案、控告和举报是公安司法机关立案的重要材料来源，对于及时侦破案件，查获犯罪嫌疑人，打击、惩罚犯罪，维护国家和人民利益具有十分重要的意义，因此为了保护人民群众同犯罪作斗争的积极性，刑事诉讼法第 111 条第 3 款规定："公安机关、人民检察院或者人民法院应当保障报案人、控告人、举报人及其近亲属的安全。报案人、控告人、举报人如果不愿公开自己的姓名和报案、控告、举报的行为，应当为他保守秘密。"根据这一规定，公安机关、人民检察院、人民法院应当采取必要措施，切实保障报案人、控告人、举报人及其近亲属的人身、财产安全。凡对报案人、控告人、举报人进行威胁、侮辱、殴打或者打击报复、陷害的，都应当严肃查处；构成犯罪的，应当依法追究其刑事责任。其中，如果是国家工作人员滥用职权，假公济私，对控告人、举报人等实行报复陷害的，根据刑法第254条“处二年以下有期徒刑或者拘役；情节严重的，处二年以上七年以下有期徒刑”规定处理。对于尚不够刑罚处罚的，依法给予治安管理处罚，或者建议有关主管部门予以党纪、政纪处分。对于报案人、控告人、举报人不愿意公开自己的姓名和报案、控告、举报行为的，公安司法机关也负有为其保守秘密的义务，以防止打击报复行为的发生，充分保护报案人、控告人、举报人的人身和财产安全。

公安机关、人民检察院和人民法院的工作人员，在接受报案、控告、举报或者犯罪人自首的立案材料后，应当制作受案登记表和受案回执，并将受案回执交扭送人、报案人、控告人、举报人。扭送人、报案人、控告人、举报人无法取得联系或者拒绝接受回执的，应当在回执中注明。

二、对立案材料的审查

根据刑事诉讼法第112条的规定，人民法院、人民检察院或者公安机关，对于报案、控告、举报和自首的材料，应当按照管辖范围，迅速进行审查。

公、检、法三机关对于接受的立案材料进行审查核实，是能否正确及时立案的关键。因为立案或者不立案，取决于公、检、法三机关对立案材料审查的结果，而审查材料的过程，也就是根据法律所规定的立案条件，确认有无犯罪事实和分析、评断这种犯罪事实是否需要追究刑事责任的过程。因此，对立案材料的审查，是一项十分重要的工作。

人民法院、人民检察院、公安机关对于立案材料审查的内容，如前所述，主要是案件是否属于本部门管辖，是否符合立案条件。而对立案材料审查的方法，通常则是根据已掌握的材料和证据，确认有犯罪事实存在，依法应当追究刑事责任，应当迅速作出立案决定；对于经过审查认为证据不足，不能判明犯罪事实是否发生的，或对立案材料尚有疑问的，可以要求报案人、控告人、举报人补充材料或者进一步说明情况。公安司法机关也可以自行调查、收集证据，必要时可以采取询问、查询、勘验、鉴定和调取证据材料等不限制被调查对象人身、财产权利的调查核实措施。但通常情况下，人民检察院和公安机关对案件的侦查活动，以及人民法院对案件的审判活动，均应在立案以后进行。

对于自诉案件，由于法律要求自诉人在提出控诉时，应当同时提出证明犯罪事实发生的各种证据，因此人民法院在审查过程中，如果认为自诉人提出的证据不充分，可以要求自诉人提出补充证实有关犯罪事实的材料，但立案前法院不能进行调查。

总之，立案前的审查，仅仅是为了查明是否确有犯罪事实发生，以便判明是否需要立案追究其刑事责任，而不是要求查明犯罪的目的、动机、手段、过程等全部的犯罪事实，也不要求在这一阶段查清谁是犯罪嫌疑人，因为这是立案以后侦查阶段的任务。

三、对立案材料的处理

对立案材料的处理，是指公安机关、人民检察院或者人民法院对报案、控告、举报和自首的材料进行审查后，根据事实和法律作出立案或者不立案的决定。

（一）决定立案

公安机关、人民检察院、人民法院经过对立案材料的审查，认为符合立案条件，即确有犯罪事实发生，对行为人依法需要追究刑事责任时，应当作出立案的决定。

决定立案的，应当先由承办人员制作立案报告书或者填写立案报告表。立案报告书应当写明：立案机关的名称；立案的材料来源和案由；发案的时间、地点、犯罪事实、现有的证据材料；立案的法律根据和初步意见；立案的时间；承办人姓名等。然后，承办人员将制作好的立案报告书或立案报告表连同有关证据材料报送本机关主管领导审批。经批准后，填写立案决定书并由负责审批人（县级以上公安机关负责人或检察长）签名或盖章，以标志正式立案。

对于自诉案件，经过审查，如果认为符合立案条件的，人民法院应当在收到自诉状或者口头告诉第二日起 15 日以内作出立案决定，并书面通知自诉人或者代为告诉人。

（二）决定不予立案

接受立案材料的公安司法机关，经审查，如果认为不符合立案条件，即没有犯罪事实发生，或者犯罪事实显著轻微不需要追究刑事责任，或者具有其他依法不追究刑事责任情形的，应当作出不予立案的决定。决定不予立案的，应当制作不立案决定书，写明案件的材料来源、决定不立案的理由和法律依据、决定不立案的机关等。不立案决定书也必须经县级以上公安机关负责人或检察长批准。

公安机关决定不立案的，如果案件材料来源于控告人提出的控告，还应当制作不予立案通知书，并在 3 日以内送达控告人。决定不予立案后又发现新的事实或者证据，或者发现原认定事实错误，需要追究刑事责任的，应当及时立案处理。控告人对于公安机关不立案决定不服的，可以在收到不予立案通知书后 7 日以内向作出决定的公安机关申请复议。公安机关应当在收到复议申请后 30 日以内作出决定，并将决定书送达控告人。控告人对不予立案的复议决定不服的，可以在收到复议决定书后 7 日以内向上一级公安机关申请复核。上一级公安机关应当在收到复核申请后 30 日以内作出决定。对上级公安机关撤销不予立案决定的，下级公安机关应当执行。案情重大、复杂的，公安机关可以延长复议、复核时限，但是延长时限不得超过30日，并书面告知申请人。

人民检察院决定不予立案的，负责侦查的部门应当制作不立案通知书，写明案由和案件来源、决定不立案的原因和法律依据，自作出不立案决定之日起10日以内送达移送案件线索的机关或者部门。对于控告和实名举报，决定不予立案的，应当制作不立案通知书，写明案由和案件来源、决定不立案的原因和法律依据，由负责侦查的部门在15日以内送达控告人、举报人，同时告知本院负责控告申诉检察的部门。控告人如果不服，可以在收到不立案通知书后10日以内向上一级人民检察院申请复议。不立案的复议，由上一级人民检察院负责侦查的部门审查办理。人民检察院认为被控告人、被举报人的行为未构成犯罪，决定不予立案，但需要追究其党纪、政纪、违法责任的，应当移送有管辖权的主管机关处理。

被害人及其法定代理人、近亲属或者行政执法机关，认为对其控告或者移送的案件应当立案侦查而不立案侦查，或者当事人认为公安机关不应当立案而立案，向人民检察院提出的，人民检察院应当受理并按立案监督程序进行审查。人民检察院发现公安机关可能存在应当立案侦查而不立案侦查情形的，应当依法按立案监督程序进行审查。

根据刑事诉讼法第210条的规定，被害人作为控告人对公安机关、人民检察院不立案决定不服的，如果其控告的内容符合该条第3项的规定，有权直接向人民法院起诉。

对于某些控告、举报的材料，虽不够立案条件，但被控告人、被举报人的行为有严重错误或属于违法行为，需要作党纪、政纪处分，或者需要给予行政处罚的，应当将控告、举报的材料移送有关主管机关进行处理。

关于自诉案件，经审查不符合立案条件的，人民法院应当在15日以内作出不立案决定，书面通知自诉人并说明不立案的理由和根据。

四、立案监督

立案监督，是指人民检察院依法对公安机关的立案活动是否合法进行监督。人民检察院对刑事诉讼实行法律监督，是我国刑事诉讼的一项基本原则。由于立案是刑事诉讼程序中的独立阶段，因而对立案活动实行法律监督，是刑事诉讼法律监督的重要内容之一。

刑事诉讼法第113条规定："人民检察院认为公安机关对应当立案侦查的案件而不立案侦查的，或者被害人认为公安机关对应当立案侦查的案件而不立案侦查，向人民检察院提出的，人民检察院应当要求公安机关说明不立案的理由。人民检察院认为公安机关不立案理由不能成立的，应当通知公安机关立案，公安机关接到通知后应当立案。”根据这一规定，人民检察院对于公安机关应当立案而不立案的情况，主要是通过开展各种检察业务活动以及通过被害人的申诉等途径发现的。

根据《高检规则》第557条至第566条的规定，立案监督的主要操作规程如下：

被害人及其法定代理人、近亲属或者行政执法机关，认为公安机关对其控告或者移送的案件应当立案侦查而不立案侦查，或者当事人认为公安机关不应当立案而立案，向人民检察院提出的，人民检察院应当受理并进行审查。人民检察院发现公安机关可能存在应当立案侦查而不立案侦查情形的，应当依法进行审查。人民检察院接到控告、举报或者发现行政执法机关不移送涉嫌犯罪案件的，经检察长批准，应当向行政执法机关提出检察意见，要求其按照管辖规定向公安机关移送涉嫌犯罪案件。

人民检察院负责控告申诉检察的部门受理对公安机关应当立案而不立案或者不应当立案而立案的控告、申诉，应当根据事实、法律进行审查。认为需要公安机关说明不立案或者立案理由的，应当及时将案件移送负责捕诉的部门办理；认为公安机关立案或者不立案决定正确的，应当制作相关法律文书，答复控告人、申诉人。

人民检察院经审查，认为需要公安机关说明不立案理由的，应当要求公安机关书面说明不立案的理由。对于有证据证明公安机关可能存在违法动用刑事手段插手民事、经济纠纷，或者利用立案实施报复陷害、敲诈勒索以及谋取其他非法利益等违法立案情形，尚未提请批准逮捕或者移送起诉的，人民检察院应当要求公安机关书面说明立案理由。

人民检察院要求公安机关说明不立案或者立案理由，应当书面通知公安机关，并且告知公安机关在收到通知后7日以内，书面说明不立案或者立案的情况、依据和理由，连同有关证据材料回复人民检察院。

公安机关说明不立案或者立案的理由后，人民检察院应当进行审查。认为公安机关不立案或者立案理由不能成立的，经检察长决定，应当通知公安机关立案或者撤销案件。人民检察院认为公安机关不立案或者立案理由成立的，应当在10日以内将不立案或者立案的依据和理由告知被害人及其法定代理人、近亲属或者行政执法机关。

公安机关对当事人的报案、控告、举报或者行政执法机关移送的涉嫌犯罪案件受理后未在规定期限内作出是否立案决定，当事人或者行政执法机关向人民检察院提出的，人民检察院应当受理并进行审查。经审查，认为尚未超过规定期限的，应当移送公安机关处理，并答复报案人、控告人、举报人或者行政执法机关；认为超过规定期限的，应当要求公安机关在7日以内书面说明逾期不作出是否立案决定的理由，连同有关证据材料回复人民检察院。公安机关在7日以内不说明理由也不作出立案或者不立案决定的，人民检察院应当提出纠正意见。人民检察院经审查有关证据材料认为符合立案条件的，应当通知公安机关立案。

人民检察院通知公安机关立案或者撤销案件，应当制作通知立案书或者通知撤销案件书，说明依据和理由，连同证据材料送达公安机关，并且告知公安机关应当在收到通知立案书后15日以内立案，对通知撤销案件书没有异议的应当立即撤销案件，并将立案决定书或者撤销案件决定书及时送达人民检察院。

人民检察院通知公安机关立案或者撤销案件的，应当依法对执行情况进行监督。公安机关在收到通知立案书或者通知撤销案件书后超过15日不予立案或者未要求复议、提请复核也不撤销案件的，人民检察院应当发出纠正违法通知书。公安机关仍不纠正的，报上一级人民检察院协商同级公安机关处理。公安机关立案后3个月以内未侦查终结的，人民检察院可以向公安机关发出立案监督案件催办函，要求公安机关及时向人民检察院反馈侦查工作进展情况。

公安机关认为人民检察院撤销案件通知有错误，要求同级人民检察院复议的，人民检察院应当重新审查。在收到要求复议意见书和案卷材料后7日以内作出是否变更的决定，并通知公安机关。公安机关不接受人民检察院复议决定，提请上一级人民检察院复核的，上级人民检察院应当在收到提请复核意见书和案卷材料后15日以内作出是否变更的决定，通知下级人民检察院和公安机关执行。上级人民检察院复核认为撤销案件通知有错误的，下级人民检察院应当立即纠正；上级人民检察院复核认为撤销案件通知正确的，应当作出复核决定并送达下级公安机关。

人民检察院负责捕诉的部门发现本院负责侦查的部门对应当立案侦查的案件不立案侦查或者对不应当立案侦查的案件立案侦查的，应当建议负责侦查的部门立案侦查或者撤销案件。建议不被采纳的，应当报请检察长决定。

第十七章　侦　　查

第一节　侦查概述

一、侦查的概念

侦查是指公安机关、人民检察院对于刑事案件，依照法律进行的收集证据、查明案情的工作和有关的强制性措施。

在我国，侦查是全部刑事诉讼程序中的一个独立诉讼阶段，在刑事中具有非常重要的地位，是国家专门机关同犯罪作斗争的强有力的手段。因为刑事案件立案以后，侦查机关为查明案情、查获犯罪嫌疑人，必须依法开展侦查活动，收集确实、充分的证明犯罪嫌疑人有罪或者无罪、罪重或者罪轻的各种证据材料，从而为检察机关提起公诉和人民法院进行审判做好充分的准备和奠定坚实的基础。

对于侦查的概念，可以从以下几个方面进行理解。

（一）享有侦查权的主体具有特定性

由于侦查权的行使直接关系到国家安全、社会稳定和公民合法权益是否受到侵犯，因此国家法律对行使侦查权的主体作了明确规定。刑事诉讼法第 108 条第 1 项规定，“侦查”是指公安机关、人民检察院对于刑事案件，依照法律进行的收集证据、查明案情的工作和有关的强制性措施。由此可见，我国刑事诉讼中的侦查主体主要是公安机关和人民检察院。

此外，根据刑事诉讼法第 4 条、第 308 条的规定，国家安全机关依照法律规定，办理危害国家安全的刑事案件时，可以行使与公安机关相同的侦查权。军队保卫部门对军队内部发生的刑事案件行使侦查权。中国海警局履行海上维权执法职责，对海上发生的刑事案件行使侦查权。对罪犯在监狱内犯罪的案件由监狱进行侦查。由此可见，我国享有侦查权的机关有公安机关、人民检察院、国家安全机关、军队保卫部门、中国海警局和监狱，除此以外，其他任何机关、团体和个人都无权行使侦查权。

（二）侦查活动的内容具有特定性

侦查活动的内容，根据法律规定，是收集证据、查明案情的工作和采取有关的强制性措施。收集证据、查明案情的工作是指刑事诉讼法所规定的讯问犯罪嫌疑人，询问证人，勘验、检查，搜查，查封、扣押物证、书证，鉴定，通缉等活动。应当注意的是，这种收集证据、查明案情的工作与人民法院在庭审过程中，在调查核实证据时，依照刑事诉讼法的有关规定所进行的勘验、检查，查封、扣押，鉴定和查询、冻结等活动具有截然不同的法律性质，后者属于审判中的调查活动而不属于侦查活动的范畴。而有关的强制性措施则是指为保证专门调查工作的顺利进行，侦查机关在必要时采取的诸如强行搜查、强制扣押等强制性方法，以及为防止犯罪嫌疑人逃跑、毁灭罪证、串供等而采取的限制或剥夺人身自由的强制措施，包括拘传、取保候审、监视居住、拘留和逮捕。

（三）侦查活动必须严格依照法律规定进行

为了实现侦查的目的，保证侦查机关能够发现和收集与案件有关的各种证据，查明案件事实，查获犯罪嫌疑人，防止其继续犯罪或逃避侦查、起诉或审判，保证诉讼活动的顺利进行，我国刑事诉讼法对侦查的主体、侦查的内容和方式以及侦查的程序都作了严格的规定。同时，由于侦查是以国家强制力为后盾的，每一项侦查活动的开展都程度不同地带有强制性，稍有违法，便会侵犯公民的合法权益，因此侦查机关在进行侦查活动时，只有严格遵守法律规定，才能客观全面地收集证据，查明案件事实，充分保护公民的合法权益不受侵犯，更好地完成刑事诉讼法所赋予的侦查任务。

二、侦查的任务和意义

（一）侦查的任务

侦查的任务，概而言之，就是收集证据，查明犯罪事实和查获犯罪嫌疑人，为打击和预防犯罪、保障刑事诉讼活动的顺利进行提供可靠的根据。具体而言，是指侦查机关依照法定程序对已经立案的刑事案件进行侦查，收集调取犯罪嫌疑人有罪或者无罪、罪轻或者罪重的各种证据材料，准确、及时地查明犯罪事实，查获犯罪嫌疑人，并根据案件的具体情况采取必要的强制措施，防止犯罪分子逃避侦查，或继续犯罪，毁灭、伪造证据，串供等，以便将犯罪嫌疑人顺利交付起诉和审判，保证诉讼活动的顺利进行，保护国家、集体和公民个人的合法利益不受侵犯。同时，在侦查过程中，还应当注意总结犯罪分子作案的特点和规律，加强法制宣传教育，协同有关部门做好社会治安综合治理工作，以减少和预防犯罪。

根据刑事诉讼法第 116 条的规定，公安机关完成侦查任务，一般分为侦破和预审两个阶段。其中侦破阶段的主要任务是收集证据和查获犯罪嫌疑人，而预审阶段的主要任务则是对收集、调取的证据材料的真实性、合法性及证明力予以审查、核实。但需要指出的是，随着公安机关刑侦体制的改革，公安机关内部实行“侦审一体化”，虽然预审部门取消了，但预审工作还存在。即尽管公安机关取消了预审部门，但是对于经过侦查收集、调取的证据材料，仍需进一步运用侦查手段复核、查实，为准确认定案件事实、正确处理案件打下坚实的基础。

（二）侦查的意义

侦查作为公诉案件的必经程序，在刑事诉讼中具有十分重要的意义。

1. 侦查是与犯罪行为作斗争的重要手段

公安司法机关进行刑事诉讼的目的之一，是准确及时地惩罚犯罪，保护人民。由于犯罪是一种错综复杂的社会现象，犯罪活动大多是在极其隐蔽的情况下进行的，而犯罪分子实施犯罪行为以后，为了逃避法律的制裁，又往往采取各种手段掩盖事实真相，毁灭证据，制造假象，如果公安司法机关不采取强有力的侦查手段，就难以收集到确实、充分的证据和准确、及时查清案件事实，破获犯罪嫌疑人，就不能完成刑事诉讼惩罚犯罪，保护人民，保障社会稳定的任务。因此，侦查是公安司法机关有效地同犯罪行为作斗争的强有力的手段。

2. 侦查是提起公诉和正确审判的基础和前提条件

司法实践证明，侦查工作的好坏，将直接影响起诉和审判。因为刑事案件立案以后，揭露犯罪、证实犯罪、查获犯罪嫌疑人的大量的实质性的工作，是通过侦查程序完成的。法律要求侦查终结的案件必须事实清楚，证据确实、充分，因此，在侦查过程中，侦查机关如果能够严格按照法律规定，通过采取专门的侦查行为和有关的强制性措施，收集确实、充分的证据，查明案件事实情况，查获犯罪嫌疑人，就能够为人民检察院准确、及时批准逮捕、提起公诉，为人民法院正确进行审判奠定坚实的基础和提供前提条件。侦查工作存在任何的疏漏或偏差，都将影响起诉和审判工作的顺利进行，影响案件正确、及时、合法的处理。

3. 侦查是预防犯罪的有力措施

侦查不仅是打击和惩罚犯罪的重要手段，在预防犯罪活动中也起着极为重要的作用。通过侦查活动，一方面可以教育群众，强化群众的法治观念，使其提高守法的自觉性，提高同犯罪作斗争的积极性；另一方面还可以总结和掌握犯罪的特点和规律，发现有关机关、单位和企业存在的隐患和漏洞，及时采取有效措施，消除隐患、堵塞漏洞，加强安全防范措施，加强社会治安综合治理，以预防和减少犯罪。

三、侦查工作的原则

为了更好地完成侦查任务，揭露、证实和惩罚犯罪，侦查人员在侦查活动中，除必须遵守刑事诉讼法规定的基本原则外，根据侦查工作的特点，还必须遵守下列各项工作原则。

（一）迅速及时原则

侦查工作本身的特点决定了侦查工作必须迅速及时。侦查机关接到报案后，要立即组织侦查力量，制定侦查方案，及时抓住战机，采取侦查措施，开展侦查活动，拘捕、审讯犯罪嫌疑人，收集案件的各种证据，以防止犯罪分子隐匿、毁灭、伪造证据，或者逃跑、自杀或继续犯罪。如果侦查机关行动迟缓，失掉有利战机，就有可能因时过境迁、犯罪现场遭破坏、犯罪痕迹消灭、犯罪嫌疑人潜逃等，给侦查破案工作造成困难。

（二）客观全面原则

侦查的任务就是依照法律规定，准确查明客观存在的案件事实，全面收集能够证明案件真实情况的一切证据。因此，侦查人员在侦查过程中，应当一切从实际情况出发，坚持重事实、重证据、重调查研究的态度，认真分析研究案情，如实反映案件的客观真实，切忌主观臆断和先入为主。在收集证据时也要注意全面性，既要收集能够证明犯罪嫌疑人有罪、罪重的证据，又要收集能够证明犯罪嫌疑人无罪、罪轻的证据；既要认真听取控诉一方的意见，也要认真听取辩护一方的意见，从而保证侦查案件的质量。

（三）深入细致原则

在侦查过程中，为了准确查明案件的真实情况，侦查人员还必须坚持深入细致的原则。这就要求侦查人员应当具备深入细致的工作作风，广泛而深入地依靠群众，调查、了解一切与案件有关的情况，不放过一点点蛛丝马迹，不忽略任何细枝末节，从而查清犯罪构成基本要件和犯罪的各种具体情节，排除案件证据材料中的疑点和矛盾。

（四）遵守法治的原则

侦查是一项严肃的执法活动，侦查机关和侦查人员进行侦查活动必须严格遵守法律规定的程序。因为侦查机关所使用的各种收集证据、查明案情的手段和采取的强制性措施稍有不慎，便会侵犯公民的人身权利、民主权利和其他合法权利，因此，侦查人员必须增强法治观念，严格依照刑事诉讼法的规定收集证据，严禁采用刑讯逼供等非法方法收集犯罪嫌疑人供述和采用暴力、威胁以及非法限制人身自由等非法方法收集证人证言、被害人陈述。适用各种强制性措施，也必须坚持法律规定的条件和程序，以防止误伤好人而放纵真正的罪犯，从而保证侦查活动的顺利进行，维护社会主义法制，保护公民的合法权益不受侵犯。

（五）保守秘密原则

侦查过程中，如果将案情、侦查线索、侦查方向和意图、侦查措施、证据材料或者当事人、其他诉讼参与人以及举报人、控告人等有关情况向无关人员泄露，就会干扰、破坏侦查工作的顺利进行，影响案件的及时侦破，影响侦查机关同犯罪行为作斗争。因此，侦查人员必须严格遵守侦查纪律、保守侦查秘密，对于违反者，应根据情节和后果，依法追究其法律责任。

第二节　侦查行为

一、讯问犯罪嫌疑人

（一）讯问犯罪嫌疑人的概念和意义

讯问犯罪嫌疑人，是指侦查人员依照法定程序，以言词方式向犯罪嫌疑人查问案件事实和其他与案件有关问题的一种侦查行为。

讯问犯罪嫌疑人是每一个刑事案件侦查工作中的必经程序，在侦查中具有十分重要的意义：一方面有利于侦查人员收集、核实证据，查明案件事实，查清犯罪情节，并发现新的犯罪线索和其他应当追究刑事责任的犯罪分子；另一方面又可以为犯罪嫌疑人如实供述罪行或充分行使辩护权提供机会，使侦查机关通过听取犯罪嫌疑人陈述和申辩，在保护犯罪嫌疑人合法权益的同时，保障无罪的人和其他依法不应追究刑事责任的人免受刑事追诉。

（二）讯问犯罪嫌疑人的程序

根据刑事诉讼法的规定，讯问犯罪嫌疑人应当严格遵守下列程序。

1. 讯问犯罪嫌疑人必须由人民检察院或者公安机关的侦查人员负责进行，除法律规定外的其他任何机关、其他任何人员都无权行使这项专有职权。并且为了保证侦查机关依法进行讯问工作，加强侦查人员在讯问过程中的相互监督和相互配合，保证讯问质量，提高讯问效率，防止违法乱纪、非法讯问，以及保障侦查人员的人身安全，防止意外事件发生，刑事诉讼法第 118 条规定，讯问的时候，侦查人员不得少于 2 人。

2. 对于不需要拘留、逮捕的犯罪嫌疑人，可以传唤到犯罪嫌疑人所在市、县内的指定地点或者到他的住处进行讯问，但是应当出示传唤证和工作证件，并责令犯罪嫌疑人在传唤证上签名或者盖章，并捺指印。犯罪嫌疑人到案后，应当由其在传唤证上填写到案时间。传唤结束时，应当由其在传唤证上填写传唤结束时间。犯罪嫌疑人拒绝填写的，侦查人员应当在传唤证上注明。对在现场发现的犯罪嫌疑人，经出示工作证件，可以口头传唤，并将传唤的原因和依据告知被传唤人。在讯问笔录中应当注明犯罪嫌疑人到案时间、到案经过和传唤结束时间。犯罪嫌疑人经合法传唤，无正当理由而不到案的，可以拘传。但事先不经传唤，直接拘传犯罪嫌疑人，也是合法的。传唤、拘传持续的时间不得超过 12 小时；案情特别重大、复杂，需要采取拘留、逮捕措施的，传唤、拘传持续的时间不得超过 24 小时。不得以连续传唤、拘传的形式变相拘禁犯罪嫌疑人，应当保证犯罪嫌疑人的饮食和必要的休息时间。

对于已被拘留、逮捕的犯罪嫌疑人，必须在拘留、逮捕后的24小时以内进行讯问，犯罪嫌疑人在被送至看守所羁押后，侦查人员应当在看守所进行讯问。在讯问过程中，如果发现犯罪嫌疑人有不应当拘留、逮捕的情况时，应及时纠正错拘错捕行为，保护公民的合法权益，应当立即释放犯罪嫌疑人，并发给释放证明。

3. 侦查人员在讯问犯罪嫌疑人的时候，应当首先讯问犯罪嫌疑人是否有犯罪行为，并应当告知其享有的诉讼权利，如实供述自己的罪行可以从宽处理和认罪认罚的法律规定，让他陈述有罪的情节或者无罪的辩解，然后向他提出问题。处于侦查阶段的犯罪嫌疑人是否有罪，尚处在不确定状态，需要经过进一步的侦查，才能证实。为了防止侦查人员主观片面、先入为主，保证讯问工作的客观、公正性，法律要求侦查人员在讯问犯罪嫌疑人时，应首先讯问他是否有犯罪行为。如果犯罪嫌疑人承认有犯罪行为，即让其陈述有罪的情节；如果犯罪嫌疑人否认有犯罪事实，则让其作无罪的辩解，然后就其供述或辩解中与认定案件事实有关，影响对其定罪量刑的问题向他提问。

我国刑事诉讼法规定了不得强迫任何人证实自己有罪，但没有赋予犯罪嫌疑人沉默权。根据法律规定，犯罪嫌疑人对侦查人员的提问，应当如实回答。但是与本案无关的问题，有权拒绝回答。至于是否与本案无关，应当以是否对查明本案的全部事实情节有实际意义或证据价值为准。

对于共同犯罪案件的同案犯罪嫌疑人的讯问，应当分别进行，未被讯问的不得在场，以防止同案犯串供或者相互影响供述。

4. 侦查人员讯问聋、哑的犯罪嫌疑人，应当有通晓聋、哑手势的人参加，并在讯问笔录上注明犯罪嫌疑人的聋、哑情况，以及翻译人员的姓名、工作单位和职业。讯问不通晓当地语言文字的犯罪嫌疑人，应当配备翻译人员。讯问未成年犯罪嫌疑人，应当通知未成年犯罪嫌疑人的法定代理人到场。无法通知、法定代理人不能到场或者法定代理人是共犯的，也可以通知未成年犯罪嫌疑人的其他成年亲属，所在学校、单位、居住地或者办案单位所在地基层组织或者未成年人保护组织的代表到场，并将有关情况记录在案。到场的法定代理人可以代为行使未成年犯罪嫌疑人的诉讼权利。讯问女性未成年犯罪嫌疑人，应当有女工作人员在场。

5. 侦查人员在讯问犯罪嫌疑人时，可以对讯问过程进行录音或者录像，对于可能判处无期徒刑、死刑的案件或者其他重大犯罪案件，应当对讯问过程进行录音或录像。录音或者录像应当全程进行，保持完整性。根据监察法第41条的规定，调查人员进行讯问，也应当对全过程进行录音录像。

6. 讯问犯罪嫌疑人应当制作笔录。讯问笔录应当如实记载提问、回答和其他在场人的情况。讯问笔录应当交犯罪嫌疑人核对，对于没有阅读能力的，应当向他宣读。如果记录有遗漏或差错，犯罪嫌疑人可以提出补充或改正。犯罪嫌疑人承认笔录没有错误后，应当签名或盖章。侦查人员也应当在笔录上签名。犯罪嫌疑人请求自行书写供述的，应当准许。必要时，侦查人员也可以要求犯罪嫌疑人亲笔书写供词。

7. 侦查人员讯问犯罪嫌疑人，必须严格遵守法律规定的程序，切实保障犯罪嫌疑人的诉讼权利，严禁刑讯逼供或以威胁、引诱、欺骗以及其他非法的方法进行讯问，不得强迫任何人证实自己有罪。对于侦查人员侵犯犯罪嫌疑人诉讼权利的违法行为，犯罪嫌疑人有权提出控告；构成犯罪的，应当依法追究其刑事责任。

从证据的角度，侦查机关对犯罪嫌疑人的讯问会被控诉方以“犯罪嫌疑人、被告人供述和辩解”这一证据形式呈现在法庭审判中。2010 年 6 月 13 日，最高人民法院、最高人民检察院、公安部、国家安全部、司法部联合发布了《关于办理刑事案件排除非法证据若干问题的规定》和《关于办理死刑案件审查判断证据若干问题的规定》，对“犯罪嫌疑人、被告人供述和辩解”的证据资格和采纳标准作出了新规定，如前者明确规定，采用刑讯逼供等非法手段取得的犯罪嫌疑人供述属于非法言词证据，应当予以排除，既不能作为定案的证据，也不能作为批准逮捕和提起公诉的根据。后者规定，在死刑案件中，采用刑讯逼供等非法手段取得的被告人供述，未经被告人核对确认并签名、捺指印的讯问笔录，应当提供通晓聋、哑手势的人员或者翻译人员而未提供的讯问都不得作为定案的根据。2017 年 6 月 27 日，最高人民法院、最高人民检察院、公安部、国家安全部、司法部再次联合发布了《关于办理刑事案件严格排除非法证据若干问题的规定》，进一步从实体性规则和程序性规则两方面严格了刑讯逼供的内涵和标准，明确以威胁、引诱、欺骗、非法拘禁以及其他非法方法收集的证据，应当予以排除。以上内容也被刑事诉讼法所吸收。刑事诉讼法第 56 条规定，采用刑讯逼供等非法方法收集的犯罪嫌疑人、被告人供述和采用暴力、威胁等非法方法收集的证人证言、被害人陈述，应当予以排除。收集物证、书证不符合法定程序，可能严重影响司法公正的，应当予以补正或者作出合理解释，不能补正或者作出合理解释的，对该证据应当予以排除。可以预见，非法证据排除规则一定会对侦查阶段的讯问行为起到较强的制约和规范作用。

为了进一步保障犯罪嫌疑人在侦查阶段的诉讼权利，保证侦查工作依法顺利进行，刑事诉讼法第 34 条规定，犯罪嫌疑人自被侦查机关第一次讯问或采取强制措施之日起，有权委托律师作为辩护人。同时，侦查机关有义务在第一次讯问犯罪嫌疑人或者对犯罪嫌疑人采取强制措施时向犯罪嫌疑人告知其具有这一权利。犯罪嫌疑人在押的，也可以由其监护人、近亲属代为委托。第 39 条还规定，辩护律师可以同在押的犯罪嫌疑人、被告人会见、通信。辩护律师持律师执业证书、律师事务所证明和委托书或者法律援助公函要求会见在押的犯罪嫌疑人的，看守所应当及时安排会见，至迟不得超过48小时。危害国家安全犯罪、恐怖活动犯罪案件，在侦查期间辩护律师会见在押的犯罪嫌疑人，应当经侦查机关许可。另外，根据《公安规定》第49条的规定，犯罪嫌疑人入所羁押时没有委托辩护人，法律援助机构也没有指派律师提供辩护的，看守所应当告知其有权约见值班律师，获得法律咨询、程序选择建议、申请变更强制措施、对案件处理提出意见等法律帮助，并为犯罪嫌疑人约见值班律师提供便利。没有委托辩护人、法律援助机构没有指派律师提供辩护的犯罪嫌疑人向看守所申请由值班律师提供法律帮助的，看守所应当在24小时内通知值班律师。

二、询问证人、被害人

（一）询问证人的概念和意义

询问证人，是指侦查人员依照法定程序，以言词方式向证人调查了解案件情况的一种侦查行为。

询问证人作为侦查过程中经常并且广泛采用的一种侦查行为，在侦查程序中起着非常重要的作用，通过询问证人，有助于侦查人员发现、收集证据和核实证据，查明案件事实真相，查获犯罪嫌疑人，揭露、证实犯罪，保障无罪的人不受刑事追究。

（二）询问证人的程序

根据刑事诉讼法的规定，询问证人应当遵守下列程序。

1. 询问证人只能由侦查人员进行。侦查人员询问证人，可以现场进行，也可以到证人的所在单位、住处进行或者证人提出的地点进行，但是必须出示人民检察院或者公安机关的证明文件。在必要的时候，也可以通知证人到人民检察院或者公安机关提供证言。侦查人员关于询问证人地点的选择，应当从有利于获取证言，保证证人作证的积极性方面考虑。为了方便证人作证，消除证人不必要的紧张情绪，及时得到证人单位的支持，及时了解证人情况，侦查人员一般应到证人所在单位、住处或者证人提出的地点进行询问，并且应当出示工作证件。只有在案件涉及国家秘密，证人所在单位住处或者证人提出的地点周围的人与案件有利害关系，证人在侦查阶段不愿意公开自己的姓名和作证行为等必要的情况下，为保守秘密，保证证人安全，防止证人单位、亲属或其他人的干扰，保证证人如实提供证言，侦查人员才通知证人到人民检察院或公安机关进行询问。

2. 侦查人员询问证人，应当分别进行。这是法律关于侦查人员询问证人方式的规定和要求。为了避免证人之间相互影响，保证证言的真实性，同一案件若有几个证人时，应当分别进行、个别询问，既不能采用“座谈会”的方式将多名证人召集在一起进行询问，更不能让多名证人共同出具一份书面证词。

3. 询问证人时，侦查人员应当告知他应当如实地提供证据、证言和有意作伪证或者隐匿罪证要负的法律责任，但不得向证人泄露案情或者表示对案件的看法。所谓要负的法律责任，主要是指刑法第 305 条规定的伪证罪和第 310 条规定的包庇罪。明确告知证人作伪证或隐匿罪证所应当承担的法律责任，有利于证人如实提供证据和证言。同时，侦查人员也应当告知和保护证人依法享有的各种诉讼权利，保障证人及其近亲属的安全。对于证人及其近亲属进行威胁、侮辱、殴打或者打击报复构成犯罪的，应依法追究刑事责任，尚不够刑事处罚的，依法给予治安管理处罚。

4. 询问证人应当为证人提供客观充分地提供证据的条件。侦查人员在询问证人时，一般先让证人就他所知道的案件情况作连续的详细叙述，然后针对其所陈述的事实，问明来源和根据。侦查人员应当耐心听取证人的陈述，然后根据案件的具体情况进行询问，提出的问题应当明确清楚，不得用提示性、暗示性的方式询问，更不得以暴力、胁迫、引诱、欺骗等非法方法逼取证人证言。为使未成年证人能够如实提供证言，询问未成年证人，应当通知其法定代理人到场，无法通知、法定代理人不能到场或者法定代理人是共犯的，也可以通知未成年犯罪嫌疑人的其他成年亲属，所在学校、单位、居住地或者办案单位所在地基层组织或者未成年人保护组织的代表到场，并将有关情况记录在案。到场的法定代理人可以代为行使未成年证人的诉讼权利。询问的地点也可以选择未成年证人所熟悉和习惯的场所。询问聋、哑证人，应当有通晓聋、哑手势的人作翻译，并将这种情况记入笔录。询问不通晓当地语言文字的人、外国人，应当为其聘请翻译人员。

5. 询问证人，应当制作笔录。证言笔录应当如实记载证人的陈述，询问结束后，交证人核对或者向他宣读。如果记载有遗漏或差错，证人可以申请补充或者纠正。证人确认笔录无误后，证人和侦查人员都应当在笔录上签名或盖章。如果证人愿意提供书面证言，应当允许，必要时，侦查人员也可以让证人亲笔书写证词。但是书面证言不能代替口头询问。根据《高检规则》第 194 条的规定，询问重大或者有社会影响的案件的重要证人，应当对询问过程实行全程录音、录像，并在询问笔录中注明。

（三）询问被害人的概念和程序

询问被害人，是指侦查人员依照法定程序，以言词方式向直接遭受犯罪行为侵害的人就其受害及犯罪嫌疑人的有关情况进行调查了解的一种侦查活动。

根据刑事诉讼法第 127 条的规定，询问被害人适用询问证人的程序。但是，被害人与证人具有不同的诉讼地位，被害人是刑事诉讼的当事人，且与案件的处理有直接利害关系。因此，在询问被害人时，除依照询问证人的各项规定进行外，还要注意被害人的特点：一方面由于被害人直接遭受犯罪行为侵害，在不少案件中被害人与犯罪分子还有过直接接触，因此，通过询问被害人，可以更多地掌握犯罪事实和犯罪嫌疑人的有关情况；另一方面也要考虑到被害人与案件的利害关系，在询问时，既要认真吸取他的陈述，又要注意分析是否合乎情理，有无夸大情节。对于被害人的个人隐私，应当为他保守秘密，对于被害人的人身安全，也应当采取切实有效的措施予以保护。

三、勘验、检查

（一）勘验、检查的概念和意义

勘验、检查，是指侦查人员对于犯罪有关的场所、物品、尸体、人身等进行勘查和检验，以发现、收集和固定犯罪活动所遗留下来的各种痕迹和物品的一种侦查行为。勘验、检查的主体、任务和性质相同，但适用对象有所区别，勘验的对象是现场、物品和尸体，而检查的对象则是活人的人身。

勘验、检查是侦查中取得第一手证据材料的一个重要途径。犯罪分子实施犯罪行为，必然会在客观外界留下各种痕迹、物品，即使在犯罪后对现场加以破坏或伪装，也会留下新的痕迹和物品。因此，通过勘验和检查，可以及时发现、收集和固定犯罪的痕迹和证物，了解案件性质、作案手段和犯罪活动情况，确定侦查范围和方向，并为进一步查清案情，揭露、证实犯罪提供可靠的依据。

（二）勘验、检查的种类和程序

根据刑事诉讼法的规定，勘验、检查的种类包括现场勘验、物证检验、尸体检验、人身检查和侦查实验。

1. 现场勘验

现场勘验，是侦查人员对发生犯罪事件或者发现犯罪痕迹的特定地点、场所所进行的勘验和检查的一种侦查活动。

现场勘验的任务，是查明犯罪现场的情况，发现和收集证据，研究分析案情，判断案件性质，确定侦查方向和范围，为破案提供线索和证据。

及时发现和严密保护好现场，是做好勘验工作的前提条件。犯罪现场所发现的物品、痕迹都有可能成为查获犯罪嫌疑人的关键线索，只有保护好现场，勘查人员才能观察到现场物品、痕迹的原始状态，并据以准确分析判断犯罪分子的作案情况，为侦破案件打下基础。鉴于此，刑事诉讼法第 129 条规定：“任何单位和个人，都有义务保护犯罪现场，并且立即通知公安机关派员勘验。”

执行勘验的侦查人员接案后，应当立即赶赴案发现场，并保护好现场。进行现场勘验时必须持有公安机关或人民检察院的证明文件，如公安机关的刑事犯罪现场勘查证。必要时可以指派或聘请具有专门知识的人在侦查人员的主持下进行。公安机关对案件现场进行勘查，侦查人员不得少于 2 人。人民检察院进行勘验时，应当邀请 2 名与案件无关的见证人在场。

勘查现场，应当拍摄现场照片、绘制现场图，制作笔录，由参加勘查的人和见证人签名。对于重大案件的现场勘查，应当录像。

2. 物证检验

物证检验，是指侦查人员对侦查过程中已经收集到的物品和痕迹进行检查和验证，以确定该物证与案件事实之间的关系的一种侦查活动。

物证的检验应当及时、认真、细致，如果需要专门技术人员进行检验和鉴定的，应当指派或聘请鉴定人进行鉴定。

物证检验应当制作笔录。参加检验的侦查人员、鉴定人和见证人均应签名或者盖章。

3. 尸体检验

尸体检验，是指侦查人员指派、聘请法医或医师对非正常死亡的尸体进行尸表检验或尸体解剖的一种侦查活动。其目的在于确定死亡的原因和时间，判明致死的工具、手段和方法，以便分析作案过程，为查明案情和查获犯罪嫌疑人提供线索和证据。

根据刑事诉讼法第 131 条和《公安规定》第 218 条、第 219 条的规定，为了确定死因，经县级以上公安机关负责人批准，可以解剖尸体，并且通知死者家属到场，让其在解剖尸体通知书上签名。死者家属无正当理由拒不到场或者拒绝签名的，侦查人员应当在解剖尸体通知书上注明。对身份不明的尸体，无法通知死者家属的，应当在笔录中注明。对于已经查明死因，没有继续保存必要的尸体，应当通知家属领回处理，对无法通知或者通知后家属拒绝领回的，经县级以上公安机关负责人批准，可以及时处理。

尸体检验的情况，应当制作笔录，并由侦查人员、法医或医师签名或者盖章。

4. 人身检查

人身检查，是指侦查人员为了确定被害人、犯罪嫌疑人的某些特征、伤害情况或者生理状态，依法对其人身进行检查，提取指纹信息，采集血液、尿液等生物样本的一种侦查活动。

人身检查是对活人人身进行的一种特殊检验。其目的在于确定被害人、犯罪嫌疑人的相貌、肤色、特殊痕迹、伤害部位和程度、智力发展和生理机能等情况，从而有利于查明案件性质、查获犯罪嫌疑人。

根据刑事诉讼法第 132 条和《公安规定》第 217 条的规定，为了确定被害人、犯罪嫌疑人的某些特征、伤害情况或者生理状态，可以对人身进行检查，依法提取、采集肖像、指纹等人体生物识别信息，采集血液、尿液等生物样本。被害人死亡的，应当通过被害人近亲属辨认、提取生物样本鉴定等方式确认被害人身份。对被害人、犯罪嫌疑人进行人身检查，必须由侦查人员进行，必要时也可以在侦查人员的主持下聘请法医或医师严格依法进行，不得有侮辱被害人、犯罪嫌疑人人格或侵害其他合法权益的行为。犯罪嫌疑人拒绝检查、采集的，侦查人员认为必要的时候，经办案部门负责人批准，可以强制检查、提取、采集。但对被害人的人身检查，应征得本人同意，不得强制进行。检查妇女的身体，应当由女工作人员或者医师进行。

检查的情况应当制作笔录，并由参与检查的侦查人员、检查人员、被检查人员和见证人签名。被检查人员拒绝签名的，侦查人员应当在笔录中注明。

5. 侦查实验

侦查实验，是指侦查人员为了确定和判明与案件有关的某些事实或行为在某种情况下能否发生或怎样发生，而按照原有条件实验性地重演的一种侦查活动。

根据刑事诉讼法第135条、《公安规定》第221条、《高检规则》第200条的规定，为查明案情，在必要的时候，经县级以上公安机关负责人或检察长批准，可以进行侦查实验。进行侦查实验时，禁止一切足以造成危险、侮辱人格或者有伤风化的行为。

由于侦查实验是一种特殊的侦查行为，因此在侦查过程中不宜广泛采用，只有在下列情况下，才能进行侦查实验：（1）确定在一定条件下能否听到或者看到；（2）确定在一定时间内能否完成某一行为；（3）确定在什么条件下能够发生某种现象；（4）确定在某种条件下某种行为和某种痕迹是否吻合一致；（5）确定在某种条件下使用某种工具可能或者不可能留下某种痕迹；（6）确定某种痕迹在什么条件下会发生变异；（7）确定某种事件是怎样发生的。

侦查实验，应当由侦查人员主持。必要时可以聘请有关专业人员参加，也可以要求犯罪嫌疑人、被害人、证人参加。进行侦查实验，应当全程录音录像，并制作侦查实验笔录，由参加侦查实验的人签名。

为了加强人民检察院对公安机关侦查活动的监督，保证勘验、检查的质量，防止和纠正可能出现的或已经出现的差错，刑事诉讼法第134条规定："人民检察院审查案件的时候，对公安机关的勘验、检查，认为需要复验、复查时，可以要求公安机关复验、复查，并且可以派检察人员参加。"

复验、复查可以多次进行，但每次都要制作笔录，人民检察院在具备条件的情况下，也可以自行复验、复查。复验、复查应当遵守的法律程序和规则与勘验、检查相同。

四、搜查

（一）搜查的概念和意义

搜查，是指侦查人员依法对犯罪嫌疑人以及可能隐藏罪犯或者犯罪证据的人的身体、物品、住处和其他有关地方进行搜查、检查的一种侦查行为。

搜查是侦查机关同犯罪作斗争的一项重要手段，它对于侦查机关及时收集证据，查获嫌疑人，防止其逃跑、毁灭、转移证据，揭露、证实犯罪，保证诉讼的顺利进行具有十分重要的意义。

（二）搜查的程序

由于搜查直接关系到我国宪法所规定的公民的人身自由和住宅不受侵犯的权利，所以刑事诉讼法明确规定了搜查应当遵守的法律程序。

1. 搜查只能由侦查人员进行，其他任何机关、团体和个人都无权对公民人身和住宅进行搜查。否则情节严重构成犯罪的，将依法追究其刑事责任。

搜查的目的是收集犯罪证据，查获犯罪嫌疑人。搜查的对象和范围，既可以是犯罪嫌疑人，也可以是其他可能隐藏罪犯或者犯罪证据的人；既可以对人身进行，也可以对被搜查人的住处、物品和其他有关场所进行。侦查机关不得违背法律规定的搜查目的滥用搜查措施，同时也不得超越法律所规定的搜查对象和范围而滥行搜查权。

2. 搜查时，必须向被搜查人出示搜查证，执行搜查的侦查人员不得少于 2 人。但是，侦查人员在执行逮捕、拘留的时候，遇有紧急情况，不另用搜查证也可以进行搜查。根据《公安规定》第 224 条的规定，紧急情况是指下列情形之一：（1）可能随身携带凶器的；（2）可能隐藏爆炸、剧毒等危险物品的；（3）可能隐匿、毁弃、转移犯罪证据的；（4）可能隐匿其他犯罪嫌疑人的；（5）其他突然发生的紧急情况。

3. 任何单位和个人，都有义务按照公安机关和人民检察院的要求，交出可以证明犯罪嫌疑人有罪或者无罪的物证、书证、视听资料。遇有阻碍搜查的，侦查人员可以强制搜查。

4. 搜查时，应当有被搜查人或者他的家属、邻居或者其他见证人在场。搜查妇女的身体，应当由女工作人员进行。

5. 搜查的情况应当制作笔录，由侦查人员和被搜查人或者他的家属、邻居或者其他见证人签名。如果被搜查人拒绝签名，或者被搜查人在逃，他的家属拒绝签名或者不在场的，应当在笔录中注明。

五、查封、扣押物证、书证

（一）查封、扣押物证、书证的概念和意义

查封、扣押物证、书证，是指侦查机关依法强行提取、留置和封存与案件有关的物品、文件的一种侦查行为。

查封、扣押物证、书证的目的在于取得和保全证据。因此，侦查机关及时通过扣押行为，能够防止证明犯罪嫌疑人有罪或无罪、罪重或罪轻的物品和文件发生毁弃、丢失或被隐藏等现象，从而保证侦查人员依法扣押的物证、书证在认定案件事实，揭露、证实犯罪，保障无罪公民不受刑事追诉方面发挥其应有的证据作用。

查封、扣押物证、书证，通常与勘验、搜查同时进行，即在勘验、搜查过程中发现可以用于证明犯罪嫌疑人有罪或无罪的物品和文件都应当查封、扣押，但同时，查封、扣押物证、书证又是一种独立的侦查行为，可以单独进行。

（二）查封、扣押物证、书证的程序

根据刑事诉讼法、《公安规定》《高检规则》的有关规定，侦查人员查封、扣押物证、书证应当遵守下列程序。

1. 查封、扣押的范围仅限于与查明案件有关的具有证据意义的各种财物、文件。在侦查活动中发现的可用以证明犯罪嫌疑人有罪或者无罪的各种财物、文件，应当查封、扣押；但与案件无关的财物、文件，不得查封、扣押。持有人拒绝交出应当查封、扣押的财物、文件的，可以强制查封、扣押。如果发现是违禁品，无论是否与本案有关，都应先行扣押，依照国家有关规定处理；需要作为证据使用的，应当在诉讼终结后处理。

2. 查封、扣押只能由侦查人员进行。侦查人员如果是在勘验、检查和搜查中发现需要扣押的财物、文件时，凭勘查证和搜查证即可予以扣押；如果是单独进行扣押，则应持有侦查机关的证明文件。公安机关在侦查过程中需要扣押财物、文件的，应当经办案部门负责人批准，制作扣押决定书；在现场勘查或者搜查中需要扣押财物、文件的，由现场指挥人员决定；但扣押财物、文件价值较高或者可能严重影响正常生产经营的，应当经县级以上公安机关负责人批准，制作扣押决定书。在侦查过程中需要查封土地、房屋等不动产，或者船舶、航空器以及其他不宜移动的大型机器、设备等特定动产的，应当经县级以上公安机关负责人批准并制作查封决定书。人民检察院在侦查过程中，需要查封或者扣押的，应当经检察长批准。执行查封、扣押的侦查人员不能少于2人。

3. 对于查封、扣押的财物和文件，应当会同在场见证人和被查封、扣押财物、文件的持有人查点清楚，当场开列查封、扣押清单，写明财物或者文件的名称、编号、规格、数量、重量、质量、特征及其来源，由侦查人员、见证人和持有人签名或者盖章。对于财物、文件的持有人无法确定，以及持有人不在现场或者拒绝签名的，侦查人员应当在清单中注明。依法扣押文物、贵金属、珠宝、字画等贵重财物的，应当拍照或者录音录像，并及时鉴定、估价。执行查封、扣押时，应当为犯罪嫌疑人及其所扶养的亲属保留必需的生活费用和物品。能够保证侦查活动正常进行的，可以允许有关当事人继续合理使用有关涉案财物，但应当采取必要的保值、保管措施。对作为犯罪证据但不便提取或者没有必要提取的财物、文件，经登记、拍照或者录音录像、估价后，可以交财物、文件持有人保管或者封存，并且开具登记保存清单一式2份，由侦查人员、持有人和见证人签名，一份交给财物、文件持有人，另一份连同照片或者录音录像资料附卷备查。财物、文件持有人应当妥善保管，不得转移、变卖、毁损。

4. 侦查人员认为需要扣押犯罪嫌疑人的邮件、电报时，经公安机关或人民检察院的批准，即可通知邮电机关将有关的邮件、电报检交扣押。但不需要继续扣押时，应当立即通知邮电机关。

5. 人民检察院、公安机关根据侦查犯罪的需要，可以依照规定查询、冻结犯罪嫌疑人的存款、汇款、债券、股票、基金份额等财产。有关单位和个人应当配合。犯罪嫌疑人的存款、汇款、债券、股票、基金份额等财产已被冻结的，不得重复冻结，但可以要求有关银行、邮电机关及金融证券机构在将犯罪嫌疑人的存款、汇款、债券、股票、基金份额等财产解冻前，通知公安机关和人民检察院。需要注意的是，侦查机关不能直接划扣存款、汇款。对于在侦查、审查起诉中犯罪嫌疑人死亡，对犯罪嫌疑人的存款、汇款应当依法予以没收或者返还被害人的，可以申请人民法院裁定通知冻结犯罪嫌疑人存款、汇款的金融机构上缴国库或者返还被害人。

6. 对查封、扣押的财物、文件、邮件、电子邮件、电报或者冻结的存款、汇款、债券、股票、基金份额等财产，经查明确实与案件无关的，应当在3日以内解除查封、扣押，退还原主或者原邮电部门、网络服务单位；原主不明确的，应当采取公告方式告知原主认领。在通知原主或者公告后6个月以内，无人认领的，按照无主财物处理，登记后上缴国库。

7. 对查封、扣押的财物及其孳息、文件，侦查机关应当妥善保管，以供核查。任何单位和个人不得违规使用、调换、损毁或者自行处理。

六、鉴定

（一）鉴定的概念和意义

鉴定，是指侦查机关指派或聘请具有专门知识的人就案件中某些专门性问题进行科学鉴别和判断并作出鉴定意见的一种侦查行为。

在侦查实践中，鉴定的适用范围极其广泛，凡是与刑事案件有关的能够证明犯罪嫌疑人有罪、无罪的各种物品、文件、痕迹、人身、尸体等都可以进行鉴定。因此，鉴定对于侦查机关及时收集证据，准确揭示物证、书证在诉讼中的证明作用，鉴别案内其他证据的真伪，查明案件事实真相，查获犯罪嫌疑人具有重要作用。

在侦查中经常采用的鉴定主要有刑事技术鉴定、人身伤害的医学鉴定、精神病的医学鉴定、扣押物品的价格鉴定、文物鉴定、司法会计鉴定等。

（二）鉴定的程序

按照刑事诉讼法、《公安规定》的有关规定，鉴定应当遵守下列程序。

1. 侦查机关指派或者聘请的鉴定人，必须具备鉴定人的资格，即必须是具有解决本案中专门性问题的专门知识和技能，并且与本案或本案当事人没有利害关系，能够保证以客观、公正的态度进行鉴定的人。

2. 侦查机关应当为鉴定人进行鉴定提供必要的条件，及时向鉴定人送交有关检材和对比样本等原始材料，介绍与鉴定有关的情况，并且明确提出要求鉴定解决的问题，但是不得暗示或者强迫鉴定人作出某种鉴定意见。

3. 鉴定人应当按照鉴定规则，运用科学方法进行鉴定。鉴定后，应当出具鉴定意见，并由鉴定人签名。如果是多名鉴定人对同一专门问题共同进行鉴定，可以互相讨论，提出共同的鉴定意见，但每一位鉴定人都应当签名；如果意见不一致，则可以分别提出自己的鉴定意见，分别签名。鉴定只能涉及案件中的专门性问题，无权对案件的法律问题作出评判。

4. 侦查机关应当将用作证据的鉴定意见告知犯罪嫌疑人、被害人。如果犯罪嫌疑人、被害人提出申请，可以补充鉴定或者重新鉴定。根据《公安规定》第254条的规定，经审查，发现有下列情形之一的，经县级以上公安机关负责人批准，应当补充鉴定：（1）鉴定内容有明显遗漏的；（2）发现新的有鉴定意义的证物的；（3）对鉴定证物有新的鉴定要求的；（4）鉴定意见不完整，委托事项无法确定的；（5）其他需要补充鉴定的情形。经审查，不符合上述情形的，经县级以上公安机关负责人批准，作出不准予补充鉴定的决定，并在作出决定后3日以内书面通知申请人。根据《公安规定》第255条的规定，经审查，发现有下列情形之一的，经县级以上公安机关负责人批准，应当重新鉴定：（1）鉴定程序违法或者违反相关专业技术要求的；（2）鉴定机构、鉴定人不具备鉴定资质和条件的；（3）鉴定人故意作虚假鉴定或者违反回避规定的；（4）鉴定意见依据明显不足的；（5）检材虚假或者被损坏的；（6）其他应当重新鉴定的情形。重新鉴定，应当另行指派或者聘请鉴定人。

5. 鉴定人故意作虚假鉴定，构成犯罪的，应当依法追究其刑事责任；尚不够刑罚处罚的，则依法予以行政处分。

七、辨认

（一）辨认的概念和意义

辨认，是指为了查明案情，在必要的时候，侦查人员让被害人、证人或者犯罪嫌疑人对与犯罪有关的物品、文件、尸体、场所或者犯罪嫌疑人进行辨别和确认的一种侦查行为。

辨认是侦查机关在获取证据，查获犯罪嫌疑人时采取的一种侦查方法，对于侦破案件和查明案件事实具有十分重要的作用。

（二）辨认的程序

依据《公安规定》和《高检规则》的规定，辨认应当遵守下列程序。

1. 辨认应当在侦查人员的主持下进行，主持辨认的侦查人员不得少于2人。

2. 辨认应当独立进行。辨认前，侦查人员不得向辨认人展示辨认对象及其影像资料，不得给辨认人任何暗示。辨认时，几名辨认人对同一辨认对象进行辨认时，应当由辨认人个别进行。必要时，可以有见证人在场。

3. 辨认时，应当遵循混杂辨认规则，将辨认对象混杂在特征相类似的其他对象中。辨认犯罪嫌疑人时，被辨认的人不得少于7人；对犯罪嫌疑人照片进行辨认的，不得少于10人的照片。公安机关主持辨认物品时，混杂的同类物品不得少于5件；对物品的照片进行辨认的，不得少于10个物品的照片。检察机关主持辨认物品时，同类物品不得少于5件，照片不得少于5张。对场所、尸体等特定辨认对象进行辨认，或者辨认人能够准确描述物品独有特征的，陪衬物不受数量的限制。

4. 在侦查过程中，辨认人对犯罪嫌疑人的辨认，不愿意公开进行的，可以在不暴露辨认人的情况下进行，并且侦查人员应当为其保守秘密。

5. 辨认经过和结果，应当制作辨认笔录，由侦查人员、辨认人、见证人签名。必要时，应当对辨认过程进行录音录像。

八、特殊侦查措施

（一）特殊侦查措施的概念和种类

随着现代社会的发展，犯罪种类与犯罪形态也呈现出多样化的特征，特殊侦查作为一种富有高度秘密性和现代科技含量的侦查措施，在应对日益复杂化的犯罪问题上发挥着传统侦查取证手段所不可比拟的巨大优势。刑事诉讼法第2编第2章第8节以广义“技术侦查措施”的名义对特殊侦查措施进行了专门规定，在授权与限制中，体现了刑事诉讼程序对惩罚犯罪与保障人权双重价值目标的追求。

特殊侦查措施，是指只适用于某些特殊类型的案件、异于普通侦查措施而具有高度的秘密性、技术性的侦查措施。特殊侦查措施主要包括技术侦查、秘密侦查和控制下交付。

技术侦查，俗称“技侦”，是利用现代科学知识、方法和技术的各种侦查手段的总称。从一般意义上讲，在刑事诉讼中，多数案件的侦查都需要运用一些技术手段，如勘验、检查中某些仪器设备的使用。但在许多场合下，技术侦查专指侦查中某些特殊手段的运用，而非一般意义上侦查技术设备或仪器的使用。国家安全法和人民警察法中关于技术侦查的规定，就是在此种意义上使用的。《公安规定》第264条规定，技术侦查措施是指由设区的市一级以上公安机关负责技术侦查的部门实施的记录监控、行踪监控、通信监控、场所监控等措施。技术侦查措施的适用对象是犯罪嫌疑人、被告人以及与犯罪活动直接关联的人员。

秘密侦查，是指侦查机关通过隐匿身份、目的或手段而实施的侦查措施，既包括侦查人员隐匿身份实施“卧底侦查”“化装侦查”“诱惑侦查”等情形，也包括侦查机关根据需要安排其他人员隐匿身份或目的担任“卧底”或“线人”参与侦查的情形。刑事诉讼法第153条第1款对秘密侦查的实施方式作了限制性规定，即不得诱使他人犯罪，不得采用可能危害公共安全或者发生重大人身危险的方法，以防止秘密侦查的滥用。

控制下交付，是指侦查机关在发现非法或可疑交易的物品后，在对物品进行秘密监控的情况下，允许非法或可疑物品继续流转，从而查明参与该项犯罪的人员并彻底查明案件的一种侦查措施。刑事诉讼法第153条第2款规定，对涉及给付毒品等违禁品或者财物的犯罪活动，公安机关根据侦查犯罪的需要，可以依照规定实施控制下交付。

（二）特殊侦查措施的适用程序

根据刑事诉讼法、《公安规定》《高检规则》的有关规定，适用特殊侦查措施应当遵守下列程序。

1. 只能由公安机关和检察机关在特定类型的案件中，根据侦查犯罪的需要采取。公安机关在立案后，根据侦查犯罪的需要，可以对于下列严重危害社会的犯罪案件采取技术侦查措施：（1）危害国家安全犯罪、恐怖活动犯罪、黑社会性质犯罪、重大毒品犯罪案件；（2）故意杀人、故意伤害致人重伤或者死亡、强奸、抢劫、绑架、放火、爆炸、投放危险物质等严重暴力犯罪案件；（3）集团性、系列性、跨区域性重大犯罪案件；（4）利用电信、计算机网络、寄递渠道等实施的重大犯罪案件；（5）其他可能判处有期徒刑7年以上的严重危害社会的犯罪案件。另外，公安机关追捕被通缉或者批准、决定逮捕的在逃的犯罪嫌疑人、被告人，经过批准，也可以采取追捕所必需的技术侦查措施。检察机关在立案后，对于利用职权实施的严重侵犯公民人身权利的重大犯罪案件，根据侦查犯罪的需要，经过严格的批准手续，可以采取技术侦查措施，按照规定交有关机关执行。人民检察院办理直接受理侦查的案件，需要追捕被通缉或者决定逮捕的在逃犯罪嫌疑人、被告人的，经过批准，可以采取追捕所必需的技术侦查措施，不受上述案件范围的限制。为了查明案情，在必要的时候，经公安机关负责人决定，可以由有关人员隐匿其身份实施侦查。但是，不得使用促使他人产生犯罪意图的方法诱使他人犯罪，不得采用可能危害公共安全或者发生重大人身危险的方法。对涉及给付毒品等违禁品或者财物的犯罪活动，公安机关根据侦查犯罪的需要，可以依照规定实施控制下交付。

2. 必须经过严格的批准手续。批准决定应当根据侦查犯罪的需要，确定采取技术措施的种类和适用对象。《公安规定》第265条规定：“需要采取技术侦查措施的，应当制作呈请采取技术侦查措施报告书，报设区的市一级以上公安机关负责人批准，制作采取技术侦查措施决定书。人民检察院等部门决定采取技术侦查措施，交公安机关执行的，由设区的市一级以上公安机关按照规定办理相关手续后，交负责技术侦查的部门执行，并将执行情况通知人民检察院等部门。”批准决定自签发之日起3个月以内有效。对于不需要继续采取技术侦查措施的，应当及时解除。对于复杂、疑难案件，期限届满仍有必要继续采取技术侦查措施的，经过批准，有效期可以延长，每次不得超过3个月。

3. 必须严格按程序执行，对所获取的各种不应公开的信息应当保密。采取技术侦查措施，必须严格按照批准的措施种类、适用对象和期限执行。侦查人员对采取技术侦查措施过程中知悉的国家秘密、商业秘密和个人隐私，应当保密；对采取特殊侦查措施获取的与案件无关的材料，必须及时销毁并制作销毁记录。公安机关依法采取技术侦查措施，有关单位和个人应当配合，并对有关情况予以保密。

4. 所收集的材料可以作为证据使用。依照规定采取特殊侦查措施收集的材料在刑事诉讼中可以作为证据使用。如果使用该证据可能危及有关人员的人身安全，或者可能产生其他严重后果的，应当采取不暴露有关人员的身份、技术方法等保护措施，必要的时候，可以由审判人员在庭外对证据进行核实。值得注意的是，采取技术侦查获取的材料，应当严格依照有关规定存放，只能用于对犯罪的侦查、起诉和审判，不得用于其他用途。

九、通缉

（一）通缉的概念和意义

通缉，是指公安机关以发布通缉令的方式对应当逮捕而在逃的犯罪嫌疑人，通报缉拿归案的一种侦查行为。

通缉是公安机关内部通力合作、协同作战，及时制止和打击犯罪的一种重要手段，同时又是公安机关动员和依靠广大人民群众积极同犯罪作斗争的一项有力措施。

（二）通缉的程序

根据刑事诉讼法、《公安规定》《高检规则》的有关规定，通缉应当遵守下列程序。

1. 只有公安机关有权发布通缉令，其他任何机关、团体、单位、组织和个人都无权发布。人民检察院在办理直接受理侦查案件过程中，需要追捕在逃的犯罪嫌疑人时，经检察长批准，作出通缉决定后，送达公安机关，由公安机关发布通缉令。此外，根据监察法第29条的规定，监察机关在调查案件过程中，需要追捕依法应当留置的被调查人的，应当在依法作出通缉决定后交由公安机关发布通缉令。

2. 各级公安机关在自己管辖的地区以内，可以直接发布通缉令，如果超出自己管辖的地区，应当报请有权决定的上级机关发布。自 2000 年 2 月开始，公安部对在逃犯罪嫌疑人实行“A、B 级通缉”，同时实行对抓获被通缉人或提供有关关键线索的有功者重奖的机制，通常是“A 级”不少于 5 万元，上不封顶，“B 级”不少于 1 万元。“A 级”通缉令是在全国范围内发布的级别最高的通缉令，是为了缉捕公安部认为应重点通缉的在逃人员而发布的命令，主要适用于情况紧急、案情重大或突发恶性案件。“B 级”通缉令是公安部应各省级公安机关的请求发布的缉捕在逃人员的命令。

3. 被通缉的对象必须是依法应当逮捕而在逃的犯罪嫌疑人，包括依法应当逮捕而在逃的和已被逮捕但在羁押期间逃跑的犯罪嫌疑人。通缉令中应当尽可能写明被通缉人的姓名、别名、曾用名、绰号、性别、年龄、民族、籍贯、出生地、户籍所在地、居住地、职业、身份证号码、衣着和体貌特征、口音、行为习惯，并附被通缉人近期照片，可以附指纹及其他物证的照片。除必须保密的事项外，应当写明发案的时间、地点和简要案情。通缉令发出后，如果发现新的重要情况可以补发通报。通报必须注明原通缉令的编号和日期。

4. 公安机关接到通缉令后，应当及时布置查缉。抓获犯罪嫌疑人后，报经县级以上公安机关负责人批准，凭通缉令或者相关法律文书羁押，并通知通缉令发布机关进行核实，办理交接手续。为发现重大犯罪线索，追缴涉案财物、证据，查获犯罪嫌疑人，必要时，经县级以上公安机关负责人批准，可以发布悬赏通告。悬赏通告应当写明悬赏对象的基本情况和赏金的具体数额。通缉令、悬赏通告应当广泛张贴，并可以通过广播、电视、报刊、计算机网络等方式发布。

5. 犯罪嫌疑人已经自动投案、被击毙或者被抓获，以及发现有其他不需要采取通缉情形的，发布机关应当在原通缉范围内，撤销通缉令。

第三节　侦查终结

一、侦查终结的概念和意义

侦查终结，是指侦查机关对于自己立案侦查的案件，经过一系列的侦查活动，认为案件事实已经查清，证据确实、充分，足以认定犯罪嫌疑人是否有罪和应否对其追究刑事责任而决定结束侦查，并对案件依法作出结论和处理的一种诉讼活动。

侦查终结是侦查阶段对已经开展的各种侦查活动和侦查工作进行审核和总结的最后一道程序，是侦查任务已经完成的标志。因此，正确及时地侦查终结，可以为人民检察院准确提起公诉、人民法院正确进行审判奠定基础，为公安司法机关准确及时惩罚犯罪，保障无罪的人和依法不应当受到刑事追究的人免受刑事追究，保护公民合法权益提供可靠的根据和保障。

二、侦查终结的条件

根据刑事诉讼法第 162 条的规定，公安机关负责侦查的案件和人民检察院自行侦查的案件，侦查终结都必须具备下列三个条件。

（一）案件事实已经查清

案件事实包括犯罪嫌疑人有罪或无罪、罪重或罪轻以及是否应受刑事处罚的全部事实和情节。事实已经查清，是侦查终结的首要条件。因此，侦查机关如果认为犯罪嫌疑人确有犯罪行为，在侦查终结时，对于犯罪嫌疑人犯罪的时间、地点、动机、目的、情节、手段和危害结果等情况应当全部予以查清，并且没有遗漏任何罪行。共同犯罪的案件，还应当查清每个犯罪嫌疑人在共同犯罪中的地位和作用，且没有遗漏其他应当追究刑事责任的同案人。

（二）证据确实、充分

证据确实、充分是侦查终结的重要条件。它要求侦查终结的案件，证明犯罪事实、情节的每一个证据来源都是可靠的，经查证属实，核对无误的，并且证据与证据之间能够相互印证，形成一个完整的证明体系，足以排除其他可能性，确认犯罪嫌疑人有罪或者无罪，罪重或者罪轻。对侦查终结的案件，应当全面审查证明证据收集合法性的证据材料，依法排除非法证据。排除非法证据后证据不足的，不得移送审查起诉。发现侦查人员非法取证的，应当依法作出处理，并可另行指派侦查人员重新调查取证。

（三）法律手续完备

法律手续完备，同样是侦查终结必不可少的条件。它要求侦查机关采取的收集证据、查明案情的工作和有关的强制性措施的各种法律文书及其审批、签字、盖章等手续都是齐全、完整并符合法律规定要求的。因为这是衡量侦查活动是否严格依法进行的标准。如果发现有遗漏或不符合法律规定之处，应当及时采取有效的措施予以补充或改正。

以上三个条件必须同时具备，缺一不可。此外，刑事诉讼法第 163 条规定："在侦查过程中，发现不应对犯罪嫌疑人追究刑事责任的，应当撤销案件；犯罪嫌疑人已被逮捕的，应当立即释放，发给释放证明，并且通知原批准逮捕的人民检察院。"其中"不应对犯罪嫌疑人追究刑事责任的"，是指查明本案不存在犯罪事实或者犯罪嫌疑人的行为符合刑事诉讼法第 16 条的规定。侦查机关经过侦查，发现不应对犯罪嫌疑人追究刑事责任时，也应当及时终结侦查，并立即释放在押的犯罪嫌疑人，通知原批准逮捕的人民检察院。

三、侦查终结的处理

根据刑事诉讼法的规定，侦查终结的案件，应当根据案件的不同情况，分别作出移送起诉、不起诉或者撤销案件的决定。

公安机关侦查的案件侦查终结后，对于犯罪事实清楚，证据确实、充分，犯罪性质和罪名认定正确，法律手续完备，依法应当追究犯罪嫌疑人刑事责任的案件，应当制作起诉意见书，经县级以上公安机关负责人批准后，连同全部案卷材料、证据，以及辩护律师提出的意见，一并移送同级人民检察院审查决定；同时将案件移送情况告知犯罪嫌疑人及其辩护律师。犯罪嫌疑人自愿认罪的，应当记录在案，随案移送，并在起诉意见书中写明有关情况；认为案件符合速裁程序适用条件的，可以向人民检察院提出适用速裁程序的建议。对于犯罪嫌疑人在境外，需要及时进行审判的严重危害国家安全犯罪、恐怖活动犯罪案件，应当在侦查终结后层报公安部批准，移送同级人民检察院审查起诉。在审查起诉或者缺席审理过程中，犯罪嫌疑人、被告人向公安机关自动投案或者被公安机关抓获的，公安机关应当立即通知人民检察院、人民法院。共同犯罪案件的起诉意见书，应当写明每个犯罪嫌疑人在共同犯罪中的地位、作用、具体罪责和认罪态度，并分别提出处理意见。被害人提出附带民事诉讼的，应当记录在案；移送审查起诉时，应当在起诉意见书末页注明。

对于犯罪情节轻微，依法不需要判处刑罚或者免除刑罚的案件，公安机关在移送起诉时，应当注明具备不起诉的条件，由人民检察院审查决定起诉或者不起诉；对于侦查过程中发现不应对犯罪嫌疑人追究刑事责任的案件，应当作出撤销案件的决定，并制作撤销案件决定书。犯罪嫌疑人已被逮捕的，应当立即释放，发给释放证明，并通知原批准的人民检察院。

四、侦查中的羁押期限

侦查中的羁押期限，是指犯罪嫌疑人在侦查中被拘留或逮捕以后到侦查终结的期限。我国刑事诉讼法对侦查羁押期限明确加以规定，目的是切实保障犯罪嫌疑人的人身自由和合法权益，防止案件久拖不决，提高侦查工作效率，保证侦查工作顺利进行。

根据刑事诉讼法的规定，侦查中的羁押期限可以分为一般羁押期限、特殊羁押期限和重新计算羁押期限三种。

（一）一般羁押期限

刑事诉讼法第156条中规定："对犯罪嫌疑人逮捕后的侦查羁押期限不得超过二个月。"这是关于一般刑事案件的侦查羁押期限的规定。如果犯罪嫌疑人在逮捕以前已被拘留的，拘留的期限不包括在侦查羁押期限之内。一般情况下，侦查机关应当在法律规定的侦查羁押期限内侦查终结案件。

（二）特殊羁押期限

特殊羁押期限，是刑事诉讼法根据案件的特殊需要，规定在符合法定条件时履行相应的审批手续和程序，便可以延长的侦查羁押期限。特殊羁押期限包括下列情形。

1. 根据刑事诉讼法第 156 条的规定，案情复杂、期限届满不能终结的案件，可以经上一级人民检察院批准延长 1 个月。

2. 根据刑事诉讼法第 157 条的规定，因特殊原因，在较长时间内不宜交付审判的特别重大复杂案件，由最高人民检察院报请全国人民代表大会常务委员会批准延期审理。

3. 根据刑事诉讼法第 158 条的规定，下列案件在刑事诉讼法第 156 条规定的期限届满仍不能侦查终结的，经省、自治区、直辖市人民检察院批准或者决定，可以延长 2 个月：（1）交通十分不便的边远地区的重大复杂案件；（2）重大的犯罪集团案件；（3）流窜作案的重大复杂案件；（4）犯罪涉及面广，取证困难的重大复杂案件。

4. 根据刑事诉讼法第 159 条的规定，对犯罪嫌疑人可能判处 10 年有期徒刑以上刑罚，依照该法第 158 条规定延长期限届满，仍不能侦查终结的，经省、自治区、直辖市人民检察院批准或者决定，可以再延长 2 个月。

（三）重新计算羁押期限

根据刑事诉讼法的规定，遇有下列情况，不计入原有侦查羁押期限，即重新计算羁押期限。

1. 在侦查期间，发现犯罪嫌疑人另有重要罪行的，自发现之日起依照刑事诉讼法第 156 条的规定重新计算侦查羁押期限。公安机关在侦查期间发现犯罪嫌疑人另有重要罪行，重新计算侦查羁押期限的，由公安机关决定，不再经人民检察院批准，但须报人民检察院备案，人民检察院可以监督。

2. 犯罪嫌疑人不讲真实姓名、住址、身份不明的，应当对其身份进行调查，侦查羁押期限自查清身份之日起计算，但不得停止对其犯罪行为的侦查取证。对于犯罪事实清楚，证据确实、充分的，确实无法查明其身份的，也可以按其自报的姓名移送人民检察院审查起诉。

3. 对被羁押的犯罪嫌疑人作精神病鉴定的时间，不计入侦查羁押期限。其他鉴定时间则应当计入羁押期限。

对于因鉴定时间较长，办案期限届满仍不能终结的案件，自期限届满之日起，应当对被羁押的犯罪嫌疑人变更强制措施，改为取保候审或者监视居住。

第四节 人民检察院对直接受理案件的侦查

人民检察院对直接受理案件的侦查，也称自侦案件的侦查，是指人民检察院对自己受理的案件，依法进行的收集证据、查明案件的工作和有关的强制性措施。根据刑事诉讼法第164条的规定，人民检察院对直接受理的案件的侦查，适用该法第2编第2章的规定，即刑事诉讼法关于侦查的一般规定均适用于人民检察院的自侦案件。但考虑到人民检察院法律监督的性质和自侦案件本身所具有的特殊性，我国法律又对人民检察院在自侦案件中的侦查权限及侦查终结案件的处理作了一些特殊规定。

一、人民检察院在自侦案件中的侦查权限

根据刑事诉讼法第165条的规定，人民检察院在自侦案件侦查过程中，如果发现案件符合刑事诉讼法第81条、第82条第4项、第5项规定的情形，需要逮捕、拘留犯罪嫌疑人的，人民检察院有权作出决定，由公安机关执行。

根据刑事诉讼法第166条的规定，人民检察院对自侦案件中被拘留的人，应当在拘留后的24小时以内进行讯问。在发现不应当拘留的时候，必须立即释放，发给释放证明。

为了提高侦查工作的效率，保证侦查案件的质量，防止以拘代侦等违反法律规定的情形出现，我国刑事诉讼法还明确规定了人民检察院对自行决定拘留的犯罪嫌疑人需要转为逮捕的期限限制。根据刑事诉讼法第167条规定，人民检察院对于直接受理的案件中被拘留的人，认为需要逮捕的，应当在14日以内作出决定。在特殊情况下，决定逮捕的时间可以延长1日至3日。对不需要逮捕的，应当立即释放；对于需要继续侦查，并且符合取保候审、监视居住条件的，依法取保候审或监视居住。

二、侦查终结后的处理

根据刑事诉讼法第168条规定："人民检察院侦查终结的案件，应当作出提起公诉、不起诉或者撤销案件的决定。"为加强内部制约和提高办案质量，人民检察院设立负责侦查和负责捕诉的部门分别承担案件的侦查和审查逮捕、审查起诉工作。根据《高检规则》的规定，人民检察院侦查终结的案件应分别按照以下程序进行处理。

1. 制作起诉意见书或不起诉意见书。经过侦查，认为犯罪事实清楚，证据确实、充分，依法应当追究刑事责任的，应当写出侦查终结报告，并且制作起诉意

见书。犯罪嫌疑人自愿认罪的，应当记录在案，随案移送，并在起诉意见书中写明有关情况。对于犯罪情节轻微，依照刑法规定不需要判处刑罚或者免除刑罚的案件，应当写出侦查终结报告，并且制作不起诉意见书。侦查终结报告和起诉意见书或者不起诉意见书应当报请检察长批准。

2. 移送本院负责捕诉的部门审查。负责侦查的部门应当将起诉意见书或者不起诉意见书，查封、扣押、冻结的犯罪嫌疑人的财物及其孳息、文件清单以及对查封、扣押、冻结的涉案财物的处理意见和其他案卷材料，一并移送本院负责捕诉的部门审查。国家或者集体财产遭受损失的，在提出提起公诉意见的同时，可以提出提起附带民事诉讼的意见。

3. 制作拟撤销案件意见书并报请检察长决定。在侦查过程中或者侦查终结后，发现具有下列情形之一的，负责侦查的部门应当制作拟撤销案件意见书，报请检察长决定：（1）具有刑事诉讼法第 16 条规定情形之一的；（2）没有犯罪事实的，或者依照刑法规定不负刑事责任或者不是犯罪的；（3）虽有犯罪事实，但不是犯罪嫌疑人所为的。对于共同犯罪的案件，如有符合上述情形的犯罪嫌疑人，应当撤销对该犯罪嫌疑人的立案。

地方各级人民检察院决定撤销案件的，负责侦查的部门应当将撤销案件意见书连同本案全部案卷材料，在法定期限届满 7 日前报上一级人民检察院审查；重大、复杂案件在法定期限届满 10 日前报上一级人民检察院审查。对于共同犯罪案件，应当将处理同案犯罪嫌疑人的有关法律文书以及案件事实、证据材料复印件等，一并报送上一级人民检察院。上一级人民检察院负责侦查的部门应当对案件事实、证据和适用法律进行全面审查。必要时，可以讯问犯罪嫌疑人。上一级人民检察院负责侦查的部门审查后，应当提出是否同意撤销案件的意见，报请检察长决定。人民检察院决定撤销案件的，应当告知控告人、举报人，听取其意见并记明笔录。

撤销案件的决定，应当分别送达犯罪嫌疑人所在单位和犯罪嫌疑人。犯罪嫌疑人死亡的，应当送达犯罪嫌疑人原所在单位。如果犯罪嫌疑人在押，应当制作决定释放通知书，通知公安机关依法释放。

第五节　补充侦查

一、补充侦查的概念和意义

补充侦查，是指公安机关或者人民检察院对于案件部分事实不清、证据不足或者尚有遗漏罪行、遗漏同案犯罪嫌疑人的，依照法定程序，在原有侦查工作的基础上作进一步调查、补充证据的一种诉讼活动。

补充侦查并不是每一个刑事案件都必须经过的诉讼程序，它只适用于没有完成的原有侦查任务，部分事实、情节尚未查明的某些刑事案件。因此，正确、及时进行补充侦查，对于公、检、法三机关查清全部案件事实、客观公正地处理案件，共同完成揭露、证实和惩罚犯罪的任务，防止和纠正在诉讼过程中可能发生或已经发生的错误和疏漏，保证不枉不纵、不错不漏，准确适用国家法律具有十分重要的意义。

二、补充侦查的种类和形式

根据刑事诉讼法第 90 条、第 175 条和第 204 条的规定，补充侦查在程序上有三种，即审查批捕阶段的补充侦查、审查起诉阶段的补充侦查和法庭审理阶段的补充侦查。

（一）审查批捕阶段的补充侦查

根据刑事诉讼法第 90 条的规定，人民检察院对于公安机关提请批准逮捕的案件应当审查，应当根据情况分别作出批准或不批准逮捕的决定。对于不批准逮捕的，人民检察院应当说明理由，需要补充侦查的，应当同时通知公安机关。根据这一规定，审查批捕阶段的补充侦查是附属于不批准逮捕决定的。也就是说，在此阶段，人民检察院只能在作出不批准逮捕决定的前提下作出补充侦查的决定，而不能在审查批准逮捕过程中单独作出补充侦查的决定。

（二）审查起诉阶段的补充侦查

刑事诉讼法第 175 条第 2 款至第 4 款规定：“人民检察院审查案件，对于需要补充侦查的，可以退回公安机关补充侦查，也可以自行侦查。对于补充侦查的案件，应当在一个月以内补充侦查完毕。补充侦查以二次为限。补充侦查完毕移送人民检察院后，人民检察院重新计算审查起诉期限。对于二次补充侦查的案件，人民检察院仍然认为证据不足，不符合起诉条件的，应当作出不起诉的决定。”根据这一规定，对于审查起诉阶段的补充侦查应当明确以下几个方面的问题。

1. 补充侦查的方式有两种。即人民检察院审查起诉的案件，如果是由公安机关侦查终结，需要补充侦查时，既可以决定将案件退回公安机关补充侦查，也可以决定自行侦查，必要时可以要求公安机关协助。但是，对于人民检察院自行侦查终结的案件需要补充侦查的，则不能退回公安机关补充侦查。此外，根据监察法第 47 条的规定，对监察机关移送的案件，人民检察院经审查，认为需要补充核实的，应当退回监察机关补充调查，必要时可以自行补充侦查。

2. 补充侦查的期限为 1 个月。无论是退回公安机关补充侦查的案件，还是退回监察机关补充调查的案件，或者是人民检察院自行补充侦查的案件，其补充侦查或补充调查的期限都不得超过 1 个月，补充侦查完毕后，要及时移送人民检察院审查起诉。人民检察院审查的期限从案件补充侦查完毕移送起诉之日起重新计算。

3. 补充侦查的次数不得超过 2 次。对于需要补充侦查的案件，人民检察院决定补充侦查的次数最多不得超过 2 次，这既包括退回公安机关的补充侦查、退回监察机关的补充调查，也包括人民检察院的自行补充侦查。

4. 经过补充侦查的案件，人民检察院仍然认为证据不足，不符合起诉条件的，应当作出不起诉的决定。对于经过补充侦查，仍然证据不足，不符合起诉条件的案件，赋予人民检察院相应的处分权，与限定补充侦查的期限、次数的目的一样，都是为了切实维护犯罪嫌疑人的合法权益，防止案件久拖不决，以保证人民检察院审查起诉工作的顺利进行。

（三）法庭审理阶段的补充侦查

根据刑事诉讼法第 204 条、第 205 条的规定，在法庭审理过程中，检察人员发现提起公诉的案件需要补充侦查，并提出补充侦查建议的，人民法院可以延期审理，补充侦查应当在 1 个月以内完毕。根据这一规定，法庭审理阶段补充侦查的决定权仍然属于人民检察院，而不属于人民法院。根据控审分离的现代诉讼原理和我国刑事庭审方式改革的目的，人民法院不能主动将案件退回人民检察院补充侦查。对于人民检察院提起公诉的案件，只要符合法律规定，人民法院就必须开庭审判。至于补充侦查的方式，一般由人民检察院自行侦查，必要时可以要求公安机关协助。补充侦查的期限不能超过 1 个月。

第六节　侦查监督

一、侦查监督的概念和意义

侦查监督，是指人民检察院依法对侦查机关的侦查活动是否合法进行的监督。根据刑事诉讼法的规定，除公安机关外，国家安全机关、监狱、中国海警局、军队保卫部门以及人民检察院的侦查部门也依法行使侦查权。因此，人民检察院对上述机关或部门的侦查活动是否合法同样行使侦查监督职权。

侦查监督是人民检察院刑事诉讼法律监督的重要组成部分，侦查监督在刑事诉讼中具有十分重要的意义。

1. 有利于保证国家刑事法律的统一正确实施，保证办案质量。人民检察院对侦查机关的侦查活动是否合法实行监督，可以使侦查机关在侦查活动中违反法律规定的行为得到及时、有效的发现和纠正，从而保证侦查活动严格依照法定程序和要求进行，从诉讼程序上保障对犯罪分子的及时、准确、合法追究，保证国家刑事法律的统一正确实施，防止和避免出现冤假错案，保证案件的质量。

2. 有利于保障公民的合法权益。司法实践证明，在侦查活动中，不按法定程序和要求收集证据、采取有关的强制性措施，而通过刑讯逼供、诱供、骗供等非法方法取证，或进行非法拘禁等，都将严重损害公民的人身权利、财产权利、民主权利和其他合法权益。人民检察院对侦查活动实行法律监督，就可以及时发现、制止和纠正上述违法行为，从而切实维护和保障公民的合法权益。

3. 有利于提高侦查人员的执法水平，督促其严格依法办事，更好地维护社会主义法治的权威性。人民检察院通过侦查监督，及时纠正少数侦查人员滥用职权的违法行为，从而促使侦查机关认真总结经验教训，提高对严格依法办案的认识和执法水平。同时通过侦查监督，及时纠正侦查活动中的违法乱纪行为，提高公安司法机关对办理案件公正性、合法性的认识，从而更好地维护社会主义法治的权威性。

二、侦查监督的范围

根据刑事诉讼法和《高检规则》的相关规定，人民检察院对公安机关的侦查活动是否合法实行监督，主要是发现和纠正以下违法行为：

1. 采用刑讯逼供以及其他非法方法收集犯罪嫌疑人供述的；

2. 讯问犯罪嫌疑人依法应当录音或者录像而没有录音或者录像，或者未在法定羁押场所讯问犯罪嫌疑人的；

3. 采用暴力、威胁以及非法限制人身自由等非法方法收集证人证言、被害人陈述，或者以暴力、威胁等方法阻止证人作证或者指使他人作伪证的；

4. 伪造、隐匿、销毁、调换、私自涂改证据，或者帮助当事人毁灭、伪造证据的；

5. 违反刑事诉讼法关于决定、执行、变更、撤销强制措施的规定，或者强制措施法定期限届满，不予释放、解除或者变更的；

6. 应当退还取保候审保证金不退还的；

7. 违反刑事诉讼法关于讯问、询问、勘验、检查、搜查、鉴定、采取技术侦查措施等规定的；

8. 对与案件无关的财物采取查封、扣押、冻结措施，或者应当解除查封、扣押、冻结而不解除的；

9. 贪污、挪用、私分、调换、违反规定使用查封、扣押、冻结的财物及其孳息的；

10. 不应当撤案而撤案的；

11. 侦查人员应当回避而不回避的；

12. 依法应当告知犯罪嫌疑人诉讼权利而不告知，影响犯罪嫌疑人行使诉讼权利的；

13. 对犯罪嫌疑人拘留、逮捕、指定居所监视居住后依法应当通知家属而未通知的；

14. 阻碍当事人、辩护人、诉讼代理人、值班律师依法行使诉讼权利的；

15. 应当对证据收集的合法性出具说明或者提供证明材料而不出具、不提供的；

16. 侦查活动中的其他违反法律规定的行为。

三、侦查监督的途径和措施

侦查监督的途径，是指人民检察院发现侦查活动中违法行为的具体方式；而侦查监督措施，则是指人民检察院为实现侦查监督职能而使用的监督手段。

根据刑事诉讼法和《高检规则》的有关规定，人民检察院主要通过和采取以下途径和措施，对公安机关的侦查活动实行法律监督。

1. 人民检察院通过审查逮捕、审查起诉，审查公安机关的侦查活动是否合法，发现违法情况应当提出意见通知公安机关纠正。发现侦查中违反法律规定的羁押和办案期限规定的，应当依法提出纠正违法意见。在审查逮捕、审查起诉中发现有应当排除的证据的，应当依法予以排除，不得作为批准逮捕、起诉决定的依据。发现侦查活动中的违法情形已涉嫌犯罪，属于人民检察院管辖的，依法立案侦查；不属于人民检察院管辖的，依照有关规定移送有管辖权的机关。

2. 人民检察院根据案件需要，通过派员参加公安机关对于重大案件的讨论和其他侦查活动，发现公安机关在侦查活动中的违法行为，应当及时通知公安机关予以纠正。

3. 人民检察院通过接受诉讼参与人对侦查机关或侦查人员侵犯诉讼权利和人身侮辱的行为提出的控告，行使侦查监督权。人民检察院对于诉讼参与人的这种控告，应当受理，并及时审查，依法处理。

4. 人民检察院通过审查公安机关执行人民检察院批准或不批准逮捕决定情况的通知、释放被逮捕的犯罪嫌疑人或者变更逮捕措施的通知，发现侦查活动中的违法行为，履行侦查监督职能。人民检察院发现公安机关或者公安人员在侦查或者决定、执行、变更、撤销强制措施等活动中有违法行为的，应当及时提出纠正意见。人民检察院发出纠正违法通知书的，应当根据公安机关的回复，监督落实情况；没有回复的，应当督促公安机关回复。人民检察院提出的纠正意见不被接受的，应当向上一级人民检察院报告，并抄报上一级公安机关。上级人民检察院认为下级人民检察院意见正确的，应当通知同级公安机关督促下级公安机关纠正；上级人民检察院认为下级人民检察院纠正违法的意见错误的，应当通知下级人民检察院撤销发出的纠正违法通知书，并通知同级公安机关。

人民检察院负责捕诉的部门发现本院负责侦查的部门在侦查活动中有违法情形，应当提出纠正意见。需要追究相关人员违法违纪责任的，应当报告检察长。上级人民检察院发现下级人民检察院在侦查活动中有违法情形，应当通知其纠正。下级人民检察院应当及时纠正，并将纠正情况报告上级人民检察院。

第十八章 起　　诉

第一节 起诉概述

一、起诉的概念

刑事诉讼中的起诉，是指国家公诉机关和享有控诉权的公民针对所发生的犯罪行为，依法向法院提起诉讼，要求法院对指控的犯罪进行审判，以确定被告人的刑事责任并予以刑事处罚的诉讼活动。

从行使追诉权主体的角度来看，刑事诉讼中的起诉可以分为公诉和自诉两种方式。公诉是指依法享有刑事起诉权的国家专门机关，代表国家向法院提起诉讼，要求法院通过审判确定被告人犯有被指控的罪行并给予其相应的刑事制裁的诉讼活动。在我国，提起公诉有狭义和广义两种理解。狭义的提起公诉仅指刑事诉讼法第 176 条的规定，而广义的提起公诉则包括刑事诉讼法第 2 编第 3 章的全部内容。自诉则是指刑事案件的被害人及其法定代理人、近亲属等，以个人的名义向法院起诉，要求保护自诉人的合法权益，追究被告人刑事责任的诉讼活动。

二、起诉的方式和原则

在人类诉讼制度的发展过程中，最早出现的起诉方式是自诉。犯罪发生后，通常由被害人及其法定代理人等享有起诉权的个人直接向有管辖权的司法机关控告犯罪人。但是，追究犯罪是十分复杂的活动，尤其是一些重大、复杂的犯罪案件，仅凭被害人个人的力量，很难完成追诉犯罪的任务。因此，随着社会的发展和人类的进步，统治者也逐步认识到犯罪行为的社会危害性，其不仅是对被害人个人的利益的侵犯，更为重要的是从根本上危害了国家和社会的利益，成为对整个统治阶级统治秩序的侵犯。如果将犯罪行为的追究权仅赋予被害人个人，则既不利于保护被害人的利益，也不利于维护统治阶级的统治。于是统治阶级为了加强惩罚危害国家利益和统治秩序的犯罪，开始设立专门的机构和官员来承担起诉职能，这就促使了公诉制度逐步产生。例如，在英国，一向以实行私诉制度为传统，1985 年以前，刑事案件的起诉权并不集中在某一机关或某一官员的手中，任何个人、商号、政府机关和检察官员、警察都可以充当起诉人。随着政治、经济的发展，政府逐渐认识到，“由地方当局控制起诉活动是不合适的……独立的检察机构的建立将促进统一和公正”。① 通过公诉，可以克服单纯自诉的不足，同时更有利于同犯罪作斗争，从而达到维护国家利益和统治权力的目的。

现代各国的起诉模式基本上可以分为两种类型：一是公诉独占主义，即刑事案件的起诉权被国家垄断，排除被害人自诉，如日本等国的起诉模式；二是公诉兼自诉模式，即较为严重的犯罪案件的起诉权由检察机关代表国家实行公诉，而少量的比较轻微的犯罪案件，基于效率等因素考虑，允许公民个人自诉，这就是大多数国家所采取的一种以公诉为主、自诉为辅的起诉方式。我国的起诉模式即属于此种类型。

在对于符合起诉条件的公诉案件是否必须向审判机关起诉的问题上，诉讼理论中有起诉二原则之分：一是实行起诉法定主义。这主要是指只要犯罪嫌疑人符合法律规定的起诉条件，公诉机关都应当提起公诉，而不得考虑犯罪嫌疑人及其罪行有无酌定起诉与否的具体情节。外国学者认为，采取这种方式，强调起诉的合法性、公平性，因此，它又被称为起诉合法主义，这实际上排除了公诉机关对起诉的自由裁量权。一般来说，起诉法定主义在对犯罪进行追诉的问题上统一了标准，可以避免公诉机关滥用公诉权，同时还可以有效地防止刑事司法为政治势力所左右，保证法律的严肃性。但是，它欠缺对案件具体情况的考虑，并且不能充分体现诉讼的效率原则。因此，起诉法定主义在司法实践中日益受到冲击。二是实行起诉便宜主义。起诉便宜主义主要是指在具备起诉条件的情况下，检察机关享有自由裁量权，可以根据犯罪嫌疑人及其罪行等具体情况以及刑事政策等来决定是否提起公诉、追究犯罪。由于起诉便宜主义赋予检察机关在提起公诉问题上一定的自由裁量权，公诉机关可以根据案件的具体情节和刑事政策的有关规定决定是否追诉，从而有利于实现刑法及刑事诉讼法的价值目标。因此，世界上大多数国家的刑事诉讼法确认起诉便宜主义原则，赋予检察机关不同程度的自由裁量权。在历史上，起诉法定主义曾经处于一元独占的地位。随着效率因素的不断被强调，现代各国的刑事诉讼立法大多在明确规定起诉条件的同时，增加了贯彻起诉便宜主义的制度，强调起诉法定主义与起诉便宜主义的二元并存。② 在我国，刑事诉讼法仍然坚持了公诉为主、自诉为辅的起诉模式，而在起诉的原则上，则贯彻了起诉法定主义为主、起诉便宜主义为补充的精神。

三、起诉的意义

在现代刑事诉讼程序中，起诉具有十分重要的意义。

---

① ［英］A. N. 卡恩：《英国新建立的刑事检察机构》，么志龙译，载《法学译丛》1987 年第 2 期。

② 姚莉、詹建红：《论价值选择维度中的检察官追诉裁量权》，载《法商研究》2004 年第 6 期。

1. 起诉是审判程序启动的前提和依据。现代刑事诉讼实行“不告不理”的原则，即没有起诉就没有审判。通过自诉人的自诉及检察机关对犯罪的追诉，为审判和惩罚犯罪创造条件、奠定基础，以实现国家对犯罪的追究和制裁，从而保护国家、社会和公民的利益。而且，提起公诉阶段在诉讼中具有承上启下的作用：一方面，可以对侦查机关侦查终结后移送起诉的案件从认定事实到适用法律进行全面审查，监督侦查工作依法进行；另一方面，将构成犯罪需要追究刑事责任的人起诉到法院，以完成惩罚犯罪、保护无辜的任务。

2. 起诉体现了诉讼职能的分离。现代民主的司法制度要求严格区分控诉、辩护、审判三项职能，以促使审判主体中立。公正的审判，要求人人享有未经起诉不受法院审判的权利。起诉正是通过将控诉犯罪与审判犯罪进行职能上的分工，来调整控诉与审判的关系，从而在制度上和程序上保障正确处理案件。公诉的出现与完善是国家职能发达的结果，而公诉权与审判权的分离，则是国家权力合理分化以及刑事诉讼科学化与民主化的体现。早在奴隶制的罗马审判中就有“没有告诉就没有法官”的裁判规则。1791 年的《法国宪法》第 5 章第 9 条规定，在刑事方面，倘非根据审判员所收到的控告，或根据立法议会在其有权提起控诉的情况下，提出控诉令，任何公民均不得受到审判。《法国刑事诉讼法典》第 231 条规定，重罪法庭对于根据起诉裁定书送来的人犯有完全的审判权。重罪法庭不得受理任何其他控诉。进一步而言，起诉的内容决定着审判的范围。在审判中以下两个方面必须得以保证：其一，没有被起诉的事实，审判机关不能审判；其二，审判结论所确认的事实和人员，必须与起诉指控的事实和人员相一致。

3. 起诉的制度化建构有利于保障公民的合法权益。起诉作为启动审判的前提，有着明确的程序和条件规定，从一定程度上讲，这不仅体现了审判权对起诉活动的制约，能有效地防止将无罪的公民交付法庭审判，从而保护公民的人身权利、民主权利和其他合法权益不受非法侵害。同时，起诉确定了被追诉人的诉讼地位，使犯罪嫌疑人成为刑事被告人，在程序、制度的保障下，将被告人交付法庭审判接受可能的法律制裁的同时，也保障了其应享有的合法权益。

第二节　审查起诉

一、审查起诉的概念和作用

审查起诉，是指人民检察院对侦查机关或侦查部门侦查终结移送起诉的案件以及监察机关调查终结移送起诉的案件依法进行审查，以决定是否对犯罪嫌疑人提起公诉的诉讼活动。其主要内容包括：对移送审查起诉的案件进行全面审查并依法作出提起公诉或不起诉的决定；对侦查活动进行监督，纠正违法情况；复查被害人、被不起诉人的申诉；对认为不起诉的决定有错误而要求复议、提请复核的及时进行复议、复核。

刑事诉讼法第 169 条规定："凡需要提起公诉的案件，一律由人民检察院审查决定。"由此可见，在我国，无论是公安机关侦查终结移送起诉的案件，还是人民检察院自行侦查终结的案件，抑或监察机关调查终结的案件，凡是需要对犯罪嫌疑人提起公诉的，只能由人民检察院代表国家行使审查起诉的权力，除此以外，其他任何机关、团体和个人都无权行使该项权力。

审查起诉是刑事公诉案件的必经程序，其在刑事诉讼中的作用表现在：（1）审查起诉是追究和惩罚犯罪，实现国家刑罚权的重要程序环节。人民检察院通过对案件的审查，将犯罪事实清楚，证据确实、充分，犯罪嫌疑人依法应当追究刑事责任的案件提起公诉，交付审判；对于在事实和证据等方面有遗漏、偏差的案件，通过必要的补充侦查或补充调查，从而为法庭查明案件事实、调查核实证据以及正确定罪量刑创造条件和提供充分的依据。（2）审查起诉是人民检察院实现法律监督职能的重要方式。人民检察院通过审查起诉，可以对侦查、调查工作的成果进行检验和把关，监督侦查活动是否合法，发现和纠正侦查活动中的违法情况，从而有利于督促侦查机关或侦查部门严格依照法律规定的程序办案。（3）审查起诉是保证案件质量，保障公民合法权益不受侵犯的重要阶段。刑事诉讼法明确规定了起诉、不起诉的条件和程序，检察机关通过审查起诉活动，在对案件事实、情节全面了解和掌握，在对适用法律问题仔细斟酌的情况下，正确作出起诉或不起诉的决定，从而保证公诉的准确性和程序的公正性，防止将不符合起诉条件的人，如无罪的人、依法不应当追究刑事责任的人以及指控犯罪证据不足的人提交审判，从而及时地保障公民的合法权益不受侵犯，并进而节约司法资源，从起诉环节上提高诉讼效率。

二、审查起诉的内容

根据刑事诉讼法第 171 条和《高检规则》第 330 条的规定，人民检察院审查移送起诉的案件，应当查明以下内容。

1. 犯罪嫌疑人身份状况是否清楚，包括姓名、性别、国籍、出生年月日、职业和单位等；单位犯罪的，单位的相关情况是否清楚。

2. 犯罪事实、情节是否清楚；实施犯罪的时间、地点、手段、危害后果是否明确。

3. 认定犯罪性质和罪名的意见是否正确；有无法定的从重、从轻、减轻或者免除处罚情节及酌定从重、从轻情节；共同犯罪案件的犯罪嫌疑人在犯罪活动中的责任认定是否恰当。

4. 犯罪嫌疑人是否认罪认罚。

5. 证明犯罪事实的证据材料是否随案移送；证明相关财产系违法所得的证据材料是否随案移送；不宜移送的证据的清单、复制件、照片或者其他证明文件是否随案移送。

6. 证据是否确实、充分，是否依法收集，有无应当排除非法证据的情形。

7. 采取侦查措施包括技术侦查措施的法律手续和诉讼文书是否完备。

8. 有无遗漏罪行和其他应当追究刑事责任的人。

9. 是否属于不应当追究刑事责任的。

10. 有无附带民事诉讼；对于国家财产、集体财产遭受损失的，是否需要由人民检察院提起附带民事诉讼；对于破坏生态环境和资源保护，食品药品安全领域侵害众多消费者合法权益，侵害英雄烈士的姓名、肖像、名誉、荣誉等损害社会公共利益的行为，是否需要由人民检察院提起附带民事公益诉讼。

11. 采取的强制措施是否适当，对于已经逮捕的犯罪嫌疑人，有无继续羁押的必要。

12. 侦查活动是否合法。

13. 涉案财物是否查封、扣押、冻结并妥善保管，清单是否齐备；对被害人合法财产的返还和对违禁品或者不宜长期保存的物品的处理是否妥当，移送的证明文件是否完备。

三、审查起诉的步骤和方法

人民检察院的审查起诉活动实行专人审查、集体讨论、检察长或检察委员会决定的制度。根据刑事诉讼法的有关规定和司法实践经验，审查起诉的基本步骤和方法是：

1. 认真审阅核查案卷材料。审阅案卷材料是检察机关接触案件、掌握案情的开始，是查清事实、核实证据的基础。为此，人民检察院应将起诉意见书认定的犯罪事实与证据相对照，审查犯罪事实的每个环节是否都有相应证据予以证明；将犯罪嫌疑人的每次口供相对照，以及审查口供与其他证据之间是否一致；将犯罪事实与侦查机关、侦查部门或者监察机关认定的犯罪性质、罪名相对照，审查犯罪性质与罪名的认定是否正确；将犯罪嫌疑人的犯罪行为与有关法律规定相对照，审查犯罪嫌疑人的行为应否负刑事责任以及侦查机关、侦查部门或者监察机关的处理意见是否正确。此外，根据刑事诉讼法第 170 条第 2 款的规定，对于监察机关移送起诉的已采取留置措施的案件，人民检察院应当对犯罪嫌疑人先行拘留，留置措施自动解除。人民检察院应当在拘留 10 日以内作出是否逮捕、取保候审或者监视居住的决定。在特殊情况下，决定的时间可以延长 1 日至 4 日。人民检察院决定采取强制措施的期间不计入审查起诉期限。

2. 讯问犯罪嫌疑人。刑事诉讼法第 173 条规定：“人民检察院审查案件，应当讯问犯罪嫌疑人……”这表明，讯问犯罪嫌疑人是审查起诉的必经程序和法定方法。在这一阶段，通过讯问，侧重听取犯罪嫌疑人的供述和辩解，进一步核实口供的可靠性，分析口供与其他证据之间有无矛盾，查清犯罪事实和情节，以便正确认定犯罪性质和罪名，同时了解和掌握犯罪嫌疑人的思想动态和认罪态度，为出庭公诉做好准备。通过讯问，还可以发现是否有遗漏的罪行、遗漏的罪犯，以及侦查人员在侦查活动中有无违法情形。讯问犯罪嫌疑人，应当依照刑事诉讼法第 118 条至第 123 条的规定进行。讯问未成年犯罪嫌疑人时，应当通知其法定代理人到场。讯问犯罪嫌疑人的情况应当记录在案。犯罪嫌疑人自愿认罪，同意量刑建议和程序适用的，应当在辩护人或者值班律师在场的情况下签署认罪认罚具结书。犯罪嫌疑人认罪认罚，有下列情形之一的，不需要签署认罪认罚具结书：（1）犯罪嫌疑人是盲、聋、哑人，或者尚未完全丧失辨认或者控制自己行为能力的精神病人的；（2）未成年犯罪嫌疑人的法定代理人、辩护人对未成年人认罪认罚有异议的；（3）其他不需要签署认罪认罚具结书的情形。

3. 听取被害人的意见。被害人在刑事诉讼中具有双重地位：从与案件的利害关系上讲，被害人是当事人；就其陈述可以作为证据而言，被害人又是一种证据的主体。检察机关作为国家公诉机关，既代表社会，又代表被害人，有义务保证充分揭示案件真相。因此，检察机关在审查起诉时应当听取被害人的意见并记录在案，以保证其合法权益得到充分的保护。刑事诉讼法第 173 条第 1 款规定，人民检察院审查案件，应当听取被害人的意见，并记录在案。被害人提出书面意见的，应当附卷。犯罪嫌疑人认罪认罚的，还应当听取其关于下列事项的意见：（1）涉嫌的犯罪事实、罪名及适用的法律规定；（2）从轻、减轻或者免除处罚等从宽处罚的建议；（3）认罪认罚后案件审理适用的程序；（4）其他需要听取意见的事项。实践中，直接听取被害人的意见有困难的，可以通过电话、视频等方式听取意见并记录在案，或者通知被害人提出书面意见。无法通知或者在指定期限内未提出意见的，应当记录在案。应当指出的是，听取被害人的意见，并不意味着被害人的意见对检察机关具有法律约束力，是否采纳被害人的意见，由检察机关在实事求是的基础上决定。

4. 听取辩护人或者值班律师、被害人的诉讼代理人的意见。犯罪嫌疑人的辩护律师或其他辩护人和被害人的诉讼代理人在审查起诉阶段介入诉讼，有助于保障犯罪嫌疑人和被害人的合法权益，促进检察机关审查起诉质量的提高。但人民检察院审查起诉的活动与法院审判不同，不采取开庭的方式。因此，刑事诉讼法第 173 条第 1 款规定，人民检察院审查案件，应当听取辩护人或值班律师、被害人的诉讼代理人的意见，并记录在案。提出书面意见的，应当附卷。在实践中，直接听取辩护人、被害人的诉讼代理人的意见有困难的，可以通过电话、视频等方式听取意见并记录在案，或者通知辩护人、被害人的诉讼代理人提出书面意见。无法通知或者在指定期限内未提出意见的，应当记录在案。

5. 调查、核实其他证据。在查阅案卷和讯问犯罪嫌疑人、听取被害人和辩护人的意见之后，如果发现口供和其他证据之间有矛盾、疑点，办案人员可以通过进一步调查侦查机关、侦查部门或者监察机关已经收集到的其他证据来核实有关问题；认为需要对犯罪嫌疑人或被害人进行医学鉴定的，应当要求公安机关进行，必要时也可以由人民检察院进行或者由人民检察院送交有鉴定资格的医学机构进行；发现犯罪嫌疑人有患精神病可能的，人民检察院应当按规定对其进行鉴定；对公安机关的勘验、检查，认为需要复验、复查的，应当要求公安机关复验、复查，或在商请公安机关派员参加、聘请专门技术人员参加时，自行复验、复查；对物证、书证、视听资料、勘验、检查笔录存在疑问的，可以要求侦查人员提供物证、书证、视听资料、勘验、检查笔录获取、制作的有关情况，必要时可询问提供物证、书证、视听资料的人员并制作笔录，或对物证、书证、视听资料进行技术鉴定；对证人证言笔录存在疑问或者认为对证人的询问不具体或者有遗漏的，可以对证人进行询问并制作笔录。

6. 补充侦查或者补充调查。根据刑事诉讼法第 175 条的规定，人民检察院审查案件，可以要求公安机关提供审判所必需的证据材料。认为可能存在以非法方法收集证据情形的，可以要求其对证据收集的合法性作出说明。需要对案件作进一步的侦查时，可以决定补充侦查。补充侦查的形式有两种：一是退回公安机关补充侦查。它主要适用于案件主要事实不清、证据不足，或者有遗漏罪行、遗漏同案犯罪嫌疑人，或者需要适用技术性较强的专门侦查手段才能查清事实的案件。人民检察院决定退回公安机关补充侦查的案件，应当制作补充侦查提纲，连同案卷材料一并退回公安机关补充侦查。二是自行补充侦查。它主要适用的情形有：侦查中有逼供行为的；口供与其他证据矛盾较大的；经补充侦查后仍未查清的；与侦查机关在认定案件事实和证据上有分歧的；退回补充侦查可能延误办案期限的；等等。人民检察院自行补充侦查，必要时可以要求公安机关提供协助。对于补充侦查的案件，应当在 1 个月以内补充侦查完毕。补充侦查以 2 次为限。补充侦查完毕移送人民检察院后，人民检察院重新计算审查起诉期限。对于 2 次补充侦查的案件，人民检察院仍然认为证据不足，不符合起诉条件的，应当作出不起诉的决定。此外，根据刑事诉讼法第 170 条第 1 款的规定，人民检察院对于监察机关移送起诉的案件，经审查，认为需要补充核实的，应当退回监察机关补充调查，必要时可以自行补充侦查。需要补充调查的案件，人民检察院应当出具补充调查决定书、补充调查提纲，写明补充调查的事项、理由、调查方向、需补充收集的证据及证明作用等，连同案卷材料一并送交监察机关。人民检察院决定退回补充调查的案件，犯罪嫌疑人已被采取强制措施的，应当将退回补充调查的情况书面通知执行强制措施机关。监察机关需要讯问的，人民检察院应当予以配合。对于监察机关移送起诉的案件，人民检察院自行补充侦查后应当将相关证据材料入卷，同时抄送监察机关。人民检察院自行补充侦查的，可以商请监察机关提供协助。

7. 作出处理决定。人民检察院对案件进行审查后，应当根据案件的具体情况，依法作出起诉或者不起诉以及是否需要提起附带民事诉讼、附带民事公益诉讼的决定。人民检察院办理监察机关移送起诉的案件，拟作出不起诉决定的，应当报请上一级人民检察院批准。

四、审查起诉的期限

为了保证刑事诉讼活动迅速及时地进行，防止超期羁押犯罪嫌疑人，刑事诉讼法第 172 条、第 175 条第 3 款对审查起诉的期限作了规定，人民检察院对于监察机关、公安机关移送起诉的案件，应当在 1 个月以内作出决定，重大、复杂的案件，可以延长 15 日；犯罪嫌疑人认罪认罚，符合速裁程序适用条件的，应当在 10 日内作出决定，对可能判处的有期徒刑超过 1 年的，可以延长至 15 日。对于补充调查或补充侦查的案件，应当在 1 个月内补充调查或补充侦查完毕，补充调查或补充侦查以 2 次为限。补充调查或补充侦查完毕移送起诉后，人民检察院重新计算审查起诉期限。人民检察院审查起诉的案件，改变管辖的，从改变后的人民检察院收到案件之日起计算审查起诉期限。

第三节　提起公诉

一、提起公诉的概念和条件

提起公诉，是指人民检察院代表国家，对侦查机关或侦查部门侦查终结以及监察机关调查终结移送起诉的案件经过全面审查，认为犯罪事实已经查清，证据确实、充分，依法应当追究刑事责任时，向人民法院提起诉讼，要求对被告人进行刑事处罚的活动。提起公诉是国家赋予人民检察院的一项专有职权，只有人民检察院才能代表国家对犯罪提起公诉，其他任何机关、团体和个人均无权行使该权利。

提起公诉是检察机关代表国家向被告人提出控告，要求法院通过审判追究被告人刑事责任的活动。它表明被告人正受到国家的刑事追究，将面临法院的刑事审判并可能被判处刑罚，因此直接影响到公民的人身权利和其他合法权益。为了保证起诉质量，正确行使国家刑事追诉权，防止因错诉使无罪的人受到刑事审判，法律对提起公诉的条件作出了明确的规定。

1. 犯罪嫌疑人的行为已经构成犯罪。提起公诉的目的是要求审判机关追究犯罪，以实现国家的刑罚权，而国家刑罚权的有无及产生，首先取决于犯罪嫌疑人是否有犯罪行为或者其行为是否已经构成犯罪。因此，提起公诉的首要条件是犯罪嫌疑人被指控的行为已经构成犯罪。

2. 有确实、充分的证据证明犯罪行为是犯罪嫌疑人所实施。指控的犯罪行为与犯罪嫌疑人这一特定对象之间必须有紧密联系。如果只有犯罪事实存在，却不能证明其是犯罪嫌疑人所为，同样不能对犯罪嫌疑人提出控诉。

根据《高检规则》第 355 条的规定，具有下列情形之一的，可以认为犯罪事实已经查清：（1）属于单一罪行的案件，查清的事实足以定罪量刑或者与定罪量刑有关的事实已经查清，不影响定罪量刑的事实无法查清的；（2）属于数个罪行的案件，部分罪行已经查清并符合起诉条件，其他罪行无法查清的；（3）无法查清作案工具、赃物去向，但有其他证据足以对被告人定罪量刑的；（4）证人证言、犯罪嫌疑人供述和辩解、被害人陈述的内容中主要情节一致，只有个别情节不一致且不影响定罪的。对于符合第 2 项情形的，应当以已经查清的罪行起诉。

3. 依法应当追究犯罪嫌疑人的刑事责任。公诉权是基于国家对犯罪行为的刑罚权而产生的诉讼上的刑罚请求权，因此，仅仅具备上述两个条件还不够，还要具备第三个条件才能提起公诉，即依法应当追究犯罪嫌疑人的刑事责任。也就是说，并非犯罪嫌疑人的行为构成犯罪就一定要提起公诉，还必须排除法律规定不受刑事处罚的各种情形。如果在提起公诉时发现犯罪嫌疑人虽然构成犯罪，但属于刑法或刑事诉讼法明确规定不应追究刑事责任的情形，即具有刑事诉讼法第 16 条规定情形之一的，则没有交付审判的必要，不应作出提起公诉的决定。

二、起诉书的制作和案件移送

人民检察院作出起诉决定后，必须制作起诉书。起诉书是人民检察院代表国家向人民法院提出追究被告人刑事责任的诉讼请求的重要法律文书。从理论上讲，起诉书具有限定审判范围、阐释控诉理由、强制被告人到案等法律功能，它既是人民法院受理案件对被告人进行审判的依据，也是控辩双方进行法庭调查和辩论的基础；既直接关系到被告人的切身利益，也关系到国家法律的正确、统一实施。因此，制作起诉书是一项十分严肃的工作，必须做到忠于事实真相和符合法律要求。

起诉书应当包括下列内容。

（1）被告人的基本情况，包括姓名、性别、出生年月日、出生地和户籍地、公民身份证号码、民族、文化程度、职业、工作单位及职务、住址，是否受过刑事处罚及处分的种类和时间，采取强制措施的情况等；如果是单位犯罪，应当写明犯罪单位的名称和组织机构代码、所在地址、联系方式，法定代表人和诉讼代表人的姓名、职务、联系方式；如果还有应当负刑事责任的直接负责的主管人员或其他直接责任人员，应当按上述被告人基本情况内容叙写。

（2）案由和案件来源。所谓案由，是指案件的内容提要，通常只需写出犯罪主体和罪名。由公安机关、国家安全机关、军队保卫部门、中国海警局、监狱侦查终结或监察机关调查终结的案件，应写明侦查或调查终结的机关或部门的名称、案件移送本院的要求、案件移送过程、本院受理该案的时间等；人民检察院自行侦查终结的案件，案由和案件来源部分应写明犯罪主体和罪名以及“经本院侦查终结”字样。

（3）案件事实，包括犯罪的时间、地点、经过、手段、动机、目的、危害后果等与定罪量刑有关的事实要素。起诉书叙述的指控犯罪事实的必备要素应当明晰、准确。被告人被指控有多项犯罪事实的，应当逐一列举，对于犯罪手段相同的同一犯罪，可以概括叙写。

（4）起诉的根据和理由，包括被告人触犯的刑法条款、犯罪的性质及认定的罪名、处罚条款、法定从轻、减轻或者从重处罚的情节，共同犯罪中各被告人应负的罪责等。

（5）被告人认罪认罚情况，包括认罪认罚的内容、具结书签署情况等。

被告人真实姓名、住址无法查清的，应当按其绰号或者自报的姓名、住址制作起诉书，并在起诉书中注明。被告人自报的姓名可能造成损害他人名誉、败坏道德风俗等不良影响的，可以对被告人编号并按编号制作起诉书，附具被告人的照片，记明足以确定被告人面貌、体格、指纹以及其他反映被告人特征的事项。

起诉书应当附有被告人现在处所，证人、鉴定人、需要出庭的有专门知识的人的名单，需要保护的被害人、证人、鉴定人的化名名单，查封、扣押、冻结的财物及孳息的清单，附带民事诉讼、附带民事公益诉讼情况以及其他需要附注的情况。证人、鉴定人、有专门知识的人的名单应当列明姓名、性别、年龄、职业、住址、联系方式，并注明证人、鉴定人是否出庭。

根据刑事诉讼法第 176 条的规定，人民检察院向有管辖权的人民法院提起公诉时，除移送起诉书外，还应当一并移送全部案卷材料和证据。犯罪嫌疑人认罪认罚的，人民检察院应当就主刑、附加刑、是否适用缓刑等提出量刑建议，并随案移送认罪认罚具结书等材料。

第四节　不起诉

一、不起诉的概念

不起诉，是指人民检察院对侦查机关、侦查部门侦查终结以及监察机关调查终结移送起诉的案件进行审查后，依法作出不将案件交付人民法院审判的一种处理决定。

不起诉的性质是人民检察院认定案件不符合起诉条件或虽符合起诉条件但可以缓予起诉时所作的诉讼处分，其效力在于不将案件交付人民法院审判，从而在审查起诉阶段终止诉讼或裁量分流案件。

二、不起诉的种类

根据刑事诉讼法的规定，我国不起诉的种类包括法定不起诉、酌定不起诉、证据不足不起诉、附条件不起诉和特殊不起诉，其适用条件各不相同。

1. 法定不起诉或绝对不起诉。刑事诉讼法第 177 条第 1 款规定："犯罪嫌疑人没有犯罪事实，或者有本法第十六条规定的情形之一的，人民检察院应当作出不起诉决定。"根据这一规定，人民检察院对于监察机关或者公安机关移送起诉的案件，发现犯罪嫌疑人没有犯罪事实，或者有刑事诉讼法第 16 条规定的情形之一的，就应当作出不起诉的决定。在这种情况下，人民检察院没有自由裁量权，只能依法作出不起诉决定。

2. 酌定不起诉或相对不起诉。刑事诉讼法第 177 条第 2 款规定："对于犯罪情节轻微，依照刑法规定不需要判处刑罚或者免除刑罚的，人民检察院可以作出不起诉决定。"此外，根据刑事诉讼法第 288 条、第 290 条的规定，对于犯罪嫌疑人、被害人达成和解的特定公诉案件，犯罪情节轻微，不需要判处刑罚的，人民检察院可以作出不起诉的决定。针对刑事诉讼法规定的"犯罪情节轻微，依照刑法规定不需要判处刑罚"这一情形，人民检察院可以斟酌具体案情和犯罪嫌疑人的悔罪表现来确定，或者提起公诉，追究犯罪嫌疑人的刑事责任，或者不提起公诉，终结诉讼。按此规定作出不起诉的，被不起诉的人应视为无罪处理。因此，酌定不起诉是人民检察院行使公诉裁量权的表现，即人民检察院对于起诉与否享有自由裁量权，对于符合条件的，既可以作出起诉决定，也可以作出不起诉决定。其适用条件有二：一是犯罪情节轻微；二是依照刑法规定不需要判处刑罚或者免除刑罚的。这两个条件应当同时具备。犯罪嫌疑人的行为不构成犯罪以及虽构成犯罪但不应当追究其刑事责任的，都不能依此规定作不起诉处理。

3. 证据不足不起诉或存疑不起诉。刑事诉讼法第 175 条第 4 款规定："对于二次补充侦查的案件，人民检察院仍然认为证据不足，不符合起诉条件的，应当作出不起诉的决定。"根据这一规定，作出证据不足的不起诉决定需满足两个条件：一是在程序上，人民检察院在审查起诉中发现案件证据不足，不能径行作出不起诉的处理决定，而必须经过 2 次补充侦查，仅经过 1 次补充侦查不具备作出不起诉决定的条件；二是在实体上，只有在人民检察院认为证据不足以达到起诉的条件时，才能作出不起诉的处理决定。

根据《高检规则》第 368 条的规定，具有下列情形之一，不能确定犯罪嫌疑人构成犯罪和需要追究刑事责任的，属于证据不足，不符合起诉条件：（1）犯罪构成要件的事实缺乏必要的证据予以证明的；（2）据以定罪的证据存在疑问，无法查证属实的；（3）据以定罪的证据之间、证据与案件事实之间的矛盾不能合理排除的；（4）根据证据得出的结论具有其他可能性，不能排除合理怀疑的；（5）根据证据认定案件事实不符合逻辑和经验法则，得出的结论明显不符合常理的。

人民检察院根据刑事诉讼法第 175 条第 4 款的规定决定不起诉的，在发现新的证据，符合起诉条件时，可以提起公诉。

4. 附条件不起诉或暂缓不起诉。附条件不起诉是指检察机关对于某些符合起诉条件的案件，基于对犯罪嫌疑人自身的特殊情况或公共利益等因素的考虑，给予一定的考验期，对犯罪嫌疑人暂时不予起诉，期满后再根据具体情况决定是否提起公诉的一种不起诉处分方式。根据刑事诉讼法第 282 条、第 283 条的规定，对于未成年人涉嫌刑法分则第 4 章规定的侵犯公民人身权利、民主权利的犯罪、第 5 章规定的侵犯财产的犯罪、第 6 章规定的妨害社会管理秩序的犯罪，可能判处 1 年有期徒刑以下刑罚，符合起诉条件，但有悔罪表现的，人民检察院可以作出附条件不起诉的决定。被附条件不起诉的未成年犯罪嫌疑人，在考验期内实施新的犯罪或者发现决定附条件不起诉以前还有其他犯罪需要追诉的，违反治安管理规定或者考察机关有关附条件不起诉的监督管理规定，情节严重的，人民检察院应当撤销附条件不起诉的决定，提起公诉。被附条件不起诉的未成年犯罪嫌疑人，在考验期内没有上述情形，考验期满的，人民检察院应当作出不起诉的决定。由此可见，附条件不起诉不仅只能针对有悔罪表现的特定案件中的未成年犯罪嫌疑人适用，而且还只是一种效力待定的不起诉，考验期满还得再次对案件进行相应的处理，要么撤销附条件不起诉的决定，提起公诉，要么对犯罪嫌疑人作出不起诉的决定。

5. 特殊不起诉。刑事诉讼法第 182 条第 1 款规定："犯罪嫌疑人自愿如实供述涉嫌犯罪的事实，有重大立功或者案件涉及国家重大利益的，经最高人民检察院核准，公安机关可以撤销案件，人民检察院可以作出不起诉决定，也可以对涉嫌数罪中的一项或者多项不起诉。"根据这一规定，特殊不起诉的适用必须同时具备以下三个条件：一是犯罪嫌疑人自愿如实供述涉嫌犯罪的事实。二是犯罪嫌疑人有重大立功或者案件涉及国家重大利益的情形。这里的“重大立功”是指犯罪嫌疑人有检举或者揭发其他犯罪嫌疑人的重大犯罪行为、提供侦破其他重大案件的重要线索、阻止他人重大犯罪活动以及协助抓捕其他重大犯罪嫌疑人等情形；“重大利益”则是指对案件的处理，将会直接或者间接地影响国家政治、外交等领域特别重大的利益。三是需要经过最高人民检察院核准。

三、不起诉的程序

1. 不起诉决定书的制作和送达

人民检察院作出不起诉决定，由检察机关的检察长决定。人民检察院直接受理侦查的案件，以及监察机关移送起诉的案件，拟作不起诉决定的，应当报请上一级人民检察院批准。

人民检察院决定不起诉的，应当制作不起诉决定书。不起诉决定书的主要内容包括：（1）被不起诉人的基本情况，包括姓名、年龄、出生年月日、出生地和户籍地、公民身份证号码、民族、文化程度、职业、工作单位及职务、住址、是否受过刑事处罚，采取强制措施的情况以及羁押处所等；如果是单位犯罪，应当写明犯罪单位的名称和组织机构代码、所在地址、联系方式，法定代表人和诉讼代表人的姓名、职务、联系方式；（2）案由和案件来源；（3）案件事实，包括否定或者指控被不起诉人构成犯罪的事实以及作为不起诉决定根据的事实；（4）不起诉的法律根据和理由，写明作出不起诉决定适用的法律条款；（5）查封、扣押、冻结的涉案财物的处理情况；（6）有关告知事项。

不起诉的决定，由人民检察院公开宣布。公开宣布不起诉决定应当记录在案。不起诉决定书应当送达被害人或者其近亲属及其诉讼代理人、被不起诉人及其辩护人以及被不起诉人所在单位。对于监察机关或者公安机关移送起诉的案件，人民检察院决定不起诉的，应当将不起诉决定书送达监察机关或者公安机关。

2. 对被不起诉人和涉案财物的处理

不起诉决定书自公开宣布之日起生效。被不起诉人在押的，应当立即释放；被采取其他强制措施的，应当通知执行机关解除。人民检察院决定不起诉的案件，可以根据案件的不同情况，对不起诉人予以训诫或者责令具结悔过、赔礼道歉、赔偿损失。对被不起诉人需要给予行政处罚、政务处分或者其他处分的，经检察长批准，人民检察院应当提出检察意见，连同不起诉决定书一并移送有关主管机关处理，并要求主管机关及时通报处理情况。人民检察院决定不起诉的案件，应当同时书面通知作出查封、扣押、冻结的机关或者执行查封、扣押、冻结的机关解除查封、扣押、冻结。人民检察院决定不起诉的案件，需要没收违法所得的，经检察长批准，应当提出检察意见，移送有关主管机关处理，并要求主管机关及时通报处理情况。

3. 对不起诉的救济与制约

刑事诉讼法对不起诉的救济与制约途径作出了明确的规定。从刑事诉讼主体的角度来看，这些途径可以划分为以下几类。

（1）被不起诉人的救济。被不起诉人作为与案件有直接利害关系的当事人，对人民检察院作出的不起诉决定不服，有权依照法律规定的程序寻求救济。人民检察院依照刑事诉讼法第 177 条第 2 款的规定作出的不起诉决定，是在确认被不起诉人有犯罪事实的基础上作出的，对不起诉人的人身、财产虽不能作实体上的处分，但人民检察院对被不起诉人需要给予行政处罚、处分或者需要没收其违法所得的，有权提出检察意见，移送主管机关处理。在这种情况下，被不起诉人如果认为自己根本没有犯罪事实，对人民检察院的酌定不起诉决定不服的，可以依照刑事诉讼法第 181 条的规定，自收到决定书后 7 日以内向人民检察院申诉。人民检察院应当作出复查决定，通知被不起诉人，同时抄送公安机关。

（2）被害人的救济。被害人是遭受犯罪行为直接侵害的人，人民检察院的不起诉决定如果不当，必然会使其利益得不到应有的法律保护。对此，刑事诉讼法第 180 条规定了被害人实现自我救济的两条途径：一是被害人对人民检察院不起诉决定如果不服，可以自收到决定书后 7 日以内向上一级人民检察院申诉，请求提起公诉。人民检察院应当将复查决定告知被害人，对人民检察院维持不起诉决定的，被害人可以向人民法院起诉。二是被害人也可以不经申诉，直接向人民法院起诉。人民法院受理案件后，人民检察院应当将有关案件材料移送人民法院。

（3）人民法院的制约。依据刑事诉讼法第 180 条、第 210 条的规定，被害人不服不起诉决定的，可以向人民法院起诉。人民法院对于被害人有证据证明对被告人侵犯自己人身、财产权利的行为应当依法追究刑事责任，而人民检察院不予追究被告人刑事责任的案件，可以作为自诉案件受理；犯罪事实清楚，有足够证据的案件，应当开庭审判。由此可见，人民检察院对某一案件作出不起诉决定，而被害人有证据证明应当追究刑事责任，并依照法律规定起诉的，人民法院有权进行审判。

（4）公安机关和监察机关的制约。刑事诉讼法第 179 条规定：“对于公安机关移送起诉的案件，人民检察院决定不起诉的，应当将不起诉决定书送达公安机关。公安机关认为不起诉的决定有错误的时候，可以要求复议，如果意见不被接受，可以向上一级人民检察院提请复核。”此外，根据监察法第 47 条的规定，对于监察机关移送起诉的案件，人民检察院决定不起诉后，监察机关认为不起诉的决定有错误的，可以向上一级人民检察院提请复议。由此可见，公安机关和监察机关有权对人民检察院的不起诉决定进行制约。

根据刑事诉讼法第282条的规定，对附条件不起诉的决定，公安机关要求复议、提请复核或者被害人申诉的，适用上述刑事诉讼法第179条、第180条的规定。未成年犯罪嫌疑人及其法定代理人对人民检察院决定附条件不起诉有异议的，人民检察院应当作出起诉的决定。

此外，依据检察机关目前的工作机制，检察系统内部也可以对不起诉进行制约。那就是各级人民检察院如果发现自己作出的不起诉决定确有错误，符合起诉条件的，应当撤销不起诉决定，提起公诉。最高人民检察院对地方各级人民检察院的起诉、不起诉决定，上级人民检察院对下级人民检察院的起诉、不起诉决定，如果发现确有错误的，应当予以撤销或者指令下级人民检察院纠正。

第五节 自 诉

一、自诉案件的概念

自诉案件，是指享有起诉权的人依法提起刑事诉讼，并由人民法院直接受理的案件。在我国，自诉案件是指被害人及其法定代理人或近亲属为追究被告人的刑事责任，自行向人民法院起诉，由人民法院直接受理的刑事案件。

自诉案件与告诉才处理的案件不完全相同。实体法所规定的告诉才处理也称亲告或告诉乃论，它只是从社会危害性的角度对告诉权进行限制，并不涉及起诉权主体问题。告诉人是否享有直接的起诉权则应由刑事诉讼法予以规定。例如，有的国家虽然规定了亲告罪，但被害人只能向检察官提起告诉，然后由检察官向法院提起公诉。在这种情况下，亲告罪案件是实体法所规定的告诉才处理案件，但却不属于诉讼法上的自诉案件。因此，自诉案件必须是享有告诉权的人依法向法院直接提起刑事诉讼的案件。

二、提起自诉的条件

根据法律规定，提起自诉必须具备以下条件。

1. 自诉人是本案的被害人或者其法定代理人、近亲属。刑事诉讼法第114条中明确规定："对于自诉案件，被害人有权向人民法院直接起诉。"被害人是遭受犯罪行为直接侵害的人，对于法律规定允许自诉的案件，当然有权直接向人民法院直接提起控诉，要求追究被告人的刑事责任。如果被害人死亡、丧失行为能力或者因受强制、威吓等原因无法告诉，或者是限制行为能力以及由于年老、患病、盲、聋、哑等原因不能亲自告诉，其法定代理人、近亲属有权向人民法院起诉，人民法院应当依法受理。被害人的法定代理人、近亲属告诉或者代为告诉的，应当提供与被害人关系的证明和被害人不能亲自告诉的原因的证明。

2. 案件属于刑事诉讼法第210条规定的案件范围。根据刑事诉讼法第210条的规定，我国的刑事自诉案件包括三类：一是告诉才处理的案件；二是被害人有证据证明的轻微刑事案件；三是被害人有证据证明对被告人侵犯自己人身、财产权利的行为应当依法追究刑事责任，而公安机关或者人民检察院不予追究被告人刑事责任的案件。自诉的提起不能超出上述范围。否则，人民法院有权不予受理。

3. 案件属于受诉人民法院管辖范围。自诉人提起自诉，必须向有管辖权的人民法院提出，对于不属于本院管辖的案件，即使具备自诉案件的其他条件，该人民法院也有权不予受理。因此，自诉人提起自诉时，应当遵守刑事诉讼法关于管辖的有关规定。

4. 有明确的被告人、具体的诉讼请求和证明被告人犯罪事实的证据。自诉案件的被告人必须是被指控犯罪、依法应当追究刑事责任的人。自诉人不能将与案件无关的其他人员作为被告人。如果被告人已经死亡或者下落不明、无法到案的，自诉将无法成立。提起自诉时，必须列明具体的诉讼请求，并附有相应的证据。诉讼请求应当体现自诉人提起诉讼的目的，因此应尽可能明确具体、有理有据。由于自诉人要承担自诉案件的举证责任，因此起诉时，自诉人应提供有关的证据，以支持自己的诉讼请求和主张。

自诉人应当向人民法院提交刑事自诉状，提起附带民事诉讼的，应当提交刑事附带民事自诉状。自诉人书写自诉状有困难的，可以口头起诉，由人民法院工作人员制作告诉笔录，向自诉人宣读。自诉人认为没有错误后，应当签名或者盖章。自诉状或者告诉笔录一般应当包括以下内容：（1）自诉人（代为告诉人）、被告人的姓名、性别、年龄、民族、出生地、文化程度、职业、工作单位、住址、联系方式；（2）被告人实施犯罪的时间、地点、手段、情节和危害后果等；（3）具体的诉讼请求；（4）致送人民法院的名称及具状时间；（5）证据的名称、来源等；（6）证人的姓名、住址、联系方式等。

对2名以上被告人提出告诉的，应当按照被告人的人数提供自诉状副本。

人民法院在收到自诉状或者口头告诉后，应当按受理条件进行审查，作出是否受理或者立案的决定，并书面通知自诉人或者代为告诉人。

第十九章　刑事审判概述

第一节　刑事审判的概念和意义

一、刑事审判的概念

从一般意义上来讲，完整意义上的审判包含以下6项要素：[①]（1）存在一种特定的争端；（2）特定的争议各方卷入争端之中；（3）一个独立于争议双方的第三方参与并主持对争端的解决；（4）举行听证，届时双方将有关的证据和主张向第三方提出；（5）第三方通过宣布一项裁决解决争端；（6）裁决必须建立在实体法所确立的原则和规则之上，并顾及双方在听证时所提出的证据和主张。据此，审判的本质就在于，一方面，当事者必须有公平的机会举出根据和说明为什么自己的主张才是应该得到承认的；另一方面，法官作出的判断必须建立在合理和客观的事实规范基础上，而这两个方面结合在一起，就意味着当事者从事辩论活动对于法官判断的形成具有决定意义。[②] 在现代社会，根据审判所要解决的纠纷性质的不同，可以将其分为刑事审判、民事审判和行政审判。

刑事审判是指审判机关依照法律规定的权限和程序，对提起公诉或自诉的案件进行审理和裁判的诉讼活动。所谓审理是指审判机关在当事人及其他诉讼参与人的参加下，通过一定的程序，查清、核实控辩双方争议的案件事实的活动。裁判则是在审理的基础上，依据国家法律对案件中的实体问题或程序问题作出认定、处理的活动。审理和裁判是审判中不可分割的两个组成部分。审理是裁判的准备，为正确的裁判提供坚实的基础；裁判则是在审理的基础上作出的，是审理的直接目的和追求的结果。

刑事审判是整个刑事诉讼的最重要阶段，是国家权威和法治的具体体现。因为在此阶段，审判机关要对被告人是否构成犯罪以及应否处以刑罚的问题作出权威的裁决，被告人的刑事责任问题因此而得到最终的确定。据此，可以从如下三个方面来理解刑事审判。[③]

---

① 陈瑞华：《刑事审判原理论》，北京大学出版社1997年版，第1页。

② ［日］棚濑孝雄：《纠纷的解决与审判制度》，王亚新译，中国政法大学出版社2004年版，第256页。

③ 徐静村主编：《刑事诉讼法学（修订本）》（上），法律出版社1999年版，第278页。

1. 刑事审判是审判机关的专门权力活动。刑事诉讼是历史发展的产物，在国家出现以前，不存在强制性地解决社会冲突的手段，也就谈不上审判。审判是由审判机关代表国家，以国家力量作强大支撑进行的以解决社会冲突、维护社会秩序为目的的专门性的国家职权活动。审判主体只能是由冲突主体以外的享有审判权的国家机关充当，审判的处理结果因此而成为强制性的判定，冲突主体必须服从。刑事审判所针对的被指控的犯罪行为，更是需要国家力量来予以强制性的判定，其理应属于国家的专门性职权活动。

2. 刑事审判是刑事诉讼的三大基本职能之一。从诉讼基本职能的角度来看，刑事审判是由中立、超然的法官在听取控辩双方对案件事实和法律适用方面的意见后，通过审查证据，逐渐形成对案件的内心确信并借此作出裁判。刑事审判是围绕控辩双方对刑事责任的争执而展开的，从一定意义上来讲，其目的就在于判定控辩双方的主张是否正确，以平息控辩双方在刑事责任方面的纠纷。由此可见，刑事诉讼的设计和运作是绝对不能缺少审判的，否则，刑事诉讼就会毫无意义。

3. 刑事审判是近现代国家的一项基本权力。审判权的产生是国家权力分工的结果，它源于国家主权，是国家主权的外化形式和一个重要组成部分。因此，审判权的行使也是国家主权的一种基本形式。审判权由两种基本的权力构成，即审理权和裁判权。审理权又有狭义与广义之分。狭义的审理权是指法院依法对案件的有关事实进行调查的权力，它主要体现于审判程序中，包括开庭审判和开展庭外的证据调查活动。广义的审理权是指法官在控辩双方及其他诉讼参与人参加下所实施的全部诉讼活动。其不仅体现在开庭审判程序中，也体现在开庭前的准备程序中。裁判权是指法院在审理的基础上，依法就案件的实体问题或某些程序问题作出处理决定。审理是裁判的前提和基础，裁判是审理的目的和结果，两者构成辩证统一的整体。

二、刑事审判的意义

审判是刑事诉讼中的重要阶段，在此之前的立案、侦查、起诉阶段，总体上是为刑事审判阶段提供材料和奠定基础的；而审判之后的执行等阶段则是实现审判所确定的内容以及检验审判结论正确性的阶段。比较而言，刑事审判阶段决定案件实质性问题即被告人的罪与非罪、此罪与彼罪及具体刑罚等问题，因此刑事审判的进行及其质量对刑事案件的结局有着更为直接的影响。

1. 从程序上讲，刑事审判的过程是否民主、公正直接影响到社会对整个刑事诉讼程序的评价和信心。尽管刑事诉讼每一阶段活动的进行都会影响人们对诉讼制度的认识，但人们对审判阶段则寄予了更高的期望，他们期望审判阶段能够补偿其对于诉讼其他阶段的不满或失望，从而对审判程序的民主、公正性提出了更高的要求。

2. 从实体上讲，刑事审判的裁判结果是否公正也直接影响人们对国家法治状况的信心。刑事审判的结果是对被告人刑事责任的最终认定，也是解决各种矛盾、冲突的最终方式，因而与侦查、起诉阶段所作出的决定相比，裁判质量的好坏就成了检验国家法治状况的最好标尺。

3. 从社会效果上讲，刑事审判程序的运作状况会对整个社会秩序和公民生活产生深远的影响。在法院的审判过程中，一方面，通过审判权的行使，不仅使得国家刑罚权得以实现，震慑犯罪分子，维护社会秩序；另一方面，通过控辩双方的充分参与，使得被告人的合法权益得到有效的保障，权利应受保护的观念因此而得以弘扬，这对于加强国家的民主和法治建设具有重要的意义。

现代各国的刑事诉讼制度，无论是大陆法系的职权主义还是英美法系的当事人主义，尽管在刑事审判的原则、程序和方式等方面呈现出各自的特色，但其基础都是建立在控诉与辩护双方对立状态之上的，这种对立状态使得客观实质真实与形式程序真实之间的矛盾不断加大。基于此种对立状态，法院的审判就更显示出其意义和权威，因为法庭最终所认定的事实并非完全是实质意义上的事实，而是符合法律形式和程序要求的事实。我国刑事诉讼制度的发展无论是在立法上还是在司法实践中，力求扬长避短，在借鉴、吸收他国长处的同时，希望通过自身的努力探索，建立适合国情的、科学的制度体系。尤其是在审判活动中，应该强调基于尊重事实和法律的共同立场，设计控辩平等基础上的程序保障制度，从而使得实质真实和形式真实之间达到相对统一。

第二节　刑事审判组织

审判机关的审判活动要通过一定的人员来实现并由一定的组织形式来保证。刑事审判组织是审判机关在审理具体刑事案件时的组织形式。审判组织在审判活动中发挥着重要的作用，它代表法院行使审判权，并且直接与当事人及其他诉讼参与人发生诉讼上的法律关系。尤其是在刑事诉讼中，审判组织作为审判权的行使者，要与公诉方和辩护方发生诉讼上的法律关系，科学正确地处理好控、辩、审三方的关系是保证审判质量的关键。因而没有合法的审判组织形式，便不能保证对刑事案件进行公正合法的审判。

在我国，根据刑事诉讼法和人民法院组织法的有关规定，人民法院审理刑事案件的组织形式有独任庭、合议庭和审判委员会三种。

一、独任庭

独任庭是指由审判员 1 人开庭审判案件的组织形式。由于是审判员 1 人独任审判，因而我国刑事诉讼法对独任庭的适用作了较为严格的限制。根据刑事诉讼法第 183 条第 1 款的规定，只有基层人民法院适用简易程序、速裁程序的案件可以由审判员 1 人独任审判。刑事诉讼法作此种限制，是为了防止随便扩大独任庭的适用范围，保证案件审判的质量。

审判员依法独任审判时，行使与审判长相同的职权。法官独任审理案件，独任法官对案件的事实认定和法律适用负责。采用独任庭的方式审判案件并不意味着一切从简或者草率从事，也不意味着可以限制或取消当事人及其他诉讼参与人的诉讼权利，法律规定的各项审判原则和制度都应得到贯彻，如公开审判、回避、辩护等制度。法官独任审理案件形成的裁判文书，经独任法官签署，由人民法院发布。

在独任庭审理的过程中，发现案件不宜采用独任审判的，人民法院应当依法改由合议庭方式重新进行审理。

二、合议庭

合议庭是指由数名审判员或由审判员和人民陪审员集体审判案件的组织形式。合议庭是人民法院审理刑事案件最主要的组织形式，是一种集体办案、集体负责的形式。它不仅有利于防止单个审判人员的徇私舞弊和主观臆断，也有利于充分发挥审判人员的集体智慧，从而保证案件的审判质量。

（一）合议庭的组成

合议庭由法官组成，或者由法官和人民陪审员组成，成员人数为 3 人以上单数。鉴于法院的级别、功能及所管辖案件的不同，刑事诉讼法对各级人民法院、各种审判程序的合议庭的组成人员作出了不同的规定。

1. 第一审案件合议庭的组成。基层人民法院、中级人民法院审判第一审案件，应当由审判员 3 人或者由审判员和人民陪审员共 3 人或者 7 人组成合议庭进行，但是基层人民法院适用简易程序、速裁程序的案件可以由审判员 1 人独任审判。高级人民法院审判第一审案件，应当由审判员 3 人至 7 人或者由审判员和人民陪审员共 3 人或者 7 人组成合议庭进行。最高人民法院审判第一审案件，应当由审判员 3 人至 7 人组成合议庭进行。

2. 第二审案件合议庭的组成。人民法院审判上诉和抗诉案件，由审判员 3 人或者 5 人组成合议庭进行。

3. 死刑复核案件合议庭的组成。最高人民法院复核死刑案件，高级人民法院复核死刑缓期执行的案件，应当由审判员 3 人组成合议庭。

4. 再审案件合议庭的组成。人民法院按照审判监督程序重新审判的案件，由原审人民法院审理的，应当分别依照第一审程序或第二审程序的有关规定另行组成相应的合议庭，原来参加审判的审判人员不能成为该合议庭的组成人员。

由此可见，不同级别的法院和不同案件的合议庭在组成上各有特点。而且，合议庭的成员人数应当是单数，以便在意见发生分歧时可以形成多数意见。陪审只适用于第一审刑事案件，并且要求是审判员和人民陪审员共同组成合议庭。人民陪审员是否参与组成合议庭，由人民法院根据案件的具体情况决定。根据《高法解释》第213条的规定，基层人民法院、中级人民法院、高级人民法院审判下列第一审刑事案件，由审判员和人民陪审员组成合议庭进行：（1）涉及群体利益、公共利益的；（2）人民群众广泛关注或者其他社会影响较大的；（3）案情复杂或者有其他情形，需要人民陪审员参加审判的。基层人民法院、中级人民法院、高级人民法院审判下列第一审刑事案件，由审判员和人民陪审员组成7人合议庭进行：（1）可能判处10年以上有期徒刑、无期徒刑、死刑，且社会影响重大的；（2）涉及征地拆迁、生态环境保护、食品药品安全，且社会影响重大的；（3）其他社会影响重大的。

（二）合议庭的活动原则

合议庭由一名法官担任审判长。院长或者庭长参加审理案件时，由院长或庭长担任审判长。审判长主持庭审、组织评议案件，评议案件时与合议庭其他成员权利平等。开庭审理和评议案件，应当由同一合议庭进行。合议庭审理案件，法官对案件的事实认定和法律适用负责；合议庭评议案件，审判长应当对本案中涉及的事实认定、证据规则、法律规定等事项及应当注意的问题，向人民陪审员进行必要的解释和说明。人民陪审员参加3人合议庭审判案件，对事实认定、法律适用独立发表意见，行使表决权；人民陪审员参加7人合议庭审判案件，对事实认定独立发表意见，并与审判员共同表决，对法律适用可以发表意见，但不参加表决。合议庭成员在评议案件时，应当独立发表意见并说明理由。意见分歧的，应当按多数意见作出决定，但少数意见应当记入笔录。评议笔录由合议庭的组成人员在审阅确认无误后签名。评议情况应当保密。合议庭组成人员意见有重大分歧的，人民陪审员或者法官可以要求合议庭将案件提请院长决定是否提交审判委员会讨论决定。合议庭审理案件形成的裁判文书，经合议庭组成人员签署，由人民法院公布。

三、审判委员会

审判委员会是人民法院内部对审判工作实行集体领导的组织形式。根据人民法院组织法的有关规定，各级人民法院设审判委员会。审判委员会由院长、副院长和若干资深法官组成，成员应当为单数。地方各级人民法院审判委员会委员由院长提请本级人民代表大会常务委员会任免。最高人民法院审判委员会委员由最高人民法院院长提请全国人民代表大会常务委员会任免。审判委员会会议分为全体会议和专业委员会会议。中级以上人民法院根据审判工作需要，可以按照审判委员会委员专业和工作分工，召开刑事审判、民事行政审判等专业委员会会议。

审判委员会履行以下职能：（1）总结审判工作经验；（2）讨论决定重大、疑难、复杂案件的法律适用；（3）讨论决定本院已经发生法律效力的判决、裁定、调解书是否应当再审；（4）讨论决定其他有关审判工作的重大问题。最高人民法院对属于审判工作中具体应用法律的问题进行解释，应当由审判委员会全体会议讨论通过；发布指导性案例，可以由审判委员会专业委员会会议讨论通过。

审判委员会召开全体会议和专业委员会会议，应当由其组成人员的过半数出席。审判委员会会议由院长或者院长委托的副院长主持。审判委员会实行民主集中制。审判委员会讨论案件的决定及其理由应当在裁判文书中公开，法律规定不公开的除外。审判委员会举行会议时，同级人民检察院检察长或者检察长委托的副检察长可以列席。

关于审判委员会与合议庭的关系，刑事诉讼法第185条作了明确规定，即一般情况下，合议庭在开庭审理并且评议后，有权对案件直接作出判决；对于疑难、复杂、重大的案件，合议庭认为难以作出决定的，由合议庭提请院长决定提交审判委员会讨论决定。审判委员会的决定，合议庭应当执行。由此可见，审判委员会与合议庭之间，存在着领导与被领导的关系，合议庭在独立行使审判权的同时也应服从审判委员会的决定。

根据《高法解释》第216条的规定，对于下列案件，合议庭应当提请院长决定提交审判委员会讨论决定：（1）高级人民法院、中级人民法院拟判处死刑立即执行的案件，以及中级人民法院拟判处死刑缓期执行的案件；（2）本院已经发生法律效力的判决、裁定确有错误需要再审的案件；（3）人民检察院依照审判监督程序提出抗诉的案件。对合议庭成员意见有重大分歧的案件、新类型案件、社会影响重大的案件以及其他疑难、复杂、重大的案件，合议庭认为难以作出决定的，可以提请院长决定提交审判委员会讨论决定。人民陪审员可以要求合议庭将案件提请院长决定是否提交审判委员会讨论决定。对提请院长决定提交审判委员会讨论决定的案件，院长认为不必要的，可以建议合议庭复议一次。独任审判的案件，审判员认为有必要的，也可以提请院长决定提交审判委员会讨论决定。审判委员会的决定，合议庭、独任审判员应当执行；有不同意见的，可以建议院长提交审判委员会复议。

从诉讼原理的角度看，审判委员会应否属于审判组织值得追问。其主要原因在于，审判委员会并不直接开庭审理案件，也不以自己的名义发布裁判，缺少审判组织应当具备的基本要素。另外，审判委员会拥有对重大、疑难、复杂案件的决定权，这种决定的作出所依据的仅仅是合议庭成员或独任审判员的汇报以及有关的书面材料，而并非来源于审判委员会对案件的直接审理和与当事人的直接接触，“审者不判、判者不审”的问题较为突出。这种审与判分离的审判决策方式不仅难以保证案件的质量，也不符合程序正当性的要求。因此，不少学者提出要改革甚至废除审判委员会制度。在目前的立法框架和现实条件下，关于如何科学地调整法院院长、审判委员会、合议庭或独任审判员这三者间的关系，以及如何细化审判委员会的工作内容、工作方式等问题，确实有进一步深入研究的必要。

第三节　刑事审判原则

刑事审判原则是指刑事审判活动应该遵循的基本行为准则，它贯穿于刑事审判活动的始终或对刑事审判的主要阶段产生着重大的影响，从而对刑事审判活动的进行有着普遍的指导意义。从国际通行的意义上讲，这些原则主要包括陪审原则、直接言词审理原则、集中审理原则、辩论原则和禁止不利益变更原则等。

一、陪审原则

陪审原则，是指作为非职业审判人员的陪审员或陪审团体参与法院审判案件的审判原则。简言之，是指从公民中产生陪审员参加法院对案件审判的审判原则。

陪审原则的发展，经历了从古典到现代的演变历程。陪审制度的起源可追溯到古希腊和罗马共和国时期。远在公元前 5、6 世纪，雅典就有“赫里埃”的机构设置，其人员从奴隶和自由民中抽签产生，以多数票通过来决定案件的处理。案件愈重大，“赫里埃”的成员愈多。公元前 4 世纪对苏格拉底的审判即由 501 人组成，公元前 5 世纪审理的一起叛国案更是由 1501 人组成。这可以说是陪审制度的雏形。大约 100 年以后，陪审制度传入古罗马，并在公元 9 世纪来到法兰克王国。① 在封建君主专制时期，纠问式诉讼占据统治地位，陪审制度被取消。资产阶级夺取政权后，先后在立法中确立了陪审制。而后，经过一系列的发展演变，出现了两种不同形式的陪审方式。大陆法系国家采用的是共同审判的形式，即参审制，就是由专业法官和陪审员共同组成合议庭，共同决定案件的事实问题和法律问题的一种陪审形式。例如，在法国，重罪法院审判重罪案件，除法律另有规定外，均由 3 名法官和 9 名陪审员组成的法庭进行。英美法系国家则采用单独审判的形式，即陪审团制，就是由一定数量的陪审员组成陪审团参与案件的审

---

① Henry J. Abraham, *The Judicial Process*, Oxford University Press, 1975, p. 103.

判、决定案件的事实问题，而由专业法官决定案件的法律问题的一种陪审形式。陪审团包括大陪审团和小陪审团。大陪审团制度起源于英国，但英国于 1933 年废除了这一制度。在美国，大陪审团负责对案件的起诉，在刑事案件的调查起诉中发挥着重要作用，而小陪审团则负责对被告人是否有罪作出裁决。大陪审团在传统上一般由 23 人组成，现在也有由 16 人甚至 12 人组成的陪审团。小陪审团一般由 12 人组成，现在也有人数更少的陪审团，但最少不得少于 6 人。而且根据联邦法院规则的规定，无论发生在联邦或州的刑事案件，只要被告人有可能被判处 6 个月以上的监禁，被告人就享有受到陪审团审判的权利。

一般认为，贯彻陪审原则的诉讼价值主要在于以下几个方面：一是陪审的实质是让普通公民参与司法，因而有利于体现司法民主。二是陪审给被告人提供了由和他地位同等的人来裁判的机会，因而有利于保障诉讼人权和维护司法公正。三是陪审不仅能够保障民意在诉讼中得到反映，而且使得诉讼与社会公众息息相关，因而有利于引进社会价值和实现社会秩序。四是陪审员参与审判，可以在一定程度上引进民间智慧，因而有利于弥补法官在知识和经验上的不足。正是基于此，尽管一直以来，批评陪审制度的声音未曾停歇，[①] 其在各国的适用也有了较大的变化，但作为一项审判原则，在现代许多国家的诉讼制度中，其依然在发挥着重要的作用。

我国的刑事审判中也采用陪审制。刑事诉讼法第 13 条规定："人民法院审判案件，依照本法实行人民陪审员陪审的制度。"这表明我国的刑事诉讼立法确立了陪审原则。刑事诉讼法第 183 条明确规定，基层人民法院、中级人民法院审判第一审案件，应当由审判员 3 人或者审判员和人民陪审员共 3 人或者 7 人组成合议庭进行，但是基层人民法院适用简易程序、速裁程序的案件可以由审判员 1 人独任审判。高级人民法院审判第一审案件，应当由审判员 3 人至 7 人或者由审判员和人民陪审员 3 人或者 7 人组成合议庭进行。最高人民法院审判第一审案件，应当由审判员 3 人至 7 人组成合议庭进行。此外，人民陪审员法第 2 条规定，公民有依法担任人民陪审员的权利和义务。人民陪审员依照本法产生，依法参加人民法院的审判活动，除法律另有规定外，同法官有同等权利。第 17 条规定，第一审刑事案件被告人申请由人民陪审员参加合议庭审判的，人民法院可以决定由人民陪审员和法官组成合议庭审判。这表明，我国的人民陪审员制度是一种参审式的陪审制。而且，在是否适用的问题上，立法采取的是一种弹性的规定，也就是说，人民法院在审判第一审刑事案件时，可以根据具体情况进行选择适用。可以实行陪审，也可以不实行陪审。

---

① 例如，认为外行往往难以准确理解案件的事实、证据或法律问题，这不利于案件的正确处理；让陪审员参与审判会使诉讼费用增加，也会耽误时间，这不利于诉讼效率的提高；等等。

二、直接言词审理原则

直接言词审理原则是直接审理原则与言词审理原则的合称。这两项原则均要求诉讼各方应亲自出席法庭审判，法官的裁判不能以书面的卷宗材料作为依据，而应建立在法庭口头调查辩论的基础之上。正因直接审理原则和言词审理原则有着共通的基本含义和功能取向，具有密切的联系，故在理论上常将两者并列结合在一起，统称为直接言词审理原则。

直接审理原则又分为在场原则和直接采证原则。在场原则是指法官审理案件时，公诉人、当事人及其他诉讼参与人都必须出席法庭审判，除法律另有规定外，上述人员不在场时，不得进行法庭审理的审判原则。直接采证原则是指从事法庭审判的法官必须亲自直接参与法庭调查和采纳证据，只有经过法官直接调查和审查评价的证据，才能作为定案根据的审判原则。言词审理原则，是指法庭审理活动原则上应以言词陈述的方式进行的审判原则。根据这一原则的要求，所有发生在法庭审理中的事项，均须用言词表达的方式进行：控辩双方以言词陈述的方式进行攻击、防御；对诉讼各方证据的调查应以口头的方式进行，如向被告人发问，询问证人、鉴定人、被害人等；以口头表达的方式对实物证据发表意见；法官的发问与宣判也要口头进行；等等。除法律另有规定外，凡是未经当庭以言词方式进行调查的证据材料视同未曾发生或不存在，不能作为裁判的依据。由此可见，直接审理原则和言词审理原则各自的侧重点还是有所不同的。前者强调的是法官的亲历性和证据的原始性，后者强调的则是与书面审理相对的证据提供形式。

以英国、美国为代表的英美法系国家，刑事诉讼奉行当事人主义，在刑事审判中实行完整意义上的直接言词审理原则。在这样的诉讼结构中，法庭审判活动以控辩双方的积极活动为核心内容，证明对象的设定及立证的完成都要通过当事人的活动来完成。控辩双方就各自的诉讼主张及有关证据的证明力展开积极的攻防，程序推进的主动权也归属于当事人。因此，英美法系国家虽然没有关于直接言词审理原则的明确立法规定，但其具有的当事人主义诉讼结构和细密的传闻法则规定中，无不完整地体现出与这一原则相同的理念和价值追求。而在大陆法系，不少国家在立法上已将直接言词审理原则确立为一项重要的审判原则。例如，《德国刑事诉讼法典》第 250 条规定，对事实的证明如果是建立在一个人的五官感觉之上时，要在审判中对他询问。询问不允许以宣读以前的询问笔录或者书面证言代替。当然，由于在刑事审判中较为注重法官职权作用的发挥，奉行职权主义的诉讼模式，因此大陆法系国家的直接言词审理原则远没有英美法系国家贯彻得充分。

我国刑事诉讼法里没有明确规定直接言词审理原则，但从其中某些规定的精神来看，对这一原则是持肯定态度的。例如，规定人民法院决定开庭前应当传唤当事人，通知辩护人、诉讼代理人、证人、鉴定人和翻译人员（第187条）；公诉人、当事人和辩护人、诉讼代理人经审判长许可，可以对证人、鉴定人发问（第194条）；公诉人、辩护人应当向法庭出示物证，让当事人辨认（第195条）；经审判长许可，公诉人、当事人和辩护人、诉讼代理人可以对证据和案件事实情况发表意见并且可以互相辩论（第198条）；等等。但是应当注意的是，由于受传统职权主义诉讼模式的影响，司法实践中，审判人员审查被告人口供、证人证言、被害人陈述以及鉴定意见等，仍然在很大程度上依赖于书面材料，直接言词审理原则的贯彻并不十分到位。

三、集中审理原则

集中审理原则，是指法庭对刑事案件的审判，原则上应当持续不间断地进行，即审判程序应当尽可能集中地一气呵成，直至作出裁判为止的审判原则。总体而言，该原则有以下几个方面的要求：[①] 一是审理时间的集中性，即法官不得拖延案件的审理，案件一旦开始审理，就应当持续不拖延地进行下去，不得不适当地中断；二是审理主体的集中性，即案件应当由同一的审判主体参与诉讼的全过程，不得中途无故更换；三是审理方式的集中性，即法官必须在公开的法庭上并在当事人参加的情况下审理案件。实行集中审理，一方面可以使法官在法庭上对案件的证据状况所形成的直观印象得以保持，避免裁判与证据间直接联系的中断或割裂；另一方面可以避免审判的不当拖延，使案件得以迅速审结，从而提高刑事诉讼的效率。

世界上许多国家在刑事审判中实行集中审理原则。例如，《法国刑事诉讼法典》第307条规定，法庭审理不得中断，应当连续进行直到重罪法庭作出裁定，宣布审判结束为止；在法官和被告人必要的用餐时间内，审理可以暂停。第355条规定，法庭的法官和陪审员退庭进入评议室，他们在作出判决之前，不得离开。《德国刑事诉讼法典》第226条规定，审判在裁判人员、检察员和法院书记处1名书记员不间断地在场情形下进行。《意大利刑事诉讼法典》第477条规定，当一次庭审中根本不可能完成法庭审理时，法庭应决定在下一非假日继续进行庭审；法官只能根据绝对的必要性中断法庭审理，这种中断的时间任何情况下不得超过10日，假日不计算在内。日本最高法院《刑事诉讼规则》第178条第2款规定，诉讼关系人在第一次公审日以前应当尽可能对证据加以收集和整理，以便审理得以迅速进行。第179条第2款规定，法院对需要审理2日以上的案件，应当尽可能连日开庭，连续审理，诉讼关系人应当严守期日，避免对审理带来妨碍。

---

① 宋英辉主编：《刑事诉讼原理》，法律出版社2003年版，第295页。

我国的刑事诉讼立法没有规定这一原则，不仅法律允许刑事案件在某种情况下可以延期审理，而且实践中法官在同一时间段内交叉审理多起刑事案件的情况也极为普遍。从科学、理性的角度出发，我国的刑事审判也应该创造条件，适度吸收这一原则。

四、辩论原则

辩论原则，是指在法庭审理过程中，起诉方和被告方应当以公开的、口头的方式进行充分的对抗性辩论，未经充分的辩论，不得进行裁判的审判原则。这一原则强调的是起诉与辩护的对应性和对等性，其基本精神就是赋予控辩双方平等的直接对抗手段，以在本证与反证的互动中查明案件事实。

贯彻辩论原则有两项基本要求：一是确立听取陈述原则，即在作出裁判前，法官应该充分听取并审查控辩双方的陈述；二是保证辩护帮助原则，即在审判过程中，应当保证被告人有获得辩护人辩护帮助的权利，以通过强化被告人的辩论手段来维系控辩双方力量上的平衡。从具体操作的层面上讲，正确理解辩论原则应当把握以下几个方面的内容：第一，辩论的内容，主要在于案件事实的认定和法律的适用两个方面；第二，辩论的阶段，不仅应体现在法庭审理过程中的专门辩论阶段，也要体现在法庭审理过程中对证据进行审查的法庭调查阶段；第三，辩论的方式，主要是由控辩双方通过口头表达的方式，各自阐述己方理由，反驳对方观点，而后在此基础上通过反诘进行交叉辩论，使双方对事实、证据或法律的看法形成实质性的交锋。

在英美法系国家，辩论原则在刑事审判中贯彻得较为充分，因为当事人主义审判方式的核心就是强调控辩双方积极对抗，法官只是居中听审，消极裁判。而在大陆法系国家的刑事审判中，由于相对强调法官的职权活动，从总体上讲，控辩职能的发挥受到一定程度的限制。不过，大陆法系国家的刑事庭审过程中往往设有专门的辩论阶段，加上有强化律师辩护等相关制度的保障，因此，在很大程度上也体现了辩论原则。

我国传统的审判方式与大陆法系国家相似，较为注重审判职能的发挥，辩论原则只体现在法庭审理中的专门辩论阶段，而且从实践操作的角度看，由于习惯由法官主导庭审，控辩双方辩论的方式、范围及时间往往受到了很大的限制。现行的审判方式在这一问题上已有了较大的改变，不仅强化了控诉方的举证责任，还强化了辩护职能的发挥，如规定控辩双方不仅在法庭辩论阶段可以展开辩论，而且在法庭调查阶段，控辩双方也可以针对证据和案件事实问题进行辩论，不过，这种辩论仍须在法官的主持或主导下进行。因此，我国的辩论原则仍然具有较强的职权主义色彩，进一步完善体现辩论原则的相关制度和程序仍然是一个值得关注的问题。

五、禁止不利益变更原则

禁止不利益变更原则，是指当被告人及其法定代理人或检察机关为被告人利益而提起救济程序时，禁止作出对被告人不利的变更的诉讼原则。

禁止不利益变更是大陆法系国家刑事诉讼法普遍规定的一项原则，其目的在于保护在法律救济程序中处于相对弱势的被告人的利益，从而使得被告人消除其可能在下一审级中被处以更严厉的刑罚的恐惧。① 对于针对已经发生法律效力的裁判提起的再审程序而言，这一原则还与一事不再理原则的价值理念相联系。在法国，体现禁止不利益变更原则精神的是禁止上诉加刑的规则。例如，《法国刑事诉讼法典》第515条第2款规定，法庭不得仅根据被告人、民事当事人的上诉或其中任何人的保证人的上诉而加重对上诉人的处罚。不过，根据同条第1款的规定，如果该上诉存在一个附带上诉，即当事人之一提出上诉时，其他当事人方面也随着提出上诉，从而在首先提出的被称为“主上诉”之外又增加他们自己的上诉时，上诉不加刑原则就丧失了约束力，法庭可以维持原判，也可以在有利或不利于被告人方面宣告全部或部分地撤销原判。在德国，禁止不利益变更原则在适用的审级上十分宽泛，适用于第二审、第三审的上诉和再审程序中。根据《德国刑事诉讼法典》的规定，无论是检察院还是被追诉者，均拥有提起准许的法律救济诉讼活动的权利。检察院也可以为被追诉者的利益而提起法律救济活动。在仅由被告人，或者为了被告人的利益由检察院或者被告人的法定代理人提出上告、上诉时，或者在再审程序中仅由受有罪判决之人，或者为了其利益由检察院或者其法定代理人提请再审时，对于判决在法律行为的处分种类、刑度方面，不允许作不利于被告人的变更。②

英美法系国家的诉讼法中没有关于禁止不利益变更原则的明文规定。但在其宪法或宪法性文件中普遍规定了与禁止不利益变更原则有相通之处的免受双重危险原则。例如，美国联邦宪法第5修正案规定：“任何人均不得因同一罪行而两次受到生命或身体上的危险。”这一原则要求，不得对被告人的同一行为进行两次审判和判刑，禁止使被告人的实体权益因其同一行为受到两次危险而受到两次以上的审判。法庭（尤其是陪审团）的刑事裁决一旦作出，无论是否已产生法律效力，控辩双方在上诉或申请再审时均要受到这一原则的限制。因此，控诉方无权就陪审团所作的无罪裁判提出上诉，被告人对法庭的有罪裁决提出上诉后，上一级法院不得加重对被告人的刑罚处罚。③

---

① ［德］克劳斯·罗科信：《刑事诉讼法》，吴丽琪译，法律出版社2003年版，第497页。
② 宋英辉、孙长永、刘新魁等：《外国刑事诉讼法》，法律出版社2006年版，第47—48页。
③ 陈瑞华：《刑事审判原理论》，北京大学出版社1997年版，第198页。

在我国的刑事审判程序中，上诉案件的审判实行上诉不加刑原则，但这一原则在实践中往往又会因“发回重审”的情形未能得到很好的贯彻。[①] 此外，对于已经发生法律效力的裁判提起的审判监督程序就没有确立禁止不利益变更原则，因为依审判监督程序对案件进行重新审理后，不仅可以维持原判，或作出对被告人有利的裁判，也可以变更为不利于被告人的裁判。因此，从被告人权利保障的角度来看，在研究我国刑事审判的救济程序时，确有必要考虑如何更全面地吸收禁止不利益变更原则，以与国际通行的刑事司法准则相协调。

第四节　刑事审级制度

一、刑事审级制度的概念

刑事审级制度，是指法律规定的审判机关在组织体系上设置的等级，以及一个刑事案件应经过几级法院审判才告终结的制度。

刑事审级制度有三个方面的基本内容：[②] 一是法院的设置，特别是上下级法院的纵向设置问题；二是当事人的上诉权与检察机关的抗诉权问题，以及与此紧密相关的一个案件可经历的审级次数问题；三是上诉审法院的审理范围与审理方式问题。其中，第二项内容是审级制度的核心内容，因为任何一级的上诉审程序的启动都有赖于当事人上诉权或检察机关抗诉权的合法行使，案件经过几级法院审理，判决或裁定才能确定，也取决于法律允许当事人上诉或检察机关的抗诉次数。所以，怎样对待当事人的上诉权和检察机关的抗诉权，特别是如何赋予和保障当事人的上诉权，不能不成为一国在设计刑事审级制度时应当首先考虑的问题。与此同时，第一项和第三项内容特别是第三项内容，对于第二项内容的实现程度和状况能产生十分重大的影响，因为上诉审范围与方式的设定科学与否，不仅关系到法院的审判效率问题，而且直接关系到当事人的上诉或检察机关的抗诉能否实效化，从而从根本上关系到审级制度能否得到切实贯彻的问题。

二、国外的刑事审级制度

从理论形态上看，刑事审级制度可分为单一审级制和多重审级制。单一审级

---

① 正因如此，2012 年修改的刑事诉讼法第 226 条在重申上诉不加刑原则的同时还增加规定：“第二审人民法院发回原审人民法院重新审判的案件，除有新的犯罪事实，人民检察院补充起诉的以外，原审人民法院也不得加重被告人的刑罚。”2018 年修改的刑事诉讼法第 237 条承继了这一规定。

② 刘家琛、郝银钟主编：《刑事审判学》，群众出版社 2002 年版，第 148 页。

制实行一审终审，即案件一经作出裁判，就不允许上诉。由于这样一种“一锤定音”的审级制度既不利于保证审判的质量也忽视了被告人的救济权利，现代各国都不采用单一审级制而普遍实行多重审级制，在法院级别上一般设置为三级或四级，当事人不服下级法院作出的未发生法律效力的判决、裁定的，可以依照法定的程序提起上诉。从世界范围来看，根据当事人可行使的上诉次数的不同，多重审级制有两审终审制与三审终审制两种类型。

在实行两审终审制的国家，当事人对第一审法院的裁判不服的，只能上诉一次，经上诉审法院审判后，案件即告终结。例如，在俄罗斯，除联邦最高法院的刑事判决不得依上诉程序提起上诉和抗诉外，对于法院的其他刑事判决，检察长及其他有权主体可依上诉程序提起抗诉、上诉。上诉审法院的裁决是对案件的最终裁决。在提出的上诉、抗诉没有被撤销的情况下，刑事判决经上级法院审理后即发生法律效力。

法国、德国、日本、英国等国家基本上采用的是三审终审制。在这些国家，当事人享有两次上诉的机会，即一个案件最多可以经过三级法院的审判才告终结，也即上诉审又可表现为第二审和第三审。第二审是指当事人不服第一审法院的裁判提出上诉后，由上一级法院进行审判的上诉审程序；第三审则是指当事人不服第二审法院的裁判再向上一级法院上诉，由该法院进行审理的上诉审程序。在这些国家，对于第二审程序的启动，法律一般没有限定严格的理由，而对于第三审程序的启动，法律或是要求说明、明确限定上诉的理由，或是明确限定适用的案件范围，或是要求履行严格的审批手续。就审查的内容而言，第二审法院一般只作“事实审”，而第三审法院则限于“法律审”。

还有的国家兼采两种审级制度，即以两审终审制为原则、三审终审制为例外或补充。例如，在美国，联邦法院系统和州法院系统原则上实行两审终审制，当事人可以上诉一次，上诉审法院的审查内容，只限于第一审法院适用法律有无错误。只有少数涉及联邦法律问题的案件，经过严格的批准手续后，才能提出二次上诉，由联邦最高法院审理。

三、我国的刑事审级制度

刑事诉讼法第 10 条规定：“人民法院审判案件，实行两审终审制。”这是对我国审级制度的明确规定。从法院的设置上看，我国现行的普通人民法院分为四级，即基层人民法院、中级人民法院、高级人民法院和最高人民法院，结合立法关于管辖的规定可知，在我国，每一级法院都可以受理和审判第一审案件，同时，从中级人民法院开始，每一级法院都可以作为终审法院。由此可见，我国现行的审级制度是四级两审制，即两审终审制。

所谓的“四级”，指的是除专门人民法院外，我国法院的设置体系包括四级。

“两审终审”，是指一个案件最多经过两级人民法院的审判即告终结的一种审级制度。具体地讲，就是指地方各级人民法院按照审判管辖的规定对第一审刑事案件作出判决或裁定后，依法享有上诉权的人如果不服，可以在法定期限内向上一级人民法院提出上诉；同级人民检察院认为判决、裁定确有错误时，也可以在法定期限内向上一级人民法院提出抗诉。上一级人民法院按照第二审程序对案件进行审理后所作的判决、裁定，是终审的判决、裁定，任何人都无权再提出上诉，同级人民检察院也无权再提出抗诉，除非启动特殊救济程序，人民法院对一个案件的审判程序就应到此结束。

需要注意的是，虽然两审终审是一项基本的、重要的审级制度，但这并不意味着每一个刑事案件都必须经过两级人民法院的审理，其判决、裁定才能发生法律效力，或只要经过两级法院的审理，判决、裁定就一定会发生法律效力，并交付执行，即两审终审制还存在一些例外情况。这些情况是：（1）地方各级人民法院所作出的第一审判决、裁定，在法定的上诉、抗诉期限内，上诉人或同级人民检察院没有提出上诉、抗诉的，上诉、抗诉期满，该判决、裁定即发生法律效力；（2）最高人民法院是全国的最高审判机关，其审理的一审案件实行一审终审，即其所作出的一审判决、裁定，同时就是终审判决、裁定，不存在对它提出上诉或抗诉而引起第二审程序的问题；（3）判处死刑的案件，即使经过了二审程序，其判决或裁定仍未发生法律效力，必须经过死刑复核程序，其判决、裁定才能发生法律效力和交付执行。

第二十章　第一审程序

第一节　第一审程序的概念和意义

一、第一审程序的概念

第一审程序，是指人民法院对人民检察院提起公诉或者自诉人提起自诉的案件依法进行初次审判时所适用的程序。人民法院依照管辖的规定作为最初审级审理的公诉案件和自诉案件，称为第一审案件；审判第一审案件的人民法院，称为第一审人民法院。

根据案件的性质、危害程度以及提起控诉的主体的不同，刑事案件可划分为公诉案件和自诉案件。依据审判程序的繁简，第一审程序可分为普通程序、简易程序和速裁程序，因此第一审程序又可以分为公诉案件的第一审程序、自诉案件的第一审程序、简易程序和速裁程序。其中公诉案件的第一审程序主要包括：案件的受理和审查；组成合议庭；审判前的准备和法庭审判等环节。对于自诉案件的第一审程序则根据其自身的特点作了一些特殊规定，没有特殊规定的，应当参照公诉案件第一审程序进行。至于简易程序和速裁程序，从适用的法院、适用的案件范围到具体程序，刑事诉讼法也作了明确规定。

刑事诉讼的每一阶段都有其特定的任务。第一审程序的任务，就是人民法院对受理的公诉案件或者自诉案件通过开庭审理，在公诉人、当事人及其他诉讼参与人参加下，依照法定程序客观、全面地审查证据，查明案件事实，并根据刑事诉讼法的有关规定，就被告人是否有罪，所犯何罪，应否处以刑罚以及处以何种刑罚的问题作出正确判决，从而使犯罪分子受到公正的法律制裁，使无罪的人不受刑事惩罚，并通过法庭审判活动，使到庭旁听的人以及其他公民受到法治教育。

二、第一审程序的意义

第一审程序在刑事诉讼中具有十分重要的地位。其意义主要体现在以下几个方面。

（一）第一审程序是人民法院审判刑事案件的基本的、必经的程序

无论是公诉案件还是自诉案件起诉到人民法院后，依法都要经过第一审程序

的审判。第一审程序以前的立案、侦查、起诉等一系列诉讼活动，是为第一审的正确审判提供材料、准备条件的，而且这些活动进行得如何，也将在第一审程序中得以全面体现。第一审程序以后的审判程序和执行程序，则是对第一审程序的检验和监督。因此人民法院在第一审程序中严格依法办案，不仅可以为以后的审判程序和执行程序奠定良好的基础，还可以减少上诉、抗诉和申诉案件，减少当事人的讼累，节约国家的司法资源，提高诉讼效率。

（二）第一审程序将对案件作出实体上的处理，解决被告人是否有罪，所犯何罪，应否判处刑罚以及应判处何种刑罚等问题

对于第一审人民法院经过第一审程序审理的案件所作出的裁判，如果超过了法定期限当事人没有上诉，人民检察院也没有提出抗诉；或者在法定期限内当事人提出上诉，人民检察院提出抗诉，而第二审人民法院维持原判的，裁判即发生法律效力，就应当依法执行。因此，第一审程序是整个审判程序的重心和基础，是人民法院正确行使国家审判权的关键。

（三）第一审程序能够充分体现刑事诉讼的各项基本原则和制度

在第一审程序中，除法律规定不公开审理的案件外，人民法院都要在公诉人、当事人以及其他诉讼参与人参加下进行公开审判，因此依靠群众的原则、审判公开的原则、被告人有权获得辩护的原则、保障诉讼参与人诉讼权利的原则以及回避制度、代理制度、辩护制度等都能得到较为集中的、充分的体现，并能使到庭旁听的群众受到具体、生动的法制宣传教育，提高他们守法的自觉性和同犯罪作斗争的积极性。

第二节　公诉案件的第一审程序

一、公诉案件的庭前审查

（一）公诉案件庭前审查的概念和性质

公诉案件的庭前审查，即公诉审查，是指人民法院对于人民检察院提起公诉的案件进行审查，以决定是否开庭审判的一种诉讼活动。

刑事诉讼法第186条规定："人民法院对提起公诉的案件进行审查后，对于起诉书中有明确的指控犯罪事实的，应当决定开庭审判。"由此可见，对于人民检察院提起公诉的案件，人民法院并不是随即决定开庭审判，而是要经过庭前审查这一必经程序。

但应当明确的是，公诉案件的庭前审查这一诉讼活动的法律性质，只是人民法院对人民检察院提起公诉案件的接受与审查，所要查明的是该案件是否符合刑

事诉讼法第186条所规定的开庭审理的程序性条件，能否将被告人交付法庭审判，而不是对案件进行实体审理，并不解决对被告人定罪量刑的问题，因此不能将审查与审判混为一谈。

公诉案件的庭前审查，在刑事诉讼理论上可以划分为实体性审查与程序性审查。所谓实体性审查，是在开庭前由法院对案件的事实、证据、法律适用等实体问题，以及对案件的侦查、起诉、交付审判的程序问题是否合法，实行全面性审查。例如，俄罗斯的规定属于实体性审查。所谓程序性审查，则是指开庭前法院对案件进行审查的内容，只限于该案是否符合开庭审判的条件，是否应将被告人交付法庭审判，而不从实体上对案件进行处理。从世界各国有关公诉审查程序的立法和司法情况看，做法不尽一致，特别是大陆法系各国总体发展趋势是不断弱化，甚至取消这一程序。例如，“二战”后的日本已废除了这一程序，而意大利等国家也已开始从实体性审查向程序性审查过渡。在我国，刑事诉讼法规定了庭前审查是公诉案件正式进入第一审程序的必经程序，但不进行实体性审查。不过，根据刑事诉讼法第176条的规定，人民检察院提起公诉，应将案卷材料、证据移送人民法院，这又存在法官先入为主、庭审走过场的可能性，如何进行科学的规则设计确实值得进一步思考。

（二）庭前审查的内容和方式

根据刑事诉讼法第186条和《高法解释》第218条的规定，结合司法实践，人民法院对人民检察院提起公诉的案件应当在收到起诉书后，审查以下内容：

1. 案件是否属于本院管辖；

2. 起诉书是否写明被告人的身份，是否受过或者正在接受刑事处罚、行政处罚、处分，被采取留置措施的情况，被采取强制措施的时间、种类、羁押地点，犯罪的时间、地点、手段、后果以及其他可能影响定罪量刑的情节；有多起犯罪事实的，是否在起诉书中将事实分别列明；

3. 是否移送证明指控犯罪事实及影响量刑的证据材料，包括采取技术调查、侦查措施的法律文书和所收集的证据材料；

4. 是否查封、扣押、冻结被告人的违法所得或者其他涉案财物，查封、扣押、冻结是否逾期；是否随案移送涉案财物、附涉案财物清单；是否列明涉案财物权属情况；是否就涉案财物处理提供相关证据材料；

5. 是否列明被害人的姓名、住址、联系方式；是否附有证人、鉴定人名单；是否申请法庭通知证人、鉴定人、有专门知识的人出庭，并列明有关人员的姓名、性别、年龄、职业、住址、联系方式；是否附有需要保护的证人、鉴定人、被害人名单；

6. 当事人已委托辩护人、诉讼代理人或者已接受法律援助的，是否列明辩护人、诉讼代理人的姓名、住址、联系方式；

7. 是否提起附带民事诉讼；提起附带民事诉讼的，是否列明附带民事诉讼当事人的姓名、住址、联系方式等，是否附有相关证据材料；

8. 监察调查、侦查、审查起诉程序的各种法律手续和诉讼文书是否齐全；

9. 被告人认罪认罚的，是否提出量刑建议、移送认罪认罚具结书等材料；

10. 有无刑事诉讼法第 16 条第 2 项至第 6 项规定的不追究刑事责任的情形。

对于上述审查内容，人民法院在开庭前只进行程序性审查，至于证据是否确实、充分，则应留待庭审过程中加以解决。

庭前审查的方式，为书面审查，即人民法院在认真审阅依法移送的案卷材料的基础上，针对以上审查内容逐项进行审查，以判明该案是否具备开庭审判的条件。

（三）庭前审查后的处理

根据《高法解释》第 219 条的规定，人民法院对公诉案件进行审查后，应当根据案件的不同情况分别处理：

1. 不属于本院管辖的，应当退回人民检察院；

2. 属于刑事诉讼法第 16 条第 2 项至第 6 项规定情形的，应当退回人民检察院；属于告诉才处理的案件，应当同时告知被害人有权提起自诉；

3. 被告人不在案的，应当退回人民检察院；但是，对人民检察院按照缺席审判程序提起公诉的，应当依照《高法解释》第 24 章的规定作出处理；

4. 不符合《高法解释》第 218 条第 2 项至第 9 项规定之一，需要补充材料的，应当通知人民检察院在 3 日以内补送；

5. 依照刑事诉讼法第 200 条第 3 项规定宣告被告人无罪后，人民检察院根据新的事实、证据重新起诉的，应当依法受理；

6. 依照《高法解释》第 296 条规定裁定准许人民检察院撤诉的案件，没有新的影响定罪量刑的事实、证据，重新起诉的，应当退回人民检察院；

7. 被告人真实身份不明，但符合刑事诉讼法第 160 条第 2 款规定的，应当依法受理。

人民法院对于按照普通程序审理的公诉案件，决定是否受理，应当在 7 日内审查完毕。

《高法解释》第 220 条同时规定，对一案起诉的共同犯罪或者关联犯罪案件，被告人人数众多、案情复杂，人民法院经审查认为，分案审理更有利于保障庭审质量和效率的，可以分案审理。分案审理不得影响当事人质证权等诉讼权利的行使。对分案起诉的共同犯罪或者关联犯罪案件，人民法院经审查认为，合并审理更有利于查明案件事实、保障诉讼权利、准确定罪量刑的，可以并案审理。

二、开庭审判前的准备

为保证法庭审判的顺利进行，人民法院对于决定开庭审判的案件，应当根据刑事诉讼法第187条和《高法解释》的有关规定，做好下列各项准备工作。

（一）确定合议庭的组成人员

对于适用普通程序审理的案件，由院长或者庭长指定审判长并确定合议庭组成人员；适用简易程序、速裁程序审理的案件，由庭长指定审判员一人独任审理。根据刑事诉讼法第183条的规定，第一审公诉案件除基层人民法院适用简易程序、速裁程序的案件可以由审判员一人独任审判外，都应当组成合议庭进行审判。合议庭的成员确定后，应当立即进行审判前的有关准备工作，如查阅移送的有关材料，拟定庭审提纲及分工等。庭审提纲应因案而异，一般应包括下列内容：（1）合议庭成员在庭审中的分工；（2）起诉书指控的犯罪事实部分的重点和认定案件性质方面的要点；（3）讯问被告人时需了解的案情要点；（4）出庭的证人、鉴定人、有专门知识的人、侦查人员的名单；（5）控辩双方申请当庭出示的证据的目录；（6）庭审中可能出现的问题及应对措施。

（二）将人民检察院的起诉书副本至迟在开庭10日以前送达被告人及其辩护人

人民法院在开庭10日以前将人民检察院起诉书副本送达被告人及其辩护人的目的就是让被告人及其辩护人及早知道和了解被指控的罪名及事实根据，以便做好辩护准备，充分行使辩护权。根据法律规定，被告人除自行辩护外，还可以委托辩护人为其辩护，对于没有委托辩护人的被告人，人民法院有义务告知其可以委托辩护人；对于符合刑事诉讼法第35条的规定，即被告人是盲、聋、哑人，或者是尚未完全丧失辨认或者控制自己行为能力的精神病人，没有委托辩护人的，人民法院应当通知法律援助机构指派律师为其提供辩护；被告人可能被判处无期徒刑、死刑，没有委托辩护人的，人民法院应当通知法律援助机构指派律师为其提供辩护；对于被告人因经济困难或者其他原因没有委托辩护人的，应当告知被告人及其近亲属可以向法律援助机构申请法律援助。

此外，为了确保案件审理的公正性，人民法院还应当通知当事人、法定代理人、辩护人、诉讼代理人在开庭5日以前提供证人、鉴定人名单，以及拟当庭出示的证据；申请证人、鉴定人、有专门知识的人出庭的，应当列明有关人员的姓名、性别、年龄、职业、住址、联系方式。

（三）将开庭的时间、地点在开庭3日以前通知人民检察院

根据刑事诉讼法第189条的规定，人民法院审判公诉案件，人民检察院应当派员出席法庭支持公诉。因此，为了便于人民检察院做好出庭准备工作，按时派员出庭支持公诉，并对审判活动是否合法实行监督，人民法院应当按照刑事诉讼

法的规定，将开庭的时间、地点在开庭3日以前通知人民检察院。

（四）开庭3日以前将传唤当事人的传票和通知辩护人、诉讼代理人、法定代理人、证人、鉴定人等出庭的通知书送达

通知有关人员出庭，也可以采取电话、短信、传真、电子邮件、即时通讯等能够确认对方收悉的方式；对被害人人数众多的涉众型犯罪案件，可以通过互联网公布相关文书，通知有关人员出庭。人民法院审理未成年人刑事案件，在讯问和开庭时，应当通知未成年被告人的法定代理人到场。法定代理人无法通知、不能到场或者是共犯的，也可以通知合适成年人到场，并将有关情况记录在案。经人民法院通知，证人没有正当理由不出庭作证的，人民法院可以强制其到庭，但是被告人的配偶、父母、子女除外。

（五）公开审判的案件，在开庭3日以前先期公布案由、被告人姓名、开庭时间和地点

根据刑事诉讼法第188条的规定，人民法院审判第一审案件应当公开进行；但是有关国家秘密或者个人隐私的案件，以及未成年人犯罪的案件，不公开审理；涉及商业秘密的案件，当事人申请不公开审理的，可以不公开审理。第285条规定，审判的时候被告人不满18周岁的案件，不公开审理。但是，经未成年被告人及其法定代理人同意，未成年被告人所在学校和未成年人保护组织可以派代表到场。对于依法公开审判的案件，应当允许公民到庭旁听，允许新闻记者采访，并对社会公开，因此人民法院应当将公开审判案件的案由、被告人姓名、开庭的时间和地点在开庭3日以前先期张贴公告，并保留到开庭审判，以便群众到庭旁听和新闻记者进行采访，保证公开审判原则的贯彻执行。对于依法不公开审理的案件，任何公民包括与审理该案无关的法院工作人员和被告人的近亲属都不得旁听。

上述各项准备工作，由于直接涉及法庭审判能否顺利进行、案件的质量以及当事人和其他诉讼参与人合法权利的保障，因此，人民法院应当严格依法进行，并记录在案。

此外，根据刑事诉讼法第187条第2款的规定，在开庭以前，审判人员可以召集公诉人、当事人和辩护人、诉讼代理人，对回避、出庭证人名单、非法证据排除等与审判相关的问题，了解情况，听取意见。这一规定，确立了刑事诉讼中的庭前会议制度

根据《高法解释》第226条的规定，案件具有下列情形之一的，人民法院可以决定召开庭前会议：（1）证据材料较多、案情重大复杂的；（2）控辩双方对事实、证据存在较大争议的；（3）社会影响重大的；（4）需要召开庭前会议的其他情形。控辩双方可以申请人民法院召开庭前会议，提出申请应当说明理由。人民法院经审查认为有必要的，应当召开庭前会议；决定不召开的，应当告知申请人。

根据《高法解释》第228条的规定，庭前会议的内容主要包括：（1）是否对案件管辖有异议；（2）是否申请有关人员回避；（3）是否申请不公开审理；（4）是否申请排除非法证据；（5）是否提供新的证据材料；（6）是否申请重新鉴定或者勘验；（7）是否申请收集、调取证明被告人无罪或者罪轻的证据材料；（8）是否申请证人、鉴定人、有专门知识的人、调查人员、侦查人员或者其他人员出庭，是否对出庭人员名单有异议；（9）是否对涉案财物的权属情况和人民检察院的处理建议有异议；（10）与审判相关的其他问题。庭前会议中，人民法院可以开展附带民事调解。对上述10项内容中可能导致庭审中断的程序性事项，人民法院可以在庭前会议后依法作出处理，并在庭审中说明处理决定和理由。控辩双方没有新的理由，在庭审中再次提出有关申请或者异议的，法庭可以在说明庭前会议情况和处理决定理由后，依法予以驳回。庭前会议情况应当制作笔录，由参会人员核对后签名。

人民法院在庭前会议中听取控辩双方对案件事实、证据材料的意见后，对明显事实不清、证据不足的案件，可以建议人民检察院补充材料或者撤回起诉。建议撤回起诉的案件，人民检察院不同意的，开庭审理后，没有新的事实和理由，一般不准许撤回起诉。

关于庭前会议的效力，根据《高法解释》第233条之规定，对召开庭前会议的案件，可以在开庭时告知庭前会议情况。对庭前会议中达成一致意见的事项，法庭在向控辩双方核实后，可以当庭予以确认；未达成一致意见的事项，法庭可以归纳控辩双方争议焦点，听取控辩双方意见，依法作出处理。控辩双方在庭前会议中就有关事项达成一致意见，在庭审中反悔的，除有正当理由外，法庭一般不再进行处理。

三、法庭审判

法庭审判是指人民法院以开庭的方式，在公诉人、当事人以及其他诉讼参与人参加下，通过控辩双方的举证、质证和辩论，调查核实证据、查明案件事实，并全面听取各方对案件事实和定罪量刑的意见，依法就被告人是否有罪，应否处以刑罚以及处以何种刑罚作出判决和裁定的一种诉讼活动。

法庭审判活动实行控诉、辩护、审判职能相分离的制度，这是当代刑事诉讼的一个基本特征。但是，由于国家或法系的不同，各国的刑事诉讼模式以及三种诉讼职能作用的发挥也不尽一致。例如，英美法系国家实行当事人主义审判模式，其法庭审判以控辩双方为主，强调控辩双方的平等地位和相互对抗，法官只是消极的仲裁者。而大陆法系各国则实行职权主义的审判模式，其法庭审判特别强调法官的主导作用。我国的法庭审判也实行控诉、辩护和审判三种诉讼职能相分离的制度。其中，控诉职能由检察机关承担，辩护职能由被告人及其辩护人承担，审判职能由人民法院承担，三方在诉讼中各司其职，各负其责，互相配合，互相制约，共同完成刑事审判的任务。这里应当特别指出的是，我国几次修改刑事诉讼法时均着力对传统的审判方式进行改革和完善，在保留原有审判模式合理部分的基础上，又借鉴和吸收了英美法系当事人主义模式的有益经验，突出地表现在强化控辩双方诉讼职能的同时，仍然重视审判职能的作用和保持审判人员在法庭上的主导地位，并赋予法院在庭审过程中对证据的调查核实权。这也是我国法庭审判有别于许多国家的一个显著特征。

根据刑事诉讼法的规定，法庭审判程序可以分为开庭、法庭调查、法庭辩论、被告人最后陈述、评议和宣判 5 个阶段。

（一）开庭

开庭是法庭审理的开始，是为顺利进行审判做好准备的阶段。开庭审理前，书记员应当依次进行下列工作：查明公诉人、当事人、证人及其他诉讼参与人是否已经到庭；宣读法庭规则；请公诉人、辩护人入庭；请审判长、审判员（人民陪审员）入庭；审判人员就座后，当庭向审判长报告开庭的准备工作已经就绪。

根据刑事诉讼法第 190 条和《高法解释》第 234 条至第 239 条的规定，结合审判实践，开庭的具体程序包括：

1. 开庭审理前，书记员应当依次进行下列工作：(1) 受审判长委托，查明公诉人、当事人、辩护人、诉讼代理人、证人及其他诉讼参与人是否到庭；(2) 核实旁听人员中是否有证人、鉴定人、有专门知识的人；(3) 请公诉人、辩护人、诉讼代理人及其他诉讼参与人入庭；(4) 宣读法庭规则；(5) 请审判长、审判员、人民陪审员入庭；(6) 审判人员就座后，向审判长报告开庭前的准备工作已经就绪。

2. 审判长宣布开庭并传唤当事人到庭。审判长宣布开庭，传唤被告人到庭后，应当查明被告人的下列情况：(1) 姓名、出生日期、民族、出生地、文化程度、职业、住址，或者被告单位的名称、住所地、法定代表人、实际控制人以及诉讼代表人的姓名、职务；(2) 是否受过刑事处罚、行政处罚、处分及其种类、时间；(3) 是否被采取留置措施及留置的时间，是否被采取强制措施及强制措施的种类、时间；(4) 收到起诉书副本的日期；有附带民事诉讼的，附带民事诉讼被告人收到附带民事起诉状的日期。被告人较多的，可以在开庭前查明上述情况，但开庭时审判长应当作出说明。被告人认罪认罚的，审判长应当告知被告人享有的诉讼权利和认罪认罚的法律规定，审查认罪认罚的自愿性和认罪认罚具结书内容的真实性、合法性。

3. 审判长宣布案件的来源、起诉的案由、附带民事诉讼原告人和被告人的姓名（名称）及是否公开审理。对于不公开审理的案件，应当当庭宣布不公开审理的理由。

4. 审判长宣布合议庭组成人员、法官助理、书记员、公诉人，以及辩护人、诉讼代理人、鉴定人、翻译人员等诉讼参与人的名单。

5. 审判长应当用通俗易懂的语言告知当事人、法定代理人在法庭审理过程中依法享有的诉讼权利。包括：（1）可以申请合议庭组成人员、法官助理、书记员、公诉人、鉴定人和翻译人员回避；（2）可以提出证据，申请通知新的证人到庭、调取新的证据、重新鉴定或者勘验、检查；（3）被告人可以自行辩护；（4）被告人可以在法庭辩论终结后作最后的陈述。

6. 审判长应当询问当事人及其法定代理人、辩护人、诉讼代理人是否申请回避、申请何人回避和申请回避的理由。当事人及其法定代理人、辩护人、诉讼代理人申请回避的，依照刑事诉讼法及《高法解释》的有关规定处理。同意或者驳回回避申请的决定及复议决定，由审判长宣布，并说明理由。必要时，也可以由院长到庭宣布。在审判实践中，对于共同犯罪的案件，为了避免重复，节省开庭时间，应当将各被告人同时传唤到庭，查明身份及基本情况后，集中告知依法应当享有的诉讼权利，询问是否申请回避。

（二）法庭调查

法庭调查是指审判人员在公诉人、当事人和其他诉讼参与人参加下，当庭对案件事实和证据进行调查核实的一种诉讼活动。法庭调查是法庭审判的中心环节，因为凡没有经过法庭调查核实的证据，是不能作为定案的根据的。而法院调查的任务，就是对案件事实和证据进行全面的调查核实，查明案件事实、情节，从事实方面为准确适用法律，正确进行判决奠定基础。因此，法庭调查的成效，直接决定案件的质量，办案人员应当充分认识法庭调查阶段的重要性。

刑事诉讼法第 198 条第 1 款规定："法庭审理过程中，对与定罪、量刑有关的事实、证据都应当进行调查、辩论。"据此，法庭调查的范围，是起诉书指控的被告人的犯罪事实和证明被告人有罪、无罪、罪重、罪轻的各种证据。

根据刑事诉讼法第 191 条至第 198 条以及《高法解释》第 240 条至第 279 条的规定，法庭调查应当按下列步骤和程序进行。

1. 公诉人宣读起诉书

审判长宣布法庭调查开始后，应当首先由公诉人宣读起诉书；公诉人宣读起诉书后，审判长应当询问被告人对起诉书指控的犯罪事实和罪名有无异议。有附带民事诉讼的，公诉人宣读起诉书后，由附带民事诉讼原告人或者其法定代理人、诉讼代理人宣读附带民事起诉状。由于没有控诉，就没有辩护和审判，而且法庭审判不得超出起诉的内容和范围，因此起诉书既是人民法院公正审判的合法依据，同时又是法庭审判的基础。通过宣读起诉书表明人民检察院已将被告人提请人民法院审判，要求法庭依法追究其刑事责任，并使旁听群众了解案件基本情况，从而更有利于他们监督法庭的审判活动和接受法制宣传教育。如果提起公诉的案件，一案有 2 名以上被告人，宣读起诉书时各被告人可以同时在场，但宣读起诉书后，讯问同案审理的被告人时应当分别进行，以免相互影响。

2. 被告人、被害人陈述

公诉人在法庭上宣读起诉书后，在审判长主持下，被告人、被害人可以就起诉书指控的犯罪事实分别进行陈述。通过被告人的陈述，可以使法庭了解被告人对起诉书指控的犯罪事实的基本态度。如果被告人承认起诉书所指控的犯罪事实，就应当让其详细陈述作案的全部过程；如果被告人否认起诉书的指控，则应当让他对指控的事实和证据进行充分的辩解或者提出反证；如果被告人是无理狡辩，或陈述与本案无关的事情，或使用不文明语言，故意破坏法庭秩序的，审判长应当及时加以制止。在被告人陈述之后，被害人也可以就起诉书指控被告人的犯罪事实及自己受害的经过进行陈述。审判人员认真听取被告人、被害人的陈述，有利于查明案件事实真相。

3. 讯问被告人，询问被害人

在审判长主持下，公诉人可以就起诉书中指控的犯罪事实讯问被告人，这是法庭调查的关键环节。公诉人讯问的内容应当紧紧围绕起诉书对被告人指控的犯罪事实进行，诸如指控的犯罪行为是否存在，是否为被告人实施等；被害人及其法定代理人、诉讼代理人可以就公诉人讯问的犯罪事实补充发问；附带民事诉讼原告人及其法定代理人、诉讼代理人可以就附带民事部分的事实向被告人发问；被告人的法定代理人、辩护人，附带民事诉讼被告人及其法定代理人、诉讼代理人可以在控诉方、附带民事诉讼原告方就某一问题讯问、发问完毕后向被告人发问。根据案件情况，就证据问题对被告人的讯问、发问可以在举证、质证环节进行。

经审判长准许，控辩双方可以向被害人、附带民事诉讼原告人发问。必要时，审判人员可以讯问被告人，也可以向被害人、附带民事诉讼当事人发问。

审判长在主持讯问、发问时应当注意：对共同犯罪案件中的被告人，应当分别进行讯问。审理过程中，法庭认为有必要的，可以传唤同案被告人、分案审理的共同犯罪或者关联犯罪案件的被告人等到庭对质。审判长对于控辩双方讯问、发问被告人、被害人和附带民事诉讼原告人、被告人的内容与本案无关或者讯问、发问的方式不当的，应当制止；对于控辩双方认为对方讯问或者发问的内容与本案无关或者讯问、发问的方式不当并提出异议的，审判长应当判明情况予以支持或者驳回。

4. 核实证据

在讯问被告人以后，应当当庭核实各种证据材料。未经法庭调查核实的证据，不能作为定案的根据。控辩双方均有权向法庭出示物证、书证、视听资料等证据，有权要求证人出庭作证，但应向审判长说明拟证明的事实，审判长同意的，即传唤证人或者准许出示证据；审判长认为与案件无关或者明显重复、不必要的证据，可以不予准许。

根据举证责任由控方承担这一证据规则的要求，公诉人应当对指控的每一起犯罪事实承担向法庭举证的责任。公诉人可以提请法庭通知证人、鉴定人、有专门知识的人、调查人员、侦查人员或者其他人员出庭，或者出示证据。被害人及其法定代理人、诉讼代理人，附带民事诉讼原告人及其诉讼代理人也可以提出申请。在控诉方举证后，被告人及其法定代理人、辩护人可以提请法庭通知证人、鉴定人、有专门知识的人、调查人员、侦查人员或者其他人员出庭，或者出示证据。控辩双方申请证人出庭作证，出示证据，应当说明证据的名称、来源和拟证明的事实。法庭认为有必要的，应当准许；对方提出异议，认为有关证据与案件无关或者明显重复、不必要，法庭经审查异议成立的，可以不予准许。对于控辩双方向法庭提供的证据，都应当当庭质证、辨认和辩论。其具体方式和程序主要是：

（1）询问证人、鉴定人以及有专门知识的人，以核查证人证言和鉴定意见。证人证言必须经过法庭调查核实，经查证属实后才能作为定案的根据，因此证人应当出庭作证。对此，刑事诉讼法第 192 条明确规定，公诉人、当事人或者辩护人、诉讼代理人对证人证言有异议，且该证人证言对案件定罪量刑有重大影响，人民法院认为证人有必要出庭作证的，证人应当出庭作证。公诉人、当事人或者辩护人、诉讼代理人对鉴定意见有异议，人民法院认为鉴定人有必要出庭的，鉴定人应当出庭作证。经人民法院通知，鉴定人拒不出庭作证的，鉴定意见不得作为定案的根据。控辩双方对侦破经过、证据来源、证据真实性或者合法性等有异议，申请调查人员、侦查人员或者有关人员出庭，人民法院认为有必要的，应当通知调查人员、侦查人员或者有关人员出庭。第 193 条规定，经人民法院通知，证人没有正当理由不出庭作证的，人民法院可以强制其到庭，但是被告人的配偶、父母、子女除外。证人没有正当理由拒绝出庭或者出庭后拒绝作证的，予以训诫，情节严重的，经院长批准，处以 10 日以下的拘留。被处罚人对拘留决定不服的，可以向上一级人民法院申请复议。复议期间不停止执行。

公诉人、当事人及其辩护人、诉讼代理人申请法庭通知有专门知识的人出庭，就鉴定意见提出意见的，应当说明理由。法庭认为有必要的，应当通知有专门知识的人出庭。申请有专门知识的人出庭，不得超过 2 人。有多种类鉴定意见的，可以相应增加人数。为查明案件事实、调查核实证据，人民法院可以依职权通知证人、鉴定人、有专门知识的人、调查人员、侦查人员或者其他人员出庭。人民法院通知有关人员出庭的，可以要求控辩双方予以协助。

证人出庭的，法庭应当核实其身份、与当事人以及本案的关系，并告知其有关权利义务和法律责任。证人应当保证向法庭如实提供证言，并在保证书上签名。证人出庭后，一般先向法庭陈述证言；其后，经审判长许可，由申请通知证人出庭的一方发问，发问完毕后，对方也可以发问。法庭依职权通知证人出庭的，发问顺序由审判长根据案件情况确定。鉴定人、有专门知识的人、调查人员、侦查人员或者其他人员出庭的，参照适用此规定。向证人发问应当遵循以下规则：发问的内容应当与本案事实有关；不得以诱导方式发问；不得威胁证人；不得损害证人的人格尊严。对被告人、被害人、附带民事诉讼当事人、鉴定人、有专门知识的人、调查人员、侦查人员或者其他人员的讯问、发问，适用此规则。向证人、调查人员、侦查人员发问应当分别进行。证人、鉴定人、有专门知识的人、调查人员、侦查人员或者其他人员不得旁听对本案的审理。有关人员作证或者发表意见后，审判长应当告知其退庭。

控辩双方的讯问、发问方式不当或者内容与本案无关的，对方可以提出异议，申请审判长制止，审判长应当判明情况予以支持或者驳回；对方未提出异议的，审判长也可以根据情况予以制止。审判人员认为必要时，可以询问证人、鉴定人、有专门知识的人、调查人员、侦查人员或者其他人员。

（2）当庭出示、宣读、播放证据。控辩双方应当向法庭出示物证、书证，请求法庭播放视听资料，让当事人辨认。当庭出示的物证、书证、视听资料、电子数据等证据，应当先由出示证据的一方就所出示的证据的来源、特征等作必要的说明，再由另一方进行辨认并发表意见。然后控辩双方相互质问、辩论。需要播放录音录像或者需要将证据材料交由法庭、公诉人或者诉讼参与人查看的，法庭可以指令值庭法警或者相关人员予以协助。

对于经人民法院准许的未到庭的证人、鉴定人的证言笔录、鉴定意见，以及勘验、检查笔录等其他作为证据的文书，应当当庭宣读，以听取控辩各方的意见。

人民检察院对于在法庭上出示、宣读、播放的证据材料应当当庭移交人民法院，确实无法当庭移交的，应当在休庭后 3 日内移交。对于在法庭上出示、宣读、播放未到庭证人的证言的，如果该证人提供过不同的证言，人民检察院应当将该证人的全部证言在休庭后 3 日内移交。人民法院审查该证据材料，如果发现与庭审调查认定的案件事实有重大出入，可能影响正确裁判的，应当决定恢复法庭调查。

（3）调取新证据。根据刑事诉讼法第 197 条和《高法解释》第 273 条的规定，在法庭审理过程中，当事人和辩护人、诉讼代理人有权申请通知新的证人到庭，调取新的物证，申请重新鉴定或者勘验。公诉人、当事人和辩护人、诉讼代理人可以申请法庭通知有专门知识的人出庭，就鉴定人作出的鉴定意见提出意见。法庭审理过程中，控辩双方申请通知新的证人到庭，调取新的证据，申请重新鉴定或者勘验的，应当提供证人的基本信息、证据的存放地点，说明拟证明的事项，申请重新鉴定或者勘验的理由。法庭认为有必要的，应当同意，并宣布休庭；根据案件情况，可以决定延期审理。人民法院决定重新鉴定的，应当及时委托鉴定，并将鉴定意见告知人民检察院、当事人及其辩护人、诉讼代理人。

（4）法庭调查核实证据。法庭对证据有疑问的，可以告知公诉人、当事人及其法定代理人、辩护人、诉讼代理人补充证据或者作出说明；必要时，可以宣布休庭，对证据进行调查核实。对公诉人、当事人及其法定代理人、辩护人、诉讼代理人补充的和审判人员庭外调查核实取得的证据，应当经过当庭质证才能作为定案的根据。但是，对不影响定罪量刑的非关键证据、有利于被告人的量刑证据以及认定被告人有犯罪前科的裁判文书等证据，经庭外征求意见，控辩双方没有异议的除外。有关情况，应当记录在案。

人民法院向人民检察院调取需要调查核实的证据材料，或者根据被告人、辩护人的申请，向人民检察院调取在调查、侦查、审查起诉期间收集的有关被告人无罪或者罪轻的证据材料，应当通知人民检察院在收到调取证据材料决定书后3日以内移交。

法庭审理过程中，对与量刑有关的事实、证据，应当进行调查。人民法院除应当审查被告人是否具有法定量刑情节外，还应当根据案件情况审查以下影响量刑的情节：案件起因；被害人有无过错及过错程度，是否对矛盾激化负有责任及责任大小；被告人的近亲属是否协助抓获被告人；被告人平时表现，有无悔罪态度；退赃、退赔及赔偿情况；被告人是否取得被害人或者其近亲属谅解；影响量刑的其他情节。审判期间，合议庭发现被告人可能有自首、坦白、立功等法定量刑情节，而人民检察院移送的案卷中没有相关证据材料的，应当通知人民检察院在指定时间内移送。审判期间，被告人提出新的立功线索的，人民法院可以建议人民检察院补充侦查。

对被告人认罪的案件，在确认被告人了解起诉书指控的犯罪事实和罪名，自愿认罪且知悉认罪的法律后果后，法庭调查可以主要围绕量刑和其他有争议的问题进行。对被告人不认罪或者辩护人作无罪辩护的案件，法庭调查应当在查明定罪事实的基础上，查明有关量刑事实。

5. 对证据的合法性进行调查

根据刑事诉讼法第56条的规定，采用刑讯逼供等非法方法收集的犯罪嫌疑人、被告人供述和采用暴力、威胁等非法方法收集的证人证言、被害人陈述，应当予以排除。收集物证、书证不符合法定程序，可能严重影响司法公正的，应当予以补正或者作出合理解释；不能补正或者作出合理解释的，对该证据应当予以排除。在审判时发现有应当排除的证据的，应当依法予以排除，不得作为判决的依据。

法庭审理过程中，审判人员认为可能存在以非法方法收集证据情形的，应当对证据收集的合法性进行法庭调查。当事人及其辩护人、诉讼代理人有权申请人民法院对以非法方法收集的证据依法予以排除。申请排除以非法方法收集的证据的，应当提供相关线索或者材料。在对证据收集的合法性进行法庭调查的过程中，人民检察院应当对证据收集的合法性加以证明。现有证据材料不能证明证据收集的合法性的，人民检察院可以提请人民法院通知有关侦查人员或者其他人员出庭说明情况；人民法院可以通知有关侦查人员或者其他人员出庭说明情况。有关侦查人员或者其他人员也可以要求出庭说明情况。经人民法院通知，有关人员应当出庭。对于经过法庭审理，确认或者不能排除存在刑事诉讼法第56条规定的以非法方法收集证据情形的，对有关证据应当予以排除。

合议庭经过法庭调查，认为本案事实已经查清，应当由审判长宣布法庭调查结束，开始就全案的事实、证据、适用法律等问题进行法庭辩论。

（三）法庭辩论

法庭辩论是指在审判长的主持下，控辩双方就全案的事实、证据以及法律适用等问题，各自提出主张，并进行论证和相互辩驳的诉讼活动。法庭辩论是在法庭调查的基础上进行的，是法庭审判的又一重要环节，它对于法庭进一步全面听取控辩双方有关案件事实和法律适用方面的意见，客观、公正地处理案件，防止冤假错案的发生，切实保障公民的合法权益，以及进行社会主义法制宣传教育，有着极为重要的作用。

根据刑事诉讼法第198条的规定，法庭审理过程中，对与定罪、量刑有关的事实、证据都应当进行辩论。法庭辩论应当在审判长的主持下，按照下列顺序进行：（1）公诉人发言；（2）被害人及其诉讼代理人发言；（3）被告人自行辩护；（4）辩护人辩护；（5）控辩双方进行辩论。附带民事诉讼部分的辩论应当在刑事诉讼部分的辩论结束后进行。先由附带民事诉讼原告人及其诉讼代理人发言，然后由被告人及其诉讼代理人答辩。总之，控辩双方发言机会要均等，即每一轮的法庭辩论，总是以控方发言开始，而以辩方发言为止的。控辩双方在此阶段可以依次反复辩论，直至审判长宣布法庭辩论结束。

公诉人的发言和辩护人的发言，在司法实践中称为发表公诉词和辩护词。其中，公诉词是公诉人在法庭上支持公诉，揭露犯罪，证实犯罪，宣传社会主义法制的一种重要形式。公诉词应当以起诉书的内容为基础，但又不是起诉书的简单重复，它应当以法庭调查核实的事实、证据为根据，以法律规定为准绳，着重阐明认定被告人犯罪的根据和理由，揭露被告人实施犯罪行为的全过程和犯罪行为的社会危害性，分析被告人犯罪的思想来源和社会根源，并从法律上论证被告人触犯的刑法条款及应当承担的法律责任等。辩护词也应当以法庭调查核实的事实、证据为基础，但其侧重点应当是从保护被告人的合法权益出发，针对起诉书的指控提出被告人的行为不构成犯罪或者罪行较轻，证明被告人犯罪的证据不确实、不充分，被告人具有从轻、减轻或者免除其刑事责任的情节等，并请求法庭判决被告人无罪、罪轻，或者从轻、减轻、免除被告人刑事责任。辩护人的辩护，既要摆事实、讲道理，切中案件要害，以理服人，更要敢于坚持真理，敢于仗义执言。

法庭辩论的目的，是通过控辩双方不同意见的相互辩驳，全面查清案情，核实证据，正确适用法律，以便审判人员对案件作出客观、公正的判决。因此，在法庭辩论过程中，控辩双方应当始终坚持以事实为根据，以法律为准绳。无论是控诉，还是辩护都要做到有理、有据、有节，都应当紧紧围绕双方争论的焦点进行论证和反驳，要以理服人，依法论罪，而不能歪曲事实、曲解法律，更不能强词夺理，感情用事，搞人身攻击或讽刺挖苦。

法庭辩论应当在审判长的主持下进行，对于法庭辩论过程中控辩双方的发言，审判长以及合议庭的其他组成人员都应当认真听取，要善于抓住控辩双方辩论的关键和焦点，并积极加以引导，以更好地实现法庭辩论的目的。在法庭辩论过程中，对于控辩双方与案件无关、重复或者相互指责的发言，审判长应当及时予以制止；如果合议庭发现新的事实，认为有必要进行调查时，审判长可以宣布恢复法庭调查，待该事实查清后继续法庭辩论。

在法庭辩论中，人民检察院可以提出量刑建议并说明理由；建议判处管制、宣告缓刑的，一般应当附有调查评估报告，或者附有委托调查函。当事人及其辩护人、诉讼代理人可以对量刑提出意见并说明理由。对被告人认罪的案件，法庭辩论时，应当指引控辩双方主要围绕量刑和其他有争议的问题进行。对被告人不认罪或者辩护人作无罪辩护的案件，法庭辩论时，可以指引控辩双方先辩论定罪问题，后辩论量刑和其他问题。

附带民事部分的辩论应当在刑事部分的辩论结束后进行，先由附带民事诉讼原告人及其诉讼代理人发言，后由附带民事诉讼被告人及其诉讼代理人答辩。

为了在切实保障被告人辩护权的同时，不影响法庭调查和法庭辩论的顺利进行，《高法解释》第 311 条规定，被告人在一个审判程序中更换辩护人一般不得超过 2 次。被告人当庭拒绝辩护人辩护，要求另行委托辩护人或者指派律师的，合议庭应当准许。被告人拒绝辩护人辩护后，没有辩护人的，应当宣布休庭；仍有辩护人的，庭审可以继续进行。有多名被告人的案件，部分被告人拒绝辩护人辩护后，没有辩护人的，根据案件情况，可以对该部分被告人另案处理，对其他被告人的庭审继续进行。重新开庭后，被告人再次当庭拒绝辩护人辩护的，可以准许，但被告人不得再次另行委托辩护人或者要求另行指派律师，由其自行辩护。被告人属于应当提供法律援助的情形，重新开庭后再次当庭拒绝辩护人辩护的，不予准许。法庭审理过程中，辩护人拒绝为被告人辩护，有正当理由的，应当准许；是否继续庭审，参照适用上述规定。

另行委托辩护人或者通知法律援助机构指派律师的，自案件宣布休庭之日起至第 15 日止，由辩护人准备辩护，但被告人及其辩护人自愿缩短时间的除外。庭审结束后、判决宣告前另行委托辩护人的，可以不重新开庭；辩护人提交书面辩护意见的，应当接受。有多名被告人的案件，部分被告人具有刑事诉讼法第 206 条第 1 款规定情形的，人民法院可以对全案中止审理；根据案件情况，也可以对该部分被告人中止审理，对其他被告人继续审理。对中止审理的部分被告人，可以根据案件情况另案处理。

经过法庭辩论，案件事实已经查清，证据已经核实，案件性质、责任已经辨明，审判长即应宣告辩论终结。

（四）被告人最后陈述

刑事诉讼法第 198 条第 3 款规定："审判长在宣布辩论终结后，被告人有最后陈述的权利。"被告人最后陈述，既是法庭审判的一个独立阶段，又是被告人依法享有的一项诉讼权利。审判长应当告知被告人，这是法庭在作出判决以前给被告人最后发言的机会，在此阶段被告人可以充分陈述自己对全案的看法，也可以对自己是否实施了犯罪行为、罪行轻重、犯罪的原因、对犯罪行为的认识和态度，以及量刑方面的要求等发表意见，这对于保护被告人的合法权益，合议庭准确认定案情，正确适用法律，作出客观、公正的判决，具有十分重要的意义。

合议庭应当保证被告人充分行使最后陈述的权利。对于被告人作最后陈述，审判人员应当认真听取，在发言的时间上一般不应加以限制，也不要随意打断他的发言。但是，被告人如果在最后陈述中多次重复自己的意见的，法庭可以制止；陈述内容蔑视法庭、公诉人，损害他人及社会公共利益或者与本案无关的，应当制止；在公开审理的案件中，被告人最后陈述的内容涉及国家秘密或者个人隐私的，也应当制止。

被告人在最后陈述中提出新的事实、证据，合议庭认为可能影响正确裁判的，应当恢复法庭调查；被告人提出新的辩解理由，合议庭认为可能影响正确裁判的，应当恢复法庭辩论。

公诉人当庭发表与起诉书不同的意见，属于变更、追加、补充或者撤回起诉的，人民法院应当要求人民检察院在指定时间内以书面方式提出；必要时，可以宣布休庭。人民检察院在指定时间内未提出的，人民法院应当根据法庭审理情况，就起诉书指控的犯罪事实依法作出判决、裁定。人民检察院变更、追加、补充起诉的，人民法院应当给予被告人及其辩护人必要的准备时间。辩护人应当及时将书面辩护意见提交人民法院。

（五）评议和宣判

被告人最后陈述后，由审判长宣布休庭，由合议庭进行评议。

评议是指合议庭组成人员在法庭审理的基础上，根据已查明的案件事实、证据和有关法律规定，对案件作出处理决定的诉讼活动。合议庭评议案件，应当根据已经查明的事实、证据和有关法律规定，在充分考虑控辩双方意见的基础上，确定被告人是否有罪、构成何罪，有无从重、从轻、减轻或者免除处罚情节，应否处以刑罚、判处何种刑罚，附带民事诉讼如何解决，查封、扣押、冻结的财物及其孳息如何处理等，并依法作出判决、裁定。

根据刑事诉讼法第 200 条和《高法解释》第 295 条的规定，案件经过评议后，应当根据下列具体情形，分别作出裁判。

1. 起诉指控的事实清楚，证据确实、充分，依据法律认定被告人的罪名成立的，应当作出有罪判决；

2. 起诉指控的事实清楚，证据确实、充分，但指控的罪名不当的，应当依据法律和审理认定的事实作出有罪判决；

3. 案件事实清楚，证据确实、充分，依据法律认定被告人无罪的，应当判决宣告被告人无罪；

4. 证据不足，不能认定被告人有罪的，应当以证据不足，指控的犯罪不能成立，判决宣告被告人无罪；

5. 案件部分事实清楚，证据确实、充分的，应当依法作出有罪或者无罪的判决；事实不清，证据不足部分，依法不予认定；

6. 被告人因未达到刑事责任年龄，不予刑事处罚的，应当判决宣告被告人不负刑事责任；

7. 被告人是精神病人，在不能辨认或者不能控制自己行为时造成危害结果，不予刑事处罚的，应当判决宣告被告人不负刑事责任；被告人符合强制医疗条件的，应当依照有关强制医疗程序的规定进行审理并作出判决；

8. 犯罪已过追诉时效期限，并且不是必须追诉或者经特赦令免除刑罚的，应当裁定终止审理；

9. 属于告诉才处理的案件，应当裁定终止审理，并告知被害人有权提起自诉；

10. 被告人死亡的，应当裁定终止审理；但有证据证明被告人无罪，经缺席审理确认无罪的，应当判决宣告被告人无罪。

对涉案财物，人民法院应当根据审理查明的情况，区别情形作出相应的处理。具有上述第 2 项规定情形的，人民法院应当在判决前听取控辩双方的意见，保障被告人、辩护人充分行使辩护权。必要时，可以再次开庭，组织控辩双方围绕被告人的行为构成何罪及如何量刑进行辩论

关于认罪认罚案件，我国刑事诉讼法第 201 条规定，人民法院依法作出判决时，一般应当采纳人民检察院指控的罪名和量刑建议，但有下列情形的除外：（1）被告人的行为不构成犯罪或者不应当追究其刑事责任的；（2）被告人违背意

愿认罪认罚的；（3）被告人否认指控的犯罪事实的；（4）起诉指控的罪名与审理认定的罪名不一致的；（5）其他可能影响公正审判的情形。人民法院经审理认为量刑建议明显不当，或者被告人、辩护人对量刑建议提出异议的，人民检察院可以调整量刑建议。人民检察院不调整量刑建议或者调整量刑建议后仍然明显不当的，人民法院应当依法作出判决。

在宣告判决以前，人民检察院要求撤回起诉的，人民法院应当审查人民检察院撤回起诉的理由，并作出是否准许的裁定。

审判期间，人民法院发现新的事实，可能影响定罪量刑的，或者需要补查补证的，应当通知人民检察院，由其决定是否补充、变更、追加起诉或者补充侦查。人民检察院不同意或者在指定时间内未回复书面意见的，人民法院应当就起诉指控的事实，依照前述规定作出判决、裁定。

对于人民法院作出的证据不足，指控犯罪不能成立的无罪判决，人民检察院依据新的事实、证据材料重新起诉的，人民法院受理后，经合议庭评议依法作出判决时，人民法院对于前案作出的无罪判决，不予撤销。但应当在判决中写明："被告人×××曾于×年×月×日被××人民检察院以××罪向××人民法院提起公诉。因证据不足，指控的犯罪不能成立，被××人民法院依法判决宣告无罪。"

宣判是将判决的内容以一定的方式向当事人和社会宣告。宣告判决有当庭宣告和定期宣告两种方式。庭审结束后、评议前，部分合议庭成员不能继续履行审判职责的，人民法院应当依法更换合议庭组成人员，重新开庭审理。评议后、宣判前，部分合议庭成员因调动、退休等正常原因不能参加宣判，在不改变原评议结论的情况下，可以由审判本案的其他审判员宣判，裁判文书上仍署审判本案的合议庭成员的姓名。

根据刑事诉讼法第202条的规定，不管案件是否公开审理，宣告判决，一律公开进行。宣告判决结果时，法庭内全体人员应当起立。公诉人、辩护人、诉讼代理人、被害人、自诉人或者附带民事诉讼原告人未到庭的，不影响宣判的进行。当庭宣告判决的，应当在5日以内送达判决书。定期宣告判决的，应当在宣判前，先期公告宣判的时间和地点，传唤当事人并通知公诉人、法定代理人、辩护人和诉讼代理人；判决宣告后，应当立即送达判决书。判决书应当送达人民检察院、当事人、法定代理人、辩护人、诉讼代理人，并可以送达被告人的近亲属。被害人死亡，其近亲属申请领取判决书的，人民法院应当及时提供。判决生效后，还应当送达被告人的所在单位或者户籍地的公安派出所，或者被告单位的注册登记机关。被告人系外国人，且在境内有居住地的，应当送达居住地的公安派出所。地方各级人民法院宣告判决时，审判长应当告知被告人有上诉权，并说明上诉的期限和上诉的法院。

四、法庭审判笔录

法庭审判笔录是记载法庭审判活动的诉讼文书，它是分析研究案情，查核审判工作情况，以及进行第二审程序和审判监督程序所必不可少的依据。因此，担任法庭审判记录的书记员应当准确无误地做好审判笔录。

根据刑事诉讼法第 207 条和《高法解释》第 293 条的规定，法庭审判笔录的制作与校对，应当符合下列要求。

1. 法庭审判的全部活动，应当由书记员制作成笔录，经审判长审阅后，分别由审判长和书记员签名。

2. 法庭笔录应当在庭审后交由当事人、法定代理人、辩护人、诉讼代理人阅读或者向其宣读。法庭笔录中的出庭证人、鉴定人、有专门知识的人、调查人员、侦查人员或者其他人员的证言、意见部分，应当在庭审后分别交由有关人员阅读或者向其宣读。

3. 上述人员认为记录有遗漏或者差错的，可以请求补充或者改正；确认无误后，应当签名；拒绝签名的，应当记录在案；要求改变庭审中陈述的，不予准许。

五、审判障碍及其处理

（一）延期审理

延期审理是指在法庭审判过程中，因遇有影响审判继续进行的情形，法庭决定推迟审理时间，待影响审理进行的原因消失后，再继续审理的程序处理方式。

根据刑事诉讼法第 204 条的规定，在法庭审判过程中，遇有下列情形之一，影响审判的，可以延期审理：

1. 需要通知新的证人到庭，调取新的物证，重新鉴定或者勘验的；

2. 检察人员发现提起公诉的案件需要进行补充侦查，提出建议的；

3. 由于申请回避而不能进行审判的。

根据《高检规则》第 420 条的规定，在法庭审判过程中，遇有下列情形之一的，公诉人可以建议法庭延期审理：（1）发现事实不清、证据不足，或者遗漏罪行、遗漏同案犯罪嫌疑人，需要补充侦查或者补充提供证据的；（2）被告人揭发他人犯罪行为或者提供重要线索，需要补充侦查进行查证的；（3）发现遗漏罪行或者遗漏同案犯罪嫌疑人，虽不需要补充侦查和补充提供证据，但需要补充、追加起诉的；（4）申请人民法院通知证人、鉴定人出庭作证或者有专门知识的人出庭提出意见的；（5）需要调取新的证据，重新鉴定或者勘验的；（6）公诉人出示、宣读开庭前移送人民法院的证据以外的证据，或者补充、追加、变更起诉，需要给予被告人、辩护人必要时间进行辩护准备的；（7）被告人、辩护人向法庭出示公诉人不掌握的与定罪量刑有关的证据，需要调查核实的；（8）公诉人对证据收集的合法性进行证明，需要调查核实的。在人民法院开庭审理前发现具有上述情形之一的，人民检察院可以建议人民法院延期审理。

法庭宣布延期审理后，人民检察院应当在补充侦查期限内提请人民法院恢复法庭审理或者撤回起诉。公诉人在法庭审理过程中建议延期审理的次数不得超过2次，每次不得超过1个月。在审判过程中，对于需要补充提供法庭审判所必需的证据或者补充侦查的，人民检察院应当自行收集证据和进行侦查，必要时可以要求监察机关或者公安机关提供协助；也可以书面要求监察机关或者公安机关补充提供证据。补充侦查不得超过1个月。

除此以外，在庭审过程中，遇有辩护人依照有关规定当庭拒绝继续为被告人进行辩护，而被告人要求另行委托辩护人的；被告人当庭拒绝辩护人为其辩护，要求另行委托辩护人等情况出现时，人民法院也应当宣布延期审理。

（二）中止审理

中止审理是指人民法院在审判案件过程中，因出现足以影响案件正常审理的情形而决定暂时停止审理，待该障碍消除后再恢复审理的程序处理方式。

根据刑事诉讼法第206条的规定，在审判过程中，有下列情形之一，致使案件在较长时间内无法继续审理的，可以中止审理：

1. 被告人患有严重疾病，无法出庭的；
2. 被告人脱逃的；
3. 自诉人患有严重疾病、无法出庭，未委托诉讼代理人出庭的；
4. 由于不能抗拒的原因的。

由此可见，延期审理与中止审理在作出决定的理由、决定的表现形式、是否停止所有的诉讼活动以及是否受审理期限的限制等方面具有明显的区别。延期审理的理由主要是刑事诉讼法第204条规定的三种情形，一般由法庭作出决定，而且延期审理只是暂时停止审理，其他诉讼活动仍应视情况进行，并且延期审理的时间计入审理期限；而中止审理的理由主要是刑事诉讼法第206条规定的情形，并且中止审理是由人民法院以裁定的方式停止一段时间内的全部诉讼活动，中止审理的原因消失后，应当恢复审理。由于中止审理无法确定恢复审判的时间，因此中止审理的时间不计入审理期限。

有多名被告人的案件，部分被告人具有刑事诉讼法第206条第1款规定情形的，人民法院可以对全案中止审理；根据案件情况，也可以对该部分被告人中止审理，对其他被告人继续审理。对中止审理的部分被告人，可以根据案件情况另案处理。

六、审理期限

第一审程序的期限，是指人民法院审判第一审公诉案件从受理到宣判的最长时限。根据刑事诉讼法第208条的规定，第一审程序的审理期限应当按照下列规定执行。

1. 人民法院审理公诉案件，应当在受理后2个月以内宣判，至迟不得超过3个月。

2. 对于可能判处死刑的案件或者附带民事诉讼的案件，以及有刑事诉讼法第158条规定情形之一的，经上一级人民法院批准或者决定，可以再延长3个月。刑事诉讼法第158条规定的情形是指交通十分不便的边远地区的重大复杂案件；重大的犯罪集团案件；流窜作案的重大复杂案件；犯罪涉及面广，取证困难的重大复杂案件。

3. 人民法院改变管辖的案件，从改变后的人民法院收到案件之日起计算审理期限。

4. 人民检察院补充侦查的案件，补充侦查完毕移送人民法院后，人民法院重新计算审理期限。

七、法庭秩序

法庭秩序是指人民法院开庭审判时，为了保证法庭审判的顺利进行，诉讼参与人和旁听人员所应当遵守的秩序和纪律。根据刑事诉讼法第199条以及《高法解释》第307条至第310条的规定，在法庭审判过程中，如果诉讼参与人或者旁听人员危害法庭安全或者扰乱法庭秩序的，审判长应当按照下列情形分别处理：

1. 情节较轻的，应当警告制止；根据具体情况，也可以进行训诫；

2. 训诫无效的，责令退出法庭；拒不退出的，指令法警强行带出法庭；

3. 情节严重的，报经院长批准后，可以对行为人处1000元以下的罚款或者15日以下的拘留。

未经许可对庭审活动进行录音、录像、拍照或者使用即时通讯工具等传播庭审活动的，可以暂扣相关设备及存储介质，删除相关内容。

有关人员对罚款、拘留的决定不服的，可以直接向上一级人民法院申请复议，也可以通过决定罚款、拘留的人民法院向上一级人民法院申请复议。通过决定罚款、拘留的人民法院申请复议的，该人民法院应当自收到复议申请之日起3日以内，将复议申请、罚款或者拘留决定书和有关事实、证据材料一并报上一级人民法院复议。复议期间，不停止决定的执行。

担任辩护人、诉讼代理人的律师严重扰乱法庭秩序，被强行带出法庭或者被处以罚款、拘留的，人民法院应当通报司法行政机关，并可以建议依法给予相应处罚。

实施下列行为之一，危害法庭安全或者扰乱法庭秩序，构成犯罪的，依法追究刑事责任：（1）非法携带枪支、弹药、管制刀具或者爆炸性、易燃性、毒害性、放射性以及传染病病原体等危险物质进入法庭；（2）哄闹、冲击法庭；（3）侮辱、诽谤、威胁、殴打司法工作人员或者诉讼参与人；（4）毁坏法庭设施，抢夺、损毁诉讼文书、证据；（5）其他危害法庭安全或者扰乱法庭秩序的行为。

辩护人严重扰乱法庭秩序，被责令退出法庭、强行带出法庭或者被处以罚款、拘留，被告人自行辩护的，庭审继续进行；被告人要求另行委托辩护人，或者被告人属于应当提供法律援助情形的，应当宣布休庭。辩护人、诉讼代理人被责令退出法庭、强行带出法庭或者被处以罚款后，具结保证书，保证服从法庭指挥、不再扰乱法庭秩序的，经法庭许可，可以继续担任辩护人、诉讼代理人。辩护人、诉讼代理人具有下列情形之一的，不得继续担任同一案件的辩护人、诉讼代理人：（1）擅自退庭的；（2）无正当理由不出庭或者不按时出庭，严重影响审判顺利进行的；（3）被拘留或者具结保证书后再次被责令退出法庭、强行带出法庭的。

八、人民检察院对审判活动的法律监督

对审判活动是否合法进行法律监督，是人民检察院对刑事诉讼实行法律监督的一项重要内容。刑事诉讼法第 209 条规定："人民检察院发现人民法院审理案件违反法律规定的诉讼程序，有权向人民法院提出纠正意见。"

根据《高检规则》第 570 条的规定，人民检察院应当对审判活动中是否存在以下违法行为进行监督：（1）人民法院对刑事案件的受理违反管辖规定的；（2）人民法院审理案件违反法定审理和送达期限的；（3）法庭组成人员不符合法律规定，或者依照规定应当回避而不回避的；（4）法庭审理案件违反法定程序的；（5）侵犯当事人、其他诉讼参与人的诉讼权利和其他合法权利的；（6）法庭审理时对有关程序问题所作的决定违反法律规定的；（7）违反法律规定裁定发回重审的；（8）故意毁弃、篡改、隐匿、伪造、偷换证据或者其他诉讼材料，或者依据未经法定程序调查、质证的证据定案的；（9）依法应当调查收集相关证据而不收集的；（10）徇私枉法，故意违背事实和法律作枉法裁判的；（11）收受、索取当事人及其近亲属或者其委托的律师等人财物或者其他利益的；（12）违反法律规定采取强制措施或者采取强制措施法定期限届满，不予释放、解除或者变更的；（13）应当退还取保候审保证金不退还的；（14）对与案件无关的财物采取查封、扣押、冻结措施，或者应当解除查封、扣押、冻结而不解除的；（15）贪污、挪用、私分、调换、违反规定使用查封、扣押、冻结的财物及其孳息的；（16）其他违反法律规定的行为。

人民检察院检察长或者检察长委托的副检察长，可以列席同级人民法院审判委员会会议，依法履行法律监督职责。人民检察院在审判活动监督中，发现人民法院或者审判人员审理案件违反法律规定的诉讼程序，应当向人民法院提出纠正

意见。人民检察院对违反程序的庭审活动提出纠正意见，应当由人民检察院在庭审后提出。出席法庭的检察人员发现法庭审判违反法律规定的诉讼程序，应当在休庭后及时向检察长报告。

除此之外，对确有错误的第一审裁判以及确有错误的已生效的裁判提出抗诉，也是人民检察院对刑事审判活动实行法律监督的重要方式。

第三节 自诉案件的第一审程序

一、自诉案件的受理程序

自诉案件在诉讼程序上是起诉在先，立案在后。对自诉案件，人民法院应当在 15 日以内审查完毕。经审查，符合受理条件的，应当决定立案，并书面通知自诉人或者代为告诉人。人民法院对自诉案件开庭前的审查与公诉案件开庭前的审查所不同的是，既要对自诉案件进行程序性审查，也要对其进行实体上的审查。人民法院对自诉案件进行审查后，应分别情况作如下处理。

1. 犯罪事实清楚，有足够证据的案件，人民法院应当开庭审判。

2. 对于自诉案件，人民法院经审查具有下列情形之一的，应当说服自诉人撤回起诉，或者裁定驳回起诉：(1) 不属于自诉案件范围的；(2) 证据不充分的；(3) 犯罪已过追诉时效期限的；(4) 被告人死亡的；(5) 被告人下落不明的；(6) 除因证据不足而撤诉的以外，自诉人撤诉后，就同一事实又告诉的；(7) 经人民法院调解结案后，自诉人反悔，就同一事实再行告诉的；(8) 属于被害人有证据证明的轻微刑事案件，公安机关正在立案侦查或者人民检察院正在审查起诉的；(9) 不服人民检察院对未成年犯罪嫌疑人作出的附条件不起诉决定或者附条件不起诉考验期满后作出的不起诉决定，向人民法院起诉的。

3. 对已经立案，经审查缺乏罪证的自诉案件，自诉人提不出补充证据的，人民法院应当说服其撤回起诉或者裁定驳回起诉；自诉人撤回起诉或者被驳回起诉后，又提出了新的足以证明被告人有罪的证据，再次提起自诉的，人民法院应当受理。

4. 自诉人明知有其他共同侵害人，但只对部分侵害人提起自诉的，人民法院应当受理，并告知其放弃告诉的法律后果；自诉人放弃告诉，判决宣告后又对其他共同侵害人就同一事实提起自诉的，人民法院不予受理。共同被害人中只有部分人告诉的，人民法院应当通知其他被害人参加诉讼，并告知其不参加诉讼的法律后果。被通知人接到通知后表示不参加诉讼或者不出庭的，视为放弃告诉。第一审宣判后，被通知人就同一事实又提起自诉的，人民法院不予受理。但是，当事人另行提起民事诉讼的，不受此限。

5. 被告人实施的两个以上的犯罪行为，如果分别属于公诉案件和自诉案件，人民法院可以在审理公诉案件时，对自诉案件一并审理。对自诉部分的审理，适用自诉的规定。

人民法院受理自诉案件后，对于当事人因客观原因不能取得并提供有关证据而申请人民法院调取证据，人民法院认为有必要的，可以依法调取。对通过信息网络实施的侮辱、诽谤行为，被害人向人民法院告诉，但提供证据确有困难的，人民法院可以要求公安机关提供协助。

自诉人对不予受理或者驳回起诉的裁定不服的，可以提起上诉。第二审人民法院查明第一审人民法院作出的不予受理裁定有错误的，应当在撤销原裁定的同时，指令第一审人民法院立案受理；查明第一审人民法院驳回起诉裁定有错误的，应当在撤销原裁定的同时，指令第一审人民法院进行审理。

二、自诉案件第一审程序的特点

人民法院对于决定受理的自诉案件，应当开庭审判。审判第一审自诉案件的程序与公诉案件基本相同，因此不适用简易程序、速裁程序审理的，审判程序参照公诉案件第一审程序的规定进行。但由于自诉案件主要是直接侵害了公民个人合法权益的轻微刑事案件，因此刑事诉讼法对其审判程序作了一些特殊规定。根据刑事诉讼法以及《高法解释》的规定，自诉案件第一审程序具有以下特点。

（一）对于告诉才处理的案件和被害人有证据证明的轻微刑事案件，可以适用简易程序进行审判

一般而言，告诉才处理的案件和被害人有证据证明的轻微刑事案件往往是情节比较简单、双方争议不大的案件。这样的案件如果事实清楚，证据确实、充分，被告人承认自己所犯罪行，对指控的犯罪事实和适用简易程序没有异议的，就可以适用简易程序进行审判。

（二）对于告诉才处理的案件和被害人有证据证明的轻微刑事案件，人民法院可以进行调解

人民法院以调解的方式结案有利于迅速解决轻微的刑事案件，减少当事人的讼累，提高诉讼效率，增进公民之间的团结。人民法院审理自诉案件，可以在查明事实、分清是非的基础上，根据自愿、合法的原则进行调解。调解达成协议的，应当制作刑事调解书，由审判人员、法官助理、书记员署名，并加盖人民法院印章。调解书经双方当事人签收后，即具有法律效力。调解没有达成协议，或者调解书签收前当事人反悔的，应当及时作出判决。应当注意的是，刑事诉讼法第 210 条第 3 项规定的公诉转化为自诉案件不适用调解。

（三）自诉人在宣告判决以前，可以同被告人自行和解或者撤回起诉

自行和解或者撤回起诉，是刑事诉讼法针对自诉案件多属侵犯公民个人合法权益的轻微刑事案件的特点，而赋予自诉案件当事人自己协商解决纠纷或自动放弃追究被告人刑事责任的一种诉讼权利。判决宣告前，自诉案件的当事人可以自行和解，自诉人可以撤回自诉。人民法院经审查，认为和解、撤回自诉确属自愿的，应当裁定准许；认为系被强迫、威吓等，并非自愿的，不予准许。裁定准许撤诉的自诉案件，被告人被采取强制措施的，人民法院应当立即解除。自诉人经2次传唤，无正当理由拒不到庭，或者未经法庭准许中途退庭的，人民法院应当裁定按撤诉处理。部分自诉人撤诉或者被裁定按撤诉处理的，不影响案件的继续审理。

（四）告诉才处理和被害人有证据证明的轻微刑事案件的被告人或者其法定代理人在诉讼过程中，可以对自诉人提起反诉

所谓反诉，相对于自诉而言，是指自诉案件的被告人作为被害人控告自诉人犯有与本案有联系的犯罪行为，要求人民法院依法追究其刑事责任的诉讼行为。反诉必须符合下列条件：（1）反诉的对象必须是本案自诉人；（2）反诉的内容必须是与本案有关的行为；（3）反诉的案件必须是告诉才处理和被害人有证据证明的轻微刑事案件。反诉案件适用自诉案件的规定，应当与自诉案件一并审理。自诉人撤诉的，不影响反诉案件的继续审理。

在自诉案件审理过程中，审判人员对证据有疑问，需要调查核实的，可以宣布休庭，对证据进行调查核实，并可以采用勘验、检查、扣押、鉴定和查询、冻结的方式进行。

在自诉案件审理过程中，被告人下落不明的，可以裁定中止审理。符合条件的，可以对被告人依法决定逮捕。

对自诉案件，应当参照刑事诉讼法第200条和前述的《高法解释》第295条的有关规定作出判决。对依法宣告无罪的案件，有附带民事诉讼的，其附带民事部分可以依法进行调解或者一并作出判决，也可以告知附带民事诉讼原告人另行提起民事诉讼。

第四节 简易程序

一、简易程序的概念和意义

简易程序是指基层人民法院审判某些简单轻微的刑事案件，依法所适用的较普通审判程序相对简化的一种审判程序。理解这一概念，应注意以下几点。

1. 简易程序只能在第一审程序中适用。由于第二审程序、死刑复核程序以及审判监督程序设置的目的是维护正确的裁判，纠正错误的裁判，审理的案件相对复杂、特殊和重大，并且在审判组织上，法律规定必须采用合议制，因此第二审程序、死刑复核程序和审判监督程序不适用简易程序。

2. 简易程序只适用于基层人民法院。

3. 简易程序只适用于审理案情简单、清楚，证据充分且被告人认罪的案件。对于那些重大、复杂、疑难的刑事案件或被告人不认罪的案件，不能适用简易程序。

4. 简易程序是依法对第一审普通程序的简化。例如，审判组织的简化、法庭审判程序的简化以及审理期限的简化等，以保证案件得以迅速处理。

在刑事诉讼中设置简易程序具有十分重要的意义。它有利于人民法院针对千差万别、繁简不一的刑事案件依法分别选择适用不同的审判程序，使那些事实清楚、情节简单，处刑较轻的案件得以迅速解决，以提高人民法院的审判效率，避免讼累，节约有限的司法资源，将人力、物力集中投入重大、疑难、复杂案件的审判中去，以保证重大、疑难、复杂案件的审判质量，并有利于人民法院进一步深化审判方式的改革，以使我国的审判制度更加规范化、科学化和合理化。

从当今世界各国刑事诉讼的立法、司法来看，大多数国家在刑事诉讼中都设立了简易程序，因此在我国刑事诉讼中设立简易程序也是顺应世界刑事诉讼发展潮流的。

二、简易程序的适用条件

根据刑事诉讼法第 214 条的规定，基层人民法院管辖的案件同时符合下列条件时，可以适用简易程序审理：

1. 案件事实清楚、证据充分；

2. 被告人承认自己所犯罪行，对指控的犯罪事实没有异议；

3. 被告人对适用简易程序没有异议。

人民检察院在提起公诉的时候，可以建议人民法院适用简易程序。

根据刑事诉讼法第 215 条以及《高法解释》第 360 条的规定，人民法院审理具有以下情形之一的案件，不适用简易程序：（1）被告人是盲、聋、哑人的，或者是尚未完全丧失辨认或者控制自己行为能力的精神病人的；（2）案件有重大社会影响的；（3）共同犯罪案件中部分被告人不认罪或者对适用简易程序有异议的；（4）辩护人作无罪辩护的；（5）被告人认罪但经审查认为可能不构成犯罪的；（6）不宜适用简易程序审理的其他情形。

三、简易审判程序

（一）开庭前的准备

基层人民法院受理公诉案件后，经审查认为案件事实清楚、证据充分的，将起诉书副本送达被告人时，应当询问被告人对指控的犯罪事实的意见，告知其适用简易程序的法律规定。被告人对指控的犯罪事实没有异议并同意适用简易程序的，可以决定适用简易程序，并在开庭前书面通知人民检察院。

对人民检察院建议或者被告人及其辩护人申请适用简易程序审理的案件，人民法院经审查认为案件事实清楚、证据充分的，依照上述程序处理；不符合简易程序适用条件的，应当书面通知人民检察院或者被告人及其辩护人。

适用简易程序审理的案件，符合刑事诉讼法第 35 条第 1 款规定的，人民法院应当告知被告人及其近亲属可以申请法律援助。被告人有辩护人的，应当通知其出庭。

适用简易程序审理案件，人民法院应当在开庭前将开庭的时间、地点通知人民检察院、自诉人、被告人、辩护人，也可以通知其他诉讼参与人。通知可以采用简便方式，但应当记录在案。

（二）开庭审判

根据刑事诉讼法第 216 条的规定，人民法院适用简易程序审理案件，对可能判处 3 年有期徒刑以下刑罚的，可以组成合议庭进行审判，也可以由审判员一人独任审判；对可能判处有期徒刑超过 3 年的，应当组成合议庭进行审判。适用简易程序审理公诉案件，人民检察院应当派员出庭。适用简易程序独任审判过程中，发现对被告人可能判处的有期徒刑超过 3 年的，应当转由合议庭审理。

根据刑事诉讼法第 217 条和第 218 条的规定，适用简易程序审理案件，审判长或独任审判员应当询问被告人对指控的犯罪事实的意见，告知被告人适用简易程序审理的法律规定，确认被告人是否同意适用简易程序。在庭审中，经审判人员许可，被告人及其辩护人可以同公诉人、自诉人及其诉讼代理人互相辩论。

根据刑事诉讼法第 219 条的规定，适用简易程序审理案件，不受普通程序中关于送达期限、讯问被告人、询问证人、鉴定人、出示证据、法庭辩论程序规定的限制。《高法解释》第 365 条进一步规定，适用简易程序审理案件，可以对庭审作如下简化：（1）公诉人可以摘要宣读起诉书；（2）公诉人、辩护人、审判人员对被告人的讯问、发问可以简化或者省略；（3）对控辩双方无异议的证据，可以仅就证据的名称及所证明的事项作出说明；对控辩双方有异议或者法庭认为有必要调查核实的证据，应当出示，并进行质证；（4）控辩双方对与定罪量刑有关的事实、证据没有异议的，法庭审理可以直接围绕罪名确定和量刑问题进行。

适用简易程序审理案件，判决宣告前应当听取被告人的最后陈述。

适用简易程序审理案件，裁判文书可以简化。适用简易程序审理案件，一般应当当庭宣判。

（三）审理期限

根据刑事诉讼法第220条的规定，适用简易程序审理案件，人民法院应当在受理后20日以内审结；对可能判处有期徒刑超过3年的，可以延长至1个半月。

四、简易程序的变更

简易程序的变更，是指简易程序与普通程序的转换。刑事诉讼法第221条规定，人民法院在审理过程中，发现不宜适用简易程序的，应当按照公诉案件或者自诉案件的第一审普通程序重新审理。

《高法解释》第368条规定，适用简易程序审理案件，在法庭审理过程中，具有下列情形之一的，应当转为普通程序审理：（1）被告人的行为可能不构成犯罪的；（2）被告人可能不负刑事责任的；（3）被告人当庭对起诉指控的犯罪事实予以否认的；（4）案件事实不清、证据不足的；（5）不应当或者不宜适用简易程序的其他情形。

决定转为普通程序审理的案件，审理期限应当从作出决定之日起计算。

第五节　速裁程序

一、速裁程序的概念和意义

速裁程序，是指基层人民法院审理可能判处3年有期徒刑以下刑罚，事实清楚，证据确实、充分，被告人认罪认罚且民事赔偿已经解决的案件，在被告人同意的前提下，所适用的比简易程序更为简化的审判程序。

速裁程序作为2018年刑事诉讼法新增设的程序，是对简易程序的再简化。速裁程序的确立，使得我国的刑事第一审程序形成了普通程序、简易程序和速裁程序多元并存的繁简分流模式，这无疑有利于进一步合理配置司法资源和提高审判效率。

二、速裁程序的适用条件

根据刑事诉讼法第222条和《高法解释》第369条的规定，基层人民法院管辖的可能判处3年有期徒刑以下刑罚的案件，案件事实清楚，证据确实、充分，被告人认罪认罚并同意适用速裁程序的，可以适用速裁程序，由审判员1人独任审判。

人民检察院在提起公诉的时候，可以建议人民法院适用速裁程序。对人民检察院在提起公诉时建议适用速裁程序的案件，基层人民法院经审查认为案件事实清楚，证据确实、充分，可能判处3年有期徒刑以下刑罚的，在将起诉书副本送达被告人时，应当告知被告人适用速裁程序的法律规定，询问其是否同意适用速裁程序。被告人同意适用速裁程序的，可以决定适用速裁程序，并在开庭前通知人民检察院和辩护人。对人民检察院未建议适用速裁程序的案件，人民法院经审查认为符合速裁程序适用条件的，可以决定适用速裁程序，并在开庭前通知人民检察院和辩护人。被告人及其辩护人可以向人民法院提出适用速裁程序的申请。

根据刑事诉讼法第223条和《高法解释》第370条的规定，有下列情形之一的，不适用速裁程序：（1）被告人是盲、聋、哑人，或者是尚未完全丧失辨认或者控制自己行为能力的精神病人的；（2）被告人是未成年人的；（3）案件有重大社会影响的；（4）共同犯罪案件中部分被告人对指控的犯罪事实、罪名、量刑建议或者适用速裁程序有异议的；（5）被告人与被害人或者其法定代理人没有就附带民事诉讼赔偿等事项达成调解或者和解协议的；（6）辩护人作无罪辩护的；（7）其他不宜适用速裁程序审理的。

三、速裁案件的审理程序

适用速裁程序审理案件，人民法院应当在开庭前将开庭的时间、地点通知人民检察院、被告人、辩护人，也可以通知其他诉讼参与人。通知可以采用简便方式，但应当记录在案。在审判组织上，速裁程序由审判员1人独任审判。此外，适用速裁程序审理案件，不受刑事诉讼法关于普通程序送达期限的限制，一般不进行法庭调查、法庭辩论，但在判决宣告前应当听取辩护人的意见和被告人的最后陈述意见。

适用速裁程序审理案件，可以集中开庭，逐案审理。公诉人简要宣读起诉书后，审判人员应当当庭询问被告人对指控事实、证据、量刑建议以及适用速裁程序的意见，核实具结书签署的自愿性、真实性、合法性，并核实附带民事诉讼赔偿等情况。适用速裁程序审理案件，裁判文书可以简化。适用速裁程序审理案件，应当当庭宣判。

适用速裁程序审理案件，在法庭审理过程中，具有下列情形之一的，应当转为普通程序或者简易程序审理：（1）被告人的行为可能不构成犯罪或者不应当追究刑事责任的；（2）被告人违背意愿认罪认罚的；（3）被告人否认指控的犯罪事实的；（4）案件疑难、复杂或者对适用法律有重大争议的；（5）其他不宜适用速裁程序的情形。

决定转为普通程序或者简易程序审理的案件，审理期限应当从作出决定之日起计算。

适用速裁程序审理的案件，第二审人民法院依照刑事诉讼法第236条第1款第3项的规定发回原审人民法院重新审判的，原审人民法院应当适用第一审普通程序重新审判。

第六节　判决、裁定和决定

一、判决

（一）判决的概念和特点

判决是指人民法院就案件的实体问题所作的处理决定。具体而言，刑事案件的判决，是指人民法院经过法庭审理，根据已查明的事实、证据和有关法律的规定，就被告人的行为是否构成犯罪，犯了何罪，应否处以刑罚以及处以何种刑罚等问题所作的一种处理决定。

判决是人民法院代表国家行使审判权的结果，是执行国家法律的具体体现，在刑事诉讼中具有重要作用。从程序意义上讲，它标志着案件审理的结束；从内容方面而言，它解决的是案件的实体问题。

判决一经发生法律效力，就具有强制性、稳定性和排他性的特点。其中强制性是指判决一经发生法律效力，就必须按照它所决定的内容，无条件地立即执行。对于当事人拒不执行的，执行机关有权强制执行；如果是情节严重，构成犯罪的，将依法追究其刑事责任。判决的稳定性是指其他任何机关、团体、企事业单位和个人，对于已生效的判决都无权变更或撤销。即使判决在认定事实上或者适用法律上确有错误，也只能由人民法院按照审判监督程序予以变更或者撤销。判决的排他性，是指一个案件只能有一个生效的判决。即对生效判决所确定的事实，检察机关和当事人不得再行起诉，人民法院也不能再次受理和审判判决已经确定的案件，对一个案件不能同时作出两个生效判决。

（二）判决的种类

根据刑事诉讼法第200条的规定，人民法院的刑事判决可以分为有罪判决和无罪判决。

有罪判决是案件事实清楚，证据确实、充分，人民法院依法确认被告人有罪时所作出的处理决定。有罪判决又可以分为有罪处刑判决和有罪免刑判决。其中有罪处刑判决是人民法院既认定被告人的行为构成犯罪，同时又处以适当的刑罚的判决；而有罪免刑判决则是人民法院认定被告人的行为构成犯罪，但免除其刑罚的判决。这是因为被告人的犯罪行为具有刑法规定的免除处罚的情节。

无罪判决是人民法院作出的确认被告人的行为不构成犯罪或者因证据不足，

不能认定被告人有罪的判决。无罪判决也可以分为两种情况：一种是人民法院依法认定被告人的行为不构成犯罪时所作的无罪判决；另一种则是人民法院认为证据不足，不能认定被告人有罪时所作的“证据不足、指控的犯罪不能成立的无罪判决”。无罪判决一经宣布，如果被告人在押，应当立即释放。

另外，根据有无附带民事诉讼，刑事诉讼中的判决还可分为刑事判决和刑事附带民事判决。

（三）判决书的制作和内容

人民法院对案件作出判决，应当制作判决书。判决书应当按照规定的格式和要求制作。判决书的内容应当包括以下几个方面。

1. 首部

首部应写明人民法院名称、判决书的类别、案号；公诉机关的名称和公诉人或自诉人的姓名、职务等基本情况；被告人的姓名、性别、年龄、民族、籍贯、职业或工作单位、职务、住址以及因本案受强制措施的情况；辩护人、诉讼代理人的姓名、职业；案由；开庭日期；审判组织以及是否公开审理等。

2. 事实

事实部分主要应写明控辩双方对案件事实和证据的意见以及法庭认定的案件事实和证据。如果是有罪判决，应当写明犯罪的时间、地点、动机、目的、手段、危害后果等。被告人犯数罪的，应写明各罪的犯罪事实和情节，并突出主罪；共同犯罪的案件，应写明每个被告人犯罪的事实和情节，以及在共同犯罪中的地位和作用。叙述上列各项犯罪事实都必须有经法庭查证属实的证据为依据，但涉及国家秘密和个人隐私的部分，不宜具体叙述。无罪判决应当写明起诉书所指控的犯罪事实不能成立或者并非被告人所实施的情况。

3. 理由

这部分主要应写明经法庭查证属实的认定被告人有罪或者无罪的事实根据以及有关法律依据，并写明对被告人是否应处以刑罚，以及从重、从轻、减轻或免除刑罚的理由和法律依据。

4. 判决结果

这部分主要应写明对被告人作有罪或无罪的结论。有罪判决应当写明被告人所犯罪名，判处的刑罚或免除刑罚的决定；数罪并罚的，应当写明各罪所判处的刑罚和决定执行的刑罚；被告人已被羁押的，应写明执行前的羁押期限如何折抵刑期、刑期的起止日期；在宣告缓刑的判决书中，应写明缓刑的期限；有附带民事诉讼的案件，应写明处理结果；有赃款赃物的，也应当写明赃款赃物的处理情况。无罪判决，应当写明被告人无罪的结论以及认定被告人无罪的事实和法律依据；对于证据不足，不能认定被告人有罪的，应写明证据不足、指控的犯罪不能成立，并宣告被告人无罪。

5. 尾部

这部分应写明上诉的期限和上诉的法院；审判人员和书记员的姓名；判决的日期等，并应加盖人民法院印章。

二、裁定

裁定是指人民法院在案件审理和判决执行过程中，对案件的诉讼程序问题和部分实体问题所作的一种处理决定。

裁定和判决虽然都是人民法院在诉讼过程中所作出的决定，但它们是人民法院用以处理案件的两种不同的决定。它们之间的区别主要表现在以下几个方面。

1. 适用对象不同。判决只能解决案件的实体问题；而裁定则以解决案件的程序性问题为主。

2. 适用范围不同。判决仅限于审判终结时采用，而裁定在整个审判过程中以及执行过程中都可以采用。

3. 数量不同。在一个案件中，发生法律效力的裁定可能有若干个，而生效的判决只能有一个。

4. 表现形式不同。判决必须采用书面形式；而裁定既可以采用书面的形式，也可以用口头的方式。

5. 上诉、抗诉的期限不同。不服判决的上诉、抗诉期限为 10 日，而不服裁定的上诉、抗诉期限为 5 日。

人民法院使用裁定，以口头方式表述的，应当在口头宣告后记入笔录。口头裁定与书面裁定具有同等的法律效力。至于裁定书的制作格式、写法和署名等与判决书基本相同，只是内容比判决书简单。

三、决定

决定是指公安机关、人民检察院和人民法院在诉讼过程中，依法解决有关法律问题时所作的一种处理方式。

决定对于人民法院而言，只能用于解决案件的某些程序性问题。例如，人民法院关于延期审理的决定，开庭审判过程中同意当事人、辩护人申请调取新的证据的决定等。决定对于公安机关、人民检察院而言，则既可以用于解决程序问题，也可以用于解决某些实体问题，如是否回避的决定，立案与不立案的决定，采取或变更各种强制措施的决定，起诉与不起诉的决定等。

决定既可以采用口头方式，也可以制作决定书，口头决定应当记录在卷。决定一经作出，立即发生法律效力，不能上诉或者抗诉。但根据刑事诉讼法的有关规定，某些决定，如驳回申请回避的决定、不起诉的决定等，当事人不服或有关机关认为有错误的，可以申请复议。

第二十一章　第二审程序

第一节　第二审程序的概念和意义

一、第二审程序的概念

第二审程序又称上诉审程序，是指第二审人民法院根据依法提出的上诉或者抗诉，对第一审人民法院尚未发生法律效力的判决或裁定所认定的事实和适用的法律进行审判的一种诉讼程序。第二审程序是刑事审判程序中一个独立的诉讼阶段。

从审理第二审案件的主体来看，第二审人民法院是指除了基层人民法院以外的各级人民法院，因为中级人民法院、高级人民法院和最高人民法院对于它的下一级人民法院而言，都是第二审人民法院，对于不服下一级人民法院第一审判决、裁定而在法定期限内上诉或抗诉的，都要依照第二审程序规定进行审理和裁判。

从第二审程序的案件来源和审理对象来看，上诉权人和与第一审人民法院同级的人民检察院依法提出上诉或抗诉，是引起第二审程序的前提条件。第二审程序并非第一审案件所必须经过的诉讼程序，只有在法定期限内，上诉权人和同级的人民检察院提出上诉或抗诉，从而阻止第一审法院所作出的判决、裁定发生法律效力的情况下，才产生第二审程序。如果超过法定上诉、抗诉期限而未能提出上诉、抗诉，就不产生第二审程序，而第一审人民法院所作出的判决、裁定就会发生法律效力。

从审理第二审案件所应当遵循的程序来看，除必须遵守第一审程序的各项原则和制度外，刑事诉讼法关于第二审程序的特有原则和制度，诸如实行全面审理原则，抗诉案件必须开庭审理等，也是第二审人民法院审理案件时必须遵循的。

二、第二审程序的意义

第二审程序的任务是由第二审人民法院对第一审人民法院作出的判决、裁定进行全面审查和审理，以查明所认定的事实是否清楚，证据是否确实和充分，适用法律是否正确以及诉讼程序是否合法，并在此基础上依法作出判决或裁定，以维持正确的一审判决和裁定，纠正错误的一审判决和裁定。

对于第二审程序的意义，可以从以下几个方面理解。

1. 通过第二审程序，纠正第一审人民法院的错误裁判。案件事实清楚、证据确实充分、适用法律正确、诉讼程序合法，是刑事诉讼法对人民法院处理每一个刑事案件的要求。然而由于犯罪现象的复杂性以及其他客观原因的限制，一审裁判也可能会出现轻罪重判、重罪轻判，或者有罪判无罪、无罪判有罪的情况，这既不符合以事实为依据、以法律为准绳的基本原则，又是对国家和人民利益的损害。通过上诉权人的上诉或人民检察院的抗诉，由第二审人民法院对一审裁判进行重新审理，纠正第一审法院的错误裁判，使犯罪分子得到应有的惩罚，使无罪的人免受刑事追究，从而准确惩罚犯罪，充分保护人民的合法权益。

2. 通过第二审程序，维护第一审正确的裁判。根据刑事诉讼法的规定，上诉和抗诉只要是在法定期限内依照法定程序提出的，第二审法院就应当受理和审判。特别是上诉，法律并没有规定任何理由上的限制，因此实践中有些当事人由于缺乏法律知识或者存在侥幸心理，对一审正确的裁判也可能提出上诉。通过第二审的重新审理，可以进一步揭露和证实犯罪，驳回无理的上诉和错误的抗诉，维护一审裁判的权威，促使犯罪分子认罪服法，接受改造。

3. 通过第二审程序，有利于发挥上级人民法院对下一级人民法院的指导和监督作用。第二审程序是上级人民法院指导和监督下级人民法院审判工作的有效方式之一。第二审人民法院通过审理上诉、抗诉案件，可以深入了解下级法院的审判工作情况，充分肯定下级法院的工作成绩，及时纠正下级法院审判工作中存在的问题，促进下级法院改进审判工作作风，提高审判业务水平和审判工作质量。

第二节　上诉、抗诉的提起

一、上诉、抗诉的概念

上诉，是指当事人及其法定代理人等不服地方各级人民法院第一审的判决或裁定，在法定期限内依照法定程序提请上一级人民法院重新审理该案的一种诉讼行为。上诉权人在法定期限内依法提出上诉，必然引起第二审程序。

由于抗诉所依照的程序不同，我国刑事诉讼法中的抗诉分为依第二审程序提起的抗诉和依审判监督程序提起的抗诉。其中依照第二审程序提起的抗诉是指地方各级人民检察院认为同级人民法院第一审的判决、裁定确有错误时，在法定期限内依照法定程序提请上一级人民法院重新审判该案的一种法律监督行为。抗诉与上诉一样，一经提起，必然引起第二审程序。

二、有权提出上诉、抗诉的主体

（一）有权提出上诉的主体

根据刑事诉讼法第 227 条的规定，有权提出上诉的主体因在刑事诉讼中所处的地位不同，法律所赋予的上诉权限也有所不同，可以分为以下几种情况。

1. 被告人、自诉人和他们的法定代理人。这类上诉主体的上诉权是独立的或不受其他限制的，只要他们不服地方各级人民法院第一审判决和裁定，在法定期限内用书状或口头方式向上级人民法院提出上诉，就必然引起第二审程序。因为在这类上诉主体中，自诉人、被告人在诉讼中分别处于原告或被告的地位，法院的判决与他们有着直接的利害关系，因此法律赋予他们独立的上诉权；而当自诉人、被告人是未成年人，或者精神病人等限制行为能力或无行为能力的人时，为保护他们的合法权益，法律同时赋予他们的法定代理人独立的上诉权——即使自诉人、被告人不同意上诉，法定代理人的上诉权仍然有效。在这里还应当特别注意的是，由于被告人在诉讼中处于特殊的地位，为保护被告人充分行使上诉权，刑事诉讼法第 227 条第 3 款特别规定“对被告人的上诉权，不得以任何借口加以剥夺”。因此，实践中限制、剥夺被告人上诉权的做法，是错误和违背法律规定的。

2. 被告人的辩护人和近亲属。这类上诉主体的上诉权不具有独立性，只能在征得被告人同意后，才能代被告人提出上诉。法律之所以如此规定，主要是考虑到被告人由于种种原因往往对上诉存在顾虑，而且在多数案件中被告人已被羁押，加之本身法律知识有限，不便或不知如何行使上诉权。被告人的辩护人和近亲属，特别是辩护律师，一般对案情比较了解，且具有法律专业知识和办案经验，赋予其代为上诉权，可以更好地维护被告人的合法权益。但是，由于被告人对自己是否犯罪以及罪行轻重最清楚，法院的判决又直接涉及被告人的人身权利、民主权利和财产权利，上诉的结果与他有着切身的利害关系，即被告人是上诉的主体，而被告人的辩护人、近亲属的上诉仅是为被告人的利益而提起的。因此，法律没有赋予被告人的辩护人、近亲属独立的上诉权，他们提出上诉必须以被告人同意为前提条件。

3. 附带民事诉讼的当事人和他们的法定代理人。这类上诉主体只有权对一审裁判中的附带民事诉讼部分提出上诉，而无权涉及裁判中的刑事部分，他们的上诉不影响刑事裁判部分在上诉期满后生效和交付执行。

（二）有权提起抗诉的主体

刑事诉讼法第 228 条规定：“地方各级人民检察院认为本级人民法院第一审的判决、裁定确有错误的时候，应当向上一级人民法院提出抗诉。”我国的检察机关是国家的法律监督机关，对人民法院的审判活动是否合法负有法律监督的责任，其中对确有错误的一审裁判提出抗诉，是其履行法律监督的一个非常重要的方式。但是，由于我国检察系统实行最高人民检察院领导地方各级人民检察院和专门人民检察院，上级人民检察院领导下级人民检察院的工作的领导体制，为保证准确、慎重行使抗诉权，法律还要求同级人民检察院对一审裁判提出抗诉时，应将抗诉书抄送上一级人民检察院。上级人民检察院如果认为抗诉不当，可以向同级人民法院撤回抗诉，并且通知下级人民检察院；上级人民检察院如果认为抗诉有理，在第二审法院开庭审理时，则应当派本级人民检察院的检察人员出庭支持抗诉。

（三）被害人及其法定代理人的请求抗诉权

被害人虽然是公诉案件中行使控诉职能的当事人，但法律并没有赋予其上诉的权利，而是给予其向检察机关请求抗诉的权利。根据刑事诉讼法第 229 条的规定，被害人及其法定代理人不服地方各级人民法院第一审的判决的，自收到判决书 5 日以内，有权请求人民检察院提出抗诉。人民检察院自收到被害人及其法定代理人的请求后 5 日内，应当作出是否抗诉的决定并且答复请求人。理解被害人及其法定代理人的请求抗诉权应当注意：（1）被害人及其法定代理人的请求抗诉权只能及于第一审法院判决，而不能对第一审法院的裁定行使请求抗诉权；（2）被害人及其法定代理人的请求抗诉权并不必然引起第二审程序，因是否提起抗诉将由人民检察院审查决定，只有人民检察院提起抗诉的才能引起第二审程序，但请求抗诉权也是对人民检察院正确行使抗诉权的一种监督和约束；（3）与上诉、抗诉的期限不同，请求抗诉权的期限为 5 日。

三、提出上诉、抗诉的理由

为了保护当事人的合法权益，特别是为了保障和方便被告人充分行使上诉权，刑事诉讼法对于提出上诉的理由未作任何限制。因此，只要上诉权人在法定的期限内不服地方各级人民法院一审判决、裁定提出上诉，而无论以何种理由以及理由是否充分，第二审法院必须受理。与上诉不同的是，抗诉是人民检察院的法律监督行为，是国家执法机关所作出的一项严肃的执法活动，因此法律要求地方各级人民检察院只有在认为本级人民法院的第一审判决、裁定“确有错误”时，才应当向上一级人民法院提出抗诉。事实上，为了实现上诉的目的，提高上诉案件的办理质量和效率，上诉权人在提出上诉时也应尽量明确上诉的理由、根据以及具体的上诉请求。从司法实践情况来看，上诉或抗诉的理由大致可以归纳为以下几个方面：

1. 判决、裁定在认定事实上有错误；
2. 判决、裁定所依据的证据不确实、不充分；
3. 判决、裁定在适用法律方面有错误，或量刑不适当；

4. 有违反法律规定的诉讼程序的情形。

根据《高检规则》第584条的规定，人民检察院认为同级人民法院第一审判决、裁定具有下列情形之一的，应当提出抗诉：（1）认定的事实确有错误或者据以定罪量刑的证据不确实、不充分的；（2）有确实、充分证据证明有罪判无罪，或者无罪判有罪的；（3）重罪轻判，轻罪重判，适用刑罚明显不当的；（4）认定罪名不正确，一罪判数罪、数罪判一罪，影响量刑或者造成严重社会影响的；（5）免除刑事处罚或者适用缓刑、禁止令、限制减刑等错误的；（6）人民法院在审理过程中严重违反法律规定的诉讼程序的。

四、提出上诉、抗诉的方式和途径

（一）提出上诉的方式和途径

根据刑事诉讼法第227条的规定，上诉无论是以书状方式提出的，还是以口头方式提出的，人民法院都应当受理。

以书状方式提出上诉的，一般应当有上诉状正本及副本。人民法院受理的上诉案件，一般应当有上诉状正本及副本。上诉状内容一般包括：第一审判决书、裁定书的文号和上诉人收到的时间，第一审人民法院的名称，上诉的请求和理由，提出上诉的时间。被告人的辩护人、近亲属经被告人同意提出上诉的，还应当写明其与被告人的关系，并应当以被告人作为上诉人。

根据刑事诉讼法第231条的规定，上诉既可以通过第一审人民法院提出，也可以直接向第二审人民法院提出。上诉人通过第一审人民法院提出上诉的，第一审人民法院应当审查上诉是否符合法律规定。符合法律规定的，应当在上诉期满后3日内将上诉状连同案卷、证据移送上一级人民法院，同时将上诉状副本送交同级人民检察院和对方当事人。上诉人直接向第二审人民法院提出上诉的，第二审人民法院应当在收到上诉状后3日内将上诉状交第一审人民法院。第一审人民法院应当审查上诉是否符合法律规定。符合法律规定的，应当在接到上诉状后3日内将上诉状连同案卷、证据移送上一级人民法院，同时将上诉状副本送交同级人民检察院和对方当事人。

上诉人在上诉期限内要求撤回上诉的，人民法院应当准许。上诉人在上诉期满后要求撤回上诉的，第二审人民法院经审查，认为原判认定事实和适用法律正确，量刑适当的，应当裁定准许；认为原判确有错误的，应当不予准许，继续按照上诉案件审理。被判处死刑立即执行的被告人提出上诉，在第二审开庭后宣告裁判前申请撤回上诉的，应当不予准许，继续按照上诉案件审理。

在上诉期满后要求撤回上诉，第二审人民法院裁定准许的，第一审判决、裁定应当自第二审裁定书送达上诉人之日起生效。

（二）提出抗诉的方式和途径

根据刑事诉讼法第 232 条的规定，地方各级人民检察院对未生效的判决、裁定的抗诉，应当通过原审人民法院提出抗诉书，并且将抗诉书抄送上一级人民检察院。原审人民法院在接到抗诉书后，应将抗诉书连同案卷、证据移送上一级人民法院，并且将抗诉书副本送交当事人。上级人民检察院接到下级人民检察院抄送的抗诉书后，如果认为其提出的抗诉不当，可以直接向同级人民法院撤回抗诉，并且将撤回抗诉的情况通知下级人民检察院。

人民检察院在抗诉期限内要求撤回抗诉的，人民法院应当准许。人民检察院在抗诉期满后要求撤回抗诉的，第二审人民法院可以裁定准许，但是认为原判存在将无罪判为有罪、轻罪重判等情形的，应当不予准许，继续审理。上级人民检察院认为下级人民检察院抗诉不当，向第二审人民法院要求撤回抗诉的，适用上述规定。抗诉期满前撤回上诉、抗诉的，第一审判决、裁定在上诉、抗诉期满之日起生效。

在抗诉期满后要求撤回抗诉，第二审人民法院裁定准许的，第一审判决、裁定应当自第二审裁定书送达抗诉机关之日起生效。

五、提出上诉、抗诉的期限

对地方各级人民法院第一审判决、裁定的上诉、抗诉，应当在法定的期限内提出。根据刑事诉讼法第 230 条的规定，不服判决的上诉和抗诉期限为 10 日，不服裁定的上诉和抗诉期限为 5 日，从接到判决书、裁定书的第二日起算。

被害人及其法定代理人不服地方各级人民法院第一审判决的，在收到判决书后 5 日以内，有权请求人民检察院提出抗诉。人民检察院自收到其抗诉请求后 5 日以内，应当作出是否抗诉的决定并且答复请求人。对附带民事判决、裁定的上诉、抗诉期限，应当按照刑事部分的上诉、抗诉期限确定。附带民事部分另行审判的，上诉期限也应当按照刑事诉讼法规定的期限确定。

第三节　上诉、抗诉案件的审判

一、全面审查原则

全面审查的原则是第二审人民法院审理上诉、抗诉案件所必须遵循的一项基本原则。这一原则不仅要求第二审人民法院在审理第二审案件以前，要对第一审人民法院移送的上诉、抗诉案件进行程序性审查，而且在第二审案件审理过程中不受上诉、抗诉所提出的范围的限制，既要审查原裁判认定事实是否正确，又要审查适用法律是否正确。

全面审查的原则在第二审人民法院审理上诉、抗诉案件的庭前审查程序中也有体现。第二审人民法院应当对第一审人民法院移送的上诉、抗诉案件进行审查，以判明是否达到第二审审判所必须具备的程序性条件。根据《高法解释》387条的规定，第二审人民法院对第一审人民法院移送的上诉、抗诉案卷、证据，应当审查是否包括下列内容：(1) 移送上诉、抗诉案件函；(2) 上诉状或者抗诉书；(3) 第一审判决书、裁定书8份（每增加1名被告人增加1份）及其电子文本；(4) 全部案卷、证据，包括案件审理报告和其他应当移送的材料。上述材料齐全的，第二审人民法院应当收案；材料不全的，应当通知第一审人民法院及时补送。

全面审查原则在第二审人民法院审理上诉、抗诉案件过程中的具体要求，主要体现在刑事诉讼法第233条的规定中，即第二审人民法院应当就第一审判决认定的事实和适用法律进行全面审查，不受上诉或者抗诉范围的限制。共同犯罪的案件只有部分被告人上诉的，应当对全案进行审查，一并处理。为此，第二审人民法院在审理上诉、抗诉案件过程中，不仅要审查原裁判在认定事实方面是否存在错误，而且要审查原裁判在适用法律方面是否正确，以及诉讼程序是否合法；既要审查已经提出的上诉、抗诉部分，又要审查没有提出上诉、抗诉的部分，以及共同犯罪案件中未提出上诉的被告人的部分。共同犯罪案件，上诉的被告人死亡，其他被告人未上诉的，第二审人民法院应当对死亡的被告人终止审理；但有证据证明被告人无罪，经缺席审理确认无罪的，应当判决宣告被告人无罪。具有此种情形，第二审人民法院仍应对全案进行审查，对其他同案被告人作出判决、裁定。

根据《高法解释》第391条的规定，对上诉、抗诉案件，应当着重审查下列内容：(1) 第一审判决认定的事实是否清楚，证据是否确实、充分；(2) 第一审判决适用法律是否正确，量刑是否适当；(3) 在调查、侦查、审查起诉、第一审程序中，有无违反法定程序的情形；(4) 上诉、抗诉是否提出新的事实、证据；(5) 被告人的供述和辩解情况；(6) 辩护人的辩护意见及采纳情况；(7) 附带民事部分的判决、裁定是否合法、适当；(8) 对涉案财物的处理是否正确；(9) 第一审人民法院合议庭、审判委员会讨论的意见。

总之，全面审查原则充分体现了我国刑事诉讼中以事实为依据、以法律为准绳的基本原则和一贯奉行的实事求是、有错必纠的路线、方针、政策。在司法实践中，由于种种原因，上诉、抗诉所提出的部分，可能并不是一审裁判的错误所在，而上诉、抗诉未提出的部分，则可能存在事实、证据、适用法律和诉讼程序等方面的问题。因此，第二审人民法院只有在全面审查的基础上，才可能发现第一审判决、裁定可能存在或已经存在的错误，以便及时加以纠正，保证国家法律的统一正确实施，更好地完成刑事诉讼法的任务。

二、审判方式和程序

根据刑事诉讼法第 234 条第 1 款、第 2 款的规定，第二审人民法院对于下列案件，应当组成合议庭，开庭审理：（1）被告人、自诉人及其法定代理人对第一审认定的事实、证据提出异议，可能影响定罪量刑的上诉案件；（2）被告人被判处死刑的上诉案件；（3）人民检察院抗诉的案件；（4）其他应当开庭审理的案件。第二审人民法院决定不开庭审理的，应当讯问被告人，听取其他当事人、辩护人、诉讼代理人的意见。

此外，根据《高法解释》第 393 条的规定，被判处死刑的被告人没有上诉，同案的其他被告人上诉的案件，第二审人民法院应当开庭审理。根据《高法解释》第 394 的规定，对上诉、抗诉案件，第二审人民法院经审查，认为原判事实不清、证据不足，或者具有刑事诉讼法第 238 条规定的违反法定诉讼程序情形，需要发回重新审判的，可以不开庭审理。

由此可见，我国刑事诉讼法对于第二审案件的审理方式因上诉、抗诉案件的不同，作出了不同的规定，对于人民检察院提起抗诉的案件，第二审人民法院应当组成合议庭，开庭审理；对于上诉案件，则以合议庭开庭审理为原则，以合议庭调查讯问的审理方式为补充，使得我国二审案件的庭审方式整体上呈现出“开庭审理为主、不开庭审理为例外”的特点。

（一）开庭审理的方式和程序

开庭审理是第二审案件的基本审理方式，其适用的案件范围包括抗诉案件和需要开庭审理的上诉案件。其审理的具体程序，根据法律规定除参照第一审程序的规定外，刑事诉讼法和《高法解释》又根据第二审程序自身的一些特点，作了如下规定，第二审人民法院开庭审理上诉、抗诉案件时应当遵循。

1. 审理上诉、抗诉案件，由于法律要求一律由审判员 3 人或 5 人组成合议庭进行，因此开庭时应当宣布合议庭的组成，告知当事人依法享有的诉讼权利等。

2. 开庭审理上诉、抗诉的公诉案件，应当通知同级人民检察院派员出庭。抗诉案件，人民检察院接到开庭通知后不派员出庭，且未说明原因的，人民法院可以裁定按人民检察院撤回抗诉处理。第二审人民法院应当在决定开庭审理后及时通知人民检察院查阅卷宗，人民检察院应当在 1 个月内查阅完毕。自通知后的第二日起，人民检察院查阅案卷的时间不计入审理期限。

3. 第二审人民法院开庭审理上诉、抗诉案件，既可以在第二审人民法院所在地进行，也可以到案发地或者原审人民法院所在地进行。

4. 在第二审程序中，被告人除自行辩护外，还可以继续委托第一审辩护人或者另行委托辩护人辩护。共同犯罪案件，只有部分被告人提出上诉或者人民检察院就第一审人民法院对部分被告人的判决提出抗诉的，其他同案被告人也可以委托辩护人辩护。第二审期间，人民检察院或者被告人及其辩护人提交新证据的，人民法院应当及时通知对方查阅、摘抄或者复制。

法庭调查阶段，审判人员宣读第一审判决书、裁定书后，上诉案件由上诉人或者辩护人先宣读上诉状或者陈述上诉理由，抗诉案件由检察员先宣读抗诉书；既有上诉又有抗诉的案件，先由检察员宣读抗诉书，再由上诉人或者辩护人宣读上诉状或者陈述上诉理由。

法庭辩论阶段，上诉案件，先由上诉人、辩护人发言，后由检察员、诉讼代理人发言；抗诉案件，先由检察员、诉讼代理人发言，后由被告人、辩护人发言；既有上诉又有抗诉的案件，先由检察员、诉讼代理人发言，后由上诉人、辩护人发言。

开庭审理上诉、抗诉案件，可以重点围绕对第一审判决、裁定有争议的问题或者有疑问的部分进行。根据案件情况，可以按照下列方式审理：（1）宣读第一审判决书，可以只宣读案由、主要事实、证据名称和判决主文等；（2）法庭调查应当重点围绕对第一审判决提出异议的事实、证据以及新的证据等进行；对没有异议的事实、证据和情节，可以直接确认；（3）对同案审理案件中未上诉的被告人，未被申请出庭或者人民法院认为没有必要到庭的，可以不再传唤到庭；（4）被告人犯有数罪的案件，对其中事实清楚且无异议的犯罪，可以不在庭审时审理。同案审理的案件，未提出上诉、人民检察院也未对其判决提出抗诉的被告人要求出庭的，应当准许。出庭的被告人可以参加法庭调查和辩论。

（二）调查讯问的审理方式和程序

调查讯问的审理方式，作为第二审案件审理方式的一种例外，其适用的案件范围仅限于合议庭经过阅卷，讯问被告人，并听取其他当事人、辩护人、诉讼代理人的意见后所认定的案件事实清楚的上诉案件。调查讯问的审理方式，是鉴于我国地域辽阔，一审法院与二审法院往往相距较远，交通不便，且司法资源有限，第二审案件全部开庭审理会遇到许多具体困难等情况，而作为开庭审理的一种必要补充在立法中加以规定的，它与开庭审理的方式相比较，尽管有利于案件的及时审结，提高诉讼效率，但是由于不能全面体现我国刑事诉讼法规定的审判公开制度，在一定程度上限制了诉讼参与人，特别是被告人合法权利的行使，如不能对有关证据进行质证，不能听取各方对适用法律问题的不同意见等。因此，调查讯问的审理方式只能适用于一审裁判认定事实清楚，证据确实、充分的上诉案件，对于除此以外的第二审案件，第二审人民法院应当开庭审理。

合议庭全体成员应当阅卷，必要时应当提交书面阅卷意见。具体而言，采用调查讯问的审判方式审理案件，应当遵循以下程序。

1. 合议庭人员通过阅卷，了解案情，以查明案件事实是否清楚，证据是否确实、充分，一审适用法律是否正确，诉讼程序是否合法。合议庭全体成员应当阅卷，必要时应当提交书面阅卷意见。

2. 讯问一审被告人，听取其陈述和辩解以及对一审裁判的意见。对于没有提出上诉的共同犯罪案件的被告人，也应当进行讯问。

3. 听取其他当事人、辩护人、诉讼代理人对案件事实、证据，以及一审裁判对被告人定罪量刑方面的意见。

4. 合议庭评议和宣判，即合议庭在阅卷和调查讯问的基础上，如果认为案件事实与一审认定的没有变化，并且证据确实、充分的，可以不开庭审理就作出判决或裁定，并予以公开宣判。

三、对上诉、抗诉案件的处理

根据刑事诉讼法第 236 条、第 238 条的规定，第二审人民法院对不服第一审裁判的上诉、抗诉案件经过审理后，应按下列情形分别处理。

1. 原判决认定事实和适用法律正确、量刑适当的，应当裁定驳回上诉或者抗诉，维持原判。

2. 原判决认定事实没有错误，但适用法律有错误，或者量刑不当的，应当用判决改判。

3. 原判决事实不清或者证据不足的，可以在查清事实后改判；也可以裁定撤销原判，发回原审人民法院重新审判。依此规定发回重新审判的案件作出判决后，被告人提出上诉或者人民检察院提出抗诉的，第二审人民法院应当依法作出判决或者裁定，不得再发回原审人民法院重新审判。

4. 发现第一审人民法院有下列违反法律规定的诉讼程序的情形之一的，应当裁定撤销原判，发回原审人民法院重新审判：（1）违反刑事诉讼法有关公开审判规定的；（2）违反回避制度的；（3）剥夺或者限制了当事人的法定诉讼权利，可能影响公正审判的；（4）审判组织的组成不合法的；（5）其他违反法律规定的诉讼程序，可能影响公正审判的。

有多名被告人的案件，部分被告人的犯罪事实不清、证据不足或者有新的犯罪事实需要追诉，且有关犯罪与其他同案被告人没有关联的，第二审人民法院根据案件情况，可以对该部分被告人分案处理，将该部分被告人发回原审人民法院重新审判。原审人民法院重新作出判决后，被告人上诉或者人民检察院抗诉，其他被告人的案件尚未作出第二审判决、裁定的，第二审人民法院可以并案审理。

根据刑事诉讼法第 239 条、第 241 条的规定，原审人民法院对于发回重新审判的案件，应当另行组成合议庭，依照第一审程序进行审判。重新审判后的判决，仍然可以上诉、抗诉。第二审人民法院发回原审人民法院重新审判的案件，原审人民法院从收到发回的案件之日起，重新计算审理期限。

根据刑事诉讼法第 240 条的规定，第二审人民法院对不服第一审裁定的上诉或者抗诉案件，经过审查后，应当参照刑事诉讼法第 236 条、第 238 条和第 239 条的规定，分别情形用裁定驳回上诉、抗诉，或者撤销、变更原裁定。

除死刑案件外的第二审判决、裁定，以及最高人民法院的判决、裁定，都是终审的判决、裁定，一经宣布，立即发生法律效力。

四、对附带民事诉讼案件和自诉案件的处理

（一）对附带民事诉讼案件的处理

第二审人民法院对刑事附带民事诉讼案件的处理，应当按下列程序进行。

1. 第二审人民法院审理附带民事诉讼案件的上诉、抗诉案件，应当对全案进行审查。如果第一审判决的刑事部分并无不当，第二审人民法院只需就附带民事诉讼部分作出处理。如果第一审判决附带民事部分清楚，适用法律正确的，应当以刑事附带民事裁定维持原判，驳回上诉、抗诉。

2. 第二审人民法院审理刑事附带民事上诉、抗诉案件，如果发现刑事和附带民事部分均有错误需依法改判的，应当一并改判。

3. 第二审人民法院审理对刑事部分提出上诉、抗诉，附带民事部分已经发生法律效力的案件，发现第一审判决、裁定中的附带民事部分确有错误的，应当依照审判监督程序对附带民事部分予以纠正。

4. 刑事附带民事诉讼案件，只有附带民事诉讼当事人及其法定代理人上诉的，第一审刑事部分的判决在上诉期满后即发生法律效力。应当送监执行的第一审刑事被告人是第二审附带民事诉讼被告人的，在第二审附带民事诉讼案件审结前，可以暂缓送监执行。

5. 第二审人民法院审理对附带民事部分提出上诉，刑事部分已经发生法律效力的案件，应当对全案进行审查，并按照下列情形分别处理：（1）第一审判决的刑事部分并无不当的，只需就附带民事部分作出处理；（2）第一审判决的刑事部分确有错误的，依照审判监督程序对刑事部分进行再审，并将附带民事部分与刑事部分一并审理。

6. 第二审期间，第一审附带民事诉讼原告人增加独立的诉讼请求或者第一审附带民事诉讼被告人提出反诉的，第二审人民法院可以根据自愿、合法的原则进行调解；调解不成的，告知当事人另行起诉。

（二）对自诉案件的处理

1. 对第二审自诉案件，必要时可以调解，当事人也可以自行和解。调解结案的，应当制作调解书，第一审判决、裁定视为自动撤销。当事人自行和解的，自诉人可以撤回自诉。人民法院经审查，认为和解、撤回自诉确属自愿的，应当裁

定准许；认为系被强迫、威吓等，并非自愿的，不予准许。裁定准许撤回自诉的，应当撤销第一审判决、裁定。

2. 第二审期间，自诉案件的当事人提出反诉的，应当告知其另行起诉。

五、第二审案件的审判期限

根据刑事诉讼法第 243 条的规定，第二审人民法院受理上诉、抗诉案件，应当在 2 个月内审结。对于可能判处死刑的案件或者附带民事诉讼的案件，以及有刑事诉讼法第 158 条规定情形之一的，经省、自治区、直辖市高级人民法院批准或者决定，可以延长 2 个月；因特殊情况还需要延长的，报请最高人民法院批准。最高人民法院受理上诉、抗诉案件的审理期限，由最高人民法院决定。

第四节　上诉不加刑

一、上诉不加刑的概念

上诉不加刑，是指第二审人民法院审理仅有被告人一方提出上诉的案件，不得以任何理由加重被告人的刑罚的一项审判原则。

上诉不加刑是第二审程序的一种特殊的审判原则。它首先被大陆法系的法国和德国所采用，目前世界上许多国家和地区在刑事诉讼中也都设立了这一原则。设立此原则的目的在于消除被告人的顾虑，使其充分行使上诉权，并从法律上和制度上保障被告人的诉讼地位不因上诉而更加恶化。我国刑事诉讼法第 237 条第 1 款规定：“第二审人民法院审理被告人或者他的法定代理人、辩护人、近亲属上诉的案件，不得加重被告人的刑罚。第二审人民法院发回原审人民法院重新审判的案件，除有新的犯罪事实，人民检察院补充起诉的以外，原审人民法院也不得加重被告人的刑罚。”这是上诉不加刑原则在我国法律上的具体体现。根据这一规定，第二审人民法院在审理只有被告人一方提出的上诉案件时，即使发现原判量刑畸轻，也不得加重被告人的刑罚，更不能借口事实不清、证据不足而将仅仅量刑过轻的案件发回重审，指令一审法院加重被告人的刑罚。此外，第二审人民法院发回原审人民法院重审的案件，除有新的犯罪事实，人民检察院补充起诉的以外，原审人民法院不得加重被告人的刑罚。如此规定，就是为了更为全面地维护上诉不加刑原则。

当然，根据刑事诉讼法的规定，并不是在任何情况下，第二审法院都不得加重被告人的刑罚。刑事诉讼法第 237 条第 2 款规定：“人民检察院提出抗诉或者自诉人提出上诉的，不受前款规定的限制。”因此，对于人民检察院提出抗诉的案件或者自诉人提出上诉的案件，如果原判决确属量刑过轻，第二审人民法院不受上诉不加刑原则的限制，可以改判加重被告人的刑罚。

二、上诉不加刑的意义

确立上诉不加刑原则在刑事诉讼中具有十分重要的意义。

（一）有利于保障被告人充分行使辩护权

“被告人有权获得辩护”是我国宪法和刑事诉讼法所确立的一项重要原则，应当贯彻于整个刑事诉讼过程中，而提出上诉则是被告人行使辩护权的重要形式之一。在第二审程序中实行上诉不加刑原则，可以打消被告人以及他的法定代理人、辩护人、近亲属担心上诉会加重刑罚的思想顾虑，以促使和保障其依法充分行使辩护权。

（二）有利于两审终审制和上诉制度的贯彻执行

在司法实践中，我国第二审程序大多是由被告人的上诉而引起的，如果没有上诉不加刑原则的规定，被告人一方即使发现第一审裁判确有错误，也可能因担心上诉会加重刑罚而不敢提出，这样就会堵塞第二审人民法院发现第一审裁判存在错误的渠道，不利于发挥上级人民法院对下级人民法院的监督和指导作用，不利于人民法院正确行使审判权。实行上诉不加刑原则，就可以避免两审终审制和上诉制度流于形式，有利于这两项制度的贯彻执行。

（三）有利于加强检察机关的责任感，促使其履行法律监督职责

实行上诉不加刑原则，可以加强检察机关的责任感和检察人员的责任心，促使检察机关充分发挥审判监督作用，对于一审量刑过轻的案件，依法及时提出抗诉，使二审法院及时纠正错误的裁判，以保证国家法律的正确贯彻执行。

三、上诉不加刑的适用

根据《高法解释》第401条的规定，第二审人民法院审理被告人或者他的法定代理人、辩护人、近亲属上诉的案件在执行上诉不加刑原则，不得对被告人的刑罚作出实质不利的改判的同时，还应当执行下列规定：

1. 同案审理的案件，只有部分被告人上诉的，既不得加重上诉人的刑罚，也不得加重其他同案被告人的刑罚；

2. 原判认定的罪名不当的，可以改变罪名，但不得加重刑罚或者对刑罚执行产生不利影响；

3. 原判认定的罪数不当的，可以改变罪数，并调整刑罚，但不得加重决定执行的刑罚或者对刑罚执行产生不利影响；

4. 原判对被告人宣告缓刑的，不得撤销缓刑或者延长缓刑考验期；

5. 原判没有宣告职业禁止、禁止令的，不得增加宣告；原判宣告职业禁止、

禁止令的，不得增加内容、延长期限；

6. 原判对被告人判处死刑缓期执行没有限制减刑、决定终身监禁的，不得限制减刑、决定终身监禁；

7. 原判判处的刑罚不当、应当适用附加刑而没有适用的，不得直接加重刑罚、适用附加刑。原判判处的刑罚畸轻，必须依法改判的，应当在第二审判决、裁定生效后，依照审判监督程序重新审判。

人民检察院提出抗诉或者自诉人提出上诉的案件，不受上诉不加刑原则的限制。但是人民检察院抗诉的案件，经第二审人民法院审理后，改判被告人死刑立即执行的，应当报请最高人民法院核准。

此外，《高法解释》第 402 条规定，在共同犯罪的案件中，人民检察院如果只对部分被告人的判决提出抗诉的，第二审人民法院对其他第一审被告人也不得加重刑罚。《高法解释》第 403 条规定，被告人或者其法定代理人、辩护人、近亲属提出上诉，人民检察院未提出抗诉的案件，第二审人民法院发回重新审判后，除有新的犯罪事实且人民检察院补充起诉的以外，原审人民法院不得加重被告人的刑罚。对此类案件，原审人民法院对上诉发回重新审判的案件依法作出判决后，人民检察院抗诉的，第二审人民法院不得改判为重于原审人民法院第一次判处的刑罚。

第五节　对涉案财物的处理

根据刑事诉讼法第 245 条第 1 款的规定，公安机关、人民检察院和人民法院对查封、扣押、冻结的犯罪嫌疑人、被告人的财物及其孳息，应当妥善保管，以供核查，并制作清单，随案移送。任何单位和个人不得挪用或者自行处理。对被害人的合法财产，应当及时返还。对违禁品或者不宜长期保存的物品，应当依照国家有关规定处理。这一规定有利于公安司法机关在保护被害人合法权益的基础上公正执法，及时、准确地打击犯罪行为。

根据《高法解释》第 437 条至第 450 条的规定，人民法院对涉案财物的处理应当进一步遵循以下规定。

人民法院对查封、扣押、冻结的涉案财物及其孳息，应当妥善保管，并制作清单，附卷备查；对人民检察院随案移送的实物，应当根据清单核查后妥善保管。任何单位和个人不得挪用或者自行处理。查封不动产、车辆、船舶、航空器等财物，应当扣押其权利证书，经拍照或者录像后原地封存，或者交持有人、被告人的近亲属保管，登记并写明财物的名称、型号、权属、地址等详细信息，并通知有关财物的登记、管理部门办理查封登记手续。扣押物品，应当登记并写明物品名称、型号、规格、数量、重量、质量、成色、纯度、颜色、新旧程度、缺损特征和来源等。扣押货币、有价证券，应当登记并写明货币、有价证券的名称、数额、面额等，货币应当存入银行专门账户，并登记银行存款凭证的名称、内容。扣押文物、金银、珠宝、名贵字画等贵重物品以及违禁品，应当拍照，需要鉴定的，应当及时鉴定。对扣押的物品应当根据有关规定及时估价。冻结存款、汇款、债券、股票、基金份额等财产，应当登记并写明编号、种类、面值、张数、金额等。审判期间，对不宜长期保存、易贬值或者市场价格波动大的财产，或者有效期即将届满的票据等，经权利人申请或者同意，并经院长批准，可以依法先行处置，所得款项由人民法院保管。涉案财物先行处置应当依法、公开、公平。

对被害人的合法财产，权属明确的，应当依法及时返还，但须经拍照、鉴定、估价，并在案卷中注明返还的理由，将原物照片、清单和被害人的领取手续附卷备查；权属不明的，应当在人民法院判决、裁定生效后，按比例返还被害人，但已获退赔的部分应予扣除。查封、扣押、冻结的财物及其孳息，经审查，确属违法所得或者依法应当追缴的其他涉案财物的，应当判决返还被害人，或者没收上缴国库，但法律另有规定的除外。对判决时尚未追缴到案或者尚未足额退赔的违法所得，应当判决继续追缴或者责令退赔。判决返还被害人的涉案财物，应当通知被害人认领；无人认领的，应当公告通知；公告满 1 年无人认领的，应当上缴国库；上缴国库后有人认领，经查证属实的，应当申请退库予以返还；原物已经拍卖、变卖的，应当返还价款。对侵犯国有财产的案件，被害单位已经终止且没有权利义务继受人，或者损失已经被核销的，查封、扣押、冻结的财物及其孳息应当上缴国库。

被告人将依法应当追缴的涉案财物用于投资或者置业的，对因此形成的财产及其收益，应当追缴。被告人将依法应当追缴的涉案财物与其他合法财产共同用于投资或者置业的，对因此形成的财产中与涉案财物对应的份额及其收益，应当追缴。查封、扣押、冻结的财物属于被告人合法所有的，应当在赔偿被害人损失、执行财产刑后及时返还被告人。查封、扣押、冻结的财物与本案无关但已列入清单的，应当由查封、扣押、冻结机关依法处理。

对作为证据使用的实物，应当随案移送。第一审判决、裁定宣告后，被告人上诉或者人民检察院抗诉的，第一审人民法院应当将上述证据移送第二审人民法院。对实物未随案移送的，应当根据情况，分别审查以下内容：（1）大宗的、不便搬运的物品，是否随案移送查封、扣押清单，并附原物照片和封存手续，注明存放地点等；（2）易腐烂、霉变和不易保管的物品，查封、扣押机关变卖处理后，是否随案移送原物照片、清单、变价处理的凭证（复印件）等；（3）枪支弹药、剧毒物品、易燃易爆物品以及其他违禁品、危险物品，查封、扣押机关根据有关规定处理后，是否随案移送原物照片和清单等。上述未随案移送的实物，应当依法鉴定、估价的，还应当审查是否附有鉴定、估价意见。对查封、扣押的货币、有价证券等，未移送实物的，应当审查是否附有原物照片、清单或者其他证明文件。

法庭审理过程中，应当对查封、扣押、冻结财物及其孳息的权属、来源等情况，是否属于违法所得或者依法应当追缴的其他涉案财物进行调查，由公诉人说明情况、出示证据、提出处理建议，并听取被告人、辩护人等诉讼参与人的意见。

对查封、扣押、冻结的财物及其孳息，应当在判决书中写明名称、金额、数量、存放地点及其处理方式等。涉案财物较多，不宜在判决主文中详细列明的，可以附清单。判决追缴违法所得或者责令退赔的，应当写明追缴、退赔的金额或者财物的名称、数量等情况；已经发还的，应当在判决书中写明。随案移送的或者人民法院查封、扣押的财物及其孳息，由第一审人民法院在判决生效后负责处理。实物未随案移送、由扣押机关保管的，人民法院应当在判决生效后 10 日以内，将判决书、裁定书送达扣押机关，并告知其在 1 个月以内将执行回单送回，确因客观原因无法按时完成的，应当说明原因。对冻结的存款、汇款、债券、股票、基金份额等财产判决没收的，第一审人民法院应当在判决生效后，将判决书、裁定书送达相关金融机构和财政部门，通知相关金融机构依法上缴国库并在接到执行通知书后 15 日以内，将上缴国库的凭证、执行回单送回。

第二审期间，发现第一审判决未对随案移送的涉案财物及其孳息作出处理的，可以裁定撤销原判，发回原审人民法院重新审判，由原审人民法院依法对涉案财物及其孳息一并作出处理。判决生效后，发现原判未对随案移送的涉案财物及其孳息作出处理的，由原审人民法院依法对涉案财物及其孳息另行作出处理。

此外，还需要注意违法所得没收程序和缺席审判程序中的涉案财物处理。根据法律的规定，对于实施贪污贿赂犯罪、恐怖活动犯罪等重大犯罪案件，犯罪嫌疑人、被告人逃匿，在通缉 1 年后不能到案，或者犯罪嫌疑人、被告人死亡，依照刑法规定应当追缴其违法所得及其他涉案财产的，适用刑事诉讼法第 5 编第 4 章规定的程序，由人民检察院向人民法院提出没收违法所得的申请。启动上述程序，监察机关、公安机关、人民检察院可以进行调查。监察机关、公安机关、人民检察院进行相关调查活动时，可以依法进行查封、扣押、查询、冻结。人民法院在审理案件过程中，因被告人死亡而裁定终止审理或者因被告人脱逃而裁定中止审理的，人民检察院可以依法另行向人民法院提出没收违法所得的申请。对于人民法院依法作出的没收违法所得的裁定，犯罪嫌疑人、被告人的近亲属和其他利害关系人或者人民检察院可以在 5 日以内提出上诉、抗诉。

第二十二章　死刑复核程序

第一节　死刑复核程序的概念和意义

一、死刑复核程序的概念

死刑复核程序，是指对判处死刑的判决和裁定进行审查核准的一种特殊程序。

因为死刑是剥夺犯罪分子生命的刑罚方法，所以当今世界各国对其适用都非常慎重。我国的刑事法律，一方面，从实体法上严格控制死刑的适用范围，并采用死刑缓期 2 年执行制度，以充分体现少杀慎杀的政策；另一方面，从程序法上设置特别的审判程序——死刑复核程序，对判处死刑的案件在认定事实和适用法律上是否正确进行全面审查，核准正确的死刑判决和裁定，改正、变更错误的或不适当的死刑判决和裁定，以从诉讼制度和程序上保证死刑的正确适用。

死刑复核程序作为针对死刑案件而设置的特殊程序，与其他诉讼程序相比，其特殊性主要表现在以下几个方面。

1. 死刑复核主体的专属性。依照刑事诉讼法的规定，有权进行死刑复核的机关只有最高人民法院和高级人民法院。其中，死刑立即执行案件的复核机关为最高人民法院，死刑缓期 2 年执行案件的复核机关为高级人民法院。

2. 死刑复核程序审理对象的特定性。死刑复核程序审理的对象，仅是判处被告人死刑的案件，包括判处死刑立即执行和判处死刑缓期 2 年执行的案件。这种适用对象的特定性和单一性，使死刑复核程序既不同于普通审判程序，也与另一种特殊审判程序——审判监督程序区别开来。

3. 死刑复核程序是死刑案件必经的终审程序。对一般刑事案件而言，凡已过法定期限没有上诉、抗诉的第一审判决和裁定，或者提起上诉、抗诉以后的第二审判决和裁定，都是发生法律效力的判决和裁定，必须立即交付执行。但是判处死刑的判决和裁定，即使已过法定期限没有上诉、抗诉，或者是第二审的判决和裁定，都不是生效的判决和裁定。也就是说，一切判处死刑案件的判决和裁定，都只有经过最高人民法院或者高级人民法院核准后，才能发生法律效力和交付执行。因此，死刑复核程序是死刑案件必经的终审程序。

4. 引起死刑复核程序的方式具有特殊性。与第二审程序、审判监督程序相比，死刑复核程序既不是由上诉权人提起上诉、人民检察院提起抗诉引起的，也不是由原作出裁判的人民法院的院长提交审判委员会讨论决定，或由其上级人民法院决定提审、指令再审，或由上级人民检察院提出抗诉而开始的，死刑复核程序是对判处死刑的案件，在经过普通程序审理后，由作出裁判的人民法院主动报请而引起的。并且，依照有关规定，人民法院报请复核的方式只能按人民法院组织系统由下而上逐级报请复核和核准，不得越级报核。

二、死刑复核程序的意义

刑事诉讼法规定对死刑案件必须经过死刑复核程序，充分体现了党和国家对适用死刑一贯坚持的严肃与谨慎、少杀与慎杀的方针政策，对于正确适用死刑，保证死刑案件的质量，提供了必不可少的诉讼程序保障。

1. 死刑复核程序有利于保证适用死刑的准确性，防止错判错杀。死刑是刑罚体系中最严厉的刑罚方法，是剥夺犯罪分子生命的刑罚，运用得当，就能够有力地打击极其严重的危害国家安全、危害公共安全、侵犯公民人身权利的犯罪，伸张正义，平息民愤，保卫国家安全，维护社会安定，保护公民的合法权益；但若适用不当，则会造成不可挽回的严重后果，造成极为不良的社会政治影响。因此，在适用死刑时，除严格把握死刑在实体法方面的立法精神外，还必须明确在程序上设立死刑复核程序的目的，首先就在于防止错杀无辜。因为在死刑复核程序中，依法享有死刑核准权的人民法院要对报请复核的死刑裁判在认定事实和适用法律上是否正确进行全面审查，核准正确的死刑裁判，纠正不适当或者错误的死刑裁判，因而可以说死刑复核程序是一道防止错杀的有力防线。

2. 死刑复核程序有利于严格控制死刑的适用，是贯彻少杀、慎杀方针的重要保证。坚持少杀、慎杀，防止错杀，是我国一贯坚持的死刑政策。通过死刑复核程序，将死刑核准权交由最高人民法院和高级人民法院行使，不仅可以严格控制死刑的适用范围，将死刑只适用于极少数危害特别严重，情节特别恶劣，非处死刑不可的犯罪分子，同时也使那些可杀可不杀的犯罪分子能够通过劳动改造获得重新做人的机会。特别是对那些罪该判处死刑，但又不必立即执行的犯罪分子，通过复核，适用我国刑罚所独创的死缓制度，对于贯彻少杀政策，缩小死刑立即执行的适用范围，促使罪犯改过自新具有极为重要的意义。

3. 死刑复核程序有利于国家法律的统一执行。死刑复核程序不仅有利于最高人民法院、高级人民法院及时发现死刑案件中可能出现的偏差和错误，及时纠正错误的死刑裁判，而且有利于高级人民法院，特别是最高人民法院总结审判工作经验和教训，指导和促使下级人民法院提高审判死刑案件的质量，提高正确理解、统一执行国家法律的水平，从而确保死刑在全国范围内的统一适用。

第二节　判处死刑立即执行案件的复核程序

一、死刑核准权的发展变化

死刑案件的核准权是死刑复核程序的核心问题，我国的法律对此历来控制极严。

1954 年的人民法院组织法规定，死刑案件由最高人民法院和高级人民法院核准。1957 年第一届全国人民代表大会第四次会议修改通过的《人民法院组织法》对 1954 年人民法院组织法的这一规定进行了调整，规定判处死刑立即执行的案件统一由最高人民法院复核和核准，判处死刑缓期 2 年执行的案件由高级人民法院复核和核准，第一次从立法上将死刑立即执行案件的核准权与死刑缓期 2 年执行案件的核准权进行了明确的区分。

1958 年，最高人民法院对死刑立即执行和死刑缓期 2 年执行作出了明确的划分，规定凡是由高级人民法院判处或审核的死刑缓期 2 年执行案件，一律不再上报最高人民法院核准，而由高级人民法院复核和核准。

1979 年第五届全国人民代表大会第二次会议通过的我国第一部刑事诉讼法明确规定，死刑立即执行案件由最高人民法院核准，死刑缓期 2 年执行案件由高级人民法院核准。

为了适应国家不同时期社会治安形势发展变化的需要，及时严惩严重危害社会治安的刑事犯罪分子，全国人大常委会于 20 世纪 80 年代初通过若干决定，授权高级人民法院对杀人、强奸、抢劫、爆炸、放火等犯有严重罪行应当判处死刑的案件行使核准权。随后，1983 年 9 月 2 日，第六届全国人大常委会第二次会议通过决定，修改人民法院组织法。其中将第 13 条修改为“死刑案件除由最高人民法院判决的以外，应当报请最高人民法院核准。杀人、强奸、抢劫、爆炸以及其他严重危害公共安全和社会治安判处死刑的案件的核准权，最高人民法院在必要的时候，得授权省、自治区、直辖市的高级人民法院行使”。法律关于这一问题的修改，将死刑最后的决定权原则上仍然划归最高人民法院，但在必要时，由最高人民法院将部分死刑案件的核准权授予高级人民法院，体现了我国死刑核准权原则性和灵活性相结合的特点。

死刑复核权的下放，导致了理论与实践操作上的诸多困惑：第一，无论是 1979 年刑事诉讼法还是 1996 年刑事诉讼法及 1997 年刑法，均明确规定死刑核准权由最高人民法院行使，但自 1980 年以来，对死刑立即执行案件的核准权采取了分类处理的办法，这样做的直接依据是全国人大常委会通过的有关决定和人民法院组织法的相关规定，不同位阶的法律之间发生了明显的冲突。第二，在司法实践中，对于授权高级人民法院核准死刑的案件，高级人民法院通过第二审程序作出维持死刑判决的裁定后，在具体操作中不再进行死刑复核，即高级人民法院第二审所作的维持死刑判决的裁定，同时也是核准死刑的裁定。这种将死刑复核程序与第二审程序“合二为一”的做法，实际上是以终审权取代死刑核准权，以第二审程序代替死刑复核程序，从根本上违背了设立死刑复核程序增加防错机会的立法宗旨。第三，将不同类型犯罪的死刑核准权归属不同级别的法院行使，在实质上造成了被告人救济权利的不平等。有鉴于此，死刑核准权的回归和加强对死刑案件的程序保障，就成了立法修改及相关制度完善不容回避的问题。

2005 年 10 月 26 日，最高人民法院公布了《人民法院第二个五年改革纲要（2004—2008）》。该纲要明确规定，由最高人民法院统一行使死刑核准权。这标志着长久下放的死刑复核权正式走上了回归之路。

2006 年 10 月 31 日，第十届全国人大常委会第二十四次会议通过了《关于修改〈中华人民共和国人民法院组织法〉的决定》，删除部分死刑案件由高级人民法院核准的规定，将人民法院组织法第 12 条修改为“死刑除依法由最高人民法院判决的以外，应当报请最高人民法院核准”。2006 年 12 月 28 日，最高人民法院发布了《关于统一行使死刑案件核准权有关问题的决定》，明确规定自 2007 年 1 月 1 日起，全部死刑案件的核准权统一收归最高人民法院行使。

2007 年 3 月，最高人民法院、最高人民检察院、公安部、司法部联合发布了《关于进一步严格依法办案确保办理死刑案件质量的意见》。在此之前，最高人民法院相继发布《关于复核死刑案件若干问题的规定》等有关文件规范了死刑核准案件的办理程序。

2012 年 3 月 14 日，第十一届全国人民代表大会第五次会议通过的《全国人民代表大会关于修改〈中华人民共和国刑事诉讼法〉的决定》，增加规定了死刑复核的裁判方式和控辩双方的参与，改变了死刑复核的行政化色彩，保障了死刑案件中被告人的权益，形成了控、辩、审三方互动的死刑复核程序。

二、判处死刑立即执行案件的报请复核

死刑复核程序是从作出死刑判决、裁定的人民法院上报复核开始的，具体而言，判处死刑立即执行案件的报请复核，应当依照下列程序进行。

1. 中级人民法院判处死刑的第一审案件，被告人未上诉、人民检察院未抗诉的，在上诉、抗诉期满后 10 日以内报请高级人民法院复核。高级人民法院同意判处死刑的，应当在作出裁定后 10 日以内报请最高人民法院核准；认为原判认定的某一具体事实或者引用的法律条款等存在瑕疵，但判处被告人死刑并无不当的，可以在纠正后作出核准的判决、裁定；不同意判处死刑的，应当依照第二审程序

提审或者发回重新审判。高级人民法院复核提审后改判的判决是第二审判决，被告人不能上诉，人民检察院也不能按第二审程序提出抗诉。高级人民法院提审后，如果仍然判处死刑的，则必须报请最高人民法院核准。对于撤销原判，发回重新审判的案件，中级人民法院重新审判后所作出的判决仍然是第一审判决，被告人可以上诉，人民检察院也可以抗诉。如果重新审判后仍然判处死刑，被告人不上诉，人民检察院不抗诉的，还应按照复核程序逐级报请复核。

2. 中级人民法院判处死刑的第一审案件，被告人上诉或者人民检察院抗诉，高级人民法院裁定维持的，应当在作出裁定后10日以内报请最高人民法院核准。

3. 对于人民检察院抗诉的案件，第二审人民法院直接改判死刑的，应当将案件报请最高人民法院核准。

4. 高级人民法院判处死刑的第一审案件，被告人未上诉、人民检察院未抗诉的，应当在上诉、抗诉期满后10日以内报请最高人民法院核准；如果被告人提出上诉的，则应当按照第二审程序的规定移送案件，由最高人民法院审理。高级人民法院判处死刑的第二审案件，也应当报请最高人民法院核准。

5. 判处死刑缓期2年执行的罪犯，在死刑缓期执行期间，如果故意犯罪，情节恶劣，查证属实，应当执行死刑的，由高级人民法院报请最高人民法院核准。

6. 共同犯罪案件部分被告人被判处死刑的，必须将全案报请最高人民法院核准。

三、判处死刑立即执行案件报请复核的要求

为了保证报送死刑复核案件的质量，报请死刑复核的案件必须符合以下要求。

1. 报请死刑复核的案件，必须犯罪事实清楚，证据确实、充分，适用法律正确，诉讼文书齐备。这是报请复核的前提条件。如果不具备这样的条件，人民法院就不能对被告人判处死刑，当然就更不应该将案件报请最高人民法院复核。

2. 报请死刑复核的案件，应当一案一报。报送的材料包括报请复核的报告，第一审、第二审裁判文书，案件综合报告各5份以及全部案卷、证据。案件综合报告，第一审、第二审裁判文书和审理报告应当附送电子文本。同案审理的案件应当报送全案案卷、证据。曾经发回重新审判的案件，原第一审、第二审案卷应当一并报送。

3. 报请复核死刑的报告，应当载明案由、简要案情和审理过程及判决结果。案件综合报告应当包括以下内容：（1）被告人、被害人的基本情况。被告人有前科或者曾受过行政处罚、处分的，应当写明。（2）案件的由来和审理经过。案件曾经发回重新审判的，应当写明发回重新审判的原因、时间、案号等。（3）案件侦破情况。通过技术调查、侦查措施抓获被告人、侦破案件，以及与自首、立功

认定有关的情况，应当写明。(4）第一审审理情况。包括控辩双方意见，第一审认定的犯罪事实，合议庭和审判委员会意见。(5）第二审审理或者高级人民法院复核情况。包括上诉理由、人民检察院的意见，第二审审理或者高级人民法院复核认定的事实，证据采信情况及理由，控辩双方意见及采纳情况。(6）需要说明的问题。包括共同犯罪案件中另案处理的同案犯的处理情况，案件有无重大社会影响，以及当事人的反应等情况。（7）处理意见。写明合议庭和审判委员会的意见。

四、判处死刑立即执行案件的复核及其处理

根据刑事诉讼法第 249 条、第 251 条的规定，最高人民法院复核死刑案件，应当由审判员 3 人组成合议庭进行。复核死刑时，应当讯问被告人，辩护律师提出要求的，应当听取辩护律师的意见。在复核死刑案件过程中，最高人民检察院可以向最高人民法院提出意见。最高人民法院应当将死刑复核结果通报最高人民检察院。

最高人民法院在复核死刑案件时，应当对案件事实、证据、适用法律、诉讼程序等方面进行全面审查，并着重查明以下内容：(1）被告人的年龄，被告人有无刑事责任能力、是否系怀孕的妇女；(2）原判认定的事实是否清楚，证据是否确实、充分；(3）犯罪情节、后果及危害程度；(4）原判适用法律是否正确，是否必须判处死刑，是否必须立即执行；(5）有无法定、酌定从重、从轻或者减轻处罚的情节；(6）诉讼程序是否合法；（7）应当审查的其他情况。复核死刑案件，应当重视审查被告人及其辩护人的辩解、辩护意见。

最高人民法院对死刑案件进行复核后，应当作出核准或者不予核准的裁定；对于不予核准死刑的，可以发回重新审判或者依法改判。具体而言，按照下列情形分别处理：

(1）原判认定事实和适用法律正确、量刑适当、诉讼程序合法的，应当裁定核准；

(2）原判认定的某一具体事实或者引用的法律条款等存在瑕疵，但判处被告人死刑并无不当的，可以在纠正后作出核准的判决、裁定；

(3）原判事实不清、证据不足的，应当裁定不予核准，并撤销原判，发回重新审判；

(4）复核期间出现新的影响定罪量刑的事实、证据的，应当裁定不予核准，并撤销原判，发回重新审判；

(5）原判认定事实正确、证据充分，但依法不应当判处死刑的，应当裁定不予核准，并撤销原判，发回重新审判；根据案件情况，必要时，也可以依法改判；

（6）原审违反法定诉讼程序，可能影响公正审判的，应当裁定不予核准，并撤销原判，发回重新审判。

最高人民法院裁定不予核准死刑的，根据案件情况，可以发回第二审人民法院或者第一审人民法院重新审判。对最高人民法院发回第二审人民法院重新审判的案件，第二审人民法院一般不得发回第一审人民法院重新审判。第一审人民法院重新审判的，应当开庭审理。第二审人民法院重新审判的，可以直接改判；必须通过开庭查清事实、核实证据或者纠正原审程序违法的，应当开庭审理。

高级人民法院依照复核程序审理后报请最高人民法院核准死刑，最高人民法院裁定不予核准，发回高级人民法院重新审判的，高级人民法院可以依照第二审程序提审或者发回重新审判。

最高人民法院裁定不予核准死刑，发回重新审判的案件，原审人民法院应当另行组成合议庭审理，但属于以下两种情形之一的除外：（1）复核期间出现新的影响定罪量刑的事实、证据的；（2）原判认定事实正确、证据充分，但依法不应当判处死刑的。

依照上述规定发回重新审判的案件，第一审人民法院判处死刑、死刑缓期执行的，上一级人民法院依照第二审程序或者复核程序审理后，应当依法作出判决或者裁定，不得再发回重新审判。但是，第一审人民法院有刑事诉讼法第 238 条规定的情形或者违反刑事诉讼法第 239 条规定的除外。

死刑复核期间，辩护律师要求当面反映意见的，最高人民法院有关合议庭应当在办公场所听取其意见，并制作笔录；辩护律师提出书面意见的，应当附卷。

共同犯罪案件中，部分被告人被判处死刑的，最高人民法院复核时，应当对全案进行审查，但不影响对其他被告人已经发生法律效力判决、裁定的执行；若发现对其他被告人已经发生效力的判决、裁定确有错误时，可以指令原审人民法院再审。

此外，为了确保死刑案件的复核质量，相关司法解释对死刑复核案件的法律监督作出了规定。根据《高法解释》第 435 条、第 436 条的规定，死刑复核期间，最高人民检察院提出意见的，最高人民法院应当审查，并将采纳情况及理由反馈最高人民检察院。最高人民法院应当根据有关规定向最高人民检察院通报死刑案件复核结果。根据《高检规则》第 611 条的规定，最高人民检察院经审查发现死刑复核案件具有下列情形之一的，应当经检察长决定，依法向最高人民法院提出检察意见：（1）认为适用死刑不当，或者案件事实不清、证据不足，依法不应当核准死刑的；（2）认为不予核准死刑的理由不成立，依法应当核准死刑的；（3）发现新的事实和证据，可能影响被告人定罪量刑的；（4）严重违反法律规定的诉讼程序，可能影响公正审判的；（5）司法工作人员在办理案件时，有贪污受贿，徇私舞弊，枉法裁判等行为的；（6）其他需要提出检察意见的情形。同意最高人民法院核准或者不核准意见的，应当经检察长批准，书面回复最高人民法院。对于省级人民检察院提请监督、报告重大情况的案件，最高人民检察院认为具有影响死刑适用情形的，应当及时将有关材料转送最高人民法院。

第三节　判处死刑缓期2年执行案件的复核程序

一、判处死刑缓期2年执行案件的核准权

死刑缓期2年执行并不是一个独立的刑罚种类，而只是死刑的一种特殊执行方式。但由于其仍然属于死刑的范畴，同样是一种非常严厉的刑罚方法，因此对死刑缓期2年执行的适用，也必须严肃谨慎，从诉讼程序上加以严格限制和监督。

刑事诉讼法第248条规定："中级人民法院判处死刑缓期二年执行的案件，由高级人民法院核准。"根据这一规定，判处死刑缓期2年执行的案件核准权由高级人民法院行使。如此规定，既有利于由较高级别的法院，即高级人民法院对死刑缓期2年执行的案件进行把关和监督，又可以减少不必要的诉讼程序，减轻最高人民法院的工作量，便于各地及时处理这类案件，以节约有限的司法资源。

二、判处死刑缓期2年执行案件的报请复核

根据刑事诉讼法的规定，高级人民法院复核死刑缓期2年执行案件，应当按照下列程序分别办理。

1. 中级人民法院判处死刑缓期2年执行的第一审案件，被告人不上诉、人民检察院不抗诉的，在上诉、抗诉期满后，报请高级人民法院核准。

2. 中级人民法院判处死刑缓期2年执行的第一审案件，被告人上诉或者人民检察院抗诉的，高级人民法院应当依照第二审程序审理。

报请复核死刑缓期2年执行案件的要求与报送死刑立即执行案件基本相同，即应当一案一报。报送的材料包括报请复核的报告，第一审、第二审裁判文书，案件综合报告各5份以及全部案卷、证据。案件综合报告，第一审、第二审裁判文书和审理报告应当附送电子文本。报请复核死刑缓期2年执行的报告，应当载明案由、简要案情和审理过程及判决结果。

三、判处死刑缓期2年执行案件的复核及其处理

高级人民法院复核死刑缓期2年执行案件，应当由审判员3人组成合议庭进行。高级人民法院复核死刑缓期2年执行案件，应当讯问被告人。合议庭应当认

真审查报送的诉讼案卷和证据，并对案件在认定事实、适用法律以及诉讼程序方面进行全面审查，其审查的重点、审查的方式和方法与复核死刑立即执行案件基本相同。

高级人民法院复核死刑缓期2年执行案件，应当按照下列情形分别处理：

（1）原判认定事实和适用法律正确、量刑适当、诉讼程序合法的，应当裁定核准；

（2）原判认定的某一具体事实或者引用的法律条款等存在瑕疵，但判处被告人死刑缓期执行并无不当的，可以在纠正后作出核准的判决、裁定；

（3）原判认定事实正确，但适用法律有错误，或者量刑过重的，应当改判；

（4）原判事实不清、证据不足的，可以裁定不予核准，并撤销原判，发回重新审判，或者依法改判；

（5）复核期间出现新的影响定罪量刑的事实、证据的，可以裁定不予核准，并撤销原判，发回重新审判，或者依照《高法解释》第271条关于补充证据或休庭进行调查核实的规定审理后依法改判；

（6）原审违反法定诉讼程序，可能影响公正审判的，应当裁定不予核准，并撤销原判，发回重新审判。

需要特别指出的是，高级人民法院核准死刑缓期2年执行的案件，只能作出核准或不核准的裁定；需要改判的，不得加重被告人的刑罚，即只能减轻原判刑罚，而不能改判为死刑立即执行，也不得以提高审级等方式加重被告人的刑罚。

第二十三章　审判监督程序

第一节　审判监督程序概述

一、审判监督程序的概念

审判监督程序，是指人民法院、人民检察院对于已经发生法律效力的判决或者裁定，发现在认定事实和适用法律上确有错误，依法提出并由人民法院对案件重新审判的诉讼程序。审判监督程序不是普通审判程序，是专为纠正已经发生法律效力的错误判决、裁定而设置的救济程序。在司法实践中，通常将按审判监督程序审理的案件称为再审案件，而理论上一般也将审判监督程序称为生效裁判的再审程序。

审判监督程序虽然是我国刑事审判程序的重要组成部分，但它并非每一个刑事案件都必须经过的程序，只有经过人民法院和人民检察院的严格审查，认为已经发生法律效力的判决或者裁定确有错误时，才能适用这一程序。因此审判监督程序属于我国刑事审判中的一项特殊的救济程序。

同时需要指出的是，在我国刑事诉讼中，审判监督程序与审判监督是两个不同的概念。审判监督泛指国家权力机关、人民群众、新闻媒体、有关机关、团体，特别是人民法院和人民检察院对审判工作进行监督的一个法律概念，其含义、内容和范围比审判监督程序广泛得多。它既包括人民法院系统内部上级人民法院通过依照第二审程序审理案件，依照死刑复核程序复核、核准案件，依照审判监督程序再审案件以及通过司法解释、批复、总结审判工作经验等方式，对下级人民法院进行审判工作的监督；也包括人民检察院通过参与审判、受理控告申诉、提起抗诉等形式对人民法院的审判活动进行的专门法律监督；还包括国家权力机关、人大代表、人民群众及新闻媒体等对审判工作进行的社会监督。而审判监督程序只是审判监督的一个重要方面，即仅是为纠正已生效的错误裁判而提起的重新审判的特殊程序，而不是审判监督的全部内容，不能将两者相混淆。

为了更全面地理解我国刑事诉讼中审判监督程序的概念，还有必要简单考察一下域外关于刑事诉讼中再审制度建构的基本原理。。

一般认为，既判力（res judicata；non bis in idem）是大陆法系国家所奉行的一条重要法则，其内涵主要为“由司法裁决最终解决的事项”。其理论根据可以概括为：（1）程序的安定性；（2）诉讼的经济性；（3）对被告人权利的保障。据此，既判力规则在刑事诉讼层面的要求主要体现在两个方面：一是在程序层面，刑事生效裁判具有拘束力、确定力（不可撤销性）以及执行力，发生“一事不再理”的效果；二是在实体层面，生效裁判构成诉讼障碍事由，法律上产生禁止对同一案件再次起诉的封锁效力。依据既判力规则，如对已生效的裁判之同一案件再另行起诉，法院一方面应当从程序上予以驳回、不予受理，另一方面在实体层面上应当拒绝对此案进行第二次审理与裁判。

与大陆法系的既判力规则在渊源方面有所区别，双重危险（double jeopardy）是英美法系国家所奉行的一条重要法则。具体到刑事诉讼中的表意就是，被告人就特定案件既已经蒙受了第一次的危险性后，对后续的危险性产生免疫，进而不能使之就同一案件蒙受再一次定罪科刑的危险。与既判力规则的作用基本一致，“双重危险”也产生“一事不再理”的程序效力与相应的实体确定力之双重作用。

“一事不再理”作为程序意义上的既判力规则，其效力范围主要包括：（1）时间范围。继续犯、常习犯等贯穿确定判决前后时，“一事不再理”的效力及于什么时间的行为，则是效力的时间范围所解决的问题。“一事不再理”及于宣告判决时的行为。（2）对人的范围。“一事不再理”的效力只对受确定判决的被告人适用，不涉及共犯人。（3）客观范围。一般认为，“一事不再理”的效力涉及公诉事实的同一性范围。公诉事实同一性之外的行为不受“一事不再理”原则的保护。

我国政府于1998年10月5日签署的《公民权利和政治权利国际公约》第14条规定了禁止双重危险原则。根据该原则，除非错误可以归因为被告人（贿赂法官、威胁证人以达到有利于自己的判决），否则，禁止作不利于被判决人的变更。根据我国宪法的规定，该公约须经全国人民代表大会常务委员会审查批准才能对我国生效和付诸实施，因此该公约尚未对我国正式生效。尽管如此，签署国在批准前“负有义务不得采取任何足以妨碍条约目的及宗旨的行动”。

长期以来，我国的刑事诉讼坚持“不枉不纵”的理念。这不仅在司法系统内得到普遍认同，更是被许多民众视为天经地义的重要原则。相应地，我国的审判监督程序便以“实事求是、有错必纠”作为建构和适用的指导思想。据此，只要“在认定事实和适用法律上确有错误”，无论是否有利于被判决人，都可启动审判监督程序，并且可以在审判监督程序中作出不利于被判刑人的改判。详言之，我国在刑事再审当中，既可以将先前被判为有罪的人改判为无罪或罪轻，也可以将被判决无罪的人改判为有罪或将被判决罪轻的人改判重罪。

应当辩证地看待“实事求是、有错必纠”的指导思想。这一原则无疑是我国刑事诉讼追求实体正义最为坚实的依靠，对于惩罚犯罪与保障人权皆具有重要意义。然而从程序正义的角度来看，一味地、绝对地要求贯彻此原则，是不利于司法公信力的树立以及司法资源的有效利用的。更为重要的是，因其与既判力规则存在不可避免的冲突，使得受过刑事追诉的人处于一种不安定的状态，进而不利于其公民权利之保障。因此，为了与国际通行的刑事司法准则相并轨，加强我国宪法之保障人权的价值取向，我国刑事诉讼中应当逐步确立“禁止双重危险”原则，最大限度地排除毫无根据的再审请求，以充分发挥审判监督程序的救济功能。

二、审判监督程序的特点

审判监督程序作为刑事诉讼中的特殊程序，既不同于第二审程序，也不同于死刑复核程序，而是具有自身特点的诉讼程序。

审判监督程序和第二审程序虽然都是为了纠正错误的判决和裁定而进行重新审判的程序，也都对原审裁判所认定的事实和适用法律进行全面审查。但是，审判监督程序是普通审级之外的一种特殊审判程序，是一种补救性程序，或称非常救济程序。而第二审程序是审级制度之内的普通审判程序，也称普通救济程序。因此二者有很大的区别，这主要表现在：

（1）审理的对象不同。审判监督程序审理的是已经发生法律效力的判决和裁定，它既包括已过法定期限没有提出上诉、抗诉的第一审判决和裁定，也包括第二审判决和裁定，无论其是否已经执行完毕；而第二审程序的对象只限于尚未发生法律效力的第一审判决和裁定，不存在停止或中止执行的问题。

（2）提起的主体不同。审判监督程序的提起主体为最高人民法院、上级人民法院、各级人民法院院长（需提交审判委员会决定）以及上级人民检察院、最高人民检察院，提起申诉的当事人及其法定代理人、近亲属，不构成提起主体；而第二审程序的提起主体则是依法享有上诉权的当事人（公诉案件的被害人除外）及其法定代理人，或经被告人同意的近亲属、辩护人以及同级人民检察院。

（3）提起的条件不同。对于审判监督程序的提起条件，法律有严格的限制，必须是经过有权提起的人民法院或者人民检察院认真审查，有较充分的根据和理由认定生效裁判确有错误时才能提起；而只要是合法的上诉或抗诉就能引起第二审程序，无论上诉或抗诉的理由是否充分，第一审人民法院的上一级人民法院必须依照第二审程序进行审理。

（4）提起的期限不同。法律没有规定提起审判监督程序的期限，只要发现生效的判决和裁定确有错误，根据实事求是、有错必纠的精神，随时发现随时纠正，任何时候都能够提起。当然，如果原判错将有罪判为无罪而需要提起审判监督程序时，应受我国刑法规定的追诉时效期限的限制；而第二审程序的上诉、抗诉，必须在法定期限内提出，逾期提起而又无正当理由的，第二审人民法院不予受理。

（5）审理案件的法院不同。有权依照审判监督程序审理案件的法院，既可以是原审的第一审人民法院或第二审人民法院，又可以是提审的任何上级人民法院，上级人民法院也可以指令原审人民法院以外的下级人民法院进行审理；而有权按照第二审程序审判案件的法院，只能是原审人民法院的上一级人民法院。

（6）适用刑罚有无加刑限制不同。按审判监督程序审判的案件，相当于重新审理，无论提起的主体是谁，审理后的量刑根据事实和法律规定，既可加重处罚，也可维持或减轻处罚；而按照第二审程序审判的，对于只有被告人一方提起上诉的案件，须遵守上诉不加刑原则，第二审人民法院只能维持原判或减轻刑罚，而不能加重被告人的刑罚。

审判监督程序与死刑复核程序虽然都是一种特殊审判程序，但它们之间也有显著区别。

（1）适用的案件范围不同。死刑复核程序只能适用于尚未生效的死刑（含死刑缓期执行）案件；而审判监督程序适用的案件范围则包括了判决、裁定已经发生法律效力并且认为确有错误的一切刑事案件。

（2）提起的主体和理由不同。死刑复核程序是由作出死刑判决、裁定的人民法院依法主动向有核准权的人民法院报请引起的，一旦作出死刑判决或者裁定就应提起，不用附加其他理由；而审判监督程序必须由有权提起的机关提起，并以生效判决、裁定确有错误为理由。

（3）有权审判的法院不同。有权依照死刑复核程序对案件进行复核的法院只能是最高人民法院和高级人民法院；而有权依审判监督程序重新审判的法院则可能是各级人民法院。

（4）审理后所作的裁判效力有所不同。依照死刑复核程序审理的案件，经最高人民法院或者高级人民法院核准后生效，立即执行的死刑案件，由最高人民法院院长签发执行死刑命令后才能执行。而按照审判监督程序审判的案件，所作的判决或裁定的效力取决于原审裁判的程序和审级，如果是按照第一审程序进行审判的，所作出的判决、裁定，可以上诉、抗诉；如果是第二审案件或者是上级人民法院提审的案件，则应适用第二审程序进行审判，所作出的判决或者裁定就是终审的判决或裁定，一经宣告即产生法律效力。

英美法系国家没有完整、系统的再审程序，对生效的裁判即使确有错误通常也不予再审（除非涉及具有普遍意义的重大法律问题），这与其正当程序的理念以及宪法原则——“任何人均不得因同一罪行而两次受到生命或身体上的危险”，即“免受双重危险”原则相适应。只要法院作出了被告人无罪的判决，便被认为是真实的，即使日后发现了被告人所犯罪行的确凿证据，控诉方也无权再对其进行指控，法院更无权追究其刑事责任。但从保护被告人的利益出发，“根据被告人的申请”也可以重新审判。《美国联邦刑事诉讼规则》第7章第33条规定，根据被告人申请，如果出于共同利益的需要，法庭可以批准对被告人重新审判。需要提及的是，英国于21世纪初进行了较有影响的刑事司法改革，发布了刑事司法改革的《白皮书》，此次改革以“实现所有人的正义”为宗旨，拟定的改革目标是建设强大和安全的社会，加强对犯罪案件的控制和打击，提高刑事司法效率，对案件中的被害人和证人提供更多的保护，实现更公平、更有效的审判。2003年英国在《白皮书》改革方案的基础上通过了《2003年刑事审判法》（又译为《刑事司法法》），具体确定了29种重罪成为禁止双重危险原则的例外，规定控诉方有权在新证据的支持下向上诉法院提出撤销对被告人的无罪判决，以期对被告人重新进行侦查和起诉。大陆法系国家则具有完备、系统的纠正生效裁判错误的再审程序，但是作为非常救济程序，具有较为严格的条件限制。当然因纠错的对象和提起的主体等不同，各国在程序的设置上又有所区别，大致可分为法国式与德国式。法国式的特点在于，只许为被告人利益提起再审而禁止启动不利于被告人的再审；德国式的特点则在于，不仅可以提起有利于被告人的再审，也可以提起不利于被告人的再审。而且与我国审判监督程序不同的是，大陆法系国家只是针对生效裁判在事实认定错误时才能进行再审。

三、审判监督程序的意义

国家设立诉讼制度的目的，就是借此权威地、公正地、终局性地解决纠纷。判决和裁定是人民法院代表国家行使审判权，根据事实和法律作出的具有终局意义的裁判，一旦发生法律效力就具有稳定性、权威性和排他性，其他任何机关、团体、单位和个人都无权变更或者撤销，否则将破坏国家法制的统一性。因此，在刑事诉讼中已被生效裁判确认的行为不得再次追诉或审判，这在诉讼理论上被称为生效裁判的既判力。但是只有公正的、正确的裁判才能长远和真正地维持权威性和稳定性。由于刑事案件的复杂性和各种主、客观因素的影响，已经生效的判决和裁定仍有极少数出现错误的可能。如果片面地强调维护判决的稳定性和法院裁判的权威，知错不改，势必出现使受刑不当的被告人处于申告无门或放纵真正的罪犯而导致被害人愤愤不平的状况，这在现代国家是严重违背司法公正要求的。从国外的情况来看，大多数国家在确立“一事不再理”原则的同时，在刑事诉讼中也设立了刑事再审及非常上诉等程序，或者在诉讼程序之外采取其他补救措施，纠正已生效的错误裁判，从而保护被判刑人等的合法权益，维护法律的正确实施。

审判监督程序作为我国刑事诉讼程序的重要组成部分，既保护被判刑人的利益，纠正那些将无罪错判为有罪或者轻罪重判且明显属于畸重的案件，同时也兼顾到了被害方的利益。这对于实现我国刑事诉讼的目的，完成刑事诉讼法的任务具有十分重要的意义。

1. 有利于保障当事人的合法权利。司法实践中，我国审判监督程序的启动大部分来源于当事人等对人民法院生效裁判的申诉。法律规定当事人及其法定代理人、近亲属不服已生效的判决或裁定，有权向人民法院和人民检察院提出申诉，而刑事诉讼中的当事人既包括犯罪嫌疑人、被告人，也包括自诉人和被害人。这表明我国的刑事诉讼法既支持有利于被告人的再审，也支持不利于被告人的再审。人民法院通过审判监督程序纠正原生效判决、裁定的错误，可以使个案中无罪的公民免受刑事处罚，有罪者受到应有的惩罚，完整地实现不错不漏、不纵不枉的诉讼要求。因此，我国的审判监督程序是保护当事人各方利益的重要程序。

2. 有利于落实司法体系的内部监督和国家法律的统一适用。审判监督程序是上级人民法院对下级人民法院，人民检察院对人民法院的审判工作依法实行监督的重要形式。根据审判监督程序的规定，最高人民法院和其他上级人民法院有权依照审判监督程序提审或者指令下级人民法院再审，纠正错误的裁判。最高人民法院正是通过审判监督程序了解和监督下级人民法院刑事审判工作的情况和问题，从而帮助和指导其改进审判工作。同时，最高人民检察院和其他上级人民检察院发现人民法院的生效裁判确有错误，有权按照审判监督程序提出抗诉，这是人民检察院行使宪法赋予的法律监督权的重要制度保障。另外，这种司法机关内部的监督，有助于司法机关统一对法律原则及立法精神的把握，遏制和防止法律适用的随意性和不规范性。

3. 有利于发挥公民和社会团体对审判工作的监督作用。在司法实践中，除当事人及其法定代理人、近亲属可以向人民法院、人民检察院提出申诉外，社会团体、企事业单位和新闻媒介及其他各界群众也都可以对生效裁判提出意见。这既为司法机关提供了发现和纠正错误裁判的来源，也有利于社会各界对人民法院的审判工作进行监督，促使人民法院及时发现和纠正错误的判决或裁定，从而增强公民对国家司法机关的尊重和信赖。

第二节　审判监督程序的提起

一、提起审判监督程序的材料来源

提起审判监督程序的材料来源，也即发现发生法律效力的判决、裁定有错误而提出有关证据及其资料等的渠道、途径。根据刑事诉讼法的规定和司法实践，这些材料来源主要有：(1) 当事人及其法定代理人、近亲属的申诉；(2) 公安司法机关复查案件时发现的错误；(3) 各级人大代表提出的纠正错案的议案；(4)

人民群众来信来访；（5）机关、团体、新闻媒介等对生效裁判提出的意见等。这些材料来源并不必然引起审判监督程序，是否提起审判监督程序，取决于这些材料来源是否具有法定的理由。而在这些材料来源中，当事人及其法定代理人、近亲属的申诉无疑是一种最主要的形式。

（一）申诉的概念及法律效力

申诉是指有申诉权的人对人民法院的生效判决或者裁定不服，向人民法院或者人民检察院提出对该案件重新进行审查处理的一种诉讼请求。

根据刑事诉讼法第252条的规定，当事人及其法定代理人、近亲属有权对人民法院作出的已经发生法律效力的判决、裁定向人民法院或者人民检察院提出申诉，但是不能停止判决、裁定的执行。对于案外人的申诉，《高法解释》第451条第2款作了补充规定："案外人认为已经发生法律效力的判决、裁定侵害其合法权益，提出申诉的，人民法院应当审查处理。"这既是法律赋予他们的权利，也是提起审判监督程序的重要材料来源，还是使确有错误的判决、裁定能得以纠正的重要途径。由于当事人是人民法院裁判的直接利害关系人，而且是最了解案件情况的人，他们及其法定代理人、近亲属的申诉，往往也是人民法院和人民检察院发现生效裁判确有错误并加以纠正的重要途径。因此，人民法院和人民检察院对当事人等的申诉，应当依法受理并认真审查。

刑事诉讼法将当事人等对发生法律效力的判决或裁定有向司法机关提出申诉的权利，规定在审判监督程序之内，这表明了申诉与审判监督程序之间的密切关系。虽然申诉不能直接引起审判监督程序，却是提起审判监督程序的重要材料来源，因为在司法实践中当事人等的申诉，是司法机关发现错误裁判的一个重要途径。

申诉虽然是当事人的一项重要的救济性诉讼权利，是一种具有诉讼性质的行为，但是它又不同于上诉。首先，上诉是上诉人在刑事诉讼过程中，针对第一审人民法院作出的尚未发生法律效力的判决、裁定向上一级人民法院提起再次审判的诉讼行为，无论其提出上诉的理由是否充分或有无理由，只要在上诉期内提出上诉就必然引起第二审程序；而申诉是当事人等在案件的诉讼程序已经结束、人民法院作出的裁判已生效执行或者已经执行完毕才提出的诉讼请求行为，申诉是否能够引起审判监督程序，必须由司法机关对申诉材料进行审查，确认生效裁判确有错误，并符合法律规定的重新审判的条件时，才能开始审判监督程序。其次，上诉的提起必然阻止一审判决、裁定发生法律效力；但根据刑事诉讼法的明确规定，申诉的提出不能停止判决、裁定的执行。最后，上诉有法定期限限制；申诉则没有期限限制。

在外国，法院对生效裁判的再审主要也来自当事人的申诉。然而，对于申诉的效力，大多数国家的法律规定，申诉或者申请再审虽经提出，尚不能立即停止对原裁判的执行。例如，《德国刑事诉讼法典》规定，判决的执行不因申请再审而停止，但法院命令延期或者暂停执行的除外。《日本刑事诉讼法》也规定，请求再审不具有停止执行刑罚的效力，但在法院作出开始再审的裁定时，可以裁定停止刑罚的执行。我国刑事诉讼法第 252 条也明确规定，当事人等提出申诉，不能停止对裁判的执行。法律作出这样的规定，一方面是因为要保证生效裁判的稳定性和严肃性，不能因当事人等的申诉就轻易启动再审程序进行改判；另一方面是因为当事人的申诉理由是否充分，生效的裁判是否有错，都需要时间进行审查，仅凭一纸申诉状无法判断原审裁判有无错误。

（二）申诉的理由

需要注意的是，并非所有的错误都需要去进行救济。固然，无论哪种错误都会产生一定的不良后果，但为了维护生效裁判的稳定性，在决定是否要通过再次启动诉讼程序来纠错之前，要考虑到相应错误的严重程度。根据有害错误理论，原审判程序中的错误必须是对定罪量刑有害的错误，如果是对案件的定罪、量刑没有危害的瑕疵，则不足以启动再审。例如，《美国联邦刑事诉讼规则》第 52 条就规定了无害错误与明显错误。无害错误是指任何不影响实体权利的错误、缺陷、不规则或改变应予不计。而明显错误是指影响实体权利的明显错误或缺陷，虽然未引起法庭的注意，但可以被通告。

根据我国刑事诉讼法的规定，提起审判监督程序的先决条件是发生法律效力的判决、裁定确有错误。由于当事人及其法定代理人、近亲属与案件的结果有直接的利害关系，因此他们提出的申诉可能正确，也可能不正确。为了充分保障当事人等的申诉权，使司法机关能够统一理解、掌握和执行“确有错误”的标准，确保合法的申诉能够引起重新审判的结果，刑事诉讼法第 253 条对申诉的理由作了明确规定。人民法院受理申诉材料后，应当认真进行审查，对于符合以下法定申诉理由之一的，应当按照审判监督程序重新审判。

（1）有新的证据证明原判决、裁定认定的事实确有错误，可能影响定罪量刑的。根据《高法解释》第 458 条的规定，具有下列情形之一，可能改变原判决、裁定据以定罪量刑的事实的证据，应当认定为上述规定的“新的证据”：原判决、裁定生效后新发现的证据；原判决、裁定生效前已经发现，但未予以收集的证据；原判决、裁定生效前已经收集，但未经质证的证据；原判决、裁定所依据的鉴定意见，勘验、检查等笔录被改变或者否定的；原判决、裁定所依据的被告人供述、证人证言等证据发生变化，影响定罪量刑，且有合理理由的。

（2）据以定罪量刑的证据不确实、不充分、依法应当予以排除，或者证明案件事实的主要证据之间存在矛盾的。

（3）原判决、裁定适用法律确有错误的。适用法律错误，既包括适用实体法错误，也包括适用程序法错误。根据《高检规则》第 591 条和《高法解释》第

457 条的规定，这种错误主要包括原判决、裁定的主要事实依据被依法变更或者撤销、认定罪名错误且明显影响量刑、违反法律关于追诉时效期限的规定、量刑明显不当、违反法律关于溯及力规定、对违法所得或者其他涉案财物处理有明显错误等。

（4）违反法律规定的诉讼程序，可能影响公正审判的。这里的违反法定程序，主要是指违反刑事诉讼法第 238 条规定的“发回重审”五种法定情形其中之一的。

（5）审判人员在审理该案件的时候，有贪污受贿、徇私舞弊、枉法裁判行为的。

（三）对申诉的受理与审查

对申诉的受理，是指人民法院或者人民检察院经对申诉材料进行初步审查后，认为符合重新审判条件而决定立案审查的诉讼活动。根据《高法解释》第 452 条的规定，向人民法院申诉，应当提交以下材料：（1）申诉状。应当写明当事人的基本情况、联系方式以及申诉的事实与理由；（2）原一、二审判决书、裁定书等法律文书。经过人民法院复查或者再审的，应当附有驳回申诉通知书、再审决定书、再审判决书、裁定书；（3）其他相关材料。以有新的证据证明原判决、裁定认定的事实确有错误为由申诉的，应当同时附有相关证据材料。申请人民法院调查取证的，应当附有相关线索或者材料。申诉符合上述规定的，人民法院应当出具收到申诉材料的回执。申诉不符合上述规定的，人民法院应当告知申诉人补充材料；申诉人拒绝补充必要材料且无正当理由的，不予审查。

对申诉案件进行审查处理，首先要解决的是申诉管辖的问题，根据刑事诉讼法的规定，当事人及其法定代理人、近亲属的申诉，既可以向人民法院提出，也可以向人民检察院提出。至于申诉人应当向哪一级机关申诉，由哪一级机关受理和审查，根据《高法解释》第 453 条、第 455 条的规定，申诉由终审人民法院审查处理。但是，第二审人民法院裁定准许撤回上诉的案件，申诉人对第一审判决提出申诉的，可以由第一审人民法院审查处理。上一级人民法院对未经终审人民法院审查处理的申诉，可以告知申诉人向终审人民法院提出申诉，或者直接交终审人民法院审查处理，并告知申诉人；案件疑难、复杂、重大的，也可以直接审查处理。对未经终审人民法院及其上一级人民法院审查处理，直接向上级人民法院申诉的，上级人民法院应当告知申诉人向下级人民法院提出。对死刑案件的申诉，可以由原核准的人民法院直接审查处理，也可以交由原审人民法院审查。原审人民法院应当制作审查报告，提出处理意见，层报原核准的人民法院审查处理。根据《高检规则》第 593 条的规定，当事人及其法定代理人、近亲属认为人民法院已经发生法律效力的判决、裁定确有错误，向人民检察院申诉的，由作出生效判决、裁定的人民法院的同级人民检察院依法办理。当事人及其法定代理人、近亲属直接向上级人民检察院申诉的，上级人民检察院可以交由作出生效判决、裁定的人民法院的同级人民检察院受理；案情重大、疑难、复杂的，上级人民检察院可以直接受理。当事人及其法定代理人、近亲属对人民法院已经发生法律效力的判决、裁定提出申诉，经人民检察院复查决定不予抗诉后继续提出申诉的，上一级人民检察院应当受理。

需要注意的是，异地审查是司法实践中法院办理再审审查案件的方式之一。根据《高法解释》第 454 条的规定，最高人民法院或者上级人民法院可以指定终审人民法院以外的人民法院对申诉进行审查。被指定的人民法院审查后，应当制作审查报告，提出处理意见，层报最高人民法院或者上级人民法院审查处理。

至于案件审查的具体方法，根据《高法解释》第 456 条的规定，对立案审查的申诉案件，人民法院可以听取当事人和原办案单位的意见，也可以对原判据以定罪量刑的证据和新的证据进行核实。此外，必要时可以进行听证。

至于受理申诉的期限，根据《高法解释》第 457 条的规定，人民法院对立案审查的申诉案件，应当在 3 个月内作出决定，最迟不得超过 6 个月。因案件疑难、复杂、重大或者其他特殊原因需要延长审查期限的，报请最高人民法院批准。

人民法院受理申诉后，经过审查，对于具有刑事诉讼法第 253 条和《高法解释》第 457 条规定的情形之一的，由院长提请审判委员会讨论决定是否重新审判；如果认为申诉不具有上述规定情形的，应当说服申诉人撤回申诉，对仍然坚持申诉的，应当书面通知驳回。

人民检察院对已经发生法律效力判决、裁定的申诉复查后，认为需要提请或者提出抗诉的，报请检察长决定。最高人民检察院发现省级检察院管辖的申诉案件确有错误，且不宜由管辖地省级人民检察院处理的，最高人民检察院指令异地审查。

此外，我国刑事诉讼确立了反复申诉的封锁效力。根据《高法解释》第 459 条的规定，申诉人对驳回申诉不服的，可以向上一级人民法院申诉。上一级人民法院同样认为申诉不符合法律规定的，应当说服申诉人撤回申诉；对仍然坚持申诉的，应当驳回或者通知不予重新审判。根据《高检规则》第 594 条的规定，对不服人民法院已经发生法律效力的判决、裁定的申诉，经两级人民检察院办理且省级人民检察院已经复查的，如果没有新的证据，人民检察院不再复查，但原审被告人可能被宣告无罪或者判决、裁定有其他重大错误可能的除外。

二、提起审判监督程序的主体

由于提起审判监督程序的案件是判决、裁定已经发生法律效力且已交付执行或执行完毕的案件，为了保证人民法院裁判的稳定性和严肃性，并使确有错误的裁判能够实事求是地得以纠正，我国法律对有权提起审判监督程序的主体及其权限作了严格限制。根据刑事诉讼法的规定，有权提起审判监督程序的机关、人员及其权限如下。

（一）各级人民法院院长和审判委员会

刑事诉讼法第254条第1款规定："各级人民法院院长对本院已经发生法律效力的判决和裁定，如果发现在认定事实上或者在适用法律上确有错误，必须提交审判委员会处理。"这里有两点需要说明。

（1）对于本院生效裁判，有权提起的主体应当是法院院长和审判委员会。各级人民法院发现本院已经发生法律效力的判决、裁定确有错误，需要提起再审程序时，应当由院长提交本院审判委员会讨论决定，审判委员会讨论后，如果认为原判决、裁定确有错误，应当作出另行组成合议庭再审的决定。即各级法院的院长行使的是提交讨论权而不是决定权，而审判委员会经院长提交讨论后具有最后的决定权。因此，对本院生效裁判需要重新审判的，有权提起审判监督程序的主体应当是法院院长和审判委员会。

（2）各级人民法院的院长和审判委员会提起再审的对象，只能是本院作出的生效裁判。包括本院第一审生效、第二审生效和按照复核核准程序核准的裁判。如果是第二审的案件，第一审人民法院的院长和审判委员会尽管发现该裁判存在错误也无权决定再审，只能向第二审人民法院提出意见，由第二审人民法院决定是否提起再审。最高人民法院发现自己生效的死刑核准裁定错误的，应当由其院长提交本院审判委员会讨论决定重新审判。

（二）最高人民法院和上级人民法院

刑事诉讼法第254条第2款规定："最高人民法院对各级人民法院已经发生法律效力的判决和裁定，上级人民法院对下级人民法院已经发生法律效力的判决和裁定，如果发现确有错误，有权提审或者指令下级人民法院再审。"这一规定表明：

（1）最高人民法院和其他上级人民法院是提起审判监督程序的主体。依照法律的规定，最高人民法院有权监督地方各级人民法院和专门人民法院的审判工作，上级人民法院有权监督下级人民法院的审判工作，因此他们发现下级人民法院的生效裁判确有错误时，有权提起审判监督程序。

（2）最高人民法院和其他上级人民法院对下级人民法院生效裁判提起审判监督程序的方式包括提审和指令下级人民法院再审。

提审是指最高人民法院及原审人民法院的上级人民法院认为该案由原审人民法院或者其他下级人民法院审判不适宜时，直接调取原案卷材料而将该案提调自行审判的一种诉讼活动。通常情况下，对于原裁判认定事实正确，但在适用法律上有错误，或者属于案情疑难、复杂、重大的，或者经由下级人民法院重新审判后仍有错误不宜再指令下级人民法院再审的，均由最高人民法院或上级人民法院依法提审。

指令再审则是指最高人民法院或上级人民法院指令原审或者本级人民法院的其他下级人民法院重新审判的方式。原审裁判在认定事实上有错误或事实不清、证据不足或发现新事实、新证据的，一般由最高人民法院或上级人民法院指令下级人民法院再审。刑事诉讼法第 255 条规定："上级人民法院指令下级人民法院再审的，应当指令原审人民法院以外的下级人民法院审理；由原审人民法院审理更为适宜的，也可以指令原审人民法院审理。"该规定表明，上级人民法院指令下级人民法院进行再审时，应当以指令原审人民法院以外的下级人民法院再审为原则，以指令原审人民法院再审为例外。只有在由原审人民法院审理更有利于查明案件事实、纠正裁判错误的，才可以指令原审人民法院审理。这样规定不仅有利于保证裁判的客观公正，也有利于增强申诉人对重新裁判的信任。

（三）最高人民检察院和上级人民检察院

刑事诉讼法第 254 条第 3 款规定："最高人民检察院对各级人民法院已经发生法律效力的判决和裁定，上级人民检察院对下级人民法院已经发生法律效力的判决和裁定，如果发现确有错误，有权按照审判监督程序向同级人民法院提出抗诉。"这一规定表明：

（1）人民检察院对人民法院确有错误的生效裁判，依审判监督程序提起抗诉，是人民检察院行使审判监督权的重要方面。但是根据刑事诉讼法的规定，按审判监督程序提起抗诉的主体不同于第二审程序的抗诉主体，只有最高人民检察院或者与原审法院对应的其他上级人民检察院才能成为审判监督程序中的抗诉主体。地方各级人民检察院发现同级人民法院或者上级人民法院已经发生法律效力的判决、裁定确有错误时，无权依照审判监督程序提出抗诉，只能向其上级人民检察院提出《提请抗诉报告书》，请求上级人民检察院向同级人民法院提出抗诉，是否提出抗诉，由接到请求的人民检察院决定。

（2）最高人民检察院有权对各级人民法院确有错误的已生效的案件依照审判监督程序提起抗诉。最高人民法院的判决和裁定，都属于终审的裁判，一经宣布立即生效，但是如果最高人民检察院发现该裁判确有错误时，有权按照审判监督程序直接向最高人民法院提出抗诉。

（3）人民检察院对于按照审判监督程序提出抗诉的案件，认为人民法院作出的判决、裁定仍然存在错误的，如果案件是按照第一审程序审判的，同级人民检察院应当通过第一审人民法院向上一级人民法院提出抗诉；如果案件是按照第二审程序审判的，上一级人民检察院应当向同级人民法院提出抗诉。

关于人民检察院依照审判监督程序提出抗诉的法律效力问题，根据刑事诉讼法第 254 条第 4 款的规定，人民检察院按照审判监督程序提出抗诉的效力与申诉权人的申诉不同，人民检察院的抗诉能够直接引起审判监督程序。

根据《高法解释》第 462 条、第 463 条的规定，对人民检察院依照审判监督程序提出抗诉的案件，人民法院应当在收到抗诉书后 1 个月以内立案。但是，有下列情形之一的，应当区别情况予以处理：不属于本院管辖的，应当将案件退回人民检察院；按照抗诉书提供的住址无法向被抗诉的原审被告人送达抗诉书的，应当通知人民检察院在 3 日以内重新提供原审被告人的住址；逾期未提供的，将案件退回人民检察院；以有新的证据为由提出抗诉，但未附相关证据材料或者有关证据不是指向原起诉事实的，应当通知人民检察院在 3 日以内补送相关材料；逾期未补送的，将案件退回人民检察院。决定退回的抗诉案件，人民检察院经补充相关材料后再次抗诉，经审查符合受理条件的，人民法院应当受理。对人民检察院依照审判监督程序提出抗诉的案件，接受抗诉的人民法院应当组成合议庭审理。对原判事实不清、证据不足，包括有新的证据证明原判可能有错误，需要指令下级人民法院再审的，应当在立案之日起 1 个月以内作出决定，并将指令再审决定书送达抗诉的人民检察院。

审判监督程序的抗诉和第二审程序的抗诉，虽然都是人民检察院对人民法院审判活动的法律监督，但是两者在抗诉对象、有权抗诉的机关、抗诉的期限、接受抗诉的人民法院和抗诉的法律后果等方面均有所区别。

三、提起审判监督程序的理由

综观世界各国的法律，均规定对生效判决进行再审必须符合法律规定的理由，这是由对生效判决进行再审的慎重性、严肃性所决定的。关于对认定事实错误的生效判决再审理由的规定，各国有三种立法例：一是仅限于为受判决人利益而提出再审理由的；二是不限于为受判决人利益提起再审，也允许以对受判决人不利而提起再审并分别规定理由的；三是将对受判决人有利和不利的再审理由，合在一起加以规定的。考察各国对事实认定错误再审理由的规定，可以发现，在下述情况下一般可申请再审：（1）裁判认定的书证、物证是伪造的、变造的或虚假的；（2）裁判认定的证词、鉴定意见是不真实的；（3）发现新的证据、事实，足以影响对受判决人的定罪、量刑的；（4）不同判决对同一事实的认定相互矛盾的；（5）司法人员在本案上犯有违反职责罪行的。

我国刑事诉讼法第 254 条对提起审判监督程序的理由作了原则性规定，即只有对各种再审材料进行认真审查后，发现已经发生法律效力的判决、裁定在认定事实上或者适用法律上“确有错误”时，才能提起审判监督程序。在司法实践中，已经发生法律效力的判决、裁定“确有错误”主要是指以下两种情况。

（1）在认定事实上确有错误。在认定事实上确有错误，主要是指原判决、裁定认定的案件主要事实或重大情节，包括定罪和量刑的主要事实或重大情节不清，或者与客观实际不符；案内据以定罪量刑的证据不确实、不充分，达不到足以证明主要犯罪事实或重大情节的程度，或者证明案件事实的主要证据之间存在矛盾且矛盾不能得到合理排除；发现新的事实或证据，足以证明原判决、裁定认定的事实确有错误；等等。

（2）在适用法律上确有错误。在适用法律上确有错误，包括适用实体法上的错误和适用程序法上的错误。适用实体法上的错误，主要是指应当适用的法律条款没有适用或不正确适用，不应当适用的法律条款却适用了，从而导致定性上的罪与非罪、此罪与彼罪、一罪与数罪相混淆；或者量刑畸轻畸重，甚至错判无辜。同时，由于法律规定的诉讼程序是保证实体法正确实施的必要条件，因此，严重违反法律规定的诉讼程序也属于适用法律上的错误，如违反公开审判、回避等原则、制度，审判方法不合法，剥夺或限制当事人的法定权利而影响公正审判的。此外，审判人员在审理案件过程中有贪污受贿、徇私枉法等行为，从而导致判决、裁定发生错误，也是原判决、裁定在适用法律方面确有错误的一种表现形式。

第三节　依照审判监督程序对案件的重新审判

一、重新审判的法院及程序

（一）重新审判的法院

根据刑事诉讼法的规定，依照审判监督程序对案件重新审判的法院，包括作出生效裁判的原审人民法院、提审的上级人民法院和由上级人民法院指令再审的人民法院。

重新审判的案件一般由作出生效裁判的原审人民法院进行重新审理，包括原作出生效裁判的第一审人民法院和第二审人民法院。原审人民法院根据本院审判委员会作出的对原生效裁判提起审判监督程序的决定，或者根据上级人民法院的指令对本院生效的裁判进行重新审判。原审人民法院所在地接近犯罪地和诉讼参与人，有利于核实案情，复查证据，而另行组成合议庭的规定也能避免审判人员先入为主和当事人对原审判人员心存疑虑与不信任的弊病。其中，若第二审人民法院经审判委员会讨论决定认为其作出的终审裁判确有错误，应由第一审人民法院重新审理的，可以撤销第一审、第二审裁判，发回原审人民法院重新审理，重新审理后作出的裁判可以提起上诉、抗诉；如果不宜指令第一审人民法院重新审判的，应由第二审人民法院自行重新审理，所作的判决或裁定就是终审的判决或裁定。

最高人民法院和上级人民法院发现生效裁判确有错误，指令下级人民法院再审的，原则上应当指令作出生效裁判的原审人民法院以外的其他下级人民法院进行再审，如果由原审人民法院审理更为适宜的，也可以指令原审人民法院进行再审。在一般情况下，如果生效裁判是第一审人民法院作出的，应指令第一审人民法院再审，再审法院应当按照第一审程序进行审判，所作的判决、裁定，可以上诉、抗诉；生效的裁判是第二审人民法院作出的，应指令第二审人民法院再审，第二审人民法院应当按照第二审程序进行审判，所作的判决、裁定，是终审的判决、裁定。当然，最高人民法院也可以指令原审人民法院的上一级人民法院或者其他上级人民法院进行再审。

按照审判监督程序重新审判的案件也可以由上级人民法院提审。对于那些适用法律上有错误，或者案情疑难、复杂、重大，或者经由作出生效裁判的原审人民法院审查处理后仍坚持申诉等不宜由原审人民法院审理的案件，上级人民法院认为需要直接审理的，可以提审。这对于坚持法律适用的统一以及中立、公正地解决案件，有着积极的意义。下级人民法院对于某些由自己处理有困难的案件，也可以提请上级人民法院审查处理。提审的上级人民法院，可以是原审人民法院的任何上级法院。提审的案件，应当按照第二审程序进行审判，所作的判决或裁定，是终审的判决、裁定。

（二）重新审判的程序

刑事诉讼法对生效判决重新审判程序的审理阶段、方式及内容没有作出具体规定，传统的观点认为，审判监督程序不分阶段，应从作出提审、再审决定开始，到作出裁判为止。作出决定以前的审查、调查工作，不属于审判监督程序的内容。随着对审判监督程序研究的深入，法学界一般认为我国的再审程序应分为立案和审判两个阶段。立案阶段的任务是人民法院、人民检察院通过对提起再审的材料以及原判案件进行初步审查，弄清原判决和裁定在认定事实上或适用法律上是否确有错误，确定是否符合再审的条件，并决定是否进行重新审判。审判阶段的任务是再审法庭通过对案件的重新审判，查明原判认定事实是否清楚、证据是否充分，定罪处刑是否恰当，从而维护原审的正确裁判，纠正其错误的裁判。

同时，根据刑事诉讼法的规定，再审应坚持全面审理的原则，不分所谓事实审和法律审。人民法院依照审判监督程序进行再审，应当坚持实事求是、有错必纠的原则，就原审判决、裁定认定事实和适用法律的情况进行全面审查，以做到不枉不纵，从而保证再审的质量。

刑事诉讼法第 256 条第 1 款规定："人民法院按照审判监督程序重新审判的案件，由原审人民法院审理的，应当另行组成合议庭进行。如果原来是第一审案件，应当依照第一审程序进行审判，所作的判决、裁定，可以上诉、抗诉；如果原来是第二审案件，或者是上级人民法院提审的案件，应当依照第二审程序进行审判，所作的判决、裁定，是终审的判决、裁定。”根据这一规定，依照审判监督程序重新审判案件的基本要求是：

（1）人民法院决定再审的案件，应当制作再审决定书。再审决定书应送达人民检察院、原审被告人及其法定代理人、被害人及其法定代理人。同时应当告知原审被告人有权委托辩护人，或者在符合法定条件下，通知法律援助机构指派律师为被告人提供辩护，告知被害人可以委托诉讼代理人参加再审程序。

（2）再审时必须另行组成合议庭，不得由原审合议庭审判人员审理，以避免先入为主，影响案件的公正处理。

（3）再审的审判程序和审理方式。即如果原来是第一审案件，应当按照第一审程序开庭审判，所作的判决、裁定，可以上诉、抗诉；如果原来是第二审案件，或者是上级人民法院提审的案件，则应当按照第二审程序进行审判。再审案件的法庭审理阶段，基本上与第一审程序相同：开庭、法庭调查、法庭辩论、原审被告人最后陈述、评议与宣判。只是在宣读诉讼文书时应将宣读起诉书改为宣读再审决定书或者抗诉书；在法庭调查开始时，合议庭成员应宣读原审判决书和裁定书，其他的程序与第一审开庭相同。此外，依据《高法解释》第 467 条的规定，对依照审判监督程序重新审判的案件，人民法院在依照第一审程序进行审判的过程中，发现原审被告人还有其他犯罪的，一般应当并案审理，但分案审理更为适宜的，可以分案审理。

（4）再审案件的审理方式，包括开庭审理与不开庭审理两种。由于审判监督程序的目的是纠正已生效的错误裁判，应当持特别慎重的态度，因此其审理方式原则上应当开庭进行审理，这样才能从程序上给原审被告人及其辩护人与检察人员直接向法庭提出证据、质证并发表意见的机会，也能够使合议庭成员充分听取各方意见，全面了解案情，依法纠正错误，作出正确裁判。根据最高人民法院的相关规定，对于事实清楚、证据充分，只是适用法律确有错误的案件，以及其他不具备开庭审理的条件，如原审被告人死亡的案件等，也可以不开庭审理。人民法院开庭审理的再审案件，同级人民检察院应当派员出席法庭。

人民法院开庭审理再审案件，除要遵循上述规定外，还应根据《高法解释》第 468 条、第 470 条和第 471 条的规定进行。具体要求有：再审决定书或者抗诉书只针对部分原审被告人，其他同案原审被告人不出庭不影响审理的，可以不出庭参加诉讼。审理人民检察院抗诉的再审案件，人民检察院在开庭审理前撤回抗诉的，应当裁定准许；人民检察院接到出庭通知后不派员出庭，且未说明原因的，可以裁定按撤回抗诉处理，并通知诉讼参与人。人民法院审理申诉人申诉的再审案件，申诉人在再审期间撤回申诉的，可以裁定准许；但认为原判确有错误的，应当不予准许，继续按照再审案件审理。申诉人经依法通知无正当理由拒不到庭，或者未经法庭许可中途退庭的，可以裁定按撤回申诉处理，但申诉人不是原审当事人的除外。开庭审理的再审案件，系人民法院决定再审的，由合议庭组成人员宣读再审决定书；系人民检察院抗诉的，由检察员宣读抗诉书；系申诉人申诉的，由申诉人或者其辩护人、诉讼代理人陈述申诉理由。

（5）再审中的强制措施与刑罚执行。刑事诉讼法第 257 条规定："人民法院决定再审的案件，需要对被告人采取强制措施的，由人民法院依法决定；人民检察院提出抗诉的再审案件，需要对被告人采取强制措施的，由人民检察院依法决定。人民法院按照审判监督程序审判的案件，可以决定中止原判决、裁定的执行。"考虑到案件的具体情况，再审中也存在需要采取强制措施的可能，明确人民法院和人民检察院在这一问题上的分工，有利于防止因职责不明而出现被告人逃匿等妨害诉讼行为的现象。此外，人民法院决定按照审判监督程序审判的案件，虽然在启动再审程序时被认为是确有错误，但是由于还未经正式的审理，原审裁判不一定会被撤销或改判，所以，原判决、裁定的执行并非一定要中止。但又因为原审裁判错误的可能性较大，所以，法律规定可以中止原判决、裁定的执行。

二、重新审判的审理期限

再审的审理期限，是人民法院从确定对生效裁判重新审判开始到审判终结所应遵守的时间限制，包括期限的起算、截止和具体期日数等。

刑事诉讼法第 258 条第 1 款规定："人民法院按照审判监督程序重新审判的案件，应当在作出提审、再审决定之日起三个月以内审结，需要延长期限的，不得超过六个月。"为了更好地处理人民检察院的抗诉和人民法院的审理方式之间的关系，刑事诉讼法第 258 条第 2 款又规定："接受抗诉的人民法院按照审判监督程序审判抗诉的案件，审理期限适用前款规定；对需要指令下级人民法院再审的，应当自接受抗诉之日起一个月以内作出决定，下级人民法院审理案件的期限适用前款规定。"刑事诉讼法明确规定再审案件的审理期限，对提高再审程序的效率，防止案件久拖不决，及时纠正错误的判决、裁定，保护公民的合法权益和维护社会主义法制的尊严，都具有重要的意义。

三、再审的裁判

（一）裁判原则：禁止不利益变更

根据《高法解释》第 469 条的规定，除人民检察院提出抗诉的案件以外，再审一般不得加重原审被告人的刑罚。同时，再审决定书或者抗诉书只针对部分原审被告人的，不得加重其他同案原审被告人的刑罚。

（二）裁判的具体情形

根据《高法解释》第 472 条的规定，再审案件经过重新审理后，应当按照下列情形分别处理：

（1）原判决、裁定认定事实和适用法律正确、量刑适当的，应当裁定驳回申诉或者抗诉，维持原判决、裁定；

（2）原判决、裁定定罪准确、量刑适当，但在认定事实、适用法律等方面有瑕疵的，应当裁定纠正并维持原判决、裁定；

（3）原判决、裁定认定事实没有错误，但适用法律错误或者量刑不当的，应当撤销原判决、裁定，依法改判；

（4）依照第二审程序审理的案件，原判决、裁定事实不清、证据不足的，可以在查清事实后改判，也可以裁定撤销原判，发回原审人民法院重新审判。

原判决、裁定事实不清或者证据不足，经审理事实已经查清的，应当根据查清的事实依法裁判；事实仍无法查清，证据不足，不能认定被告人有罪的，应当撤销原判决、裁定，判决宣告被告人无罪。

此外，人民法院按照审判监督程序重新审判的案件，被告人死亡的，可以缺席审理。有证据证明被告人无罪，经缺席审理确认被告人无罪的，应当判决宣告被告人无罪；虽然构成犯罪，但原判量刑畸重的，应当依法作出判决。

四、审判监督程序的救济

（一）再审审判的救济

如前所述，如果是人民法院按照第一审程序重新审理的案件，那么自诉人、被告人及其法定代理人有权针对此再审判决提出上诉，人民检察院有权提出抗诉；如果是人民法院依照二审程序重新审理的案件，根据“实事求是、有错必纠”的方针，再审裁判确有错误的，依然可以依照审判监督程序予以纠正。但为保证裁判的安定性，一般不允许作不利于受判决人的变更。

（二）冤狱赔偿救济

经审判监督程序而改判为无罪的当事人，有权请求刑事赔偿，也可以称之为冤狱赔偿。宪法第 41 条第 3 款规定，由于国家机关和国家工作人员侵犯公民权利而受到损失的人，有依照法律规定取得赔偿的权利。国家赔偿法为落实此项权利，规定了刑事赔偿的具体内容。与之相应，《高法解释》第 474 条规定，对再审改判宣告无罪并依法享有申请国家赔偿权利的当事人，人民法院宣判时，应当告知其在判决发生法律效力后可以依法申请国家赔偿。

可以说，冤狱赔偿的设置是在事后层面对审判监督程序的丰富和完善，以充分发挥该程序对于平反冤假错案、修复程序正义的价值。它使无辜者因刑事侵权所遭受的侵害有机会获得赔偿，错案得以彻底纠正，也能促进司法机关和司法工作人员提高责任感，以防止司法权力的滥用。

第二十四章　执　　行

第一节　执行概述

一、执行的概念和特点

刑事诉讼中的执行，是指法定的执行机关将已经发生法律效力的判决、裁定所确定的刑罚等内容付诸实施，以及解决实施过程中出现的特定问题而进行的活动。

执行是刑事诉讼中的一个独立阶段，也是刑事诉讼的最后阶段。执行是落实生效裁判实体内容的诉讼活动，但并非对判决、裁判执行的整个过程和全部活动都属于刑事诉讼活动的范围。属于刑事诉讼活动的，仅指人民法院的交付执行、监狱及其他执行机关对刑罚的执行和刑罚变更等活动。而执行机关等对罪犯所进行的监管、教育、组织劳动等活动，则属于司法行政活动，不具有诉讼活动的性质。执行在刑事诉讼中占有重要的地位，因为如果没有执行，生效裁判就会成为一纸空文，立案、侦查、起诉和审判也就没有存在的必要。正确及时地执行判决和裁定，对于实现刑事诉讼目的和完成刑事诉讼法的任务具有十分重要的意义。

与立案、侦查、起诉和审判相比，执行具有以下特点。

1. 执行主体的广泛性。执行的主体是指有权利和义务执行生效裁判的机关、单位和相关组织。依据刑事诉讼法的规定，刑事执行的主体除人民法院、人民检察院、公安机关外，还包括监狱、看守所、未成年犯管教所以及社区矫正机构等。这些机关分别行使不同的刑罚执行权。由此可见，刑事执行主体的范围比刑事诉讼其他任何阶段的主体要更为宽泛，这是执行程序的一个明显的特点。

2. 执行原则的特定性。执行是刑事诉讼中法定的、不可或缺的重要程序阶段，执行主体在进行执行时不可任意而为，而应该遵循一定的原则：（1）合法执行原则。一方面，刑罚执行机关据以执行的对象必须是已经发生法律效力的判决和裁定，而不是其他的法律文件；另一方面，执行活动必须依照法律规定的程序进行，如交付执行时，必须移送完备的法律文书及办理相关的法律手续等。（2）强制执行原则。已经发生法律效力的判决和裁定，对一切国家机关、社会团体、企事业单位及公民均具有法律约束力，必须无条件执行。对不执行的机关或个人，必须运用强制手段使其执行；如果抗拒执行，将被依法追究法律责任。（3）及时执行原则。人民法院的判决、裁定一旦发生法律效力就应当立即交付执行，不得以任何借口进行拖延，以及时惩罚犯罪，保护国家、集体和公民的合法权益。为此，执行机关应当密切配合，迅速及时地将判决、裁定所确定的内容付诸实现。

3. 执行效力的确定性。执行效力的确定性是由生效裁判的稳定性决定的。生效判决、裁定所确定的执行内容是确定的，也是严肃的，因此也就具有法律约束力，执行机关不得任意、擅自变更执行的内容。只有在符合法定条件时，执行机关才可会同有关机关依照法定程序予以变更执行。如果发现据以执行的生效裁判在认定事实或适用法律上确有错误，只能按照审判监督程序，由人民法院加以变更或撤销。

二、执行的依据

执行的依据是已经发生法律效力的判决和裁定。根据刑事诉讼法第 259 条的规定，判决和裁定在发生法律效力后执行。下列判决和裁定是发生法律效力的判决和裁定。

1. 已过法定期限没有上诉、抗诉的判决和裁定。即地方各级人民法院作出的上诉期满而没有上诉或抗诉的第一审判决或裁定。

2. 终审的判决和裁定。即中级人民法院、高级人民法院作出的第二审判决和裁定，最高人民法院作出的第一审和第二审判决和裁定。

3. 最高人民法院核准的死刑的判决和高级人民法院核准的死刑缓期 2 年执行的判决。

三、执行的主体

执行主体是指法定的执行机关。根据执行职能的不同，可将执行主体分为交付执行机关、执行机关和执行监督机关。

1. 交付执行机关。交付执行机关是将生效裁判交给有关机关执行刑罚的机关。在我国，交付执行的机关只能是人民法院。人民法院根据生效裁判所确定的不同的刑罚方式，将生效裁判交付相应的机关执行。一般而言，发生法律效力的裁判由原第一审人民法院交付执行，但是，罪犯关押在第二审人民法院所在地的，也可以由第二审人民法院交付执行。

2. 执行机关。执行机关是将判决、裁定所确定的内容付诸实现的机关。人民法院、公安机关和监狱、社区矫正机构等均是执行机关。生效判决和裁定的内容不同，其执行机关也不相同。根据刑事诉讼法的相关规定，死刑立即执行、罚金、没收财产的判决和裁定以及无罪或免除刑罚的判决，由人民法院执行。对于被判处死刑缓期2年执行、无期徒刑、有期徒刑的罪犯，由公安机关交监狱执行。对被判处有期徒刑的罪犯，在被交付执行刑罚前，剩余刑期在3个月以下的，由看守所代为执行。对未成年犯应当在未成年犯管教所执行。对于被判处拘役、剥夺政治权利的罪犯，由公安机关执行。对被判处管制、宣告缓刑、假释或者暂予监外执行的罪犯，由社区矫正机构负责执行。

3. 执行监督机关。人民检察院虽然不是法定的执行机关，但作为专门的法律监督机关，有权对执行机关的执行活动是否合法实行监督。刑事诉讼法第276条规定："人民检察院对执行机关执行刑罚的活动是否合法实行监督。如果发现有违法的情况，应当通知执行机关纠正。"这是立法关于人民检察院对执行机关执行刑罚活动进行监督的总括性规定。由于刑事诉讼法分专门条文规定了死刑立即执行、暂予监外执行和减刑、假释的监督，所以人民检察院对执行进行监督的对象，是指这些执行活动在内的一切执行刑罚的活动，包括对判决、裁定的交付执行进行监督以及对执行机关的收押、执行和监督考察等实行监督。人民检察院在监督过程中，发现有违法情况的，应当通知执行机关纠正。对于其中情节轻微的，检察人员可以口头提出纠正意见；对于情节比较严重的，检察人员应报检察长批准，向监狱或其他执行机关发出书面的纠正违法通知；对于造成严重后果，构成犯罪的，应当依法追究责任人的刑事责任。

第二节　各种判决、裁定的执行

一、死刑立即执行判决的执行

死刑是依法剥夺犯罪分子生命的刑罚，因此在判决与执行时应该极为慎重。为了防止无法挽回的错杀，刑事诉讼法对判处死刑立即执行判决的执行程序作了严格的规定。

1. 签发执行死刑命令与交付执行。刑事诉讼法第261条规定，最高人民法院判处和核准的死刑立即执行的判决，应当由最高人民法院院长签发执行死刑的命令。执行死刑的命令应按照统一样式填写，由院长签名，并加盖人民法院印章。最高人民法院院长签发的执行死刑命令，由高级人民法院交付第一审人民法院执行。第一审人民法院接到执行死刑命令后，应当在7日以内执行。执行死刑的这一法定期限必须严格遵守，不得随意借故延期。在死刑缓期执行期间故意犯罪，最高人民法院核准执行死刑的，由罪犯服刑地中级人民法院执行。在执行前如果发现具有刑事诉讼法第262条所规定的不能执行死刑的情形时，应当暂停执行，并且立即报告最高人民法院，由其作出裁定。

2. 死刑罪犯与近亲属的会见权保障。第一审人民法院在执行死刑前，应当告知罪犯有权会见其近亲属。罪犯申请会见并提供具体联系方式的，人民法院应当通知其近亲属。确实无法与罪犯近亲属取得联系，或者近亲属拒绝会见的，应当告知罪犯。罪犯申请通过录音录像等方式留下遗言的，人民法院可以准许。罪犯近亲属申请会见的，人民法院应当准许并及时安排，但罪犯拒绝会见的除外。罪犯拒绝会见的，应当记录在案并及时告知其近亲属；必要时应当录音录像。罪犯申请会见近亲属以外的亲友，经人民法院审查，确有正当理由的，在确保安全的情况下可以准许。罪犯申请会见未成年子女的，应当经未成年子女的监护人同意；会见可能影响未成年人身心健康的，人民法院可以通过视频方式安排会见，会见时监护人应当在场。会见一般在罪犯羁押场所进行。会见情况应当记录在案，附卷存档。

3. 执行死刑的指挥和监督。执行死刑，由人民法院指派的审判人员指挥。执行死刑前，指挥执行的审判人员应当对罪犯验明正身，讯问有无遗言、信札，并制作笔录，再交执行人员执行死刑。在执行前，如果发现可能有错误，应当暂停执行，报最高人民法院裁定。人民检察院有权对死刑的执行进行临场监督。根据刑事诉讼法第 263 条第 1 款的规定，人民法院在交付执行死刑前，应当通知同级人民检察院派员临场监督。人民检察院收到同级人民法院执行死刑临场监督通知后，应当查明同级人民法院是否收到最高人民法院核准死刑的判决或者裁定和执行死刑的命令。执行死刑临场监督由人民检察院负责刑事执行检察的部门承担。人民检察院派驻看守所、监狱的检察人员应当予以协助，负责捕诉的部门应当提供有关情况。执行死刑前，人民检察院发现有停止执行的法定情形的，应当建议人民法院立即停止执行，并层报最高人民检察院负责死刑复核监督的部门。在执行死刑活动中，发现人民法院有侵犯被执行死刑罪犯的人身权、财产权或者近亲属、继承人合法权利等违法情形的，人民检察院应当依法提出纠正意见。执行死刑过程中，人民检察院临场监督人员根据需要可以进行拍照、录像。执行死刑后，人民检察院临场监督人员应当检查罪犯是否确已死亡，并填写临场监督笔录，签名后入卷归档。

4. 执行死刑的方法和场所。死刑采用枪决或者注射等方法执行。采用枪决、注射以外的其他方法执行死刑的，应当事先报请最高人民法院批准。采用枪决方法执行死刑，人民法院有条件执行的，应交由司法警察执行；没有条件执行的，可交由公安机关的武装警察执行。关于采用注射方法执行死刑的人员，法律未予明确规定，理应由法医或医师执行。死刑可以在刑场或者指定的羁押场所内执行。所谓“刑场”，是指传统意义上由执行机关设置的执行死刑的场所。所谓“指定的羁押场所”，是指人民法院指定的监狱或看守所。执行死刑应该对执行场所进行严格控制，除依法执行死刑的工作人员外，其他无关人员一律不准入内。

执行死刑应当公布，禁止游街示众以及其他有辱罪犯人格的行为。

5. 执行后的查验与通知事项。执行死刑后，应由法医查验罪犯是否确已死亡，在场书记员制作笔录。负责执行的人民法院应当在执行 15 日以内将执行情况，包括罪犯执行前后的照片，上报最高人民法院。执行死刑后，负责执行的人民法院还应当办理以下事项：（1）对罪犯的遗书、遗言笔录，应当及时审查。涉及财产继承、债务清偿、家事嘱托等内容的，将遗书、遗言笔录交给其家属，同时复制附卷备查。涉及案件线索等问题的，应当抄送有关机关。（2）通知罪犯家属在限期内领取罪犯骨灰。没有火化条件或者因民族、宗教等原因不宜火化的，通知领取尸体。过期不领的，由人民法院通知有关单位处理，并要求有关单位出具处理情况说明。对于罪犯的骨灰或尸体的处理情况，应当记录在案。（3）对外国籍罪犯执行死刑后，依照有关规定的程序和时限通知外国驻华使领馆。

二、死刑缓期 2 年执行、无期徒刑、有期徒刑、拘役判决的执行

1. 交付执行时应移送的法律文书。根据刑事诉讼法第 264 条第 1 款的规定，罪犯被交付执行刑罚的时候，应当由交付执行的人民法院在判决生效后 10 日以内将有关的法律文书送达公安机关、监狱或者其他执行机关。这些法律文书包括：人民检察院的起诉书副本、自诉状复印件；人民法院的判决书、裁定书；人民法院的执行通知书；人民法院的结案登记表。对于一案有多名罪犯的，交付执行的人民法院应当按照罪犯的人数送达法律文书，不能共用。

2. 交付执行的期限。根据刑事诉讼法的规定，人民法院应当“在判决生效后 10 日以内”将有关的法律文书送达公安机关、监狱或者其他执行机关。根据监狱法第 15 条的规定，人民法院对被判处死刑缓期 2 年执行、无期徒刑、有期徒刑的罪犯，应当将执行通知书、判决书送达羁押该罪犯的公安机关，公安机关应当自收到执行通知书、判决书之日起 1 个月内将该罪犯送交监狱执行刑罚。罪犯在被交付执行刑罚前，剩余刑期在 3 个月以下的，由看守所代为执行。对于被判处拘役的罪犯，公安机关在收到上述法律文书后，应当立即送交执行。执行通知书回执经看守所盖章后，应当附卷备查。

3. 交付执行的场所。根据刑事诉讼法第 264 条第 2 款、第 3 款的规定，对被判处死刑缓期 2 年执行、无期徒刑、有期徒刑的罪犯，由公安机关依法将该罪犯送交监狱执行刑罚。对被判处有期徒刑的罪犯，在被交付执行刑罚前，剩余刑期在 3 个月以下的，由看守所代为执行。对被判处拘役的罪犯，由公安机关执行。对未成年犯应当在未成年犯管教所执行刑罚。监狱法第 76 条规定，未成年犯年满 18 周岁时，剩余刑期不超过 2 年的，仍可以留在未成年犯管教所执行剩余刑期。

4. 执行的刑期计算。被判处有期徒刑、拘役罪犯的刑期，从判决执行之日起计算。判决执行以前被羁押的，羁押 1 日折抵刑期 1 日；判决执行以前被指定居

所监视居住的，监视居住 2 日抵刑期 1 日。被判处死刑缓期执行的罪犯，在死刑缓期执行期间犯罪的，应当由罪犯服刑地的中级人民法院依法审判，所作的判决可以上诉、抗诉。认定故意犯罪，情节恶劣，应当执行死刑的，在判决、裁定发生法律效力后，应当层报最高人民法院核准执行死刑。对故意犯罪未执行死刑的，不再报高级人民法院核准，死刑缓期执行的期间重新计算，并层报最高人民法院备案。备案不影响判决、裁定的生效和执行。最高人民法院经备案审查，认为原判不予执行死刑错误，确需改判的，应当依照审判监督程序予以纠正。死刑缓期执行的期间，从判决或者裁定核准死刑缓期执行的法律文书宣告或者送达之日起计算。死刑缓期执行期满，依法应当减刑的，人民法院应当及时减刑。对被判处死刑缓期执行的累犯以及因故意杀人、强奸、抢劫、绑架、放火、爆炸、投放危险物质或者有组织的暴力性犯罪被判处死刑缓期执行的犯罪分子，人民法院根据犯罪情节等情况可以同时决定对其限制减刑。死刑缓期执行期满减为无期徒刑、有期徒刑的，刑期自死刑缓期执行期满之日起计算。判处拘役、有期徒刑的罪犯，以及原判死刑缓期执行、无期徒刑经依法减刑改判为有期徒刑的罪犯，服刑期满，监狱应当按期释放并发给释放证明书。

5. 收监执行中有关问题的处理。未被逮捕的罪犯，经人民法院判处拘役或者有期徒刑以上刑罚的，公安机关可以根据执行通知书、生效的判决书等，将其交相应的执行机关执行，不再另行办理逮捕手续。执行机关收押罪犯时，应当对罪犯进行身体检查，对于不适合在监狱或其他执行场所执行的，可以暂不收监，按相关规定办理执行变更手续。但如果对其暂予监外执行有社会危害性的，应当收监。对罪犯收监时，还应当对其人身和所携带的物品进行检查，以免发生危险或意外。对于罪犯携带的非生活必需品，应当由执行机关代为保管或者在征得罪犯同意后退回其家属；对于违禁品则一律予以没收。罪犯收监后，监狱应当通知罪犯家属。通知书应当自收监之日起 5 日内发出。罪犯在服刑期间死亡的，监狱应当立即通知罪犯家属和人民检察院、人民法院。罪犯因病死亡的，由监狱作出医疗鉴定。人民检察院对监狱的医疗鉴定有疑义的，可以重新对死亡原因作出鉴定。罪犯家属有疑义的，可以向人民检察院提出。罪犯非正常死亡的，人民检察院应当立即检验，对死亡原因作出鉴定。

三、管制、拘役缓刑、有期徒刑缓刑的执行程序

刑事诉讼法第 269 条规定：“对被判处管制、宣告缓刑、假释或者暂予监外执行的罪犯，依法实行社区矫正，由社区矫正机构负责执行。”

管制是指对轻微犯罪分子不实行关押，但限制其一定自由，实现社区矫正的一种刑罚方法。管制的期限为 3 个月以上 2 年以下，数罪并罚时不得超过 3 年。管制的刑期从判决执行之日起计算。判决执行以前被羁押的，羁押 1 日折抵刑期

2 日；判决执行以前被指定居所监视居住的，监视居住 1 日抵刑期 1 日。在管制执行期间，罪犯应当遵守下列规定：（1）遵守法律、行政法规，服从监督；（2）未经执行机关批准，不得行使言论、出版、集会、结社、游行、示威自由的权利；（3）按照执行机关规定报告自己的活动情况；（4）遵守执行机关关于会客的规定；（5）离开所居住的市、县或者迁居，应当报经执行机关批准。对被判处管制的罪犯，在劳动中实行同工同酬。管制期满，执行机关应及时向本人和其所在单位或者居住地的群众公开宣布解除管制。被附加剥夺政治权利的，应同时宣布恢复政治权利。同时，根据自 2011 年 5 月 1 日起施行的《中华人民共和国刑法修正案（八）》第 2 条的规定，判处管制，可以根据犯罪情况，同时禁止犯罪分子在执行期间从事特定活动，进入特定区域、场所，接触特定的人。对判处管制的犯罪分子，依法实行社区矫正。

缓刑是刑法所规定的有条件地暂缓执行刑罚的制度，不是一种独立的刑罚方法，而只是一种特殊的刑罚执行方式。根据刑法第 72 条的规定，缓刑包括拘役缓刑和有期徒刑缓刑。对于被判处拘役缓刑和有期徒刑缓刑的罪犯，在宣告缓刑时，应该同时宣告缓刑考验期。根据刑法第 73 条的规定，拘役的缓刑考验期限为原判刑期以上 1 年以下，但不能少于 2 个月。有期徒刑的缓刑考验期限为原判刑期以上 5 年以下，但不能少于 1 年。缓刑考验期限，从判决确定之日起计算。对罪犯进行监督考察，是执行拘役缓刑和有期徒刑缓刑的重要内容。刑法第 75 条规定，被宣告缓刑的犯罪分子应当遵守下列规定：（1）遵守法律、行政法规，服从监督；（2）按照考察机关的规定报告自己的活动情况；（3）遵守考察机关关于会客的规定；（4）离开所居住的市、县或者迁居，应当报经考察机关批准。宣告缓刑，可以根据犯罪情况同时宣告禁止令，有针对性地决定禁止犯罪分子在缓刑考验期限内“从事特定活动，进入特定区域、场所，接触特定的人”的一项或几项内容。被宣告缓刑的罪犯，如果在考验期限内犯新罪或者发现判决宣告以前还有其他罪没有判决的，应当撤销缓刑，对新犯的罪或新发现的罪作出判决，依照数罪并罚的原则决定执行的刑罚；被宣告缓刑的犯罪分子，在缓刑考验期限内，违反法律、行政法规或者国务院有关部门关于缓刑的监督管理规定，或者违反人民法院判决中的禁止令，情节严重的，应当撤销缓刑，执行原判刑罚。对宣告缓刑的犯罪分子，在缓刑考验期限内，如果没有上述的情形，缓刑考验期满，原判的刑罚就不再执行，并公开予以宣告。已执行的缓刑考验期不能折抵刑期，但是，判决执行前先行羁押的日期，应予折抵。

社区矫正是非监禁刑罚执行方式，是指将符合法定条件的罪犯置于社区内，由专门的国家机关在相关社会团体、民间组织和社会志愿者的协助下，在判决、裁定或决定确定的期限内，矫正其犯罪心理和行为恶习，促进其顺利回归社会的非监禁刑罚执行活动。将那些不需要、不适宜监禁或者继续监禁的罪犯放到社区里，可以充分利用社会力量有针对性地对其实施矫正，不仅有利于贯彻落实宽严相济的刑事政策，降低刑罚执行成本，提高刑罚执行效率，还有利于促进罪犯顺利回归和融入社会，维护社会和谐稳定。根据《中华人民共和国社区矫正法》第2条至第4条的规定，对被判处管制、宣告缓刑、假释和暂予监外执行的罪犯，依法实行社区矫正。对社区矫正对象的监督管理、教育帮扶等活动，适用本法。社区矫正工作坚持监督管理与教育帮扶相结合，专门机关与社会力量相结合，采取分类管理、个别化矫正，有针对性地消除社区矫正对象可能重新犯罪的因素，帮助其成为守法公民。社区矫正对象应当依法接受社区矫正，服从监督管理。社区矫正工作应当依法进行，尊重和保障人权。社区矫正对象依法享有的人身权利、财产权利和其他权利不受侵犯，在就业、就学和享受社会保障等方面不受歧视。

根据社区矫正法和最高人民法院、最高人民检察院、公安部、司法部于2020年6月18日联合发布并于2020年7月1日起实施的《中华人民共和国社区矫正法实施办法》的规定，国务院司法行政部门主管全国的社区矫正工作。县级以上地方人民政府司法行政部门主管本行政区域内的社区矫正工作。人民法院、人民检察院、公安机关和其他有关部门依照各自职责，依法做好社区矫正工作。人民检察院依法对社区矫正工作实行法律监督。地方人民政府根据需要设立社区矫正委员会，负责统筹协调和指导本行政区域内的社区矫正工作。县级以上地方人民政府根据需要设置社区矫正机构，负责社区矫正工作的具体实施。司法所根据社区矫正机构的委托，承担社区矫正相关工作。社区矫正机构应当配备具有法律等专业知识的专门国家工作人员，履行监督管理、教育帮扶等执法职责。社区矫正机构根据需要，组织具有法律、教育、心理、社会工作等专业知识或者实践经验的社会工作者开展社区矫正相关工作。居民委员会、村民委员会依法协助社区矫正机构做好社区矫正工作。社区矫正对象的监护人、家庭成员，所在单位或者就读学校应当协助社区矫正机构做好社区矫正工作。国家鼓励、支持企业事业单位、社会组织、志愿者等社会力量依法参与社区矫正工作。

对判处管制、宣告缓刑的罪犯，人民法院应当依法确定社区矫正执行地，社区矫正执行地为罪犯的居住地；罪犯有多个居住地的，可以确定其经常居住地为执行地；罪犯的居住地、经常居住地无法确定或者不适宜执行矫正的，应当根据有利于罪犯接受矫正、更好地融入社会的原则，确定执行地。宣判时，应当告知罪犯自判决、裁定生效之日起10日以内到执行地社区矫正机构报到，以及不按期报到的后果。人民法院应当自判决、裁定或者决定生效之日起5日以内通知执行地社区矫正机构，并在10日以内将判决书、裁定书、决定书、执行通知书等法律文书送达执行地社区矫正机构，同时抄送人民检察院和执行地公安机关。人民法院与社区矫正执行地不在同一地方的，由执行地社区矫正机构将法律文书转送所在地人民检察院和公安机关。收到法律文书后，社区矫正机构应当在5日内送达回执。社区矫正对象应当按照有关规定和社区矫正机构的要求，定期报告遵纪守法、接受监督管理、参加教育学习、公益活动和社会活动等情况。发生居所变化、工作变动、家庭重大变故以及接触对其矫正可能产生不利影响人员等情况时，应当及时报告。被宣告禁止令的社区矫正对象应当定期报告遵守禁止令的情况。未经执行地县级社区矫正机构批准，社区矫正对象不得接触其犯罪案件中的被害人、控告人、举报人，不得接触同案犯等可能诱发其再犯罪的人。社区矫正对象未经批准不得离开所居住市、县。确有就医、就学、参与诉讼、处理家庭或者工作重要事务等正当理由，需要离开的，应当经执行地县级社区矫正机构或者受委托的司法所批准。

社区矫正对象矫正期满或者被赦免的，社区矫正机构应当向社区矫正对象发放解除社区矫正证明书，并通知社区矫正决定机关、所在地的人民检察院、公安机关。社区矫正对象被裁定撤销缓刑、假释，被决定收监执行，或者社区矫正对象死亡的，社区矫正终止。社区矫正对象具有刑法规定的撤销缓刑、假释情形的，应当由人民法院撤销缓刑、假释。对于在考验期限内犯新罪或者发现判决宣告以前还有其他罪没有判决的，应当由审理该案件的人民法院撤销缓刑、假释，并书面通知原审人民法院和执行地社区矫正机构。对于有其他需要撤销缓刑、假释情形的，社区矫正机构应当向原审人民法院或者执行地人民法院提出撤销缓刑、假释建议，并将建议书抄送人民检察院。社区矫正机构提出撤销缓刑、假释建议时，应当说明理由，并提供有关证据材料。

根据《高检规则》第643条、第644条的规定，人民检察院发现社区矫正执法活动具有下列情形之一的，应当依法提出纠正意见：（1）社区矫正对象报到后，社区矫正机构未履行法定告知义务，致使其未按照有关规定接受监督管理的；（2）违反法律规定批准社区矫正对象离开所居住的市、县，或者违反人民法院禁止令的内容批准社区矫正对象进入特定区域或者场所的；（3）没有依法监督管理而导致社区矫正对象脱管的；（4）社区矫正对象违反监督管理规定或者人民法院的禁止令，未依法予以警告、未提请公安机关给予治安管理处罚的；（5）对社区矫正对象有殴打、体罚、虐待、侮辱人格、强迫其参加超时间或者超体力社区服务等侵犯其合法权利行为的；（6）未依法办理解除、终止社区矫正的；（7）其他违法情形。人民检察院发现对社区矫正对象的刑罚变更执行活动具有下列情形之一的，应当依法提出纠正意见：（1）社区矫正机构未依法向人民法院、公安机关、监狱管理机关提出撤销缓刑、撤销假释建议或者对暂予监外执行的收监执行建议，或者未依法向人民法院提出减刑建议的；（2）人民法院、公安机关、监狱管理机关未依法作出裁定、决定，或者未依法送达的；（3）公安机关未依法将罪犯送交看守所、监狱，或者看守所、监狱未依法收监执行的；（4）公安机关未依法对在逃的罪犯实施追捕的；（5）其他违法情形。

四、剥夺政治权利判决的执行程序

剥夺政治权利是在一定期限内剥夺犯罪分子参加国家管理和其他政治活动权利的一种刑罚方法。剥夺政治权利可以独立适用，也可附加适用。根据刑法第 54 条的规定，对罪犯剥夺政治权利主要是指剥夺选举权、被选举权，言论、出版、集会、结社、游行、示威自由权，担任国家机关职务权，担任国有公司、企事业单位和人民团体领导职务权等。在执行期间，罪犯应当遵守法律、行政法规和公安部门有关监督管理的规定，服从监督。

刑事诉讼法第 270 条中规定："对被判处剥夺政治权利的罪犯，由公安机关执行。"对剥夺政治权利的罪犯，公安机关在执行时应向其所在单位或者居住地群众宣布犯罪事实、剥夺政治权利的期限和应当遵守的规定。依据刑法的有关规定，剥夺政治权利的期限分为四种情况：（1）独立剥夺政治权利或者判处有期徒刑、拘役附加剥夺政治权利的，剥夺政治权利的期限为 1 年以上 5 年以下。（2）判处管制附加剥夺政治权利的，剥夺政治权利的期限与管制的期限相同。（3）对于被判处死刑、无期徒刑的，应当剥夺政治权利终身。（4）在死刑缓期 2 年执行减为有期徒刑或者无期徒刑减为有期徒刑时，附加剥夺政治权利的期限相应改为 3 年以上 10 年以下。

对单处剥夺政治权利的罪犯，人民法院应当在判决、裁定生效 10 日以内，将判决书、裁定书、执行通知书等法律文书送达罪犯居住地的县级公安机关，并抄送罪犯居住地的县级人民检察院。剥夺政治权利的刑期起算，也因主刑的不同而不同：独立适用剥夺政治权利的，从判决确定之日起执行；主刑是管制的，附加剥夺政治权利的刑期从判决执行之日同时起算，同时执行，管制期满，政治权利也同时恢复；主刑是有期徒刑、拘役的，附加剥夺政治权利的刑期从徒刑、拘役执行完毕或假释之日起算，剥夺政治权利的效力，当然适用于主刑执行期间；主刑是死刑（包括死刑缓期执行）、无期徒刑的，附加剥夺政治权利的执行从判决或裁定发生法律效力之日起开始。执行期满，应当由执行机关书面通知本人及其所在单位、居住地基层组织。

五、罚金、没收财产的执行程序

罚金是判处罪犯或犯罪单位在一定期限内向国家缴纳一定数额金钱的一种刑罚方法。判处罚金，无论是附加适用或者独立适用，都由人民法院执行，具体由第一审人民法院负责裁判执行的执行机构执行。被判处罚金的罪犯或犯罪单位，应当按照判决确定的内容，在判决规定的期限内一次或者分期缴纳。期满无故不缴纳或者未足额缴纳的，人民法院应当强制缴纳。经强制缴纳仍不能全部缴纳的，在任何时候，包括主刑执行完毕后，发现被执行人有可供执行的财产的，应当追缴。因遭遇不能抗拒的灾祸等原因缴纳罚金确实有困难，被执行人申请延期缴纳、酌情减少或者免除罚金的，应当提交相关证明材料。人民法院应当在收到申请后 1 个月以内作出裁定。符合法定条件的，应当准许；不符合条件的，驳回申请。由此可见，对罚金的执行，可以分为四种情况：一是限期一次缴纳；二是限时间分期缴纳；三是强制缴纳；四是酌情减少或者免除。

需要注意的是，行政机关对被告人就同一事实已经处以罚款的，人民法院判处刑罚时应当折抵，扣除行政处罚已执行的部分。对于罪犯缴纳的罚金，应按规定及时上缴国库，任何部门、单位和个人都不得截留、挪用、私分或变相私分。

没收财产是将犯罪人个人所有财产的一部或全部强制无偿地收归国有的一种刑罚方法。判决没收财产的，判决生效后，应当立即执行。没收财产可以附加适用，也可以独立适用。没收财产的判决，无论附加适用或者独立适用，都由人民法院执行，具体由第一审人民法院负责裁判执行的执行机构执行；在必要的时候，可以会同公安机关执行。被执行财产在外地的，第一审人民法院可以委托其财产所在地的同级人民法院执行。

在没收财产时，不得没收属于罪犯家属所有或者应有的财产。没收全部财产的，应当对罪犯个人及其扶养的家属保留必需的生活费用。为防止执行前罪犯或其他人将财产转移等影响判决执行的情况发生，人民法院可以先采取查封、扣押、冻结被告人财产的措施。对于没收财产以前罪犯所负的正当债务，需要以没收的财产偿还的，经债权人请求，人民法院应当裁定用没收的财产偿还。对于没收的财产，人民法院应按规定及时上缴国库或财政部门，任何部门、单位和个人，都不得挪用、调换、压价私分或变相私分。

被判财产刑，同时又承担附带民事赔偿责任的被执行人，应当先履行民事赔偿责任。

六、无罪判决和免除刑事处罚判决的执行

无罪判决是指人民法院依法确认被告人不构成犯罪，或者依法不追究刑事责任和不能追究刑事责任的一种决定。它包括被告人的行为不构成犯罪，或虽构成犯罪但具有法定不应追究刑事责任的，或因证据不足、指控的犯罪不能成立的无罪判决。免除刑事处罚判决是人民法院依法确认被告人构成犯罪，但因具有法定免除处罚的情形而作出的对被告人不予刑事处罚的决定。

刑事诉讼法第 260 条规定：“第一审人民法院判决被告人无罪、免除刑事处罚的，如果被告人在押，在宣判后应当立即释放。”据此，如果人民法院作出无罪或免除刑事处罚的判决，在其未发生法律效力以前，就应当立即释放已被羁押的被告人，即使在判决宣告后当事人及其法定代理人提起上诉或者人民检察院提起抗诉，人民法院也应当将判决书连同执行通知书立即送达公安机关，由公安机

关通知看守所立即释放被关押的被告人。

无罪和免除刑事处罚判决生效后，人民法院还应该协同有关单位做好善后工作，及时恢复无罪公民的自由、名誉。如果该无罪公民依据国家赔偿法的规定提出了赔偿，人民法院应及时处理。对于免除刑事处罚的被告人，人民法院可根据案件的不同情况，予以训诫或责令具结悔过、赔礼道歉、赔偿损失或提出司法建议，由有关主管单位给予被告人行政处分。

第三节　执行的变更

执行的变更是指生效裁判在交付执行或执行过程中，由于出现法定情形，需要变更原裁判所确定的执行内容或执行方法，依照法定程序予以改变的活动。执行的变更包括死刑执行的变更、暂予监外执行、减刑和假释。

一、死刑执行的变更

（一）死刑立即执行的变更

死刑立即执行判决执行过程中的变更包括停止执行和暂停执行两种情形。

1. 停止执行

下级人民法院在接到死刑命令后，在执行前如果发现具有法定不能执行死刑的情形时，应当停止执行，并且立即报告最高人民法院，由其作出裁定。根据刑事诉讼法第 262 条的规定，这些情形有以下三种：（1）在执行前发现判决可能有错误的；（2）在执行前罪犯揭发重大犯罪事实或者有其他重大立功表现，可能需要改判的；（3）罪犯正在怀孕。前两种停止执行的原因消失后，必须报请最高人民法院院长再签发执行死刑的命令才能执行；由于第三种原因停止执行的，应当报请最高人民法院依法改判。

2. 暂停执行

根据刑事诉讼法第 263 条第 4 款的规定，指挥执行死刑的审判人员，对罪犯应当验明正身，讯问有无遗言、信札，然后交付执行人员执行死刑。在执行前，如果发现可能有错误，应当暂停执行，并立即报告最高人民法院，由最高人民法院裁定。这里所指称的错误，是指包括上述停止执行三种情形在内的一切可能发生的错误，具体而言，主要包括：（1）罪犯可能有其他犯罪的；（2）共同犯罪的其他犯罪嫌疑人到案，可能影响罪犯量刑的；（3）共同犯罪的其他罪犯被暂停或者停止执行死刑，可能影响罪犯量刑的；（4）罪犯揭发重大犯罪事实或者有重大立功表现，可能需要改判的；（5）罪犯怀孕的；（6）判决、裁定可能有影响定罪量刑的其他错误的。

暂停执行死刑的决定作出后，负责执行死刑的人民法院应当立即将请求停止执行死刑的报告和相关材料层报最高人民法院。最高人民法院经审查，认为可能影响定罪量刑的，应当裁定停止执行死刑；认为不影响的，应当决定继续执行死刑。

最高人民法院对停止执行死刑的案件，应当按照下列情形分别处理：（1）确认罪犯怀孕的，应当改判。根据有关的规定，罪犯从被羁押到执行死刑前，如果正在怀孕或者已被做了人工流产均应视为“正在怀孕”。（2）确认罪犯有其他犯罪，依法应当追诉的，应当裁定不予核准死刑，撤销原判，发回重新审判。（3）确认原判决、裁定确有错误或者罪犯有重大立功表现，需要改判的，应当裁定不予核准死刑，撤销原判，发回重新审判。（4）确认原判决、裁定没有错误，罪犯没有重大立功表现，或者重大立功表现不影响原判决、裁定执行的，应当裁定继续执行死刑，并由院长重新签发执行死刑的命令。

（二）死刑缓期2年执行的变更

死刑缓期2年执行不是一种独立的刑罚方法，而是死刑刑罚的一种特殊执行方式，是指对罪该判处死刑但不是必须立即执行的罪犯，在判处死刑的同时宣告缓期2年执行，实行监督改造，以观后效的一种刑罚执行制度。

刑事诉讼法第261条第2款规定：“被判处死刑缓期二年执行的罪犯，在死刑缓期执行期间，如果没有故意犯罪，死刑缓期执行期满，应当予以减刑的，由执行机关提出书面意见，报请高级人民法院裁定；如果故意犯罪，情节恶劣，查证属实，应当执行死刑的，由高级人民法院报请最高人民法院核准；对于故意犯罪未执行死刑的，死刑缓期执行的期间重新计算，并报最高人民法院备案。”由此可见，死刑缓期2年执行在执行期间或2年期满后又会产生减刑或执行死刑的后果，而这自然就涉及执行变更的问题。

从立法的规定看，被判处死刑缓期2年执行的罪犯在缓期执行期间，有无情节恶劣的故意犯罪，是对其予以减刑或者执行死刑的唯一条件。在缓期执行期间没有故意犯罪，依法减为无期徒刑或有期徒刑。至于减刑是减为无期徒刑还是有期徒刑，取决于是否有重大立功表现。刑法第50条第1款规定：“判处死刑缓期执行的，在死刑缓期执行期间，如果没有故意犯罪，二年期满以后，减为无期徒刑；如果确有重大立功表现，二年期满以后，减为二十五年有期徒刑；如果故意犯罪，情节恶劣的，报请最高人民法院核准后执行死刑；对于故意犯罪未执行死刑的，死刑缓期执行的期间重新计算，并报最高人民法院备案。”据此，罪犯在死刑缓期执行期间故意犯罪，情节恶劣的，可在考验期内的任何时间予以追究，只要查证属实，就应当执行死刑，不必等到2年考验期满。而由于死刑缓期2年执行的考验期自判决确定之日起计算，判决前羁押的日期，不能折抵考验期。因此，减刑必须在2年考验期满以后进行。减为有期徒刑的，刑期应从裁定减刑之日起计算，裁定减刑前羁押的日期不能折抵刑期。

对判处死刑缓期执行的罪犯的减刑，由罪犯服刑地高级人民法院在收到同级监狱管理机关审核同意的减刑建议书后1个月内作出裁定；如果故意犯罪，情节恶劣，查证属实，应当执行死刑的，由高级人民法院报请最高人民法院核准。

二、暂予监外执行

暂予监外执行是对被判处有期徒刑或者拘役的罪犯，由于出现某种法定的特殊情形，以及对被判处无期徒刑但怀孕或者正在哺乳自己婴儿的妇女，不宜在监内执行判处的刑罚，而将其暂时放在监外，由社区矫正机构负责执行的一种执行方法。

1. 暂予监外执行的情形

根据刑事诉讼法第265条的规定，对被判处有期徒刑或者拘役的罪犯，有下列情形之一的，可以暂予监外执行：（1）有严重疾病需要保外就医的；（2）怀孕或者正在哺乳自己婴儿的妇女；（3）生活不能自理，适用暂予监外执行不致危害社会的。被判处有期徒刑或者拘役的罪犯，只要具有上述三种情形之一，就可暂予监外执行。对被判处无期徒刑的罪犯，属于怀孕或者正在哺乳自己婴儿的妇女的，可以暂予监外执行。但是对适用保外就医可能有社会危险性的罪犯，或者自伤自残的罪犯，不得保外就医。对罪犯确有严重疾病，必须保外就医的，由省级人民政府指定的医院诊断并开具证明文件。

根据最高人民法院、最高人民检察院、公安部、司法部、国家卫生计生委于2014年10月24日联合发布的《暂予监外执行规定》第6条、第7条的规定，对需要保外就医或者属于生活不能自理，但适用暂予监外执行可能有社会危险性，或者自伤自残，或者不配合治疗的罪犯，不得暂予监外执行。对职务犯罪、破坏金融管理秩序和金融诈骗犯罪、组织（领导、参加、包庇、纵容）黑社会性质组织犯罪的罪犯适用保外就医应当从严审批，对患有高血压、糖尿病、心脏病等严重疾病，但经诊断短期内没有生命危险的，不得暂予监外执行。对在暂予监外执行期间因违法违规被收监执行或者因重新犯罪被判刑的罪犯，需要再次适用暂予监外执行的，应当从严审批。对需要保外就医或者属于生活不能自理的累犯以及故意杀人、强奸、抢劫、绑架、放火、爆炸、投放危险物质或者有组织的暴力性犯罪的罪犯，原被判处死刑缓期2年执行或者无期徒刑的，应当在减为有期徒刑后执行有期徒刑7年以上方可适用暂予监外执行；原被判处10年以上有期徒刑的，应当执行原判刑期1/3以上方可适用暂予监外执行。对未成年罪犯、65周岁以上的罪犯、残疾人罪犯，适用上述规定可以适度从宽；对患有高血压、糖尿病、心脏病等严重疾病，短期内有生命危险的罪犯，可以不受上述关于执行刑期的限制。

2. 暂予监外执行的决定

根据刑事诉讼法第265条第5款的规定，在交付执行前，暂予监外执行由交付执行的人民法院决定；在交付执行后，暂予监外执行由监狱或者看守所提出书面意见，报省级以上监狱管理机关或者设区的市一级以上公安机关批准。因此，决定暂予监外执行可表现为两种情况：一是在交付执行前发现罪犯具有上述法定的情形，人民法院可在宣告判决的同时决定对其暂予监外执行；二是在交付执行后发现罪犯需要暂予监外执行，由监狱或者看守所提出书面意见，报省级以上监狱管理机关或者设区的市一级以上公安机关批准。

3. 暂予监外执行的执行

根据刑事诉讼法第269条的规定，对被判处暂予监外执行的罪犯，依法实行社区矫正，由社区矫正机构负责执行。根据上述《暂予监外执行规定》第8条、第13条至第16条的规定，对在监狱、看守所服刑的罪犯需要暂予监外执行的，监狱、看守所应当组织对罪犯进行病情诊断、妊娠检查或者生活不能自理的鉴别。罪犯本人或者其亲属、监护人也可以向监狱、看守所提出书面申请。监狱、看守所应当就是否对罪犯提请暂予监外执行进行审议。批准机关应当自收到监狱、看守所提请暂予监外执行材料之日起15个工作日以内作出决定。批准暂予监外执行的，应当在5个工作日以内将暂予监外执行决定书送达监狱、看守所，同时抄送同级人民检察院、原判人民法院和罪犯居住地社区矫正机构。不予批准暂予监外执行的，应当在5个工作日以内将不予批准暂予监外执行决定书送达监狱、看守所。监狱、看守所应当向罪犯发放暂予监外执行决定书，及时为罪犯办理出监、出所相关手续。监狱、看守所应当派员持暂予监外执行决定书及有关文书材料，将罪犯押送至居住地，与社区矫正机构办理交接手续。

人民法院决定暂予监外执行的，应当制作暂予监外执行决定书，写明罪犯基本情况、判决确定的罪名和刑罚、决定暂予监外执行的原因、依据等，在判决生效后7日以内将暂予监外执行决定书送达看守所或者执行取保候审、监视居住的公安机关和罪犯居住地社区矫正机构，并抄送同级人民检察院。人民法院决定不予暂予监外执行的，应当在执行刑罚的有关法律文书依法送达前，通知看守所或者执行取保候审、监视居住的公安机关，并告知同级人民检察院。人民法院决定暂予监外执行，罪犯被羁押的，应当通知罪犯居住地社区矫正机构，社区矫正机构应当派员持暂予监外执行决定书及时与看守所办理交接手续，接收罪犯档案；罪犯被取保候审、监视居住的，由社区矫正机构与执行取保候审、监视居住的公安机关办理交接手续。

根据刑事诉讼法第268条的规定，对暂予监外执行的罪犯，有下列情形之一的，应当及时收监：（1）发现不符合暂予监外执行条件的；（2）严重违反有关暂予监外执行监督管理规定的；（3）暂予监外执行的情形消失后，罪犯刑期未满的。

对于人民法院决定暂予监外执行的罪犯应当予以收监的，由人民法院作出决定。收监决定书一经作出，立即生效。人民法院应当将收监决定书送达社区矫正机构和公安机关，并抄送人民检察院，由公安机关将罪犯交付执行。被决定收监执行的罪犯在逃的，由罪犯居住地县级公安机关负责追捕。公安机关将罪犯抓捕后，依法送交监狱、看守所执行刑罚。不符合暂予监外执行条件的罪犯通过贿赂等非法手段被暂予监外执行的，在监外执行的期间不计入执行刑期。罪犯在暂予监外执行期间脱逃的，脱逃的期间不计入执行刑期。人民法院决定暂予监外执行的，在决定收监执行的同时应当确定不计入刑期的期间。

4. 暂予监外执行的检察监督

刑事诉讼法第266条规定："监狱、看守所提出暂予监外执行的书面意见的，应当将书面意见的副本抄送人民检察院。人民检察院可以向决定或者批准机关提出书面意见。"人民检察院通过审查暂予监外执行的对象、理由是否符合法律的规定，审批手续是否完备，有无不得适用暂予监外执行等情形，在决定或批准机关作出决定之前就提出监督意见，可以预防或减少错误决定的作出。刑事诉讼法第267条规定："决定或者批准暂予监外执行的机关应当将暂予监外执行决定抄送人民检察院。人民检察院认为暂予监外执行不当的，应当自接到通知之日起一个月以内将书面意见送交决定或者批准暂予监外执行的机关，决定或者批准暂予监外执行的机关接到人民检察院的书面意见后，应当立即对该决定进行重新核查。"人民检察院向批准或者决定暂予监外执行的机关送交不同意暂予监外执行的书面意见后，应当监督其立即对批准或者决定暂予监外执行的结果进行重新核查，并监督重新核查的结果是否符合法律规定。对核查不符合法律规定的，应当依法提出纠正意见。此外，人民检察院还应当对暂予监外执行的具体执行过程进行监督，监督当罪犯严重违反有关规定或暂予监外执行的情形消失而罪犯刑期未满时，有关机关是否及时收监执行。

三、减刑

减刑是指被判处管制、拘役、有期徒刑或者无期徒刑的罪犯，实际执行一定刑期以后，确有悔改或立功表现，可以依法减轻其刑罚的一种制度。

1. 减刑的条件

被判处管制、拘役、有期徒刑、无期徒刑的犯罪分子，在执行期间，认真遵守监规，接受教育改造，确有悔改表现的，或者有立功表现的，可以减刑；有重大立功表现的，应当减刑。

"确有悔改表现"是指同时具备以下四个方面的情形：（1）认罪悔罪；（2）

认真遵守法律法规及监规，接受教育改造；（3）积极参加思想、文化、职业技术教育；（4）积极参加劳动，努力完成劳动任务。

“立功表现”是指有下列之一的情形：（1）阻止他人实施犯罪活动的；（2）检举、揭发监狱内外犯罪活动，或者提供重要的破案线索，经查证属实的；（3）协助司法机关抓捕其他犯罪嫌疑人（包括同案犯）的；（4）在生产、科研中进行技术革新，成绩突出的；（5）在抢险救灾或者排除重大事故中表现突出的；（6）对国家和社会有其他贡献的。

“重大立功表现”是指有下列之一的情形：（1）阻止他人实施重大犯罪活动的；（2）检举监狱内外重大犯罪活动，经查证属实的；（3）协助司法机关抓捕其他重大犯罪嫌疑人（包括同案犯）的；（4）有发明创造或者重大技术革新的；（5）在日常生产、生活中舍己救人的；（6）在抗御自然灾害或者排除重大事故中，有特别突出表现的；（7）对国家和社会有其他重大贡献的。

2. 裁定减刑的程序

对于被判处无期徒刑的罪犯的减刑，由罪犯服刑地的高级人民法院根据省、自治区、直辖市监狱管理机关审核同意的监狱减刑建议书裁定。对于被判处有期徒刑（包括减为有期徒刑）的罪犯的减刑，由罪犯服刑地的中级人民法院根据当地执行机关提出的减刑建议书裁定。对于被判处拘役的罪犯的减刑，由罪犯服刑地的中级人民法院根据当地同级执行机关提出的减刑建议书裁定；对于被判处管制的罪犯的减刑，由罪犯服刑地的中级人民法院根据当地同级执行机关提出的减刑建议书裁定；被宣告缓刑的罪犯，在缓刑考验期限内确有重大立功表现，需要予以减刑，并相应缩短缓刑考验期限的，应当由负责考察的公安派出所会同罪犯的所在单位或者基层组织提出书面意见，由罪犯所在地的中级人民法院根据当地同级执行机关提出的减刑建议书裁定；对于公安机关看守所监管的罪犯的减刑，由罪犯所在的看守所提出意见，由当地中级人民法院根据当地同级执行机关提出的减刑建议书裁定。

人民法院受理减刑案件，应当审查执行机关移送的材料是否包括下列内容：减刑建议书；原审法院的裁判文书、执行通知书、历次减刑裁定书的复制件；证明罪犯确有悔改、立功或者重大立功表现具体事实的书面材料；罪犯评审鉴定表、奖惩审批表；刑事裁判涉案财产部分、附带民事裁判的执行、履行情况；根据案件情况需要移送的其他材料等。人民法院审理减刑案件，应当依法组成合议庭。人民法院审理减刑案件，可以采用书面审理的方式。但下列案件，应当开庭审理：因罪犯有重大立功表现提请减刑的；提请减刑的起始时间、间隔时间或者减刑幅度不符合一般规定的；被提请减刑罪犯系职务犯罪罪犯，组织、领导、参加、包庇、纵容黑社会性质组织罪犯，破坏金融管理秩序罪犯或者金融诈骗罪犯的；在社会上有重大影响或社会关注度高的；公示期间收到投诉意见的；人民检察院提出异议的；人民法院认为有开庭审理必要的其他案件。

人民法院应当自收到减刑建议书之日起1个月内依法裁定。但是，对于被判处无期徒刑的罪犯的减刑、被判处有期徒刑（包括被减为有期徒刑）的罪犯的减刑，如果案情复杂或者情况特殊的，可以延长1个月。

3. 减刑后的实际执行期限

减刑既可以由较重的刑罚减为较轻的刑罚，也可以由较长的刑期减为较短的刑期。根据刑法修正案（八）第15条的规定，经过一次或几次减刑，减刑以后实际执行的刑期不能少于下列期限：（1）判处管制、拘役、有期徒刑的，不能少于原判刑期的1/2；（2）判处无期徒刑的，不能少于13年；（3）对限制减刑的死刑缓期执行的犯罪分子，缓期执行期满后依法减为无期徒刑的，不能少于25年，缓期执行期满后依法减为25年有期徒刑的，不能少于20年。

无期徒刑减为有期徒刑后的刑期，从裁定减刑之日起计算，已执行的刑期，不计入减刑之后的刑期之内；有期徒刑、拘役、管制减刑后的刑期，从原判决开始执行之日起计算，原判刑期已执行的部分，应当计入裁定减刑后的刑期以内。无期徒刑减为有期徒刑时，应当将附加剥夺政治权利的期限改为3年以上10年以下；有期徒刑、拘役、管制减刑时，可以酌减附加剥夺政治权利的期限。

4. 减刑的检察监督

执行机关提出减刑建议书的时候，应当将建议书副本抄送人民检察院。人民检察院可以向人民法院提出书面意见。减刑的裁定，应当及时送达同级人民检察院。人民检察院认为人民法院的减刑裁定不当，应当在收到裁定书副本后20日内，向人民法院提出书面纠正意见。人民法院收到书面纠正意见后，应当在1个月以内重新组成合议庭进行审理，作出最终裁定。

四、假释

假释是指被判处有期徒刑或者无期徒刑的罪犯，实际执行一定刑期以后，确有悔改表现，没有再犯罪的危险，将其附条件地予以提前释放的制度。

1. 假释的条件

假释的条件为，被判处有期徒刑的犯罪分子，执行原判刑期1/2以上，被判处无期徒刑的犯罪分子，实际执行13年以上，如果认真遵守监规，接受教育改造，确有悔改表现，没有再犯罪的危险。如果有特殊情况，经最高人民法院核准，可以不受上述执行刑期的限制。判断“没有再犯罪的危险”，除符合认真遵守监规，接受教育改造，确有悔改表现的情形外，还应根据犯罪的具体情节、原判刑罚情况，在刑罚执行中的一贯表现，罪犯的年龄、身体状况、性格特征，假释后生活来源以及监管条件等因素综合考虑。“特殊情况”是指与国家、社会利益有重要关系的情况。死刑缓期2年执行的罪犯减为无期徒刑或有期徒刑后，符合假释条件的也可以假释。但是，对累犯以及因故意杀人、强奸、抢劫、绑架、放火、爆炸、投放危险物质或者有组织的暴力性犯罪被判处10年以上有期徒刑、无期徒刑的犯罪分子（包括被判处死刑缓期执行后被减为无期徒刑、有期徒刑的罪犯），不得假释。

对犯罪分子决定假释时，应当考虑其假释后对所居住社区的影响，应当附有社区矫正机构关于罪犯假释后对所居住社区影响的调查评估报告。对拟适用社区矫正的罪犯，需要调查其对所居住社区影响的，可以委托县级司法行政机关进行调查评估。受委托的司法行政机关应当根据委托机关的要求，对罪犯的居所情况、家庭和社会关系、一贯表现、犯罪行为的后果和影响、居住地村（居）民委员会和被害人意见、拟禁止的事项等进行调查了解，形成评估意见，及时提交委托机关。

2. 假释的程序

假释的程序与减刑的程序基本相同。具体参见上述关于减刑程序的规定。

3. 假释的执行

决定假释时需要确定一定的假释考验期。有期徒刑的假释考验期限为没有执行完毕的刑期；无期徒刑的假释考验期限为10年。假释考验期限，从假释之日起计算。被宣告假释的犯罪分子，应当遵守下列规定：遵守法律、行政法规，服从监督；按照监督机关的规定报告自己的活动情况；遵守监督机关关于会客的规定；离开所居住的市、县或者迁居，应当报经监督机关批准。

对假释的罪犯，在假释考验期限内，依法实行社区矫正。如果没有犯新罪、发现漏罪、违反监督管理规定等情形，假释考验期满，就认为原判刑罚已经执行完毕，并公开予以宣告。罪犯在假释考验期限内犯新罪或者被发现在判决宣告前还有其他罪没有判决，应当撤销假释的，由审判新罪的人民法院撤销假释，并书面通知原审人民法院和执行机关。

人民法院在收到社区矫正机构的撤销假释建议书后，经审查，确认有无正当理由不按规定时间报到或者接受社区矫正期间脱离监管超过1个月；受到执行机关2次警告，仍不改正；或者有其他违反监督管理规定的行为，尚未构成新的犯罪等情形的，应当作出撤销假释的裁定。

4. 假释的检察监督

执行机关提出假释建议书的时候，应当将建议书副本抄送人民检察院。人民检察院可以向人民法院提出书面意见。假释的裁定，应当及时送达同级人民检察院。人民检察院认为人民法院假释的裁定不当，应当在收到裁定书副本后20日内，向人民法院提出书面纠正意见。人民法院收到书面纠正意见后，应当在1个月以内重新组成合议庭进行审理，作出最终裁定。

五、对新罪、漏罪及申诉的处理

（一）新罪与漏罪的追诉

新罪是指罪犯在服刑期间又犯的罪行。漏罪是指在执行期间发现的罪犯在判决宣告前所犯的尚未判决的罪行。根据刑事诉讼法第 273 条的规定，罪犯在服刑期间又犯罪的，或者发现了判决的时候所没有发现的罪行，由执行机关移送人民检察院处理。

对罪犯在监狱内犯罪或者发现漏罪的案件，由监狱进行侦查。侦查终结后，移送人民检察院进行审查，决定是否向人民法院提起公诉。新罪判决后的执行，是将前罪没有执行的刑罚与后罪所判处的刑罚按数罪并罚的原则合并执行。漏罪判决后的执行，是将漏罪判决后所确定的刑罚与原判决所确定的刑罚按照数罪并罚的原则合并执行，其中已经执行的刑期，应当在总和刑期内予以扣除。

（二）错判与申诉的处理

根据刑事诉讼法第 275 条的规定，监狱和其他执行机关在刑罚执行中，如果认为判决有错误或者罪犯提出申诉，应当转请人民检察院或者原判人民法院处理。

监狱和其他执行机关发现原判决有错误的，原为公诉案件的，一般转请人民检察院处理；原为自诉案件的，则应转请原审人民法院处理。如果认为因罪行重大等原因确有必要时，也可以移送原起诉的人民检察院的上级人民检察院或原审人民法院的上级人民法院进行处理。未经侦查、起诉及审判，执行机关不得自行决定刑罚的变更。

罪犯对生效的判决和裁定不服，有权提出申诉。对于罪犯的申诉及其提出的撤销、变更刑罚的请求，监狱和其他执行机关应当及时转递，不得扣押。但是，在罪犯申诉期间，只要人民法院尚未作出撤销原判决和予以改判之前，就不能停止对原生效裁判的执行。

人民检察院、人民法院收到执行机关转送的认为有错误的案件材料和意见，或者罪犯的申诉后，应当及时进行审查。对属于原判决在认定事实或适用法律上确有错误的，应当按照审判监督程序的运作要求进行处理；经审查，不符合重新审判条件的，可以不予受理。

第二十五章　特别程序

第一节　未成年人刑事案件诉讼程序

一、未成年人刑事案件诉讼程序的概念

在我国，刑法意义上的未成年人是指已满 14 周岁不满 18 周岁的人，处在这个年龄阶段的人实施了危害社会应受刑罚处罚的行为即未成年人犯罪。未成年人刑事案件，是指被告人实施被指控的犯罪时不满 18 周岁、人民法院立案时不满 20 周岁的案件。对于未成年人犯罪依法需要追究刑事责任时，应当适用未成年人案件的特别诉讼程序，即按照刑事诉讼法和其他相关法律的规定，公安机关、人民检察院和人民法院等国家专门机关在对未成年人刑事案件进行立案、侦查、审查起诉、审判和执行等过程中所依据的特殊方式和步骤。

未成年人犯罪和成年人犯罪虽然都是具有社会危害性和应受刑罚处罚的行为，但是未成年人与成年人相比，无论是生理上还是心理上都有很大的不同。未成年人不仅生理变化比较明显，心理发育处于从幼稚转向成熟的过渡时期，思想上也不成熟，尚不具备良好的分辨是非善恶能力等。正是基于未成年人生理、心理及思想状态等方面的特点，一部分未成年人的行为容易违反社会规范，触犯法律，甚至走上犯罪道路。但从犯罪动机讲，一般而言都比较简单，以偶发作案者为多，往往是一时冲动作案且不计后果。他们的行为在很大程度上带有盲目性、随意性，缺少严密的组织和策划。因此，鉴于犯罪人尚未成年，其心理、生理特征不同于成年人，教育改造的有利因素也比成年人要多，对已构成犯罪的未成年人给予刑事处罚只是手段，教育保护才是目的。随着未成年人犯罪的增多，教育保护未成年人已成为较为突出的社会问题，处理未成年人犯罪不但要在定罪量刑上与成年人犯罪有所不同，更重要的是应建立适合未成年人特点，适用有别于普通诉讼程序的侦查、起诉和审判等程序。为此，刑事诉讼法在“特别程序”一编设专章对“未成年人刑事案件诉讼程序”进行了规定。

未成年人刑事案件的诉讼程序从侦查、起诉、审判到执行采取了适合未成年人特点的诉讼制度和程序。其设立的目的，一是更加突出教育改造的方针，寓教育、感化、挽救于各个诉讼阶段；二是更加注意维护与保障未成年人的各项诉讼

权利，不仅要赋予未成年的犯罪嫌疑人、被告人更多的诉讼权利，而且还要有更多的保障措施；三是对证据的运用，有较高的证明要求，不仅要求案件事实清楚、证据确实充分，而且还要证明未成年人走上犯罪道路的家庭、社会、教育等原因。

关于未成年人刑事案件诉讼程序的立法，从 1899 年美国伊利诺伊州的《少年法庭法》出台以来，世界多数国家都制定了专门法，从实体到程序作出特别规定；也有些国家则是在普通的刑事诉讼法典中作出专门的规定。无论采用何种立法体例，当今世界各国关于未成年人刑事案件的诉讼程序立法，已基本上趋于专门化，形成了未成年人司法制度或称之为少年司法制度。而未成年人刑事案件的诉讼程序又是这种司法制度的重要内容。

在处理未成年人犯罪的问题上，我们党和国家制定了正确的方针，采取了适合于我国实际情况的有效措施。1984 年 11 月上海市长宁区人民法院创建了我国第一个专门审理未成年人案件的合议庭，之后各地法院先后试点并建立少年审判法庭。1988 年最高人民法院在上海召开了审理未成年人刑事案件经验交流会，向全国推广少年法庭工作经验，少年法庭在全国迅速地建立起来。此后，我国立法和司法机关相继出台了一系列有关未成年人保护和未成年人刑事案件处理程序的法律和司法解释。于 1991 年 9 月 4 日通过并自 1992 年 1 月 1 日起施行的《中华人民共和国未成年人保护法》（2020 年 10 月 17 日修订，2021 年 6 月 1 日起实施）在第 7 章“司法保护”中，对未成年人刑事案件的处理原则、讯问、羁押、法律援助以及专门机关的权利保障责任等方面作出了专门规定。全国人大常委会于 1999 年 6 月 28 日公布并自 1999 年 11 月 1 日起施行的《中华人民共和国预防未成年人犯罪法》（2020 年 12 月 26 日修订，2021 年 6 月 1 日起实施）也对未成年人刑事案件诉讼程序作出了特别规定。2012 年修改的刑事诉讼法在“特别程序”一编中对于未成年人刑事案件诉讼程序作出了较为完善的规定。除上述国内法有关未成年人的保护与诉讼程序的法律规范外，我国还参加、批准了《联合国儿童权利公约》《联合国少年司法最低限度标准》（北京规则）等。这些规定对于保护未成年人在刑事诉讼中的权利和合法利益是十分必要的。

二、未成年人刑事案件诉讼程序的原则

处理未成年人刑事案件既要遵循刑事诉讼法规定的基本原则，又要考虑到未成年人的心理、生理特点以及未成年人刑事案件的特点，遵循一些特殊的诉讼原则。

（一）教育为主、惩罚为辅的原则

刑事诉讼法第 277 条第 1 款规定：“对犯罪的未成年人实行教育、感化、挽救的方针，坚持教育为主、惩罚为辅的原则。”最高人民法院、最高人民检察院、

公安部在相关的规范性文件中对这一规定也进行了明确。《高法解释》第 546 条规定，人民法院审理未成年人刑事案件，应当贯彻教育、感化、挽救的方针，坚持教育为主、惩罚为辅的原则，加强对未成年人的特殊保护。《高检规则》第 457 条第 1 款规定，人民检察院办理未成年人刑事案件，应当贯彻“教育、感化、挽救”方针和“教育为主、惩罚为辅”的原则，坚持优先保护、特殊保护、双向保护，以帮助教育和预防重新犯罪为目的。《公安规定》第 317 条规定，公安机关办理未成年人刑事案件，实行教育、感化、挽救的方针，坚持教育为主、惩罚为辅的原则。这些规定要求人民法院、人民检察院和公安机关在办理未成年人案件时应当遵循教育、感化、挽救方针，在诉讼过程中和对案件进行实体处理时，贯彻教育为主、惩罚为辅的原则。我国未成年人保护法和预防未成年人犯罪法都明确规定，对犯罪的未成年人追究刑事责任时，实行教育、感化、挽救方针，以教育为主、惩罚为辅的原则。

对未成年人采取教育、感化、挽救的方针和以教育为主、惩罚为辅的原则，考虑了未成年人具有较大的可塑性和接受教育可能性的人格特点，只要对他们真诚地进行教育、感化和挽救，他们就有可能及时悔悟和改过自新。为此，这一原则要求公安司法机关的办案人员在刑事诉讼的各个程序和阶段，都应不失时机地对未成年人进行感化和教育，在各个诉讼阶段和环节上落实“帮教”措施。

在司法实践中，要正确贯彻教育、感化、挽救的方针，就必须处理好惩罚与教育的关系问题。对犯罪的未成年人进行教育、感化、挽救，并不意味着对其所犯罪行可以不追究刑事责任或者可以不予处罚。未成年人犯罪应该承担一定的刑事责任，这不仅是我国刑法所确定的原则，而且是世界各国刑法所公认的规则。对构成犯罪的未成年人进行惩罚无疑是必要的，它是教育的有效手段之一，但不是目的。因此，刑事诉讼法要求公安司法机关对于涉嫌犯罪的未成年人贯彻教育为主、惩罚为辅的诉讼原则，坚持以教育和矫治为主，使其及时回归社会，只是在必要时采取相称的手段才可对其进行惩罚。教育为主、惩罚为辅的原则，体现了对未成年人的保护和对社会保护的有机结合，同时也强调了优先保护未成年人的思想。

（二）分案处理的原则

分案处理是指公安司法机关在刑事诉讼过程中将未成年人案件与成年人案件在诉讼程序上分开处理，对未成年人和成年人分别进行关押与教育。未成年人由于身心发育尚不成熟和健全，易受外界环境和他人的影响。为此对于未成年人案件和成年人案件应当实行分案处理原则，坚持程序分离，分别关押，分别执行。程序分离，是指未成年人和成年人共同犯罪时，应当对未成年人适用特别程序，在不妨碍审理的前提下，坚持分案处理；分别关押，是指在需要对未成年人采取拘留、逮捕等强制措施时，应当与成年人分别羁押，分开看管，防止未成年人受到成年人的不良影响；分别执行，是指经人民法院判决有罪的未成年人，在执行刑罚时也要与成年罪犯分开，不能在同一场所执行，以防止成年罪犯对未成年罪犯的进一步不良影响。

刑事诉讼法第 280 条第 2 款规定："对被拘留、逮捕和执行刑罚的未成年人与成年人应当分别关押、分别管理、分别教育。"对此，《高检规则》第 459 条规定："人民检察院办理未成年人与成年人共同犯罪案件，一般应当对未成年人与成年人分案办理、分别起诉。不宜分案处理的，应当对未成年人采取隐私保护、快速办理等特殊保护措施。"《公安规定》第 328 条规定："对被羁押的未成年人应当与成年人分别关押、分别管理、分别教育，并根据其生理和心理特点在生活和学习方面给予照顾。"只有坚持这一原则，才能使未成年人尽可能地远离污染源，降低对其实施教育改造的难度。

（三）未成年人诉讼权利特别保护原则

保障诉讼参与人依法享有的诉讼权利是我国刑事诉讼的一项基本原则，未成年犯罪嫌疑人、被告人作为特殊诉讼主体，除享有作为一般案件中的成年犯罪嫌疑人、被告人的诉讼权利外，还享有一些特殊的诉讼权利，法律对这些诉讼权利的行使应当给予特别的帮助和保护。刑事诉讼法第 277 条第 2 款规定："人民法院、人民检察院和公安机关办理未成年人刑事案件，应当保障未成年人行使其诉讼权利，保障未成年人得到法律帮助，并由熟悉未成年人身心特点的审判人员、检察人员、侦查人员承办。"刑事诉讼法第 280 条第 1 款规定："对未成年犯罪嫌疑人、被告人应当严格限制适用逮捕措施。人民检察院审查批准逮捕和人民法院决定逮捕，应当讯问未成年犯罪嫌疑人、被告人，听取辩护律师的意见。"刑事诉讼法第 281 条第 3 款规定："讯问女性未成年犯罪嫌疑人，应当有女工作人员在场。"最高人民法院、最高人民检察院、公安部在相关的规范性文件中也有相应的规定。《高法解释》第 549 条规定："人民法院应当确定专门机构或者指定专门人员，负责审理未成年人刑事案件。审理未成年人刑事案件的人员应当经过专门培训，熟悉未成年人身心特点、善于做未成年人思想教育工作。参加审理未成年人刑事案件的人民陪审员，可以从熟悉未成年人身心特点、关心未成年人保护工作的人民陪审员名单中随机抽取确定。"《高法解释》第 553 条规定："对未成年被告人应当严格限制适用逮捕措施。人民法院决定逮捕，应当讯问未成年被告人，听取辩护律师的意见。对被逮捕且没有完成义务教育的未成年被告人，人民法院应当与教育行政部门互相配合，保证其接受义务教育。"《高检规则》第 458 条规定："人民检察院应当指定熟悉未成年人身心特点的检察人员办理未成年人刑事案件。"《公安规定》第 319 条规定："公安机关应当设置专门机构或者配备专职人员办理未成年人刑事案件。未成年人刑事案件应当由熟悉未成年人身心特点，善于做未成年人思想教育工作，具有一定办案经验的人员办理。"根据这些规定，人民法院、人民检察院、公安机关在办理未成年人案件中应对未成年人提供超出成年人、适合未成年人需要的特别法律帮助和特殊保护。此外，根据《高法解释》第548条、第560条的规定，人民法院应当加强同政府有关部门、人民团体、社会组织等的配合，对遭受性侵害或者暴力伤害的未成年被害人及其家庭实施必要的心理干预、经济救助、法律援助、转学安置等保护措施。这有利于进一步加强对遭受性侵害或者暴力伤害的未成年被害人的保护力度。人民法院发现有关单位未尽到未成年人教育、管理、救助、看护等保护职责的，应当向该单位提出司法建议。由此可知，法律赋予人民法院对未成年人保护单位进行监督的职能，在有关单位未尽到相应保护责任时，人民法院有权向该单位提出司法建议。

特别帮助和特别保护原则不仅在刑事诉讼法及与之相关的司法解释中有明文规定，其他法律中也有相应的要求。未成年人保护法第100条规定："公安机关、人民检察院、人民法院和司法行政部门应当依法履行职责，保障未成年人合法权益。"预防未成年人犯罪法第50条第2款也规定："对涉及刑事案件的未成年人进行教育，其法定代理人以外的成年亲属或者教师、辅导员等参与有利于感化、挽救未成年人的，公安机关、人民检察院、人民法院应当邀请其参加有关活动。"

（四）不公开审理原则

审判公开是我国刑事诉讼中的一项基本原则，但是对于未成年人案件的法庭审理不得公开进行。即人民法院在开庭审理未成年人刑事案件时，不允许群众旁听，不允许记者采访，报纸等印刷品不得刊登未成年被告人的姓名、年龄、住址及照片等。

刑事诉讼法第285条规定："审判的时候被告人不满十八周岁的案件，不公开审理。但是，经未成年被告人及其法定代理人同意，未成年被告人所在学校和未成年人保护组织可以派代表到场。"由于未成年人尚处于成长时期，思想还很不稳定，他们的情绪也容易受到外界环境的影响。如果对未成年人案件的审理公开进行，审判方式稍有不当，就会对他们的情绪产生不好的影响，使他们在法庭上不能正确客观地进行陈述，从而影响法庭审判的顺利进行，同时也会给他们造成心理上的压力。对未成年人不公开审理，也是为了维护他们的名誉、尊重他们的人格和自尊心，防止由于公开审理给他们造成不必要的精神创伤。因此，对未成年人案件审理不公开进行，也是教育、感化、挽救方针在刑事司法程序中的体现。对于不公开审理的案件，宣告判决仍应公开进行。根据《高法解释》第559条的规定，审理涉及未成年人的刑事案件，不得向外界披露未成年人的姓名、住所、照片以及可能推断出未成年人身份的其他材料。查阅、摘抄、复制的案卷材料，涉及未成年人的，不得公开传播。

（五）全面调查原则

全面调查原则是指公安司法机关在办理未成年人案件时，不仅要对案件事实和证据进行调查，同时还应对未成年人的生理、心理、性格特点以及对社会环境的依存关系进行全面的社会调查，必要时还应进行医疗检查和心理学与精神病学的调查分析。全面调查的目的是找出诱发未成年人犯罪的主客观因素，为教育、挽救未成年人选择最佳方案和有针对性的教育改造措施，确保未成年人得到彻底矫治，不再犯罪。全面调查原则要在刑事诉讼的全过程中实施，不能理解为仅适用于法庭调查阶段，用法庭调查代替全面调查。法庭调查只局限于法庭审理阶段的诉讼行为，目的是查明犯罪和证实犯罪。全面调查原则贯穿于刑事诉讼程序的每一个阶段。刑事诉讼法第 279 条规定："公安机关、人民检察院、人民法院办理未成年人刑事案件，根据情况可以对未成年犯罪嫌疑人、被告人的成长经历、犯罪原因、监护教育等情况进行调查。"最高人民法院、最高人民检察院、公安部对这一规定作出了更为详细的说明。《高法解释》第 568 条规定："对人民检察院移送的关于未成年被告人性格特点、家庭情况、社会交往、成长经历、犯罪原因、犯罪前后的表现、监护教育等情况的调查报告，以及辩护人提交的反映未成年被告人上述情况的书面材料，法庭应当接受。必要时，人民法院可以委托社区矫正机构、共青团、社会组织等对未成年被告人的上述情况进行调查，或者自行调查。"《高检规则》第 461 条第 2 款规定："人民检察院开展社会调查，可以委托有关组织和机构进行。开展社会调查应当尊重和保护未成年人隐私，不得向不知情人员泄露未成年犯罪嫌疑人的涉案信息。"《公安规定》第 322 条第 1 款规定："公安机关办理未成年人刑事案件，根据情况可以对未成年犯罪嫌疑人的成长经历、犯罪原因、监护教育等情况进行调查并制作调查报告。"根据这些规定，调查的范围不能仅局限于犯罪事实的认定和法律的适用，而是要更多地涉及未成年人的生活教育环境、心理性格特征以及犯罪的动机、原因、犯罪后的思想状况等，反映了未成年人案件刑事诉讼程序的特殊性。对于调查的主体，相关司法解释对其作了更为广泛的规定，其目的在于更加充分地对未成年犯罪嫌疑人、被告人进行调查。

三、未成年人刑事案件诉讼程序中的基本制度

(一) 合适成年人到场制度

刑事诉讼法第 281 条第 1 款规定："对于未成年人刑事案件，在讯问和审判的时候，应当通知未成年犯罪嫌疑人、被告人的法定代理人到场。无法通知、法定代理人不能到场或者法定代理人是共犯的，也可以通知未成年犯罪嫌疑人、被告人的其他成年亲属，所在学校、单位、居住地基层组织或者未成年人保护组织的代表到场，并将有关情况记录在案。到场的法定代理人可以代为行使未成年犯罪嫌疑人、被告人的诉讼权利。"《高法解释》第 555 条第 1 款规定："人民法院审理未成年人刑事案件，在讯问和开庭时，应当通知未成年被告人的法定代理人

到场。法定代理人无法通知、不能到场或者是共犯的，也可以通知合适成年人到场，并将有关情况记录在案。”由于年龄关系，未成年人在诉讼过程中要想充分行使自己的诉讼权利是比较困难的，因此对未成年的犯罪嫌疑人、被告人在讯问和审判时通知其法定代理人到场是必要的，既可以稳定未成年人的情绪，又有利于对其诉讼权利的保护以及侦查、起诉和审判活动的顺利进行。因此公安司法机关在对未成年人进行讯问和审判时，应当依法传唤和通知其法定代理人到场。合适成年人到场制度主要包括以下内容。

1. 办案机关负有通知合适成年人到场的义务。讯问、审判未成年犯罪嫌疑人、被告人时应当通知其法定代理人或其他合适成年人到场，旨在通过合适的成年人对讯问和审判的过程进行监督，防止侵犯未成年人合法权益的情况发生，切实保障未成年犯罪嫌疑人、被告人、被害人、证人的合法权益。

2. 合适成年人的范围包括法定代理人，其他成年亲属，所在学校、单位、居住地基层组织和未成年人保护组织的代表。法定代理人是第一顺序的合适成年人，只有在无法通知、法定代理人不能到场或者法定代理人是共犯的情况下，才可以通知其他合适成年人到场。此外，根据《高法解释》第 556 条第 1 款的规定，询问未成年被害人、证人，适用前条规定。由此，合适成年人到场制度也适用于未成年被害人、证人。

3. 到场的法定代理人可以代为行使未成年犯罪嫌疑人、被告人的诉讼权利，具体包括：有权知悉讯问笔录、审判笔录的内容；在未成年人权益受到侵犯时提出意见；在审判阶段，未成年被告人最后陈述后补充陈述。

（二）全程法律援助制度

辩护权是犯罪嫌疑人、被告人的一项重要的诉讼权利，较之成年人的辩护权，法律更加重视对未成年人辩护权的保护。

1. 对未成年人实行强制指派辩护。刑事诉讼法第 278 条规定：“未成年犯罪嫌疑人、被告人没有委托辩护人的，人民法院、人民检察院、公安机关应当通知法律援助机构指派律师为其提供辩护。”对此，《高检规则》第 460 条进一步规定，人民检察院受理案件后，应当向未成年犯罪嫌疑人及其法定代理人了解其委托辩护人的情况，并告知其有权委托辩护人。未成年犯罪嫌疑人没有委托辩护人的，人民检察院应当书面通知法律援助机构指派律师为其提供辩护。对于公安机关未通知法律援助机构指派律师为未成年犯罪嫌疑人提供辩护的，人民检察院应当提出纠正意见。《高法解释》第 564 条也进一步明确规定，审判时不满 18 周岁的未成年被告人没有委托辩护人的，人民法院应当通知法律援助机构指派熟悉未成年人身心特点的律师为其提供辩护。此外，根据《高法解释》第 565 条的规定，未成年被害人及其法定代理人因经济困难或者其他原因没有委托诉讼代理人的，人民法院应当帮助其申请法律援助。由此可知，未成年人实行强制指派辩护，在未成年人没有辩护律师的情况下，法院应当通知法律援助机构指派熟悉未成年人身心特点的律师为其提供辩护或者帮助其申请法律援助。

2. 对拒绝辩护进行一定的限制。根据《高法解释》第 572 条的规定，未成年被告人或者其法定代理人当庭拒绝辩护人辩护的，适用《高法解释》第 311 条第 2 款、第 3 款的规定。即当庭拒绝辩护人辩护，要求另行委托辩护人或者指派律师的，合议庭应当准许。被告人拒绝辩护人辩护后，没有辩护人的，应当宣布休庭；仍有辩护人的，庭审可以继续进行。有多名被告人的案件，部分被告人拒绝辩护人辩护后，没有辩护人的，根据案件情况，可以对该部分被告人另案处理，对其他被告人的庭审继续进行。重新开庭后，未成年被告人或者其法定代理人再次当庭拒绝辩护人辩护的，不予准许。重新开庭时被告人已满 18 周岁的，可以准许，但不得再另行委托辩护人或者要求另行指派律师，由其自行辩护。由此可知，审判阶段被告人可以拒绝辩护人辩护，拒绝后没有辩护人的可以休庭。休庭后重新审判的存在两种情况：其一，被告人未满 18 周岁的，再次当庭拒绝辩护人辩护的，法庭不予准许；其二，被告人已满 18 周岁的，再次拒绝辩护人辩护的，法庭予以准许，但只准其自行辩护。

（三）社会调查制度

社会调查制度，是指法定的调查主体对未成年被追诉人的成长经历、犯罪原因、监护教育等情况进行全面调查，并形成社会调查报告的一项特别制度。根据刑事诉讼法和相关规范性文件的规定，调查报告作为各阶段采取强制措施、审查起诉、审判量刑和刑罚执行的参考依据。刑事诉讼法第 279 条规定："公安机关、人民检察院、人民法院办理未成年人刑事案件，根据情况可以对未成年犯罪嫌疑人、被告人的成长经历、犯罪原因、监护教育等情况进行调查。"《公安规定》第 322 条规定："公安机关办理未成年人刑事案件，根据情况可以对未成年犯罪嫌疑人的成长经历、犯罪原因、监护教育等情况进行调查并制作调查报告。作出调查报告的，在提请批准逮捕、移送审查起诉时，应当结合案情综合考虑，并将调查报告与案卷材料一并移送人民检察院。"此外，根据《高检规则》第 461 条的规定，人民检察院根据情况可以对未成年犯罪嫌疑人的成长经历、犯罪原因、监护教育等情况进行调查，并制作社会调查报告，作为办案和教育的参考。人民检察院开展社会调查，可以委托有关组织和机构进行。开展社会调查应当尊重和保护未成年人隐私，不得向不知情人员泄露未成年犯罪嫌疑人的涉案信息。人民检察院应当对公安机关移送的社会调查报告进行审查。必要时，可以进行补充调查。人民检察院制作的社会调查报告应当随案移送人民法院。根据《高法解释》第 568 条、第 569 条的规定，对人民检察院移送的关于未成年被告人性格特点、家庭情况、社会交往、成长经历、犯罪原因、犯罪前后的表现、监护教育等情况的调查报告，以及辩护人提交的反映未成年被告人上述情况的书面材料，法庭应当接受。必要时，人民法院可以委托社区矫正机构、共青团、社会组织等对未成年被告人的上述情况进行调查，或者自行调查。人民法院根据情况，可以对未成年被告人、被害人、证人进行心理疏导；根据实际需要并经未成年被告人及其法定代理人同意，可以对未成年被告人进行心理测评。心理疏导、心理测评可以委托专门机构、专业人员进行。心理测评报告可以作为办理案件和教育未成年人的参考。据此，应该从以下几个方面理解社会调查制度的内容。

1. 社会调查的主体，一般情况下是公安机关、人民检察院和人民法院，但公安机关、人民检察院和人民法院也可以委托社区矫正机构、共青团、社会组织进行调查。

2. 社会调查的内容，主要包括未成年犯罪嫌疑人、被告人的性格特点、家庭情况、社会交往、成长经历、犯罪原因、犯罪前后的表现、监护教育等情况，必要时还可以进行心理疏导或心理测评。

3. 社会调查报告只能作为公安司法机关办理本案和对涉案未成年人进行跟踪帮教的参考，不能用于其他用途。

（四）附条件不起诉制度

人民检察院对移送起诉的未成年人刑事案件进行审查后，应当依据刑事诉讼法的相关规定作出提起公诉、不起诉或者附条件不起诉等处理决定，并根据教育、感化、挽救的方针做好未成年人的不起诉及其后续工作。对符合刑事诉讼法第 177 条第 2 款规定的可以起诉也可以不起诉的案件，一般应对未成年人作出不起诉的决定。不起诉决定作出后，应当会同有关部门和个人落实帮教措施，继续做好教育工作。适用附条件不起诉，有助于未成年人的人格矫治，促使其及早回归社会，也有助于维护家庭和睦和社会稳定，同时也符合诉讼经济、程序分流的诉讼目的。

1. 附条件不起诉的适用条件。根据刑事诉讼法第 282 条第 1 款的规定，对于未成年人涉嫌刑法分则第 4 章、第 5 章、第 6 章规定的犯罪，可能判处 1 年有期徒刑以下刑罚，符合起诉条件，但有悔罪表现的，人民检察院可以作出附条件不起诉的决定。人民检察院在作出附条件不起诉的决定前，应当听取公安机关、被害人的意见。据此，适用不起诉应当同时符合下列条件：（1）属于未成年人刑事案件；（2）只适用于涉嫌刑法分则第 4 章、第 5 章、第 6 章规定的犯罪；（3）犯罪事实已经查清，证据确实、充分，依法应当追究刑事责任的起诉条件；（5）未成年犯罪嫌疑人有悔罪表现；（6）未成年犯罪嫌疑人及其法定代理人对适用附条件不起诉没有异议。

2. 附条件不起诉的决定和异议程序。根据刑事诉讼法第 282 条第 1 款、第 3 款的规定，人民检察院在作出附条件不起诉的决定前，应当听取未成年犯罪嫌疑人及其法定代理人、公安机关、被害人的意见。对此，《高检规则》第 469 条第 2

款进一步明确，人民检察院在作出附条件不起诉的决定以前，应当听取公安机关、被害人、未成年犯罪嫌疑人及其法定代理人、辩护人的意见，并制作笔录附卷。附条件不起诉必须听取公安机关和被害人的意见，但公安机关和被害人的意见对附条件不起诉的作出并不起决定性作用。此外，根据刑事诉讼法第 282 条第 2 款、第 3 款的规定，对附条件不起诉的决定，公安机关要求复议、提请复核或者被害人申诉的，适用刑事诉讼法第 179 条、第 180 条的规定。未成年犯罪嫌疑人及其法定代理人对人民检察院决定附条件不起诉有异议的，人民检察院应当作出起诉的决定。公安机关的复议、复核和被害人的申诉由相应人民检察院负责未成年人检察的部门进行审查。由此可知，公安机关、被害人、犯罪嫌疑人都有权对附条件不起诉提出异议。首先，公安机关有权要求复议、提请复核。其次，被害人可申诉。最后，犯罪嫌疑人及其法定代理人对拟作出附条件不起诉决定提出异议的，人民检察院应当提起公诉。但根据《高检规则》第 470 条的规定，未成年犯罪嫌疑人及其法定代理人提出无罪辩解，人民检察院经审查认为无罪辩解理由成立的，应当按照法律规定作出不起诉决定。未成年犯罪嫌疑人及其法定代理人对案件作附条件不起诉处理没有异议，仅对所附条件及考验期有异议的，人民检察院可以依法采纳其合理的意见，对考察的内容、方式、时间等进行调整；其意见不利于对未成年犯罪嫌疑人帮教，人民检察院不采纳的，应当进行释法说理。人民检察院作出起诉决定前，未成年犯罪嫌疑人及其法定代理人撤回异议的，人民检察院可以依法作出附条件不起诉决定。

3. 附条件不起诉的考察。根据刑事诉讼法第 283 条的规定，附条件不起诉的考验期为 6 个月以上 1 年以下，从人民检察院作出附条件不起诉决定之日起计算。在考验期内，由人民检察院对被附条件不起诉的犯罪嫌疑人进行监督考察。犯罪嫌疑人的监护人，应当对犯罪嫌疑人加强管教，配合人民检察院做好监督考察工作。被附条件不起诉的未成年犯罪嫌疑人应当在考验期内遵守下列规定：（1）遵守法律、行政法规，服从监督；（2）按照考察机关的规定报告自己的活动情况；（3）离开所居住的市、县或者迁居，应当报经考察机关批准；（4）按照考察机关的要求接受矫治和教育。

4. 附条件不起诉的法律效果。根据刑事诉讼法第 284 条的规定，被附条件不起诉的犯罪嫌疑人，在考验期内发现有下列情形之一的，人民检察院应当撤销附条件不起诉的决定，提起公诉：（1）实施新的犯罪或者发现决定附条件不起诉以前还有其他犯罪需要追诉的；（2）违反治安管理规定或者考察机关有关附条件不起诉的监督管理规定，情节严重的。被附条件不起诉的犯罪嫌疑人，在考验期内没有上述情形，考验期满时，人民检察院应当作出不起诉的决定。

（五）犯罪记录封存制度

刑事诉讼法第 286 条第 1 款规定：“犯罪的时候不满十八周岁，被判处五年有期徒刑以下刑罚的，应当对相关犯罪记录予以封存。”这一规定确立了未成年人刑事案件诉讼程序中的犯罪记录封存制度。对于这一制度，可以从以下几个方面进行理解。

1. 封存犯罪记录的目的。根据刑事诉讼法第 286 条的规定，犯罪的时候不满 18 周岁，被判处 5 年有期徒刑以下刑罚的，应当对相关犯罪记录予以封存。犯罪记录被封存的，不得向任何单位和个人提供，但司法机关为办案需要或者有关单位根据国家规定进行查询的除外。依法进行查询的单位，应当对被封存的犯罪记录的情况予以保密。《高法解释》第 578 条规定，对依法应当封存犯罪记录的案件，宣判时，不得组织人员旁听；有旁听人员的，应当告知其不得传播案件信息。结合未成年人刑事案件诉讼程序的原则，不难理解，封存犯罪记录的目的在于强调对未成年人的隐私权给予特殊的保护，以使受判决的未成年人能更顺利地回归社会和重拾生活的勇气。

2. 封存犯罪记录的范围和程序。被封存的犯罪记录的范围包括侦查、审查起诉和审理过程中形成的与未成年人犯罪有关的各种材料。对未成年人犯罪记录进行封存，不仅要求对未成年犯罪嫌疑人、被告人的上述材料采取保密措施，严格和妥善进行管理，不得向任何单位和个人提供，更不得允许其他人员进行查阅、摘抄或者复制。对于犯罪的时候不满 18 周岁，被判处 5 年有期徒刑以下刑罚的未成年人，免除其在入伍、就业时如实向有关单位报告自己曾受过刑事处罚的义务。根据最高人民法院、最高人民检察院、公安部、司法部于 2022 年 5 月 24 日联合发布并于 2022 年 5 月 30 日起实施的《关于未成年人犯罪记录封存的实施办法》第 2 条、第 3 条、第 7 条的规定，未成年人犯罪记录是指国家专门机关对未成年犯罪人员情况的客观记载。应当封存的未成年人犯罪记录，包括侦查、起诉、审判及刑事执行过程中形成的有关未成年人犯罪或者涉嫌犯罪的全部案卷材料与电子档案信息。不予刑事处罚、不追究刑事责任、不起诉、采取刑事强制措施的记录，以及对涉罪未成年人进行社会调查、帮教考察、心理疏导、司法救助等工作的记录，按照该实施办法规定的内容和程序进行封存。未成年人因事实不清、证据不足被宣告无罪的案件，应当对涉罪记录予以封存；但未成年被告人及其法定代理人申请不予封存或者解除封存的，经人民法院同意，可以不予封存或者解除封存。《高检规则》第 481 条至第 483 条还明确规定，人民检察院办理未成年人刑事案件过程中，应当对涉案未成年人的资料予以保密，不得公开或者传播涉案未成年人的姓名、住所、照片、图像及可能推断出该未成年人的其他资料。犯罪的时候不满 18 周岁，被判处 5 年有期徒刑以下刑罚的，人民检察院应当在收到人民法院生效判决、裁定后，对犯罪记录予以封存。生效判决、裁定由第二审人民法院作出的，同级人民检察院依照前款规定封存犯罪记录时，应当通知下级人民检察院对相关犯罪记录予以封存。人民检察院应当将拟封存的未成年人犯罪记录、案卷等相关材料装订成册，加密保存，不予公开，并建立专门的未成年人犯罪档案库，执行严格的保管制度。此外，《高检规则》第486条还规定，人民检察院对未成年犯罪嫌疑人作出不起诉决定后，应当对相关记录予以封存。除司法机关为办案需要进行查询外，不得向任何单位和个人提供。

3. 封存犯罪记录的效果。犯罪记录封存不等于犯罪记录消灭，司法机关在办理案件时需要从未成年犯罪嫌疑人、被告人的犯罪记录中获取有关犯罪线索、定罪量刑信息时，可以查询未成年人的犯罪记录，或者有关单位具有法定事由并根据国家法律的相关规定，也可以进行查询犯罪记录。但是，查询单位负有保密的义务，查询的信息只能用于特定事项、特定范围，不得用于法定事由以外的其他方面。对此，《高检规则》第484条规定，除司法机关为办案需要或者有关单位根据国家规定进行查询的以外，人民检察院不得向任何单位和个人提供封存的犯罪记录，并不得提供未成年人有犯罪记录的证明。司法机关或者有关单位需要查询犯罪记录的，应当向封存犯罪记录的人民检察院提出书面申请。人民检察院应当在7日以内作出是否许可的决定。未成年人犯罪记录封存后，没有法定事由、未经法定程序不得解封。对被封存犯罪记录的未成年人，符合下列条件之一的，应当对其犯罪记录解除封存：（1）实施新的犯罪，且新罪与封存记录之罪数罪并罚后被决定执行5年有期徒刑以上刑罚的；（2）发现漏罪，且漏罪与封存记录之罪数罪并罚后被决定执行5年有期徒刑以上刑罚的。此外，《高法解释》第581条第2款也明确规定，司法机关或者有关单位向人民法院申请查询封存的犯罪记录的，应当提供查询的理由和依据。对查询申请，人民法院应当及时作出是否同意的决定。

四、未成年人刑事案件的具体诉讼程序

（一）立案程序

立案是刑事诉讼的开始，也是刑事诉讼中的一个独立程序阶段。未成年人刑事案件的立案程序同样适用刑事诉讼法有关立案的规定，其任务是对控告、举报未成年人犯罪和未成年人自首等的有关材料进行审查，确定是否有犯罪事实发生和应否需要追究刑事责任，即是否符合立案条件，以便决定是否作为刑事案件进行处理。

未成年人刑事案件的立案与成年人刑事案件的立案程序上的区别在于：第一，公安司法机关在进行立案审查时，除需要查明是否符合立案的条件外，还应当详细查明未成年犯罪嫌疑人实施犯罪行为时是否已满14周岁、16周岁、18周岁的临界年龄；在此基础上可以进一步调查是否有教唆犯罪的人，未成年犯罪嫌疑人的成长环境、走上犯罪道路的原因等项内容。第二，在制作立案报告时，除写明立案材料来源，发案时间、地点，涉嫌犯罪的事实，法律依据和初步意见

外，还应当着重写明未成年犯罪嫌疑人的出生日期，生活、学习环境，成长经历，心理、性格特征等有关情况。

（二）侦查程序

依据刑事诉讼法和《公安规定》的相关内容，对未成年人刑事案件的侦查程序除遵循普通刑事案件关于侦查程序的规定外，还应当注意和贯彻以下要求。

1. 侦查范围和证明对象应当更为广泛。未成年人刑事案件侦查过程中应当查明的案件事实和应当收集的证据范围，较之成年人案件，更为广泛。除查明与犯罪构成要件有关的事实情节外，还必须对未成年人的年龄（准确的出生日期）；未成年人的生活条件，教育条件，个人品行，促使其犯罪的原因和主、客观条件；未成年人的智力、性格、习惯；未成年人的心理素质和特点；有无成年人的教唆等内容，进行全面调查。根据《公安规定》第322条的规定，公安机关办理未成年人刑事案件，根据情况可以对未成年犯罪嫌疑人的成长经历、犯罪原因、监护教育等情况进行调查并制作调查报告。作出调查报告的，在提请批准逮捕、移送审查起诉时，应当结合案情综合考虑，并将调查报告与案卷材料一并移送人民检察院。

2. 更为慎重地适用强制措施。在侦查中，强制措施的适用应比成年人案件慎重，尤其应当严格限制羁押性措施的适用。根据刑事诉讼法第280条的规定，人民检察院审查批准逮捕未成年犯罪嫌疑人，应当根据未成年犯罪嫌疑人涉嫌犯罪的事实、主观恶性、有无监护条件等，综合衡量其社会危险性，严格限制适用逮捕措施。根据《高检规则》第463条的规定，对于罪行较轻，具备有效监护条件或者社会帮教措施，没有社会危险性或者社会危险性较小的未成年犯罪嫌疑人，应当不批准逮捕。对于罪行比较严重，但主观恶性不大，有悔罪表现，具备有效监护条件或者社会帮教措施，具有下列情形之一，不逮捕不致发生社会危险性的未成年犯罪嫌疑人，可以不批准逮捕：（1）初次犯罪、过失犯罪的；（2）犯罪预备、中止、未遂的；（3）防卫过当、避险过当的；（4）有自首或者立功表现的；（5）犯罪后认罪认罚，或者积极退赃，尽力减少和赔偿损失，被害人谅解的；（6）不属于共同犯罪的主犯或者集团犯罪中的首要分子的；（7）属于已满14周岁不满16周岁的未成年人或者系在校学生的；（8）其他可以不批准逮捕的情形。对于没有固定住所、无法提供保证人的未成年犯罪嫌疑人适用取保候审的，可以指定合适的成年人作为保证人。根据刑事诉讼法的要求，人民检察院在审查批准逮捕时，应当讯问未成年犯罪嫌疑人，听取辩护律师的意见。如果确需拘留、逮捕的，应将未成年人与成年人分别关押、分别管理、分别教育。

3. 采用较为灵活和缓和的传唤和讯问方式。讯问前除掌握案件情况和证据材料外，还应当了解其生活、学习环境、成长经历、性格特点等情况，有针对性制定讯问提纲。传唤未成年人，可以通过其父母、监护人等进行，一般不宜采用直接传唤，并注意选择其较为熟悉的地点和场所，可以到未成年人的住所、单位或者学校进行。刑事诉讼法第281条对讯问未成年犯罪嫌疑人有具体程序上的要求，包括：在讯问时应当通知未成年犯罪嫌疑人的法定代理人到场。无法通知、法定代理人不能到场或者法定代理人是共犯的，也可以通知未成年犯罪嫌疑人的其他成年亲属，所在学校、单位、居住地基层组织或者未成年人保护组织的代表到场，并将有关情况记录在案。到场的法定代理人可以代为行使未成年犯罪嫌疑人的诉讼权利。到场的法定代理人或者其他人员认为办案人员在讯问中侵犯未成年人合法权益的，可以提出意见。讯问笔录应当交给到场的法定代理人或者其他人员阅读或者向他宣读。讯问女性未成年犯罪嫌疑人，应当有女工作人员在场。《公安规定》第324条第1款还进一步规定，讯问未成年犯罪嫌疑人应当采取适合未成年人的方式，耐心细致地听取其供述或者辩解，认真审核、查证与案件有关的证据和线索，并针对其思想顾虑、恐惧心理、抵触情绪进行疏导和教育。此外，《公安规定》第326条第2款还规定，询问未成年被害人、证人，应当以适当的方式进行，注意保护其隐私和名誉，尽可能减少询问频次，避免造成二次伤害。必要时，可以聘请熟悉未成年人身心特点的专业人员协助。

4. 对未成年犯罪嫌疑人辩护权给予特别的保障。依据刑事诉讼法的规定，在侦查过程中如果犯罪嫌疑人没有委托辩护人时，侦查机关应当及时通知法律援助机构指派律师提供辩护。《公安规定》第320条也重申，未成年犯罪嫌疑人没有委托辩护人的，公安机关应当通知法律援助机构指派律师为其提供辩护。

（三）起诉程序

对于未成年人刑事案件的审查起诉，应当依照刑事诉讼法规定的起诉程序进行，并遵循全面调查和对犯罪嫌疑人的特别帮助与保护原则，贯彻教育、感化和挽救方针。人民检察院应当指定熟悉未成年人身心特点的检察人员办理未成年人刑事案件。此外，在起诉阶段办理未成年人刑事案件时还应当注意以下事项。

1. 在特定情况下安排与未成年人的法定代理人、近亲属等会见。一般情况下，人民检察院对于具备下列条件之一，且未成年犯罪嫌疑人的法定代理人、近亲属等与本案无牵连的，经公安机关同意，可以安排在押的未成年犯罪嫌疑人与其法定代理人、近亲属等进行会见：（1）案件事实已基本查清，主要证据确实、充分，安排会见、通话不会影响诉讼活动正常进行；（2）未成年犯罪嫌疑人有认罪、悔罪表现，或者虽尚未认罪、悔罪，但通过会见、通话有可能促使其转化，或者通过会见、通话有利于社会、家庭稳定；（3）未成年犯罪嫌疑人的法定代理人、近亲属对其犯罪原因、社会危害性以及后果有一定的认识，并能配合公安司法人员进行教育；（4）其他可以安排会见的情形。

2. 做好附条件不起诉及其后续工作。对于符合附条件不起诉条件的，人民检察院可以作出附条件不起诉决定。有关听取意见、复核、申诉、监督考察及期满后不起诉处理的相关要求，在上述基本制度的相关内容中已有叙述，此处不再赘述。

3. 对与成年人共同犯罪的案件一般应当分案起诉。根据最高人民检察院于2013年12月27日发布的《人民检察院办理未成年人刑事案件的规定》第51条和《高检规则》第459条的规定，人民检察院审查未成年人与成年人共同犯罪案件，一般应当将未成年人与成年人分案起诉。但是具有下列情形之一的，可以不分案起诉：（1）未成年人系犯罪集团的组织者或者其他共同犯罪中的主犯的；（2）案件重大、疑难、复杂，分案起诉可能妨碍案件审理的；（3）涉及刑事附带民事诉讼，分案起诉妨碍附带民事诉讼部分审理的；（4）具有其他不宜分案起诉情形的。不宜分案处理的，应当对未成年人采取隐私保护、快速办理等特殊保护措施。

4. 起诉书的内容应当全面。制作起诉书时，应根据未成年人的基本情况，增加被告人的心理、生理及性格特征，所处的家庭环境和社会环境等项内容。

（四）审判程序

对未成年被告人进行审判时，除要遵守成年人案件审判程序的要求保障未成年被告人的辩护权和诉讼权利外，还应当遵守刑事诉讼法和相关规范性文件的特别规定。根据《高法解释》第563条至第579条的规定，未成年人刑事案件的审判程序需要遵循以下规则。

1. 成立专门的审判组织

我国审判未成年人案件的审判组织统一称为少年法庭，专司未成年人案件的审判。根据最高人民法院于2021年1月20日发布的《最高人民法院关于加强新时代未成年人审判工作的意见》第5条至第7条的规定，深化涉及未成年人案件综合审判改革，将与未成年人权益保护和犯罪预防关系密切的涉及未成年人的刑事、民事及行政诉讼案件纳入少年法庭受案范围。少年法庭包括专门审理涉及未成年人刑事、民事、行政案件的审判庭、合议庭、审判团队以及法官。有条件的人民法院，可以根据未成年人案件审判工作需要，在机构数量限额内设立专门审判庭，审理涉及未成年人刑事、民事、行政案件。不具备单独设立未成年人案件审判机构条件的法院，应当指定专门的合议庭、审判团队或者法官审理涉及未成年人案件。根据《高法解释》第550条的规定，被告人实施被指控的犯罪时不满18周岁、人民法院立案时不满20周岁的案件，由未成年人案件审判组织审理。下列案件可以由未成年人案件审判组织审理：（1）人民法院立案时不满22周岁的在校学生犯罪案件；（2）强奸、猥亵、虐待、遗弃未成年人等侵害未成年人人身权利的犯罪案件；（3）由未成年人案件审判组织审理更为适宜的其他案件。共同犯罪案件有未成年被告人的或者其他涉及未成年人的刑事案件，是否由未成年人案件审判组织审理，由院长根据实际情况决定。

根据需要设立专门机构或指定专门人员审理未成年人案件，是我国未成年人保护法中对未成年人进行司法保护的特别规定。对此，《高法解释》第549条规定，人民法院应当确定专门机构或者指定专门人员，负责审理未成年人刑事案件。审理未成年人刑事案件的人员应当经过专门培训，熟悉未成年人身心特点、善于做未成年人思想教育工作。参加审理未成年人刑事案件的人民陪审员，可以从熟悉未成年人身心特点、关心未成年人保护工作的人民陪审员名单中随机抽取确定。

2. 做好开庭前的准备

（1）审查年龄。对于人民检察院提起公诉的案件，人民法院在审查公诉材料时，应当注意是否附有被告人年龄的有效证明材料。对于没有附送被告人年龄有效材料的，应当通知人民检察院在3日内补送。

（2）权利告知。人民法院向未成年被告人送达起诉书副本时，应当向其讲明被指控的罪行和有关法律规定，并告知其审判程序和诉讼权利、义务。

（3）法律援助。审判时不满18周岁的未成年被告人没有委托辩护人的，人民法院应当通知法律援助机构指派熟悉未成年人身心特点的律师为其提供辩护。未成年被害人及其法定代理人因经济困难或者其他原因没有委托诉讼代理人的，人民法院应当帮助其申请法律援助。

（4）征询是否适用简易程序。对未成年人刑事案件，人民法院决定适用简易程序审理的，应当征求未成年被告人及其法定代理人、辩护人的意见。上述人员提出异议的，不适用简易程序。

（5）通知合适成年人到庭。开庭审理前，应当通知未成年被告人的法定代理人出庭。无法通知、法定代理人不能到场或者法定代理人是共犯的，也可以通知未成年犯罪嫌疑人、被告人的其他成年亲属，所在学校、单位、居住地基层组织或者未成年人保护组织的代表到场，并将有关情况记录在案。审判长认为有必要时，可以在开庭审理前安排法定代理人或者其他成年近亲属、教师等人员与未成年被告人会见。

（6）接受社会调查报告。对人民检察院移送的关于未成年被告人性格特点、家庭情况、社会交往、成长经历、犯罪原因、犯罪前后的表现、监护教育等情况的调查报告，以及辩护人提交的反映未成年被告人上述情况的书面材料，法庭应当接受。必要时，人民法院可以委托社区矫正机构、共青团、社会组织等对未成年被告人的上述情况进行调查，或者自行调查。

（7）进行心理疏导及测评。人民法院根据情况，可以对未成年被告人、被害人、证人进行心理疏导；根据实际需要并经未成年被告人及其法定代理人同意，可以对未成年被告人进行心理测评。心理疏导、心理测评可以委托专门机构、专业人员进行。心理测评报告可以作为办理案件和教育未成年人的参考。

（8）安排亲情会见。开庭前和休庭时，法庭根据情况，可以安排未成年被告人与其法定代理人或者合适成年人会见。

3. 法庭审理程序的特别要求

（1）贯彻不公开审理原则。被告人在审判时不满 18 周岁时，法庭审理不公开进行。但是经未成年被告人及其法定代理人同意，未成年人所在的学校和未成年人保护组织可以派代表到场。

（2）专设席位及禁用戒具。人民法院应当在辩护台靠近旁听区一侧为未成年被告人的法定代理人或者合适成年人设置席位。审理可能判处 5 年有期徒刑以下刑罚或者过失犯罪的未成年人刑事案件，可以采取适合未成年人特点的方式设置法庭席位。在法庭上不得对未成年被告人使用戒具。未成年被告人在法庭上可以坐着接受法庭调查、询问，在回答审判人员的提问、宣判时应当起立。

（3）选择合适的语言表达方式。法庭审理过程中，审判人员应当根据未成年被告人的智力发育程度和心理状态，使用适合未成年人的语言表达方式。审判人员应当注意未成年被告人的智力发育程度和心理状态，要态度严肃、和蔼，用语准确、通俗易懂。发现有对未成年被告人威胁、训斥、诱供或者讽刺等情形的，审判长应当制止。

（4）量刑材料的重点调查。法庭调查时，审判人员应当核实未成年被告人在实施被指控的犯罪行为时的年龄，同时还应当查明实施被指控行为时的主观和客观原因。控辩双方向法庭提出从轻判处未成年被告人管制、拘役宣告缓刑或者有期徒刑宣告缓刑、免予刑事处罚等适用刑罚建议的，应当提供有关未成年被告人能够获得监护、帮教的书面材料。对未成年被告人情况的调查报告，以及辩护人提交的有关未成年被告人情况的书面材料，法庭应当审查并听取控辩双方意见。上述报告和材料可以作为办理案件和教育未成年人的参考。人民法院可以通知作出调查报告的人员出庭说明情况，接受控辩双方和法庭的询问。

（5）对被告人进行法治教育。法庭辩论结束后，法庭可以根据未成年人的生理、心理特点和案件情况，对未成年被告人进行法治教育；判决未成年被告人有罪的，宣判后，应当对未成年被告人进行法治教育。对未成年被告人进行教育，其法定代理人以外的成年亲属或者教师、辅导员等参与有利于感化、挽救未成年人的，人民法院应当邀请其参加有关活动。

（6）法定代理人可以进行补充陈述。未成年被告人最后陈述后，法庭应当询问其法定代理人是否补充陈述。

（7）宣判的特别要求。对未成年人刑事案件，宣告判决应当公开进行。对依法应当封存犯罪记录的案件，宣判时，不得组织人员旁听；有旁听人员的，应当告知其不得传播案件信息。定期宣告判决的未成年人刑事案件，未成年被告人的法定代理人无法通知、不能到场或者是共犯的，法庭可以通知合适成年人到庭，并在宣判后向未成年被告人的成年亲属送达判决书。

（五）执行程序

关于未成年罪犯的执行，除遵守普通刑事案件的有关规定外，还需要注意以下要求。

1. 文书的全面交接

法院交付执行时应把未成年罪犯的调查报告、审理中的表现及诉讼文书一并送达执行机关。根据《高法解释》第580条的规定，将未成年罪犯送监执行刑罚或者送交社区矫正时，人民法院应当将有关未成年罪犯的调查报告及其在案件审理中的表现材料，连同有关法律文书，一并送达执行机关。

2. 未成年已决犯应当与成年犯分开关押。

刑事诉讼法第264条第3款规定："对未成年犯应当在未成年犯管教所执行刑罚。"刑事诉讼法第280条也要求，对执行刑罚的未成年人与成年人应当分别关押、分别管理、分别教育。根据监狱法第76条和相关司法解释的规定，未成年罪犯年满18周岁时，如果剩余刑期不超过2年的，仍可以留在未成年犯管教所执行剩余刑期；如果剩余刑期超过2年的，应当转送监狱、劳改队关押改造。

3. 人民法院的持续帮教责任

人民法院可以与未成年犯管教所等服刑场所建立联系，了解未成年罪犯的改造情况，协助做好帮教、改造工作，并可以对正在服刑的未成年罪犯进行回访考察。人民法院认为必要时，可以督促被收监服刑的未成年罪犯的父母或者其他监护人及时探视。对被判处管制、宣告缓刑、裁定假释、决定暂予监外执行的未成年罪犯，人民法院可以协助社区矫正机构制定帮教措施。人民法院可以适时走访被判处管制、宣告缓刑、免予刑事处罚、裁定假释、决定暂予监外执行等的未成年罪犯及其家庭，了解未成年罪犯的管理和教育情况，引导未成年罪犯的家庭承担管教责任，为未成年罪犯改过自新创造良好环境。被判处管制、宣告缓刑、免予刑事处罚、裁定假释、决定暂予监外执行等的未成年罪犯，具备就学、就业条件的，人民法院可以就其安置问题向有关部门提出建议，并附送必要的材料。

4. 改造过程中的注意事项

对未成年罪犯的改造要坚持教育为主、劳动为辅的原则。对未成年罪犯执行刑罚，应当以教育改造为主；未成年罪犯的劳动，应当符合未成年人的特点，以学习文化和生产技能为主；没有完成义务教育的应当保证其接受义务教育。与此同时，在改造过程中还应发动社会各界的力量，重点发挥未成年人保护组织和未成年罪犯家庭的作用，以促使其早日回归社会。

第二节　当事人和解的公诉案件诉讼程序

一、当事人和解的公诉案件诉讼程序的含义

（一）当事人和解的公诉案件诉讼程序的概念

当事人和解的公诉案件诉讼程序是2012年修改的刑事诉讼法新增的四个特别程序之一。在理论界，刑事和解有广义和狭义之分。广义的刑事和解包括公诉案件的和解、自诉案件的和解、附带民事诉讼案件的和解。狭义的刑事和解则特指公诉案件的和解。根据刑事诉讼法第5编第2章的规定，该项诉讼程序是指，在法定范围内的公诉案件中，犯罪嫌疑人、被告人真诚悔罪，通过向被害人赔偿损失、赔礼道歉等方式获得被害人的谅解、双方当事人自愿达成协议的，公安机关、人民检察院、人民法院可以对犯罪嫌疑人、被告人作出不同方式的从宽处理的程序。由此可知，刑事和解是刑事诉讼中的一种私力合作模式，是被害人与被告人的自行和解。

早在1979年刑事诉讼法制定之初，自诉案件就有和解的规定，但是对公诉案件则没有这样的规定。进入21世纪后，随着构建和谐社会宏观战略和宽严相济刑事政策的被强调，司法实务部门开始积极尝试运用当事人和解的方式解决轻微刑事案件，并取得了良好的社会效果。在开展试点的基础上，最高人民法院于2010年2月发布了《关于贯彻宽严相济刑事政策的若干意见》，其第23条第1款规定："被告人案发后对被害人积极进行赔偿，并认罪、悔罪的，依法可以作为酌定量刑情节予以考虑。"2011年1月，最高人民检察院发布了《关于办理当事人达成和解的轻微刑事案件的若干意见》，对刑事和解的指导思想和基本原则、适用范围和条件、和解的内容、对当事人和解的审查以及对当事人达成和解案件的处理等问题，作出了系统规定。2012年修改的刑事诉讼法正是在我国开展刑事案件和解试点工作的基础上，设专章规定了当事人和解的公诉案件诉讼程序。

（二）当事人和解的公诉案件诉讼程序的意义

设置当事人和解的公诉案件诉讼程序的意义在于：

1. 有利于贯彻宽严相济的刑事政策。宽严相济是我国的一项基本刑事政策，它要求对不同的犯罪和犯罪分子区别对待，做到严中有宽、宽以济严；宽中有严、严以济宽。刑事案件发生后，通过犯罪嫌疑人、被告人与被害人的自主协商，有利于犯罪嫌疑人、被告人真诚悔罪，并在取得被害人的谅解下获得从轻处理，从而为实现宽严相济的刑事政策提供重要路径。

2. 有利于维护被害人的合法权益。被害人遭受犯罪行为的侵害，不仅精神方

面会受到伤害，而且因犯罪行为也会带来一定的经济损失。尽管刑事诉讼法规定了刑事附带民事诉讼，但因赔偿范围所限，尤其是一些被告人在被追究刑事责任时拒绝经济赔偿，致使被害人的合法权益难以得到充分有效的保障。设立公诉案件的和解程序，让被害人和犯罪嫌疑人、被告人在诉讼过程中直接接触，如此一来，被害人不仅有机会发泄对犯罪行为的怨恨、悲伤等情绪，而且经过双方的对话与协商，使被害人在精神和物质上得到补偿，从而有效地维护被害人的合法权益。

3. 有利于促进社会秩序的和谐稳定。刑事和解制度作为解决刑事冲突的一种有效方式，具有传统刑事处罚方式所不具有的优点和功能。刑事和解制度注重发挥犯罪嫌疑人、被告人与被害人在解决刑事矛盾中的参与作用，给双方提供对话的机会，促进双方的相互谅解，化解矛盾。和解的过程是双方当事人意愿自主表达的过程，只有在当事人双方的意愿都得到最低程度的满足时，和解才可能达成。这种充分尊重当事人双方主体地位的案件处理方式，可以通过被害人和犯罪嫌疑人、被告人之间及时的沟通与交流，平息被害人的激动情绪，这不仅能够补偿被害人的物质损害和心理创伤，还有利于及时化解犯罪嫌疑人、被告人与被害人之间的矛盾，最终达到减少社会冲突，促进社会秩序和谐稳定。

二、当事人和解的公诉案件诉讼程序的适用范围

刑事诉讼法第 288 条规定了当事人和解的公诉案件诉讼程序的适用范围。

1. 因民间纠纷引起，涉嫌刑法分则第 4 章、第 5 章规定的犯罪案件，可能判处 3 年有期徒刑以下刑罚的案件。这类案件适用和解程序必须同时满足以下三个条件：（1）因民间纠纷引发的案件。民间纠纷一般是指公民之间有关人身、财产权益和其他日常生活中发生的纠纷，如因婚姻家庭、邻里纠纷、日常生活琐事等民间矛盾激化引发的案件，也包括其他一些偶发性因素临时引发的案件。（2）涉嫌刑法分则第 4 章、第 5 章的犯罪案件。但是这两章中的检察机关的直接受理侦查案件不适用于和解程序。（3）可能判决 3 年以下刑罚。通常 3 年以下刑罚属于轻罪，因此当事人和解的案件范围限定于轻罪是为了防止在司法实践中产生其他负面影响，出现新的司法不公现象。

2. 除了渎职犯罪以外的可能判处 7 年有期徒刑以下刑罚的过失犯罪案件。这类案件也必须同时具备三个条件：（1）过失犯罪。过失犯罪的社会危害性较小，获得被害人谅解的可能性也较大，相对容易达成和解协议，对这类案件适用和解程序一般会取得比较好的社会效果。（2）可能被判 7 年有期徒刑以下刑罚。7 年有期徒刑是多数过失犯罪的最高刑罚，这样的规定也与刑法分则的规定相一致。（3）渎职犯罪除外。渎职犯罪属于国家机关工作人员违背公务职责的犯罪，违背了公务职责的公正性、廉洁性与勤勉性，妨碍了国家机关正常的职能活动，哪怕

是过失犯罪所侵害的也是公众和国家利益，因而不属于当事人和解的案件范围。

3. 犯罪嫌疑人、被告人在5年以内曾经故意犯罪的，不得适用当事人和解程序。也就是说，犯罪嫌疑人、被告人涉嫌的犯罪即使属于上述两类案件的范围，但如果该犯罪嫌疑人、被告人在5年内曾经故意犯罪的，也禁止适用当事人和解程序。

三、公诉案件当事人和解的基本程序

（一）和解的条件和方式

根据刑事诉讼法第288条第1款的规定，犯罪嫌疑人、被告人真诚悔罪，通过向被害人赔偿损失、赔礼道歉等方式获得被害人的谅解，被害人自愿和解的，双方当事人可以和解。据此，公诉案件当事人和解的主体是犯罪嫌疑人、被告人和被害人。他们之间自行协商、达成协议，这是我国当事人和解制度与域外辩诉交易以及认罪协商制度之间的重要区别。在法定的公诉案件范围内，犯罪嫌疑人、被告人自愿真诚悔罪和被害人自愿和解是刑事和解程序适用的基本前提。刑事和解的启动包括以下条件。

1. 犯罪嫌疑人、被告人真诚悔罪。这是当事人和解的前提条件。犯罪嫌疑人、被告人实施犯罪行为后向被害人自愿真诚悔罪，悔罪是指犯罪后法院裁判前认罪并悔悟的情况。认罪是承认犯罪并如实交代犯罪事实，悔悟是指有悔改之心，并有悔改的实际表现，出于自己的意愿获得被害人的谅解。如果犯罪嫌疑人、被告人对自己的犯罪行为不认罪或者百般抵赖的，和解则不得启动。

2. 获得被害人的谅解。犯罪嫌疑人、被告人应当通过赔偿损失和赔礼道歉等方式弥补被害人因犯罪行为遭受的物质损失和精神损失，而被害人也被犯罪嫌疑人、被告人的真诚所打动，原谅其错误，从而对其予以谅解。这是双方当事人和解成立的基础。

3. 被害人自愿和解。这里强调被害人在对犯罪嫌疑人、被告人谅解的基础上自愿和解，防止被害人在受到暴力、威胁、胁迫等情况下违背自己的意愿而同意和解的现象。也就是说，被害人是在没有外力干扰或者影响下，自愿地与犯罪嫌疑人、被告人和解，才能进入和解程序。否则，如果犯罪嫌疑人、被告人愿意和解，但被害人不愿意和解的，就不得和解，只有在双方当事人自愿和解的前提下，公安司法机关才能介入，对和解进行审查。

（二）审查与确认程序

刑事诉讼法第289条规定："双方当事人和解的，公安机关、人民检察院、人民法院应当听取当事人和其他有关人员的意见，对和解的自愿性、合法性进行审查，并主持制作和解协议书。"根据这一规定，公诉案件的和解可以发生在侦查、起诉与审判的任何阶段，和解的审查主体是公安机关、人民检察院和人民法院。在这些阶段中，公安机关、人民检察院、人民法院有职责对当事人的和解进行审查，以确定其是否有效。由于刑事诉讼是分阶段展开的，因此双方当事人和解的，在侦查阶段，由公安机关负责审查；在审查起诉阶段，由人民检察院进行审查；在审判阶段，则由人民法院进行审查。当事人出于自愿进行和解或者在有关组织的参与下进行和解，并不意味着和解就立即生效，还需要经过公安司法机关的审查和确认，由其主持和制作和解协议书，以保证当事人和解活动的正当性并可能实现其预期的价值目标。审查的程序和要求如下。

1. 听取当事人和其他有关人员的意见。公安机关、人民检察院、人民法院在办理案件过程中，对于符合和解情形的案件，应当告知当事人有进行和解的权利，告知和解的相关程序以及各自享有的权利和义务，并听取双方当事人和其他有关人员的意见，否则公安司法机关就不能主持制作当事人和解协议书。听取当事人的意见，即听取犯罪嫌疑人、被告人与被害人的意见；而听取其他有关人员的意见，可以是当事人以外的其他诉讼参与人的意见，也可以是非诉讼参与人的意见。也就是说，只要参与当事人双方和解的相关人员都需要听取其意见，但主要是指参与和解活动的双方当事人的法定代理人、近亲属及辩护人、诉讼代理人的意见。根据《高法解释》第 588 条、第 589 条的规定，符合刑事诉讼法第 288 条规定的公诉案件，被害人死亡的，其近亲属可以与被告人和解。近亲属有多人的，达成和解协议，应当经处于最先继承顺序的所有近亲属同意。被害人系无行为能力人或者限制行为能力人的，其法定代理人、近亲属可以代为和解。被告人的近亲属经被告人同意，可以代为和解。被告人系限制行为能力人的，其法定代理人可以代为和解。被告人的法定代理人、近亲属依照上述规定代为和解的，和解协议约定的赔礼道歉等事项，应当由被告人本人履行。

2. 审查的内容为和解的自愿性与合法性。公安机关、人民检察院、人民法院对于当事人双方达成和解协议的，应当从自愿性和合法性两个方面进行审查。自愿性是指当事人和解的内容反映了双方当事人的真实意愿，而非出于对方当事人或者第三方的各种强迫方法所致。如果当事人一方违反自愿原则，则和解无效。合法性是指和解必须符合法律规定，包括实体法上和程序法上的合法性。自愿性和合法性是当事人和解的核心要求和基本原则，违反自愿性和合法性的当事人和解都是无效的。根据《公安规定》第 335 条的规定，双方当事人和解的，公安机关应当审查案件事实是否清楚，被害人是否自愿和解，是否符合规定的条件。公安机关审查时，应当听取双方当事人的意见，并记录在案；必要时，可以听取双方当事人亲属、当地居民委员会或者村民委员会人员以及其他了解案件情况的相关人员的意见。根据《高检规则》第 497 条的规定，人民检察院应当对和解的自愿性、合法性进行审查，重点审查以下内容：（1）双方当事人是否自愿和解；（2）犯罪嫌疑人是否真诚悔罪，是否向被害人赔礼道歉，赔偿数额与其所造成的损害和赔偿能力是否相适应；（3）被害人及其法定代理人或者近亲属是否明确表示对犯罪嫌疑人予以谅解；（4）是否符合法律规定；（5）是否损害国家、集体和社会公共利益或者他人的合法权益；（6）是否符合社会公德。根据《高法解释》第590条的规定，对公安机关、人民检察院主持制作的和解协议书，当事人提出异议的，人民法院应当审查。经审查，和解自愿、合法的，予以确认，无需重新制作和解协议书；和解违反自愿、合法原则的，应当认定无效。和解协议被认定无效后，双方当事人重新达成和解的，人民法院应当主持制作新的和解协议书。

3. 主持制作和解协议书。公安机关、人民检察院、人民法院对当事人达成的和解协议进行审查后，认为符合和解条件，又不违背自愿性和合法性原则的，应主持制作和解协议书。和解协议书是公安司法机关主持制作的记载双方当事人和解内容的诉讼文书。公安机关、人民检察院、人民法院都对和解协议书的内容作出详细规定。根据《公安规定》第336条、第337条的规定，达成和解的，公安机关应当主持制作和解协议书，并由双方当事人及其他参加人员签名。当事人中有未成年人的，未成年当事人的法定代理人或者其他成年亲属应当在场。和解协议书应当包括以下内容：（1）案件的基本事实和主要证据；（2）犯罪嫌疑人承认自己所犯罪行，对指控的犯罪事实没有异议，真诚悔罪；（3）犯罪嫌疑人通过向被害人赔礼道歉、赔偿损失等方式获得被害人谅解；涉及赔偿损失的，应当写明赔偿的数额、方式等；提起附带民事诉讼的，由附带民事诉讼原告人撤回附带民事诉讼；（4）被害人自愿和解，请求或者同意对犯罪嫌疑人依法从宽处罚。根据《高检规则》第498条的规定，经审查认为双方自愿和解，内容合法，且符合和解范围和条件的，人民检察院应当主持制作和解协议书。和解协议书的主要内容包括：（1）双方当事人的基本情况；（2）案件的主要事实；（3）犯罪嫌疑人真诚悔罪，承认自己所犯罪行，对指控的犯罪没有异议，向被害人赔偿损失、赔礼道歉等。赔偿损失的，应当写明赔偿的数额、履行的方式、期限等；（4）被害人及其法定代理人或者近亲属对犯罪嫌疑人予以谅解，并要求或者同意公安机关、人民检察院、人民法院对犯罪嫌疑人依法从宽处理。和解协议书应当由双方当事人签字，可以写明和解协议书系在人民检察院主持下制作。检察人员不在当事人和解协议书上签字，也不加盖人民检察院印章。和解协议书一式3份，双方当事人各持1份，另一份交人民检察院附卷备查。根据《高法解释》第592条的规定，和解协议书应当包括以下内容：（1）被告人承认自己所犯罪行，对犯罪事实没有异议，并真诚悔罪；（2）被告人通过向被害人赔礼道歉、赔偿损失等方式获得被害人谅解；涉及赔偿损失的，应当写明赔偿的数额、方式等；提起附带民事诉讼的，由附带民事诉讼原告人撤回起诉；（3）被害人自愿和解，请求或者同意对被告人依法从宽处罚。和解协议书应当由双方当事人和审判人员签名，但不加盖人民法院印章。和解协议书一式3份，双方当事人各持1份，另一份交人民法院附卷备查。对和解协议中的赔偿损失内容，双方当事人要求保密的，人民法院应当准许，并采取相应的保密措施。

（三）各诉讼阶段达成和解协议后的处理程序

刑事诉讼法第 290 条规定：“对于达成和解协议的案件，公安机关可以向人民检察院提出从宽处理的建议。人民检察院可以向人民法院提出从宽处罚的建议；对于犯罪情节轻微，不需要判处刑罚的，可以作出不起诉的决定。人民法院可以依法对被告人从宽处罚。”根据这一规定，达成和解协议后应当分别情形进行相应的处理。

1. 侦查阶段公安机关对和解的处理程序。刑事诉讼法第 162 条规定：“公安机关侦查终结的案件，应当做到犯罪事实清楚，证据确实、充分，并且写出起诉意见书，连同案卷材料、证据一并移送同级人民检察院审查决定……”根据《公安规定》第 338 条的规定，对达成和解协议的案件，经县级以上公安机关负责人批准，公安机关将案件移送人民检察院审查起诉时，可以提出从宽处理的建议。因此，对于公诉案件，如果犯罪嫌疑人的行为构成犯罪并应当追究刑事责任的，公安机关在侦查阶段无权作出撤销案件的决定。如果双方当事人在侦查阶段达成和解协议的，公安机关经审查符合法定条件时，应将和解协议的内容以及履行的情况记录在案，根据情况写出从宽处理的建议，随同起诉意见书移送人民检察院审查起诉，而不能因当事人和解作出撤销案件或者其他的对案件实体问题进行直接处理的方式。

2. 审查起诉阶段人民检察院对和解的处理程序。由于人民检察院直接受理侦查的案件不属于当事人和解案件的范围，而只能在审查起诉阶段依法对公安机关的和解协议进行审查或者对于符合和解条件而公安机关没有主持和解的，人民检察院可以主持进行和解。根据《高检规则》第 502 条的规定，人民检察院对于公安机关移送起诉的案件，双方当事人达成和解协议的，可以作为是否需要判处刑罚或者免除刑罚的因素予以考虑。符合法律规定的不起诉条件的，可以决定不起诉。对于依法应当提起公诉的，人民检察院可以向人民法院提出从宽处罚的量刑建议。由此可知，人民检察院有两种从宽处理的方式：第一，对一般的当事人和解案件，人民检察院提起公诉时可以在公诉书中载明当事人已达成和解，建议人民法院对被告人从宽处罚，并附送当事人和解协议书。第二，对于犯罪嫌疑人的犯罪情节轻微、不需要判处刑罚的案件，当事人双方和解的，人民检察院可以根据刑事诉讼法第 177 条第 2 款的规定作出不起诉决定。

3. 审判阶段人民法院对和解的处理程序。根据《高法解释》第 596 条的规定，对达成和解协议的案件，人民法院应当对被告人从轻处罚；符合非监禁刑适用条件的，应当适用非监禁刑；判处法定最低刑仍然过重的，可以减轻处罚；综合全案认为犯罪情节轻微不需要判处刑罚的，可以免予刑事处罚。共同犯罪案件，部分被告人与被害人达成和解协议的，可以依法对该部分被告人从宽处罚，但应当注意全案的量刑平衡。由此可知，人民法院对于在侦查阶段和审查起诉阶段以及审判阶段中犯罪嫌疑人、被告人与被害人进行和解的，可以对被告人从宽处罚。这里的从宽，是指对于情节轻微、社会危害性较小的犯罪，或者罪行虽然较重，但具有法定、酌定从宽处罚情节，以及主观恶性相对较小、人身危险性不大的被告人，可以依法从轻、减轻或者免除处罚；对于依法可不监禁的，尽量适用缓刑或者判处管制、单处罚金等非监禁刑。

（四）和解协议的履行

相关的规范性文件都明确要求和解协议应当及时履行。《公安规定》第 337 条规定，和解协议应该及时履行。《高检规则》第 499 条规定，和解协议书约定的赔偿损失内容，应当在双方签署协议后立即履行，至迟在人民检察院作出从宽处理决定前履行。确实难以一次性履行的，在提供有效担保并且被害人同意的情况下，也可以分期履行。《高法解释》第 593 条第 1 款、第 595 条也规定，和解协议约定的赔偿损失内容，被告人应当在协议签署后即时履行。被害人或者其法定代理人、近亲属提起附带民事诉讼后，双方愿意和解，但被告人不能即时履行全部赔偿义务的，人民法院应当制作附带民事调解书。被害人或者其法定代理人、近亲属提起附带民事诉讼后，双方愿意和解，但被告人不能即时履行全部赔偿义务的，人民法院应当制作附带民事调解书。

（五）和解的反悔

根据《高法解释》第 593 条第 2 款、第 594 条的规定，和解协议已经全部履行，当事人反悔的，人民法院不予支持，但有证据证明和解违反自愿、合法原则的除外。双方当事人在侦查、审查起诉期间已经达成和解协议并全部履行，被害人或者其法定代理人、近亲属又提起附带民事诉讼的，人民法院不予受理，但有证据证明和解违反自愿、合法原则的除外。由此可知，反悔原因是和解违反自愿、合法原则的，办案机关应当支持反悔。如果是基于其他原因反悔的，办案机关一般不予支持。

第三节　缺席审判程序

一、建立缺席审判程序的背景和意义

2005 年 10 月 27 日，第十届全国人大常委会第十八次会议表决通过了关于批准加入《联合国反腐败公约》的决定，但是与之相衔接的法律制度一直未能建立。实践中，我国与世界大多数国家又并没有签订引渡条款，这十分不利于我国

国际追赃、引渡、遣返工作的进行。而且，根据《联合国反腐败公约》确立的“请求国应当向被请求国提供发生法律效力的终审判决作为请求返还被没收资产”的原则要求，世界上很多国家都要求将请求引渡目的国所作的终审判决作为引渡条件。在构建缺席审判程序之前我国的引渡制度并不符合《联合国反腐败公约》的相关要求，但在构建刑事缺席审判程序之后，人民法院可以根据法律的规定依法对外逃贪污腐败的罪犯进行缺席审判，进而以缺席审判结果为依据，请求缔约国履行“或引渡或执行刑罚”的义务。“以审促返”有利于促进国际合作，推进国际追赃、追逃工作的进一步展开。

2012年刑事诉讼法设立了违法所得没收程序，以期在不对被告人定罪的前提下，实现对涉案赃款赃物的没收和追缴。违法所得没收程序的设立一定程度上解决了腐败案件违法所得及其他涉案财产的追回这一难题，是我国追赃立法的重大进步。但是，违法所得没收程序并不能实现对被告人的刑事追诉，因此无法实现追逃的功能。自党的十八大以后，我国的反腐败工作取得了全方位、开创性的显著成就，国际追逃追赃工作取得重大进展，得到人民群众的广泛支持和拥护。但是，我国的反腐败任务十分复杂艰巨，尤其是境外追逃追赃的工作面临较大的阻力，随着我国反腐力度的加大，建立符合中国国情的刑事缺席审判制度显得更加迫在眉睫。为了响应国家深入反腐败的决心和实务界对追赃和追逃的强烈呼吁，2018年修改的刑事诉讼法在“特别程序”编中增加了“缺席审判程序”一章，以此来对某些特定情形下的被追诉人实行缺席审判。与此前刑事诉讼法规定的没收违法所得程序相比，缺席审判程序兼具“对被追诉人定罪量刑”和“对赃款赃物追缴、没收”双重功能，不仅加大了我国的反腐败力度，也进一步完善了我国法律与国际公约、条约的衔接。

二、缺席审判程序的概念和特点

缺席审判程序，是指法院在特定刑事案件中被告人不到庭的情况下，对案件进行审理和判决的特别程序。相对于普通的刑事审判程序，缺席审判程序具有以下特点。

1. 适用的案件范围特定

基于现代人权保护的立场，“以对席审判为原则，以缺席审判为例外”是我国设置刑事审判的一项基本原则。缺席审判程序作为例外允许法院在被告人不在场的情况下就可以进行法庭审判并追究其刑事责任，这与我国保护人权的基本立场有着实质性冲突。由于缺席审判程序存在天然的缺陷，我国刑事诉讼法对于其适用有着严格的规定，即只适用于一些特定的刑事案件，该案件范围由法律直接明确规定，其他类型的案件不得适用。根据刑事诉讼法的规定，缺席审判程序只适用于贪污贿赂案件，严重危害国家安全犯罪、恐怖活动犯罪案件，被告人因患有严重疾病无法出庭的案件以及被告人死亡的案件。

2. 对犯罪嫌疑人、被告人的权利保护严格

在缺席审判程序中，被告人出席法庭审判的权利被剥夺。与此相应，其辩护权、知情权、质证权也会受到一定的削减。因所享有的诉讼权利无法得到充分行使，此时的被告人无疑处于极端弱势的地位，为了平衡控辩双方的力量，保障被告人的人权，刑事诉讼法要求缺席审判程序必须有律师的参与，并赋予了被告人近亲属更多的诉讼权利。

3. 诉讼程序的特殊性明显

缺席审判程序不仅要解决犯罪嫌疑人、被告人的刑事责任问题，而且也会对涉案财物进行处置。缺席审判程序的审理对象既包括“人”，也包括“物”。而且，对于缺席审判的案件，法院应采取不同于普通诉讼程序的特殊程序进行审判，这些特殊性体现在文书送达、归案后提出异议及重新审判的权利等方面。

三、缺席审判的类型

(一) 被告人患严重疾病的缺席审判

刑事诉讼法第296条规定：“因被告人患有严重疾病无法出庭，中止审理超过六个月，被告人仍无法出庭，被告人及其法定代理人、近亲属申请或者同意恢复审理的，人民法院可以在被告人不出庭的情况下缺席审理，依法作出判决。”据此，因被告人患严重疾病导致中止审理超过6个月，被告人仍然无法出庭，被告人及其法定代理人、近亲属申请或者同意恢复审理的，人民法院可以缺席审判。《高法解释》第605条进一步规定，因被告人患有严重疾病导致缺乏受审能力，无法出庭受审，中止审理超过6个月，被告人仍无法出庭，被告人及其法定代理人、近亲属申请或者同意恢复审理的，人民法院可以根据刑事诉讼法第296条的规定缺席审判。被告人无法表达意愿的，其法定代理人、近亲属可以代为申请或者同意恢复审理。

(二) 审理中被告人死亡的缺席审判

刑事诉讼法第297条第1款规定：“被告人死亡的，人民法院应当裁定终止审理，但有证据证明被告人无罪，人民法院经缺席审理确认无罪的，应当依法作出判决。”根据《高法解释》第606条的规定，所谓“有证据证明被告人无罪，人民法院经缺席审理确认无罪”，包括案件事实清楚，证据确实、充分，依据法律认定被告人无罪的情形，以及证据不足，不能认定被告人有罪的情形。据此，一般情形下，审理过程中被告人死亡的，应当裁定终止审理。但是，对于在审判阶段死亡的、有证据证明其无罪的被告人，人民法院应当进行缺席审理，并作出无罪判决。

（三）再审案件的缺席审判

刑事诉讼法第 297 条第 2 款规定："人民法院按照审判监督程序重新审判的案件，被告人死亡的，人民法院可以缺席审理，依法作出判决。"根据《高法解释》第 607 条的规定，人民法院按照审判监督程序重新审判的案件，被告人死亡的，可以缺席审理。有证据证明被告人无罪，经缺席审理确认被告人无罪的，应当判决宣告被告人无罪；虽然构成犯罪，但原判量刑畸重的，应当依法作出判决。据此，依照审判监督程序重新审判的案件，被告人死亡的，为保障被告人及其亲属的利益，人民法院可以缺席审理，依法作出判决。

（四）被追诉人潜逃境外的缺席审判

刑事诉讼法第 291 条第 1 款规定："对于贪污贿赂犯罪案件，以及需要及时进行审判，经最高人民检察院核准的严重危害国家安全犯罪、恐怖活动犯罪案件，犯罪嫌疑人、被告人在境外，监察机关、公安机关移送起诉，人民检察院认为犯罪事实已经查清，证据确实、充分，依法应当追究刑事责任的，可以向人民法院提起公诉。人民法院进行审查后，对于起诉书中有明确的指控犯罪事实，符合缺席审判程序适用条件的，应当决定开庭审判。"据此，针对贪污贿赂犯罪、危害国家安全犯罪、恐怖活动犯罪案件，被追诉人潜逃境外，但监察机关、公安机关对事实已经查清的，证据确实、充分，依法应当追究刑事责任的，可以移送人民检察院审查起诉，人民检察院认为符合起诉条件的，可以向人民法院提起公诉，人民法院可以在被追诉人缺席的情况下进行审判。

四、被追诉人潜逃境外的缺席审判程序

刑事诉讼法确立了四种类型的缺席审判，其中被告人患严重疾病的缺席审判、审理中被告人死亡的缺席审判以及再审案件的缺席审判均属于广义上的缺席审判。在这三类缺席审判中，被追诉人是因为外界的不可抗力而无法参加庭审活动，其审判程序可以参照适用办理普通刑事案件的相关规定。而被追诉人潜逃境外的缺席审判是狭义的缺席审判，其诉讼程序在适用规则上体现出与普通审判程序不同的特点。以下详细叙述被追诉人潜逃境外的缺席审判程序。

（一）适用条件

1. 案件范围。根据刑事诉讼法第 291 条的规定，适用缺席审判程序的案件范围包括以下三种。

第一，贪污贿赂犯罪案件。即刑法分则第 8 章规定的贪污贿赂罪和其他章节明确规定按照刑法分则第 8 章贪污贿赂犯罪的规定定罪处罚的犯罪。

第二，危害国家安全犯罪。即刑法分则第 1 章规定的危害国家安全罪以及危害国家安全的其他犯罪。

第三，恐怖活动犯罪案件。根据《中华人民共和国反恐怖主义法》第 3 条的

规定，恐怖主义，是指通过暴力、破坏、恐吓等手段，制造社会恐慌、危害公共安全、侵犯人身财产，或者胁迫国家机关、国际组织，以实现其政治、意识形态等目的的主张和行为。恐怖活动是指恐怖主义性质的下列行为：（1）组织、策划、准备实施、实施造成或者意图造成人员伤亡、重大财产损失、公共设施损坏、社会秩序混乱等严重社会危害的活动的；（2）宣扬恐怖主义，煽动实施恐怖活动，或者非法持有宣扬恐怖主义的物品，强制他人在公共场所穿戴宣扬恐怖主义的服饰、标志的；（3）组织、领导、参加恐怖活动组织的；（4）为恐怖活动组织、恐怖活动人员、实施恐怖活动或者恐怖活动培训提供信息、资金、物资、劳务、技术、场所等支持、协助、便利的；（5）其他恐怖活动。恐怖活动构成犯罪即为恐怖活动犯罪。

2. 被追诉人潜逃境外。这是适用缺席审判程序的前提性条件。此处的境外是指中国大陆地区以外的其他地方，既包括外国，也包括我国香港特别行政区、澳门特别行政区及台湾地区。无论是否明确作案后潜逃境外的被追诉人的具体藏身地点，均可以适用缺席审判。若被追诉人不在境外，即使属于上述三类案件，也不得适用缺席审判程序。

3. 监察机关、公安机关移送起诉。根据法律规定，监察机关对贪污贿赂犯罪行使调查权，公安机关对危害国家安全犯罪和恐怖活动犯罪行使侦查权。监察机关调查的贪污犯罪和公安机关侦查的危害国家安全犯罪和恐怖活动犯罪，均应当达到刑事诉讼法规定的“犯罪事实清楚，证据确实、充分”的证明标准。

4. 人民检察院认为符合起诉条件向人民法院提起公诉。根据《高检规则》第505条第1款、第2款的规定，对于监察机关移送起诉的贪污贿赂犯罪案件，犯罪嫌疑人、被告人在境外，人民检察院认为犯罪事实已经查清，证据确实、充分，依法应当追究刑事责任的，可以向人民法院提起公诉。对于公安机关移送起诉的需要及时进行审判的严重危害国家安全犯罪、恐怖活动犯罪案件，犯罪嫌疑人、被告人在境外，人民检察院认为犯罪事实已经查清，证据确实、充分，依法应当追究刑事责任的，经最高人民检察院核准，可以向人民法院提起公诉。

5. 人民法院认为符合缺席审判的条件。这里的“符合缺席审判程序适用条件”，是指符合刑事诉讼法规定的缺席审判的相关程序要件。根据《高法解释》第598条的规定，对人民检察院依照刑事诉讼法第291条第1款的规定提起公诉的案件，人民法院应当重点审查以下内容：（1）是否属于可以适用缺席审判程序的案件范围；（2）是否属于本院管辖；（3）是否写明被告人的基本情况，包括明确的境外居住地、联系方式等；（4）是否写明被告人涉嫌有关犯罪的主要事实，并附证据材料；（5）是否写明被告人有无近亲属以及近亲属的姓名、身份、住址、联系方式等情况；（6）是否列明违法所得及其他涉案财产的种类、数量、价值、所在地等，并附证据材料；（7）是否附有查封、扣押、冻结违法所得及其他涉案财产的清单和相关法律手续。上述材料需要翻译件的，人民法院应当要求人民检察院一并移送。

（二）审理程序

1. 审理形式。根据刑事诉讼法第 291 条第 1 款的规定，对于被追诉人潜逃境外的案件，应当开庭审理而非书面审理。这是法律对人民法院审理被追诉人潜逃境外案件审理形式的规定。缺席审判本来就有着天然的缺陷，为了弥补这一缺陷，我国刑事诉讼法规定将证据的质证、案件事实的认定、控辩双方的辩护均放置于庭审中，这既有利于维护被追诉人的权利，也有助于促进司法的公正，实现公正的判决。

2. 审判管辖。刑事诉讼法第 291 条第 2 款规定："前款案件，由犯罪地、被告人离境前居住地或者最高人民法院指定的中级人民法院组成合议庭进行审理。"该款规定了被追诉人潜逃境外的缺席审判案件的审判管辖，具体包括级别管辖和地域管辖。

刑事诉讼法第 21 条规定："中级人民法院管辖下列第一审刑事案件：（1）危害国家安全、恐怖活动案件；（2）可能判处无期徒刑、死刑的案件。"由此可知，中级人民法院审理的都是性质比较严重、案情比较重大的案件。由于缺席审判的案件范围为贪污贿赂犯罪、严重危害国家安全犯罪、恐怖活动犯罪案件，这些案件往往案情复杂、性质严重，并且涉及面广，将此类案件交给中级人民法院管辖更有利于保证审判质量，维护司法公正。此外，由于被追诉人潜逃境外的案件具有"涉外"因素，由中级人民法院审理便于与国外司法机构对接，进而顺利完成送达、司法协助等工作。

被追诉人潜逃境外的缺席审判案件应当由犯罪地、被告人离境前居住地或最高人民法院指定的中级人民法院管辖。与此相对应，刑事诉讼法第 291 条第 2 款规定也间接明确了分别负责调查、侦查、审查起诉的监察机关、公安机关和检察机关。刑事案件由犯罪地人民法院管辖，是划分地域管辖的一般原则。犯罪地包括犯罪预备地、犯罪行为实施地、犯罪结果地等。此类案件由犯罪地法院管辖不仅有利于及时收集证据、查明案情，而且也便于诉讼参与人参加诉讼和相关群众参与旁听。被告人离境前居住地是指被告人的户籍地和被告人离境前在国内的常住地。此外，最高人民法院可以行使指定管辖，被指定的法院可以是原来就对案件享有管辖权的法院，也可以是原来对案件不享有管辖权的法院。

3. 审判组织。刑事诉讼法第 183 条第 1 款规定，基层人民法院、中级人民法院审判第一审案件，应当由审判员 3 人或者由审判员和人民陪审员共 3 人或者 7 人组成合议庭进行，但是基层人民法院适用简易程序、速裁程序的案件可以由审判员一人独任审判。被追诉人潜逃境外的缺席审判程序由中级人民法院审理，故应当采用由审判员 3 人组成合议庭或者由审判员和人民陪审员共 3 人或者 7 人组成合议庭的审判组织模式。根据《高法解释》第599条的规定，对人民检察院依照刑事诉讼法第291条第1款的规定提起公诉的案件，人民法院审查后，应当按照下列情形分别处理：（1）符合缺席审判程序适用条件，属于本院管辖，且材料齐全的，应当受理；（2）不属于可以适用缺席审判程序的案件范围、不属于本院管辖或者不符合缺席审判程序的其他适用条件的，应当退回人民检察院；（3）材料不全的，应当通知人民检察院在30日以内补送；30日以内不能补送的，应当退回人民检察院。

4. 送达方式。刑事诉讼法第292条规定："人民法院应当通过有关国际条约规定的或者外交途径提出的司法协助方式，或者被告人所在地法律允许的其他方式，将传票和人民检察院的起诉书副本送达被告人。传票和起诉书副本送达后，被告人未按要求到案的，人民法院应当开庭审理，依法作出判决，并对违法所得及其他涉案财产作出处理。"据此，被追诉人潜逃境外案件的缺席审判程序送达传票或起诉书副本送达方式有以下三种：国际条约规定的方式、外交途径提出的司法协助方式以及被告人所在地法律允许的方式。法律设置多种途径对相关诉讼文书进行送达的目的一方面在于保护被追诉人的知情权和辩护权，穷尽一切手段使被追诉人参与庭审；另一方面在于为后续基于缺席判决要求返还涉案财产和引渡被告人进行铺垫。

5. 辩护权保障。刑事诉讼法第293条规定："人民法院缺席审判案件，被告人有权委托辩护人，被告人的近亲属可以代为委托辩护人。被告人及其近亲属没有委托辩护人的，人民法院应当通知法律援助机构指派律师为其提供辩护。"《高法解释》第601条对此作出了更为详细的规定，即人民法院审理人民检察院依照刑事诉讼法第291条第1款的规定提起公诉的案件，被告人有权委托或者由近亲属代为委托1至2名辩护人。委托律师担任辩护人的，应当委托具有中华人民共和国律师资格并依法取得执业证书的律师；在境外委托的，应当对授权委托进行公证、认证。被告人及其近亲属没有委托辩护人的，人民法院应当通知法律援助机构指派律师为被告人提供辩护。被告人及其近亲属拒绝法律援助机构指派的律师辩护的，人民法院应当查明原因。理由正当的，应当准许，但被告人应当在5日以内另行委托辩护人；被告人未另行委托辩护人的，人民法院应当在3日以内通知法律援助机构另行指派律师为其提供辩护。据此，被追诉人潜逃境外的缺席审判案件中被告人的辩护权包含以下两个方面：一方面，被告人和其近亲属都可以独立委托辩护人。在对席审判中，只有被告人才能委托辩护人，被告人的近亲属不能独立委托辩护人。但在缺席审判中，由于被告人不能亲自出席法庭，不能亲自实现刑事辩护权等一系列诉讼权利，故很有可能因为消极应对诉讼导致没有委托辩护人。这既不利于形成控辩对抗，也不符合审判的基本要求，因此法律规定被告人的近亲属可以独立委托辩护人。另一方面，没有委托辩护人的，法院应当通知法律援助机构指派律师辩护。被追诉人潜逃境外的缺席审判程序中的被告人在“被告人及其近亲属没有委托辩护人”时，人民法院应当通知法律援助机构指派律师为其提供辩护。由此可见，缺席审判程序中被告人的法律援助在适用条件上更为宽松，只要被告人没有辩护人，人民法院就应当无条件通知法律援助机构为其指派律师进行辩护。

6. 特殊上诉权。刑事诉讼法第 294 条第 1 款规定：“人民法院应当将判决书送达被告人及其近亲属、辩护人。被告人或者其近亲属不服判决的，有权向上一级人民法院上诉。辩护人经被告人或者其近亲属同意，可以提出上诉。”被告人作为案件的当事人，有着独立的上诉权，上诉的法律后果也由被告人承担。在被追诉人潜逃境外的缺席审判程序中，法律突破了一般案件中只有被告人才享有独立上诉权的界限，赋予被告人近亲属独立的上诉权，即被告人的近亲属可以根据自己的意志独立作出是否上诉的决定，此时的法律后果由被告人承担。法律这样规定主要是基于以下考虑：一方面，被告人潜逃境外后，其与国内人员的联系或受到一定的阻碍，很容易出现沟通不顺畅甚至失联的情况。通常来说，被告人的近亲属是与被告人联系最紧密的人，此时赋予被告人近亲属独立上诉权，实质上就是在保护被告人的上诉权，防止出现因被告人在国外无法与国内人员进行及时沟通而导致的无法行使上诉权的情况。另一方面，被告人潜逃境外的缺席审判案件很可能被判处没收财产、处以罚金等财产刑，被告人的近亲属往往与被告人的财产具有利益相关性。为了保证被告人近亲属的财产权利不受侵害，法律赋予了被告人近亲属独立上诉的权利。此外，《高法解释》第 603 条进一步规定，人民法院审理人民检察院依照刑事诉讼法第 291 条第 1 款的规定提起公诉的案件，参照适用公诉案件第一审普通程序的有关规定。被告人的近亲属参加诉讼的，可以发表意见，出示证据，申请法庭通知证人、鉴定人等出庭，进行辩论。

7. 救济程序。刑事诉讼法第 295 条规定：“在审理过程中，被告人自动投案或者被抓获的，人民法院应当重新审理。罪犯在判决、裁定发生法律效力后到案的，人民法院应当将罪犯交付执行刑罚。交付执行刑罚前，人民法院应当告知罪犯有权对判决、裁定提出异议。罪犯对判决、裁定提出异议的，人民法院应当重新审理。依照生效判决、裁定对罪犯的财产进行的处理确有错误的，应当予以返还、赔偿。”据此，被追诉人潜逃境外的缺席审判案件中的被告人归案后，法律赋予了被告人重新审判权和程序异议权，如果出现以下两种情形，人民法院应当重新审理：（1）审理中被告人归案的。潜逃境外的被告人归案有两种可能：一种为自动投案，另一种为被抓获。无论是哪种原因导致被告人归案，此时缺席审判的前提性条件“被告人无法参与庭审”已经消失，就不应当再适用缺席审判程序。因此，为了保证司法公正，法律赋予归案的被告人重新审判的权利，人民法院应当对该案重新审理，被告人应当出席庭审。（2）裁判生效后罪犯归案的。罪犯在判决、裁定发生效力后归案的，应当将其交付执行刑罚，但是由于缺席审判的结果是在被告人未到庭的情况下形成的，为了保障被告人的合法权益，贯彻正当程序的要求，法律赋予归案的被告人程序异议权。一旦归案的被告人对生效的判决、裁定提出异议，人民法院就应当重新审理。如果罪犯对生效的判决、裁定没有异议，则应当依法将罪犯交付执行。但在交付执行刑罚之前，人民法院负有告知义务。人民法院应当告知罪犯有权对判决、裁定提出异议。此时如果罪犯提出异议要求重新审理，无论其提出异议的理由是否充分，人民法院都应当重新审理。

此外，生效裁判对罪犯的财产处理确有错误的，应当予以返还和赔偿。根据国家赔偿法第 2 条的规定，国家机关和国家机关工作人员行使职权，有法律规定的侵犯公民、法人和其他组织合法权益的情形，造成损害的，受害人有依法取得国家赔偿的权利。在被追诉人潜逃境外的缺席审判程序中，有关机关及其工作人员对犯罪嫌疑人、被告人适用缺席审判程序是遵守法律行使相关国家权力的体现，他们在履行职权过程中侵犯个人、法人和其他组织合法财产权益并造成损害的，属于国家赔偿范围，国家应当为此承担责任并予以赔偿。按照国家赔偿法的规定，如果生效裁判对罪犯的财产处理有错误，可以返还的，应当返还；如果相关财物已经处理或者因为缺席审判的错误致使相关人员遭受损失的，国家应当按照法律的规定予以赔偿。

第四节　违法所得没收程序

一、违法所得没收程序的概念和特点

违法所得没收程序是指对贪污贿赂犯罪、恐怖活动犯罪等重大犯罪案件，犯罪嫌疑人、被告人逃匿或者死亡的情形下，对违法所得及其他涉案财产进行处理的特别诉讼程序。

在现实生活中，一些贪污腐败等案件的行为人在实施犯罪后，往往将贪腐所得的财产转移至境外或者通过其他方式加以隐瞒，本人则长期潜逃隐匿，如果按照普通案件的处理原则和程序就无法进行审判，也无法挽回国家、集体或者被害人的经济损失。如果不建立有效的财产追回制度，将无法对贪腐行为进行相应的制裁和挽回相应的损失。在恐怖活动犯罪案件及其他一些严重的犯罪案件中，也存在类似转移财产，或者行为人逃匿、死亡的情况。如果不及时没收与犯罪相关的财物，不仅不能惩治犯罪行为，而且由于不能采取有力措施切断经济来源，也不能有效防止犯罪行为的继续发生。

为了加大打击贪污贿赂犯罪、恐怖活动犯罪等重大犯罪的力度，联合国有关国际公约规定了与被告人定罪可以分离的没收财产程序。为了严厉打击贪污贿赂犯罪、恐怖活动犯罪等犯罪，及时追缴犯罪活动违法所得及其他涉案财产，与我国加入的《联合国反腐败公约》《联合国打击跨国有组织犯罪公约》及其他有关反恐怖问题决议的相关要求衔接，2018 年修改的刑事诉讼法在“特别程序”中增加了“犯罪嫌疑人、被告人逃匿、死亡案件违法所得的没收程序”，对该程序的适用范围、申请、公告、审理与救济等问题作出了规定。违法所得没收程序与其他诉讼程序相比有以下特点。

1. 违法所得没收程序是针对特定案件适用的程序。对于普通诉讼程序，保障诉讼参与人参与诉讼程序的权利，尤其是犯罪嫌疑人、被告人参与诉讼的权利和辩护权，是最基本的要求。但是为了加大力度打击某些特定的犯罪行为，法院可通过缺席审判的方式，在被告人不到庭的情况下来处理没收其违法所得。但是，特别程序适用的范围不能扩大，否则就有侵犯人权之虞。在我国，这一特别程序只能针对贪污贿赂犯罪、恐怖活动犯罪等重大的犯罪案件，对于其他案件则不能适用。

2. 违法所得没收程序的适用对象仅针对财物。我国的违法所得没收程序是一种被告人缺席的审判程序，但是与其他国家的缺席审判程序不同，一些国家规定了在特殊情况下，如被告人逃跑或者属于轻微刑事案件，被告人不到庭的情况下，可以对被告人涉嫌的犯罪进行审判，其审理的对象包括被告人的刑罚问题。我国的违法所得没收程序的审理对象仅仅针对财物的没收问题，而不涉及对被告人的定罪与量刑。

二、违法所得没收程序的意义

设置违法所得没收程序对于严厉打击贪污贿赂犯罪和恐怖活动犯罪，减少和挽回由于犯罪所造成的经济损失，并在此问题上开展国际合作具有十分重要的意义。

1. 有利于保护国家、社会公共利益。贪污贿赂犯罪和恐怖活动犯罪严重地损害了国家利益、社会公共利益，通过设立这一程序尽管无法对犯罪嫌疑人、被告人进行刑事处罚，但不妨碍在其没有归案或者无法归案时，专门机关及时查封、扣押、冻结与犯罪有关的财产，作出没收违法所得的裁判，追缴其涉嫌的犯罪财产，有效地保护国家利益和社会公共利益。

2. 有利于预防与遏制贪污贿赂等腐败犯罪。在司法实践中，贪污贿赂犯罪一方面存在犯罪嫌疑人、被告人以自杀来逃避刑事责任的追究，其近亲属得以保有违法及犯罪所得巨额财产的情形；另一方面还存在大量犯罪嫌疑人、被告人潜逃境外以逃避刑事追究的情形。违法所得没收程序的设立，为这部分犯罪活动所得财产及其他涉案财产的追缴提供了明确的程序法依据。简言之，就算是这些案件的犯罪嫌疑人、被告人逃匿甚至死亡，国家仍可通过法律程序追缴其赃款以及涉案财物，让其转移财产或者将财产留给后人的愿望落空。因此该程序的设立有利于预防和遏制贪污贿赂等犯罪的发生。

3. 有利于国际社会以及各国间应对犯罪的合作。该程序的设立顺应了国际社会加强司法合作，共同打击贪腐犯罪、恐怖活动犯罪的要求，特别是法院作出的没收涉及犯罪财产的裁判，为请求外国机关返还涉案财产提供了法律依据，实现了我国刑事诉讼与国际公约的衔接。

三、违法所得没收程序的适用条件

刑事诉讼法第298条第1款规定："对于贪污贿赂犯罪、恐怖活动犯罪等重大犯罪案件，犯罪嫌疑人、被告人逃匿，在通缉一年后不能到案，或者犯罪嫌疑人、被告人死亡，依照刑法规定应当追缴其违法所得及其他涉案财产的，人民检察院可以向人民法院提出没收违法所得的申请。"根据这一规定，犯罪嫌疑人、被告人逃匿、死亡案件违法所得没收程序的适用条件包括：

1. 案件范围限于贪污贿赂犯罪、恐怖活动犯罪等重大犯罪案件。需要注意的是，刑事诉讼法对于没收违法所得程序适用的案件范围的规定采取的是非完全列举的方式，除明确列举的贪污贿赂犯罪、恐怖活动犯罪这两类案件外，还包括其他重大犯罪。其他可以适用没收程序的案件应符合两个条件：一是涉及追缴其违法所得及其他涉案财产，需要对该财产加以追缴和没收。二是属于重大犯罪案件，即与贪污贿赂犯罪和恐怖活动犯罪的严重程度相当。为加强对这些重大犯罪的打击力度，即使犯罪嫌疑人、被告人死亡或者逃匿，也应适用特别程序，没收其违法所得或涉案的财产。这些重大犯罪包括毒品犯罪，黑社会性质的犯罪，金融诈骗犯罪，危害国家安全、颠覆政权的犯罪等。对此，《高法解释》第609条规定，刑事诉讼法第298条规定的"贪污贿赂犯罪、恐怖活动犯罪等"犯罪案件是指下列案件：（1）贪污贿赂、失职渎职等职务犯罪案件；（2）刑法分则第2章规定的相关恐怖活动犯罪案件，以及恐怖活动组织、恐怖活动人员实施的杀人、爆炸、绑架等犯罪案件；（3）危害国家安全、走私、洗钱、金融诈骗、黑社会性质组织、毒品犯罪案件；（4）电信诈骗、网络诈骗犯罪案件。由于违法所得没收程序是在缺席审判的情况下进行的，在程序正当性上存在一定的不足，因此应当对适用案件类型进行具体的限定，不可任意扩大适用的案件范围。

此外，根据《高法解释》第611条的规定："犯罪嫌疑人、被告人死亡，依照刑法规定应当追缴其违法所得及其他涉案财产，人民检察院提出没收违法所得申请的，人民法院应当依法受理。"基于此规定，犯罪嫌疑人、被告人死亡的，如果依照刑法规定应当追缴其违法所得及其他涉案财产，人民检察院提出没收违法所得申请，人民法院应当依法受理，不受罪名的限制。

2. 被追诉人不能到案。根据刑事诉讼法第298条的规定，违法所得没收程序并非适用所有的贪污贿赂犯罪、恐怖活动犯罪等重大犯罪案件，只有对于这些犯罪中的犯罪嫌疑人、被告人逃匿，在通缉1年后不能到案或者已死亡的情形下才能适用。因此，被追诉人不能到案有两种情况：一是犯罪嫌疑人、被告人逃匿而不能到案，但是对于逃匿的犯罪嫌疑人、被告人还需要满足时间上的要求，即在对其通缉1年后仍然不能将其缉拿归案的，才能适用没收程序。二是被追诉人已死亡而无法到案。由于被追诉人死亡，没有必要也不可能追究其刑事责任，但是相关的违法所得和涉案财产并没有处理，因此有必要针对这些财物适用没收程序。

3. 有追缴财产的必要，即依照刑法规定应当追缴其违法所得及其他涉案财产。对于贪污贿赂犯罪、恐怖活动犯罪等重大犯罪案件，如果被追诉人潜逃或者死亡，也只有在依照刑法规定应当追缴其违法所得及其他涉案财产时，如需要追缴贪污财产、没收涉及恐怖活动犯罪的资金、作案工具等，才能启动没收程序。如果犯罪嫌疑人、被告人逃匿、死亡，但是案件本身不涉及财物，就不需要启动这一程序。如果有些被追诉人虽然逃匿或者死亡，涉及非法所得或相关财物的金额不大，从诉讼效益考虑没有必要追缴的，也可以不启动没收程序。

四、违法所得没收案件的审理程序

（一）违法所得没收案件的启动程序

根据刑事诉讼法第298条的规定，对于符合上述条件的案件，人民检察院可以向人民法院提出没收违法所得的申请。公安机关认为有需要适用违法所得没收程序情形的，应当写出没收违法所得意见书，移送人民检察院。没收违法所得的申请应当提供与犯罪事实、违法所得相关的证据材料，并列明财产的种类、数量、所在地及查封、扣押、冻结的情况。人民法院在必要的时候，可以查封、扣押、冻结申请没收的财产。根据《高检规则》第518条的规定，人民检察院审查监察机关或者公安机关移送的没收违法所得意见书，向人民法院提出没收违法所得的申请以及对违法所得没收程序中调查活动、审判活动的监督，由负责捕诉的部门办理。由此可知，犯罪嫌疑人、被告人逃匿、死亡案件违法所得没收程序的启动，需要由检察机关负责捕诉的部门向人民法院提出没收违法所得的申请。

我国的没收程序是比照普通程序设计的，也要经过相关机关的侦查、检察机关的起诉和法院的审理等程序阶段。这是为了防止没收程序被滥用，保证公民的财产不被非法侵犯，也可以使得没收程序的庭审合法化。因此在案件的侦查过程中公安机关首先需要查明犯罪事实，收集证据证明行为人的行为构成犯罪，并在符合上述几个条件时，比照普通程序，由公安机关提出没收财产意见书，将案件移送至人民检察院。根据《公安规定》第340条的规定，没收违法所得意见书应当包括以下内容：(1) 犯罪嫌疑人的基本情况；(2) 犯罪事实和相关的证据材料；(3) 犯罪嫌疑人逃匿、被通缉或者死亡的情况；(4) 犯罪嫌疑人的违法所得及其他涉案财产的种类、数量、所在地；(5) 查封、扣押、冻结的情况等。经检察机关审查后，认为有必要提出没收程序，才由人民检察院决定向人民法院提出没收申请。检察机关向人民法院提出没收违法所得的申请时，应当提供相关证据材料，并列明财产的种类、数量、所在地及其查封、扣押、冻结的情况。根据《高检规则》第520条的规定，人民检察院向人民法院提出没收违法所得的申请，应当制作没收违法所得申请书。没收违法所得申请书应当载明以下内容：(1) 犯罪嫌疑人、被告人的基本情况，包括姓名、性别、出生年月日、出生地、户籍地、公民身份证号码、民族、文化程度、职业、工作单位及职务、住址等；(2) 案由及案件来源；(3) 犯罪嫌疑人、被告人的犯罪事实及相关证据材料；(4) 犯罪嫌疑人、被告人逃匿、被通缉或者死亡的情况；(5) 申请没收的财产种类、数量、价值、所在地以及查封、扣押、冻结财产清单和相关法律手续；(6) 申请没收的财产属于违法所得及其他涉案财产的相关事实及证据材料；(7) 提出没收违法所得申请的理由和法律依据；(8) 有无近亲属和其他利害关系人以及利害关系人的姓名、身份、住址、联系方式；(9) 其他应当写明的内容。上述材料需要翻译件的，人民检察院应当随没收违法所得申请书一并移送人民法院。

人民检察院在收到监察机关或公安机关移送的没收违法所得意见书后，应当进行审查。根据《高检规则》第522条的规定，人民检察院审查监察机关或者公安机关移送的没收违法所得意见书，应当审查下列内容：(1) 是否属于本院管辖；(2) 是否符合刑事诉讼法第298条第1款规定的条件；(3) 犯罪嫌疑人基本情况，包括姓名、性别、国籍、出生年月日、职业和单位等；(4) 犯罪嫌疑人涉嫌犯罪的事实和相关证据材料；(5) 犯罪嫌疑人逃匿、下落不明、被通缉或者死亡的情况，通缉令或者死亡证明是否随案移送；(6) 违法所得及其他涉案财产的种类、数量、所在地以及查封、扣押、冻结的情况，查封、扣押、冻结的财产清单和相关法律手续是否随案移送；(7) 违法所得及其他涉案财产的相关事实和证据材料；(8) 有无近亲属和其他利害关系人以及利害关系人的姓名、身份、住址、联系方式。对于与犯罪事实、违法所得及其他涉案财产相关的证据材料，不宜移送的，应当审查证据的清单、复制件、照片或者其他证明文件是否随案移送。

检察机关审查公安机关、监察机关移送的没收违法所得意见书有时间限制。根据《高检规则》第523条的规定，人民检察院应当在接到监察机关或者公安机关移送的没收违法所得意见书后30日以内作出是否提出没收违法所得申请的决定。30 日以内不能作出决定的，可以延长 15 日。对于监察机关或者公安机关移送的没收违法所得案件，经审查认为不符合刑事诉讼法第 298 条第 1 款规定条件的，应当作出不提出没收违法所得申请的决定，并向监察机关或者公安机关书面说明理由；认为需要补充证据的，应当书面要求监察机关或者公安机关补充证据，必要时也可以自行调查。监察机关或者公安机关补充证据的时间不计入人民检察院办案期限。

（二）违法所得没收案件的审判管辖

刑事诉讼法第 299 条第 1 款规定："没收违法所得的申请，由犯罪地或者犯罪嫌疑人、被告人居住地的中级人民法院组成合议庭进行审理。"该款规定了没收案件的审判管辖，包括地域管辖和级别管辖。从地域管辖来看，与一般刑事案件的管辖要求基本一致，即没收财产案件由犯罪地人民法院管辖。犯罪地包括犯罪行为地和被告人实际取得财产等的犯罪结果地。另一种有管辖权的法院是被告人的居住地，其居住地包括被告人的户籍所在地和居所地。从级别管辖看，没收违法所得及其他涉案财产案件的级别管辖法院是中级人民法院。由于没收程序审理的案件范围是贪污贿赂犯罪以及恐怖活动犯罪等重大犯罪案件，案件性质严重，罪行重大，案件涉及面或者社会影响也较为广泛，此类案件由中级人民法院审理是必要的。与之对应，此类案件的审判组织应当为合议庭，而不能适用简易程序审理。

（三）违法所得没收案件的公告程序

人民法院受理没收违法所得的申请后，应当通过在媒体上发出公告，或者在当事人所在地区张贴公告的方式，通知当事人或其他利害关系人，以便其知晓案件并行使其相关权利。根据刑事诉讼法第 299 条第 2 款的规定，人民法院受理没收违法所得的申请后，应当发出公告。公告期间为 6 个月。犯罪嫌疑人、被告人的近亲属和其他利害关系人有权申请参加诉讼，也可以委托诉讼代理人参加诉讼。发布公告的目的是保证犯罪嫌疑人、被告人的近亲属和其他利害关系人的权益，使其能够依法参加诉讼。

根据《高法解释》第 614 条、第 615 条的规定，人民法院受理没收违法所得的申请后，应当在 15 日以内发布公告。公告应当载明以下内容：（1）案由、案件来源；（2）犯罪嫌疑人、被告人的基本情况；（3）犯罪嫌疑人、被告人涉嫌犯罪的事实；（4）犯罪嫌疑人、被告人逃匿、被通缉、脱逃、下落不明、死亡等情况；（5）申请没收的财产的种类、数量、价值、所在地等以及已查封、扣押、冻结财产的清单和法律手续；（6）申请没收的财产属于违法所得及其他涉案财产的相关事实；（7）申请没收的理由和法律依据；（8）利害关系人申请参加诉讼的期限、方式以及未按照该期限、方式申请参加诉讼可能承担的不利法律后果；（9）其他应当公告的情况。公告期为 6 个月，公告期间不适用中止、中断、延长的规定。公告应当在全国公开发行的报纸、信息网络媒体、最高人民法院的官方网站发布，并在人民法院公告栏发布。必要时，公告可以在犯罪地、犯罪嫌疑人、被告人居住地或者被申请没收财产所在地发布。最后发布的公告的日期为公告日期。发布公告的，应当采取拍照、录像等方式记录发布过程。人民法院已经掌握境内利害关系人联系方式的，应当直接送达含有公告内容的通知；直接送达有困难的，可以委托代为送达、邮寄送达。经受送达人同意的，可以采用传真、电子邮件等能够确认其收悉的方式告知公告内容，并记录在案。人民法院已经掌握境外犯罪嫌疑人、被告人、利害关系人联系方式，经受送达人同意的，可以采用传真、电子邮件等能够确认其收悉的方式告知公告内容，并记录在案；受送达人未表示同意，或者人民法院未掌握境外犯罪嫌疑人、被告人、利害关系人联系方式，其所在国、地区的主管机关明确提出应当向受送达人送达含有公告内容的通知的，人民法院可以决定是否送达。决定送达的，应当依照有关规定请求所在国、地区提供司法协助。

（四）违法所得没收案件的财产保全

为防止发生意外，保证申请没收的财产的安全，依据刑事诉讼法第 298 条的规定，人民法院在必要的时候，可以查封、扣押、冻结申请没收的财产。

（五）违法所得没收案件的审理方式

刑事诉讼法第 299 条第 3 款规定：“人民法院在公告期满后对没收违法所得的申请进行审理。利害关系人参加诉讼的，人民法院应当开庭审理。”该条款对违法所得没收案件的审理方式进行了规定。

根据上述条款的规定，没收案件的审理方式包括开庭审理和不开庭审理两种方式。开庭审理的方式，即人民法院于确定的开庭日期内在检察机关和犯罪嫌疑人、被告人的近亲属或者其他利害关系人的参与下，按照法定的程序在法庭上对涉案财产进行审理。开庭审理的方式，只适用于利害关系人参与的情形，通过开庭的方式，利害关系人提出关于涉案财物有利于己方权益的证据材料或意见。不开庭审理的方式，是在没有利害关系人参与下采取的审理方式，此程序只有两方参与，即申请方检察机关和裁判方法院。由于没有利害关系人的参与，此类案件没有必要开庭审理。

根据《高法解释》第 617 条的规定，犯罪嫌疑人、被告人的近亲属和其他利害关系人申请参加诉讼的，应当在公告期间内提出。犯罪嫌疑人、被告人的近亲属应当提供其与犯罪嫌疑人、被告人关系的证明材料，其他利害关系人应当提供证明其对违法所得及其他涉案财产主张权利的证据材料。利害关系人可以委托诉讼代理人参加诉讼。委托律师担任诉讼代理人的，应当委托具有中华人民共和国律师资格并依法取得执业证书的律师；在境外委托的，应当对授权委托进行公证、认证。利害关系人在公告期满后申请参加诉讼，能够合理说明理由的，人民法院应当准许。

（六）违法所得没收案件的审理结果

刑事诉讼法第 300 条第 1 款规定："人民法院经审理，对经查证属于违法所得及其他涉案财产，除依法返还被害人的以外，应当裁定予以没收；对不属于应当追缴的财产的，应当裁定驳回申请，解除查封、扣押、冻结措施。"因此，对于涉案的违法所得及其他涉案财产，人民法院经过审理之后，有三种处理结果。

第一，对于有充分证据证明涉案财产属于违法所得的财产，并且有充分证据证明该财产为被害人所有，法院应当裁定将其返还被害人。

第二，如果经审理不能认定是违法所得，法院应当裁定驳回申请，解除查封、扣押、冻结等措施，将财产返还原所有人或其他人。由于财产权属于公民基本的、重大的权利，因此如果有证据证明该财产为犯罪嫌疑人、被告人的合法财产，就不能认定为违法所得，而应当认定为他的合法财产；如果证明违法所得的证据不足时，按照疑案应当作出有利于被告人解释的原则，推定该财产为其合法财产。在这两种情形下，法院都应当裁定驳回申请，解除查封、扣押、冻结等措施，将财产返还原所有人或其他人。

第三，如果有充分的证据证明涉案财产属于违法所得，而且不属于其他人合法所有，法院应当作出没收的裁定。

（七）违法所得没收案件的救济程序

1. 上诉

刑事诉讼法第 300 条第 2 款规定："对于人民法院依照前款规定作出的裁定，犯罪嫌疑人、被告人的近亲属和其他利害关系人或者人民检察院可以提出上诉、抗诉。"《高法解释》第 622 条规定："对没收违法所得或者驳回申请的裁定，犯罪嫌疑人、被告人的近亲属和其他利害关系人或者人民检察院可以在 5 日以内提出上诉、抗诉。"据此，我国违法所得没收程序的设计比照普通刑事案件，实行两审终审制。犯罪嫌疑人、被告人的近亲属和其他利害关系人或者人民检察院对人民法院作出的裁定不服的，有权提出上诉、抗诉，其上诉、抗诉的期限为 5 日。高级人民法院审理上诉、抗诉案件应当按照第二审程序的相关规定进行。

根据《高法解释》第 623 条的规定，对不服第一审没收违法所得或者驳回申请裁定的上诉、抗诉案件，第二审人民法院经审理，应当按照下列情形分别处理：（1）第一审裁定认定事实清楚和适用法律正确的，应当驳回上诉或者抗诉，维持原裁定；（2）第一审裁定认定事实清楚，但适用法律有错误的，应当改变原裁定；（3）第一审裁定认定事实不清的，可以在查清事实后改变原裁定，也可以撤销原裁定，发回原审人民法院重新审判；（4）第一审裁定违反法定诉讼程序，可能影响公正审判的，应当撤销原裁定，发回原审人民法院重新审判。第一审人民法院对发回重新审判的案件作出裁定后，第二审人民法院对不服第一审人民法院裁定的上诉、抗诉，应当依法作出裁定，不得再发回原审人民法院重新审判；但是，第一审人民法院在重新审判过程中违反法定诉讼程序，可能影响公正审判的除外。

2. 终止审理

刑事诉讼法第 301 条第 1 款和《高法解释》第 625 条的规定，在审理申请没收违法所得的案件过程中，在逃的犯罪嫌疑人、被告人到案的，人民法院应当裁定终止审理。人民检察院向原受理申请的人民法院提起公诉的，可以由同一审判组织审理。据此，人民法院在审理没收违法所得案件过程中，在逃的犯罪嫌疑人、被告人自动投案或者被抓获，应当终止审理。因犯罪嫌疑人、被告人到案对没收违法所得案件终止审理后，与之相关的常规诉讼程序应随之得以恢复，依据犯罪嫌疑人、被告人脱逃时所处的诉讼阶段或者继续侦查，或者恢复审查起诉，或者恢复常规诉讼的法庭审理，相关财物也应一并依法处理。

3. 错误纠正

刑事诉讼法第 301 条第 2 款规定："没收犯罪嫌疑人、被告人财产确有错误的，应当予以返还、赔偿。"因为没收犯罪嫌疑人、被告人财产的裁定是在犯罪嫌疑人、被告人缺席审判的情况下进行的，所以有可能出现裁定错误或者没收不当的情况，对于没收犯罪嫌疑人、被告人财产确有错误的，法院应当撤销原裁定。对不该没收的财产应当及时返还；对于不能返还的，或者因错误没收造成损失的，应当依法予以赔偿。

第五节 强制医疗程序

一、强制医疗程序的概念和意义

（一）强制医疗程序的概念

强制医疗程序是指对于实施暴力行为，危害社会公共安全或者严重危害公民人身安全，经法定鉴定程序依法不负刑事责任的精神病人有继续危害社会可能的，决定采取强制治疗措施的特别诉讼程序。

刑法第 18 条第 1 款规定："精神病人在不能辨认或者不能控制自己行为的时候造成危害结果，经法定程序鉴定确认的，不负刑事责任，但是应当责令他的家属或者监护人严加看管和医疗；在必要的时候，由政府强制医疗。"为了规范这种带有限制人身自由性质的强制医疗措施，需要通过法律规定的专门程序由司法机关依法审查与决定。未经法定程序，任何人不得以强制治疗的名义剥夺他人的人身自由。刑事诉讼法在第5编“特别程序”中规定了对依法不负刑事责任的精神病人的强制医疗程序，对强制医疗的适用对象、启动方式、人民法院的审理程序、法律援助、救济程序及法律监督等内容作出相应规定。精神病人的强制医疗程序与普通诉讼程序相比，具有以下不同的特点。

1. 强制医疗程序具有一定的社会防卫性质。由于精神病人失去辨别能力和控制能力，因此在不具备刑事责任能力的情形下对所实施的危害行为不负刑事责任。但是为了防止其实施继续危害社会的行为，国家对其人身自由进行一定限制并采取强制医疗措施是必要的。因此对精神病人决定强制医疗的目的不是对行为人进行惩罚和教育，而是一种特殊的社会防卫措施。与之对应的强制医疗程序的设置目的也不是解决犯罪嫌疑人、被告人的刑事责任问题，而是审查决定是否有必要对其采取强制医疗措施。因此该程序不同于判处刑罚的定罪量刑程序，属于一种特殊的社会防卫措施和程序。

2. 强制医疗程序是一种不典型的司法程序。对不负刑事责任的精神病人决定强制医疗，因不存在指控的内容，因此不能采取提起公诉的方式进行，而是由人民检察院采用申请的方式提起该程序。对精神病人的强制医疗的决定由人民法院作出，这体现了该程序的司法性质而非行政性质。然而在程序的启动上是以申请的方式进行的，其审查与处理等方面也有一些特殊的要求，因而该程序不是一种典型的司法程序。

（二）强制医疗程序的意义

强制医疗程序属于限制和剥夺实施暴力行为的精神病人的人身自由的社会防卫措施，建立这一特别程序，不仅能够保证程序运行的合法性和合理性，而且能够防止国家公权力对公民人身自由的侵犯。因此，设立“依法不负刑事责任的精神病人的强制医疗程序”具有特别重要的意义。

1. 有利于维护社会公共秩序。近年来，我国精神病患者已成为一个数量庞大的社会群体，精神病人实施暴力杀人、伤人行为已经成为影响社会公共秩序的重要因素。针对不负刑事责任的精神病人采取的社会防卫措施，可以防止有暴力倾向的精神病人由于缺乏强制医疗措施的约束而继续伤及无辜、危害社会，有利于保障公众安全，维护社会公共秩序。

2. 有利于保障精神病人的合法权益。在我国，由于长期缺乏精神病人强制医疗的启动程序、决定程序和救济程序等相关规定，在现实生活中，一方面，有的精神病人因其家属或者监护人无力看管或者不愿履行监管与医疗义务，使得精神病人得不到及时治疗继续伤及他人，对社会秩序产生威胁；另一方面，部分精神病人被有关部门采取简单的行政手段加以监管和治疗。由于法律程序的缺少导致了强制医疗措施实施的混乱无序，违法收治现象屡有发生，而被强制人的权利救济程序简单粗糙，难以避免因权力滥用造成对公民权利的侵犯。刑事诉讼法设置这一特别程序，对强制医疗程序的启动、决定、救济等方面作出明确规定，为有效地保障被强制医疗的精神病人的合法权益创造了条件。

二、强制医疗程序的适用条件

刑事诉讼法第 302 条规定："实施暴力行为，危害公共安全或者严重危害公民人身安全，经法定程序鉴定依法不负刑事责任的精神病人，有继续危害社会可能的，可以予以强制医疗。"根据这一规定，强制医疗程序的适用应当同时具备以下三个方面的条件。

1. 前提条件。强制医疗只有在行为人"实施暴力行为，危害公共安全或者严重危害公民人身安全"的情形下才有可能适用。这是对精神病人采取强制医疗措施的前提条件，即行为人不仅实施了暴力行为，而且达到了危害社会公共安全或者严重危害公民人身安全的程度。因此对于一般精神病人，如果没有实施暴力行为则不能采取强制医疗，而且即使精神病人实施了暴力行为，但如果情节没有达到危害公共安全或者严重危害公民人身安全的程度，也不能对其采取法律所规定的强制医疗措施。

2. 医学条件。强制医疗只能对经过法定程序鉴定确定为精神病人的行为人适用。这是启动强制医疗程序的医学条件和要求。确定犯罪嫌疑人、被告人是否适用强制医疗程序的关键，是查明其在实施暴力行为时是否患有精神病或者严重精神障碍而丧失辨认能力和控制行为的能力，因此必须对行为人进行司法精神病学鉴定。只有经过法定程序进行了精神病鉴定并确定为无刑事责任能力的，才能作为强制医疗程序的对象。对于尚未完全丧失刑事责任能力的精神病人，则不能适用该程序。精神病的医学鉴定不仅是确定行为人是否具有精神病以及刑事责任能力如何的依据，也是决定是否适用强制医疗措施的必要条件。

3. 社会危险性条件。除满足上述两个条件外，行为人还应具有继续危害社会的可能性时，才能对行为人采取强制医疗措施。所谓社会危险性是指由于精神病人已实施的行为性质及其精神、生理状态等，使得法律所保护的社会关系处于危险状态。综合精神病人实施的行为以及事后的状态分析，如果行为人仍有继续危害社会的可能性，则应当采取强制医疗措施，否则就没有必要采取。

三、强制医疗的程序

（一）强制医疗的程序启动

根据刑事诉讼法第 303 条的规定，强制医疗程序可以由检察机关或者法院启动。

1. 检察机关启动。公安机关在侦查过程中发现犯罪嫌疑人可能是精神病人的，应当按照法律规定进行司法精神病鉴定。经鉴定确认犯罪嫌疑人为不负刑事责任的精神病人并符合强制医疗条件的，应当写出强制医疗意见书，移送人民检察院。对于公安机关移送的或者在审查起诉过程中发现的精神病人符合强制医疗条件的，人民检察院应当向人民法院提出强制医疗的申请。由此可知，强制医疗程序通常由人民检察院的申请而启动。

2. 法院启动。法院在特殊情况下，也可以直接决定启动强制医疗程序。即对于人民检察院提起公诉的案件，人民法院在审理案件过程中发现被告人符合强制医疗条件的，可以作出强制医疗的决定。

此外，在人民法院作出决定强制医疗之前，对实施暴力行为的精神病人，为了防止其危害公共安全或者其他人的人身安全，公安机关可以采取临时的保护性的约束措施，如将精神病人送往精神病院或者专门机构看管、治疗等。

（二）强制医疗案件的审理

1. 审判组织和审判管辖。人民法院受理强制医疗的申请后，应当依法组成合议庭进行审理。强制医疗案件法律明确规定应当组成合议庭进行审理。强制医疗案件除了要查明行为人是否实施了暴力行为，还要查明行为人实施暴力行为时是否患有精神病和刑事责任能力如何以及是否存在社会危险性而必须加以强制医疗。对于这些情况的判断往往比较复杂与困难，由法官一人独任审理显然不合适。因此，对于强制医疗案件，法院“应当”组成合议庭进行审理。此外，根据《高法解释》第 631 条的规定，人民检察院申请对依法不负刑事责任的精神病人强制医疗的案件，由被申请人实施暴力行为所在地的基层人民法院管辖；由被申请人居住地的人民法院审判更为适宜的，可以由被申请人居住地的基层人民法院管辖。

2. 通知程序和法律援助。刑事诉讼法第 304 条第 2 款规定：“人民法院审理强制医疗案件，应当通知被申请人或者被告人的法定代理人到场。被申请人或者被告人没有委托诉讼代理人的，人民法院应当通知法律援助机构指派律师为其提供法律帮助。”《高法解释》第 634 条规定，审理强制医疗案件，应当通知被申请人或者被告人的法定代理人到场；被申请人或者被告人的法定代理人经通知未到场的，可以通知被申请人或者被告人的其他近亲属到场。被申请人或者被告人没有委托诉讼代理人的，应当自受理强制医疗申请或者发现被告人符合强制医疗条件之日起 3 日以内，通知法律援助机构指派律师担任其诉讼代理人，为其提供法律帮助。根据上述规定，人民检察院提出强制医疗申请的，此类案件中的行为人为“被申请人”；人民检察院提起公诉的案件，人民法院在审理过程中认为被告人符合强制医疗条件而适用强制医疗程序的，此类案件中的行为人仍称“被告人”。依照法律规定，只要可能对被申请人或者被告人采取强制医疗措施的，法院就应当通知其法定代理人到场。由于被申请人或者被告人很可能是精神病人，不具有诉讼行为能力，自己不能有效地行使有关的诉讼权利，因此需要法定代理人的帮助。同时诉讼活动涉及很多法律方面和精神病学的专业知识，更需要专业人士的帮助。为了保护特殊对象的合法权益，不仅法定代理人需要参加诉讼，被申请人和被告人也有权委托诉讼代理人参加诉讼。如果被申请人或者被告人没有委托诉讼代理人的，法院应当通知法律援助机构指派律师为其提供法律帮助。也就是说，在强制医疗案件中实行“强制代理”的法律援助制度。

3. 审理期限。刑事诉讼法第 305 条第 1 款规定：“人民法院经审理，对于被申请人或者被告人符合强制医疗条件的，应当在一个月以内作出强制医疗的决定。”据此，人民法院对于被申请人或者被告人符合强制医疗条件的，应当在 1 个月内作出强制医疗的决定。此外，强制医疗程序实行一审终审。

4. 审理程序。根据《高法解释》第 635 条至第 637 条的规定，审理强制医疗案件，应当组成合议庭，开庭审理。但是，被申请人、被告人的法定代理人请求不开庭审理，并经人民法院审查同意的除外。审理强制医疗案件，应当会见被申请人，听取被害人及其法定代理人的意见。开庭审理申请强制医疗的案件，按照下列程序进行：（1）审判长宣布法庭调查开始后，先由检察员宣读申请书，后由被申请人的法定代理人、诉讼代理人发表意见；（2）法庭依次就被申请人是否实施了危害公共安全或者严重危害公民人身安全的暴力行为、是否属于依法不负刑事责任的精神病人、是否有继续危害社会的可能进行调查；调查时，先由检察员出示证据，后由被申请人的法定代理人、诉讼代理人出示证据，并进行质证；必要时，可以通知鉴定人出庭对鉴定意见作出说明；（3）法庭辩论阶段，先由检察员发言，后由被申请人的法定代理人、诉讼代理人发言，并进行辩论。被申请人要求出庭，人民法院经审查其身体和精神状态，认为可以出庭的，应当准许。出庭的被申请人，在法庭调查、辩论阶段，可以发表意见。检察员宣读申请书后，被申请人的法定代理人、诉讼代理人无异议的，法庭调查可以简化。对申请强制医疗的案件，人民法院审理后，应当按照下列情形分别处理：（1）符合刑事诉讼法第 302 条规定的强制医疗条件的，应当作出对被申请人强制医疗的决定；（2）被申请人属于依法不负刑事责任的精神病人，但不符合强制医疗条件的，应当作出驳回强制医疗申请的决定；被申请人已经造成危害结果的，应当同时责令其家属或者监护人严加看管和医疗；（3）被申请人具有完全或者部分刑事责任能力，依法应当追究刑事责任的，应当作出驳回强制医疗申请的决定，并退回人民检察院依法处理。

此外，根据《高法解释》第 638 条、第 639 条的规定，第一审人民法院在审理刑事案件过程中，发现被告人可能符合强制医疗条件的，应当依照法定程序对被告人进行法医精神病鉴定。经鉴定，被告人属于依法不负刑事责任的精神病人的，应当适用强制医疗程序，对案件进行审理。开庭审理这类案件，应当先由合议庭组成人员宣读对被告人的法医精神病鉴定意见，说明被告人可能符合强制医疗的条件，后依次由公诉人和被告人的法定代理人、诉讼代理人发表意见。经审判长许可，公诉人和被告人的法定代理人、诉讼代理人可以进行辩论。人民法院审理后，应当按照下列情形分别处理：(1) 被告人符合强制医疗条件的，应当判决宣告被告人不负刑事责任，同时作出对被告人强制医疗的决定；(2) 被告人属于依法不负刑事责任的精神病人，但不符合强制医疗条件的，应当判决宣告被告人无罪或者不负刑事责任；被告人已经造成危害结果的，应当同时责令其家属或者监护人严加看管和医疗；(3) 被告人具有完全或者部分刑事责任能力，依法应当追究刑事责任的，应当依照普通程序继续审理。

根据《高法解释》第 640 条、第 641 条的规定，第二审人民法院在审理刑事案件过程中，发现被告人可能符合强制医疗条件的，可以依照强制医疗程序对案件作出处理，也可以裁定发回原审人民法院重新审判。人民法院决定强制医疗的，应当在作出决定后 5 日以内，向公安机关送达强制医疗决定书和强制医疗执行通知书，由公安机关将被决定强制医疗的人送交强制医疗。

（三）对强制医疗决定的救济程序

强制医疗程序作为特殊诉讼程序，不仅应赋予当事人及其利害关系人充分的程序参与权，而且还应当赋予他们程序上的救济权。即对于人民法院作出的强制医疗决定不服的，有权要求有关机关对该决定进行重新审查与处理。为此刑事诉讼法第 305 条第 2 款规定：“被决定强制医疗的人、被害人及其法定代理人、近亲属对强制医疗决定不服的，可以向上一级人民法院申请复议。”根据《高法解释》第 642 条的规定，被决定强制医疗的人、被害人及其法定代理人、近亲属对强制医疗决定不服的，可以自收到决定书第二日起 5 日以内向上一级人民法院申请复议。复议期间不停止执行强制医疗的决定。据此，被强制医疗的人、被害人及其法定代理人、近亲属等作为法院作出强制医疗决定的利害关系人，如果对强制医疗决定不服，有权向上一级人民法院提出申请复议。上级人民法院对复议申请应当及时进行审查，作出处理决定并送达复议申请人。根据《高法解释》第 643 条的规定，对不服强制医疗决定的复议申请，上一级人民法院应当组成合议庭审理，并在 1 个月以内，按照下列情形分别作出复议决定：(1) 被决定强制医疗的人符合强制医疗条件的，应当驳回复议申请，维持原决定；(2) 被决定强制医疗的人不符合强制医疗条件的，应当撤销原决定；(3) 原审违反法定诉讼程序，可能影响公正审判的，应当撤销原决定，发回原审人民法院重新审判。

四、强制医疗的解除与监督

（一）强制医疗的解除

刑事诉讼法第 306 条规定：“强制医疗机构应当定期对被强制医疗的人进行诊断评估。对于已不具有人身危险性，不需要继续强制医疗的，应当及时提出解除意见，报决定强制医疗的人民法院批准。被强制医疗的人及其近亲属有权申请解除强制医疗。”据此，强制医疗机构应当定期对被强制医疗的人的精神状况进行诊断评估。如果发现该人已不再具有人身危险性，不需要继续强制医疗的，强制医疗机构应当向人民法院及时提出解除意见，由作出强制医疗决定的人民法院批准。被强制医疗的人认为自己的病情已痊愈或者不具有人身危险性时，可以向人民法院申请解除强制医疗。而被强制医疗的人的近亲属从保护其家人合法权益的角度出发，也有权申请解除强制医疗。

根据《高法解释》第 645 条、第 647 条的规定，被强制医疗的人及其近亲属申请解除强制医疗的，应当向决定强制医疗的人民法院提出。被强制医疗的人及其近亲属提出的解除强制医疗申请被人民法院驳回，6 个月后再次提出申请的，人民法院应当受理。强制医疗机构提出解除强制医疗意见，或者被强制医疗的人及其近亲属申请解除强制医疗的，人民法院应当组成合议庭进行审查，并在 1 个月以内，按照下列情形分别处理：（1）被强制医疗的人已不具有人身危险性，不需要继续强制医疗的，应当作出解除强制医疗的决定，并可责令被强制医疗的人的家属严加看管和医疗；（2）被强制医疗的人仍具有人身危险性，需要继续强制医疗的，应当作出继续强制医疗的决定。对此类案件，必要时，人民法院可以开庭审理，通知人民检察院派员出庭。人民法院应当在作出决定后 5 日以内，将决定书送达强制医疗机构、申请解除强制医疗的人、被决定强制医疗的人和人民检察院。决定解除强制医疗的，应当通知强制医疗机构在收到决定书的当日解除强制医疗。

（二）人民检察院对强制医疗的监督

刑事诉讼法第 307 条规定：“人民检察院对强制医疗的决定和执行实行监督。”对刑事诉讼活动是否合法实施法律监督，是人民检察院一项重要的诉讼监督职能，因此人民检察院不仅有权对普通诉讼程序进行监督，也有权对特别程序，包括强制医疗程序进行监督。人民检察院对强制医疗的监督包括三个方面：一是对人民法院作出的强制医疗的过程和决定是否合法有权进行监督；二是在强制医疗的执行过程中，对强制医疗机构是否实行有效的医疗活动，是否定期对被强制医疗的人进行评估等进行监督；三是对人民法院解除强制医疗决定是否合法进行监督。

根据《高检规则》第 651 条、第 652 条的规定，人民检察院发现人民法院、公安机关、强制医疗机构在对依法不负刑事责任的精神病人的强制医疗的交付执行、医疗、解除等活动中违反有关规定的，应当依法提出纠正意见。人民检察院在强制医疗执行监督中发现被强制医疗的人不符合强制医疗条件或者需要依法追究刑事责任，人民法院作出的强制医疗决定可能错误的，应当在 5 日以内将有关材料转交作出强制医疗决定的人民法院的同级人民检察院。收到材料的人民检察院负责捕诉的部门应当在 20 日以内进行审查，并将审查情况和处理意见反馈负责强制医疗执行监督的人民检察院。根据《高法解释》第 648 条的规定，人民检察院认为强制医疗决定或者解除强制医疗决定不当，在收到决定书后 20 日以内提出书面纠正意见的，人民法院应当另行组成合议庭审理，并在 1 个月以内作出决定。

图书在版编目（CIP）数据

刑事诉讼法学/姚莉主编；詹建红副主编．—3版．—北京：中国法制出版社，2023.1

现代法学教材

ISBN 978-7-5216-3229-3

Ⅰ.①刑… Ⅱ.①姚…②詹… Ⅲ.①刑事诉讼法-法的理论-中国-教材 Ⅳ.①D925.201

中国版本图书馆CIP数据核字（2022）第254058号

责任编辑：陈　兴　　封面设计：蒋　怡

刑事诉讼法学

XINGSHI SUSONGFAXUE

主编/姚莉

副主编/詹建红

经销/新华书店

印刷/三河市紫恒印装有限公司

开本/730毫米×1030毫米　16开　　印张/27.5　字数/453千

版次/2023年1月第3版　　2023年1月第1次印刷

中国法制出版社出版

书号 ISBN 978-7-5216-3229-3　　定价：76.00元

北京市西城区西便门西里甲16号西便门办公区

邮政编码：100053　　传真：010-63141600

网址：http：//www.zgfzs.com　　**编辑部电话：010-63141792**

市场营销部电话：010-63141612　　**印务部电话：010-63141606**

（如有印装质量问题，请与本社印务部联系。）